볼차노 마을 1786년 9월, 브레너를 지난 괴테는 볼차노를 통과했다.

트렌토 대성당 광장 1786년 9월 11일, 괴테는 이탈리아 여행 첫 숙박지 트렌토에 도착했다

베로나, 원형극장 1786년 9월 16일, 괴테는 잘 보존된 원형극장을 둘러보았다.

비첸차, 올림피코 극장 내부 비첸차 출신 건축가 팔라디오 작품.

베네치아, 〈대운하 풍경〉 카날레토. 18세기. 밀라노, 브레라미술관 소장
괴테는 1786년 9월 28일 베네치아에 도착했다.

베네치아, 〈산 마르코 선착장〉 카날레토. 18세기. 밀라노, 브레라미술관 소장

베네치아, 〈산 마르코 광장〉 프란체스코 과르디. 18세기. 베네치아, 카 도로 소장

베네치아, 〈십자가의 기적〉 비토레 카르파치오. 1494. 목재로 된 리알토 다리를 묘사했다.

▲베네치아, 〈산 마
르코 광장 소몰이
곡예〉 조반니 바
티스타 피라네시.
18세기
사육제 마지막 목
요일에 열렸다. 앞
에 보이는 탑은
산 마르코 종루이
다.

▶베네치아, 일 레
덴토레 교회
팔라디오. 1577~
92. '구원자의 교회'
라는 뜻. 이 교회
는 1575~77년까
지 베네치아에 창
궐한 흑사병을 잠
재우기 위해 원로
원이 헌납한 것이
다.

첸토, 〈성모 앞에 나타난 부활한 예수〉 구에르치노. 1629. 괴테는 1786년 10월 17일 첸토에 도착했다.

볼로냐, 〈성 세실리아〉 라파엘로. 1514. 괴테는 10월 18일 볼로냐에 도착했다.

▲피렌체, 〈산타마리아 델 피오레 대성당〉
괴테가 피렌체에서 머문 시간은 고작 세 시간
정도밖에 안 된다.

◀조토의 종루 대성당 가까이에 있으며, 대성당
의 둥근 쿠폴라와 대조적으로 수직 라인을 보
이는 종루는 조토가 설계했다.

▼대성당 설계자, 아르놀포 디 캄비오

▲아시시, 1140년에 세워진 성 루피노 대성당
성 프란체스코와 성 클라라가 세례받은 세례반과 테라코타 〈피에타〉가 있다.
괴테는 1786년 10월 25일 이곳을 둘러보았다.

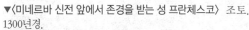

▶마을 중심 코무네 광장 흰 건물은 포폴로 탑. 탑 오른쪽 건물이 로마시대의 미네르바 신전

▼〈미네르바 신전 앞에서 존경을 받는 성 프란체스코〉 조토. 1300년경.

로마, 포폴로 문 1786년 11월 1일, 괴테는 로마의 포폴로 문을 통과하여 1787년 2월 22일까지 1차로, 1787년 6월 6일~1788년 4월까지 2차로 로마에 머물렀다.

로마, 포폴로 광장

〈그리스도의 변용〉 라파엘로. 1520. 로마, 바티칸미술관 소장
1786년 11월 18일 괴테는 성 베드로 성당 몬토리오에서 〈변용〉을 보았다.

▲위쪽은 미켈란젤로가 설계한 성 베드로 성당 쿠폴라(원형지붕), 아래는 베르니니의 지붕달린 법왕 설계단
◀〈최후의 심판〉 미켈란젤로. 1536~41. 로마, 시스티나 예배당 천장 프레스코화

▲〈아테네 학당〉라파
엘로. 1509~10. 프레
스코화, 로마, 바티칸
미술관

◀〈피에타〉미켈란젤
로. 1499~1500. 25세
때 작품.
성 베드로 대성당으로
들어가서 오른쪽 방에
있다.

▲로마, 이탈리아 최대
원형 투기장 콜로세움

▶로마, 〈트레비 분수〉
폴리 대공 궁전 전면에
있는 분수
니콜라 살비. 1732~
62. 개선문 좌우의 패
널에는 소녀(처녀자
리)가 가르쳐준 수원
(水源)을 로마 병사가
발견한 과정과 수도건
설을 지휘한 아그리파
의 업적을 이야기한
부조가 새겨 있다.

로마, 포로 노마노 왼쪽은 사투르누스 신전 원기둥, 중앙은 파우스티나 신전, 오른쪽은 디오스쿠로이 신전

로마, 옛 아피아 마을 길 왼쪽 건물은 체칠리아 메텔라 묘지. 길은 이탈리아 반도 최남단 브린디시까지 이어진다.

로마, 성 베드로 대성당

그리스 레오카레스 작품을 기
초로 로마에서 만든 복제품

로마, 〈벨베데레의 아폴로 상〉 BC 4세기. 로마 바티칸미술관 소장

로마, 〈라오콘 군상〉 바티칸미술관 소장. 로마의 역사가 대프리니우스에 따르면 그 유명한 라오콘 대리석 군상은 티투스 황제의 궁전을 장식했다고 한다. 현재 이 군상은 로도스 섬 조각가 헤게산드로스, 폴리도로스, 아테네도로스의 헬레니즘 시대 작품이라 생각된다. 본디 페르가몬에 있었지만 아타로스 왕국이 로마의 지배를 받은 뒤 로마로 옮겨졌으리라 생각된다. 프리니우스는 트로이 사제 라오콘의 신화를 그린 이 작품은 BC 2세기 뒤로 그리스 조각이 로마 세계에서 환대받은 것을 이야기한다고 강조한다. 그리스 조각의 모각은 로마 제정기에 유행했으며 많은 그리스인 조각가가 로마로 이주했다.

▲카라카라 황제의 목욕탕
로마에서 가장 큰 목욕탕.

◀아우구스투스의 평화의 제단
갈리아 승리 뒤 아우구스투스가 로마세계 전체에 평화를 가져온 업적을 기려 BC 13년에 만들었다.

▶산 파올로 문과 체스티우스의 대리석 피라미드
근처에 1830년 10월 26일 로마에서 세상을 떠난 괴테의 아들 아우구스트의 묘지가 있다.

▲로마, 산탄젤로 성
132년에 하드리아누스 황제가 자신의 영묘로 착공해 중세에는 역대 교황의 요새로 쓰였다. 법왕청과 터널로 이어진다는 이야기는 여기서 나왔다.

◀로마, 트라야누스 황제의 기념기둥
기둥을 장식한 부조에 등장하는 인물 수는 2500을 넘는다. 그 가운데 트라야누스 황제 자신은 60번이나 등장한다. 전투 모습은 완전한 승리를 증명하듯 평화활동이나 신에게 헌신하는 모습으로 바뀌었다.

기념기둥 부분▶
기념기둥을 장식한 그림은 다키아전쟁의 여러 에피소드를 나타내며 고도의 기법을 사용해 인물 말고도 산, 강 등 지리적 특징도 극명하게 그려내 전쟁 경과를 기록함과 동시에 전승을 기념하는 역할도 수행했다.

▲폼페이, 〈이시스
전투에서 알렉산더
대왕과 다리우스 3
세〉 부분
1881년 폼페이 유
적, '파우누스의
집'에서 고전 최대
의 모자이크가 발
견되었다.

▶폼페이, 〈비의
장〉 BC 3세기.
디오니소스 신을
숭배하는 비밀 입
신식을 그린 유명
한 벽화

◀폼페이, 잿더미
아래서 되살아난
도시
광장 가까이에 위
치하며 48개의 코
린트식 원기둥이
서 있는 줄기둥
회랑 안마당 중앙
에 솟은 BC 2세
기 아폴로 신전

▲나폴리, 〈베수비오 화산 폭발〉
피에르 자크 볼레르. 1777.

◀폼페이, 〈세멜레의 신화〉 신비의 별장 프레스코화

▶폼페이에서 출토된 젊은 부부를 그린 유명한 벽화(1세기)의 단편 부인은 밀랍을 바른 간판을 들고 있으며 남편은 두루마리를 쥐고 있다. 남편은 빵가게의 테렌티우스 네오이거나 마을 공무원이라 생각된다.

시칠리아, 에트나 화산 분출 광경 유럽 최대의 활화산

시칠리아, 타오르미나의 원형극장 유적 멀리 에트나 산에서 증기가 피어오르고 있다. 괴테는 1787년 5월 7일 이곳에 들렀다.

나폴리, 〈파르네세의 수소〉 아폴로니우스와 타우리스코스. BC 1세기. 나폴리, 국립고고미술관 소장

▲〈캄파니아 평원의 괴테〉 티슈바인

◀티슈바인(1751~1829) 자화상

▼〈캄파니아 평원의 괴테 스케치〉 티슈바인

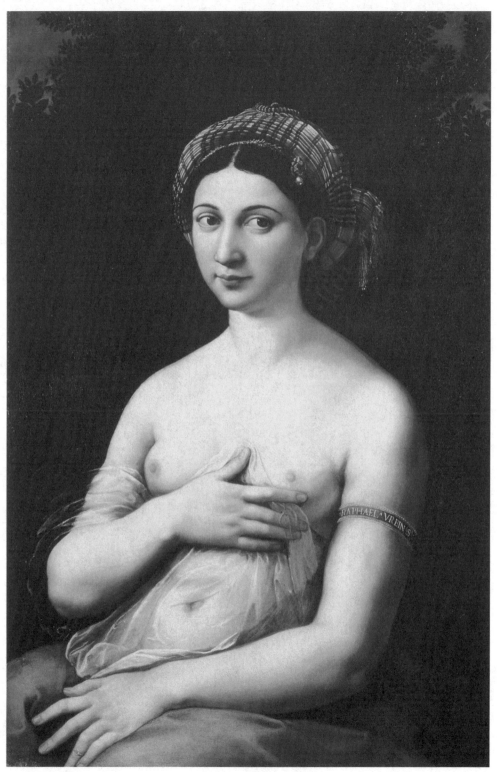

〈라 포르나리나의 초상〉 라파엘로. 1518~19. 로마, 국립고대미술관 소장

앙겔리카 카우프만(1741~1807) 자화상

World Book 256
Johann Wolfgang von Goethe
ITALIENISCHE REISE
이탈리아 기행
요한 볼프강 폰 괴테/곽복록 옮김

동서문화사

디자인 : 동서랑 미술팀

이탈리아 기행

차례

우리도 아르카디아로!*

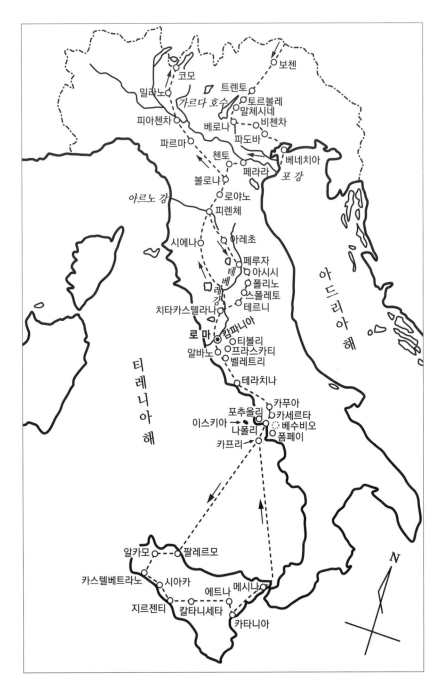

코모
밀라노
트렌토 보첸
가르다 호수 토르볼레
말체시네
피아첸차 베로나 비첸차
파르마 파도바
첸토 베네치아
볼로냐 페라라 포 강
로야노
아르노 강 피렌체
시에나 아레초
페루자
아시시
테 폴리노
베 스폴레토
레 테르니
치타카스텔라나 강
캄파니아
로 마 티볼리
알바노 프라스카티
벨레트리
테라치나
카푸아
포추올리 카세르타
이스키아 베수비오
나폴리 폼페이
카프리

티레니아 해
아드리아 해

알카모 팔레르모
카스텔베트라노 시아카
에트나 메시나
지르젠티 칼타니세타
카타니아

N

괴테의 이탈리아 여정

제1부
칼스바트에서 로마까지
(1786년 9월 ~ 1787년 2월)

칼스바트에서 브레너까지[*1]

1786년 9월 3일

　새벽 3시, 나는 홀로 칼스바트를 빠져 나왔다. 이렇게 하지 않았으면 그들은 내가 떠나도록 그냥 두지 않았을 것이다. 8월 28일, 내 생일을 진심으로 축하해 주려던 친구들은 그것만으로도 나를 붙잡아 둘 충분한 이유가 되었으리라. 하지만 더는 이곳에서 머무를 수만은 없었다. 여행 가방과 오소리 가죽 배낭만을 꾸린 나는 홀로 우편마차를 타고 7시 30분즈음 츠보타에 이르렀다. 안개가 자욱하게 낀 아름답고 고요한 아침이다. 하늘의 구름은 양털 모양 띠무늬를 이루어 있었고, 그 아래 구름은 묵직해 보였다. 이런 풍경은 나에게 좋은 징조가 펼쳐질 듯이 보였다. 울적했던 여름날들이 어서 지나가고 푸르른 가을날을 만끽하긴 바랐다. 12시, 한참 뜨거운 여름 햇살을 받으며 에거에 도착하고서야 나는 이곳이 내 고향과 똑같은 위도상에 위치해 있음을 떠올렸다. 북위 50도의 맑은 하늘 아래에서 점심식사를 할 수 있으리라는 생각에 기분이 즐거워졌다.

　바이에른에 들어서면 곧바로 마주치는 게 성직자들의 값진 자산인 '발트자센 수도원'이다. 그들은 일찍부터 보통 사람들보다 한결 지혜로웠던 듯하다. 이 수도원은 분지라고까지 말할 수 없지만, 넓은 접시 바닥처럼 오목한 지대의 아름다운 초원에 자리잡고 있으며, 주위는 비옥하고 완만한 구릉으로 둘러싸였다. 또한 이 수도원은 주위에 넓은 지역을 소유하고 있는데, 점토가 굳어진 점판암질이 풍화되어 토양을 이루었다. 이런 산골짜기에 있는, 풍화나 분해가 되지 않는 돌수정이 들판을 부드럽고 아주 기름지게 해준다.

　티르셴로이트[*2] 가까이까지 오르막이다. 그래서 물줄기는 우리가 가는 길과 반대로 에거 강과 엘베 강으로 흐른다. 티르셴로이트부터는 남쪽으로 내리

[*1] 이 장 편찬의 바탕이 된 것은 슈타인 부인에게 보낸 여행 일기의 제1부이다.
[*2] 팔츠 북부 바르트나프 강가.

막을 이루고 있어서 물줄기는 다시 도나우 강 쪽으로 흐른다. 아무리 작은 실개천이라도 그 물이 어느 쪽으로 흐르는지, 즉 어떤 강줄기에 속하는지를 연구해 보면 곧 그 지방을 자세히 알 수 있다. 더욱이 우리가 몸소 볼 수 없는 지방들의 산과 계곡들 위치도 머릿속으로 그려 볼 수 있다.

앞서 말한 마을 외곽에서부터는 풍화된 화강암질 모래로 잘 닦여진 도로가 시작되는데, 그보다 완전한 도로는 어느 곳에도 없을 정도다. 부스러진 화강암은 모래와 점토가 섞여 있어서 지반을 단단하게 해주는 동시에, 지면을 다진 바닥처럼 매끄럽게 해주기 때문이다. 그와 달리 도로가 지나가는 주변 지대는 화강암 모래로 되어 있고 낮은 늪지대이기 때문에 삭막해 보인다. 그래서 잘 닦인 그 도로가 더욱 훌륭해 보인다. 또한 내리막길이라 마차가 엄청나게 빨리 달린다. 보헤미아(체코) 지방에서 달팽이가 기듯 했던 것과는 비교도 안 된다.

동봉한 종이쪽지*3에 지나온 역들의 이름을 적어 놓았다. 나는 다음 날 아침 10시에 여유 있게 레겐스부르크에 도착할 수 있었다. 다시 말해 24.5마일(1mile≒1.6km)의 거리를 31시간 만에 달려온 것이다. 동 틀 무렵 나는 슈바넨도르프와 레겐스타우프의 중간쯤에 와 있었는데, 주변 경작지 상태가 차츰 나아지고 있음을 느꼈다. 이곳은 암석이 풍화된 토양이 아니라 충적토가 섞여서 이루어졌다. 태곳적에 밀물과 썰물이 도나우 협곡에서 레겐 강을 거슬러 넘나들며 모든 계곡에 영향을 주었는데, 이제는 그 골짜기들이 그곳으로 물을 흘려보내게 되어 이처럼 매립지가 형성되었고 거기에 경작지가 만들어진 것이다. 이런 현상은 크고 작은 모든 강의 인접 지대에 적용할 수 있다. 이러한 기초 지식을 바탕으로 관찰자는 어떤 땅이 일구기에 알맞은지 빠르게 판단할 수 있을 것이다.

레겐스부르크는 매우 훌륭한 위치에 있다. 그러므로 그곳에 도시가 세워진 것은 자연스러웠고, 도시 주민들을 끌어들일만큼 매력적이었으며 사제들의 판단도 현명했다고 볼 수 있다. 도시 주위 모든 농토는 그들의 소유이고, 시내에는 교회와 수도원이 마주하며 나란히 늘어서 있다. 도나우 강은 옛 마인 강의 풍광을 떠오르게 한다. 프랑크푸르트의 강과 다리보다는 못하지만, 건너편

*3 괴테가 슈타인 부인에게 보낸 '일기'에 동봉한 것으로, 바이마르판 제3부 '일기' 제1권 및 제4부 '서간' 제8권에 수록되어 있다.

바이에른의 발트자센 수도원

슈타트 암 호프는 그야말로 운치 있는 모습이다.

나는 먼저 예수회 교단 강당에서 해마다 열리는 학생 연극을 보러 가서, 오
페라의 마지막과 비극[*4]의 첫째 막을 보았다. 그들은 아마추어 극단보다 못하
지는 않았지만, 의상은 좀 화려했다. 이 공연은 예수회 회원들의 총명함을 다
시금 깨닫게 해주었다. 그들은 조금이라도 효과가 있을 만한 것은 어느 하나
도 소홀히 하지 않았고, 애정과 주의를 기울여 처리할 줄 알았다. 이곳 사람
들에게는 단순히 추상적으로 생각하는 똑똑함이 아닌 일 자체에 대한 기쁨
이 있으며, 삶의 관습에서 우러나오는 즐거움이 깃들어 있었다.

이 위대한 종교 단체 안에는 오르간 제작자와 조각가, 도금사 등이 있듯이
연극에 대한 소질과 지식을 가진 사람들도 있었다. 그들의 교회가 화려하게
단장함으로써 사람들 눈길을 끄는 것과 같이, 이 통찰력 있는 사람들은 고상
한 연극을 통해 세인들의 감성까지 사로잡았다.

[*4] 오페라의 제목은 〈무정한 하인(Der Lieblose Knecht)〉, 비극은 〈모든 박애(Die sogenannte
Menschenliebe)〉라는 제목으로, 9월 4일과 6일에 공연되었다.

오늘은 북위 49도 위치에서 이 편지를 쓴다. 이곳에서의 하루는 기분 좋게 시작되었다. 아침에는 꽤 쌀쌀했는데, 사람들은 여름에 비가 자주 내리고 기온도 내려가 썰렁하다고 불만을 터뜨렸다. 하지만 오늘은 따스하면서 좋은 날씨로 시작했다. 큰 강에서 불어오는 산들바람은 어딘가 익숙한 느낌이다. 과일은 그다지 다를 게 없다. 맛있는 배를 먹어봤지만, 포도와 무화과 맛이 그리워진다.

예수회 사람들이 하는 행동과 태도가 줄곧 내 눈길을 끌었다. 교회와 탑과 건물들의 규모는 성대하고 완벽한 느낌을 품고 있어서 모두에게 은밀한 경외심을 불러일으킨다. 금, 은 그 밖의 금속, 그리고 잘 다듬어진 풍부한 석재들을 아주 화려하게 장식해 놓아 어떤 계층이라도 마음이 끌리지 않을 수 없다. 하지만 군데군데 이런 환심을 사기 위해 인위적으로 단조롭게 만든 것도 없지는 않다. 이것은 거의 가톨릭의 외면적인 경배 정신이지만, 나는 아직까지 예수회에서만큼 이지적이고 능숙하고 한결같이 행해지는 의식을 본 적이 없다. 그러나 돋보이는 것은, 그들이 다른 교단의 사제들처럼 케케묵고 고리타분한 예배 의식을 강요하지 않고 시대 정신에 맞추어 화려하고 눈부신 장식으로 다시 꾸몄다는 점이다.

여기서는 특이한 암석이 건축재로 쓰였는데, 그것은 얼핏 보기에 토틀리겐데스 석회암처럼 보이지만 사실 더 오래된 섬록반암과 같은 종류로 보아야 한다. 그 돌은 전체적으로 초록빛을 띠는데, 석영이 섞여 있으며 구멍이 많다. 그 안에 매우 단단한 벽옥 반점들이 섞여 있는데, 거기에는 각력암(breccia, 角礫岩)의 암석편이 작고 희끗희끗한 반점을 이루고 있다. 암석이 연구에 도움이 될 것 같아서 가져오고도 싶었지만, 암석이 너무 단단하게 붙어 있어서 떼어낼 수가 없었다. 그리고 이번 여행에서는 암석 채집을 하지 않기로 했다.

9월 6일, 뮌헨

9월 5일 낮 12시 반에 레겐스부르크를 떠났다. 아바흐는 도나우 강물이 석회암을 깎으며 이자르 강 부근까지 이어지는 아름다운 곳이다. 이 석회암은 하르츠 산기슭 오스테로다 근방의 단단한 석회암과 비슷하지만 주로 구멍이 많다. 아침 6시에 뮌헨에 도착, 12시간 동안 이곳저곳 둘러보고 다녔지만, 그 가운데 아주 중요한 일부분만 기록하려고 한다.

미술관*5은 왠지 낯선 느낌이 들었는데, 내 눈이 그림에 익숙하지 않아서 그럴 것이다. 작품들은 모두 뛰어났다. 특히 '룩셈부르크 화랑'에 있는 〈루벤스의 스케치〉*6는 나를 기쁘게 했다.

여기에는 〈트라야누스 기념주〉*7의 모형 같은 훌륭한 조형물도 있었다. 받침은 청금석이고, 기둥은 도금되어 있었다. 세공이 얼마나 아름다운지 보는 이의 눈을 기쁘게 한다.

〈루벤스의 스케치〉 루벤스 그림, 마리아 드 메디치 일생의 하나

'고대미술관*8에서는 아직 내 눈이 이러한 작품들에 익숙지 않다는 것을 확실히 깨달았다. 나는 더 이상 이곳에 머무르며 시간을 허비하고 싶지 않았다.

---

*5 그 무렵 궁정 북쪽에 있는 선제후 칼 테오도르가 설립한 미술관 안에 있었지만, 요즘은 그 안에 석고모형관과 인류학관이 있다.

*6 하인리히 4세의 비 마리아 드 메디치의 생애를 그린 루벤스의 스케치 열여덟 점은 뒷날 뮌헨의 구(舊) 피나코테크에 있었다. 처음부터 이 일련의 스케치는 마리아 드 메디치가 건축한 룩셈부르크 화랑에 전시할 목적으로 그린 것으로, 완성된 그림은 파리 루브르에 있다.

*7 로마 황제 마르쿠스 울피우스 트라야누스(98~117년 재위)가 로마 트라야누스 광장에 세운 기념주 모형. 모형을 만든 이는 로마 금세공사 로드비코 바나딜로, 선제후 칼 테오도르가 1783년에 사들였다. 그 뒤로는 궁전 보물실에 소장.

*8 선제후 막시밀리안 1세가 1600년에 건축한 오래된 궁전의 고고관 안에 있었다.

딱히 왜 그런지는 모르겠지만, 마음에 와닿는 작품은 그리 많지 않았다. 그 가운데서 드루수스 상 하나가 내 관심을 끌었고, 안토니누스 상 두 개와 그 밖의 몇몇 상들이 마음에 들기는 했지만, 전체적으로 배치가 불안정했다. 그러나 그 작품들은 장식용으로 사용하는 편이 더 어울릴 듯했고, '둥근 천장의 공간'이라 부르는 게 더 어울릴 이 미술관도 좀 더 깨끗하고 관리가 잘 되어 있었다면 좋은 인상을 받았을 것이다.

'박물표본실*[9]에는 티롤 지방에서 나온 좋은 물건들이 전시되어 있었는데, 나는 그것들의 표본을 본 적이 있고, 가지고 있는 것도 있다.

무화과를 파는 여인과 마주쳤다. 그 무화과는 만물이어서 무척 맛있었다. 그러나 북위 48도에서 나오는 과일은 대체로 맛이 좋지 않다. 이 곳은 냉기와 잦은 비로 그 습기 때문에 불평이 끊이지 않는다. 오늘 아침 뮌헨에 닿기 전부터 차가운 안개비가 나를 맞이했다. 온종일 티롤 산맥에서 불어오는 차가운 바람이 휘몰아쳤다. 탑*[10] 위에서 바라보니, 산은 온통 구름이 덮였고, 하늘은 잔뜩 흐렸다. 지금은 해가 넘어가면서 내 방 창문 앞에 보이는 오래된 탑*[11]을 비추고 있다. 내가 바람과 날씨에 너무 집착하는 것을 용서해 주기 바란다. 하지만 육지를 여행하는 사람도 뱃사람과 마찬가지로 그 두 가지 요소에 따라 상황이 달라질 수 있다. 이국땅에서 맞이하는 이 가을이 고향의 여름 날씨보다 좋지 않다면 정말 실망스러울 것이다.

이제 곧장 인스부르크로 가야겠다. 내가 오랫동안 간직해 온 생각을 이루기 위해서 주저할 게 무엇이 있겠는가.

9월 7일 저녁, 미텐발트

수호신이 내 믿음을 기특하게 여기신 것 같다. 이렇게 좋은 날에 나를 이곳으로 데려와 준 수호신에게 감사한다. 마지막 우편마차의 마부는 유쾌한 목소리로, 오늘이 '여름을 통틀어 가장 좋은 날씨'라고 외쳤다. 이런 날씨가 이어지기를 마음속으로 간절히 빌어본다. 어쨌든 또다시 바람과 구름에 대한 이야기

---

*9 예수회 교단의 강당 안에 있는 박물표본실.

*10 성 피에트로 성당의 탑으로 추정된다.

*11 괴테가 그 무렵 묵었던 카우핑어 거리에 있는 '검은 독수리 여관(Zum Schwarzen Adler)'에서 아주 가까운 황폐한 통칭 '아름다운 탑'을 지칭하는 것으로 보인다.

베네딕트-보이에른 수도원

가 나온 것을 벗들은 너그러이 용서해 주기 바란다.

아침 5시, 뮌헨을 떠날 때 하늘은 맑게 개어 있었다. 티롤 산맥에는 거대한 구름 덩어리가 걸려 있었고, 아래쪽으로 띠 모양으로 드리운 구름층도 움직이지 않았다. 길은 자갈이 두텁게 쌓인 언덕을 넘어, 저 아래로 이자르 강이 내려다보이는 지대로 나 있다. 여기서는 태곳적 바닷물의 조류 활동을 한눈에 알아볼 수 있다. 이곳 화강암 표석 가운데에는 내가 크네벨*12 덕분에 수집하게 된 진품들의 형제간이나 친척뻘쯤 되는 암석들이 적지 않다.

강과 목장의 안개도 잠시 머물다가 곧 흩어져 버렸다. 사방 몇 시간을 달릴 만한 먼 거리까지 이어지는 자갈길 사이로는 레겐 강의 협곡에서와 같이 매우 기름진 땅이 환하게 펼쳐진다. 이윽고 다시 이자르 강변에 이르자, 높이가

*12 칼 루트비히 폰 크네벨(1744~1834). 프랑켄의 귀족이자 군인. 1774년 바이마르 공 칼 아우구스트의 동생 콘스탄틴의 부육관으로서 바이마르의 부름을 받았다. 괴테가 칼 아우구스트와 친해진 것도 이 사람의 힘이 작용했다. 괴테와는 1775년부터 교우가 두터웠다. 그는 괴테가 이 수기를 쓴 1786년의 전년에 티롤과 북부 바이에른에서 괴테와 어울렸다.

150피트(1feet=30.48cm)는 될 듯한 자갈 언덕의 모습이 눈에 들어온다. 볼프라츠하우젠에 도착했기에 이제 북위 48도선까지 내려온 것이다. 태양이 강하게 내리쬐었지만, 누구도 이런 좋은 날씨가 이어지리라고는 생각하지 않는다. 사람들은 매우 거칠었던 지난해 날씨에 대해 신이 아무런 대책도 세워 주지 않는다고 큰 소리로 불평을 늘어놓았다.

이제 내 눈앞에는 새로운 세상이 펼쳐진다. 가까워질수록 산맥은 차츰 그 위용을 드러냈다.

베네딕트–보이에른(수도원)은 첫눈에 반할 만큼 아름다운 위치에 자리잡고 있다. 비옥한 평야에는 기다랗고 넓은 하얀 건물[13]이 늘어서 있으며, 그 뒤로는 거대한 암벽이 솟아 있었다. 여기부터 코헬 호수까지 올라갔다가 더 높은 산 속으로 깊이 들어가면 발헨 호숫가에 도착한다. 나는 여기서 흰 눈으로 덮인 산봉우리들과 처음 마주쳤는데, 내가 눈 덮인 산 가까이 오게 된 것을 놀라워하자, 사람들은 사실 어제 이 지역에 천둥과 번개가 치고 산에는 많은 눈이 내렸다고 말했다. 이런 첫눈의 기상 상태라면 날씨가 좋아지리라는 희망을 가져볼 만하다면서 사람들은 걱정하지 않았다.

주위의 암벽들은 모두 석회질이었는데, 화석을 포함하지 않은 가장 오래된 암석이었다. 이 석회암 산맥은 달마치아 지방에서부터 생 고트하르트 부근까지 끊임없이 이어진다. 아케[14]는 이 산맥의 대부분을 답사했다고 한다. 이 산들은 석영과 점토가 풍부한 원시 산악지대로 연결된다.

4시 반, 발헨 호수에 도착했다. 이 마을에서 한 시간쯤 걸리는 곳에서 나는 유쾌한 사건 하나를 경험하게 된다. 열한 살쯤 되는 딸과 함께 걸어가던 어느 하프 연주자가 내게 딸아이를 마차에 태워달라고 청했다. 그 남자는 악기를 어깨에 맨 채 계속 걸어갔고, 나는 그 소녀를 내 곁에 앉혀 주었다. 소녀는 자기 발 앞에다 커다란 상자 하나를 조심스럽게 갖다놓았다. 제대로 교육을 받은 귀엽고 예의바른 아이로, 벌써 세상 물정에 꽤 익숙한 것 같았다. 언젠가 어머니와 함께 마리아 아인지델[15]까지 걸어서 순례 여행을 한 적이 있는데, 다시 콤

＊13 베네딕트–보이에른 수도원을 말한다.
＊14 르부프 대학교수 벨사자르 아케. 알프스 지방을 1781년과 1783년에 여행한 뒤 1785년에 학술 여행기를 발행했다.
＊15 독일 바이에른 자유주에 있는 지명.

코헬 호수, 괴테 그림

포스텔의 산티아고*16까지 긴 여행길에 오르려 했지만, 어머니가 돌아가셔서 가족의 소원은 이뤄지지 못했다고 한다.

하지만 성모 마리아에 대한 소녀의 신앙심은 대단했다. 언젠가 어떤 집에 큰 불이 나서 모조리 타 버린 것을 직접 보았는데, 문 위에 걸려 있던 유리 액자 속 성모상만은 유리와 그림까지 모두 온전했다는 것이다. 그것이야말로 정말 기적이 아니냐며 소녀는 말했다.

그 소녀는 끝까지 걸어서 순례 여행을 마쳤고, 마침내 뮌헨의 선제후 앞에서 모두 21명의 제후들에게 연주를 들려주었다고 했다. 소녀의 이야기는 무척 재미있었다. 커다란 갈색 눈이 매우 예뻤고, 가끔 위쪽으로 약간 주름지는 이마가 고집쟁이 같은 느낌을 주었다. 이야기할 때, 특히 어린아이답게 깔깔거리며 웃을 때는 밝고 천진난만해 보였다. 하지만 입을 다물고 있을 때는 무언가 못마땅한 표정을 지었다.

---

*16 스페인 도시명. 옛날 가르시아 왕국의 수도. 성 야곱의 무덤이 있어 순례지가 되었다.

나는 그 소녀와 아주 많은 이야기를 나누었는데, 소녀는 생각보다 견문이 넓었고 사물에 깊은 관심을 보였다. 한 번은 나에게 저것이 무슨 나무냐고 물었다. 아름답고 커다란 단풍나무였는데, 여행길에 나선 뒤로 처음 본 것이었다. 소녀는 그 나무 이름을 금방 기억해냈고, 그 뒤로 단풍나무가 줄줄이 나타날 때마다 자신이 그 나무를 알아볼 수 있음을 기뻐했다. 소녀는, 자신은 보첸으로 큰 장을 보러 가는데, 혹시 나도 그 쪽으로 가는 게 아니냐고 물었다. 거기서 다시 만나면 자기에게 어떤 물건이든 하나 사줄 수 있느냐고 하기에, 나는 그러마 약속했다. 소녀는 자신이 뮌헨에서 번 돈으로 산 새 모자를 거기서 쓰고 싶은데, 그 전에 나에게 먼저 보여 주겠다고 했다. 그런 다음 소녀는 발밑에 놓았던 상자를 열었고, 나는 화려하게 수 놓고 예쁘게 리본을 장식한 새 모자를 볼 수 있었다.

우리는 또 하나의 즐거운 기상예보를 듣고 함께 기뻐했다. 소녀가 날씨가 틀림없이 좋아질 거라고 장담했기 때문이다. 소녀는 기상예보 기압계를 가지고 다니는데, 그것은 하프를 두고 하는 말이었다. 현의 음이 최고음까지 올라가면 날씨가 좋을 징조인데, 오늘이 바로 그런 날이라는 것이다. 나도 그 전조가 옳다고 믿었다. 우리는 가까운 시일 내에 다시 만날 것을 기약하고 기분 좋게 헤어졌다.

9월 8일 저녁, 브레너 고개에서

반강제적으로 여기까지 오게 되었지만, 더 바랄 것 없이 고요한 곳이다. 오늘은 몇 년 동안의 일을 돌이켜보면서 즐거워할 수 있었다. 6시에 미텐발트를 떠났는데, 세찬 바람이 불어 하늘은 구름 한 점 없이 청명했다. 2월이 된 듯 매우 차가운 날씨였다. 그러나 이제 막 떠오르는 햇살을 받으며 전나무들이 울창한 사이사이로 회색 석회암이 드러나고, 그 뒤로는 새파란 하늘에 하얗게 눈 덮인 산봉우리가 불쑥 솟아 있다. 끊임없이 바뀌어 가는 풍경이 마치 명화를 보는 듯했다.

샤르니츠에 다다르면 티롤 지방으로 들어서게 되는데, 그 경계는 계곡이 가로막고 있다. 그리고 양쪽은 산과 들이 연결되는 하나의 암벽으로 막혀 있다. 암벽의 한쪽은 묵직하게 서서 움직이지 않고 있으며, 다른 쪽은 수직으로 높이 솟아 있어 그 모습이 참으로 당당해 보인다.

제펠트에서부터는 길이 점점 더 재미있어진다. 베네딕트–보이에른부터 여기까지는 산에서 산으로 오르막길이었고, 모든 물줄기들은 이자르 강 유역으로 흘러들었다. 그러나 이제는 산등성 너머로 인 강 계곡이 보이고 그 뒤로 인칭겐 지방이 눈앞에 활짝 펼쳐진다. 해가 높이 뜨자 더워져서 나는 얇은 옷으로 갈아입었다. 그런데 날씨가 오락가락하는지라 옷을 자주 바꿔 입어야만 했다.

치를에서 인 강 계곡까지는 내리막길이었는데, 그곳 풍경은 이루 말할 수 없이 아름다웠다. 한낮의 아지랑이가 그 전경을 더욱 아름답게 만들어 주었다. 마부는 내가 바랐던 것보다 훨씬 서둘러 달렸다. 그 날은 마침 성모 마리아 축일이었는데, 아직 미사를 드리지 못했기 때문에 인스부르크에 가서 더욱 경건한 마음으로 미사에 참석하려고 했다. 그래서 줄곧 인 강을 따라 내려가다가, 다시 가파르고 거대한 석회암벽인 마르틴스반트 옆을 덜커덕거리며 달렸다. 막시밀리안 황제가 길을 잃어버렸다는 이야기가 전해 오는 곳이지만, 수호신 도움 없이 나 혼자서도 찾아갈 수 있을 것만 같다. 비록 그것이 터무니없는 일일지라도……

인스부르크는 높이 솟은 바위와 산과 들 사이 넓고 풍요로운 골짜기 안에 빼어나게 자리잡고 있었다. 나는 처음에는 그곳에 머물려고 했지만, 어쩐지 마음이 안정되지 않았다. 잠시 동안 나는 죌러*[17]를 쏙 빼닮은 여관집 아들과 즐거운 시간을 보내게 되는데, 나는 이런 식으로 내 작품 속의 인물들을 하나하나 만나게 된다. 성모 마리아 축일을 축하하기 위해 마을 사람들은 모두 몸치장을 했다. 건강하고 부유하게 보이는 그들은 이 마을에서 산 쪽으로 15분쯤 떨어진 예배소 빌텐에서 예배를 보기 위해 무리지어 움직이고 있었다. 오후 2시가 되어, 나를 태운 마차가 들뜨고 왁자한 군중 속에 끼어들었을 때는 너나할 것 없이 모두가 즐겁게 걸어가고 있었다.

인스브루크에서부터 오르막길로 갈수록 점점 더 아름다운 경치가 펼쳐지는데 어떤 묘사로도 표현할 수 없을 정도였다. 우리는 물줄기가 인 강 쪽으로 흐르는 협곡을 가장 평탄한 길을 따라 올라갔다. 형형색색의 경치가 펼쳐지는 협곡이다. 깎아지른 듯한 바위를 따라서 바위 속을 뚫고 길이 나 있는가 하면, 다시 그 맞은편에는 완만한 비탈길이 보였다. 그 주위는 경작지로 쓸 만한 땅이

---

*17 괴테가 1769년에 완성한 희극 《공범자》에 등장하는 인물로, 작중 여관집 데릴사위.

다. 경사이기는 하지만 널따란 고원의 밭과 덤불 사이로 하얗게 칠한 크고 작은 집들과 움막들이 펼쳐진다. 이윽고 모든 것이 달라진다. 이용할 수 있는 땅이라고는 모두 목초지이고, 그마저도 마지막에는 가파른 비탈길로 끝난다.

나는 나의 세계를 창조하기 위해 이제까지 많은 것을 얻어왔지만, 전혀 새로운 것이나 예상하지 못했던 것은 하나도 없었다. 또한 아주 오래전부터 이야기해 왔고, 어떻게든 기꺼이 보여 주고 싶었던 어떤 모형을 곧잘 꿈꾸어 왔다. 내 마음 속에 맴돌면서도 본질적으로는 다른 사람에게 내보여줄 수 없는 것들을……

이제 주위가 차츰 어두워지자, 사물의 세세한 모습은 보이지 않고 커다란 덩어리만 점점 더 크고 장엄하게 보인다. 그러다가 마침내 모든 것이 신비로운 장면처럼 눈앞에 다가오는 것 같더니, 갑자기 그 눈 덮인 높은 봉우리가 달빛을 받아 빛난다. 이제 나는 남북의 경계선상에 있는 이 바윗골*18에 아침이 밝아오기를 기다리고 있다.

날씨에 대해 두서너 가지를 덧붙이고자 한다. 날씨를 자주 관찰하는 내게는 이곳의 날씨가 알맞다. 좋은 날씨든 나쁜 날씨든 평지에서는 이미 그렇게 변한 상태로 맞이하게 되는데, 산속에서는 날씨가 바뀌어 가는 과정의 변화를 느낄 수 있다. 이것은 여행을 하거나 산책할 때, 사냥을 나가서 며칠 밤낮을 숲 속 삼림이나 암벽 사이에서 머무를 때 흔히 겪는 일이다. 그럴 때면 어떤 기발한 착상이 머릿속에 떠올라 떠나지 않는다. 일단 그런 생각에 사로잡히면 좀처럼 그것에서 벗어날 수가 없듯이, 내 마음속에 품은 그런 생각을 떨칠 수가 없다. 마치 그것이 확고한 진리라도 되는 듯이, 어디에서나 그런 생각들이 눈앞에 떠오른다. 그래서 나는 또 그것에 대해 말해 보려고 한다. 어차피 친구들의 너그러운 이해를 자주 바라는 상황이니까.

산을 관찰할 때, 산봉우리가 금방 햇빛에 반사되다가 또 안개에 휩싸이고 비구름이 몰려오고 소나기가 쏟아지거나 눈으로 뒤덮이면, 우리는 그 움직임과 변화 과정을 쉽게 보고 알아낼 수 있으며, 그 모든 현상을 대기의 탓으로 돌린다. 이와는 달리 산들은 그 모습 그대로 우리의 외부적 자각 앞에 꼼짝

---

*18 브레너 고개.

브레너 고개 근처 농가, 괴테 그림

않고 서 있다. 그래서 우리는 움직이지 않는 산을 죽어 있다고 여기거나 조용히 있으니 활동하지 않는다고 생각한다.

하지만 나는 오래전부터 대기에 나타나는 온갖 변화들의 원인은 거의 조용하고 신비로운 작용 때문이라고 생각하고 있었다. 다시 말하면, 나는 이 지구라는 덩어리, 특히 그 지반의 도드라진 부분이 늘 변함없이 똑같은 중력을 받는 것이 아니라, 어떤 맥박 상태로 나타나기 때문에 필연적인 내적 원인에 따른 것이든 우연한 외적 원인에 의한 것이든 늘어나기도 했다가 줄어들기도 하는 것이라고 생각한다.

이러한 진동 지각을 설명하려는 모든 시도가 너무 불충분하고 상세하지 않을지도 모르지만, 대기의 저 소리 없는 작용은 우리에게 충분히 설명해 줄 만큼 민감하고 드넓다. 그 중력이 조금이라도 줄어들 경우에는 그 줄어든 중력과 감소된 대기의 신축성은 그러한 작용을 암시한다. 대기는 화학적이고 기계적으로 흩어져 있던 습기를 더는 유지할 수 없게 되고, 구름은 품고 있던 비를 뿌리고, 그 빗물은 땅 쪽으로 흘러 들어간다.

그러나 산의 중력이 늘어나면, 대기의 신축성이 되살아나 두 가지 중요한 현상이 나타나게 된다. 먼저 산들은 거대한 구름층을 주위로 끌어 모아 마치 제2의 산봉우리인 것처럼 자신의 머리 위에 구름층을 붙들어둔다. 그 구름은 전기력의 내적인 충돌로 소나기가 되고 안개와 비가 되어 지상에 내린다. 다음으로 탄성을 가진 공기는 나머지 구름에 작용하는데, 이러한 공기는 다시 더 많은 물기를 품고 분해되고 변화되는 능력을 갖는다. 나는 그러한 구름이 흩어지는 모습을 매우 뚜렷하게 관찰했다. 뾰족한 봉우리에 걸린 구름은 저녁노을에 물들어 있다가 구름의 끝자락들이 서서히 조금씩 분리되어 나가고, 구름 부스러기가 몇 개 흩어지면서 높이 날아오르며 사라졌다. 그렇게 구름층 전체가 점점 사라져 가면서, 내 눈앞에서 누군가의 보이지 않은 손에 의해 마치 실이 풀어져버린 얼레처럼 흩어져버렸다.

이 떠돌이 기상관측자와 그의 기묘한 이론에 대해 벗들은 의문을 품었다면, 나는 몇 가지 다른 관찰에 대해 설명해줌으로써 그들을 웃게 할 수 있는 것이다. 고백하건대, 나의 여행은 사실 북위 51도[19]에서 겪어야 했던 모든 불쾌한 날씨로부터 벗어나는 것이었으므로, 북위 48도상에 이르면 진정한 고센[20] 땅에 들어서게 되리라는 희망을 가지고 있었다. 하지만 나는 보기 좋게 속고 말았다. 사실을 좀 더 일찍 알았어야 했다. 왜냐하면 위도뿐만 아니라 동서를 달리며 그 지역을 가로지르는 산맥도, 기후와 날씨를 결정짓는 원인이 되기 때문이다. 그 때문에 큰 변화가 나타나고, 특히 산맥 북쪽에 위치한 지방들은 기상 변화로 엄청난 손해를 입는다. 그러므로 북쪽의 온 지역에 걸쳐서 이번 여름 내내 나타났던 기상 상태도, 내가 이 편지를 쓰는 이 거대한 알프스 산맥의 영향을 받은 것으로 보인다. 이 지방에는 지난 몇 달 동안 끊임없이 비가 내렸으며, 남서풍과 남동풍이 비를 오로지 북쪽으로만 몰고 갔다. 그런데 이탈리아는 날씨가 무척 좋았고 오히려 너무 건조했다고 한다.

이와 관련해서 기후, 산의 고도, 그리고 습도로 인해 여러 면에서 제한을 받는 종속 식물계에 대해 몇 마디 하겠다. 이 분야에서 특이한 점은 발견하지 못했지만, 얼마쯤 알게 된 것이 있다. 사과와 배는 인스브루크로 오는 골짜기에 많이 열려 있던 반면에, 복숭아와 포도는 이탈리아 지방, 즉 햇빛이 풍부한

---

*19 괴테가 1775년부터 살았던 바이마르를 가리킴.
*20 고대 이집트의 지명으로, 이집트 왕이 요셉 일족에게 내려준 비옥한 땅.

티롤 지방에서 가져온다. 인스브루크 근교에서는 터키식으로 메밀을 기르는데, 이것들은 블렌데(Blende)라고 부른다. 브레너 고개를 올라가면서는 낙엽송을, 쇤베르크에서는 잣나무를 처음으로 보았다. 그 하프 연주자의 딸이 함께 있었더라면 이곳에서도 이것저것 물어보았으리라.

나는 식물에 대해 아직 배워야 할 것이 너무 많다. 뮌헨까지 가는 동안 그리 새로운 식물은 보지 못했다. 물론 밤낮으로 서둘러 이동해야 했기에 그렇게 자세하게 살펴볼 여유가 없기도 했다. 요즘 나는 린네*21의 책을 지니고 다니면서 식물학상의 용어를 익히고는 있지만, 분석할 만한 시간은 없다. 게다가 사실 분석을 잘하는 편도 아니다. 그래서 나는 먼저 일반적인 것에 관찰 초점을 맞추었다. 그리고 발헨 호숫가에서 용담을 처음으로 발견했을 때에야, 내가 신기한 식물을 처음으로 찾아낸 곳이 늘 물가였다는 사실을 깨달았다.

내가 좀 더 주의 깊게 살핀 것은, 산의 고도가 식물에 미치는 영향이었다. 그리고 고산에서 새로운 식물이 아니라, 낯익은 식물들의 성장 형태가 변한다는 사실을 깨달았다. 저지대에서는 가지와 줄기가 더 억세고 무성하며 눈이 촘촘히 관찰되고 잎이 넓지만, 산지로 올라가면 갈수록 가지와 줄기는 가늘어지고, 눈은 서로 떨어져 드문드문 나 있으며 마디에서 마디까지의 사이가 좀 더 길고, 잎은 뾰족한 창 모양이었다. 나는 특히 버드나무와 용담에서 이런 현상을 발견했고, 그것들이 같은 종류임을 확신했다. 발헨 호숫가에서 찾아낸 등심초도 저지대에서보다 더 길고 가늘었다.

이제까지 내가 가로질러 온 알프스의 아름다운 잿빛 석회암은 특이하고도 불규칙한 형태를 띠고 있는데, 여러 층으로 분리되어 있다. 진동층이 나타나고 전반적으로 바위들이 저마다 다른 풍화 작용을 받은 탓에 암벽과 봉우리들은 기괴한 형상을 이룬다. 이러한 암석들이 브레너 저 위쪽까지 이어진다.

그러나 위쪽 호수*22 지대로 가면 모양이 또 바뀐다. 석영이 많이 박힌 암록색과 암회색의 운모편암에 하얗고 조밀한 석회암이 기대고 있는데, 균열이 무척 심하기는 해도 그 갈라진 틈으로 깨어진 커다란 덩어리를 이루며 노출되어 있다. 석회석 위로 운모편암이 있었지만, 먼저 것보다는 더 약해 보였다. 더 올

---

*21 칼 폰 린네(1707~1778). 유명한 식물학자. 괴테가 가지고 다닌 린네의 책은 《식물학 강요》혹은 《명명법》이었을 것으로 추정된다.
*22 브레너 호수를 가리킴.

라가자 특이한 종류의 편마암이 나타났는데, 이것은 가까운 엘보겐 지방*23에서 흔히 볼 수 있는 편마암에서 생겨난 일종의 화강암이다. 그 산 위에서 맞은편 위쪽으로 보이는 것은 운모편암이다. 산에서 흘러내려오는 물에는 이러한 운모편암과 잿빛 석회암이 섞여서 내려온다.

틀림없이 멀지 않은 곳에 이런 바위들을 낳은 화강암층이 있을 것이다. 지도상으로 보면 우리는 원래의 거대한 브레너 고개 쪽에 있는데, 그곳으로부터 물줄기들이 주변 저지대로 흘러내려온다.

사람들 겉모습에 대해서는 다음과 같은 사실을 엿볼 수 있었다. 이 지방 사람들은 정직하고 솔직하다. 생김새는 모두 비슷비슷한데, 여자들은 또렷한 갈색 눈과 선이 고운 눈썹을 가지고 있다. 그와 달리 남자들은 폭이 넓은 브라운색 눈썹을 가졌다. 녹색 모자를 쓴 남자들이 회색 바위 사이로 다니는 모습은 참으로 즐거워 보인다. 모자에는 리본이나 술이 달린 태피터(taffeta)로 된 장식끈이 핀으로 단정하게 꽂혀 있다. 남자들 모두가 꽃이나 깃털을 모자에 달고 있지만 여자들은 이상하리만치 풍성하고 널따란 하얀 면직 두건을 쓴다. 그것은 마치 남자들이 밤에 쓰는 볼품 없는 모자와 같아, 그런 모자를 쓴 여자들은 매우 낯설어 보인다. 다른 지방에서는 여자들도 남자용 녹색 모자를 쓰는데, 그 편이 차라리 한결 잘 어울린다.

나는 이 지방 사람들이 공작 깃털을 무척 중요하게 여긴다는 것과 알록달록한 깃털이면 어떤 것이든 좋아한다는 사실을 알게 되었다. 그러니까 이 산악 지방을 여행하려는 사람은 그런 깃털을 가지고 가는 것이 좋겠다. 깃털 하나라도 임자를 제대로 만나면 술값을 대신할 수 있어 큰 즐거움을 느낄 수 있을 것이다.

이제 나는 이 원고 쪽지들을 분류하고 모으고 묶어서, 이제까지의 내 여정을 친구들이 어느 정도 쉽게 살펴볼 수 있도록 했다. 그와 함께 내가 지금까지 체험하고 사색해 온 것들을 되새기면서, 이 종이 뭉치들을 살펴보고 나는 새삼 전율을 느낀다. 이 뭉치들에 대해서 짤막하게나마 기분좋은 고백을 하지 않을 수 없다. 나의 동반자인 이것들이 앞날의 내 여정에 큰 영향을 미치지 않겠는가.

---

*23 칼스바트 인근 에겔 강가 지방.

괴셴 출판사에서 나올 예정인 나의 전집*24을 마지막으로 정리하려고 모든 원고를 칼스바트로 가지고 갔다. 아직 인쇄되지 않은 부분은 비서 포겔*25이 숙련된 솜씨로 깨끗하게 필사해서 내게 주었다. 이 충실한 비서는 그 뛰어난 솜씨로 나를 도와 주려고 이번 여행에도 동행했다. 그 덕분에 처음 네 권은 헤르더의 충실한 협력으로 빨리 발행인에게 넘길 수 있었고, 나머지 네 권도 곧 넘길 것이다. 그러나 이 네 권의 일부분은 아직 초안에 지나지 않는다. 말하자면 단편으로 그친 작품들로 이루어져 있는데, 이것은 해가 갈수록 할 일이 많아지고 신경 쓸 일이 늘어날 뿐만 아니라 글을 시작만 해놓고서 흥미가 떨어지면 내버려 두는 나의 나쁜 습관이 점점 더 심해졌기 때문이다.

이 원고들을 내가 모두 가지고 갔기 때문에, 칼스바트의 재기 발랄한 인사들이 요청할 때면 나는 그들 앞에서 기꺼이 아직 발표되지 않은 작품들을 읽어 주었다. 그럴 때마다 그들은 좀 더 듣고 싶어했지만, 그 작품들이 아직 미완성인 것을 알고는 몹시 안타까워했다.

내 생일을 축하해 주는 내용에는, 내가 시작만 하고 내던져 둔 작품 대신 시 몇 편으로 채워졌는데, 그 시들마다 내 작업 방식에 대한 유감이 나타나 있었다. 그 가운데서도 〈새〉를 대신한 한 편의 시가 뛰어났는데, 그 시에서는 쾌활한 동물을 대표해 트로이프로인트*26에게 사절로 보내진 새 한 마리가, 이제 제발 약속한 나라를 세우고 다듬어 달라고 나에게 간절히 부탁하는 내용을 담고 있었다.

나의 다른 미완성 단편들에 대한 평들도 이에 못지않은 이해와 애교가 넘쳐서 그 작품들이 갑자기 내 마음속에 생생히 되살아났다. 나는 친구들에게 나의 의도와 전체적인 계획을 즐거운 마음으로 이야기해 주었다. 그러자 이것이 계기가 되어 다시 어려운 주문과 희망 사항들이 쏟아져 나왔는데, 특히 내게는 헤르더의 말이 와 닿았다. 헤르더는 내가 원고들을 다시 한 번 살펴보아야 하며, 특히 《이피게니에》에 좀 더 주의를 기울일 필요가 있다고 나를 설득

---

*24 괴테의 첫 번째 작품집 여덟 권은 1780~1790년에 라이프치히의 괴셴에서 출판되었는데, 괴테는 그 무렵 그 출판 준비를 했던 것이다.
*25 크리스티안 게오르그 칼 포겔(1780~1819). 괴테의 비서로, 1782년부터 1786년까지 괴테의 일을 도왔다. 이때도 칼스바트에서 작품집 출판을 위해 초고를 필사했던 것이다.
*26 괴테가 1780년에 쓴 문단풍자시 〈새(Die Vögel)〉에 나오는 이주민의 이름.

했다.

이 작품은 현재로서는 완성작이라기보다 초안 상태인데, 때로는 약강격 운율*27에 따르는가 싶다가 다른 운율에 가까워지는 산문시 형식으로 쓰여 있다. 이런 점 때문에 신경 써서 낭독하지 않거나 결점을 숨기지 않으면 그 효과가 반으로 줄어들 것이 틀림없다. 헤르더는 이 점에 대해 주의를 주었다. 그리고 내가 장기 여행 계획을 다른 사람들과 마찬가지로 그에게도 숨겼기 때문에, 그는 내가 그저 산행이나 간다고 여겼다. 더군다나 광물학과 지질학을 하찮게 보는 그는, 나에게 돈도 되지 않는 폐석이나 두드리고 있지 말고 이 작품에 온 힘을 다하라고 충고해 주었다.

나는 이런저런 호의적인 충고는 귀담아들었지만, 여기 올 때까지 관심을 완전히 그쪽으로 돌릴 수가 없었다. 이제 나는 원고 보따리에서 《이피게니에》를 꺼내어 나의 동반자로 삼아 아름답고 따뜻한 나라로 데리고 갈 것이다. 날은 길고, 아무도 명상을 방해하지 않는다. 주위의 장엄한 풍경은 시상을 막지 않고 오히려 움직임과 자유로운 공기로 시적 감각을 한결 더 활발하게 불러일으킨다.

---

*27 약하거나 짧은 음절 하나에 강하거나 긴 음절 하나가 따라오는 운율 형태.

브레너에서 베로나까지*¹

1786년 9월 11일 아침, 트렌토*²

50시간*³ 가까이 쉴 새 없이 돌아다니다가 어제 저녁 8시에 이곳에 도착한 뒤 바로 잠자리에 들었다. 휴식을 취하고 다시 이야기를 계속할 수 있는 기력을 되찾았다. 9일 저녁, 일기의 제1부를 마무리한 나는 숙소인 브레너의 역사(驛舍)를 스케치하려고 했지만 잘 되지 않았다. 그 특징을 잘 잡아내지 못해서 언짢은 마음으로 돌아왔다. 역사의 주인은 달이 밝고 길도 좋은데 바로 출발할 생각이 없느냐고 물었다. 내일 아침에 재생초를 나르는 데 말이 필요하므로 그때까지는 마차가 다시 돌아왔으면 한다는 것이다. 주인의 제안은 이기적인 것이었지만 내 마음속 바람과 들어맞았으므로, 나는 그의 제안을 기꺼이 받아들였다. 달이 다시 제 모습을 드러내고 공기는 여느 때와 다름이 없었다. 나는 짐을 꾸리고 7시에 출발했다. 대기가 구름을 날려버려서 참으로 밤 풍경은 아름다웠다.

마부는 잠들었지만, 말들은 늘 다니던 낯익은 길인지 전속력으로 산을 내려갔다. 평지에 이르러 속도가 차츰 느려지자 마부가 잠에서 깨어 다시 말을 몰았다. 그리하여 나를 태운 마차는 높이 솟은 바위 사이 계곡으로 급히 흐르는 에체 강*⁴을 따라 전속력으로 달려 내려갔다. 달이 떠올라 엄청난 크기의 사물들을 비추었다. 거품을 일으키며 흐르는 강 위로 물레방아가 늙은 소나무 사이로 어른거리는 정경은 에페르딘헨*⁵의 그림과 똑같았다.

---

*1 이 장은 여행기 제2부를 기초로 한다.
*2 괴테는 이 도시 독일 거리의 여관 '코로나'에서 묵은 것으로 보인다.
*3 9월 9일 아침부터 계산하면 40시간밖에 되지 않는다.
*4 아이작 강. 보첸보다 하류를 에체 강이라고 한다.
*5 알라르트 반 에페르딘헨(1622~1675). 네덜란드 풍경화가 겸 동판 조각가. 괴테는 노인하이리겐의 베르터 백작의 허락으로 처음 이 화가의 그림을 알고 모사했다. 그 뒤, 슈타인 부인과 함께 그의 그림을 연구했다.

9시에 슈테르칭에 도착했지만, 마부는 내가 곧장 다시 떠났으면 하는 눈치를 넌지시 비추었다. 자정이 되어 미텐발트에 이르렀을 때는, 마부를 빼고 모두 깊은 잠에 빠져 있었다. 그렇게 계속해서 브릭센으로 향했고, 거기서 다시 납치당하듯 이끌려서 동틀 무렵에는 콜마에 도착했다. 마부는 풍경을 그대로 지나치면서 말을 빨리 몰았다. 나로서는 이렇게 경치 좋은 지방들을 한밤중에 날다시피 엄청난 속도로 지나쳐 온 것이 말할 수 없이 유감스러웠지만, 뒤쪽에서 순풍이 불어주어 내가 바라는 곳으로 내달리게 해준 것이 은근히 기뻤다. 먼동이 트면서 첫눈에 들어온 것은 언덕에 있는 포도밭이었다. 배와 복숭아를 안아 든 아낙네가 지나갔다. 그렇게 트위첸으로 달려 7시에 그곳에 도착했다가 곧 다시 길을 재촉했다. 다시 북쪽으로 얼마쯤 달린 뒤에 해가 높이 솟았을 때 마침내 보첸에 있는 계곡이 눈에 들어왔다. 그곳은 꽤 높은 곳까지 경작된 험준한 산으로 둘러싸여 있었는데, 남쪽은 열려 있고 북쪽으로는 티롤 산맥의 산들로 막혀 있었다. 온화하고 부드러운 바람이 그곳을 가득 채우고 있었다. 그 부근에서 에체 강은 다시 남쪽으로 방향을 바꾼다. 산기슭의 언덕은 모두 포도밭이었다. 길고 나지막한 시렁 위로 포도덩굴이 자라나고 청포도가 멋들어지게 매달려, 가까운 땅의 열기를 받아 익어가고 있었다. 계곡 사이의 평지에도 보통은 그저 목장이 있을 듯한 곳에도 포도가 줄지어 재배되고 있었고, 그 사이사이로 터키산 옥수수가 쑥쑥 줄기를 뻗고 있다. 키가 10피트나 됨직해 보이는 것도 있었다. 섬유질을 품은 수꽃은 결실 시기가 지나면 잘려나가겠지만, 아직은 그대로였다.

환한 햇살을 받으며 나는 보첸에 도착했다. 모여든 많은 상인들 얼굴을 보는 것은 재미있었다. 그들의 얼굴에는 안정되고 편한 생활을 하고 있음이 생생히 드러난다. 광장에는 과일 파는 아낙네들이 광주리를 앞에 놓고 둘러앉아 있었는데, 그 지름이 4피트도 넘었다. 그 안에는 복숭아가 서로 눌리지 않도록 가지런히 놓여 있었고 배도 그렇게 놓여 있었다. 그때 내 머릿속에 레겐스부르크의 여관 창문에 쓰여 있던 글이 떠올랐다.

Comme les pçches et les mélons
Sont pour la bouche d'un baron,
Ainsi les verges et les bâtons,

Sont pour les fous, dit Salomon.

복숭아와 멜론은
남작들의 입을 위한 것이고
회초리와 막대기는 어리석은 자들의 몫이라고
솔로몬은 말했네.

북유럽 태생 어느 남작이 쓴 글임이 분명한데, 만일 그가 이 지방에 왔다면 생각이 바뀌었으리라.

보첸의 큰 장에서는 견직물 거래가 매우 활발히 이루어지며 직물류나, 산지에서 조달해 온 가죽류가 장터에 나온다. 그러나 주로 돈이나 주문을 받고, 새로 신용 대부를 해주기 위해서 시장에 나오는 상인들이 대부분이다. 한자리에 모인 온갖 물품들을 하나하나 구경하는 일은 즐겁지만, 언제나 그렇듯 등 뒤로 밀려오는 불안감이 나를 가만히 내버려두지 않아 다시 서둘러 이곳을 떠났다.

통계를 중시하는 우리 시대에는 언제든지 책에서 이 모든 것에 대한 정보를 얻을 수 있다는 생각으로 위안을 삼는다. 그러나 요즘 나에게는 그 어떤 책이나 그림에서도 줄 수 없는 감각적인 인상이 중요하다. 내게 필요한 것은, 다시 세상에 대한 관심을 갖고 내 관찰력을 시험하고, 내 학문이나 지식이 어느 정도인지, 또 내 눈이 명료하고 순수한지, 짧은 순간에 얼마나 많은 대상을 알아차릴 수 있는지, 그리고 내 감수성에 새겨진 인상들이 다시 지워질 수 있는지를 음미해 보는 것이다. 지금도 나 자신에게 신경을 쓰면서 늘 주의하고 또렷한 의식을 가져야 한다는 자각이 지난 며칠 동안 내게 매우 새로운 정신적 탄력을 가져다 주었다. 전에는 그저 생각하고 바라고 궁리하고 지시하고 훈계만 했지만, 이제는 환율을 신경 쓰며 돈을 바꾸고 계산하고 메모하고 편지도 써야 한다.

보첸에서 트렌토까지는 점점 더 비옥해지는 계곡이 9마일 정도나 이어진다. 높은 산지에서는 살아남기 위해 애쓰는 모든 식물들이 여기서는 더 많은 활력과 생기를 띠고 있다. 해는 뜨겁게 내리쬐고, 우리로 하여금 또다시 신을 믿는 마음을 갖게 한다.

초라한 모습의 한 아낙네가 마차를 세우더니, 뜨거운 땅바닥 때문에 발이 델 지경이라며 자기 아들을 마차에 태워달라고 애원했다. 나는 강렬한 태양에 경의를 표하고 아이에게 자비를 베풀었다. 아이는 특이한 옷차림으로 꾸미고 있었는데, 온갖 언어를 다 끌어다댄다며 말을 걸어 봤지만, 끝내 한 마디 말도 듣지 못했다.

에체 강은 이제 점차 완만해지면서 곳곳에 넓은 자갈밭을 이루고 있다. 강가 언덕 위에는 서로 다른 나무에 눌려 죽지 않을까 싶을 만큼 온갖 식물들이 빽빽하게 자라고 있다. 포도밭과 옥수수 그리고 뽕나무, 사과나무, 배나무, 모과, 호두나무들이다. 돌담 위로 말오줌나무 가지가 힘차게 몸을 내밀고, 담쟁이덩굴은 바위에 달라붙어 기어오른다. 도마뱀이 갈라진 틈으로 넘나들고, 그 밖에 여기저기 나타나는 모든 것들이 그지없이 아름다운 그림들을 떠오르게 한다. 머리를 땋아 올린 여자들, 얇고 짧은 상의 사이로 가슴을 드러낸 남자들, 그들이 시장에서 집으로 몰고 가는 우람한 황소들, 등짐을 잔뜩 실은 당나귀들, 이 모든 것이 하인리히 로스[*6]의 생동감 넘치는 그림을 연출해낸다.

저녁이 되자 온화한 공기에 구름 몇 점이 산마루에서 휴식을 취했다가 거의 멈춰 있는 것처럼 하늘에 둥실 떠있다. 그리고 해가 지자마자 그동안 기다렸다는 듯이 귀뚜라미들이 시끄럽게 울어 대기 시작한다. 이런 때면 나는 숨어지내거나 떠도는 중이라는 느낌이 들지 않고 이곳이 고향인 것처럼 몹시 편안하게 느껴진다. 마치 여기서 태어나고 자라나서 지금 그린란드 해역으로 고래잡이 갔다가 막 돌아온 사람이 된 듯한 기분이다. 마차 주위에 때때로 일어나는 먼지도 오랫동안 보지 못했던 고국의 먼지처럼 반갑다. 종소리나 방울소리 같은 귀뚜라미 울음소리도 시끄럽긴 하지만 귀에 거슬리지 않고 무척 사랑스럽다. 개구쟁이 소년들이 마치 가수들과 경쟁하듯이 휘파람 부는 소리도 즐겁게 들린다. 정말로 서로 질세라 경쟁하고 있다는 착각이 들 정도이다.

저녁 시간도 낮과 마찬가지로 매우 평화롭다. 남쪽나라에 살거나 남쪽나라 출신인 사람이 이런 것에 열광하는 내 이야기를 듣는다면, 나를 어린애 같다고 여길지도 모른다. 그러나 내가 여기서 말하는 것은 내가 오랫동안 저 음산한 하늘 아래에서 고통받을 때부터 알고 있던 것이다. 하지만 이제 나는 우리

---

*6 1631~1685. 동물 및 풍경화가. 네덜란드에서 그림을 배운 뒤, 1657년부터 프랑크푸르트 암 마인에서 거주했다.

트렌토, 산타마리아 마조레 교회

가 영원한 자연의 필연으로서 언제나 누려야 할 이런 기쁨들까지 예외적으로 느끼고 싶은지도 모른다.

9월 11일 저녁, 트렌토

시내 곳곳을 돌아다녔다. 아주 유서깊은 도시였지만 몇몇 거리에는 잘 지은 현대식 건물도 더러 있었다. 교회*[7]에는 예배에 참석한 교인들이 예수회 총회장 설교에 귀 기울이는 모습의 그림이 걸려 있다. 총회장이 그들에게 무슨 내용을 강론했는지 정말 궁금하다. 이런 예수회파 교회는 정면에 붉은 대리석 기둥이 있어서 밖에서도 금세 알아볼 수가 있다. 묵직한 커튼이 먼지를 막기 위해 출입문을 가리고 있었다. 나는 그 커튼을 젖히고 자그마한 예배당 전실로 들어갔다. 교회 본당은 쇠창살로 굳게 닫혀 있지만 어렵지 않게 내부를 바라볼 수 있었는데, 본당 안은 고요하고 황량했다. 이제 여기서는 예배를 보지 않

---

*7 산타 마리아 마조레. 1520년 기공되었으며, 1545년부터 1563년까지 사원을 겸했다. 여행기에서는 아직 그 둘이 나누어져 있다.

괴테가 로베레토
에 머문 일을 새
긴 기념판

PEREGRINO · VERSO · L'ITALIA · BELLA
VOLFANGO GOETHE
PRINCIPE · DEI · VATI · ALEMANNI
IN · QVESTA · CASA
ALLORA · ALBERGO · DELLA · ROSA
L'11 · SETTEMBRE · 1786 · SOGGIORNAVA
E · CON · APPASSIONATI · ACCENTI
IL · SVO · INCONTRO · CON · L'ITALO · IDIOMA
NEL · SVO · DIARIO · INCIDEVA

기 때문이다. 그런데도 앞문이 열려 있는 것은 모든 교회가 저녁 예배 시간에
는 문을 열어놓아야 한다는 규정 때문이다.

그곳에서 우두커니, 건축 양식을 살펴보면서 '이런 예수회파의 다른 교회 건
물들과 비슷하다'는 생각을 하고 있을 때, 한 노인이 들어오더니 곧바로 검은
두건을 벗었다. 낡고 색바랜 그의 거무죽죽한 옷으로 보아 보잘것없는 처지가
된 성직자임을 알 수 있었다. 그는 쇠창살 앞에 무릎을 꿇고 앉아 잠시 기도를
올리고 나서 일어섰다. 그리고 몸을 돌리면서 혼잣말로 중얼거렸다.

"그놈들이 그렇게 예수회 회원들을 몰아냈단 말이지. 그러니까 이 교회를 짓
느라 들인 비용은 돌려줘야 할 게 아닌가. 교회에 얼마나 많은 돈이 들어갔는
지 나는 잘 알아. 신학교에도 엄청난 돈이 들어갔다는 것도……."

그는 그렇게 중얼거리면서 밖으로 나갔고 그 등 뒤로 커튼이 가려졌다. 나는
커튼을 살짝 들어올린 채 꼼짝 않고 서서 가만히 그를 바라보았다. 그는 위쪽
계단에 우두커니 서서 다시 말했다.

"황제가 그렇게 한 게 아니야, 교황*8이 한 거라구."

그는 얼굴을 거리 반대쪽으로 돌린 채, 내가 지켜보는 줄도 모르고 말을 이
었다.

───────────
*8 교황 클레멘스 14세를 말한다. 1770년 예수회를 폐지했다.

로베레토, 괴테 그림 언어가 바뀌는 경계선 지역이다.

"먼저 스페인 신자들, 그 다음이 우리, 그 다음이 프랑스 신자들이야.*9 아벨이 흘린 피가 형 카인을 저주하는 셈이지!"

그렇게 그는 끊임없이 혼잣말을 중얼거리면서 계단을 내려가 거리 쪽으로 사라졌다. 아마도 예수회에서 생활 보조금을 받다가 교단이 무참하게 몰락하자, 그로 인해 이성을 잃은 것 같다. 그래서 이제는 날마다 찾아와 이 텅 빈 교회당 안에서 옛 신도들을 찾으며 잠시 기도를 올린 다음 교도들의 적에게 저주를 퍼붓는 것이었다.

어느 젊은이에게 이 도시 명소를 묻자, 그는 '악마의 집'이라 불리는 곳을 알려주었다. 그 말에 따르면 그 집은 평소에 파괴밖에 모르던 악마가 재빠르게 돌을 날라 와서 하룻밤 사이에 지었다고 한다. 하지만 그 선한 젊은이는 이 집의 속 깊은 특색을 모르고 있었다. 이 집은 내가 트렌토에서 본 것 가운데 유일하게 수준 높은 감각을 지닌 건물이었다. 틀림없이 아주 오래전에 어떤 뛰어난 이탈리아 사람이 지었으리라.

저녁 5시에 다시 길을 재촉했다. 해가 지자마자 귀뚜라미들이 또 울기 시작

---

*9 역사상의 순서와 다르다. 예수회는 1764년 프랑스에서, 1767년에 스페인에서 추방되었다.

하면서 어제 저녁에 본 장면들이 새삼스레 펼쳐졌다. 돌담 사이로 1마일쯤 달렸는데, 담벼락 너머로 포도밭이 보였다. 그다지 높지 않은 돌담 위에는 지나가는 사람들이 포도송이를 따가지 못하도록 돌멩이나 가시 같은 것들을 올려 놓았다. 길 쪽의 포도송이에 석회를 뿌려 놓아 따먹을 수 없도록 해놓은 주인들도 적지 않았다. 그러나 발효시키는 과정에서 석회분은 모두 제거되기 때문에 포도주를 만들어도 아무런 이상이 없다.

9월 11일 저녁

마침내 로베레토에 도착했다. 이곳은 언어가 바뀌는 경계선이다. 여기까지 내려오는 동안에는 줄곧 독일어와 이탈리아어가 뒤섞였다. 그러다가 이제 처음으로 이탈리아 토박이 마부를 만나게 되었고 여관 주인도 독일어를 전혀 못하므로 이제부터는 내 언어적 재능을 시험해볼 때가 되었다. 좋아하는 언어가 생생히 살아나서 이제부터 일상어가 된다고 생각하니 얼마나 기쁜 일인지!

9월 12일 점심 식사 뒤, 토르볼레

잠깐이라도 친구들이 이 자리에 있어 내 앞에 펼쳐지는 경관을 함께 즐길 수 있다면 얼마나 좋을까 하는 마음이 간절했다.

오늘 저녁 베로나에 도착할 수도 있었지만 빼어나게 아름다운 경치를 자랑하는 가르다 호수의 경관을 보기 위해 일부러 먼 길로 돌아왔는데, 그만한 보람이 충분히 있었다. 5시가 지나서 로베레토를 떠난 마차는 에체 강으로 흐르는 물줄기 옆 골짜기를 따라 올라갔다. 그 뒤편에는 거대한 바위가 버티고 있어, 호수 쪽으로 내려가려면 그것을 넘어가야만 했다. 그곳에는 그림 습작하는 데 쓰면 아주 좋을 석회암이 있었다.

내리막길을 내려가니 호수 북쪽 끝에 작은 마을이 나온다. 작은 항구라기보다는 진입로라고 하는 편이 더 나을 것 같은 이 마을 이름은 토르볼레다. 오르막길에서부터 무화과나무는 여러 번 볼 수 있었지만, 절구 모양 골짜기를 내려가면서 주렁주렁 열매 달린 올리브나무를 처음으로 발견했다. 또 거기에서 나는 처음으로 작고 하얀 무화과를 봤는데, 란티에리 백작부인[10]이 내게 주기로

---

*10 알로이지아 란티에리 백작부인. 괴테는 이 부인을 칼스바트에서 알게 되었다.

토르볼레 근처 가르다 호수, 괴테 그림

약속한 무르익은 과일이라는 것을 알 수 있었다.

　내가 지금 앉아 있는 이 방에는 안뜰로 내려가는 문이 하나 나 있다. 나는 탁자를 문 앞으로 가져다 놓고 간단히 문 밖의 경치를 스케치했다.*11 호수는 양쪽 끝까지 거의 한눈에 내려다보였지만, 왼쪽 끝부분은 잘 보이지 않았다. 양쪽이 언덕과 산으로 둘러싸인 호반에는 셀 수 없이 많은 작은 마을들*12이 불빛으로 반짝인다.

　자정이 지나면 바람은 북쪽에서 남쪽으로 분다. 그래서 호수를 따라 내려가야 하는 사람은 이제 배를 타야 한다. 해뜨기 몇 시간 전부터 바람 방향이 바뀌어 북쪽으로 불기 때문이다. 오후 이맘때쯤이면 나를 향해 세찬 바람이 불어와 뜨거운 태양의 열기를 상쾌하게 식혀 줄 것이다. 폴크만*13은 이 호수가

*11 이 그림은 바이마르 괴테 하우스에 보존되어 있다. 이 그림을 보면, 괴테가 묵었던 숙소의 모습을 알 수 있다. 괴테가 묵었던 여관은 전에는 '감람나무 여관'으로 알려졌지만, 실은 그 옆에 있는 '알베르투스 여관'이었으며, 나중에는 '장미 여관'으로 불렸다.

*12 사실과 다르다. '무수히 많은 작은 마을' 부분은 이탈리아 기행을 출판하면서 덧붙여진 문구이다.

*13 폴크만의 《이탈리아 안내》(라이프치히, 1770~1771, 3권). 괴테는 초판을 참고했다. 이 부분은

예전에는 베나쿠스라는 이름으로 불렸다는 사실을 내게 알려주면서, 그 이름이 나오는 베르길리우스의 시 한 구절을 인용했다.

Fluctibus et fremitu resonans Benace marino.[14]
바다처럼 파도치며 묵직하게 울리는 그대 베나쿠스여.

이것은 내가 그 내용을 눈앞에서 생생하게 본 최초의 라틴어로 된 시구이다. 바람이 점점 강해지고 호수가 더욱 높은 파도를 선착장으로 몰아치는 광경은 오늘날이나 몇백 년 전이나 다름없다. 많은 것이 변했지만, 호수에 휘몰아치는 바람은 여전하고 그 광경은 베르길리우스의 시구를 더욱 빛나게 만든다.

북위 45도 50분 지점에서 이 글을 쓴다.

서늘한 저녁 바람을 맞으며 걸었다. 이제는 정말 새로운 땅, 전혀 낯선 지방에 와 있다는 것을 느낀다. 이곳 사람들은 느긋한 낙원에서처럼 태평스럽게 살고 있다.

무엇보다 어느 곳이든 문에 자물쇠가 없다. 그런데도 여관 주인은 내 물건이 모두 다이아몬드라 할지라도 전혀 걱정할 것 없다고 장담했다. 그리고 창문에는 유리 대신 기름종이가 발라져 있다.

또한 가장 중요한 화장실이 없는데, 여기 사람들은 자연 상태에 가까운 생활을 하고 있었다.

내가 여관 하인에게 용변 볼 장소를 묻자, 그는 안뜰을 가리켰다.

"Qui abasso può servirsi!"(볼일은 저기서 보십시오!) 내가 "Dove?"(어디요?) 묻자, 그는 "Da per tutto, dove vuol!"(어디든지 마음내키는 곳에다!)라고 제딴에는 친절히 대답한 것이다.

어느 곳이나 지극히 태평스러운 분위기가 감돌면서도 생기 있고 때로는 부산스런 모습도 보였다. 여자들은 온종일 끼리끼리 수다를 떨고 수선을 떨어대는 것 같았지만, 그러면서도 모두 줄곧 뭔가 할 일을 하고 있었다. 나는 하는 일 없

제3권 719쪽에 나온다.

[14] 《Georgica》 제2편 160구. resonans(반향이라는 뜻)는 기행문을 편찬하면서 마음대로 수정한 것으로, 원문에는 assurgens(고조된다는 뜻)이다. 폴크만의 안내서에도 이렇게 나와 있다.

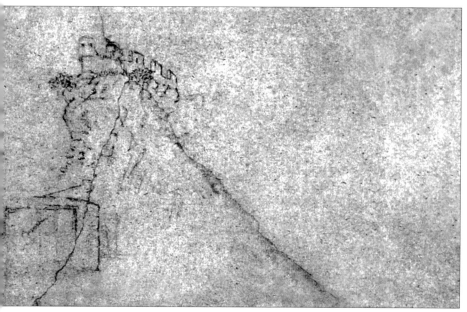

말체시네 성곽(미완성), 괴테 작 스케치 도중 어떤 사내에게 제지당하고 그림을 빼앗겼다.

이 빈둥거리는 여자를 한 사람도 보지 못했다.

　여관 주인은 내게 이탈리아식 억양으로, 무척 맛있는 송어 요리를 식탁에 내놓을 수 있게 되어 얼마나 기쁜지 모르겠다고 말했다. 그 송어는 토르볼레 부근에서 잡은 것인데, 그곳은 산에서 흐르는 강물*¹⁵이 내를 이룬 곳으로, 물고기가 물줄기를 타고 거슬러 올라가는 곳이라 했다. 황제*¹⁶는 그곳에서 물고기를 잡는 대가로 1만 굴덴의 어획료를 받는다. 그것은 진짜 순종 송어는 아니고, 때로는 무게가 50파운드나 나갈 만큼 몸집이 크며 머리에 이르기까지 온몸에 반점이 나 있다. 맛은 송어와 연어의 중간쯤 되는데 연하고 훌륭하다.

　그러나 정작 내 미각을 돋운 것은 과일이다. 무화과뿐 아니라 배도 맛있는데, 확실히 배는 레몬이 잘 자라는 곳에서 나는 것이 특히 맛있는 것 같다.

9월 13일, 저녁

　새벽 3시, 뱃사공 둘과 함께 토르볼레를 떠났다. 처음에는 순풍이라 돛을 달

---

*15 사르카 강.
*16 오스트리아 황제. 토르볼레는 오스트리아령이었다.

수 있었다. 더할 나위 없이 좋은 아침이었다. 구름이 드리우기는 했지만 새벽은 고요했다. 우리는 리모네를 지나갔다. 레몬이 심어진 계단식 산허리 과수원은 풍요롭고 깔끔한 광경이었다. 과수원 전체에 계단마다 네모난 하얀 기둥이 몇 줄로 박혀 있었는데, 줄마다 서로 일정한 간격을 이루면서 산허리 위쪽으로 뻗어 있었다. 기둥 위로는 튼튼한 장대들이 설치되어 있어서 겨울이 되면 기둥 사이로 자라난 나무들을 덮게 되어 있었다.

배가 천천히 나아갔으므로 이같은 재미있는 광경을 세세하게 볼 수 있었다. 우리는 말체시네 부근을 지나갔는데, 그때 바람 방향이 완전히 바뀌어 낮의 풍향처럼 북쪽으로 불기 시작했다. 아무리 노를 저어도 그 거센 바람의 힘에는 당할 수가 없었다. 그래서 우리는 하는 수 없이 말체시네 항구에 배를 댔다. 이곳은 호수 동쪽 베네치아의 첫 마을*[17]이다. 이런 경우가 있기 때문에 뱃길에 나서면 오늘 어디에 닿는다고 미리 장담할 수가 없다. 이곳에 머무는 동안 되도록 이롭게 보낼 생각인데, 특히 호숫가에 드리운 아름다운 경치를 배경으로 성을 그리고 싶다. 오늘 배로 그곳을 지나올 때 스케치를 한 장 했다.

9월 14일

어제 나를 말체시네 항구로 내몰았던 그 역풍 덕분에 나는 위험한 모험*[18]을 했지만, 순조롭게 극복했으므로 돌이켜 생각하니 재미있었던 것 같다. 나는 예정대로 아침 일찍 그 고성을 찾아갔다. 성은 문도, 문지기나 감시인도 없어서 누구나 들어갈 수 있었다. 나는 정원으로 들어가, 위나 바위 안에 세워진 고탑을 마주보고 자리를 잡았다. 스케치하기에 알맞은 자리를 미리 봐두었던 것이다. 서너 계단 올라간 곳에 잠긴 문이 하나 있고, 그 문 안쪽으로 장식된 돌의자가 있었다. 그런 의자는 독일의 오래된 건물에서 요즘도 볼 수 있다.

거기에 잠시 앉아 있으려니까 어느새 여러 사람이 뜰 안으로 들어오더니 왔다갔다하며 나를 신기한 듯 쳐다봤다. 그러다가 사람들이 점점 더 많아지더니, 마침내는 걸음을 멈추고 나를 둘러싸고 있는 상황이 되었다. 나는 그림을 그리는 일이 눈에 띄어서 그러려니 생각했지만, 방해받고 싶지 않아 애써

---

*17 지금까지는 오스트리아령이었지만, 이제부터 베네치아 공화국의 영토로 들어간다.
*18 이 사건의 전말은 기행문 편찬시 처음으로 쓴 것으로, 여행기에는 잠깐 언급했을 뿐이다.

말체시네 성곽 전경, 괴테 작 베네치아 지방의 첫 마을이다.

차분하게 하던 일을 계속 했다. 그때 인상이 그다지 좋지 않은 남자가 내 앞
으로 불쑥 나서더니, '거기서 무엇을 하고 있느냐' 물었다. 나는 말체시네에
온 것을 기념하려고 성곽을 그리는 중이라고 대답했다. 그러자 그는 허락받은
일이 아니니 즉시 그만두라며 언성을 높였다. 하지만 그의 투박한 베네치아
사투리를 나는 전혀 알아들을 수 없었다. 그래서 나는 무슨 말을 하는지 잘
모르겠다고 했다. 이 말에 그는 이탈리아인답게 거침없이 내 도화지를 와락
움켜쥐더니 갈기갈기 찢어 화판 위로 내던졌다.

그러자 둘러서 있던 사람들 사이에서 그의 난폭한 행동을 못마땅해하는
분위기가 분명히 느껴졌다. 특히 나이가 지긋한 어떤 부인은, 그런 행동은 옳
지 않으니 올바른 판정을 내릴 수 있는 시장을 불러와야 한다고 소리쳤다. 나
는 등을 문에 기댄 채 계단 위에 버티고 서서 점점 더 늘어나는 구경꾼들을
가만히 바라보았다. 호기심에 가득 찬 눈길로 나를 응시하는 대부분의 얼굴
에서 보이는 선량한 표정들, 이국민의 특징적인 것들을 나타내는 모든 것들이
내게는 무척 유쾌한 인상을 주었다.

나는 에테르스부르크 극장 무대에서 트로이프로인트 역을 할 때 이따금 놀

려주었던 새들의 합창대*¹⁹를 지금 눈앞에서 보고 있는 듯한 생각이 들었다. 그런 생각이 떠오르자 기분이 꽤 좋아졌다. 그래서 시장이 자신의 법률 서기를 데리고 나타났을 때, 나는 그에게 아무런 거리낌 없이 인사를 건넸다. 그리고 무엇 때문에 그들의 요새를 그리느냐는 질문에, 이처럼 폐허와 다름없는 담벼락이 도저히 요새라는 생각이 들지 않는다고 공손하게 대답했다. 나는 시장과 사람들에게 그 고탑과 벽들이 무너져내리고 문도 없는, 한 마디로 말해서 모두 무방비 상태임을 지적하면서, 이곳은 완전한 폐허에 불과하기에 나는 그저 폐허를 그리는 것뿐이라고 말했다.

그는 이곳이 폐허라면 뭐가 그렇게 신기해서 그리려는 것인지 물었다. 나는 천천히 시간을 들여 이해할 수 있도록 아주 천천히 차근차근 설명해 주었다.

많은 여행자들이 단지 폐허를 보기 위해 이탈리아에 찾아온다는 것과, 세계의 수도인 로마는 야만인들에 의해 파괴되어 온통 폐허가 됐지만 수백 수천 장씩 훌륭한 그림이 그려졌다는 사실을 당신네들도 잘 알고 있지 않느냐고 말했다. 그리고 고대 유적 가운데 베로나의 원형 극장만큼 온전하게 보존되어 있는 곳도 드물어, 나는 곧 그곳을 구경하러 갈 것이라고 했다.

시장은 나와 마주보고 몇 계단 아래에 서 있었는데, 키가 크면서도 그다지 홀쭉하지 않은 30세가량 된 남자였다. 얼빠진 얼굴의 트릿해 보이는 표정은 질문할 때의 느릿느릿하고 둔감한 말투와 썩 잘 어울렸다. 키가 작고 민첩해 보이는 그의 서기도 이런 흔치 않은 기묘한 사건을 어떻게 처리해야 할지 금방 판단이 서지 않는 것 같았다. 나는 앞서와 같은 이런저런 이야기를 더 덧붙여 늘어놓았는데, 사람들은 오히려 내 말에 흥미있게 귀 기울이는 것 같았다. 호의적인 몇몇 여인의 얼굴을 바라봤을 때, 나는 그들의 표정에서 공감과 찬성의 뜻을 읽어낼 수 있었다.

그러나 내가 이 지방 사람들에게 '아레나'로 알려져 있는 '베로나의 원형 극장'에 대해 언급하자, 그 서기는 그 사이에 깊이 궁리해 두었는지, '그것은 세계적으로 유명한 로마 시대 건물이니 주목할 만한 가치가 있을지 모르지만 이 성의 고탑은 베네치아령과 오스트리아 제국 사이의 경계를 이루기 때문에 정

---

*19 괴테는 바이마르 부근의 에테르스부르크 성에서 자작 〈새〉를 상연했을 때 직접 트로이프로인트를 연기했다. 새들의 합창대가 트로이프로인트를 공격하자, 그는 용감하게 그에 응수했다.

말체시네 성곽 전경

탐해서는 안 된다고 잘라 말했다.

나는 그 말을 맞받아, 그리스 로마 시대 유적뿐만 아니라 중세 유적 또한 주목할 만하다고 거듭 설명했다. 단, 당신들로서는 어려서부터 늘 보아온 것이라서 이 건물의 회화미를 나만큼 많이 발견하지 못하는 것도 물론 당연하다고 덧붙였다. 다행스럽게도 마침 아침 햇살이 탑과 바위 그리고 성벽에 무척 아름다운 빛을 드리워 주어서, 나는 그들에게 그 경관의 아름다움을 열심히 설명하기 시작했다.

하지만 사람들은 내가 그토록 찬양한 풍경을 등져버리는 것도 또 나를 외면하는 것도 내키지 않았는지, 내가 그들의 귀에 칭찬하는 풍경을 일제히 개미잡이처럼 고개만 돌려서 두 눈으로 바라보았다. 시장도 짐짓 위엄을 갖추려 하면서도 고개를 돌려서 내가 설명하는 광경을 돌아보았다. 그 모습이 어쩌나 우스꽝스러웠던지 나는 더욱 유쾌해졌다. 그래서 바위와 담벼락을 수백 년 동안이나 무성하게 장식해 온 담쟁이덩굴에 대해서까지 빼놓지 않고 이야기했다.

그러자 서기는 결연한 말투로 이야기하길, 내 말은 모두 그럴듯하지만 요제프 황제는 믿을 수 없는 사람이어서, 베네치아 공화국에 대해 틀림없이 나쁜 음모를 꾸미고 있을 것이라고 말했다. 그러므로 당신은 요제프 황제의 신하로서 국경 지방을 정탐하기 위해 파견된 자일지도 모른다는 것이다.

"요제프 황제의 신하라니, 당치도 않은 말이오!" 나는 소리쳤다. "나도 당신네들과 마찬가지로 엄연한 공화국 시민이오. 물론 국력이나 규모면에서는 당신들의 베네치아 공화국과 비교가 안 되지만, 그래도 자치국이고 활발한 상업 활동, 재정, 지도자들의 지혜로움은 독일의 어느 도시 못지 않습니다. 나는 그 이름과 명성은 당신들도 잘 알고 있을 마인 강변 프랑크푸르트 태생이오."

"마인 강변 프랑크푸르트 출신이라고요?" 어느 젊고 예쁜 여자가 소리쳤다. "그렇다면 시장님, 이분의 신분이 무엇인지 바로 알 수 있어요. 내가 보기엔 선량한 분 같아요. 그곳에서 오랫동안 근무했던 그레고리오를 불러오시죠. 그분이 이 일을 가장 잘 해결할 수 있는 적임자예요."

점차 내 주위에 호의를 보이는 얼굴들이 많아짐을 느꼈다. 처음에 불쾌한 행동을 보였던 그 사내는 이미 어디론가 사라져 버리고 없었다. 이윽고 그레고리오라는 사람이 나타나자 사태는 완전히 내게 유리한 방향으로 바뀌었다. 그레고리오는 대략 50대의 남자로서 이탈리아 사람에게서 볼 수 있는 불그스름한 얼굴이었다. 그는 낯선 것을 전혀 낯설게 여기지 않는 사람처럼 유연하게 말하고 행동했다. 그는 망설임없이 자신은 볼론가로 상점*20에서 일했으며, 그래서 즐거운 기억으로 남아 있는 그 집안과 도시에 대한 소식을 나를 통해 전해들을 수 있게 되어서 기쁘다고 말했다.

다행히도 그가 프랑크푸르트에서 근무하고 있었을 때는 나의 유소년기 시절이었기에, 나는 그에게 그 무렵 상황과 그 뒤에 변한 점들을 상세히 이야기해 줄 수 있었다. 상황은 내쪽으로 한결 더 유리해졌다. 나는 이탈리아 집안들을 잘 알고 있었기에 그들에 대해서 그에게 죄다 말해 주었다.

그는 여러 세세한 이야기를 듣고서 무척 기뻐했다. 이를테면, 알레시나 씨*21가 1774년에 금혼식을 올렸으며 그 뒤로 메달을 만들었는데, 그것을 내가 소장하고 있다는 등이었다. 그는 그 부유한 상인의 부인이 브렌타노 집안*22 출신이라는 것도 매우 정확히 기억했다. 나는 그 집안 자녀들과 손자들에 대해, 그들이 모두 성장하여 직업도 갖고 결혼도 했으며, 늘어난 자손들 이야기까지 해줄

---

*20 마르코 볼론가로(1712~1779)는 프랑크푸르트에 상점을 연 사람.

*21 요한 마리아 알레시나.

*22 프란치스카 클라라 브렌타노. 그의 외동딸은 대상인 슈바이체르와 결혼했고, 그의 아이들은 괴테가 프랑크푸르트에 살던 시절의 친구이다.

괴테가 말체시네에서 머물렀던 '호텔 산 마르코'

수 있었다.

　이렇게 내가 그의 모든 질문에 대해 상세하게 답변을 해주자, 그의 얼굴에는 밝은 표정과 진지한 표정이 넘나들었다. 그는 감격스러워하며 기뻐했고, 우리를 지켜보던 사람들도 차츰 더 즐거워하면서 지루한 기색도 없이 우리 대화에 귀기울였다. 물론 그는 우리가 나눈 대화 가운데 일부분은 그들의 사투리로 옮겨주어야 했다.

　마침내 그는 시장에게 말했다.

　"시장님, 나는 이분이 교육을 잘 받은 정직하고 재주 많은 신사로서, 견문을 넓히기 위해 두루 여행하고 있다고 확신합니다. 그러니 이분을 호의적으로 떠나보내, 그의 고향 사람들에게 우리의 좋은 점을 전해 말체시네에 찾아오도록 합시다. 사실 이 도시의 절경은 외국인들이 경탄할 만하니까요."

　나는 이 친절한 말에 힘을 실어주기 위해 이 지방의 위치며 풍경이며 주민들을 칭찬하면서, 또한 시장과 더불어 관할 관리들도 지혜롭고 분별력 있다고 치켜세우는 일도 잊지 않았다.

　이 모든 말이 호의적으로 받아들여졌는지 나는 그레고리오와 함께 그 마을과 지역을 마음대로 구경해도 좋다는 허락을 받았다. 그러자 내가 묵고 있는 여관 주인도 우리와 합세했다. 그는 만일 말체시네 명소들의 장점이 세상에 제대로 알려지면 자기 여관으로도 외국 손님들이 몰려들 것이라며 벌써부터 좋아했다. 그는 대단한 호기심을 가지고 내 옷매무새를 살펴보았는데, 특히 편리하게 주머니에 집어넣을 수 있는 소형 권총을 부러워했다. 그렇게 좋은 무기를 대놓고 가지고 다닐 수 있어서 참 좋겠다고 부러워하면서, 이 나라에서는 무기 소지가 법으로 엄격히 금지되어 있다고 말했다. 나는 이렇게 친근한 태도로 다가오는 여관 주인의 말을 몇 번씩이나 중단시켜 가면서, 나를 도와 자유로운 몸이 되게 해준 그레고리오에게 감사의 말을 전했다.

"나한테 고마워할 것 없어요." 그 꾸밈없는 사람이 말했다. "내 덕분은 아니니까요. 저 시장님이 수완가이고, 그 서기가 지독한 이기주의자가 아니었다면 당신은 그리 쉽게 빠져나오지 못했을 거요. 시장은 당신보다 더 당황스러워했고, 서기 녀석은 당신을 체포해서 보고한다든지 베로나로 보낸다든지 해봤자 한 푼도 생길 게 없다는 것을 재빨리 알아차렸으니까요. 따라서 우리의 대화가 끝나기도 전에 당신은 이미 자유로운 몸이 된 것이랍니다."

저녁 무렵에 이 선량한 남자는 나를 자기 포도원으로 초대했다. 그곳은 호수가 내려다보이는 아주 좋은 곳에 자리잡고 있었다. 그레고리오가 잘 익은 포도송이를 고르는 동안, 아버지를 따라 나온 15세 된 그의 아들이 나를 위해 가장 좋은 과일을 따기 위해 나무를 타고 올라갔다.

한없이 고요한 이 구석진 시골에서 이 선량한 두 사람하고만 함께 있는 가운데 아까 낮에 겪었던 사건을 돌이켜 생각해 보니, 인간은 얼마나 알 수 없는 독특한 존재일까. 사람들과 안전하고 편안하게 즐기며 살 수 있는데도, 세계와 그 세계의 내막을 자기들만의 독특한 방식으로 소유하려는 무모한 변덕 때문에 일부러 불편하고 위험한 지경으로 뛰어드는 인간이란 도대체 어떤 존재인가 생각하게 된다.

자정 무렵, 여관 주인이 그레고리오가 내게 선물로 준 과일 바구니를 들고 거룻배까지 나를 배웅해 주었다. 그리하여 나는 순풍을 타고, 내게 큰 재난을 가져다 줄 뻔했던 그 호숫가 도시를 떠났다.

이번에는 내 뱃길 여행에 대한 이야기이다! 거울처럼 잔잔한 수면과 그에 맞닿은 브레시아 기슭의 장엄함이 내 가슴속 가득히 생기를 불어넣어 주어 이 뱃길 여행은 행복하게 끝났다. 서쪽으로 가파른 산세가 끝나고 호수 쪽으로 지형이 더욱 완만해지며 가르냐노, 보이아코, 체치나, 토스콜라노, 마데르노, 베

이상화된 이탈리아 풍경, 괴테 그림

르돔, 살로 등의 마을이 거의 한 시간 반 정도의 거리마다 길게 늘어서 있었다. 주민들이 옹기종기 모여 사는 이 지방의 매력은 어떤 말로도 표현하기가 어렵다.

아침 10시, 바르돌리노에 도착해서 짐을 노새에 싣고 나는 다른 노새에 올라탔다. 그곳에서부터 길은 에체 강 골짜기와 호수 분지를 갈라놓는 산등성이 위로 나 있었다. 태곳적에 강물이 양쪽에서 엄청난 흐름으로 서로에게 영향을 미쳐 이런 거대한 자갈 댐이 만들어진 것 같았다. 평온한 시절에는 그 위로 기름진 땅이 쌓였지만, 농부들은 아직까지도 땅속에서 나오는 자갈 때문에 끊임없이 시달린다. 농부들은 자갈돌을 최대한 골라내 길옆으로 겹겹이 포개 쌓아 올림으로써 매우 두꺼운 돌담을 만들어 놓았다. 이런 고지대에는 수분이 부족하기 때문에 뽕나무들은 메말라 보인다. 우물은 생각할 수조차 없다. 가끔 빗물 고인 웅덩이를 만나기도 하는데 노새들, 심지어 마부들까지도 여기서 갈증을 달랜다. 강가 아래쪽으로는, 낮은 곳에 위치한 농원에 물을 대도록 수차들이 만들어져 있다.

그러나 아래로 내려가자 시야에 들어오는 새로운 지역의 풍경은 이루 말할 수 없을 만큼 장관이다. 높은 산과 깎아지른 암벽으로 둘러싸인 기슭에는 잘 정돈된 평평한 정원이 몇 마일씩 길고 넓게 펼쳐졌다.

9월 10일 1시쯤, 베로나에 무사히 도착해 이 글을 쓴다. 이것으로써 내 일기의 두 번째 장을 마무리하고 한데 모았다. 저녁 무렵에는 즐거운 기분으로 원형 극장을 구경할 예정이다. 지난 며칠 동안의 날씨는 다음과 같이 기록한다.

9일에서 10일로 넘어가는 날 밤 날씨는 맑았다 흐렸다를 반복하면서 변덕을 부렸고, 달무리가 생겼다. 새벽 5시쯤에는 하늘이 온통 옅은 잿빛 구름으로 뒤덮였지만 먹구름은 아니어서 해가 높아지면서 서서히 흩어졌다.

아래쪽으로 내려가면 갈수록 날씨는 차츰 더 좋아졌다. 그런데 보첸에 도착하자 높게 치솟은 산봉우리들이 북쪽에 이어져 있어서인지, 하늘 모양은 완전히 다른 양상을 띠었다. 푸른색의 농도를 조금씩 달리하며 우아한 대조를 이루는 원근의 배경으로 미루어, 대기가 고르게 퍼진 수증기로 가득 차 있다는 것을 알 수 있었다. 이 수증기는 대기가 품고 있어서 이슬이나 빗방울이 되어 떨어지지도 않고 구름으로 만들어지지도 않았다. 아래쪽으로 계속해서 내려감에 따라, 보첸 계곡에서 올라오는 수증기와 좀 더 남쪽에 있는 산들에서 피어오르는 구름층이 북쪽보다 더 높은 지대로 움직이면서 산과 골짜기를 가리지 않고 하나의 산골 아지랑이로 뒤덮고 있음을 알 수 있다.

산 너머 아득히 먼 곳으로는 습지가 보였다. 보첸 남쪽으로는 여름 내내 그지없이 아름다운 날씨가 이어졌다. 이따금 보슬비(그들은 보슬비를 'acqua'라고 부른다)가 내리다가도 어느새 또 해가 났다. 어제도 때로 보슬비가 내리는데도 해는 계속 비쳤다. 그들로서도 이렇게 좋은 날씨는 몇 년 만에 처음이었단다. 농사도 풍작이다. 나쁜 것은 모두 우리 독일 쪽으로 보내버린 것 같다.

산악과 광물에 대해서는 짤막하게만 적으려고 한다. 그것과 관련된 여정은 페르버의 《이탈리아 기행》*23과 아케의 《알프스 기행》을 읽으면 충분히 알 수 있기 때문이다. 브레너 고개에서 15분쯤 떨어진 대리석 채석장을 해 질 녘에 지나쳐 갔다. 이 채석장은 맞은편 채석장과 마찬가지로 운모편암 위에 세워져 있었다. 이곳을 발견한 것은 동틀 무렵에 콜마 근처에서였다. 길을 따라 좀 더 내려가자 반암이 보였다. 암석은 화려하고 적당한 크기로 부서진 돌더미가 도로를 따라 쌓여 있었다. 그것들만 모아도 포크트*24의 광물표본실쯤은 만들

---

*23 요한 야코프 페르버(1743~1790)의 《Briefe aus Wälschland über natürliche Merkwürdigkeiten dieses Landes》(Prag, 1773). 페르버는 스웨덴 출신 광물학자. 미타우대학 자연사 교수(1774~), 러시아 상트페테르부르크 아카데미 교수(1783~1786) 등을 지냈다.

*24 칼 빌헬름 포크트는 바이마르의 광산국 서기를 지낸 인물. 그는 광물표본을 수집해서 팔았다.

수 있을 듯했다. 나도 크게 욕심부리지만 않는다면 어려움 없이 돌들을 종류별로 하나씩 가져갈 수도 있으리라.

콜마 아래쪽으로 얼마 내려가지 않아 반암을 하나 발견했는데, 그것은 규칙적인 모양의 판상형으로 쪼개져 있었다. 브론촐로와 노이마르크트*25 사이에서도 비슷한 반암을 찾아냈지만, 그곳 암판들은 다시 기둥으로 나뉜다. 페르버는 그 암판을 화산 활동의 산물로 여겼지만, 화산 폭발이 일어난 것은 사람들이 지나치게 우쭐했던 14년 전의 일이었다. 아케는 그의 가설을 비웃었다.

사람들에 대해서는 할 말이 그다지 없고 재미있는 이야깃거리도 거의 없다. 브레너에서 내려오다가 날이 밝자마자 사람들 모습이 뚜렷하게 변한 것을 알아차릴 수 있었다. 특히 여자들의 노르스름한 얼굴빛이 내 마음에 들지 않았다. 그들의 용모에서 궁핍한 생활을 엿볼 수 있었는데, 아이들도 마찬가지로 가엾은 모습이었다. 그나마 남자들은 나아 보였는데, 골격만 보면 꽤 다부진 편이었다. 나는 그들의 병약한 상태가 터키산 옥수수와 메밀을 즐겨 먹는 데에 있다고 생각한다. 노란 블렌데(blende, 옥수수)와 검은 폴렌타(메밀)를 빻은 뒤, 그 가루를 물에 넣어 끓여서 걸쭉한 죽으로 만들어 먹는다. 산 너머 독일인들은 가루 반죽을 만들어 조금씩 떼어내 버터에 튀겨 먹는다. 하지만 티롤 지방 이탈리아 사람들은 반죽을 날로 씹어먹거나 가끔 치즈를 발라 먹는데, 1년 내내 고기 한 점 먹지 않는다. 이렇게 식사를 하면 어쩔 수 없이 내장이 끈끈해진다. 특히 아이들과 여자들의 소화에 방해를 일으키는 변비가 된다. 창백한 안색이 그런 폐해를 보여 준다. 그들은 과일이나 깍지콩을 삶아 마늘과 기름에 버무려 먹기도 한다. 나는 부유한 농부는 없느냐고 물었다.

"그야 물론 있지요."

"그 사람들은 좀 더 나은 생활을 하지 않을까요? 더 좋은 음식을 먹지 않을까요?"

"아니에요. 그들도 같은 식습관에 젖어 있거든요."

"그렇다면 돈은 다 어디로 가지요? 평소에 돈을 어디에다 쓰는가요?"

"주인들이 와서 몽땅 가져가 버린답니다."

이것은 보첸에서 묵었던 여관집 딸과 나누었던 대화 내용이다.

---

*25 모두 보첸과 토렌트 사이에 있는 마을.

나는 그녀로부터 포도 경작자들에 대한 이야기도 들었다. 잘 사는 듯이 보이지만, 사실 그들의 상황이 가장 나쁘다는 것이었다. 그들은 도시 상인들 손안에 있기 때문이다. 도시 상인들은 흉년이 들었을 때 그들에게 생활비를 빌려주었다가, 풍년이 들면 헐값에 포도를 사들인다고 했다. 하지만 그런 일은 어디에서나 일어난다.

영양에 대한 나의 견해는, 도시 여자들이 좀 더 건강해 보이는 것으로 증명이 된다. 오동통하고 복스런 소녀의 얼굴, 머리에 비해 작지만 단단해 보이는 몸매, 때로는 정말 친절하고 호의적인 표정의 여자들을 만난다. 남자들에 대해서는 행상을 하는 티롤 사람들을 통해 잘 알고 있었다. 그들은 그 지방 여자들보다는 기운이 없어 보인다. 아마도 여자들이 육체노동을 더 많이 하는데 반해서, 소매상인이나 수공업자인 남자들은 거의 앉아서 일하기 때문이리라. 가르다 호숫가에서 마주친 사람들은 갈색 피부에다, 붉은 볼에는 윤기가 조금도 없었지만 병약하지는 않았고 오히려 아주 편안해 보였다. 그곳 바위산 기슭에서 강렬한 햇볕을 받기 때문인 듯하다.

베로나에서 베네치아까지[1]

1786년 9월 16일, 베로나

원형 극장은 내가 처음으로 본 중요한 고대 기념물이었다. 그것은 참으로 잘 보존되어 있었다. 그러나 원형 극장 안으로 들어가 그 위로 더 올라가서 주위를 거닐었을 때는 내가 드물게 웅대한 것을 보고도, 사실은 아무것도 보고 있지 않은 듯한 이상야릇한 느낌을 받았다. 사실 텅 빈 원형 극장은 볼 만한 것이 못 된다. 최근에 요제프 2세[2]와 피우스 6세[3]를 위해 열렸던 기념행사 때처럼 사람들이 가득 차 있을 때 보아야 한다. 수많은 군중에 익숙한 황제마저도 그 광경을 보고는 경탄했다고 한다. 그러나 원형 극장이 충분한 효과를 드러낸 것은 고대 시절뿐이었다. 고대에는 민중이 오늘날의 민중 개념보다 더 큰 규모였기 때문이다. 사실 이러한 원형 극장은 본디 민중들 자신에게 커다란 감명을 주고, 자신들이 최고라고 느끼도록 만들어졌다.

평지에서 뭔가 볼거리가 생겨서 모두들 우르르 그쪽으로 몰려가면, 가장 뒤에 있는 사람들은 어떻게 해서든지 앞사람들보다 높이 올라서려고 애쓴다. 그래서 어떤 사람은 벤치에 올라서고, 어떤 사람은 술통을 굴려 온다. 또 어떤 사람은 마차를 타고 접근하고, 널빤지를 이리저리 걸치거나 심지어 언덕에 올라가기도 한다. 그래서 그 자리는 순식간에 분화구 같은 모양이 된다.

구경거리가 같은 장소에서 자주 벌어지면, 관람료를 낼 수 있는 사람들을 위해 무대 가까이에 간이 좌석이 마련되고, 나머지 군중들도 어떻게 해서든지 구경해 보려고 갖은 애를 쓴다. 이러한 일반적인 요구를 채워줘야 하는 것이 건축가의 사명이다. 건축가는 분화구 모양의 경기장을 기술적으로 할 수 있는 한 단순하게 만들어서 군중 스스로가 경기장의 장식이 되도록 한다.

---

[1] 이 장은 여행기 제3부를 바탕으로 한다.
[2] 실은 요제프 2세. 1881년 요제프 2세를 위해 이곳에서 투우 경기가 열렸다.
[3] 1782년.

그렇게 함께 모여든 광경을 봤을 때, 군중들은 스스로에게 놀라게 된다. 여느 때에는 질서나 규율도 없이 혼란스럽게 이리저리 돌아다니는 데 익숙했는데, 수많은 머리와 가슴을 지니고 이리저리 어슬렁거리던 이 동물 같은 존재들이 어떤 고상한 형체로 통일되고, 하나의 단위로 만들어져 단일한 정신으로, 살아 움직이는 단일한 형상으로서 한 집단으로 결합되고 굳어졌음을 발견했기 때문이다.

타원형의 단순한 극장 형태는 누구에게나 무척 편안하게 느껴졌고, 그들의 머리는 극장 전체가 얼마나 엄청난 규모인가를 재는 잣대로서의 구실을 했다. 그러나 오늘처럼 텅 빈 상태에서는 판단할 기준이 없다. 이 극장이 얼마나 큰지 작은지를 도무지 알 수가 없는 것이다.

이러한 유품을 잘 지켜왔다는 점에서 베로나 사람들은 칭찬받아야 마땅하다. 원형 극장은 붉은 빛 도는 대리석으로 지어졌는데, 그들은 풍화 작용으로 침식된 돌계단을 지속적으로 복원해 왔다. 그래서 그런지 거의 모든 계단들이 아주 새것처럼 보인다. '히에로니무스 마우리게누스'라는 이름과, 그가 이 기념물에 쏟은 놀라운 열정을 찬양한 비문*4이 있다. 외벽은 일부분만 남아 있기 때문에, 과연 이 건축물이 그 무렵에 완공되기는 했는지조차 의심스럽다. '일 브라'라는 커다란 광장*5과 맞닿은 지하는 수공업자들에게 임대되고 있다. 이런 굴속 같은 곳에 사람들이 사는 광경을 보는 것은 매우 재미있는 일이다.

포르타 스투파*6 또는 델 팔리오라고 불리는 문은 이 도시에서 가장 아름답지만 늘 닫혀 있다. 이 문은 먼 거리에서 보면 잘 지어진 것처럼 보이지 않는데, 가까이 다가가면 비로소 이 건물의 가치를 알 수 있다.

---

*4 1569년의 것. 그에 따르면, 마우리게누스가 아니라 마르모레우스가 맞다. 비문에는 이렇게 쓰여 있다.

Hieronymo Marmoreo V. C., cuius incredibili studio, dum urbi praeest, quod temporis iniuria huic amphitheatro perierat, reddi coeptum est, Veronenses P. P. MDLXIX.

(베로나 시장 히에로니무스 마르모레우스와 그의 놀라운 열정으로, 그가 도시를 다스리는 동안 이 원형극장은 오랜 비바람으로 인한 파손의 복구에 착공하다. 베로나 시민유지, 1569년)

*5 오늘의 비토리오 엠마누엘레 광장.

*6 Porta stupa란 닫힌 문이라는 뜻. Porta del pallio는 '표창문'이라고도 옮길 수 있는데, 속어로 팔리오란 경주의 상을 가리킨다. 문 앞에서 경주가 열렸기 때문에 이렇게 불렸다고 한다. 1557년 베로나 출신의 미켈레 산미켈리가 지었다.

베로나, 고대 로마의 원형 극장

왜 이 문이 닫혀 있는가에 대해서는 온갖 이야기가 떠돈다. 그러나 나는 건축가가 틀림없이 새로운 마차 도로 공사를 일으키려는 의도를 가졌을 것으로 추측한다. 문의 위치가 오늘의 거리와는 전혀 어울리지 않기 때문이다. 또 문 왼편으로는 판잣집 몇 채밖에 없고, 문 중앙에서 정면으로 똑바로 뻗어나가는 선은 수녀원을 향한다. 길을 낸다면 그 수녀원은 어쩔 수 없이 허물었어야 했다. 그때 사람들도 그런 사실을 알고 있었으리라. 귀족과 부자들도 도심에서 그렇게 멀리 떨어진 주거지에 집을 지으려고 하지 않았을 것이다. 아마도 그러다가 건축가가 죽어버린 것이 아닌가. 그 뒤에 문은 폐쇄되고[7] 그 건축 계획은 영원히 물거품으로 돌아가 버렸으리라.

이오니아식 기둥 여섯 개로 이루어진 극장[8] 정면은 무척 우아한 분위기를 지니고 있다. 거대한 두 개의 코린트식 기둥이 떠받치고 있는 채색된 벽감(壁

*7 문은 1866년 이후부터 개방되었다. 현재는 카부루 대로와 포르타 팔리오 거리가 직접 이 문으로 통한다.
*8 팔라르모니코 극장(Teatro Filarmonico). 비토리오 엠마누엘레 광장 근처 골목에 있다.

龕) 앞에 있는 가발을 쓴 마페이[9] 후작의 등신대 흉상은 오히려 빈약해 보인다. 놓인 곳은 나무랄 데 없지만, 웅장하고 견실한 원기둥에 어울리려면 더욱 거대한 흉상이었어야 할 것이다. 이제는 작은 버팀돌 위에 놓여 있기 때문에 건물 전체와 조화를 이루지 못한다.

앞뜰을 둘러싼 회랑 또한 빈약하다. 홈이 새겨진 도리아식 난쟁이 원기둥은 거인 같은 매끄러운 이오니아식 기둥과 비교하면 초라해 보인다. 그러나 복도 아래로 훌륭한 박물관[10]이 들어서 있으니 그런 결점은 눈감아 주자. 이곳에는 거의 베로나와 그 주변에서 발굴된 고미술품들이 전시되어 있다. 더욱이 몇 점은 원형 극장 안에서 발굴되었다고 한다. 오래된 시대인 에트루리아, 그리스, 로마 시대 유물들부터 그 이후 시대, 그리고 근대의 유물도 있다. 벽에는 얕은 양각 무늬가 새겨져 있는데, 마페이가 《베로나 안내서 *Verona illustrata*》[11]에서 기록할 때 지정한 번호를 그대로 달고 있다. 제단과 기둥 조각, 그리고 이와 닮은 유물들도 있다. 대리석으로 만든 무척 아름다운 세 발 의자도 있는데, 그 위에는 신들의 소지품을 가지고 노는 천사들이 있다. 라파엘로는 그 모습을 본떠 파르네시나[12] 별장의 아치형 채광창 벽에 인물을 그렸다.

고대인의 무덤에서 불어오는 바람은 마치 장미 언덕을 지나온 것처럼 향기롭다. 묘석들은 친밀하고 감동적이며 언제나 생기를 준다. 마치 남편이 아내 옆에서 창 밖을 내다보듯이 벽감 안쪽에서 바깥쪽을 내다본다. 그런가 하면 아버지와 어머니가 아들을 가운데에 두고서 그지없이 사랑스런 모습으로 서로의 얼굴을 바라본다. 한쪽에선 부부가 손을 맞잡고 있고, 다른 쪽에선 아버지가 소파에 기대 앉아 가족들의 이야기를 듣고 있다.

이러한 묘석들을 바로 눈앞에서 몸소 보니 매우 감동적이었다. 모두 후대의 작품들이지만 소박하고 자연스러워 누구의 마음에나 감동을 준다. 여기에는 기쁨에 겨운 부활을 기대하며 무릎 꿇는 철갑 기사는 없다. 조각가는 기술적

---

[9] 프란체스코 스키피오네 마페이(1675~1755). 베로나 출신의 시인 겸 고고학자.

[10] 무세오 라피다리오 마페이아노(석조물박물관). 1719년 마페이에 의해 세워짐. 오늘도 필라르모니코 극장 아케이드 밑에 있다.

[11] 1731~1735년에 처음으로 출판됨. 모두 4부. 부조의 번호는 지금도 그대로 쓰고 있다.

[12] 로마의 빌라 파르네시나. 그림은 프시케의 생애에서 소재를 따와 그린 벽화.

차이는 있을지언
정 인간의 평범한
일상생활을 재현
함으로써, 인간 존
재를 이어나가고
영원화한다. 그들
은 두 손을 포개
어 기도하거나 하
늘을 올려다보지
않는 과거나 현재
의 모습 그대로의
현세적 존재다. 서
로 모여 동정하고
사랑하는 그런 모

마페이 공 흉상

습들은, 기술적인 정교함이 조금은 부족해 보이지만 그지없이 사랑스럽게 묘
석 안에 표현되어 있다. 몹시 화려하게 꾸며진 대리석 원주는 내게 새로운 것
을 떠올리게 하기도 했다.

이 박물관은 칭찬할 만하지만, 설립 무렵의 고귀한 보존 정신은 더는 없음
을 알 수 있다. 귀중한 삼각의자도 서쪽에서 불어오는 비바람에 그대로 노출
되어 있어 머지않아 무너져 내릴 것이다. 목재 상자라도 있으면 이 보물이 오
랫동안 지켜질 수 있을 텐데.

짓다가 중단한 시장 관저*13가 완공되었더라면 건축상 굉장한 걸작이 되었
으리라. 귀족들은 여전히 많은 건축물을 짓고 있지만 유감스럽게도 저마다 자
신의 옛 저택이 있던 장소에, 말하자면 거의 좁은 골목에 짓는다. 이를테면 외
진 교외의 작은 골목에 신학교 정면을 무척 화려하게 짓는 식이다.

길에서 어쩌다 알게 된 사람*14과 함께 어떤 호화로운 건물의 웅장한 문 앞
을 지나가는데, 그가 내게 안뜰에 잠시 들어가 보지 않겠느냐고 상냥하게 물

---

*13 비토리오 엠마누엘레 광장에 있는 무니치피오(시청)를 말한다. 1836년에 준공.
*14 이 부분은 여행기에는 없다. 기행문 편집 때 추가된 말체시네 사건의 결말로 봐야 하는 성
　　질의 사건.

었다. 그 건물은 고등법원*15이었다. 건물이 높아서 안뜰이 하나의 거대한 우물처럼 보였다. 그가 말했다.

"이곳에 모든 범죄자와 용의자가 갇혀 있답니다."

나는 주위를 둘러보았다. 여러 층마다 무수히 많은 열린 문 옆으로 철제 난간이 달린 복도가 밖으로 드러나 보였다. 심문받으러 감방에서 나오는 죄수는 바깥 공기를 마실 수 있지만 그때 일반인들의 눈에도 보이게 된다. 게다가 심문실이 몇 군데나 더 있어 이 복도 저 복도에서 쇠사슬이 철컹거리는 소리가 끊임없이 울려 퍼졌다. 그것은 눈 뜨고 똑바로 쳐다볼 수 없는 끔찍한 광경이었다. 귀찮게 구는 사람들을 따돌려서 좋아졌던 기분이 여기서 조금은 무거워졌음을 부인하지 않겠다.

해질 무렵에 나는 분화구처럼 생긴 원형 극장의 가장자리를 돌아다니면서 도시와 외곽이 한눈에 보이는 그지없이 아름다운 전망을 즐겼다. 나는 완전히 혼자였고, 눈 밑으로 펼쳐지는 브라 광장의 포석 위에는 수많은 사람들―모든 계층의 남성들과 중간 계층의 여성들―이 거닐고 있었다. 이곳 위에서 내려다보니, 여인들은 검은 겉옷을 입었는데 마치 미라처럼 보였다.

첸달레와 베스테는 이런 중간 계층 여성들이 즐겨 입는다. 청결함에는 그다지 신경 쓰지 않으면서도 교회를 가거나 산책을 가거나 늘 남들 앞에 나서고 싶어하는 사람들에게는 매우 잘 어울리는 의상이다. 베스테는 윗옷 위에 입는, 검은 호박단으로 만든 겉옷이다. 베스테 속에 깨끗한 흰 치마를 입고 있는 여자라면, 이 검은 겉옷 한쪽 자락을 들어 올리는 법을 알고 있으리라. 허리를 조여 주고 여러 색상의 코르셋 단을 덮을 수 있도록 이 베스테에다 벨트를 두른다. 첸달레는 긴 장식 술이 달린 커다란 모자이다. 모자는 철사 프레임으로 머리 위 높이 고정되어 있지만, 술은 장식 띠처럼 모자 주위에 달려 그 끝을 등 뒤로 늘어뜨린다.

오늘은 원형 극장에서 돌아오는 길에, 수천 걸음 떨어진 곳에서 근대식 공개 경기가 열리는 것을 보았다. 귀족적인 베로나 사람 넷이 같은 수의 비첸차 사람들을 상대로 공치기 경기를 하고 있었다. 여느 때라면 1년 내내 베로나 사람

*15 시뇨레 광장에 있는 팔라초 델라 프레페투라(지사 관저). 이곳에 감옥이 부속되어 있다. '웅장한 문'은 1532년 산미켈리의 작품.

베로나 브라 광장의 원형 극장(현대)

들끼리 해지기 전 2시간 정도 경기를 하지만, 이번에는 다른 지역 사람과의 경기라 구경꾼들이 잔뜩 모여 있었다. 구경꾼은 4~5천 명쯤 되어 보였지만 여자는 한 사람도 보이지 않았다.

앞서 사람들이 많이 몰려 있을 때 군중이 어떤 욕구를 갖게 되는지에 대해 말하다가, 원형 극장의 모양도 뜻하지 않게 그렇게 만들어졌다는 이야기가 나왔는데, 이곳 사람들 또한 층층이 서서 구경하고 있었다. 우레 같은 함성과 박수 소리가 멀리서부터 들려왔다. 공이 멋지게 맞을 때마다 박수가 일었다. 이 경기는 다음과 같이 진행된다. 서로 적당한 간격을 두고 경사가 완만한 비탈을 만든다. 공을 치는 사람은 오른손에 목재로 된 폭이 넓고 가시 달린 곤봉을 들고 가장 높은 위치에 선다. 자기 팀에서 한 사람이 그에게 공을 던져주면 그는 그 공을 쫓아 달려 내려간다. 그 반동으로 공을 더 세게 치려는 것이다. 상대편도 공을 받아치려고 애쓴다. 그런 식으로 마침내 경기장에 공이 떨어질 때까지 서로 계속 받아친다. 그들이 시합하는 중에 대리석상으로 만들어도 좋을 만큼 더할 나위 없이 아름다운 장면이 펼쳐질 때가 있다. 다부진 체격의 젊은이들이 짧고 몸에 딱 붙는 흰 옷을 입고 있으므로 두 편은 구별을 위해 저마다 색깔이 다른 휘장을 두른다. 타자가 비탈을 달려 내려와서 공을 치려고 준비할 때의 자세가 특히 아름다운데, 마치 보르게세의 검투사[16] 자세를 가까이에서 보는 것만 같았다.

그런데 이런 경기를 관중들에게는 더없이 불편한 오래된 성벽 가장자리에서 하는 까닭을 도무지 알 수 없다. 원형 극장처럼 멋진 장소가 있는데 왜 그곳에서 하지 않는 걸까?

9월 17일, 베로나

내가 본 그림에 대해 짧게 이야기하고 몇 가지 감상을 덧붙인다. 내가 이처럼 놀라운 여행을 하는 이유는 나 자신을 속이려는 것이 아니라 여러 대상들과 접촉해 보면서 내 자신을 재발견하려는 것이다. 무엇보다 내게는 화가들의 기교나 솜씨를 이해할 능력이 그다지 없음을 솔직히 인정한다. 나의 관심과 고찰은 단지 실제적 부분, 즉 대상과 그것을 다루는 일반적인 기법에만 한정될 것이다.

성 조르조 교회[17]는 마치 훌륭한 회화 작품을 소장한 화랑과 같다. 그림은 모두 제단 장식화이며, 가치 차이는 있겠지만 아예 평범한 것은 없다. 그러나 그 가엾은 화가들은 어떤 주제를, 누구를 위해 그려야 했던가! 만나[18]가 비처럼 쏟아지는[19] 너비 30피트에 높이 20피트나 되는 그림이라니! 또 다른 작품 〈다섯 덩어리의 빵〉의 기적[20]은 또한 어떠한가! 이런 주제로 무엇을 말하려 했을까? 빵 몇 조각에 몰려드는 굶주린 사람들, 그리고 빵을 나누어 받는 수많은 사람들.

화가들은 그 같은 비참함에 의미를 불어넣기 위해 참으로 고심했다. 그러나 오히려 이런 무리함이 자극제가 되어 천재는 걸작을 남겼다. 1만 1천 명의

---

*16 그리스 조각가 에페소스의 아가시아스가 만든 검투사 조각상. 로마 인근 보르게세 별장에 있던 것을 나폴레옹이 빼앗아서 오늘날은 파리 루브르 박물관에 있다.
*17 에체 강 왼편 브라이다에 있으며, 강 오른쪽의 돔과 마주보고 있다.
*18 유대 민족이 광야를 헤맬 때 기적같이 하늘에서 떨어진 음식.
*19 펠리체 리치 브루자 조르치(1550~1705)의 작품. 이 그림은 문하생이 완성했다.
*20 파올로 펠리나티(1522~1604)의 1603년 작품.

베로나, 성 조르조 인 브라이다 교회

처녀를 거느린 성 우르술라를 그리게 된 어떤 화가[21]는 이러한 문제를 아주 지혜롭게 해결했다. 성녀는 그 지방을 정복해 손아귀에 넣은 듯한 모습으로 전면에 서 있다. 그녀의 고귀한 풍채는 아마존과 같은 고상한 처녀성을 간직하고 있지만, 관능미가 전혀 없이 그려졌다. 한편 배에서 내려 행렬을 이루며 다가오는 동정녀들의 무리는 모두 축소되어 저 멀리에 매우 작게 보인다. 티치아노가 그린 대성당의 〈성모 승천〉은 까맣게 변색되었지만, 승천하는 마리아가 하늘을 올려다보지 않고 아래의 친구들을 내려다보는 모습으로 그린 화가의 착상은 참으로 칭찬할 만하다.

게라르디니 화랑에서 오르베토[22]의 대단한 걸작을 발견했고, 동시에 이 뛰어난 예술가에 대해 갑작스레 알게 되었다. 멀리 떨어진 곳에서는 손꼽히는

---

*21 베로나 출신 조반니 프란체스코 카로토(1480~1555?58?).
*22 본명은 알레산드로 투르치, 또는 알레산드로 베로네세. 1578년 베로나에서 태어났으며, 1649년에 로마에서 죽었다.

몇몇 예술가에 대해서만 알 수 있을 뿐이며, 그나마 그들의 이름만을 아는 데에만 만족하게 된다. 그러나 이렇게 별들이 총총히 빛나는 하늘에 가까이 다가가면 2등성이나 3등성들도 깜박거리기 시작하고 하나하나의 별이 똑같이 전체 별자리로 나타나면, 세상은 참으로 넓기도 하고 예술은 더없이 풍부해진다.

이곳 화랑에서 나는 그 생각에 감탄한 그림이 하나 있다. 그것은 두 사람의 반신상만 담은 그림이다. 삼손이 델릴라의 무릎에서 막 잠이 들었고, 델릴라는 탁자 위 램프 옆에 놓인 가위를 집기 위해 삼손의 몸 위로 살며시 손을 뻗고 있는 장면이다. 이 그림의 기법은 아주 순수하다. 카노사 궁*²³에서는 다나에의 그림이 인상적이었다.

베빌라차 궁*²⁴은 무척 귀중한 작품들을 소장하고 있다. 틴토레토*²⁵의 소위 〈낙원〉이라 불리는 그림은 대주교, 예언가, 사도, 성자, 천사 등이 모두 참석한 성모 마리아의 대관식 장면이다. 이 그림은 하늘이 내린 천재 화가가 모든 재능을 충분히 드러낼 기회로 삼은 작품이다. 붓을 다루는 날렵한 솜씨, 정신, 다양한 표현력 등에 감탄하며 제대로 감상하려면 아마 이 작품을 직접 소장해 평생 눈앞에 두고 보아야 하리라. 기법은 무궁무진하다. 후광을 받으며 사라져 가는 맨 뒤편 천사들의 얼굴마저도 저마다 특색을 띤다. 가장 큰 인물은 높이가 1피트나 되는데, 마리아 머리에 왕관을 씌워주는 그리스도와 마리아는 4인치 정도밖에 안 된다. 이 그림에서 가장 아름다운 여성은 역시 '이브'로서, 오래전부터 늘 그래왔듯이 조금은 관능적인 모습이다.

파올로 베로네세*²⁶의 초상화 몇 점은 이 화가에 대한 존경심을 더욱 불러일으켜 주었다. 고전수집실은 매우 훌륭하다. 특히 엎드려 죽어 있는 니오베의 아들*²⁷이 뛰어나다. 흉상들은 그들의 코가 복원되었음에도 대부분 매우

---

*23 산미켈리의 건축. 오늘날은 카보우르 대로에 황폐한 모습으로 남아 있다.

*24 위와 같음.

*25 본명은 야코포 로부스티(1518~1594). 베네치아 태생으로 이탈리아 화가 티치아노 베첼리의 제자. 아버지가 염색공이어서 틴토레토(염색장인)라 불린다. 이 그림은 현재 파리 루브르 박물관에 있다.

*26 파올로 칼리아리(1528~1588). 베로나 태생으로 종교와 신화를 대상으로 하는 큰 규모의 역사화를 그린 화가로 유명하다.

*27 뒷날 뮌헨의 조각관으로 옮겨졌다. 여행기를 보면, 괴테가 이것을 처음에는 엔듀미온으로

흥미롭다. 그 밖에 시민의 영관을 쓴 아우구스투스와 칼리굴라 등이 있다.

위대하고 아름다운 것을 즐거운 마음으로 기꺼이 숭배하는 게 내 천성인데, 이렇게 훌륭한 작품들을 즐기면서 나의 그런 성향을 시시각각 채우는 것은 무엇과도 비할 수 없는 행복이다.

낮 시간을 만끽하고, 특히 저녁때 즐거운 나라에서는 밤이 다가온다는 것은 아주 큰 의미

베로나 출신 파올로 베로네세 상

를 지닌다. 이 시간이면 모든 활동은 멈추고, 산책하던 사람들도 집으로 돌아온다. 아버지는 집에 가서 딸의 얼굴을 보고 싶어한다. 하루가 끝난 것이다.

하지만 우리 키메르족*28은 낮이 어떤 것인지 전혀 모른다. 늘 끝없는 안개와 흐린 구름에 잠겨 있기 때문에 낮도 밤도 차이가 없이 똑같다. 과연 우리는 얼마만큼의 시간을 자유로운 하늘 아래 산책하며 즐길 수 있을까? 이곳에서는 밤이 되면 아침부터 저녁 사이의 낮은 뚜렷하게 끝나버린다.

24시간이 지나면, 새로운 계산이 시작된다. 종이 울리고, 사람들은 묵주를 돌리면서 기도하고, 하녀는 불 켜진 램프를 들고 방으로 들어와 "felicissima

착각했음을 알 수 있다.

*28 호메로스에 따르면, 서쪽 끝에 있는 민족으로 늘 암흑 속에서 산다.

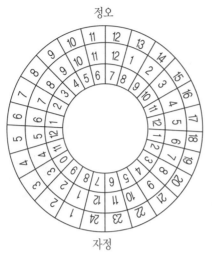

정오

자정

notte!(좋은 밤 보내세요!)" 인사한다. 이 시각은 계절 따라 조금씩 달라지지만, 이곳에서 생활하며 활동하는 사람들은 그리 혼동하지 않는다. 그들의 삶에서 누리는 모든 즐거움은 시간이 아니라 낮과 밤에 따라서 구분되기 때문이다. 만일 이곳 국민에게 독일의 시계 바늘 같은 생활을 강요한다면 그들은 난감해할 것이다. 그것은 그들의 시간 관념은 자연과 아주 가깝게 연관되어 있기 때문이다.

밤이 되기 한 시간 전이나 한 시간 반 전에 귀족들은 마차를 타고 외출하기 시작한다. 브라 광장으로 떠났다가 포르타 누오바의 길고 넓은 가로*29를 따라 성문을 지나거나 도시 성벽을 따라 돌다가, 밤을 알리는 종소리가 울리면 모두 집으로 돌아간다. 그들 가운데 몇몇은 교회로 가서 '아베마리아 델라 세라' 기도를 올리고, 또 몇몇은 브라 광장에 마차를 세워둔다. 그러고는 대부분의 신사들은 마차로 다가와 귀부인들과 오랫동안 이야기를 나눈다. 나는 그들의 대화가 끝날 때까지 기다려 본 적은 없지만, 길을 거니는 사람들은 밤 늦게까지 남아 있다. 오늘은 마침 많은 비가 내렸기 때문에 먼지가 나지 않아 참으로 활기차고 유쾌한 분위기였다.

이 나라의 중요한 관습에 적응하기 위해, 나는 이들의 시간 계산 방식을 좀 더 쉽게 파악할 수 있는 방법을 생각해 냈다. 다음 그림을 보면 대충 이해할 수 있을 것이다. 가장 안쪽 원은 독일에서처럼 자정에서 자정에 이르는 24시간을 나타내는데, 우리가 셈하거나 독일 시계가 표시하는 두 번의 12시간을 나누어 표시한 것이다.

중간 원은 이 나라에서 지금 계절에 울리는 종소리를 보여 준다. 이곳에서도 12시를 두 번 쳐야 24시간이 되는 것은 마찬가지이다. 그러나 독일에서 8시를 칠 때 이곳에서는 1시를 치는 식으로 12시까지 계속된다. 독일 시계가 아

*29 지금의 비토리오 엠마누엘레 대로.

침 8시를 알릴 때 이곳에서는 다시 1시를 알리는 식이다.

맨 바깥쪽 원은 그들이 실생활에서 어떻게 24시간을 헤아리는가를 보여 준다. 예를 들어 밤 7시를 알리는 종소리를 들으면, 여기서는 자정이 5시니까 7에서 5를 빼서 지금이 새벽 2시라는 사실을 알 수 있다. 낮에 7시를 알리는 종소리를 들으면, 정오가 역시 5시이기 때문에 마찬가지 방식으로 뺄셈하여 지금이 오후 2시임을 알게 된다. 그러나 이곳 방식대로 하면 정오가 17시라는 것을 알아야 하고, 그래서 17시에 2시를 더해 19시라고 말해야 한다.

이런 계산법을 처음 접하면 대단히 복잡하고 계산하기가 어려워 보인다. 그러나 곧 이런 방식에 익숙해지고나면 이런 계산법이 오히려 재미있어진다. 그것은 마치 사람들이 끊임없이 이렇게 저렇게 수 세는 것을 좋아하고, 아이들이 쉽게 풀 수 있는 과제를 좋아하는 것과 같다. 본디 이 나라 사람들은 손가락을 꼽으며, 무엇이든지 암산하면서 숫자를 다루는 것을 좋아한다. 게다가 그들은 정오나 자정 같은 것에는 전혀 관심없고, 외국인이 이곳에 와서 하듯이 시계의 두 바늘을 서로 비교하지도 않기 때문에 이런 문제는 그들에게 한결 더 수월하다. 그들은 저녁부터는 시계 종소리만 세며, 낮에는 모두가 잘 알고 있는 가변적인 정오 시간에 그 숫자를 더한다. 그 밖의 것은 도표에 덧붙여진 다음 주석으로 설명이 될 것이다.

이곳 사람들은 매우 활기차게 이곳저곳으로 움직인다. 특히 상점들과 수공예품점이 밀집해 있는 몇몇 거리에서는 정말 재미있는 광경을 볼 수 있다. 이곳의 가게나 작업실은 앞문이 없다. 건물 전면이 거리 쪽으로 완전히 개방되어 가게 안쪽까지 다 들여다보이고, 그 안에서 무엇을 하는지 모두 볼 수 있다. 재봉사가 바느질을 하고, 무두장이가 가죽을 잡아당기고 두드리는데, 모두들 반쯤은 거리로 나와 있다. 작업장이 아예 도로 일부분이 된 느낌이다. 불을 밝히는 저녁이 되면 그 광경은 무척 생동감 있어 보인다.

광장은 장날이면 사람들로 넘쳐난다. 채소와 과일이 산더미처럼 쌓이고, 마늘과 양파도 풍족하다. 사람들은 온종일 소리를 지르고 노닥거리며 노래한다. 그러다가 고함을 질러대며 싸우기도 하고 왁자지껄 웃어대기도 한다. 따뜻한 기후와 값싼 음식 덕분에 살기가 편하다. 누구든 나올 수 있는 사람은 모두 밖에 나와 있다.

8월부터 11월까지 밤의 길이는 보름마다 30분씩 길어진다.

월	일	독일 시계로 일몰 시간	이탈리아에서 자정
8	1	8 : 30	3 : 30
	15	8 : 00	4 : 00
9	1	7 : 30	4 : 30
	15	7 : 00	5 : 00
10	1	6 : 30	5 : 30
	15	6 : 00	6 : 00
11	1	5 : 30	6 : 30
	15	5 : 00	7 : 00

12월과 1월은 시간이 변하지 않는다.

12		5 : 00	7 : 00
1			

• • • • •

2월부터 5월까지 밤의 길이는 보름마다 30분씩 길어진다.

월	일	독일 시계로 일몰 시간	이탈리아에서 자정
2	1	5 : 30	6 : 30
	15	6 : 00	6 : 00
3	1	6 : 30	5 : 30
	15	7 : 00	5 : 00
4	1	7 : 30	4 : 30
	15	8 : 00	4 : 00
5	1	8 : 30	3 : 30
	15	9 : 00	3 : 00

6월과 7월은 시간이 변하지 않는다.

6		9 : 00	3 : 00
7			

밤이 되면 노랫소리와 소란스런 소리가 본격적으로 시작된다. 거리마다 말버로의 노래[*30]가 들려오고, 여기저기서 덜시머[*31]와 바이올린 소리도 들린다. 그들은 휘파람으로 온갖 새 소리를 흉내내기도 한다. 이상야릇한 소리가 여기저기서 들려온다. 따뜻한 기후는 가난한 사람들에게도 이토록 충만한 삶을 선물해 준다. 그래서 어렵게 살고 있는 사람들도 마찬가지로 삶의 보람을 느끼는 것처럼 보인다.

우리가 이상하게 여길 만큼 그들의 집이 불결한 것도 같은 이유 때문이다. 그들은 언제나 집 밖에 나와 있으며, 특유의 그 태평한 마음으로 아무런 생각도 하지 않는다. 민중에겐 모든 것이 그저 만족스럽고 불만이 없다. 중류 계층도 하루하루를 되는 대로 살아간다. 부자와 귀족은 문을 걸어 잠그지만, 그들 집도 북유럽의 집처럼 안락하지는 않다. 그들은 종종 공회당에서 사교 모임을 갖는다. 안뜰부터 주랑에 이르기까지 온통 오물로 더럽혀져 있지만 이것도 아주 당연한 일로 여기고 도무지 신경 쓰지 않는다.

사람들은 늘 자기 위주로 생각한다. 부자들은 돈이 많아 궁전을 지을 수 있겠고, 귀족들은 사람들을 지배할 수 있겠지만, 그들이 만들어 놓은 주랑과 안뜰을 민중들은 제멋대로 용변을 보는데 사용한다. 민중은 닥치는 대로 주워 먹고 기회가 닿는 대로 신속하게 배설하는 일이 가장 급한 것 같다.

이런 것을 감수하지 못하겠다면 귀족 노릇도 할 수 없다. 다시 말해 그는 자기 집의 일부가 공공 소유라도 아무것도 해선 안 된다. 문을 닫아 버리고 싶으면 닫아도 좋다. 민중은 공공건물에 대해서는 자신들의 권리를 전혀 빼앗기려 하지 않는다. 이것은 이탈리아 온 지역에서 외국인들의 불평 사항 가운데 하나이다.

나는 오늘 시내 여기저기를 돌아다니며 특히 가장 많이 눈에 띄고 가장 활동적인 중간 계층의 복장과 행동을 살펴보았다. 그들은 걸을 때 양팔을 흔들며 다닌다. 이와 달리 자주 칼을 차고 다니는 상류 계층 사람들은 왼팔을 옆구리에 대는 습관 때문에 오른팔만 흔들고 다닌다.

민중은 자기 일에 전념할 때나 자신의 욕망을 따를 때는 근심 없는 모습이지만, 낯선 대상이 눈에 띄었다 싶으면 갑자기 날카롭게 주시한다. 나는 여기에 처음 도착한 며칠 동안, 모든 사람이 내 장화를 눈여겨본다는 것을 깨달았

---

*30 "Malbrough s'en va-t-en guerre"(말버로는 전쟁에 나갔네)라는 민요.
*31 공명상자에 금속선을 치고 조그마한 해머로 쳐서 연주하는 현악기.

다. 이곳에서는 겨울에도 비싼 신발은 신지 않기 때문이다. 오늘은 보통 구두를 신고 있기 때문에 아무도 나를 눈여겨 보지 않는다.

그런데 이상한 일이 있었다. 오늘 아침, 사람들이 시장에서 꽃과 채소, 마늘과 그 밖의 많은 물건을 나르느라 이리저리 바쁘게 다니면서도, 내 손에 들려 있는 '상록교목 가지'를 보고 그냥 지나치지 않았던 것이다. 이 나뭇가지에는 연녹색 꽃송이가 몇 개 달려 있었다. 나는 '꽃이 핀 풍조목' 가지도 들고 있었는데, 어른 아이 할 것 없이 모든 사람이 유별나다고 생각하며 내 손을 쳐다보았다.

그 가지들은 주스티 정원*32에서 꺾은 것인데, 좋은 위치에 자리잡은 공원에는 거대한 상록교목나무들이 하늘을 찌를 듯이 늘어서 있었다. 북유럽 정원에서 볼 수 있는 주목의 끝을 뾰족한 형태로 다듬는 기술은 아마 이 장대한 자연의 산물을 본뜬 것인지도 모른다. 오래된 것이든 갓 뻗어 나온 것이든 가지들이 아래쪽부터 위쪽까지 하늘을 향해 있는 수령이 3백 년쯤 되어 보이는 한 거목은 존경할 만하다. 이 정원이 만들어진 시기를 미루어보아 이 상록교목의 나이도 분명 그 정도는 될 것이다.

9월 19일, 비첸차

베로나에서 비첸차로 오는 길은 매우 평탄하다. 마차를 타고 산맥을 따라 북동쪽으로 달리다 보면 왼편으로 사암, 석회석, 점토와 이회암으로 이루어진 앞쪽의 산들이 보인다. 그 산들을 형성하는 구릉 위에는 마을과 성곽, 집들이 흩어져 있다. 오른편으로는 드넓은 평야가 펼쳐져 있는데, 이곳으로 마차가 다닌다. 똑바르게 잘 관리된 넓은 길이 비옥한 벌판을 가로질러 나 있다. 기다랗게 열을 이루며 서 있는 광경이 눈에 들어오고, 이어서 포도덩굴이 뻗어 오르다가 마치 가벼운 가지처럼 늘어뜨려져 있는 모습이 눈에 들어온다. 이곳에 와 보니 페스토네(꽃줄) 장식이 어디서 온 생각인지 비로소 깨닫게 된다. 무르익은 포도송이들이 가볍게 흔들리는 기다란 덩굴 아래 묵직하게 매달려 있다.

그 길은 다양한 직업을 가진 온갖 사람들로 가득했다. 특히 재미있는 것은, 소 네 마리가 끄는 접시 모양의 나지막한 바퀴가 달린 수레를 타고 커다란 통

---

*32 Palazzo e giardeino Giusti. 에체 강 왼편 언덕 위에 있다.

베로나, 주스티 정원

을 이리저리 싣고 가는 모습이었다. 포도밭에서 따온 포도송이를 압착하기 위해 싣고 가는 것이다. 통이 비어 있을 때는 마부들이 그 통 속에 들어가 서 있곤 했는데, 그 모습은 바커스의 개선 행렬과 매우 비슷했다. 줄지어 늘어선 포도나무 사이의 땅은 온갖 종류의 곡식, 특히 터키 옥수수와 기장 재배지로 쓰이고 있었다.

비첸차 근처에 이르면 다시 북쪽에서 남쪽 방향으로 오르막길인 언덕이 이어진다. 사람들은 이 언덕이 화산 활동으로 생겨났으며 여기서 평야가 끝난다고 말한다. 비첸차는 이 기슭, 말하자면 언덕들을 이루는 기슭에 안겨 있다고 할 수 있다.

몇 시간 전에 이곳에 도착해 시내를 한 바퀴 돈 뒤, 올림피코 극장과 팔라디오*33가 만든 건축물들을 둘러보았다. 외국인들의 편의를 위해서 예술의 이해

---

*33 안드레아 팔라디오(1518~1580). 비첸차 태생.

를 돕는 해설과 산뜻한 동판화가 들어간 소책자*34가 발간되어 있었다. 그러나 이런 건축물은 실제로 봐야 얼마나 훌륭한지 알 수 있다. 즉 실물 크기로 구체적으로 봐야만 하는 것이다. 추상적인 스케치로 파악하지 말고, 원근법을 생각해서 가까운 부분과 먼 부분이 이루는 차원의 아름다운 조화를 충분히 음미해야 한다. 따라서 나는 팔라디오에 대해서 말을 한다면, 그는 내적인 면에서 위대하며, 또 내면의 위대함을 외적으로 드러낸 인물이었다.

그가 근대의 모든 건축가와 마찬가지로 극복해야 했던 가장 큰 어려움은 시민 건축 예술에 기둥 배열을 알맞게 응용하는 일이었다. 원기둥과 벽을 연결하는 일은 늘 모순되기 때문이다. 하지만 그가 그것들을 얼마나 멋지게 조화시켰는지를 한번 보라! 그 작품들의 현실감은 우리에게 커다란 감명을 주면서도 설득당하고 있다는 사실조차 잊어버리게 했다. 그의 설계에는 어떤 신적인 면이 있는데, 이것은 진실과 허상 사이에서 제3의 것을 창조하고 그 비밀스런 존재로써 우리들의 마음을 사로잡는 위대한 시인이 가지고 있는 능력과 같다.

올림피코 극장*35은 고대인의 극장을 작은 규모로 재현해 놓은 것으로서 매우 아름답다. 독일의 극장과 비교하자면, 고귀한 집안으로 부유하고 훌륭한 교육을 받은 아이와, 고귀하거나 부유하지도 학식도 없지만 자기 실력으로 활발히 활동하는 법을 잘 알고 있는 현명한 처세가와 비교하고 있는 것과 같다.

팔라디오가 이 도시에 세운 훌륭한 건축물을 살펴보면서, 그것이 사람들의 너그럽지 못하고 불순한 욕망에 의해 얼마나 심하게 손상되었는지 알게 된다. 그리고 그의 설계 대부분이 후원자들의 재력을 어느 정도나 넘어섰는지, 또 고상한 인간 정신으로 설계된 이 귀중한 기념물들이 일반인들의 삶과 얼마나 조화를 이루지 못하는지 등을 생각해 보면, 다른 모든 면에서도 마찬가지라는 것을 절실히 깨닫게 된다.

즉 누군가가 대중들의 내면적인 욕구를 북돋우려 하거나, 그들의 위대한 생각을 드높이려 하거나, 참되고 고상한 생활의 가치를 감정에 불어넣어주려고

---

*34 폴크만이 추천한 지오반니 몬테나리 백작의 《Del Teatro Olimpico di Andrea Palladio in Vicenza : discorso》(안드레아 팔라디오의 비첸차 올림피코 극장 해설)을 말한다.

*35 고대 극장에 대한 비트루비우스의 규범에 따라 설계된 극장. 팔라디오가 공사를 시작하고서 여섯 달 만에 죽자 그의 아들인 실라를 거쳐 비첸차의 유명한 건축가인 빈첸초 스카모치(1548~1616)에 의해 1584년 완공되었다.

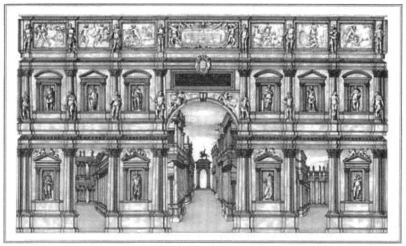

▲비첸차의 올림피코 극장 무대 전면, 안드레아 팔라디오 작

▶관람석에서 바라본 극장 무대(현대)

한다면, 그는 대중들로부터 감사의 말은 그다지 듣지 못할 것이기 때문이다. 하지만 누군가가 군중들을 속여 허황된 이야기를 해주거나, 날마다 가까스로 도움을 주는 척하면서 그들의 상황을 더욱 나쁘게 만들면, 그런 사람은 곧 인기가 올라간다. 최근에 그런 어리석은 일이 환영받는 것도 다 그런 까닭에서이다. 내 친구들을 깎아내리기 위해 이런 말을 하는 것이 아니다. 단지 현실이 그렇다는 것이고, 세상일이 다 그렇다면 그리 놀랄 것도 없다는 점을 말하려는 것뿐이다.

팔라디오의 바실리카*36가 서로 다른 크기의 창이 잔뜩 달린 성처럼 생긴 낮은 건물—기술자 팔라디오가 탑과 함께 없애려고 했다고 한다—과 나란히

---

*36 1549년에 기공한 팔라디오 초기 작품. 중층의 공랑으로, 그보다 오래된 고딕식 의사당을 둘러싸고 있다.

비첸차의 시민회관(바실리카), 팔라디오 최초의 건축

서 있는 광경은 정말 묘사하기 힘들 만큼 흉측하다. 하지만 나는 기괴한 표현으로나마 내 생각을 정리해 설명해야 하리라. 유감스럽지만 나는 여기에서도 내가 고개 돌리고 싶은 것과 보고 싶은 것이 나란히 있는 것을 발견한 셈이다.

9월 20일, 비첸차

어제는 자정 넘어서까지 오페라 공연이 계속되었기 때문에 오늘은 졸려서 견딜 수 없었다. 〈세 명의 술탄 처녀〉*[37]와 〈후궁에서의 유괴〉*[38]는 누더기 같은 몇 개의 단편을 미숙한 솜씨로 이어붙인 듯한 작품이었다. 음악은 듣기에는 무난했지만, 아마추어 수준을 벗어나지 못했으며, 감동받을 만한 새로운 생각도 없었다. 그와 다르게 발레는 매우 훌륭했다. 주연 무용수 한 쌍이 알망드*[39]를 추었는데, 보기 드물 정도로 우아한 춤이었다.

극장은 새로 지은 건물로 깨끗하고 아름다웠으며 우아한 데다가 지방 도시답게 모든 것이 질서정연했다. 각 칸막이 좌석마다 양탄자와 같은 색깔의 휘장이

---

*37 〈Les trois Sultanes〉. 〈Soliman Second〉라고도 한다. 프랑스 극작가인 샤를 시몽 파바르 (1710~1792)가 작사한 3막 희극.

*38 모차르트의 오페라 〈Belmont und Constanze oder die Entführung aus dem Serail〉.

*39 '독일풍의 무곡'이란 뜻으로, '독일 라이겐(Reigen)의 무곡'이라고도 한다.

사용되었고, 귀빈석은 조금 더 긴 휘장으로 되어 있을 뿐이었다.

프리마돈나는 모든 관객에게 인기가 대단해서 무대에 오를 때마다 열렬한 박수를 받았다. 게다가 그녀가 특별히 멋지게 부른다 싶으면 군중 관객들은 기쁜 나머지 새 떼처럼 일어나 야단법석을 떨었다. 그런 일이 여러 번 반복되었다. 그녀는 더없이 자연스러운 태도, 사랑스러운 생김새, 아름다운 목

비첸차 출신의 팔라디오 상

소리, 호감이 가는 얼굴, 그리고 무척 품위 있는 몸짓을 보여 주었다. 오직 팔 동작이 조금만 더 우아했으면 좋았을 것 같았다. 하지만 나는 이곳에 다시 오지는 않을 것이다. 나 자신이 그런 '새'가 된 것처럼 느껴지기 때문이다.

9월 21일, 비첸차

오늘은 투라 박사[40]를 찾아갔다. 그는 약 5년간 열정적으로 식물학 연구에 전념했으며, 전임 주교의 후원 아래 이탈리아 지방의 식물 표본을 수집하고 식물원을 만든 인물이다. 하지만 그것은 다 지난 일이다. 그는 의사로 개업한 뒤

---

[40] 폴크만은 투라 박사를 의사 겸 수집가로서 칭찬했다.

로 자연사 연구는 그만두었다. 그 뒤로 표본은 벌레의 먹이가 되었고 주교는 죽었으며 식물원에는 배추와 마늘 등의 채소가 재배되고 있다.

투라 박사는 무척 기품 있는 호인이다. 그는 솔직하고 순수하며 겸손한 태도로 자신의 내력을 들려 주었다. 매우 분명하고 호감이 가는 말투였다. 그러나 표본 진열장은 내게 보여주려고 하지 않았다. 아마도 진열장 안은 남에게 보여 줄 만한 상태가 아니었던 것 같다. 그래서 우리의 대화는 곧 끊어지고 말았다.

저녁

팔라디오의 건축물에 대한 책을 펴낸, 성실하고 열정적인 늙은 건축가 스카모치*41를 찾아갔다. 그는 내가 자신의 건축에 관심을 가지고 있는 것을 기뻐하며 몇 가지 정보를 주었다. 내가 특별히 좋아하는 팔라디오의 건축물 가운데 하나가, 바로 팔라디오 자신의 집*42이라는 것이다.

그 건물을 가까이에서 보니까 그림보다 한결 더 뛰어나다는 사실을 알 수 있었다. 재료와 세월이 만들어 낸 색조를 재현해서 그 건물의 그림을 한 번 봤으면 좋겠다는 생각이 들 정도였다. 그러나 이 건축가가 자신을 위해 궁전을 지었다고 생각할 수는 없다. 그 건물은 세상에서 가장 수수한 집이기 때문이다. 창문은 두 개밖에 없는데, 그 두 창문을 멀리 떼어놓은 중간의 넓은 벽에는 충분히 창문 하나는 더 들어갈 만하다. 이 집을 이웃집들과 함께 그린다면, 이웃집들 사이에 끼어 있는 모습을 눈여겨 보는 재미도 있으리라. 카날레토*43라면 그런 그림을 그릴 수 있을 텐데.

9월 22일, 비첸차

오늘은 로톤다*44라는 호화 저택을 보러 갔다. 그 저택은 시내에서 30분쯤 떨어진 완만한 언덕 위에 있다. 위쪽에서 채광이 되는 둥근 홀을 가진 정사각

---

*41 《Le fabbriche e i disegni di Andrea Palladio(안드레아 팔라디오의 건축과 디자인)》(1776~1783)을 펴낸 오타비오 베르토티 스카모치(1719~1790).

*42 대로의 동쪽 끝, 올림피코 극장 끝에 있다.

*43 본명 조반니 안토니오 카날(1697~1768)는 베네치아 출신으로, 초기에는 주로 베네치아 풍경을 그렸다.

*44 팔라디오가 디자인한 건축물. 공식 명칭은 '알메리코 카프라 발마라나의 별장(Villa Almerico Capra Valmarana)'이지만 로톤다 별장(Villa La Rotonda)이라는 이름으로 널리 알려져 있다.

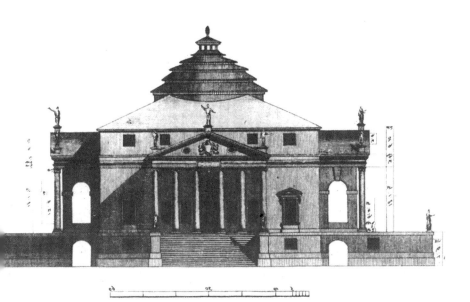

비첸차 근교의 로톤다 별장 설계도(전면), 팔라디오 작, 동판화

팔라디오의 걸작 로톤다 별장 실물 전경

형의 건물이었다. 건물 사방으로 모두 넓은 계단이 나 있어서, 6개의 코린트식 원기둥이 서 있는 현관에 쉽게 다다를 수 있도록 설계되었다. 아마도 건축 기술상 이보다 더 호화로운 건물은 없을 것이다. 계단과 현관이 차지하는 면적이 집 자체의 면적보다 훨씬 더 넓다. 벽면마다 신전 모습으로 꾸미려 했기 때문이다. 그 안에서 살 수는 있겠지만, 이 집은 주거용이라 할 수 없다. 홀은 절묘한 균형미를 보여 주며 방들도 마찬가지이지만, 귀족 집안의 여름 별장으로는 충분하다고 할 수 없다. 그렇지만 이 지방에서 이 건물만큼 어떤 방향이나 어떤 지대에서 바라보아도 웅장하고 화려한 경관을 보여 주는 건물은 또 없다.

이 건물 주위를 돌아보면, 건물 본체와 돌출된 기둥들이 던져주는 각별하고도 다양한 시각적 효과를 볼 수 있다. 상속인에게 어마어마한 유산과 함께 자신의 부를 과시하는 물리적인 기념물을 남기려 한 소유주의 뜻이 완벽하게 실현되어 있다.

이 건물은 주위 어느 지점에서 바라보아도 아름다울 뿐만 아니라, 건물 쪽에서 바라보는 주변 경관도 매우 수려하다. 베로나에서 온 배들을 브렌타 강쪽으로 운반하는 바치글리오네 강이 보이고, 카프라 후작의 광활한 영지도 내려다보인다. 카프라는 그 땅을 나누지 않은 상태로 자기 집안이 소유하길 원했다. 네 개의 합각머리 지붕에 새겨져 있는, 합쳐야만 하나의 완전한 문장이 되는 글귀는 기록해둘 가치가 있다.

Marcus Capra Gabrielis filius

qui aedes has

arctissimo primogeniturae gradui subjecit

una cum omnibus

censibus agris vallibus et collibus

citra viam magnam

memoriae perpetuae mandans haec

dum sustinet ac abstinet.

가브리엘의 아들 카프라 후작은

큰 도로 안쪽에서 나오는

우물과 마을 풍경, 괴테 작

재산과 전답, 계곡, 언덕
모든 것을 포함하며
핏줄로 이어진 정통 적자에게
이 건물을 넘겨주며
그 사실을 영원히 기억하는 동안에는
스스로 인내하고 절제할 것을 명한다.

특히 마지막 부분의 내용이 기묘하다. 그토록 많은 재산을 소유하고 마음
먹은 대로 명령을 내릴 수 있는 막강한 권한을 가진 사람이 참고 절제해야 한
다고 느낀 것이다. 이러한 깨달음은 더 적은 비용으로도 배울 수 있을 텐데.

오늘 저녁에는 올림피아 한림원*45에서 모임에 참석했다. 별로 어려운 일도

---

*45 학술연구를 위한 학회. 1556년 창설되어 오늘도 이어지고 있다.

아니고 나쁠 것도 없다. 이 정도 모임도 사람들에게는 재치와 활기를 불어넣어 준다. 장소는 팔라디오 극장 바로 옆에 있는 대공회당이었는데, 조명도 알맞게 밝혀져 있었다. 영주와 귀족 일부가 참석하고, 그 밖에는 모두 교양 있는 일반시민이었다. 그리고 수도사도 적지 않았는데, 모두 약 5백 명쯤 되었다.

의장이 오늘 회의에 내놓은 의제는, 창작과 모방 가운데 어느 것이 예술에 더 많은 이익을 가져다 주느냐 하는 것이었다. 참으로 묘안이 아닐 수 없다. 이 의제에 담긴 양자 선택성을 끄집어내면 토론이 분분해져서 백 년이 지난다 해도 끝날 것 같지 않기 때문이다. 한림원 회원들은 이 기회를 이용해 산문조나 시가를 통해 마음껏 토론을 벌였다. 그 가운데에는 걸작도 꽤 있었다.

그러자 청중들도 활기가 넘쳐서 브라보를 외치거나 박수를 치기도 하고 웃음을 터뜨리기도 했다. 나도 이렇게 우리 국민 앞에 서서 친근하게 그들의 흥을 돋워 줄 수 있다면 얼마나 좋을까 생각했다. 우리는 자신이 생각하는 최선을 종이에 적어 내놓는다. 그러고는 그것을 가지고 구석에 웅크리고 앉아 안간힘을 쓰며 잘근잘근 씹어댄다.

이런 경우에도 창작과 모방 어느 쪽에 대한 이야기가 나오든 간에 어김없이 팔라디오의 이름이 언급되는 것은 말할 것도 없다. 끝에는 언제나 가장 익살맞은 요구가 나오기 마련인데, 마지막에 한 사람이 묘안을 제시했다. 다른 사람들이 자신에게서 팔라디오를 완전히 빼앗아가 버렸으니, 그 대신 자신은 위대한 방직업자 프란체스키니를 칭찬하고 싶다는 것이었다. 이 뛰어난 기업가가 리옹이나 피렌체의 직물을 모방해서 얼마나 큰 이익을 얻었으며, 또 그것이 비첸차에 많은 이익을 가져다 주었다고 했다. 이 점으로 생각해 본다면 모방이 창조보다 우선이라 했다. 이런 주장을 얼마나 유머스럽게 하는지 웃음소리가 끊이지 않았다. 주로 모방을 찬성하는 사람들이 더 많은 박수를 받았는데, 순전히 민중이 생각하고 이해할 수 있는 것만 말했기 때문이다. 일반적으로 대중들은 창작의 존엄함을 뒷받침하는 훌륭하고 탁월한 주장들을 이해하지 못하기에 황당한 궤변에 열렬한 박수를 보내면서 진심으로 동의하기도 했다. 어쨌던 이런 경험을 할 수 있어서 무척 기뻤다. 또한 이렇게 오랜 세월이 흘러도 여전히 팔라디오가 고향 사람들의 북극성이자 모범적인 존재로서 존경받는 것을 보는 일은 매우 유쾌한 일이다.

파도바 근교의 브렌타 운하, 카날레토 작

9월 23일, 비첸차

오늘 아침에는 티에네에 다녀왔다. 그곳은 북쪽의 산들을 바라보는 마을인데 옛 설계대로 새 건물이 세워지고 있었다. 그다지 기억할 만한 것이 없는 곳이다. 이곳 사람들은 이처럼 옛것이라면 무엇이든 존중하며, 물려받은 설계도에 따라 새 건물을 세울 만한 감각을 충분히 지니고 있다. 성[*46]은 넓은 평원 한가운데 가장 빼어난 위치에 있다. 뒤편에는 석회암질의 알프스 산이 있고, 그 사이는 산 하나 없이 탁 트여 있다. 성곽에서 흘러나오는 맑은 물이 곧바로 뻗은 도로 양편으로 흘러 넓은 논에 물을 댄다.

이것으로 나는 이제까지 이탈리아 도시를 겨우 두 곳 본 셈이다. 그리고 고작 몇 사람하고만 이야기를 나누었지만 이탈리아 사람들을 대충 파악하게 되었다. 그들은 궁중 사람들처럼 자신들을 세계의 일등 민족으로 여겼다. 누구나 인정할 만한 뚜렷한 장점을 가지고 있기 때문에 마땅히 자부심을 가질 수도 있으리라. 내게는 이탈리아 사람들이 무척 선량한 국민으로 보인다. 그것은 지금의 내가 보고, 또 볼 수 있는 것처럼 아이들과 하층민들을 보아야만

[*46] 이 성에는 파올로 베로네세의 벽화가 있다.

알 수 있다. 나는 그런 사람들과 늘 접촉할 뿐아니라 내가 먼저 다가가기 때문에 그들을 있는 그대로 볼 수 있었다. 그들의 자태와 얼굴은 어떠한지!

특히 비첸차 시민들을 칭찬하지 않을 수 없는데, 그들의 도시에서는 대도시의 특권을 누릴 수 있기 때문이다. 그들은 남의 행동을 쳐다보지 않으므로, 사람들은 의식하지 않고 자신이 하고 싶은 대로 행동한다. 그러나 이쪽에서 그들에게 말을 걸면 말 상대도 잘 해주고 예의도 바르다. 특히 여성들은 매우 적극적이다. 그렇다고 해서 베로나의 여성들을 흠 잡으려는 것은 아니다. 이들은 교양 수준이 높고 이목구비가 뚜렷하다.

그러나 대부분 안색이 창백하다. 그리고 첸달레를 걸치고 있어 걸음걸이가 썩 좋지 않다. 의상이 아름다우면 무언가 매력적인 것을 추구하기 마련이므로 첸델레는 그녀들의 건강에 해를 끼치는 셈이다. 이 도시에서는 매우 아름다운 여성들이 눈에 띈다. 그 가운데서도 나는 검은 곱슬머리 여성들에게 관심이 있다. 더러는 금발 여성들도 있기는 하지만, 그다지 내 마음에 들지는 않는다.

9월 26일 저녁, 파도바

나는 모든 짐을 꾸려 '세디올라'라는 일인승 소형 마차를 타고 비첸차로부터 4시간의 여정 끝에 이곳 파도바에 도착했다. 보통 같으면 3시간 반이면 넉넉히 올 수 있는 거리지만, 푸른 하늘 아래 상쾌한 낮 시간을 즐기고 싶었던 나는 마부의 늑장이 오히려 즐거웠다. 우리는 비옥한 평야를 줄곧 남동쪽으로 달렸는데, 양쪽에 울타리와 나무들이 가로막고 있어서 먼 경치는 볼 수 없었다. 이윽고 남북으로 뻗은 아름다운 산맥[47]이 오른편으로 펼쳐졌다. 만발한 꽃과 풍성한 과일이 돌담과 울타리 너머 나무에 매달려 있는 광경은 더없이 아름다웠다. 지붕에는 묵직해 보이는 호박이 널려 있었고, 기묘하게 생긴 오이들이 장대와 받침대에 매달려 있었다.

천문대[48]에서는 이 도시의 장엄함을 한눈에 내려다볼 수 있었다. 북쪽으로는 눈 덮인 티롤 산맥이 구름 속에 절반쯤 잠겨 있었고, 북서쪽으로는 비첸차의 산들이 이 산맥과 맞닿아 있었다. 그리고 서쪽으로는 에스테 산맥이 가까이 펼쳐져 있어 산의 형태와 움푹한 모습까지 뚜렷하게 보였다. 남동쪽으로는

---

*47 파도바 남쪽에 있는 화산성 산맥인 콜리 에우가네이(Colli Euganei).
*48 대학 천문대.

언덕 하나 없는 초원이 푸른 바다처럼 끝없이 펼쳐져 있다. 나무와 나무, 덤불과 덤불, 경작지와 경작지가 연이어져 있고, 그 푸른 초원으로부터 하얀 집과 별장, 교회들이 수도 없이 드러난다. 지평선상에는 베네치아의 산 마르코 탑과 그 밖의 더 작은 탑들이 매우 선명하게 보였다.

9월 27일, 파도바

마침내 나는 팔라디오의 작품집을 손에 넣었다. 물론 비첸차에서 본 목판화가 들어간 원판이 인쇄된 것은 아니지만 정밀한 묘사, 즉 동판 복사*49본으로 전임 베네치아 주재 영국 영사였던 스미스라는 견식이 넓은 사람이 만든 작품집이다. 영국인이 옛날부터 가치를 평가할 줄 아는 안목을 지녔다는 것, 그리고 그것을 널리 알리겠다는 원대한 계획을 세웠다는 점은 모든 사람이 인정하지 않을 수 없다. 이것을 살 때*50 나는 이탈리아에서 매우 독보적인 명성을 얻고 있는 한 책방에 들어갔다. 모든 책이 임시제본 된 채로 흩어져서 진열되어 있고, 온종일 상류 계급 사람들이 얼굴을 들이민다. 교구에 살고 있는 사제, 귀족, 예술가들 가운데 어느 정도 문학에 취미가 있는 사람들이 이곳을 드나든다. 사람들은 뭔가 책을 뽑아 들고 페이지를 넘겨가며 읽으면서 자유롭게 서로 이야기를 나눈다.

내가 갔을 때도 여섯 명쯤이 모여 있었다. 내가 팔라디오 작품집이 있느냐고 묻자, 그들은 일제히 나를 쳐다봤다. 주인이 책을 찾는 동안 그들은 그 책을 칭찬하면서 원판과 복사본에 대해 나에게 가르쳐 주었다. 그들은 저자와 그의 공적에 대해서도 아주 잘 알고 있었다. 나를 건축가로 착각했는지 그들은 내가 다른 건축가들은 다 제쳐두고 이 거장의 연구를 시작한 점을 칭찬하면서 다음처럼 말했다. 팔라디오는 실제 응용에 공헌했다는 점에서 비트루비우스*51보다 위대한데, 그 까닭은 그가 고대인과 고대를 꼼꼼하게 연구하여 우리의 필요를 채워주도록 노력했기 때문이라는 것이다. 나는 이 친절한 사람들과 오랫동안 이야기를 나누고 시의 명소에 대해 몇 가지 물은 다음에 자리

---

*49 1570년 베네치아에서 두 권짜리로 출판된 것을 1770~1780년에 복각한 것.

*50 여행기에 따르면, 이것은 비첸차에서 본 광경인데 이것을 파도바로 바꿨다.

*51 비트루비우스 폴리오는 아우구스투스 시대의 건축가 겸 문필가. 그의 저서 《De architectura》(건축론) 열 권은 오늘날에도 남아 있다.

파도바, 성 안토니오 성당

를 떠났다.

성자를 위해 세워진 교회 건물인 만큼, 현자의 조각상을 세우기에 알맞은 장소가 마련되는 것은 마땅한 일이다. 추기경 벰보*52의 흉상은 아름다운 얼굴로 이오니아식 기둥들 사이에 놓여 있지만, 억지로 위엄 있어 보이게 만든 표정에 수염은 권위적이다. 비문(碑文)에는 이런 글귀가 적혀 있다.

Petri Bembi Card. imaginem Hier. Guerinus Ismeni f. in publico ponendam curavit ut cujus ingenii monumenta aeterna sint ejus corporis quoque memoria ne aber posteritate desideretur.

이스메누스의 아들 히에로니무스 게리누스가 추기경 페트루스 벰부스의 흉상을 공개적으로 세우노니, 이로써 추기경의 정신적 업적을 영원히 할 뿐 아니라 그의 자손들로 하여금 대주교의 풍모를 전하기 바라노라.

---

*52 피에트로 벰보(1470~1547). 베네치아 태생의 저명한 인문주의 문필가. 그의 기념비는 성 안토니오 성당에 있으며, 흉상은 카타네오의 작품이다.

대학 건물의 위풍당당한 모습이 나를 놀라게 했다. 나는 이런 곳에서 공부하지 않은 것이 참 다행이다. 독일 대학생들도 강의석에서 적잖이 불편한 점을 겪어야 하지만, 이렇게 좁고 답답한 학교는 상상 밖이다. 특히 해부학 교실은 학생들을 어떻게 더 많이 쑤셔 넣을 것인가를 연구한 전형적인 교실 같다. 끝이 뾰족하고 길쭉한 깔때기 같은 교실 안에 학생들이 겹겹이 줄지어 앉아 있

추기경 벰보 흉상, 카타네오 작, 성 안토니오 성당 소장

다. 그들은 교탁이 놓인 바닥을 급경사로 내려다본다. 그리고 교탁에는 햇빛이 들지 않아 교수는 램프 불빛에 의존한 채 강의해야 한다. 그 덕분에 식물원은 그만큼 더 상쾌하고 활발하다. 수많은 식물들은 돌담 바로 옆이나 그 근처에 심어 두면 겨울에 지상에 아무렇게나 내버려 두어도 말라 죽지 않는다.

10월 하순이 되면 식물원 전체에 덮개를 씌우고 몇 달 동안 난방을 한다. 낯선 식물들 사이를 거니는 일은 유쾌하기도 하고 이롭기도 하다. 낯익은 식물은 다른 모든 익숙한 사물이 그렇듯이 우리에게 아무런 생각할 거리를 주지 않는다. 생각할 것이 없는 관찰이 무슨 쓸모가 있단 말인가? 여기서 이렇게 새롭고 다양한 식물을 만나는 동안,*53 모든 식물은 하나의 형태에서 발달

---

*53 식물원 방문은 괴테의 '식물 변형론'에 중대한 의의를 갖지만, 이탈리아 기행, 이탈리아 여행기에는 그다지 자세히 기록하지 않았다. 이에 대해서는 괴테의 《나의 식물연구사》를 참

해 나온 것이라는 생각이 더욱더 힘을 얻어간다. 이 가설로써 종과 속을 정확히 정할 수 있을 것이다. 이제까지는 종과 속이 무작위로 결정되었다고 생각한다. 이런 점에서 내 식물 철학에 빠져들어 헤어나오지 못하고 있다. 이 작업은 깊이만큼 폭 또한 심오한 문제라고 생각한다.

'프라토 델라 발레'라는 대광장*54은 널따란 장소로, 6월에 대목장이 선다. 한가운데 늘어선 목조 노점들은 물론 미관상 좋아 보이지 않지만, 마을 사람들은 조만간 이곳에도 베로나처럼 석조로 된 시장 건물이 세워질 것이라고 단언한다. 광장 주위가 매우 아름다운 모습을 지니고 있어 벌써부터 그런 기대를 품는 것도 아주 허황된 일은 아닐 것 같다.

이 지역에서 교육에 종사했거나 교육받은 적이 있는 명사들의 조각상들이 모두 넓은 타원형을 이루며 이곳에 장식된다. 이 지역 사람이냐 아니냐에 상관없이 누구나 공적과 함께 그가 파도바 대학생임을 증명하면 당장에라도 그런 동향인이나 친인척이 일정한 크기의 입상을 세울 수 있다.

그 타원형 주위에는 방수로가 파져 있다. 여기에 놓인 네 개의 다리 위에는 교황과 영주의 커다란 동상이 세워져 있고, 나머지 더 작은 것들은 조합, 연금생활자, 외국인들의 동상이다. 스웨덴 국왕*55 구스타프 아돌프가 한때 파도바에서 수업을 들은 적이 있기 때문에, 그의 동상도 세워졌다. 레오폴트 대공*56은 페트라르카와 갈릴레이를 기념하는 동상을 세웠다. 이 석고상들은 근대식으로 튼튼하게 만들어졌다. 그 가운데는 인위적인 것도 있고 무척 자연스러운 것도 있지만, 의상은 모두 저마다 시대와 지위에 맞게 지어졌다. 비문도 나무랄 데 없이 훌륭하다. 멋없고 무가치한 글귀는 하나도 없다.

이러한 발상은 어느 대학에서 생각해냈다 하더라도 대단한 묘안이었을 테지만, 이 대학에서는 특히 성공적이다. 옛 모습을 완전히 재현해서 되새겨보는 것은 무척 좋은 효과를 낳기 때문이다. 계획대로 목조 시장이 철거되고 석조 시장으로 바뀐다면 얼마나 아름다운 광장이 만들어질까!

고하기 바란다.
*54 오늘날의 비토리오 엠마누엘레 광장.
*55 구스타프 3세.
*56 뒷날 레오폴트 2세 황제.

성 안토니우스에게 바쳐진 교단 집합소*57에는 옛 독일인들을 떠올리게 하는 아주 오래된 그림이 있는데, 티치아노의 그림도 몇 점 있다. 그 그림들에서는 알프스 이북에서 수많은 사람들이 아직 이루어내지 못한 위대한 진보를 볼 수 있다. 그 다음에 나는 가장 최근 작가들이 그린 그림을 몇 점 보았다. 그 화가들은 진지한 장중미를 도저히 표현할 수 없었는지 그 대신 해학성을 노려 제법 묘미를 보여 준다. 그런 의미에서 피아체타*58의 작품인 〈성 요한의 참수〉는, 이 화가의 기법으로는 상당한 걸작이다. 요한이 가슴에 두 손을 모아 잡고 돌에 오른쪽 무릎을 대고 앉아 하늘을 우러러보고 있다. 병졸 하나가 요한을 등 뒤에서 포박한 채 옆에서 몸을 구부려 요한의 얼굴을 들여다보고 있다. 너무나 침착하게 죽음에 임하는 요한의 태연함에 질렸다는 표정이다. 높은 곳에 요한을 참수할 병졸이 우두커니 서 있다. 그러나 칼은 들지 않았고, 단지 두 손으로 일격을 가하려는 듯한 자세를 취하고 있다. 칼은 아래쪽에 있는 세 번째 인물이 칼자루에서 막 빼들고 있는 참이다. 위대한 생각은 아니지만 참신하며, 구도도 기발해서 훌륭한 효과를 낸다.

에레미트 파 교회에서는 만테냐*59의 그림을 보았다. 그는 내가 경탄하는 근고대(近古代) 화가 가운데 한 사람이다. 그 그림에는 예리하고 확실한 현실성이 얼마나 잘 나타나 있는지! 이 현실성은 그야말로 진실이어서 결코 눈속임이나 기대감으로 교도들에게 상상력을 호소하는 점이 없고, 솔직, 순수하고 명쾌하면서도 치밀하고 성실하고 섬세하고 사실적이면서도 동시에 일파의 준엄함, 열정, 고난의 그림자를 품고 있다. 나는 티치아노의 그림을 직접 보고 나서 후대 화가들이 여기에서 출발했다는 것을 알 수 있었다. 그리고 이윽고 천재적인 생동감과 그들 본연의 에너지가 선대 화가의 정신에서부터 계발되고 그 힘으로 자라 점점 나아지고 지상에서 날아올라 천상의, 그리고 진실의 자태를 묘사하기에 이른 것이다. 야만 시대 이후의 미술은 이렇게 발달되어 왔다.

시청 응접실은 광대한 철자를 덧붙여 살로네*60라고 부를 만한데, 상상도

---

*57 성 안토니오 성당 옆에 있는 스쿠올라 델 산토.
*58 조반니 바티스타 피아체타(1682~1754). 후기 베네치아파의 대가. 이 그림은 성 안토니오 성당에 있다.
*59 안드레아 만테냐(1431~1506). 이 그림은 그의 초기 대작으로, 성 야고보와 크리스토폴스의 생애를 소재로 한 벽화.
*60 Salone란 말은 '응접실'이라는 뜻의 Sala에 '광대하다'는 뜻의 접미어 one을 붙인 것.

파도바, 에레미타니 교회

할 수 없을 만큼 커다랗고 격리된 하나의 공간이었다. 금세 보고도 곧바로 돌이켜 기억할 수 없을 정도였다. 길이 3백 피트, 폭 1백 피트, 세로로 방을 덮고 있는 둥근 천장까지 높이 1백 피트짜리 방이다. 건축가는 바깥 생활에 익숙한 이곳 사람들을 위해 시장에 둥근 천장을 만들 생각을 한 것이다. 둥근 천장이 달린 널따란 공간이 독특한 느낌을 주는 것은 틀림없다. 그것은 격리된 무한대이며, 별이 총총한 밤하늘보다 더 친근한 분위기를 느끼게 한다. 하늘은 우리를 우리 자신에게서 빼앗아 가지만, 저 공간은 매우 부드럽게 우리 자신 안으로 되돌려보내 준다. 내가 성 유스티나 성당을 천천히 사색하며 거닐고 싶은 것도 바로 이 때문이다. 이곳은 길이 485피트에 비교적 높고 폭도 넓으며, 웅대하고 단조로운 구조이다. 오늘 저녁 나는 그 한 구석에 앉아서 조용히 사색에 잠겼다. 그때는 세상에 나홀로 남아 있는 듯한 기분이 들었다. 이 순간 어디에선가 나를 생각해 주는 사람이 있다 하더라도 이곳에서는 나를 찾지 못할 것이라는 생각이 들었기 때문이다.

그로써 마침내 나는 다시 짐을 꾸려 이곳에서도 떠나게 되었다. 내일 아침은 브렌타 강을 따라 내려갈 것이다. 오늘은 비가 내렸지만 이미 개었으니 내일은 멋진 낮 시간에 맑은 하늘 아래에서 석호

처형장으로 끌려가는 성 야고보, 만테냐 작, 에리미타니 교회 소장

*61와 바다와 결혼한 베네치아 여왕을 바라보고, 그녀의 품속에서 친구들에게 인사를 보낼 수 있으리라.

---

*61 라군(lagoon). 바다가 모래로 가로막혀 생긴 호수.

베네치아*1

1786년 9월 28일

이미 《운명의 책》에는 '내가 1786년 9월 28일 저녁, 독일 시간으로 5시, 브렌타 강에서 배를 타고 해안호로 들어가면서 멀리서나마 처음으로 베네치아를 바라보고, 곧 이 놀라운 섬의 도시, 이 비버공화국을 방문하리'라 씌어 있었다. 이제 다행히도 베네치아는 내게 있어서 더는 무의미한 말, 공허한 말을 철천지원수처럼 여기는 나를 몇 번이나 불안하게 했던 그런 이름이 아니었다.

내가 탄 배에 첫째 곤돌라가 다가왔을 때―바쁜 승객들을 좀 더 빨리 베네치아로 태워가기 위해 그렇게 한다―, 나는 20년 동안 까맣게 잊어버렸던 어린 시절의 장난감을 떠올렸다. 아버지는 이탈리아 여행에서 구입한 아름다운 곤돌라 모형을 간직하고 있었다. 그는 그 모형을 무척 아꼈는데, 언젠가 그것을 가지고 놀아도 된다고 허락했을 때 나는 말할 수 없이 기뻤다. 처음 눈에 들어온 그 곤돌라의 번쩍번쩍하는 철판 뱃머리와 검은 선체, 그 모든 것이 오랜 친구처럼 나를 맞이해 주었다. 나는 오랜만에 즐거웠던 소년 시절 그 인상 깊었던 순간들을 다시 한 번 떠올리며 즐거워했다.

나는 이름이 '영국 여왕'*2이라는 아늑한 숙소에 묵었다. 이 여관은 산마르코 광장에서 그리 멀지 않은 곳에 있는데, 이 점이 바로 이 숙소의 큰 장점이다. 내 방 창문으로 높은 집들 사이 좁은 운하가 눈에 들어온다. 창문 아래에는 무지개 모양의 다리가 걸쳤으며, 그 건너편에 좁고 어수선한 골목이 보인다. 독일로 보낼 내 소포*3가 준비될 때까지, 그리고 이 도시를 충분히 구경할

---

*1 이 장은 여행기 제4부를 바탕으로 쓰였다.
*2 괴테는 베네치아 체재 중에 산마르코 광장 북서쪽에 있는 이 여관에서 묵었다. 오늘날은 호텔 빅토리아로 불린다.
*3 이 '소포' 안에는 슈타인 부인에게 보내는 일기와 《이피게니에》 원고가 들어 있었다.

브렌타 강에 있는 수문

때까지 얼마 동안 이곳에 묵으려고 한다.

　내가 그토록 오랫동안 바라고 그리워했던 고독을 이제야 충분히 누릴 수 있게 되었다. 누구도 알지 못하는 이방인으로 군중 속을 헤치고 돌아다닐 때보다 더한 고독이 느껴지는 곳은 없기 때문이다. 베네치아에서 나를 아는 사람은 아마 단 한 사람*4뿐일 것이고, 그와 당장 만날 생각은 없다.

　파도바에서 여기까지 온 여정을 몇 마디 기록한다. 브렌타 강에서 여객선을 타고, 예의를 중시하는 친절한 이탈리아 사람들과 함께한 뱃길 여행은 품위 있고 유쾌했다. 물가에는 농장과 별장들이 늘어섰고 작은 마을이 물가 언저리까지 나와 있는가 하면, 군데군데 번잡한 국도가 강가를 따라 나 있었다. 강을 따라 내려오려면 수문을 지나야 하므로 배가 몇 번이나 멈춰서야 했다. 우리는 그때를 이용해서 배에서 내려 구경도 하고, 풍족하게 나오는 과일도 맛

─────────────

*4 누구를 지칭하는 것인지는 불명확하다.

보았다. 그런 뒤에는 다시 배에 올라 풍요롭고 활기차고 생기 넘치는 신세계를 지나갔다.

이렇게 다양한 모습으로 변해 가는 풍물과 형상들 속에 또 한 가지 일이 있었다. 그들은 독일에서 오기는 했지만 이곳과 참으로 잘 어울리는 모습이었는데, 바로 두 순례자였다. 순례자를 이렇게 가까이에서 본 것은 그때가 처음이었다. 그들은 여객선도 무임으로 탈 수 있는 권리를 지녔지만 다른 손님들이 자신들에게 접근하는 게 두려워 다른 사람들과 한 지붕을 쓰지 않고 키잡이가 있는 뒤쪽에 앉아 있었다. 요즘 보기 드문 광경인지라 사람들이 신기한 눈으로 바라보았지만, 예전에 건달들이 이렇게 몸을 숨기려고 어슬렁거렸던 시절이 있었기 때문에 결코 좋은 눈빛은 아니었다. 그들이 외국어를 전혀 못하는 독일인이라는 말을 듣고, 나는 그들에게 다가가 파더보른 출신임을 알아냈다. 두 사람은 이미 50을 훌쩍 넘긴 남자들로, 음울하기는 하지만 착해 보이는 인상이었다. 그들은 먼저 세 동방박사의 무덤을 찾아 쾰른을 찾았고, 이어 독일을 지나왔으며 이제 로마를 들렀다가 이탈리아 북부로 돌아간다는 것이다. 그 뒤 한 사람은 다시 베스트팔렌을 여행하고, 다른 한 사람은 콩포스텔의 성 야보*5를 참배할 거라고 했다.

그들은 우리가 이미 알고 있는 순례자 복장을 하고 있었는데, 옷자락을 끈으로 걷어 올리고 있어서, 독일의 가장무도회에서 우리가 순례자 흉내를 낼 때 흔히 입는 호박단 복장보다 한결 보기가 좋았다. 커다란 옷깃, 둥근 모자, 지팡이와 때묻지 않은 그릇인 조개, 이 모든 것이 나름대로의 의미와 직접적인 쓸모를 지니고 있었다. 양철 상자에는 여행허가증이 들어 있었다. 하지만 가장 신기해 보인 것은 작고 빨간 모로코 가죽 주머니였다. 그 안에는 이런저런 작은 문제가 생겼을 때 요긴하게 쓸 수 있는 간단한 도구들이 잔뜩 들어 있었다. 옷에서 터진 곳을 발견하자 그들은 그 주머니에서 실과 바늘을 꺼냈다.

키잡이는 통역을 찾은 것에 매우 기뻐하며 나를 통해 그들에게 이런저런 질문을 했다. 그 덕분에 나도 그들의 목적, 특히 그 여행에 대해 많은 이야기를 들을 수 있었다. 두 사람은 신도들, 수도원에 속하지 않은 수도사, 또 수도

---

*5 스페인 산티아고에 있는 성 야보의 무덤으로, 순례지 중 하나.

〈산 조르지오와 곤돌라〉카를로 나야 그림

원에 속한 수도사들에 대한 비난을 마구 쏟아냈다. 그들에게서는 이제 신앙심은 찾아보기 어렵다고 했다. 어디를 가도 사람들이 자신들의 신앙을 믿으려고 하지 않기 때문에, 아무리 자신들이 규정된 순례로나 주교에게 교부받은 여행 허가증을 보여 주어도 구교 나라들에서는 부랑자 취급을 한다고 했다. 그와 달리 신교도들로부터는 따뜻한 환대를 받았는데, 특히 슈바벤의 어느 시골 목사에게는 감동을 느낄 정도로 대접을 받았다고 했다. 더욱이 목사의 아내는 선뜻 내켜 하지 않는 남편을 설득해서 그들에게 먹고 마실 것을 푸짐하게 마련해 환영해주었다. 그뿐 아니라 헤어질 때는 협약 화폐[6]까지 하나 주었는데, 다시 구교 지역으로 들어서자마자 이것이 큰 도움이 되었다. 여기까지 말했을 때 한 순례자가 매우 열정적으로 이렇게 말했다.

"우리는 그 부인을 위해 날마다 기도하고 있습니다. 하느님께서 그 부인의 마음을 우리에게 열리도록 했던 것처럼 그 부인의 눈도 뜨게 해 주시고, 늦더라

─────────────
*6 1753년에 빈 협약으로 주조된 화폐.

도 그분을 유일한 교회의 품안에 받아주시기를 기도하는 거지요. 언젠가는 천국에서 그분을 뵐 수 있으리라 생각합니다."

나는 이런 이야기들 가운데 필요하고 유익한 부분만 골라서 갑판으로 통하는 작은 계단에 앉아, 키잡이와 선실에서 이 좁은 곳으로 몰려온 사람들에게 들려 주었다. 순례자들에게는 보잘것없는 간소한 음료가 제공되었다. 이탈리아인은 베풀기를 좋아하지 않기 때문이다. 음식을 받은 순례자들은 종이쪽지를 내밀었다. 거기에는 세 동방박사의 모습과 예배를 위한 라틴어 기도문이 쓰여 있었다. 선량한 순례자들은 거기 있는 몇 사람에게 쪽지를 나눠 주더니, 나에게 그 고귀한 가치를 모두에게 잘 설명해 달라고 청했다. 나는 그들의 부탁대로 해주었다. 그리고 두 순례자가 이 넓은 베네치아에서 받아 줄 수도원을 어떻게 찾으면 좋을지 몹시 난처해하는 것을 보자, 감동받은 키잡이는 그들이 배에서 내리면 자신이 베네치아 아이에게 돈을 주고 멀리 떨어진 수도원까지 잘 안내해 주도록 하겠노라고 약속했다. 그러면서 친절하게 덧붙이기를, 사실 거기 가봤자 그다지 만족스럽지는 않을 거라고 했다. 예전에는 무척 커다란 건물이었지만 이제는 규모도 많이 축소되고 수입도 다른 곳에 쓰이기 때문에 얼마만큼 순례자들을 받아들일지 모르겠다는 것이다.

우리는 이런 이야기를 나누면서 아름다운 정원과 저택들을 수없이 지났고 부유하고 활기찬 강가 마을들을 정신없이 구경하면서 눈부신 브렌타 강을 따라 내려갔다. 이윽고 배가 물가로 접근하자, 곤돌라들이 곧바로 우리 배 주위로 몰려들었다. 베네치아에서 유명하다는 전당포 주인이 가까이와서 자신과 함께 가면 상륙도 더 빨리 할 수 있고 귀찮은 세관도 지나칠 수 있다고 재촉했다. 그러더니 그는 우리를 붙잡으려는 다른 곤돌라 업자들을 팁 몇 푼 쥐어주고 쫓아 보냈다. 그리하여 우리는 목적지를 향해 멋지게 타오르는 저녁놀 속으로 배를 저어 나아갔다.

9월 29일, 미가엘제 저녁

베네치아에 대해서는 이미 많은 이야기가 전해져 내려오고 책도 많으므로 자세하게 이야기할 생각은 없다. 단지 내가 받은 인상만을 말하고자 한다. 무엇보다도 가장 내 눈길을 끄는 것은 역시 민중이다. 필연적이고 결코 피할 수 없는 존재인 거대한 군중이다.

베네치아 대운하, 카날레토 그림(동판화) 괴테가 베네치아에 처음 도착한 곳이 발라레소 선착장 부근이다.

이들 무리는 놀이삼아 이 섬으로 옮겨온 것이 아니다. 그 뒤에 따라온 사람들이 그들과 합류하게 된 것도 결코 의도적인 것이 아니었다. 그때의 고난이 가져다 준 교훈에 따라 그들은 가장 불리한 지역에서 자신들의 안전지대를 찾아온 것이다. 나중에는 이 지역이 오히려 그들에게 유리하게 되었고, 북쪽의 온 지역이 여전히 음울함에 사로잡혀 있을 때, 이곳에 닥친 여러 가지 고난으로 해서 그들은 현명해진 것이다. 그러므로 그들이 번창하고 부유하게 된 것은 필연적인 결과라고 할 수 있다.

집들은 점점 더 빽빽이 들어서고, 모래땅과 늪지는 암석처럼 다져졌다. 집들은 조밀하게 심어진 나무처럼 옆으로 넓힐 수가 없기 때문에 위로만 올라갈 수밖에 없었다. 땅 한 뼘을 다투면서 처음부터 좁은 공간에 억지로 집어넣었기 때문에 양쪽 집들을 나눈 골목길 넓이도 시민이 겨우 지나다닐 만큼밖에 내지 않았다. 그들에겐 물길이 거리와 광장과 산책로가 되었다.

베네치아가 다른 도시와 비교할 수 없는 독특한 성격을 가졌듯이 베네치아 사람들도 새로운 유형의 인간으로 바뀌지 않을 수 없었다. 뱀처럼 구불거리는 대운하는 세계 어떤 도로와 견주어도 손색이 없고, 세계의 어떤 광장도 산

마르코 광장 앞 공간에는 상대가 되지 않는다. 여기서 공간이란 베네치아 본토에 의해 반달 모양으로 둘러싸인 넓은 바다 수면을 말한다. 그 바다 건너편 왼쪽으로 산 조르조 마조레 섬이 있고, 멀리 오른쪽으로 지우데카 섬과 그 운하가 보인다. 좀 더 멀리 오른쪽으로는 대운하로 들어가는 입구와 세관이 있다. 바로 그곳에 몇 채의 거대한 대리석 신전이 눈부시게 빛나고 있다. 산마르코 광장의 두 원기둥*7 사이를 빠져나올 때 눈에 들어오는 대상들은 거의 그런 것들이다. 이 모든 전망과 광경들을 찍은 동판화가 많이 있으니 여러분도 쉽게 생생한 모습을 상상할 수 있을 것이다.

식사가 끝나자 먼저 도시 전체의 인상을 또렷이 하기 위해 나는 서둘러 숙소를 나섰다. 안내자도 없이 방위만을 확인하고 시내의 미로 속으로 들어섰다. 시내는 크고 작은 운하들이 이리저리 엇갈리고, 다시 크고 작은 다리들로 연결된다. 이 도시가 얼마나 좁고 답답한지 직접 와서 눈으로 확인하지 않고서는 상상할 수 없다. 골목 넓이는 두 팔을 벌리면 닿을 정도이고, 아주 좁은 곳에서는 두 팔을 옆구리에 대고 있으면 팔꿈치가 벽에 닿는다. 물론 좀 더 넓은 길도 있고 여기저기 작은 광장도 있기는 하지만, 비교적 모든 길이 좁다.

대운하와 그 위에 걸려 있는 리알토 다리는 쉽게 찾을 수 있었다. 그 다리는 흰 대리석으로 된 아치 모양인데, 위에서 내려다보는 경치가 매우 멋지다. 운하에는 곳곳에서 온갖 생활필수품을 싣고 이곳에 정박하여 짐을 내리는 배들로 가득했으며, 그 사이로 곤돌라들이 북적댄다. 특히 오늘은 '성 미카엘 축일'이라 무척 생기 넘치는 광경이 펼쳐졌다. 하지만 이러한 광경을 어느 정도라도 이해할 수 있게 하려면 그 전에 좀 더 자세한 설명을 해야 할 것 같다.

대운하가 갈라놓은 베네치아의 두 본섬은 리알토 다리*8로 이어져 있지만, 몇몇 정해진 나루터에 나룻배들이 대기하고 있어서 이동에 불편함은 없다. 오늘은 검은 베일을 쓴 잘 차려 입은 여인들이 축전이 열리는 '대천사장 교회*9'로 가려고 여럿이 떼지어 나룻배로 물을 건너는 모습이 무척 보기 좋았다. 나

---

*7 이 두 원기둥은 그리스에서 가져온 것으로, 1174년(또는 1180년)에 광장에 세워졌다. 원기둥의 한쪽에는 성 마르코의 날개 달린 사자가, 다른 한쪽에는 악어에 올라탄 성 테오도르가 새겨져 있다.

*8 1854년까지 운하에 놓인 다리는 이 리알토 다리 하나뿐이었다.

*9 도시 북쪽 성 미카엘 섬에 있는 미카엘 교회. 1813년 이후 이 섬은 베네치아 시립묘지가 되었다.

산 마르코 광장, 카날레토 그림

는 배에서 내리는 여인들을 더 자세히 보기 위해 다리를 떠나 선착장으로 내려갔다. 그들 가운데는 매우 아름다운 얼굴과 자태를 갖춘 여인들도 몇몇 눈에 띤다.

어느덧 피로가 몰려오자 나는 좁은 골목길을 버리고 곤돌라를 탔다. 그래서 이번에는 지금까지와는 반대로 바다에서 보이는 정경을 즐기려고, 대운하의 북단을 지나 성 클라라 섬을 돌아서 해안호로 접어들었다. 그런 뒤에 주데카 운하로 산마르코 광장 부근까지 갔다. 나는 모든 베네치아 사람들이 곤돌라를 탔을 때 느끼는 것처럼 아드리아 해의 지배자가 된 듯한 기분이었다. 그 순간 나는 이런 광경을 즐겨 이야기해 주던 아버지를 문득 떠올렸다. 나 또한 나이가 들면 그렇게 되지 않겠는가? 나를 둘러싼 모든 것들이 소중하다. 그것은 결집된 인간의 능력으로 만들어진 위대하고 존경할 만한 작품이며, 한 사람의 지배자가 아닌 이 땅에 사는 많은 민중들이 남긴 훌륭한 유적이다. 그들의 해안호가 차츰 침적토로 메워지고, 혼탁한 공기가 늪지 위를 감돌고, 상업이 쇠퇴하고 세력이 사라진다 하더라도, 이 공화국의 토대와 본질은 방문객의 경외감을 조금도 손상할 수 없으리라. 그리고 베네치아도 현실 세계의 다른 모든 사물들처럼 시간의 힘을 거스르지는 못할 것이다.

9월 30일

저녁 무렵, 또다시 안내자 없이 베네치아에서 가장 멀리 떨어진 곳까지 가 보았다. 이곳 다리는 모두 계단이 있어서 곤돌라와 더 큰 배들까지도 아치형 다리 아래를 아무런 불편없이 오갈 수 있다. 나는 누구에게도 길을 묻지 않고 방위에만 의지한 채 그 미로 속으로 빠져들어 길을 찾아다녔다. 결국 빠져 나오기는 했지만, 정말 길은 믿기 힘들 정도로 계속해 뒤섞이며 교차하는 것이 마치 안개 속과 다름없었다. 거의 감각에 기대 길을 찾는 게 최선인 것 같다. 나는 사람들이 사는 곳에서 가장 동떨어진 곳에 이르기까지 그들의 행동거지와 생활방식, 풍습, 성품 등을 살펴보았다. 그리고 지역마다 그 특성이 다르다는 것을 확인했다. 사실, 인간이란 어쩌면 이다지도 가련하면서도 선량한 존재란 말인가!

셀 수 없이 많은 작은 집들이 운하 가운데에 세워져 있다. 그러나 훌륭하게 석재로 잘 포장된 제방이 여기저기 있어서, 그 위를 걸어서 물과 교회와 저택 사이로 매우 쾌적하게 산책할 수 있다. 북쪽의 기다란 석재 제방도 거닐기에 좋은 곳이다. 그곳에서 섬들, 특히 작은 베네치아라 할 수 있는 무라노 섬이 보인다. 그 중간에 있는 해안호는 북적이는 곤돌라로 활기를 띠고 있다.

저녁

오늘은 베네치아 지도를 사서 다시 이 도시에 대한 내 견문을 넓히게 되었다. 나는 지도를 어느 정도 익힌 다음에 산마르코 종탑에 올랐다. 이곳에서는 다른 곳과 비할 수 없는 장관이 펼쳐졌다. 거의 정오에 가까운 시각이었고 태양이 밝아 망원경 없이도 가까운 곳은 물론 먼 곳에 있는 사물까지 정확히 식별할 수 있었다. 해안 안에는 만조가 갯벌(석호)를 뒤덮고 있었다. 해안호를 둘러싸고 이어진 리도 쪽으로 눈길을 돌리자 처음으로 바다가 보였고, 바다 위에는 몇 척의 범선이 떠 있는 것을 볼 수 있었다.

해안에는 갤리선과 프리깃함이 정박해 있었다. 이 배들은 알제리아인들과 전투를 치른 에모[10] 제독의 선단에 합류해야 했으나, 역풍 때문에 이곳에 묶여 있었다. 파도바와 비첸차의 산과 티롤 산맥이 저녁과 자정 사이의 그림 같

---

[10] 안젤로 에모는 베네치아와 튀니스의 싸움에서 베네치아 측의 해군 제독.

대운하의 리알토 다리, 카날레토 그림

은 정경을 무척 아름답게 이어주고 있다.

10월 1일

나는 숙소를 나와 시내를 걸어다니면서 여러 모로 둘러보고 다녔다. 마침 일요일이라 지저분한 거리가 먼저 눈에 띈다. 나는 그 문제를 자세히 관찰하지 않을 수 없었다. 물론 이런 거리에도 단속하는 경찰이 있기 때문에 사람들은 쓰레기를 한쪽 구석에 모아 놓았다. 그런가 하면 이리저리 배를 저어 다니다가 군데군데 멈춰 서서 조용히 쓰레기를 모아서 싣고 가는 커다란 배도 눈에 띄었고, 인근 섬들로 비료를 가지러 가는 사람들도 보였다. 하지만 이런 것들은 아무런 효과도 거두지 못했고, 엄격히 시행되지도 않았다. 이 도시는 네덜란드 도시들처럼 청결을 목표로 설계되었기 때문에 이런 불결함은 더욱 용서할 수 없었다.

모든 도로는 굴곡 없이 평탄하다. 아주 외진 곳을 가 보아도 벽돌이 높은

팔라디오 설계, 일 레덴토레 교회 정면, 카를로 주치 그림

모퉁이 위에 깔려 있으며, 필요할 경우에는 중앙을 조금 높이 만들고 양쪽은 수로를 내어 지하 운하로 물을 흘려보낸다. 처음부터 심사숙고하여 설계한 대로 지은 다른 건축 시설들을 보아도 이 베네치아라는 도시를 가장 독특하면서도 개끗한 도시로 만들고자 했던 건축가의 훌륭한 의도를 엿볼 수 있다. 따라서 나는 천천히 거닐면서 곧바로 하나의 단속 법안을 생각해내어, 도시 경관을 진지하게 고민하고 있을 경찰청장에게 제안해야겠다는 생각을 억누를 수가 없었다. 이렇듯 인간이란 남의 일에 쓸데없이 참견하는 습관을 가지고 있다.

10월 2일

가장 먼저 나는 카리타 수도원으로 서둘러 발길을 서둘렀다. 그전에 팔라디오의 책에서 그가 손님을 반기는 부유한 고대인의 사저를 본떠서 이곳에 수도원을 구상했다는 글을 읽었다. 전체적으로나 부분적으로 보아도 훌륭하게 완성된 설계도는 큰 기쁨을 주었다. 그 실물은 얼마나 더 훌륭할까 하고 나는

일 레덴토레 교회 경관

기대감에 부풀었다. 그런데 건물의 10분의 1 정도만 완성되어 있는 게 아닌가. 하지만 그 정도만 보더라도 그의 천부적 재능에 먹칠하지는 않을 만큼 지금 껏 내가 어디서든 본 적 없을 정도로 완벽한 설계와 정확한 공사로 이루어져 있었다. 이런 훌륭한 건축물을 관찰하는 데는 몇 년이 걸리더라도 아깝지 않 다. 이보다 더 고상한 것, 이보다 더 완벽한 건물을 이제까지 한 번도 본 적이 없으며 이런 내 생각이 틀림없다고 믿는다. 위대한 것, 호감이 가는 것에 대해 내적인 감각이 뛰어난 이 예술가의 일을 독자들도 마음속에 떠올려 주기를 바란다. 그는 끝없는 노력 끝에 고대인의 정신을 본받아 양성되고 그 뒤 자신 을 통해 고대인의 정신을 재현해낸 것이다. 다시 말해서 그는 자신의 생각을 실행에 옮길 기회를 놓치지 않는다. 그리하여 수많은 수도사들에게 거처가 되 고, 수많은 나그네들에게 따뜻한 숙소가 되어줄 수도원을 고대인의 사저 형식 을 모방해서 지은 것이다.

교회는 이미 완성되어 있었다. 그곳에서 나오면 코린트식 원기둥으로 이루어진 앞뜰이 나오는데, 사람들이 황홀함에 젖어 수도사들의 세상에 있다는 사실을 잊을 만큼 훌륭하다. 한쪽에는 성물을 보관하는 창고가 있고, 다른 쪽에는 회의실이 있다. 그 옆에 있는 더없이 아름다운 나선 계단은 중심 기둥이 모두 드러나 있고, 벽에 붙어 있는 돌층계는 아랫부분이 윗부분을 지지하는 것처럼 겹쳐 있다. 오르내리는 데도 사람들은 피로감을 느끼지 않는다. 이 계단이 얼마나 성공적인지는 팔라디오 자신이 잘 만들어졌다고 말한 데서도 충분히 상상할 수 있다. 앞뜰에서 나오면 이번에는 넓은 정원이 나온다. 그곳을 둘러싸고 지어질 예정인 건물은 유감스럽게도 아직 왼쪽 한쪽만 완성된 상태로 있다. 기둥 양식이 3단으로 되어 있는데 맨 밑은 홀, 2층은 수도사들의 방 앞 복도, 맨 꼭대기 층은 창문 달린 벽으로 되어 있다. 이 설명은 도면을 자세히 보면 더 잘 알 수 있다. 다음으로 공사에 대해 말하겠다.

원주의 머리 부분과 다리 부분, 그리고 아치 모양의 요석만 깎은 돌로 되어 있고 나머지 부분은 모두 벽돌이라고도 할 수 없는 구운 점토로 만들어져 있다. 이것은 처음 보는 벽돌이다. 프리스와 카르니스도 이것으로 되어 있고, 아치의 다리도 마찬가지다. 그렇게 모든 것이 부분적으로 구워져 있어, 마지막으로 이것들을 합쳐 건물을 만들 때는 소량의 석회만 사용되었을 뿐이다. 마치 단숨에 완성된 것처럼 보인다. 전체가 깨끗하게 마무리되고 색칠되었다면 그야말로 세상에서 가장 진기한 건축물이 되었으리라.

하지만 근대의 많은 건물들에서도 보았듯이 설계가 너무 지나칠 정도로 거창했다. 건축가는 오늘날의 수도원을 철거할 수 있을 뿐만 아니라 인접한 집들도 사들일 수 있으리라 생각했으리라. 그렇지만 도중에 돈도 흥미도 없어져 버린 것이다. 운명은 터무니없는 것들을 만들어 내고 영원히 남기면서도 어째서 이 건물은 완성하지 않은 것일까?

10월 3일

팔라디오의 또 다른 아름답고 위대한 건축물인 일 레덴토레 교회*[11]의 정면은 성 조르조 교회*[12] 정면보다 훨씬 탄복할 만하다. 군데군데 동판화로 새긴

---

*11 구세주의 교회라는 뜻. 이탈리아의 건축가 안드레아 팔라디오(1518~1580) 만년의 작품으로, 페스트를 피하기 위해 주데카 섬에 지어졌다.

*12 산 조르조 마조레 섬에 있는 교회. 1565년에 건축을 시작해 17세기에 들어서 비로소 완성

성 조르조 마조레 교회(베네치아)

이 작품은 직접 보아야만 구체적으로 그 아름다움을 알 수 있다. 그러므로 여기서는 몇 마디 말로 줄이겠다.

팔라디오의 마음은 완전히 고대인의 생활에 빠져 있었지만 자신을 망각하지 않고, 가능한 한 자신의 고귀한 이상에 따라 세상을 바꾸려 했다. 그러나 당대의 옹졸하고 편협한 경향을 뼈저리게 느끼게 되었다. 그의 저서에 간략하게 표현된 내용을 바탕으로 추론한 바에 따르면, 바실리카 양식으로 교회를 건축하는 관습에 불만을 가진 그는 자신의 신성한 건축물을 고대 신전 양식과 비슷하게 지으려 했다. 일 레덴토레 성당은 그런 부조화가 잘 제거된 것처럼 보이지만, 성 조르조 성당의 경우는 조화롭지 못한 모습이 너무나 뚜렷하게 나타난다. 폴크만*[13]도 이 점에 대해 말했으나 핵심을 벗어났다.

되었다.

*13 폴크만은 성 조르조 교회의 원기둥이 2열로 배열된 것이 부조화스러우며 정문이 너무 좁고 높다고 비난했다.

일 레덴토테 성당의 내부는 외관과 마찬가지로 훌륭하다. 제단의 구도에 이르기까지 모든 것이 팔라디오 작품이다. 그러나 입상이 들어가 있어야 할 벽감에는 유감스럽게도 평범하게 조각해 채색한 목조 인물상이 자리잡고 있다.

카푸친파 수도사들은 성 프란체스코를 경배하기 위해 측면 제단을 화려하게 꾸며 놓았다.*14 코린트식 기둥의 머리 부분을 제외하면 돌 소재는 전혀 보이지 않는다. 다른 부분은 모두 아라비아 당초무늬를 본뜬 세련된 자수로 덮여 있어 아무리 쳐다보아도 기분 좋은 아름다움을 지니고 있다. 특히 금실로 수놓은 폭넓은 덩굴과 잎에는 감탄하지 않을 수 없었다. 그런데 가까이 가서 보니 참으로 기막힌 눈속임이라는 것을 알 수 있었다. 내가 금이라고 생각했던 것은 납작하게 누른 덩굴을 아름다운 모양에 따라 종이에 붙인 것이었고, 바탕 위에는 선명하게 색칠이 되어 있었다. 어쩌나 다채롭고 멋스러운지! 만약 그것이 진짜였다면 수천 탈러는 되었을 테지만, 이 기발한 재료에는 몇 푼 들지 않으니 아마 수도원에서 만든 것이 아닐까 생각된다. 기회가 된다면 한 번 따라해 보는 것도 재미있을 것 같았다.

물과 맞닿은 석재 제방 위에서 나는 벌써 몇 번이나 어떤 초라한 몰골의 남자를 보았다. 그는 베네치아 사투리로 무슨 이야기를 들려주고 있었는데, 청중들은 때에 따라 많기도 하고 적기도 했다. 유감스럽게도 나는 그의 말을 전혀 이해할 수 없었지만, 듣고 웃는 사람은 하나도 없었다. 다만 아주 낮은 신분의 청중들이 가끔 미소짓곤 했다. 이 남자는 눈에 띄는 면이나 우스꽝스러운 면은 없었으나 매우 침착했으며, 그의 태도에서는 기교와 생각을 암시하는 경탄할 만한 다양성과 정확성이 엿보였다.

나는 지도를 들고 복잡한 미로를 빠져나와 멘디칸티 교회*15에 도착했다. 이곳에는 오늘날 가장 평판이 좋은 음악학교가 있다. 청중으로 가득한 회당의 격자 뒤에서 여성들이 오늘날 오라토리오를 연주하고 있었다. 음악은 참으로 아름다웠고, 목소리도 훌륭했다. 알토 가수가 시(詩)의 주요 인물인 사울

---

*14 괴테가 이 일기를 쓴 10월 3일의 다음날이 성 프란체스코의 제삿날이라 수도사들이 제단을 꾸민 것이다. 여기서 말하는 사원이란 다음날인 4일자 일기에서 추정컨대 성 프란체스코 델라 비냐 사원일 것이다.
*15 탁발승의 사원으로, 시의 북동쪽에 있는 시민병원 옆에 있다.

베네치아의 행정 중심지 팔라초 두칼레궁(총독궁·정청)

왕을 노래했다. 그 목소리는 내 상상을 넘어설 만큼 절묘했다. 음악은 부분마
다 매우 아름다웠고 가사도 노래하기에 알맞았는데, 이탈리아어화 된 라틴어
로 쓰여 있어서 어떤 부분에서는 웃음을 참을 수가 없었다. 이곳의 음악은 음
역이 무척 넓은 것이 특징이다.

그런데 건방진 악장이 악보를 돌돌 말아 마치 자기가 가르치는 제자에게
하듯이 마구 화를 내며 격자를 두드리지만 않았다면 더 마음껏 즐길 수 있었
으리라. 소녀들은 그 곡을 벌써 몇 번째 되풀이하고 있었기 때문에 그가 박자
를 맞추는 소리는 전혀 필요없는 일이기에 모두들 인상을 일그러뜨리고 있었
다. 그런 행동은 마치 아름다운 조각상을 더 과시하려고 그 관절에 비단 천을
붙여놓은 것 같았다. 또한 쓸데없는 잡음으로 하모니를 흐트러 버렸다. 그는
음악가인데도 음악을 듣지 않으며, 오히려 어설픈 동작으로 자신의 존재를 알
리려 한 것이다. 프랑스인에게 그런 경향이 있다는 사실은 나도 아는 바이지
만, 이탈리아인에게도 그런 성향이 있는지는 몰랐다. 청중들은 이미 그런 일에
익숙한 듯이 보였다. 즐기지 못하게 하는 방해가 오히려 즐기는 데 필요한 것

으로 착각케 하는 일이 이런 경우에만 해당되는 것은 아니다.

어제 저녁에는 성 모세 극장*[16]에 오페라를 보러 갔다. 썩 만족스러운 공연은 아니었다. 오페라 연출을 최고 수준까지 끌어올리는 데 꼭 필요한 내면적인 힘을 대본이나 음악에서도, 가수에게서도 전혀 찾아볼 수 없었다. 어느 배역도 뒤떨어진다고 꼬집어 말할 수는 없지만, 두 여배우는 연기를 잘하려고 애쓰기보다는 자신을 뽐내며 돋보이게 하려는 데에 신경을 더 쓰는 편이었다. 그러나 그것은 효과적인 방법일 수도 있다. 두 사람은 용모가 아름다웠고 목소리도 좋았으며 사랑스럽고 씩씩하며 쾌활한 가수였다. 이와는 달리 남자 배우들 중에는 관객에게 감명을 줄 만한 힘이나 열정은 조금도 찾아볼 수 없었고, 목소리도 뚜렷하게 좋다고 할 수 없었다.

창의성이 빈약한 발레는 전반적으로 형편 없어서 야유를 받았지만, 뛰어난 남녀 무용수 몇 명, 특히 신체의 아름다운 부분을 관객에게 속속들이 보여줘야 한다는 의무감을 갖고 있는 여자 무용수들은 대단한 갈채를 받았다.

하지만 오늘 내가 보게 된 한 편의 희극은 무척 재미있었다. 공작의 궁전*[17]에서 공개적으로 열린 한 재판을 방청했다. 그것은 중요한 재판이었는데, 재판소가 휴정 기간이어서 운 좋게도 그곳에서 진행하는 것을 볼 수 있게 된 것이다. 한 변호사의 몸동작은 과장된 희극 광대 몸짓을 그야말로 쏙 빼다박았다. 뚱뚱하고 작달막한 키에 쉴 새 없이 몸을 움직이는, 뛰어난 경력의 그 변호사는 금속성 목소리로 마치 자신의 변론이 마음속 깊은 곳에서 진지하게 우러나온 것이기라도 되는 것처럼 격렬하게 토론했다.

나는 그런 장면을 희극이라고 부르지 않을 수 없었다. 그것은 이 공개 재판이 열리고 있을 때에는 이미 모든 심리가 끝난 뒤였기 때문이다. 재판관은 자신이 해야 할 말을 뻔히 알고 있었고, 당사자들이 어떤 기대를 하는지도 잘 알고 있었다. 그러나 내게는 이런 방식이 독일의 관료주의적인 까다로운 재판 절차보다 한결 더 마음에 들었다. 그 재판 상황이 어땠는지, 그리고 모든 절차가 얼마나 점잖고 사치 없이 자연스럽게 진행되었는지에 대해 설명해 보겠다.

─────────

*16 성 모세 교회 옆에 있어서 그 이름을 따 성 모세 극장이라고 한다. 성 마르코 광장 서쪽에 있다.

*17 총독 관저를 가리킴.

궁전의 넓은 홀 한쪽 반원 안에 재판관들이 앉아 있었다. 그들 맞은편에는 여러 사람이 나란히 앉을 수 있는 강단이 있고, 그 단상 위에는 양측 변호사들이 앉아 있다. 그리고 그들 바로 앞의 긴 의자에 원고와 피고가 저마다 앉아 있었다. 내가 들어섰을 때 원고 측 변호사는 단상에서 내려와 있었는데, 그것은 오늘의 판결이 논쟁할 여지도 없이 이미 결정되어 있었기 때문이다. 그럼에도 이미 인쇄된 변론과 반박문이 낭독될 예정이었다.

초라한 검은 양복을 입은 비쩍 마른 서기가 두툼한 서류를 손에 들고 서서, 읽을 준비를 하고 있었다. 홀 안은 구경꾼과 방청객들로 꽉 들어찼다. 사건 자체나 사건 당사자들 모두가 베네치아 사람들의 매우 중요한 관심 대상임이 틀림없었다.

신탁유증은 이 나라에서는 절대적인 효력을 지닌다. 일단 세습 재산의 성격이 주어진 재산은 영원히 그 소유권을 인정받는다. 어떤 변동이나 사정이 생겨 수백 년 전에 매각되어 남에게 넘어가 많은 사람의 손을 거친 뒤라도 결국 송사가 벌어지면 최초 소유자의

▲희극, 변호사의 변론, 괴테 그림

▼베네치아 법정 장면, 괴테 그림

후손이 소유권을 인정받게 되어, 그 후손에게 재산을 넘겨주지 않을 수 없다.

이번 분쟁 사건은 총독*[18]과 관계된 소송이라 매우 중요했는데, 어쩌면 첸달레를 걸치고 원고와 조금 떨어진 작은 의자에 앉아 있는 총독 부인이 피고인지도 몰랐다. 꽤 지긋한 나이와 고상한 몸매, 단정한 얼굴의 총독 부인은 엄숙한, 아니 어찌 보면 불쾌한 듯한 표정이었다. 베네치아 사람들은 총독 부인이 자신의 궁전이 아닌 그들 앞에서 공개적으로 재판을 받을 수밖에 없다는 사실에 큰 자부심을 느끼고 있는 듯했다.

서기가 판결문 낭독을 시작했다. 그때서야 나는 재판관이 입정했을 때 변호인석에서 그리 멀지 않은 자리에 있는 책상 뒤의 나지막한 의자에 어떤 작은 사내가 앉아 있다는 것을 알았다. 특히 그의 앞에 놓인 모래시계가 무엇을 의미하는가도 알게 되었다. 즉 서기가 낭독하는 동안에는 시간이 흘러가지 않는 것이다. 그러나 변호인이 어떤 발언을 요청하면 그에게는 일정한 시간만이 주어진다. 서기가 읽는 동안, 그 작은 사내는 시계를 옆으로 뉘여 놓았다가 변호인이 입을 열면 다시 일으켜 세웠고, 그가 입을 다물면 곧 다시 눕혔다.

그러다 보니 서기의 막힘 없는 낭독 사이사이에 끼어들어 재빨리 몇 마디 함으로써 사람들의 주의를 환기하고 시선을 끄는 등의 능숙한 기술을 필요로 했던 것이다. 그렇게 되면 그 키 작은 사투르누스*[19]는 커다란 혼란에 빠져든다. 그때마다 그는 모래시계를 수평으로 놓았다 수직으로 놓았다 하며 정신 없이 반복해야 했다. 그는 "베를리케! 베를로케!"*[20] 하고 재빠르게 바꿔 가며 외치는 어릿광대의 주문에, 나와야 할지 들어가야 할지 갈피를 못 잡는 인형극의 악령의 모습과 다름없었다.

재판정에 가본 적이 있는 사람이라면 이와 같이 문서를 단조로우면서도 빠르고 또렷하게 읽는 모습을 익히 상상할 수 있으리라. 노련한 변호사는 이런

---

*18 이 총독이란 베네치아의 120명의 총독 가운데 마지막에서 두 번째 인물로, 1779년에서 1789년까지 총독을 지낸 파올로 레니에리를 가리킨다. 그의 아내 마르가레테 달마츠는 전직 곡예사로, 내연관계에 있었기 때문에 정식 총독 부인으로 인정받지 못했다.

*19 고대 이탈리아 신화에 나오는 농업의 신이지만, 나중에는 그리스 신화에 나오는 시간을 관장하는 신 크로노스와 동일시되었다. 여기서는 모래시계를 세웠다가 눕혔다가 하면서 시간의 경과를 모래의 낙하나 정지로 관장하는 작은 남자를 가리킨다.

*20 인형극 〈파우스트 박사〉에서 광대는 "페를 리 페를 라" 하는 소리로 악마들을 무대로 소환하기도 하고 물러가게 하기도 한다. 그것에서 비롯한 말.

때 농담을 던져 지루하지 않게 하는 방법을 알고 있다. 그러면 방청객들은 왁자지껄하게 폭소를 터뜨리며 잠시 그의 농담을 즐긴다. 내가 알아들은 농담들 가운데 가장 기억에 남는 하나를 말하면 이렇다. 서기가 이 불법 재산 횡령자가 어떤 방법으로 문제의 재산을 처리했는가 하는 과정을 낭독했을 때, 변호사가 조금 더 천천히 읽어달라고 요청했다. 서기가 "나는 증여할 것이다. 나는 유증할 것이다" 이 문구를 또렷한 목소리로 읽어가자, 변호사는 갑자기 서기에게 덤벼들 것처럼 소리쳤다.

"무엇을 증여하겠다는 겁니까? 무엇을 유증하겠다는 거요? 당신처럼 이 세상에 아무것도 가진 것이 없는 가난한 사람이, 도대체 뭘 주겠다는 거요!"

그러더니 변호사는 잠시 무슨 생각하는 듯하다가 다시 말을 이었다.

"저 재산 소유자도 당신보다 더 가진 게 없는데 증여하고 유증하고 싶어 했단 말이오."

그러자 또다시 요란한 폭소가 터져 나오며 멈출 줄 몰랐다. 곧바로 다시 모래시계는 수평으로 눕혀지고, 서기가 나지막한 목소리로 낭독을 계속하면서 불쾌한 표정으로 변호사를 바라보았다. 그러나 이 모든 것은 서로 짜고 치는 약속된 농담일 뿐이었다.

10월 4일

어제는 성 루카 극장*²¹에서 희극을 한 편 봤는데 매우 재미있었다. 그것은 즉흥 가면극으로서 타고난 재능과 열정과 배짱을 가지고 연출한 것이었다. 물론 모든 배우가 한결같지는 않았다. 판탈로네를 맡은 배우는 무척 뛰어났고, 강하고 체격이 좋은 한 여인은 특별히 눈에 띄는 배우는 아니었으나 대사 전달이 훌륭했으며 주어진 연기도 잘 소화해냈다.

독일에서 〈골방〉*²²이라는 제목으로 공연된 연극의 허황된 줄거리와 비슷했다. 연극은 믿기 어려울 정도로 걷잡을 수 없이 상황을 전개해 나가며 세 시간이 넘도록 관객을 즐겁게 해주었다. 그러나 여기서도 모든 것의 바탕은

---

*21 후세에는 시내 중앙에 있는 골도니 극장을 가리킨다. 괴테는 10월 10일과 11일에 이 극장을 방문했다.

*22 〈여기에 숨바꼭질을 하고 있다〉라는 제목의 3막짜리 희극으로, 복크가 1781년에 만든 칼데론 류의 이야기.

역시 군중이었다. 관객도 배우들과 함께 공연에 참여했으며, 군중이 연극과 함께 어우러지면서 하나가 되었다.

낮에는 광장과 해변, 곤돌라와 궁전 앞에서 물건을 사고파는 사람들, 거지, 뱃사공, 이웃집 여인, 변호사와 그의 상대편, 이런 온갖 사람들이 활기차게 삶을 호흡하면서 싸움질하고, 폭언하고, 소리지르며 물건을 거래하고, 노래부르며 놀이를 하고, 저주를 퍼부으며 떠들어 댄다. 그러다가 밤이 되면 이들은 극장에 가서 자신들이 낮 동안에 살아가는 모습을 연극으로 보고 듣는다. 이는 인위적으로 구성되고, 좀 더 재미있게 꾸며지며, 동화처럼 엮어지고, 가면으로써 현실과 거리감을 두기도 하면서 풍습들을 통해 현실과 가까운 모습을 하고 있다. 그들은 그런 연극을 보면서 어린아이처럼 즐거워하고, 낮처럼 또다시 소리지르고 박수치면서 한바탕 소란을 피운다. 한낮에서 밤까지, 아니 한밤에서부터 자정에 이르기까지 모든 일이 언제나 똑같이 반복되고 있다.

하지만 나는 저 가면극보다 더 자연스러운 연극을 본 적이 없다. 그런 연기는 타고난 행운의 천성을 지닌 사람이 오랜 기간의 연습을 거쳐야만 이를 수 있는 것이다.

이 글을 쓰고 있는 지금, 자정이 넘었는데도 내 방 창문 아래 운하에서는 왁자지껄한 소음이 들려온다. 그들은 좋은 일이든 나쁜 일이든 모든 일을 늘 함께 한다.

길거리 연설을 들었다. 처음에는 광장과 해안, 돌, 제방 위에 세 남자가 서서 저마다 자기 방식대로 이야기를 들려주었다. 다시 말해 두 변호사와 두 목사, 그리고 배우들의 연설을 들었는데, 그 가운데서 특히 판탈로네 역할의 연사를 칭찬하지 않을 수 없다. 그들 모두는 어딘가 모르게 공통점을 지녔다. 그것은 한 국가의 국민으로서 줄곧 공인으로 살며 늘 정열적인 언변을 발휘할 뿐 아니라, 서로를 본뜨기 때문인 것 같다. 그것은 그들이 자신의 의지와 감정을 표현할 때 쓰는 적절한 몸짓과도 관계가 있다.

오늘은 성 프란체스코 축일이라 그를 모신 알레 비녜*23 교회에 갔다. 카푸친파 수도사의 커다란 목소리와 교회 앞 장사꾼들이 내지르는 고함소리가

---

*23 정확히는 산 프란체스코 델라 비냐라고 불리며, 도시 북동부에 있는 성 프란체스코 교회를 가리킴.

성 프란체스코 델라 비냐 교회와 광장, 카날레토 그림

섞여 마치 합창으로 응답하듯 끝없이 이어졌다. 양쪽 소리가 나는 중간인 교회 문 한가운데 서서 그들의 목소리를 듣고 있자니 참으로 묘한 기분이 들었다.

10월 5일

오늘 아침에는 해군 병기창을 찾아갔다. 나는 해군에 대해서는 잘 모르던 차에 그곳에서 기초적 사실을 배울 수 있어 무척 재미있었다. 비록 위세를 떨치던 전성기는 지났지만, 여전히 유서 깊은 가문을 보는 듯한 기분이었다. 나는 수공업자들을 따라가 여러 신기한 것들을 구경하고, 이미 구조가 완성된 84문의 대포를 갖추어 놓은, 골조가 완성된 배에도 올라가 봤다.

이것과 똑같은 배 한 척이 여섯 달 전에 리바 데 스키아보니*24 해안에서 불이 나서 수면에 맞닿는 분계선까지 타버렸는데, 다행히 화약고가 가득 차 있지 않아서 배가 폭발했어도 큰 피해는 없었다. 그러나 인근 집들은 유리창

---

*24 성 마르코 광장 동쪽에 있는 넓은 해안 거리.

이 모두 깨졌다고 한다.

이스트리아에서 생산된 최고급 떡갈나무 목재를 가공하는 모습을 보면서 나는 이 가치가 있는 나무의 생장에 대해 조용히 생각해 보았다. 인간이 원료로 사용하고 가공하기도 하는 자연물에 대해 어렵게 배운 지식이, 예술가나 장인의 일을 이해하는 데 얼마나 큰 도움이 되는지 이루 말로 표현할 수 없을 정도이다. 산악과 그곳에서 캐낸 광물에 대한 지식 또한 건축예술을 이해하는 데 크나큰 도움을 준다.

부첸토로*25를 한 마디로 설명하면 '호화 갤리선'이라고 부를 수 있다. 아직도 사본으로 남아 있는 옛 부첸토로의 화려함이 고유성을 훼손하는 오늘날의 것보다 그 칭호에 훨씬 더 걸맞는다.

나는 다시 나의 주장으로 되돌아간다. 예술가에게 마땅한 소재가 주어진다면 그에 걸맞는 작품을 창조할 수 있다는 지론이다. 이 경우에는 가장 엄숙한 축일*26에 이 공화국에 예로부터 이어져온 해상권 축원을 위해 그 수장을 모시기에 알맞은 갤리선을 만들라는 임무를 내려받았으며, 그 과제는 훌륭하게 완수되었다.

이 배는 전체가 하나의 장식품이기 때문에 배의 장식이 너무 지나치다고 말해서는 안 된다. 조각된 목재 자체가 금박이 입혀진 조각품이라 실용성과는 거리가 멀다. 민중에게 수장의 위용을 과시하기 위한 성체안치기(聖體安置器)에 불과하다. 모자 장식을 좋아하는 이 나라 사람들은 자신의 윗사람도 우아하고 아름답게 꾸미기를 바란다. 이 호화 선박은 베네치아인들이 어떤 국민이며 또 어떤 자부심을 갖고 있는가를 보여 주는 국보라고 할 수 있다.

나는 밤에 비극을 보고 웃으면서 돌아왔는데 그 해학적인 내용을 곧바로 기록하지 않을 수 없다. 작품은 나쁘지 않았다. 작가는 비극적인 주역들을 모

---

*25 어떤 형태의 배를 가리키는 명칭으로, 총독이 1311년부터 1789년까지 매년 승천제 때 사용한 호화 선박. 괴테가 본 배는 공화국의 마지막 배로, 1728년에 건조되었고 1797년에 나폴레옹에 의해 파괴되었다. 오늘날에도 모형이 해군 병기창에 남아 있다. 이 글에서 괴테가 "옛날의 부첸토로"라고 부르는 것보다 오래된 것은 해체되어 시립박물관에 전시되어 있다.
*26 승천제를 가리킴. 이날 총독은 귀족들과 함께 호화선을 타고 아드리아 해로 나가 바닷물에 반지를 던짐으로써 바다와 새로 결혼하고 베네치아의 해상 지배권을 표시한다.

황금시대에 베네치아를 빛나게 했던 국영 조선소 및 해군 병기창 아르세날레, 구아르디 작

두 모아 놓았고, 배우들 또한 연기를 무척 잘했다. 대부분의 장면은 잘 알려진 것이었고, 몇 장면은 새롭고 즐거웠다. 서로 증오하는 두 아버지, 갈등 관계에 있는 이 두 가정의 아들과 딸들, 그들은 서로 열렬히 사랑하고 그 가운데 한 쌍은 몰래 결혼까지 한다. 사건은 거칠고 잔혹하게 전개되어, 마침내 젊은이들을 행복하게 해주기 위해 두 집안의 아버지가 서로 찔러 죽이는 것으로 끝을 맺는다. 이어서 뜨거운 박수를 받으며 막이 내렸다. 하지만 막이 내린 뒤에도 박수소리는 점점 더 커지고 "푸오라!(나와라!)" 외치는 소리가 끊이지 않자, 마침내 두 쌍의 주역들이 막 뒤에서 나타나 허리 굽혀 인사하고는 다시 다른 쪽으로 퇴장했다.

관객들은 그래도 만족하지 않고 박수를 계속 치면서 "이 모르티!"[27] 라고 외쳐댔다. 박수소리가 끝없이 이어지자, 결국 죽은 두 사람마저 무대로 나와 인사를 했다. 그러자 또 몇 사람이 "브라비 이 모르티!"[28] 라고 외쳤다. 박수와

*27 죽은 사람도 나오라는 뜻.
*28 "장하다, 죽은 이들이여!"라는 뜻.

함께 그들은 다시 퇴장할 수 있을 때까지 계속 엉거주춤 서 있을 수밖에 없었다. 이탈리아 사람들이 입버릇처럼 말하는 "브라보! 브라비!" 소리를 듣고 또 그러한 찬사를 죽은 사람에게까지 해대는 그 익살스런 장면을 듣고 보게 되니 매우 재미있었다.

우리 북쪽 지방 사람들은 어두워진 다음 헤어질 때는 언제 어느 때나 "Gute Nacht!(안녕히 주무세요)"라고 말하지만, 이탈리아 사람은 단 한 번만, 그것도 낮과 밤이 교차하는 시각에 등불을 방으로 가지고 들어오면서 "Felicissima notte!(안녕하세요!)" 할 뿐이다. 두 나라 말이 뜻하는 바는 완전히 다르다. 정말이지 언어의 특성은 번역이 불가능하다. 가장 고상한 낱말에서 가장 저속한 낱말에 이르기까지 모든 말이 그 국민의 성격, 기질, 생활 상태 등의 특이성과 관련되어 있기 때문이다.

10월 6일

어제 본 비극은 내게 많은 가르침을 주었다. 먼저 이탈리아 사람들이 11음절의 얌부스를 어떻게 다루고 낭송하는가를 들을 수 있었다. 다음으로 고치*[29]가 가면과 비극적 인물을 얼마나 지혜롭게 결합시켰나를 알 수 있었다. 이것이야말로 이 나라 사람들을 위한 참된 연극이다. 그들은 미숙한 대로 감동받기를 바라며, 불행한 인물에게 진심어린 동정심을 보이지도 않고 그저 주인공이 멋진 대사만 하면 좋아하기 때문이다. 그들은 수사법을 매우 중시하면서도 웃기를 즐겨 어리석은 짓들을 좋아한다.

연극에 대한 그들의 관심은 단지 현실에 관심을 가지고 있다는 뜻으로 풀이된다. 연극에서 폭군이 자신의 아들에게 칼을 건네주면서 아들과 마주 서 있는 자기 아내를 죽이라고 명령할 때, 관객들은 그러한 부당한 요구에 불만을 표시하며 큰 소리로 외쳐댄다. 그바람에 하마터면 연극이 중단될 뻔하기도 했다. 관객은 왕에게 칼을 거두라고 요청했는데, 그렇게 되면 그 뒤에 이어지는 장면은 당연히 필요 없게 된다.

곤경에 빠진 아들은 마침내 결심하고 무대 앞으로 걸어 나와 관객을 향해, 공손한 태도로 조금만 참으면 사건이 여러분들이 바라시는대로 진행될 것이

---

*29 베네치아 출신의 백작 카를로 고치(1720~1806). 유명한 희극 작가.

〈몰로로 돌아오는 부첸토로〉카날레토 그림

라고 말하면서 자제를 부탁했다. 하지만 예술적인 측면에서 그 장면은 여러모로 어리석고 부자연스러웠다. 그래서 나는 관객의 감정을 칭찬했다.

이제 나는 그리스 비극에서의 긴 대사와 서로 주고받는 장황한 논변을 잘 이해하게 되었다. 아테네 사람들은 이탈리아 사람들보다 연설 듣기를 한결 좋아하고 또 더 익숙하다. 그들은 재판정에서 온 하루 시간을 보내면서 뭔가를 보고듣고 배웠음이 분명하다.

10월 6일

팔라디오가 지은 건물, 특히 그가 건축한 교회에서 나는 더없이 뛰어난 점과 함께 몇 가지 비난할 점들도 발견했다. 그 비범한 인물에 대한 내 생각이 과연 어디까지가 옳고 그른지 생각하고 있자니, 마치 그가 내 옆에서 이렇게 말하는 것 같은 기분이 들었다.

"나는 이러한 것들을 내 의도와는 상관없이 만들었소. 내게 주어진 조건 아래에서는 이런 방법으로밖에 내 이상에 다가갈 수 없었기 때문이오."

여러모로 생각한 결과, 그는 이미 존재하는 교회나 오래된 가옥의 정면부를 건축할 때, 그 높이나 폭을 관찰하면서 다음과 같이 생각했을 것 같다.

'어떻게 하면 이곳에 최대의 형식을 부여할 수 있을까? 각 부분마다 그 자리에 맞게 어떤 곳은 정해진 위치를 바꾸고, 또 어떤 곳은 대충 세공해서 때워야 한다. 그러다 보면 어설픈 점도 생기게 되겠지만 그것은 어쩔 수 없는 일이다. 전체적으로 훌륭한 양식이 되기를 바라며 기쁘게 작업해야 하리라.'

이런 식으로 그는 충분히 조화를 이루지 못하거나 부분적으로 부수거나 왜곡해야 할 경우에도 마음속에 꿈꾸던 위대한 구상을 이루려고 한 것이다.

그와 달리 카리타 교회의 양쪽 날개는 건축가가 자유롭게 자신의 실력과 정신을 무조건적으로 드러낼 수 있었기에, 오늘날 매우 가치 있는 건물로 평가받는다. 만일 이 수도원이 완성되었다면 요즈음 이것보다 완벽한 건축물은 세상에서 찾아보기 어려웠으리라.

그의 저서는 읽으면 읽을수록 그가 고대인에 대해 얼마나 깊이 살펴봤는지를, 그리고 어떻게 생각하고 어떻게 작업했는지를 명확히 알 수 있다. 그는 그리 많은 말은 하지는 않았지만, 그 말들은 모두 더없이 의미심장하다. 고대 신전을 논한 제4권은 고대 유물을 신중하게 연구하기 위한 좋은 길잡이가 된다.

10월 6일

어제 저녁, 성 크리소스토모 극장*30에서 크레비용의 〈엘렉트라〉*31를 보았는데, 물론 번역극이었다. 그 연극이 얼마나 지루했는가는 말로 표현할 수 없을 정도이다.

사실 배우들은 연기를 잘했고, 몇 장면에서는 관객을 즐겁게 할 줄도 알았다. 오레스트는 혼자서 시적으로 분석된 세 가지 다른 이야기를 하나의 장면에서 연기했다. 엘렉트라를 연기한 여배우는 크지 않은 키에 중간 체격을 지닌 아름다운 여성으로, 거의 프랑스 사람이라 생각될 정도로 활달했지만 품위가 있고, 대사를 읊는 목소리도 고왔다. 다만 유감스럽게도 배역이 요구하는 대로 처음부터 끝까지 정신나간 듯이 행동했다. 그러나 나는 여기에서 또 뭔가를 배웠다. 11음절을 지키는 이탈리아의 얌부스는 끝 음절이 늘 짧아 낭

---

*30 성 조반니 크리소스토모 교회 옆에 있는 극장으로, 1834년에 다시 새롭게 지어졌으며 오늘날에는 유명한 여배우의 이름을 따서 말리브란 극장으로 불린다.

*31 프랑스의 비극작가 대(大) 크레비용(1674~1762)의 작품.

송자의 의도와는 달리 음이 높아져 크게 읊조리기에 매우 불편하다는 점이다.

오늘 아침, 성 유스티나 교회*32에서 거행된 장엄미사에 참석했다. 터키에 전승*33한 것을 기념하기 위해 해마다 이날 열리는 이 미사에는 총독도 참석한다. 먼저 총독과 일부 귀족을 태운 황금빛 거룻배들이 소(小)광장에 도착하고, 진기한 옷차림의 뱃사공들이 붉은 칠을 한 노를 부지런히 저었다. 해변에는 성직자와 교단 사제들이 막대기 끝이나 휴대용 은촛대에 불을 밝혀 들고 서서 이리저리 사람들에게 밀리면서 기다리고 있다. 이윽고 양탄자를 깐 다리가 배에서 뭍으로 놓여지고 맨 먼저 긴 보랏빛 예복을 입은 대신들이, 그 다음에는 길고 붉은 예복의 원로원 의원들이 포장도로에 줄지어 늘어선다. 마지막으로 금색의 프리기아 모자*34를 쓰고 가장 긴 황금색 가운에다 담비 가죽 외투를 걸친 노총독이 세 명의 시종들에게 끌리는 옷자락을 받쳐들게 하면서 배에서 내려온다.

이 모든 행사는 교회 정문 앞 작은 광장에서 이어진다. 교회 문 앞에는 터키 깃발들*35이 걸려 있어서 마치 도안과 채색이 무척 고급스러운 오래된 도배지를 보는 듯한 기분이 들기도 한다. 북쪽 나라에서 온 내게는 이런 의식이 무척 재미있게 느껴졌다. 짧은 옷차림으로 모든 의식을 치르며, 상상할 수 있는 가장 큰 행사가 겨우 어깨총 자세로 거행되는 의식뿐인 우리 독일은 이런 곳에는 어울리지 않는다. 그러나 이곳에는 옷자락이 길게 끌리는 예복이나 평화로운 의식 진행 과정이 아주 잘 어울린다.

총독은 체격이 좋고 교양 있는 인물이었다. 아프다고 들었지만 그럼에도 무거운 옷을 입고 위엄 있는 자세를 끝까지 유지하고 있었다. 그는 모든 이의 아버지라도 되는 듯 매우 친절하고 자애로워 보인다. 복장도 나무랄 데 없이 잘 어울렸고, 모자 밑에 두른 얇고 투명한 비단 두건도 깨끗한 은발 위에 보

---

*32 이 교회는 도시의 동부 리오 디 산타 유스티나의 옆에 있으며, 나폴레옹 때부터 병영으로 사용되었다. 소광장은 그 뒤 폐허로 변했다.

*33 1571년 10월 7일 레판토 승리.

*34 소아시아의 그리스인 등이, 뒷날에는 대형 갤리선의 노예들이 썼던 끝이 뾰족하고 앞이 꺾인 소프트 모자. 프랑스 혁명 때 깃발 대신 사용된 자코뱅 모자와 같은 것.

*35 나중에 해군 공병박물관로 옮겨졌다.

기 좋게 얹혀 있었다.

기다란 암적색 망토를 입은 50명 정도의 귀족들이 총독과 함께했는데 거의 위풍당당한 남자들로 못생긴 사람은 하나도 없었다. 몇 사람은 키도 크고 머리도 컸지만, 꼬불꼬불한 금발 가발이 무척 잘 어울렸다. 골격이 뚜렷한 얼굴과 부드럽고 하얀 피부는 푸석푸석해 보이거나 눈에 거슬리지 않고, 오히려 총명하고 자연스러우며 부드러운 인상을 주었다. 또한 그들에게서는 생활의 여유로움과 유쾌한 기분을 읽을 수 있었다.

모두들 교회 안에 자리잡고 앉았다. 이윽고 장엄미사가 시작되자 교단 사람들이 정문으로 들어와 둘씩 짝지어 성수를 받고 제단과 총독, 귀족들을 바라보며 꾸벅 인사한 다음 오른쪽 문으로 퇴장했다.

타소와 아리오스토의 시를 독특한 선율로 노래한다는 유명한 뱃사공의 노래를 오늘 저녁에 듣기로 예약해 놓았다. 그 노래는 예약해 놓지 않으면 들을 수 없다. 흔히 들을 수 있는 노래도 아니고, 이제는 거의 사라져 버린 옛 전설이 되었기 때문이다. 달빛을 받으며 나는 곤돌라에 올라탔다. 한 가수는 앞에, 또 한 사람은 뒤에 타고 있었다. 그들은 노래를 시작해 교대로 한 소절씩 불렀다. 우리가 루소를 통해 알고 있는 그 선율은 합창과 서창의 중간쯤 된다. 박자도 없고 똑같은 음정으로 노래가 이어진다. 음조도 단조롭고, 다만 시구의 내용에 따라 낭송 방식으로 음색과 음정을 변화해 나갈 뿐이다. 그러나 그 정신과 거기서 나오는 생명력은 다음처럼 풀이할 수 있다.

나는 이 선율이 어떤 과정으로 이루어지는지에 대해서까지 더듬어 볼 생각은 없다. 어쨌든 이 선율은 무엇인가를 박자에 맞춰서 노래로 부른다거나, 외우고 있는 시를 노래로 불러 보려는 한가한 사람에게는 아주 꼭 필요하다.

특히 풍부한 성량을 중시하는 이 나라 사람들 특유의 잘 울리는 목소리로 섬이나 운하의 물가에 배를 대놓고, 목청껏 노래를 부른다. 그 노랫소리는 잔잔한 수면 위로 퍼져 나간다. 그러면 저 멀리서 그 선율과 가사를 알아들은 사람이 그 다음 소절로 화답한다. 그러면 먼저 노래를 불렀던 사람이 다시 그 노래를 이어나가며, 그렇게 계속해서 상대의 노래에 화답하는 식이다. 노래는 며칠 밤이고 계속되며, 두 사람은 지치지도 않고 줄기차게 그런 향락을 즐긴다. 둘 사이 거리가 멀면 멀수록 노래는 더욱 매력을 더한다. 만일 노래

듣는 사람이 그 둘의 중간쯤에 자리잡고 있다면 가장 좋은 위치를 택하게 되는 것이다.

그들은 그러한 사실을 내게 이해시키기 위해 주데카 섬 기슭에서 내린 다음 운하를 따라 서로 반대편으로 헤어졌다. 나는 그들 사이를 왔다갔다하면서, 노래를 부르기 시작할 쪽을 떠나 노래를 끝낸 가수 쪽으로 다시 가까이 걸어가기를 반복했다. 그러자 그 노래의 의미가 차츰 이해되었다. 멀리서 들려오는 그들의 노랫소리는 슬픔이 담기지는 않았지만 한탄의 소리처럼 몹시 이상하게 들렸다. 그 소리에는 무언가 눈물이 날 만큼 감동적인 요소가 있었다. 나는 그것이 그 순간의 내 기분 때문이라고 생각했지만, 나의 늙은 하인*36도 이렇게 말하는 것이었다.

"È singolare, come quel canto intenerisce, é molto più, quando è piú ben cantato."

(저 노랫소리가 이상하게도 마음을 온화하게 하네요. 노래를 들으면 들을수록 더욱 감동적이군요).

그는 나에게 리도의 여인들, 특히 말라모코와 펠레스트리나*37 출신 여인들의 노래도 들어보라고 권했다. 그들도 타소의 시와 똑같거나 비슷한 선율로 노래한다는 것이었다. 그는 또 이렇게 덧붙였다.

"그 여자들은 남편이 바다로 고기잡이 나가면 저녁때 바닷가에 나와 낭랑한 목소리로 그런 노래를 부릅니다. 그러면 먼 바다에 나가 있는 남편이 이윽고 그 소리를 듣고 노래로 응답하며 서로 대화를 나누었던 겁니다."

참으로 아름다운 이야기가 아닌가? 그러나 한편으로는 그 소리를 가까이에서 듣는 사람에게는 그 노랫소리가 파도소리와 뒤섞여서 듣기에 그리 좋지 않았으리라는 생각이 든다. 하지만 그런 노래에 담긴 뜻은 더없이 인간적이고 진실되어서, 줄곧 생명이 없는 문자로 우리의 골머리를 썩이던 시구도 생생한 선율로 살아날 것이다. 그것은 어느 고독한 이가 똑같은 심정의 또 다른 고독한 사람에게 대답을 듣기 위해 아득한 창공으로 띄워 보내는 노래인 것이다.

---

*36 괴테가 베네치아에서 고용한 사람.

*37 둘 다 마을 이름. 도시 남쪽의 해안호를 구획 짓는 섬 위에 있다.

10월 8일

나는 파올로 베로네세의 명화*[38]를 보기 위해 피사니 모레타궁*[39]을 찾았다. 그림을 보면, 다리우스 집안 여성들이 알렉산더와 헤파이스티온*[40]의 발 앞에 무릎 꿇고 있다. 맨 앞에 무릎 꿇고 있는 어머니는 헤파이스티온을 대왕으로 여기지만, 그는 그것을 부인하듯이 오른편에 있는 알렉산더 대왕을 가리키고 있다.

전하는 말에 따르면, 이 그림의 작가는 이 궁전에서 오랫동안 융숭한 대접을 받으며 머물렀는데, 그에 대한 감사 표시로 몰래 그 그림을 그리고는 둘둘 말아 침대 밑에 선물로 밀어 넣고 갔다고 한다. 이 작품은 대가 베로네세의 가치를 엿보기에 충분하기 때문에 어떤 특별한 유래가 있을 법도 하다.

이 그림에서는 전반적으로 하나의 색조를 화폭 전체에 나타내지 않고 음영을 교묘하게 안배해 부분적 색채를 알맞게 교차시킴으로써 훌륭한 조화를 이루어 내는 그의 기법이 제대로 나타나 있다. 게다가 보존 상태가 좋아서 마치 어제 그린 그림처럼 선명하게 우리 눈앞에 펼쳐진다. 이런 종류의 그림이 손상되어 있으면, 왠지 모르게 그 그림을 보는 우리의 기쁨도 사그라들고 말리라.

의상에 대해 이 화가를 논하려는 사람은, 이 그림이 16세기의 이야기를 그렸다는 점을 고려해야만 한다. 그러면 모든 게 해결된다. 이 그림은 어머니부터 아내와 딸들에 이르기까지 단계적으로 구분해 매우 사실적으로 표현되어 있다. 맨 뒤에서 무릎 꿇고 있는 가장 어린 공주는 예쁜 아가씨인데, 얌전하지만 고집스럽고 새침한 표정을 짓고 있다. 아마 자기 자리가 마음에 안 드는 것 같다.

감동적으로 본 그림을 그린 화가의 눈으로 세상을 볼 수 있는 내 오래된 재능이 나를 특이한 생각으로 이끌곤 한다. 사실 우리의 눈은 어릴 때부터 보아 온 주위 사물들에 따라 형성된다. 그렇기 때문에 베네치아 화가들은 모든 대상을 다른 나라 사람들보다 더 밝고 쾌활하게 보는 것 같다. 그와 달리 더럽고

---

*38 이탈리아의 화가 파올로 칼리아리 베로네세(1528~1588)의 그림으로, 뒷날 런던 국립미술관에 팔렸다.

*39 지금은 음악학교가 되었다.

*40 알렉산더 대왕의 친구. 다리우스 왕의 딸 드리페티스를 알렉산더로부터 아내로 받았다.

베네치아, 피사니 모레타궁

먼지가 가득하고 우중충하며 반사되는 빛마저 음울한 땅에서, 더군다나 비좁은 방에서 살아가는 우리들은 본질적으로 세상을 그리 즐겁게 바라볼 수가 없다.

눈부신 한낮 햇살을 받으며 배로 해안호를 건널 때, 화려한 옷을 입은 곤돌라 뱃사공들이 뱃전에 서서 푸른 하늘 아래 연녹색 수면 위로 노를 저어가는 광경을 바라보았다. 나는 베네치아 화가의 가장 뛰어나고 선명한 그림을 보는 것 같았다. 햇빛은 이 지방 특유의 색을 눈부시게 드러내주었고, 그늘진 부분조차도 빛의 구실을 톡톡히 할 수 있을 정도로 매우 환했다. 연녹색 수면에 반사되는 빛도 밝아서 빛을 표현한 부분이 돋보인다. 모든 것이 환한 배경 속에 밝게 그려져 있어서, 화룡점정을 나타내기 위해서는 거품이 이는 파도나 번쩍이는 번개라도 그려 넣어야 될 정도이다.

티치아노와 파올로는 더욱 선명한데, 우리가 그들의 작품에서 그런 점들을 찾아내지 못한다면, 그 그림이 실패작이거나 덧칠되었음을 나타내는 것이다.

성 마르코 교회의 둥근 천장과 측면의 벽면은 그림으로 완전히 뒤덮여 있다.

황금빛 바탕에 다양한 색상의 인물들이 모자이크된 작품들이다. 밑그림을 그린 화가의 실력에 따라서 어떤 것은 매우 훌륭하지만 어떤 것은 보잘것없다.

그러고 보면 모든 것은 초안에 달려 있다. 그리고 이러한 초안에는 올바른 기준과 참된 정신이 담겨져 있음이 절실히 느껴졌다. 사각형의 작은 유리 조각을 가지고 아주 정확하게는 아닐지라도 좋은 것이든 나쁜 것이든 모두 모사할 수 있기 때문이다. 고대인들에게는 바닥을 만들어 주고, 그리스도 교도들에게는 교회의 둥근 천장을 제공했던 모자이크 예술은 오늘날에는 작은 상자나 팔찌 제작 기술로 인해 점차 사라져 가고 있다. 시대는 상상 이상으로 나빠져 간다.

파르세티 궁전*⁴¹에는 최상의 고대 미술품을 본뜬 값진 작품들이 소장되어 있다. 나도 만하임 등지에서 몇몇 작품을 본 적이 있는데,*⁴² 내가 알고 있는 그것에 대한 설명은 접어두고 여기서는 새로 알게 된 작품들에 대해서만 말하겠다. 팔에 독사를 감고*⁴³ 빈사 상태에 빠진 채 고요함에 잠겨 있는 클레오파트라, 아폴로의 화살로부터 막내딸을 외투로 보호하고 있는 어머니 니오베,*⁴⁴ 몇몇 검투사들, 휴식 중인 수호 천사들, 앉거나 서 있는 철학자들의 형상들이다.

수천 년 동안 세상 사람들이 보고 즐기며 자신의 가치를 높게 해준, 이런 작품을 만든 예술가의 참된 가치는 어떤 사상으로도 이루 다 파악하기 어렵다.

주목할 만한 많은 흉상들을 보고 있노라면, 고대의 영광스러운 시대로 가 있는 듯한 느낌을 받게 된다. 다만 고대에 대한 내 지식의 빈곤함이 유감스러울 뿐이지만, 나는 적어도 그것에 다가가는 길은 알고 있으니, 상황은 차츰 나아질 것이다. 팔라디오가 그곳에 이르는 길을 내게 가르쳐 주었다.

───────────

＊41 대운하 변에 있다.
＊42 괴테는 1771년 8월에 슈트라스부르크에서 돌아오는 길에 만하임의 고대미술품박물관을 찾았다.
＊43 이 조각상은 지난 세기까지는 클레오파트라라고 알려졌지만, 실은 그리스 신화에 나오는 영웅 테소이스를 미궁에서 구출해낸 여인 아리아드네며, 독사라고 생각되었던 것은 빈켈만이 지적한 것처럼 팔찌이다.
＊44 피렌체의 미술관에 있는 유명한 니오베의 군상을 본뜬 것.

알렉산더 대왕 앞에 있는 다리우스 가족, 베로네세 그림

또한 그는 고대의 예술과 삶에 이르는 길도 열어 주었다. 이런 말이 좀 이상하게 들릴지도 모르지만, 야콥 뵈메[*45]가 한 개의 주석으로 된 깊숙한 접시를 보다가 환한 빛을 받고 우주의 비밀을 캐냈다는 이야기만큼 역설적이지는 않으리라.

소장품 가운데는 로마의 안토니누스 황제와 파우스티나 황후의 신전[*46]에 사용된 들보의 파편도 있다. 이 훌륭한 건축물의 형태를 보자, 나는 만하임에 있는 판테온 신전의 기둥머리[*47]가 떠올랐다. 물론 우리 독일에서 곧잘 보는 것처럼 돌 선반 위에 겹겹이 쌓여 있는 고딕 양식의 독일 성자들과는 다른 것들이다. 담배 파이프처럼 생긴 독일의 원기둥이나, 작은 첨탑과 그 꽃 모양의 끝 부분과도 다르다. 그런 볼품없는 것들로부터 영원히 벗어났으니 이 얼마나 다행스러운 일인가!

이제 지난 며칠 동안 둘러본 조각 작품 몇 점에 대해 말하고자 한다. 지나가

[*45] 1575~1624. 괴를리츠의 접신술사로, 그의 저서 《아우로라》에서 이런 이야기를 했다.
[*46] 광장 동쪽에 있으며, 안토니누스 황제와 그의 아내 파우스티나에게 봉헌된 신전.
[*47] 괴테는 로마에 있는 판테온 신전의 기둥머리의 모형을 만하임에서 봤다고 하지만, 만하임에 있는 모형은 판테온의 기둥머리가 아니라고 한다.

성 마르코 교회(성당), 카날레토 그림, 산 마르코 광장 오른쪽 건물이 팔라초 두칼레궁, 바로 앞에 산 마르코 종탑이 있다.

며 훑어 보기만 했지만 경탄과 경외심을 불러일으키는 작품들이었다.

병기창 문 앞에는 흰 대리석으로 만든 거대한 사자 두 마리가 있다. 한 마리는 앞발을 꼿꼿이 하며 앉아 있고, 다른 한 마리는 배를 땅에 대고 앞발을 편안히 뻗은 채 앉아 있다. 마치 살아 있는 듯이 서로 대비되는 모습을 잘 표현한 작품이다. 그 사자상들은 너무 커서 주위 모든 것들이 작게 보일 정도이다. 만일 이 숭고한 조각품이 우리의 정신을 높여 주지 않았다면 우리 자신도 그 앞에서 아무것도 아닌 존재로 느껴질 정도이다. 그 사자들은 그리스 절정기의 작품인데, 베네치아 공화국의 황금시절에 피레우스가 이곳으로 가져왔다[48]고 한다.

성녀 유스티나 사원에 있는 터키 정복자의 부조물 몇 점도 아테네에서 가져온 것 같다. 그것은 벽에 새겨져 있는데, 유감스럽게도 회당 의자 때문에 잘 보

---

[48] 반석의 비문에 따르면, 두 마리의 사자상은 총독 모로지니가 모레아 왕국을 정복한 뒤 1687년에 베네치아로 가져온 것이다.

베네치아, 아르세날(해군 병기창) 앞에 있는 두 마리의 사자상

네 마리의 황금 말, 산 마르코 미술관 소장 그 무렵에는 교회 입구에 있었다.

이지 않는다. 티치아노가 순교자 성 베드로의 죽음을 그린 그림*49 안에 있는 아름다운 천사는 모방한 거라는 전설이 내려오고 있다고, 교회 관리인이 내게 가르쳐 주었다. 신들의 사물을 끌고 가는 수호 천사들을 조각한 것인데, 정말 이루 말할 수 없을 만큼 아름답다.

그다음으로 나는 어떤 궁전 안뜰에 있는 마르쿠스 아그리파의 거대한 누드 조각상*50을 보면서 무척 독특한 느낌을 받았다. 그의 옆에서 꿈틀거리며 올라오려는 돌고래는 어떤 바다의 용사*51를 암시한다. 이러한 숭고한 표현은 한낱 인간을 신과 다름없게 만든다.

성 마르코 교회에 있는 말 조각상*52을 가까이에서 자세히 살펴보았다. 그 말들을 밑에서 올려다보면 얼룩이 보이는데, 어떤 것은 아름다운 노란 금속성 광택을 띠었고, 또 어떤 것은 녹청색으로 변색되어 있다. 그러나 가까이에서 보면 전체에 금박이 입혀져 있고 온통 줄이 그어져 있다. 순금이라고 생각한 야만인들이 끌로 금을 벗겨내지 않고 쉽게 정으로 파내려 했기 때문이다. 적어도 형태만큼은 보존되어 있으니 그것만 해도 다행이다.

정말 대단한 말이다! 말에 정통한 전문가가 이 점에 대해 설명해 주는 이야기를 듣고 싶을 정도이다. 신기한 점은, 그 말들이 가까이에서 보면 육중해 보이지만, 아래쪽 광장에서 올려다보면 사슴처럼 날렵해 보인다는 것이다.

오늘 아침에는 내 보호자*53와 함께 배를 타고 리도로 갔다. 리도는 해안호를 막아서 바다로부터 격리시킨 지협(地峽)이다. 우리는 배에서 내려 지협을 가로질러 걸어갔다. 세찬 소리가 들려왔는데, 바로 바다에서 나는 소리였다. 이윽고 바다는 내 눈에도 들어왔다. 물이 빠져나가면서 높이 솟구쳐 해변에 부딪쳐 부서지고 있었다. 정오 무렵이었기 때문에 썰물 시간이었다. 그래서 나는 그 바

---

*49 〈성 베드로의 죽음〉은 티치아노의 걸작 중 하나로, 그때는 성 조반니에 파올로에 있었지만 1867년의 화재로 소실되었다.
*50 그즈음에는 그리마니궁에 있었지만, 뒷날 시립박물관의 안뜰로 옮겨졌다.
*51 기원전 31년 옥타비아누스가 안토니우스를 상대로 벌였던 악티움 전쟁에서 승리했을 때의 함대사령관.
*52 키오스 섬에서 나온 고대 그리스의 동상. 콘스탄티노플로 옮겨졌으나 1204년에 총독 단돌로가 다시 약탈하여 베네치아로 가져와 성 마르코 교회 정문 현관에 놓았다.
*53 앞에서 나온, 괴테가 베네치아에서 고용했다는 사람.

베네치아 돌로 항, 카탈레토 그림(동판화)

다를 내 눈으로 직접 보았고, 물이 빠져나가면서 남긴 아름다운 모래 바닥을 밟으며 바다 쪽으로 걸어 나갔다. 조개껍데기가 많아 아이들*⁵⁴이 함께 있었더라면 무척 좋아했으리라는 생각이 들었다. 대신 내가 아이처럼 조개껍데기를 잔뜩 주워 모았다. 사실은 어떤 일에 쓰려는 목적이었는데, 주위 여기저기로 많이 흘러내려 가는 오징어 먹물을 좀 건조시켜 볼 생각이었다.

리도 섬의 바다에서 그리 멀지 않은 곳에 영국인 무덤이 있고, 조금 더 가면 유대인 무덤이 있다. 그들은 모두 봉헌받은 묘지에 묻힐 수 없던 사람들이다. 나는 고결한 스미스 영사와 그의 첫 부인의 무덤을 찾았다. 그 사람 덕분에 팔라디오의 저작을 얻을 수 있었던 나는, 이 봉헌받지 못한 무덤 앞에서 그에게 감사의 뜻을 표했다.

그 무덤은 봉헌받지 못했을 뿐만 아니라 반쯤은 모래에 묻혀 있었다. 리도

---

*54 프리츠 폰 슈타인과 헬다의 아이들을 가리킴.

키오차(Cioggia, 키오자)

는 언제나 모래 언덕처럼 보인다. 모래가 그리로 흘러가는 바람에 이리저리 날리고 쌓여서 여기저기 몰려 있다. 다시 높여져 있는 이 기념비도 머지않아 모래에 묻혀 사람 눈에 띄지 않게 될 것이다.

하지만 바다는 참으로 얼마나 웅대한 광경인가! 나는 고기잡이배를 타고서 먼 바다로 나가보고 싶다. 곤돌라를 타고는 감히 먼 바다까지 나갈 수 없다.

바닷가에서 다양한 식물을 발견하기도 했는데, 그 식물들의 공통점으로 식물 하나하나의 성질을 더 자세히 이해할 수 있었다. 이곳의 모든 식물은 습하고 질기며 물기가 많고 억세다. 틀림없이 모래 속의 오래된 염분과 대기 중의 소금기 때문에 그런 특성을 지녔을 것이다. 그 식물들은 수생식물처럼 수액이 넘쳐흐르고, 고산식물처럼 질기고 억세다. 잎사귀 끝부분이 엉겅퀴처럼 가시로 변한 것은 몹시 뾰족하고 억세다. 나는 그런 잎사귀 한 다발을 찾아냈는데, 독일 머위처럼 보였지만 이곳 식물들은 더 날카롭게 무장하고 있었다. 잎은 가죽 같았고 깍지와 줄기도 마찬가지로 모두 습하고 억세다. 씨앗은 발라내고

리도 섬 산 마르코 광장에서 1.5km 떨어진 곳에 있다.

눌린 잎(Eryngium maritimum)은 상자에 잘 넣어서 가지고 가야겠다.

어시장*55과 수많은 해산물이 나를 무척 기쁘게 해주었다. 나는 때때로 어시장을 돌아다니며, 운 없게도 그물에 걸려 잡힌 바다의 서식자들을 유심히 살펴보았다.

10월 9일

아침부터 밤까지 무척 보람된 날이었다! 키오차*56 방향으로 팔레스트리나까지 배를 타고 갔다. 베네치아공화국은 그곳에 '무라치'라는, 바닷물을 막기 위한 거대한 방벽을 짓는 중이다. 쪼개진 돌로 쌓고 있는 이 방벽은 해안호를 바다로부터 격리시키는, '기다란 리도를 거친 파도로부터 지협을 보호하기 위한 것이다.

석호(갯벌)는 오래된 자연의 산물이다. 먼저 밀물과 썰물, 그리고 대지의 상

---

*55 대운하 변, 폰테 디 리알토 부근에 있는 어시장.
*56 해안호 남단에 있으며, 본디는 키오자로 불린다. 키오차는 베네치아 사투리이다.

호작용에 이어서 태곳적 바다의 수면이 차츰 낮아진 결과, 아드리아 해 북단에 드넓은 늪이 만들어졌다. 그 늪은 밀물 때에는 바닷물에 잠겼다가 썰물 때에는 부분적으로 드러났다. 인간의 기술은 그 땅의 가장 높은 부분을 차지했다. 그리하여 수백 개의 섬들이 무리를 이루고 또 수백 개의 섬들로 에워싸여 베네치아가 탄생한 것이다. 그때 사람들은 썰물 때에도 주요 지점에 전함을 댈 수 있도록 엄청난 노력과 막대한 비용을 들여서 늪에 깊은 운하를 건설한 것이다.

이제 옛 사람들이 지혜와 노력으로써 생각해내고 이룬 것을 잘 지켜나가야 할 것이다. 기다란 지협인 리도 섬은 해안호를 바다와 갈라놓는데, 이 때문에 바닷물이 안으로 들어오는 통로는 두 곳뿐이다. 하나는 보루 근처*[57]에, 다른 하나는 그 반대편 끝인 키오차 근처에 있다. 밀물은 통상적으로 하루에 두 번씩 들어오고, 썰물도 하루에 두 번씩 바닷물을 내보낸다. 늘 똑같은 길, 똑같은 방향으로. 밀물 때는 안쪽의 늪지대가 침수되고 비교적 높은 곳은 건조하진 않지만 눈앞에 보인다.

그러나 바닷물이 새로운 길을 찾아 그 지협을 덮치며 제멋대로 드나든다면 상황은 달라질 수 있다. 리도와 팔레스트리나, 성 피에트로*[58] 등의 저지대가 잠기는 것은 물론 그곳의 교통로인 운하도 침수될 것이다. 따라서 리도는 섬들로 변하고, 그 배후에 있는 섬들이 지협으로 변할 것이다. 이러한 사태가 오지 않도록 막기 위해 베네치아 사람들은 온갖 수단을 써서 리도를 지켜야 한다. 인간이 이미 차지해서 특정한 목적에 맞게 형태와 방향을 설계한 것을 바닷물이 제멋대로 공격하거나 이쪽 저쪽으로 휩쓸지 못하도록 해야 할 것이다.

해수면이 유난히 높을 때는 바닷물이 단 두 곳으로만 들어올 수 있고 다른 곳은 막혀 있다는 것은 참으로 다행한 일이다. 아무리 거세게 밀고 들어오려 해도 바닷물이 들어올 수가 없고, 몇 시간 뒤면 다시 썰물의 법칙에 의해 맹위를 누그러뜨릴 수밖에 없다.

그 외에 베네치아 사람들은 별다른 걱정이 없다.*[59] 들어온 바닷물은 서서히

---

*57 리도 섬에 있는 포르테 산 니콜로. 실제로 해안호에는 네 개의 항구가 있다.
*58 보르타의 성 피에트로.
*59 이 문장은 베네치아가 두 세기 뒤에는 사람이 살 수 없는 곳으로 변할 거라고 주장한 아르헨호르츠를 의식한 것이다.

빠져나가기 때문에 수천 년간 유지될 것이고 그들은 운하를 지혜롭게 관리함으로써 자신들의 소유를 보호할 것이다.

　다만 그들이 이 도시를 좀 더 깨끗하게 관리한다면 얼마나 좋을까! 청결한 환경을 만드는 일은 그다지 어렵지 않고 필수적이며, 수백 년 동안 실제로 많은 성과를 올렸다. 요즘도 운하에 쓰레기나 오물을 버리는 일은 엄격하게 금지하고 있다. 그러나 폭우가 쏟아져 내릴 때는 거리 구석구석에 쌓여 있는 쓰레기들이 마구 뒤섞여 운하로 쓸려 내려가는 것을 막을 방법이 없다. 더욱 심각한 일은, 물만 흘려보내도록 만들어진 배수로에 쓰레기까지 몰려가면 배수로를 막아버릴 수도 있다는 점이다. 그래서 대광장에는 언제나 침수 위험이 도사리고 있다. 작은 성 마르코 광장*[60]에 있는 배수로 몇 군데를 구경했는데, 그것들도 대광장에 있는 배수로만큼 지혜롭게 잘 설치되어 있다. 하지만 나는 그곳의 배수로마저도 막혀서 물이 넘치는 광경을 본 적이 있다.

　종일 비라도 오는 날이면 거리는 참을 수 없을 만큼 오물로 뒤덮여 불평을 터뜨리거나 욕을 하지 않을 수가 없다. 다리를 오르내릴 때는 일 년 내내 입고 다니는 타바로*[61]가 더럽혀진다. 그리고 모든 사람이 단화와 양말을 신고 돌아다니기 때문에 서로 흙탕물을 튀기고는 욕을 해댄다. 일반적인 흙이 아닌 오물로 더럽혀지기 때문이다. 하지만 날씨가 다시 맑아지면 누구도 청결에 대해서 생각하지 않는다. 민중은 늘 나라가 그들을 홀대한다고 불평하면서도 좀 더 좋은 대우를 받기 위한 첫발을 내디딜 줄은 모른다는 말은 옳다. 이곳에서는 총독이 하려고만 한다면 모든 문제가 금세 해결될 수 있을 것이다.

　오늘 저녁에는 성 마르코 종탑에 다시 올라갔다. 지난번 밀물 때 장엄한 석호(갯벌)를 보았으므로 이번에는 썰물 때의 조용한 모습을 보고 싶었다. 해안호를 제대로 이해하려면 반드시 이 밀물과 썰물 두 장면을 연결시켜 떠올려야 할 필요가 있다. 지난번에는 수면이 있던 곳에 이제는 온통 육지가 보이니 무척 기묘한 느낌이 든다. 섬은 더이상 섬이 아니며, 아름다운 운하가 가로지르는 회록색 습지에서 더 높게 경작지를 이룬 땅일 뿐이다. 늪지에는 수생식물이 우거져 있다. 밀물과 썰물이 잇달아 그 식물들을 자라지 못하게 휩쓸며 잠시도

*60 총독 관저 앞에 있는 소광장을 가리킴.
*61 소매가 없는 원형의 기다란 외투.

가만히 내버려두지 않지만, 그래도 그 수생식물들 때문에 늪지는 점점 더 높아지고 있는 것이 확실하다.

이야기를 다시 바다로 돌리자. 오늘은 바다에서 바다달팽이와 삿갓조개와 게 무리를 봤는데 무척 즐거웠다. 살아 있는 유기체는 얼마나 소중하고 놀라운 존재인가! 주어진 환경에 얼마나 잘 적응하고, 얼마나 진실하고 현실적인 존재인가! 단편적이나마 자연에 대한 지식이 얼마나 쓸모 있었는지! 그리고 이 분야의 지식을 늘리게 되어서 얼마나 기뻤던지! 그러나 어차피 친구들에게 전해 줄 이야기이므로 오로지 감탄사만 늘어놓아 그들을 자극하고 싶지는 않다.

바다로 쌓아 만들어진 방벽에는 가파른 계단이 몇 개 나 있고, 이어서 천천히 높아지는 경사면이 있다. 그리고 다시 한 계단과 완만한 경사면이 있고, 마지막으로 불쑥 튀어나온 갓돌과 함께 가파른 벽이 있다. 밀려드는 바닷물은 이 계단과 경사면을 따라 높아지는데, 심할 때는 위쪽의 벽과 돌출부까지 솟구쳐 물결이 부서져 내린다.

작은 식용달팽이와 홑껍떼기 삿갓조개, 그리고 움직일 수 있는 그 밖의 바다 생물, 특히 게가 바다 쪽에서 조류를 따라 밀려온다. 그러나 이 생물들이 매끄러운 방벽을 채 차지하기도 전에 바닷물은 왔던 것처럼 다시 물결치며 빠져나가기 시작한다. 처음에 이 생물들은 어찌할 바를 모르고 짠 밀물이 다시 돌아올 것으로 기대한다. 그러나 바닷물은 되돌아오지 않고, 축축했던 방벽도 이글거리는 태양 아래 금방 말라 버린다. 그러면 이놈들은 물러나기 시작하는데, 바로 이때를 이용해서 게들은 먹잇감을 찾는다.

둥근 몸과 기다란 집게발 두 개만으로 물체를 이루고 있는 이 갑각류의 움직임만큼 기묘하고 우스운 것은 없다. 나머지 다리들은 전혀 보이지 않고, 두 발로 뽐내며 돌아다니는 것처럼 보이기 때문이다. 그러다가 삿갓조개가 가만히 움직이는 것을 알아차리면 게들이 순식간에 달려들어 삿갓조개 껍데기 아래쪽으로 집게발을 집어넣으려 한다. 그 삿갓조개를 뒤집어서 연한 몸을 먹기 위해서다.

그러나 삿갓조개는 느릿느릿 갈 길을 가다가도 적의 접근을 눈치채면 곧바로 돌에 착 달라붙어 버린다. 그러면 게는 기묘하게 삿갓조개 주위를 맴도는데, 그 모습이 무척 사랑스러운 원숭이 같다. 그러나 게에게는 이 연한 조개의 강력한 근육을 공략할 만한 힘이 없다. 그래서 먹잇감을 포기하고, 길을 헤매

는 다른 녀석에게 또 접
근한다. 그러면 조금 전의
그 삿갓조개는 다시 느릿
느릿 움직이기 시작한다.
나는 게들이 두 경사면과
그 사이 삿갓의 계단을
기어내려오는 군집을 몇
시간 동안이나 관찰했지
만, 목적을 이룬 게는 한
마리도 보지 못했다.

10월 10일

마침내 희극다운 작
품을 봤다고 말할 수 있
게 되었다. 성 루카 극장
에서 오늘 〈Le Baruffe
Chiozzotte(레 바투테 키오
조테)〉 공연이 있었다. 이
제목은 '키오차의 언쟁'이

성 마르코 종탑, 카날레토 작

라고 옮길 수 있을 것이다. 배우들은 모두 키오차에 사는 어부이고, 여기에 그
들의 아내나 자매, 그리고 딸들이 있다. 선과 악 속에 그들의 관습이 되어 버린
고함, 논쟁, 불같은 성미, 착한 마음씨, 평범함, 기지, 해학, 꾸밈 없는 태도, 이
모든 것이 훌륭하게 표현되었다. 이 연극은 골도니*62의 작품이다. 바로 어제
그 지방을 다녀와서 그곳 어부들과 항구 사람들의 목소리와 말투가 아직 생생
하게 기억에 남아 있었기에 나는 이 연극이 무척 재미있었다. 세세한 점에서는
이해하지 못하는 부분도 있었지만, 전체적인 줄거리는 충분히 따라갈 수 있었
다. 내용은 대략 이렇다.

키오차의 여자들이 집 앞 선착장에 앉아 여느 때처럼 실을 잣거나 뜨개질

---

*62 카를로 골도니. 1707년에 베네치아에서 태어났으며, 1793년에 파리에서 죽었다. 그는 이탈
리아의 희극은 발전시키고, 오래된 즉흥극과 가면극은 배척했다.

을 하거나 바느질하면서 가위 소리를 내고 있었다. 그때 한 젊은이가 지나가다가 한 여자에게만 매우 다정하게 인사를 건넨다. 그러자 다른 여자들이 빈정대기 시작한다. 빈정거림은 도를 넘어 차츰 날카로워지더니 조롱으로 변하고 무례함이 더 지나쳐 공격적으로 변한다. 그러다가 점점 더 무례해지더니 마침내는 성급한 이웃 여자가 진실을 폭로해 버린다. 그러자 욕설과 고함소리가 한꺼번에 폭발하고, 극단적이고 모욕적인 행동까지 나와 결국 법원 직원이 끼어들 수밖에 없는 상황이 된다.

제2막은 법정 장면이다. 재판관은 귀족 신분이라 연극에 출연할 수 없다. 그래서 서기가 그를 대신해 여자들을 한 사람 한 사람 소환한다. 그런데 서기조차 그 여자에게 반해 단둘이 대화할 수 있는 기회를 얻어내 심문하는 대신 자신의 속마음을 여자에게 털어놓는다. 서기에게 마음이 있던 다른 여자가 질투심으로 법정에 쳐들어오고, 첫 번째 여자의 정부도 똑같이 난입한다. 다른 사람들도 들고 일어나 새로이 비난을 한다. 끝내 법정에서도 선착장에서처럼 대소동이 빚어진다.

제3막에서는 더 많은 해학이 등장하며, 빠른 전개 속에 임시변통으로 끝이 난다. 그러나 그 생각이 대성공을 거두게 되는 것은 다음에 설명할 인물에 의해서이다.

젊어서부터 모진 고생 끝에 팔다리를 못 쓰게 되고 말도 제대로 할 수 없게 된 늙은 뱃사공이 활발하며 말 많고 시끌벅적한 사람들과 대조를 이루며 등장한다. 그는 자신의 생각을 말하기 전에 먼저 입술과 손과 팔을 움직이면서 준비운동을 한다. 가까스로 짤막한 문구밖에 말할 수 없기 때문에 그는 늘 간결하고 진지하게 말하는 법을 알고 있으며, 그의 말은 모두 격언이나 금언처럼 들린다. 그것은 다른 사람들의 거칠고 정열적인 행동과 멋지게 균형을 이룬다.

자기 자신이나 자신의 가족이 그 모습 그대로 연기하는 모습을 보고 사람들은 아낌없이 갈채를 보내는데, 나는 그런 재미있는 광경을 아직 한 번도 본 적이 없다. 이 연극은 처음부터 끝까지 함박 웃음과 환호의 연속이었으며 배우들의 연기가 훌륭했음을 인정하지 않을 수 없다. 그들은 인물 성격에 따라 민중들 사이에서 흔히 들을 수 있는 다양한 목소리를 정확히 구분해서 썼다. 가장 사랑스러웠던 주연 여배우는 최근 여장부 복장으로 정열적인 연기를 했을 때보다 한결 훌륭했다. 대체적으로 여배우들은, 그리고 특히 이 여배우는 민중의 목소리와 행동의 본성을 가장 우아하게 모방했다. 시시한 소재에서 이토록 유쾌한 작품을 만들어 낸 작가는 더욱더 칭찬할 만하다. 이것도 다 직접 자기 나라의 낙천적인 사람들을 상대로 하기에 가능한 일이다. 이 작품을 쓴 사람은 노련한 작가임에 틀림없다.

어찌 되었든 고치*63가 함께 일했고, 이제는 해산한 사키*64 극단에서 나는 '스메라르디나'*65를 본 적이 있다. 작고 통통한 몸매에 활달하고 재치 있으며 유머 감각이 풍부한 여자다. '브리겔라'*66도 살집이 없고, 표정과 손짓이 특징적인 멋쟁이 배우였다. 우리가 생명도 의미도 없는 미라에 지나지 않는다고 생각하는 이 가면들이 이곳에서는 예술 작품인 만큼 아주 멋지게 연출되고 있었다. 나이, 성격, 계급이 기묘한 복장 안에 뚜렷하게 표현되어 있었는데, 1년 내내 대부분 가면을 쓰고 돌아다니다보니 무대 위에 검은 얼굴이 나타나더라도 관중들은 전혀 놀라지 않고 아주 자연스럽게 받아들인다.

10월 11일

이렇게 많은 사람들 사이에서 고독을 지키는 일은 결국 불가능한 것 같다. 나는 어느 프랑스 노인을 알게 되었다. 그는 이탈리아 말을 한 마디도 못해서 마치 배신당하고 팔려온 신세처럼 느끼고 있었고, 여러 추천장을 가지고 있으면서도 어떻게 해야 할지를 몰랐다. 그는 어느 정도 지위도 있고 꽤 부유해 보였지만 자신의 한계로부터 벗어나지 못하고 있었다. 50세도 훨씬 넘어 보였으며 일곱 살짜리 아들이 하나 있는데, 그 아이 소식을 애타게 기다렸다. 나는 그에게 몇 가지 호의를 베풀었다. 그는 편하게 이탈리아를 여행하고 있었는데, 얼른 여행을 마치려고 매우 서둘렀다. 그러면서도 여기저기 들르면서 될 수 있는 한 많은 지식을 얻고 싶어했다. 나는 그에게 많은 이야기를 들려 주었다. 그와 함께 베네치아에 대한 이야기를 나눌 때, 그는 내게 도대체 얼마 동안이나 이곳에 있었느냐고 물었다. 그래서 고작 2주일쯤 있었으며, 이번 방문은 처음이라고 대답했더니 그가 이렇게 말했다.

---

*63 카를로 고치(1720~1806). 이탈리아의 희극작가로, 골도니가 배척한 가면극을 부흥시켰다.
*64 1708년 출생의 배우 안토니노 사키. 이때는 이미 고인이 되어 있었다.
*65 말괄량이 시녀 역의 가장(假裝).
*66 교활한 집사 역의 가장.

"Il paraît que vous n'avez pas perdu votre temps."(당신은 시간을 낭비하지 않은 것 같군요).

바로 이것이 내가 훌륭하게 처신했다고 내보일 수 있는 최초의 증명서이다. 그는 이곳에 온 지 8일 됐는데, 내일이면 떠난다고 했다. 다른 나라에서 토박이 베르사유 사람을 만난 일은 내게 소중한 경험이다. 그도 지금 여행을 하고 있을 것이다! 자신 말고는 전혀 신경도 쓰지 않으면서 도대체 어떻게 여행을 할 수 있는지, 나는 그러한 그를 보고 놀라지 않을 수 없었다. 그렇지만 그 사람도 나름대로는 상당한 교양을 지닌 어엿한 신사임에 틀림없었다.

10월 12일

어제는 성 루카 극장에서 〈이탈리아에서의 영국기풍〉이라는 새로운 연극 공연이 있었다. 이탈리아에는 많은 영국인이 살고 있어 그들의 관습에 관심을 갖는 일은 매우 자연스럽다. 나는 이 기회에 이탈리아 사람들이 그들이 환영하는 이 부유한 영국인들을 어떻게 평가하는지 알 수 있을 것으로 기대했으나 연극은 정말 너무나도 시시했다. 예를 들면 두서너 장면은 성공적이었지만, 그 밖에는 너무 무겁고 진지했다. 영국인의 성향에 대해서는 흔적도 찾을 수 없었고, 오직 평범한 이탈리아식 관습적인 격언들로 가장 보잘것없는 것을 다뤘을 뿐이었다.

관객들의 호응도 좋지 않아 하마터면 야유가 터져 나올 뻔했다. 키오차 광장에서 본 연극과는 아주 다르게 배우들도 도무지 실력을 발휘하지 못하는 듯했다. 게다가 이것은 내가 베네치아에서 본 마지막 연극이었기 때문에, 이탈리아 사람들의 실생활을 재현해 놓은 연극에 대한 나의 감동이 이 대조적인 작품을 통해서 더욱 높아진 것 같다.

마지막으로 쓴 이 일기장을 다듬고 메모까지 몇 군데 끼워 넣었으니, 이제 모든 원고를 친구들에게 보내 그들의 평가를 받아야겠다. 이 일기장에서 좀 더 알기 쉽게 자세히 설명하거나 고쳐야 할 부분이 많다는 것은 나도 알고 있다. 그러나 첫인상을 기록한 것을 그대로 두는 게 좋을 것 같다. 첫인상이 꼭 옳은 것은 아니지만, 그것대로 소중하고 가치 있기 때문이다. 친구들에게 이 마음 편한 생활의 향기나마 전할 수 있다면 얼마나 좋을까!

이탈리아에서 '산 너머'는 음울한 개념이며, 이제는 나에게도 저 너머 알프스가 우울한 땅으로 여겨진다. 하지만 그리운 사람들의 모습이 저 안개 속에서 늘 내게 손짓한다. 내가 북쪽 나라보다 이 남쪽 땅을 더 좋아하는 것은 오직 기후뿐일지도 모른다. 고향과 습관은 뗄 수 없는 사슬이기 때문이다.

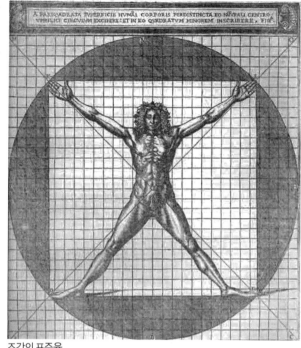

조각의 표준율
호모 콰드라투스(인체가 사각형 속에 들어갈 수 있다는 생각), 그림은 비트루비우스의 1521년 판에 따른 것.

이곳이든 다른 어떤 곳이든 나는 할 일이 없는 곳에서는 살고 싶지 않다. 요즘은 새로운 것들이 끊임없이 나를 바쁘게 만든다. 건축술은 오랜 정신처럼 무덤에서 빠져나와, 사멸된 언어의 규칙처럼 그 학설을 연구하게 한다. 다만 그런 건물들을 실제로 짓거나 그런 학설에서 생생한 기쁨을 느끼기 위함이 아니라, 지난 시대의 소중한 것과 영원히 사라져 버린 존재를 조용히 마음으로 존경하기 위해서이다.

팔라디오가 모든 것을 비트루비우스와 연관시켰기 때문에 나도 갈리아니 판본*67을 샀다. 그런데 이절판의 대형 서적은 그를 연구할 때 내 머릿속만큼

*67 폴리오 비트루비우스는 기원전 1세기경 로마 건축가로, 건축술에 대한 저서가 있다. 그의 저서를 베르나르도스 갈리아니가 이탈리아어로 번역해서 1758년과 1759년에 나폴리에서 발행했다. 괴테는 베네치아에서 9월 29일에 이 번역서를 샀는데, 이 책은 오늘도 바이마르의 괴테하우스에 보존되어 있다.

이나 내 여행 짐을 무겁게 만들었다. 팔라디오는 자신의 글과 작품을 통해 독자적인 사고와 창작 방식으로써 비트루비우스를 기존의 어떤 이탈리아어 번역본보다 더 알기 쉽게 옮겨 놓았다. 비트루비우스의 책은 이해하기가 쉽지 않다. 그의 책은 모호한 문체로 씌어졌고, 비판적인 연구를 필요로 한다. 그러나 그것을 무시하고 대충 훑어 봤더니 귀중한 인상들이 남는다. 더 정확히 말하면, 연구를 위해서라기보다는 신앙심을 가지고 기도서처럼 읽었다. 이제는 일몰 시각이 빨라져서 읽고 쓸 시간이 더 많아졌다.

어린 시절부터 내게 소중했던 것들이 다시 정겹게 느껴진다. 감히 고전 작가들에게 다시 한 번 다가가 볼 마음이 생긴 것이 얼마나 행복한 일인지! 이제야 나는 나의 질병과 어리석음을 고백할 수 있겠다. 벌써 몇 년 전부터 나는 한 사람의 라틴어 작가도 볼 수 없었고, 이탈리아의 광경을 새롭게 상기시키는 것은 어떤 것도 볼 수가 없었다. 어쩌다 그런 일이 일어나면, 나는 극심한 고통을 참고 버텨야만 했다.

헤르더는 내가 라틴어를 모두 스피노자에게 배운다며 놀려댔는데, 내가 유일하게 읽는 라틴어 책이 그의 책이었기 때문이다. 하지만 그는 내가 고전을 경계하기 위해 얼마나 애썼는지에 대해서는 전혀 알지 못했다. 또한 내가 스피노자의 그 심원한 보편론 속으로 불안감 때문에 도피한 사실을 그는 몰랐다. 얼마 전에도 빌란트가 번역한 《풍자시》*68를 읽고 나는 몹시 우울해졌다. 두 편을 채 읽지 못하고서도 미칠 것만 같았기 때문이다.

이제야 실행에 옮기고 있는 일을 하기 위해 그때 결정을 내리지 못했더라면 아마 나는 완전히 파멸해 버리고 말았을 것이다. 이탈리아의 풍물을 직접 보려는 열망이 마음속에서 이렇게까지 솟아올라 지금처럼 무르익은 것이다. 역사적 지식은 내게 도움이 되지 않았다. 사물들이 손에 닿을 만큼 가까이 있었지만, 나는 통과할 수 없는 벽으로 분리되어 있는 것 같았다. 사실 지금도 그 유물들을 처음 보는 것이 아니라 마치 과거에 본 것을 다시 보는 듯한 느낌이 든다. 베네치아에 머문 시간은 얼마 되지 않지만, 나는 이곳의 유적들을 충분히 내 것으로 소화해냈다. 그리고 완전하지는 않지만 아주 또렷하고 진실한 인상을 간직한 채 이곳을 떠난다.

---

*68 포라티우스의 풍자시를 빌란트가 번역하여 1786년 여름에 출판했다.

10월 14일 밤 2시*⁶⁹ 베네치아

이곳에서의 마지막 시간이다. 이제 곧 급행선을 타고 페라라(Ferrara)로 떠나기 때문이다. 나는 홀가분하게 이곳 베네치아를 떠난다. 더 즐겁고 유익한 시간을 보내며 이곳에 머물려면 내 계획 외의 다른 행동을 취해야 하기 때문이다. 오늘날 누구나 이 도시를 떠나 대륙에서 정원과 소유지를 구하려고 한다. 그러나 나는 이곳에 머무는 동안에 많은 것을 얻었고, 마음속에 풍요롭고 진기하며 비길 데 없는 인상을 간직하고 떠난다.

---

*69 앞에 나온 시간표대로 계산하면 저녁 8시 반.

페라라에서 로마까지*¹

1786년 10월 16일 아침, 선상에서

나와 함께 여행하는 사람들은 매우 무던하고 꾸밈없는 사람들로, 모두들 아직까지 선실에서 잠들어 있다. 하지만 나는 외투로 몸을 감싼 채 갑판에서 이틀 밤을 보냈는데, 새벽에만 조금 썰렁할 뿐이었다. 이제 북위 45도 선상을 막 넘어선 나는 변함없이 나의 옛 노래를 불러본다.

"만일 내가 디도*² 처럼 어떤 범위의 풍토를 가죽 끈으로 길게 묶어서 그것을 가지고 우리 집을 둘러쌀 수만 있다면, 나는 그 외의 일은 어떤 것이라도 이 지방 사람들에게 즐거이 바라는 것을 넘겨줄 텐데."

아무튼 우리나라 기후와는 전혀 다르다. 맑고 푸르른 날에 떠나는 뱃길 여행은 만족스러웠고, 뱃전으로 스쳐 지나가는 경치는 단조롭지만 더없이 매력적이다. 잔잔한 포 강은 드넓은 평원을 가로질러 흐르는데, 보이는 것은 관목과 숲이 우거진 강변뿐이고, 먼 곳은 시야에 들어오지 않는다. 이곳에서도 에치 강변에서 본 것과 같은 단순한 제방이 있었다. 그것들은 잘레 강*³ 의 제방처럼 엉성하고 비효율적이다.

10월 16일 밤, 페라라

독일 시간으로 아침 7시, 페라라에 도착했는데, 내일 다시 떠날 예정이다. 평탄한 지대에 넓게 자리잡은 이 아름답고 한적한 도시*⁴ 에 와서 처음에는 착잡한 감정에 빠져 있었다. 옛날에는 화려한 궁정이 바로 이 거리에서 사람들로 활

---

*1 이 장의 바탕이 된 것은 여행기 제5부이다.
*2 엘리사라고도 부르며, 전설에 따르면 카르타고를 건국한 여왕.
*3 이에나 부근을 흐르는 엘베 강의 지류.
*4 페라라는 1471년부터 1597년까지 에스테 집안의 영지였지만, 그 뒤 1797년까지 교황령이 되었다. 폴크만에 따르면, 그 무렵 도시의 인구는 에스테 집안 영지였던 때와 비교하면 약 1/4에 해당하는 2~3천 명으로 줄어 있었다.

기를 띠었을 것이다. 이곳에서 아리오스토[5]는 불만족스러운 생활을 했고, 타소[6]는 불행하게 살았다. 우리는 이들의 유적을 방문하면 얻는 것이 많을 것으로 생각한다.

아리오스토의 묘지[7]에는 대리석이 많이 쓰였는데, 배치가 잘못됐다. 우리는 타소가 감금되었던 감옥[8]이 아니라 그가 감금되지 않았을 목조 헛간과 석탄창고로

아리오스토 묘지 페라라 대학교 도서관에 있다.

안내되었다. 처음에는 그 저택의 어느 누구도 우리가 무엇을 보고 싶어하는지 모르는 듯했다. 단지 팁을 바라기만 하는 것 같았다. 나는 성 관리인을 보며 시

*5 로드비코 아리오스토(1474~1533). 이탈리아 기사문학을 대표하는 시인으로, 1517년부터 죽을 때까지 알퐁스 1세의 궁정에서 살았지만 홀대받았다.

*6 토르콰토 타소(1544~1595). 아리오스토 이후의 대표적인 서사시인으로, 1565년에 에스테 집안의 알퐁스 2세의 궁전에 와서 명성을 얻었지만, 1577년에 이 궁정에서 탈출해 여러 곳을 유람하다가 2년 뒤 다시 돌아오자마자 불행히도 미치광이로 몰려 7년 동안 옥살이를 했다.

*7 1612년부터 이때까지 성 베네딕트 교회 안에 있다가 1801년에 프랑스군 사령관 미오리의 명령으로 대학도서관으로 옮겨져 현재에 이르고 있다.

*8 폴크만에 따르면, 타소는 엘레오노라 여왕과 친분이 두텁다는 이유로 알퐁스 2세에게 미움을 받아 1579년부터 7년 동안 감옥에 갇혔다. 그 무렵에는 금서였던 괴테의 작품 《타소》는 산문으로 1막과 2막만 완성된 상태였다. 그는 그것을 가지고 페라라를 방문했던 것이다.

페라라 대성당(두오모)

간에 지남에 따라 덧칠을 하는 루터 박사의 잉크 얼룩*9이 떠올랐다. 그러나 대부분의 여행객들은 떠돌이 직공 같은 성향이라 그런 상징물을 찾아나서기를 좋아한다. 나는 기분이 무척 언짢아졌다. 그래서 페라라 출신의 어느 추기경이 기금을 마련해 세운 아름다운 대학을 보고도 그다지 흥미가 생기지 않았다. 그러나 궁정 안뜰에 있는 몇 점의 고대 유물*10은 나의 생기를 불러일으켰다.

　그다음으로 내 기분을 조금 풀어준 것은 어떤 화가의 뛰어난 착상이었다. 바로 헤로스와 헤로디아의 앞에 선 세례 요한의 그림*11이다. 언제나처럼 황야의 복장을 한 그 선지자는 격정적으로 왕비를 가리키고 있다. 그녀는 매우 침착한 모습으로 자기 옆에 앉아 있는 왕을 쳐다보고, 왕은 흥분한 요한을 조용하면서도 교활한 눈길로 바라보고 있다. 왕 앞에는 중간 크기의 흰 개가 서 있고, 헤로디아의 치마 속에서 작은 볼로냐 개가 머리를 내밀고 있는데, 그 두

---

*9 마르틴 루터가 종교개혁 운동을 일으키고 바르트부르크 성에서 성서를 독일어로 번역할 때 그를 유혹하려고 나타난 악마에게 루터는 잉크병을 던졌다. 그때 튄 잉크 얼룩이 아직도 바르트부르크 성에 남아 있다고 한다.
*10 로마 시대나 고대 크리스트교 시대의 석관으로, 오늘날에도 대학 안뜰에 있다.
*11 페라라의 화가 카를로 보노니(1569~1632)가 그린 것으로, 성 베네딕트 교회에 있다.

마리의 개는 선지자를 향해 짖어댄다. 정말 재치 있는 착상이라는 생각이 들었다.

〈성모마리아 앞에 나타난 부활한 예수〉 구에르치노의 그림을 동판화한 작품, 로버트 스트레인지 그림

10월 17일 저녁, 첸토

어제보다 좀 나아진 기분으로 구에르치노*[12]의 고향에서 친구들에게 보내는 이 편지를 쓰고 있다. 이 도시의 상황은 또 완전히 다르다. 인구가 약 5천 명에 이르고 친근함을 느끼도록 잘 꾸며진 이 도시는 물자도 풍부하고 활기가 넘치는 데다 청결하며, 매우 잘 경작된 너른 평야에 자리잡고 있다. 나는 평소 습관대로 곧장 탑으로 올라갔다. 바다처럼 물결치며 늘어선 포플러나무들 사이로 작은 농가들이 가까이에 보였는데, 농가마다 자기네 경작지로 둘러싸여 있었다. 기름진 땅에 기후도 맑고 따뜻했다. 독일의 여름철에서조차 찾아볼 수 없는 온화한 가을 저녁이었다. 종일 구름으로 뒤덮여 있던 하늘도 맑게 개었고, 구름은 남북 방향의 산으로 흩어졌다. 내일은 날씨가 좋았으면 한다.

이곳에서 나는 내가 가고 있는 아펜니노 산맥을 처음으로 보았다. 이곳의

---

*12 조반니 프란체스코 발비에리(1590~1666). 볼로냐파의 대표적인 화가.

<마돈나> 구에르치노 그림

겨울은 12월과 1월로 끝나고 4월에는 비가 자주 오지만, 나머지 달은 계절에 따라 좋은 날씨가 이어진다. 비가 지속적으로 내리지도 않지만, 올해 9월은 8월보다 날이 더 좋고 따뜻하다. 남쪽으로 아펜니노 산맥이 펼쳐지자 나는 반갑게 인사를 보냈다. 평지는 너무 많이 봐서 어쩐지 싫증이 났기 때문이다. 이제 내일이면 저 산기슭에서 친구들에게 소식을 전하게 되리라.

구에르치노는 자신의 고향을 무척 사랑했다. 많은 이탈리아 사람들이 더없이 큰 애향심을 품고 고향을 가꾸듯이, 매우 중요한 기관들이 만들어졌고, 많은 지역 성인들 또한 그러한 아름다운 마음에서 나왔다. 그 거장의 지도 아래 이곳에 미술학교가 세워졌다. 그는 여러 작품을 남겼고*13 시민들은 아직도 그 작품들을 보고 즐기는데, 그럴 가치가 충분한 그림들이다.

구에르치노라는 이름은 어른, 아이, 남녀, 가릴 것 없이 모두에게 신성한 이름이다.

---

*13 첸트에 있는 발비에리의 그림은 그즈음 시내 교회에 있었지만, 나중에 대부분 시립미술관으로 옮겨졌다.

나는 부활한 그리스도가 성모 앞에 나타나는 장면을 묘사한 그림*14이 무엇보다 마음에 들었다. 성모는 그리스도 앞에 무릎 꿇고 그지없이 다정한 눈길로 아들을 올려다본다. 성모의 왼손은 그리스도의 끔찍한 상처 바로 아래를 매만져 주고 있는데, 그 상처가 그림 전체를 흐트릴 만큼 흉측하다. 그리스도는 왼손으로 성모의 목 뒤를 감고 그녀를 좀 더 잘 보기 위해 상체를 조금 뒤로 제치고

동판화로 그려진 라파엘로의 〈성 세실리아〉

있다. 이 점이 그리스도가 강요되었다고 말할 수는 없지만 뭔가 낯선 느낌을 준다. 그럼에도 그 모습은 그지없이 안락한 모습이다. 어머니를 바라보는 애수 어린 눈빛은 독자적이며, 마치 자신과 어머니의 고통에 대한 기억이 자신의 부활에 의해서도 곧바로 아물지 않고 고결한 그의 영혼 앞에서 떠돌고 있는 듯하다.

스트레인지*15가 이 작품을 동판화로 새겨 놓았다. 나의 벗들도 복제품으로

---

*14 이 그림은 일 노메 디 디오 교회에 소장되어 있다.
*15 로버트 스트레인지(1721~1792). 영국 도안가이자 동판조각가.

라도 감상했으면 좋겠다.

다음으로 성모 마리아를 그린 그림 한 점*¹⁶이 내 마음을 강하게 끌어당겼다. 아기 예수는 어머니의 젖을 먹고 싶어하지만 성모는 가슴을 드러내기가 부끄러워 망설이고 있다. 자연스럽고 고상하고 소중하며, 아름다운 모습이다.

마리아가 그녀 앞에 서서 얼굴을 군중 쪽으로 돌리고 있는 아기의 팔을 잡고 손을 들어 올려 그들과 축복을 나누게 하는 그림*¹⁷도 있다. 가톨릭 신화의 정신으로 볼 때 매우 성공적인 발상이며 자주 되풀이되는 생각이기도 하다.

구에르치노는 훌륭한 정신과 남성적인 견실함을 지녔으며 조잡한 면은 조금도 찾아볼 수 없는 화가이다. 그의 작품들은 부드럽고 도덕적인 우아미와 고요한 자유와 위대함과 함께, 일단 눈이 익숙해지면 그의 작품을 결코 잘못 보는 일이 없을 만큼 고유성을 지니고 있다. 날렵하고 순수하며 원숙한 필치는 참으로 놀랄 만하다. 특히 인물의 의상에 적갈색 음영을 입히는 기법이 뛰어나다. 이러한 색상은 그가 즐겨 사용하는 푸른색과도 무척 훌륭한 조화를 이룬다.

그 밖의 다른 그림들의 소재는 정도의 차이는 있지만 모두 성공적이라고 할 수 없다. 이 훌륭한 화가는 스스로를 괴롭히면서까지 착상과 화필, 정신과 기법을 모두 써버리고 잃어버렸다. 비록 그렇게 스쳐 지나가듯 훑어 봐서 제대로 감상하고 감화받기에는 부족했을지라도 나로서는 이 아름다운 예술품들을 보게 된 것이 무척 기쁘고 감사한 일이다.

10월 18일 밤, 볼로냐

오늘 새벽, 채 날이 밝기 전에 첸토를 떠나 금세 이곳에 도착했다. 지리에 훤한 민첩한 마부는, 내가 이곳에 오래 머무를 생각이 없다고 하자마자 거리마다 나를 서둘러 데리고 다니며 수많은 궁전과 교회를 보여 주었다. 내가 들른 곳을 폴크만의 안내서에 표시해 놓을 여유조차 없을 정도였다. 나중에 그 기호를 보고 과연 내가 그곳들을 모두 떠올릴 수 있을지 모르겠다. 하지만 지

---

*16 이 그림은 그 무렵 예수회 교단에 소장되어 있었다.
*17 교외 카푸친파 교단에 있던 것으로, 구에르치노가 그의 애인을 모델로 그린 그림일 것으로 추정된다.

금은 내게 진정으로 만족감을 가져다 준 몇몇 인상 깊은 곳들을 기록해 보겠다.

먼저 라파엘로의 성 세실리아!*[18] 이 그림은 이미 알고 있던 것이었지만, 이제 내 눈으로 직접 보게 되었다. 라파엘로는 늘 다른 사람들이 그려보고 싶다고 생각하던 것들을 그려냈다. 그러니 이 그림에 대해서는 라파엘로가 그렸다는 사실조차 굳이 이야기하고 싶지 않다. 나란히 서 있는 다섯 명의 성인, 그들은 모두 우리와 아무 상관도 없지만 더없이 완벽하게 그려져 있어 우리가 멸망해 없어지더라도 이 그림만은 영원히 보존될 수 있기를 간절히 바랄 정도이다.

〈마돈나 델라 피에타〉 귀도 레니 그림

그러나 라파엘로의 작품을 제대로 이해하고 올바로 평가하기 위해서, 그리고 그를 마치 멜기세덱*[19]처럼 부모도 없이 갑자기 이 땅에 나타난 신으로 찬양하지 않기 위해서는

*18 그때는 성 조반니 인 몬테 교회에 있었지만 지금은 볼로냐의 미술관에 있다.
*19 정의의 왕이라는 뜻. 살렘의 왕이자 신관. 창세기 14장, 시편 110편 참조.

그의 선배와 스승이었던 사람들을 살펴봐야 한다. 바로 그들이 진리의 확고한 지반 위에 바탕을 마련해 주었다. 그들은 세심한 자세로 서로 경쟁하고 피라미드를 차근차근 한 단씩 쌓아올리며 분주히 폭넓은 기반을 닦아 주었다. 그래서 그들의 장점을 모두 취하고 신이 내린 천부성을 지니게 된 라파엘로가 그 피라미드의 마지막 돌을 얹어 놓아, 마침내 다른 사람들이 넘어서거나 감히 이를 수 없는 경지에 오르게 된 것이다.

옛 대가들의 작품을 보면 역사에 대한 관심이 특히 두드러진 것을 알 수 있다. 프란체스코 프란치아*[20]는 아주 존경할 만한 화가이고, 페루자의 피에트로*[21]는 매우 유능한 남자라서 건실한 독일 정신을 지니고 있는 인물이다. 행운이 알브레히트 뒤러를 이탈리아 남부 지방으로 이끌어 주었다면 얼마나 좋았을까!

나는 뮌헨에서 놀라울 정도로 위대한 그의 작품 몇 점*[22]을 본 적이 있다. 이 가엾은 남자*[23]는 베네치아에서 판단 착오로 악당 같은 성직자와 계약을 맺고 몇 주 몇 달 동안 허송세월을 보내고 말았다. 또 그가 네덜란드를 여행할 때 행운을 가져다 주리라 기대했던 자신의 훌륭한 예술 작품을 앵무새 몇 마리와 맞바꿔 버리거나, 과일 한 접시를 갖다 준 하인들에게 팁 몇 푼을 아끼겠다고 초상화를 그려준 사실을 생각해 보라! 나는 그렇게 바보 같은 가엾은 예술가를 생각하면 끝없이 가슴이 뭉클해진다. 그 까닭은 내가 그보다 나 자신을 조금 더 잘 돌본다는 것만 다를 뿐, 그와 나의 운명은 근본적으로 다름이 없기 때문이다.

저녁 무렵에 나는 이 예스러운 풍치가 그윽하며 존경할 만한 학구적인 도시에서, 그리고 민중들로부터 빠져나왔다. 이들은 거의 모든 거리로 뻗어 있는

---

*20 라이볼리니(1450~1517). 전기 볼로냐파의 대표적 화가. 괴테가 교회들을 다니면서 본 이 화가의 그림은 대부분 현재 볼로냐의 미술관에 있다.

*21 페르지노라고도 불리는 피에트로 바누치(1446~1523). 라파엘로의 스승이자 움브리안파의 수장. 볼로냐에 있는 그의 그림은 그 무렵 성 조반니 인 몬테 교회에 소장되었다가 지금은 미술관으로 옮겨졌다.

*22 뮌헨에 있는 선제후의 화랑에는 그 무렵 뒤러의 그림 〈루크레차의 자살〉, 〈파움가르트너의 제단〉, 〈네 명의 사도〉, 〈그리스도에 대한 애도〉, 〈야콥 후거의 흉상〉 등이 있었다.

*23 뒤러가 성 바르톨로메오 교회에 걸 제단화의 그림을 그리게 되었다며 친구 빌리바르트 피르크하이머(1470~1530)에게 불평한 것을 가리킴. 그러나 사실 그림의 주문자는 글에 있는 것처럼 '성직자'가 아니라 독일의 상인이었다.

가리젠다탑(왼쪽, 미완성)과 아시넬리탑, 볼로냐

아치형 아케이드 아래로 태양과 비바람으로부터 보호받으며 이리저리 돌아다니거나 무심하게 구경하거나 물건을 사고팔며 바삐 살아가고 있다.

　나는 탑*24에 올라가서 신선한 바깥 공기를 즐겼다. 전망은 매우 뛰어났다. 북쪽으로는 파도바 산이 보이고 그 너머로 스위스와 티롤 지방과 프리울리의 알프스 산맥이 펼쳐져 있다. 즉 북쪽의 모든 산들이 안개에 싸여 있었다. 서쪽으로는 끝없는 지평선이 이어지는데 모데나의 탑만이 높이 솟아 있다. 동쪽으로는 아드리아 해까지 평탄한 평야가 펼쳐지는데, 해 뜰 때는 바다가 보인다고 한다. 남쪽으로는 아펜니노 산맥의 앞쪽으로 구릉이 펼쳐진다. 그곳에는 비첸차의 구릉처럼 정상까지 나무가 우거져 있으며, 교회와 호화 저택, 농가들이 있다.

---

*24 두 개의 사탑 가운데 높은 탑을 말하며, 이름은 아시넬리탑.

하늘은 구름 한 점 없이 맑았고, 지평선에만 옅은 안개가 조금 깔려 있었다. 탑의 파수꾼은 그 안개가 지난 6년 동안 걷힌 적이 없다고 일러 주었다. 예전에는 망원경으로 비첸차의 언덕에 있는 집들과 예배당을 또렷이 볼 수 있었지만 요즘은 아주 맑은 날에도 보기 어렵다고 한다. 그 안개는 주로 북쪽 산맥에 깔려 있어서 내 사랑하는 조국을 진정한 어둠의 나라로 만들고 있다.

그 남자는 또 도시의 지세와 공기가 건강에 무척 좋은데, 이곳에서는 집들의 지붕이 마치 새것처럼 보이고, 이끼나 습기 때문에 부식되는 기와도 없다고 가르쳐주었다. 지붕들이 모두 깨끗하고 아름다운 건 사실이지만, 거기에는 아마도 기와의 품질이 좋았기 때문이었을 것이다. 적어도 옛날에는 이 지역에서 품질 좋은 기와를 구워 냈다.

사탑*25은 보기에는 끔찍하지만 의도적으로 그렇게 기울게 건축했을 가능성이 매우 높다. 나는 이 어리석은 건축물에 대해 이렇게 설명하고 싶다. 이 도시가 혼란스러웠을 즈음에는 큰 건물들이 모두 요새로 쓰였고, 힘 있는 집안에서는 자체적으로 탑을 세웠다. 그러다가 차츰 세월이 흐르면서 이러한 일이 하나의 기호이자 명예가 되어 모두들 탑을 세워 뽐내고 싶어했다. 마침내 똑바로 세운 탑이 더는 새로울 것도 없자, 사탑(斜塔)이 세워졌다. 건축가와 소유주는 자신들의 목적을 이룬 셈이었다. 그때부터 사람들은 반듯하게 쭉 뻗은 탑에는 관심을 보이지 않고 비스듬한 탑만 찾았기 때문이다. 나는 나중에 사탑에 올라가보았다. 벽돌로 쌓은 층들이 수평으로 쌓여 있었다. 질 좋은 회반죽과 철제 꺽쇠만 있으면 이런 정상적이지 않은 건물도 지을 수 있다.

10월 19일 저녁, 볼로냐

날마다 보고 또 보는 일에 시간을 보내왔지만, 예술은 삶과 같아서 깊이 들어가면 들어갈수록 점점 더 광범위해져서 어렵게 느껴진다. 이 예술이라는 하늘에도 내가 평가할 수 없는 새로운 별들이 끝없이 나타나 나를 당황하게 만든다. 바로 미술 부흥 후기에 나타난 카라치, 귀도, 도미니친*26 등이다. 그들의

---

*25 앞에서 나온 아시넬리탑 옆에 있는 미완성의 가리젠다탑. 높이 49.6미터로, 이중 3.04미터는 옆으로 튀어나와 있다. 이 두 개의 탑은 12세기 초엽에 지어졌다.

*26 카라치란 절충파라 불리는 제2차 볼로냐파의 지도자들로, 로드비코 카라치(1555~1619)와 그의 사촌 어거스티노(1557~1602), 그리고 안니발레 카라치(1560~1609)를 가리킨다. 귀도

작품을 제대로 감상하기 위해서는 지식과 판단력이 필요한데, 내게는 그런 점이 부족하다. 이런 것들은 서서히 시간을 두어야만 갖출 수 있다. 이들의 그림을 순수히 감상하고 직접적으로 통찰하는 데 큰 장애가 되는 요소는 이 그림들의 터무니없는 소재들이다. 그래서 우리는 그들의 작품들을 칭찬하고 좋아하면서도 혼란에 빠지게 된다.

그것은 마치 신의 아들과 인간의 딸들이 결혼했을 때[27] 그들에게서 온갖 괴물이 나오는 것과 같다. 귀도의 숭고한 정신과 인간의 눈에 비친 가장 완벽한 대상만을 그려야 할 그의 붓은 분명 나의 마음을 사로잡지만, 이와 함께 우리는 세상에 존재하는 그 어떤 저속한 욕설로도 비방하기 어려운 그 그림의 소재들로부터 곧 눈을 돌리게 된다. 어떤 그림을 봐도 그렇다. 해부실, 교수대, 박피실만을 소재로 삼아 주인공의 고뇌를 그리는데, 거기에는 인간의 동작이나 현실적 흥미를 끄는 요소가 전혀 없다. 따라서 언제나 외부에서 감상하며 상상의 나래를 펼쳐야 하는 것뿐이다. 주인공은 어김없이 중죄인이나 미치광이, 범죄자나 바보이다. 화가는 알몸의 남자와 그 옆에서 그를 방관하는 아름다운 여인 등을 그려 넣어 도피로를 찾지만, 그 종교적 용사에게는 마치 꼭두각시 인형처럼 아주 멋진 주름 잡힌 망토를 입힌다. 거기에 인간다운 개념을 주는 것은 하나도 없다. 열 개의 소재 가운데 그렸으면 하는 것은 하나도 없고, 화가가 정면에서 그릴 수 없는 것뿐이었다.

멘디칸티 교회에 있는 귀도(구이도)의 커다란 그림[28]은 인간이 그릴 수 있는 전부임과 동시에 허튼 작품을 화가에게 요구하는 어리석음을 보여준다. 이것은 봉납화(奉納畫)이다. 나는 모든 원로원이 그것을 칭찬하고 고안했다고 생각한다. 불행을 슬퍼하는 프시케를 충분히 위로할 만한 두 천사는 여기서는[29]

레니(1575~1642)와 도미니친이라 불리는 도미니코 찬피에리(1581~1641)는 카라치 파의 주요 화가. 볼로냐 파의 예술은 19세기 초엽에 이르기까지 일반적으로 라파엘로보다 뛰어나며 가장 완벽하다는 평가를 받았다.

[27] 창세기 6 : 2~4절 참조.

[28] 이 그림은 그리스도를 십자가에서 내리며 슬퍼하는 마리아를 그린 것으로, 나중에 미술관으로 옮겨졌다. 그림은 천사와 함께 죽어 가는 그리스도의 곁을 지키는 마리아를 그린 부분과 볼로냐의 다섯 수호성자의 기도를 그린 부분으로 이루어져 있다.

[29] 시적인 고대의 신화와는 반대로, "시체를 보고 탄식해야 한다"는 문구를 추가해야 옳을 것이다.

성 프로쿨루스이다.

성 프로쿨루스*30의 자태는 매우 아름답다. 그러나 주교나 다른 성직자들*31의 모습이란! 아래쪽에는 신의 사물을 가지고 노는 어린 천사들이 있다. 목에 칼날이 대어지자 화가는 어떻게 해서든지 자신을 구하려고 했다. 그는 오로지 자신이 야만인이 아니라는 것을 보여 주기 위해서만 애썼다. 귀도가 그린 두 개의 나체, 즉 〈황야의 요한〉*32과 〈세바스티안〉*33은 멋진 그림이다. 한 사람은 입을 크게 벌렸고 다른 한 사람은 몸을 웅크렸는데, 과연 이들은 무엇을 표현하고 있는 것일까?

이런 불만을 품고 역사를 관찰하다 보면 이렇게 이야기하고 싶어진다. '신앙'은 예술을 부흥시켰지만, 그와 반대로 미신은 예술을 지배하고 멸망시켜 버렸다고 말이다.

식사를 하고 나자 오늘 아침보다 기분이 조금 좋아졌다. 불손한 마음도 사라져서 나는 다음과 같은 글을 수첩에 적었다. 타나리궁전에는 귀도의 명작이 있다. 젖을 먹이는 마리아를 그린 그림으로 크기는 실물보다 큰데, 그녀의 머리는 신의 손으로 그린 것만 같다. 또 젖을 빠는 아기를 내려다보는 그녀의 표정에는 설명하기 어려운 무언가가 있다. 내게는 사랑과 기쁨의 아이가 아니라 강제로 떠맡은 천국의 아기에게 젖을 주는 것처럼 조용하고 강한 인내심으로 견디는 듯이 보였다. 순종적인 그녀로서는 자신이 왜 그런 운명에 처하게 되었는지 이해할 수 없는 것이다. 나머지 화면에는 거대한 의상이 그려져 있는데, 전문가들이 본다면 매우 칭찬할 테지만 나로서는 어떻게 판단해야 좋을지 알 수 없다. 색깔도 너무 칙칙했고, 교회 성물실 안의 광선과 햇빛도 밝지 않았기 때문이다.

이렇게 혼란스러운 상태였지만, 나는 진작부터 이 미궁 안에서 그간의 수련과 사교와 생각이 나에게 도움을 주고 있음을 느낀다. 구에르치노가 그린 〈할

---

*30 볼로냐의 순교자 프로쿨루스의 젊었을 적 기사의 모습.

*31 도미니쿠스와 프란체스코, 그리고 카롤루스 보로메우스, 페트로니우스 등 네 명의 성자를 말한다.

*32 폴크만에 따르면 이 그림은 찬베카리궁에 있었는데, 거기에 있는 그림은 귀도가 그린 것이 아니라 그의 제자 시몬 다 페사로가 그린 것이다.

*33 이 그림은 그즈음 성 살바토레 교회의 성물실에 있었지만, 나중에 미술관으로 옮겨졌다.

아시넬리 탑에서 본 볼로냐 구시가

례도(割禮礼圖)〉*34는 내 마음을 크게 잡아끌었다. 그를 익히 알고 있었으며 또한 흠모하고 있었기 때문이다. 나는 그 그림의 견디기 힘든 그 소재를 용서하고 완성된 것만 기뻐했다. 상상할 수 있는 모든 기술을 드러낸 그 그림은 마치 칠보 세공처럼 존경스러운 완성도를 보여 준다.

이렇듯 오늘의 나는 저주하려다가 그만 축복을 내려버린 당황한 이스라엘 예언가 발람*35과도 닮았다. 이곳에 오래 머물게 된다면 이런 일이 종종 더 일어날 것 같다.

그런 때에 문득 라파엘로의 작품이나 적어도 그의 작품일 가능성이 아주 높은 작품을 접하게 되면 우리는 곧 치유받고 유쾌해진다. 나는 성(聖) 아가타*36를 발견했는데, 보존 상태는 썩 좋지 않았지만 훌륭한 그림이었다. 라파엘로는 이 성녀에게 건전하고 순결한 처녀성을 부여했다. 차갑거나 조잡스러운 느낌은 들지 않았다. 나는 그 모습을 마음속 깊이 새겨 두었다. 마음속으로 그녀

*34 이 그림은 제수에 마리아의 대제단에 있었다.
*35 이스라엘의 이웃나라 모아비테르의 무당. 민수기 제22장, 신명기 제23장 참조.
*36 이 그림은 라누치궁에 있었다.

에게 나의 《이피게니에》를 읽어줄 것이다. 그리고 이 성녀가 입에 담기 싫어하는 말은 나의 여주인공에게도 절대로 말하지 않게 할 것이다.

내가 여행에 들고 다니는 무거운 짐을 돌이켜 생각해 보면 반드시 이야기해야 할 것이 있다. 앞으로 내가 연구해야 할 위대한 예술품과 자연물에 더불어 신비로운 일련의 시적인 인물들이 내 마음을 불안하게 만든다. 나는 첸토를 찾은 이래 《이피게니에》의 집필을 계속해야겠다고 마음먹었는데, 이건 어찌된 일인가! 정신이 내 마음에 《델피의 이피게니에》의 소재를 가져다 주었으므로 나는 그것을 완성하지 않을 수 없었다. 그것을 가능한 한 간단히 여기에 기록해 두고자 한다.

엘렉트라는 오레스테스가 타우리스 섬의 티아나 신상을 델피에 가지고 오리라는 확고한 희망을 품고 아폴로 신전에 나타난다. 그리고 펠롭스 집안에 갖가지 불행을 가지고 온 끔찍한 도끼를 마지막 속죄의 제물로 신에게 바친다. 그때 한 그리스인이 그녀에게 접근해, 자신은 오레스테스와 필라테스를 따라 타우리스에 갔다가 이 두 친구가 죽는 장면을 목격했으며 가까스로 혼자 살아남았다고 말한다. 흥분해서 이성을 잃은 엘렉트라는 신을 저주해야 할지 인간을 저주해야 할지 알 수 없게 된다.

그 사이에 이피게니에와 오레스테스와 필라테스 세 사람은 델피에 동시에 도착한다. 이피게니에의 성자와 같은 조용함과 엘렉트라의 세속적인 정열은 이 두 사람이 서로 아무것도 모르고 만났을 때 몹시 기묘한 대조를 이룬다. 도망쳐 온 그리스인은 이피게니에가 친구를 제물로 바친 무녀임을 알아보고 그 사실을 엘렉트라에게 일러바친다. 그 말을 들은 엘렉트라는 제단에서 도끼를 가지고 와서 그것으로 이피게니에를 죽이려고 하지만, 다행히 어떤 행운의 전환을 계기로 이 남매는 끔찍한 마지막 재앙을 면한다. 이런 장면이 성공한다면, 좀처럼 보기 드문 위대하고 감동적인 무대를 볼 수 있게 될 것이다. 그러나 아무리 시적 영감이 떠올라도 그것을 완성할 수 있는 기량과 여유가 없으면 모두 소용도 없다.

이렇듯 나는 내가 바라는 훌륭한 작품을 써야 한다는 압박감 때문에 한시도 마음이 편하지 않지만, 친구들에게 바로 1년 전에 꾸었던 매우 의미심장한 꿈에 대해 말하지 않을 수 없다. 나는 꽤 커다란 나룻배를 타고 어떤 풍요롭고 초목이 우거진 섬에 오르려는 참이었다. 그 섬에서는 무척 아름다운 꿩이 잡힌다고 했다. 나도 그곳 주민들에게 꿩을 사고 싶다고 흥정했더니 그들은 곧 엄청나게 많은 꿩을 죽여서 가져다 주었다. 틀림없는 꿩이었지만, 모든 것이 꿈속에서는 변화된 모습으로 나타나기 마련인지, 그 꿩은 공작이나 진기한 극락조처럼 오묘한 색의 반점이 있는 기다란 꼬리를 갖고 있었다. 그 꿩들 한 무더기가 대량으로 내 배로 옮겨져 머리는 배의 안쪽을 향하고 길고 화려한 꼬리는 바깥쪽으로 늘어뜨려진 채 햇빛을 받아 더없이 아름다운 낟가리 모양으로 차곡차곡 쌓였다. 배의 앞쪽 뒤쪽 할 것 없이 얼마나 많이 쌓였는지, 키잡이나 노를 젓는 사공이 서 있을 자리가 없을 정도였다. 나는 잔잔한 물결을 헤치며, 이 빛나는 보물을 나눠 가지고 싶은 친구들의 이름을 불러보았다. 마지막으로 커다란 항구에 내리려고, 돛대가 즐비하게 서 있는 배들 사이를 헤치고 내 작은 배가 안전하게 상륙할 선착장을 찾기 위해 이곳저곳 헤매다가 길을 잃었다.

이렇듯 환상은 우리 자신으로부터 생겨나며, 우리네 삶이나 운명과 비슷하기 때문에 즐거운 것이다.

10월 20일 저녁, 볼로냐

협회(Institut)나 연구소(Studien)라고 불리는 유명한 학술 시설*37도 갔었다. 커다란 건물,*38 특히 그 안뜰은 최고의 건축술로 지어졌다고는 할 수 없지만 충분히 엄숙한 외관을 갖추고 있었다. 계단과 복도에는 회반죽과 벽화 장식이 되어 있었고, 모든 것이 단정하고 고상했다. 또 이곳에 모인 훌륭하고 학문적 가치가 있는 것들을 보고 사람들은 경탄했다. 그러나 자유로운 연구 방법에 익숙한 독일인이 보기에는 만족스럽지 못한 점도 있었다. 이곳에서도 나는 전에 밝힌 바 있는 생각을 떠올렸다. 모든 것을 변화시키는 시간의 흐름 안에 서 있는 인간은 어떤 사물의 사용 목적이 나중에 바뀌는 일이 있다 하더라도 그 사물의 처음 상태는 쉽게 바꾸지 못하는 것이다.

그리스도교 사원은 신전 형식을 취하는 편이 예배를 보는 데 훨씬 편할 텐데도 여전히 바실리카 양식을 바꾸지 못하고 있다. 학술 시설은 오늘날에도 수

---

*37 협회 또는 연구소라 불리는 시설은 그 무렵에는 대학과 무관했다. 그 밖에 한림원, 도서관, 천문대, 해부실, 박물표본실, 미술학교, 식물원 등이 있었는데, 대부분은 18세기 초엽에 말시그리 백작이 기부한 것이었다.

*38 체레시궁을 가리키며, 1803년 이후 대학이 이곳으로 옮겼다.

도원과 같은 외관을 가지고 있다. 처음부터 그런 경건한 곳에서 안정감 있게 연구가 이루어졌기 때문이다. 이탈리아인의 법정은 마을 재정이 허락하는 한 넓고 높게 지어졌다. 그래서 탁 트인 하늘 아래 어떤 시장—옛날에는 그런 곳에서 재판이 이루어졌다—에 서 있는 것 같다. 우리 독일인은 여전히 부속적 부분을 많이 갖고 있는 커다란 극장이라 할지라도, 임시 방편으로 나무판자를 맞대어 만든 옛날식 성소처럼 한 지붕 아래에 짓지 않는가? 종교개혁 시절에는 학구열에 불타는 사람들이 기하급수적으로 늘어나 학생들은 시민의 가정으로 몰려가기도 했다. 그러나 고아원이 생겨*39 가엾은 아이들에게 필요한 교육이 이루어지까지 얼마나 오랜 세월이 걸렸던가!

이 화창하고 아름다운 하루를 나는 종일 바깥에서 보냈다. 산지가 가까워지자 또다시 암석에 마음을 빼앗겼다. 나는 내가 어머니인 대지와 친밀하게 접촉하면 할수록 점점 더 새로운 힘이 생기는 안테우스*40 같다는 생각이 든다.

나는 파데르노까지 말을 타고 가보았다. 거기서는 이른바 볼로냐 중정석 (barite)을 볼 수 있었다. 사람들은 그것으로 작은 과자를 만드는데, 미리 햇빛을 쬐면 잘 구워져서 석회로 변해 어둠속에서도 인(燐)처럼 푸른 빛을 낸다. 이곳에서는 그것을 간단히 '포스포리'라고 한다.

모래가 많이 섞인 점토질의 산을 지나서 가다가 나는 완벽히 드러나 있는 투명 석고질의 암석을 발견했다. 벽돌로 지은 작은 집 근처에는 계곡물이 흘렀는데, 수많은 작은 물줄기가 그리로 흘러들어가고 있었다. 처음에는 빗물에 씻겨 드러난 부푼 점토 언덕처럼 보였는데, 자세히 살펴보니 그 성질에 따라 여러 가지를 발견할 수 있었다. 산맥을 형성하는 단단한 암석은 매우 얇은 이판암으로 되어 있는데, 석고와 교대로 층을 이루고 있다. 이 이판질 암석은 황철광과 매우 밀접하게 혼합되어 있어서 공기나 습기와 닿으면 전혀 다른 성질로 변해 버린다. 팽창해서 층이 사라지면서 조개껍데기 모양으로 부서져 석탄처럼 표면이 광택을 띠는 일종의 모래섞인 찰흙이 만들어진다.

---

*39 바이마르에는 1784년에 고아를 시민의 집에서 보호하기 위해 고아원이 개설되었다.
*40 그리스 신화에 나오는 거인으로, 땅을 만지면 새로운 힘을 얻었지만, 헤라클레스와 싸울 때 공중으로 들어 올려져서 지고 말았다.

나는 커다란 덩어리를 몇 개나 부숴서 양쪽의 형체를 분명하게 관찰했는데, 상태나 변화 경과를 밝히려면 이런 커다란 덩어리로만 가능하다. 동시에 우리는 조개껍데기 모양 표면에 흰 반점이 있는 것을 발견했는데, 때때로 노란 부분도 섞여 있었다. 이렇게 모든 표면이 차츰 부스러져 가기 때문에 언덕은 대규모로 풍화한 황철광과 같은 겉모습을 띠고 있다. 단단한 층도 있고, 초록빛을 띠는 층도 있으며, 붉은 층도 있다. 나는 황철광이 어렴풋이 떠올라 있는 암석을 이따금 발견할 수 있었다.

그런 다음에는 최근 내린 호우 때문에 무너져 내린 산골짜기로 올라갔는데, 곳곳에서 중정석을 발견할 수 있어 매우 기뻤다. 대부분은 찌그러진 달걀 모양이었는데, 무너져 내리기 시작한 산의 곳곳에 드러나 있었다. 일부분은 매우 깨끗하고, 일부분은 점토 안에 묻혀 있었다. 표석이 아님은 한눈에도 확인할 수 있었지만, 점판암층과 동시에 생긴 것인지 그 층이 팽창하거나 붕괴할 때 생긴 것인지에 대해서는 더 자세하게 조사할 필요가 있다. 내가 찾아낸 덩어리는 큰 것이든 작은 것이든 찌그러진 달걀 모양에 가까웠으며, 그 가운데 가장 작은 것은 뚜렷하지 않은 결정체로 변해 가고 있었다. 내가 찾아낸 가장 커다란 덩어리는 무게가 17로트나 되었다. 또 같은 점토 안에서 낱개의 완전한 석고 결정을 발견하기도 했다. 전문가들은 내가 가지고 돌아가는 표본으로 더 세밀한 감정을 할 수 있을 것이다. 나는 또다시 돌에 신경을 빼앗기고 말았으며, 1/8젠트너짜리 중정석을 여행 가방에 챙겨 넣었다.

같은 날 밤

이 아름다운 날들 가운데 내 머리를 스쳐간 모든 생각을 고백하려면 많은 이야기를 해야 할 것이다. 그러나 나의 욕구는 사상보다 강하다. 저항하기 어려운 힘이 나를 앞으로 끌어당기는 것을 느낀다. 내가 할 수 있는 일이라고는 오늘에 마음을 집중시키려고 노력하는 것뿐이다. 하늘도 내 소원을 들어주려는지, 마부가 로마로 가는 마차가 있다고 알려준다. 나는 마침내 내일모레 그곳으로 떠날 것이다. 오늘과 내일 중에 짐을 살펴보고 버릴 것은 버리고 챙길 것은 챙겨야겠다.

10월 21일 밤, 아펜니노 산중의 르노

오늘 내 스스로 볼로냐에서 나온 것인지 아니면 쫓겨나온 것인지 도무지 알 수가 없다. 아무튼 나는 번뇌에 차서 한시라도 빨리 출발할 기회를 찾았다. 지금 나는 이 허름한 여관에서, 고향인 페루자로 가려는 교황청의 한 사관*⁴¹과 함께 묵고 있다. 이륜마차에서 이 남자와 마주앉아 있을 때, 무슨 말이든지 해야 할 것 같아서 그에게 입에 발린 말을 건넸다. 나는 군인과 교제하는 데 익숙한 독일인이며 교황청의 사관과 함께 여행하게 되어 대단히 기쁘다고 인사를 건네자 그가 이렇게 대답했다.

"내 말을 언짢게 생각하시지 않았으면 좋겠습니다. 당신 또한 군인을 좋아하죠? 독일에서는 모두가 군인이라고 들었습니다. 하지만 저에 대해 말씀드리자면, 비록 일은 한가하고 제가 수비대로 근무하는 볼로냐는 매우 지내기 편한 곳이지만, 그럼에도 저는 당장에라도 이 군복을 벗어던지고 아버지의 영지를 관리하고 싶습니다. 불행히도 저는 장남이 아니라 그러지도 못하고 이 일에 만족해야 하지요."

10월 22일 밤

지레드는 아펜니노 산맥에 있는 가난하고 쓸쓸한 마을에 불과하지만, 내 오랜 소망에 따라 여행하고 있자니 이곳에서도 충분한 행복감을 느낀다. 오늘은 말을 탄 한 신사와 숙녀가 길동무가 되어 주었다. 그들은 영국인으로 남매 사이라고 했다. 그들이 탄 말은 매우 훌륭했지만 시종을 거느리고 있지 않아서 주인이 마부와 시종 역할을 홀로 해내고 있었다. 그들은 보는 것마다 불평을 해댔는데, 마치 아르헨홀츠의 책을 몇 쪽*⁴² 읽고 있는 듯한 기분이 들었다.

아펜니노 산맥은 내게 주목할 만한 가치있는 하나의 세계이다. 이 산맥은 포강 유역의 드넓은 평원 끝 저지대에 우뚝 솟아 있는데, 두 개의 바다 사이를 남쪽으로 뻗어 나가며 단단한 대륙의 끝을 이루고 있다. 산맥이 그리 험하지 않고 해수면보다 높으며 그다지 복잡하지 않다. 또 태곳적 조수의 활동이 활발히 오랫동안 작용해 더 넓은 평원을 만들고 그 위를 바닷물로 씻어 주어서 이

---

*41 일기에 따르면, 체사레(또는 체사레이) 백작.
*42 유명한 역사가 요한 빌헬름 폰 아르헨홀츠가 그의 저서 《영국과 이탈리아》(1785년, 라이프치히 발행)에서 영국과 비교해 이탈리아를 폄하하고 있는 것을 가리킨다.

지방은 다른 나라보다 높은 곳에 위치하는 온화한 기후의 무척이나 아름다운 나라가 되었을 것이다.

그러나 현실은 직물처럼 복잡한 산등성이어서 강물이 어디로 흘러가는지조차 분간할 수 없을 정도이다. 골짜기가 조금만 더 채워지고 평야가 조금만 더 평탄했더라면 우리는 그곳을 보헤미아와 비교할 수 있었을 것이다. 다만, 이곳의 산은 전혀 다른 성질을 띠고 있다. 그러나 불모의 땅은 비록 산은 많지만 잘 개간된 땅을 상상해야 한다. 이곳은 밤나무가 더없이 아름답고 밀을 재배하기에도 알맞으며, 훌륭한 모종이 파릇하게 싹을 틔우고 있었다. 길가에는 작은 이파리가 달린 상록수가 즐비하고, 교회나 회당 주위에는 가는 실측백나무가 높이 자라고 있다.

어젯밤은 하늘에 구름이 끼어 있었지만 오늘은 다시 화창하고 아름다운 날씨이다.

10월 25일 저녁, 페루자

이틀 밤 동안 아무것도 쓰지 못했다. 내가 묵고 있는 여관이 너무나 형편없어서 아예 일기장을 펼칠 생각도 할 수 없었다. 게다가 머리도 조금은 혼란스러워지기 시작했다. 베네치아를 떠난 뒤 여행이라는 실타래가 그전처럼 멋지고 순조롭게 풀리지 않았기 때문이다.

독일 시간으로 23일 오전 10시, 우리는 아펜니노 산맥을 벗어나 넓은 골짜기 안에 자리잡은 피렌체를 보았다. 그 골짜기의 경작지는 놀랄 만큼 조밀했고, 별장과 집들이 먼 곳까지 흩어져 있었다.

나는 시내를 바쁘게 이리저리 돌아다니며 돔과 세례당을 구경했다. 이곳에도 내게 알려지지 않은 새로운 세계가 펼쳐졌지만, 나는 오래 머무르고 싶지 않았다. 보볼리 정원은 무척이나 훌륭했지만, 나는 들어갈 때와 다름없이 빨리 그곳을 빠져나왔다.

이 도시를 보면 그곳을 세운 사람들이 얼마나 부유했는지를 엿볼 수 있고, 틀림없이 좋은 정부가 계속 이어졌음을 알 수 있다. 토스카나 지방에서는 공공 건물과 도로와 교량이 특히 아름답고 웅대한 외관을 드러낸 것을 쉽게 볼 수 있다. 이곳에서는 모든 것이 유용하면서도 깔끔했다. 이것은 용도와 공익이 의도되었으면서도, 기품 또한 잊지 않고 배려된 것이다. 이와 달리 교황 국가는 대지가 그것을 흡수하려고 하지 않기 때문에 그나마 유지되고 남아 있는 것 같다.

내가 최근 아펜니노 산맥에 대해 말한 내용은 이제는 토스카나에 적용된다. 토스카나는 훨씬 낮은 곳에 위치하고 있어 태곳적 바다가 그 의무를 다해 두꺼운 점토층을 쌓아 놓았다. 토양은 담황색이며 비교적 경작하기에 쉽다. 농부들은 땅 깊숙이 쟁기질을 하지만, 여전히 재래식 방법밖에는 모른다. 쟁기에는 바퀴가 없어 혼자서는 움직일 수도 없다. 그래서 농부는 황소를 이용해 쟁기를 끌면서 흙을 파 뒤집는다. 일 년에 다섯 번까지 쟁기질을 하는데, 얼마 안 되는 비료를 손으로 흩뿌린다. 이윽고 밀 파종을 하고 난 뒤에는 좁은 이랑을 만들고 그 사이로 고랑을 파는데, 빗물이 흘러가도록 하기 위함이다. 밀은 이랑 위로 높이 자라기 때문에 잡초를 뽑을 때는 고랑을 오가며 일을 하면 된다. 비가 많이 내리는 곳에서는 이 작업 방식을 이해할 수 있지만, 이렇게 날씨가 좋은 들판에서 왜 그런 방법을 쓰는지 모르겠다.

나는 기름진 평야가 펼쳐진 아레초 근처에서도 그런 생각을 했는데, 사실 그렇게 흙이 깨끗한 들판도 드물 것이다. 덩어리 흙은 전혀 없으며, 토양은 체를 친 것처럼 곱다. 이곳 밀은 무척 잘 자라는데, 아마 밀의 특성에 맞는 최적의 생장 조건을 갖춘 듯하다. 이곳에서는 귀리가 나지 않기 때문에 농부들은 2년에 한 번씩 말에게 먹일 콩을 재배한다. 루핀 콩도 파종을 해서 벌써 푸르게 자랐고, 3월이면 열매를 맺을 것이다. 아마(亞麻)의 싹도 벌써 돋았다. 아마는 겨울을 나고 서리를 맞으며 더욱 강인해질 것이다.

올리브나무는 이상한 식물이다. 이 나무는 버드나무와 거의 비슷해서 씨앗을 날리며 나무껍질이 갈라진다. 하지만 그런데도 버드나무보다 올리브나무가 더 억센 모습이다. 올리브나무는 서서히 자라고 나무결은 이루 말할 수 없이 곱다. 잎은 버드나무 잎과 비슷하지만 가지에 잎이 더 적게 달려 있다. 피렌체 인근의 모든 산기슭에는 올리브나무와 포도나무가 재배되고 있으며, 그 나무들 사이의 땅에는 알곡을 키운다. 아레초 근교부터는 점차 들판이 내버려져 있다. 내 생각에 올리브나무와 그 밖의 나무들에 피해를 주는 담쟁이덩굴을 없애 버리는 일은 그리 어렵지 않을 텐데, 농부들은 그것을 뽑아내지 않는 듯하다. 목장은 전혀 보이지 않는다. 이곳 사람들은 터키산 옥수수가 땅의 힘을 없애버린다고 말했다. 그 옥수수를 재배한 뒤로는 다른 농사는 잘 안 된다는 것이다. 그러나 나는 거름을 적게 쓰기 때문이 아닐까 싶다.

오늘 저녁에 그 대위*43에게 작별인사를 했는데, 여행에서 돌아오는 길에 볼로냐에서 그를 찾아가겠다고 약속했다. 그는 수많은 그 지역 사람들 가운데 참된 대표자이다. 그의 특징을 여기에 기록해 보겠다. 나는 가끔 말없이 생각에 잠기는데, 그가 어느 날 나를 보고 이렇게 말했다.

"Che pensa! non deve mai pensar l'uomo, pensando s'invecchia."

이것을 번역하면 이렇다. "뭘 그렇게 많이 생각합니까! 인간은 생각해서는 안 됩니다. 생각하면 늙기만 하니까요."

그런 다음 짧은 대화 끝에 다시 이렇게 말하는 것이었다.

"Non deve fermarsi l'uomo in una sola cosa, perchè allora divien matto ; bisogna aver mille cose, una confusione nella testa."

번역하면 이렇다. "인간은 한 가지 생각에만 사로잡혀선 안 됩니다. 그러면 누구든지 머리가 이상해지고 말 테니까요. 우리는 온갖 생각들을 마구 뒤섞어 머릿속에 가지고 있어야 합니다."

물론 이 선량하기 이를 데 없는 사람은 내가 조용히 생각에 잠기는 것이 현대와 고대의 사물들이 내 머리를 복잡하게 만들기 때문이라는 것을 알 리가 없었다. 이 이탈리아인의 교양은 다음 일화를 보면 더욱 뚜렷이 알 수 있다. 내가 신교도라는 것을 알게 되자 그는 조금 둘러대며 이런 말을 했다. 즉, 자신은 독일의 신교도에 대해 이런저런 이상한 이야기를 들었는데, 이번 기회에 꼭 내게 질문을 해서 그것을 확인하고 싶다는 것이었다. 그러고는 이런 질문을 했다.

"당신들은 결혼할 사이가 아니어도 아름다운 아가씨와 가까이 지낼 수 있습니까? 독일 성직자들은 그런 것을 용서하나요?"

내가 대답했다.

"우리 독일 성직자들은 영리한 사람들이어서 그런 자잘한 일에는 전혀 신경을 쓰지 않습니다. 그리고 우리가 그들에게 묻는다면 두말없이 허락지 않을 것입니다."

"그럼 당신들은 성직자들에게 굳이 물어볼 필요도 없단 말입니까?" 그가 외쳤다. "정말 행복한 국민이군요. 당신들이 참회하지 않는다면 그들은 모르는 셈

---

*43 앞서 나온 교황청 사관 체사레 백작.

이군요."

그러더니 그는 이탈리아 성직자를 크게 비난하고, 우리 독일의 축복받은 자유를 칭찬했다. 그는 이런 말도 했다.

"그런데 참회는 어떻게 합니까? 인간은 꼭 그리스도 교도가 아니더라도 누구나 참회를 해야 한다고 들었습니다. 판단력을 잃고 선악을 그르친 다음에 고목을 향해 참회하는 사람들도 있습니다. 물론 그런 행위는 어이없는 일로 미신이 분명하지만, 그래도 인간은 참회가 필요하다는 것을 인정하는 증거가 되지요."

나는 독일인은 어떤 참회의 개념을 가졌으며 어떤 식으로 참회하는지에 대해 설명했다. 그는 내 이야기에 공감하면서도 그것은 나무에게 참회하는 것과 크게 달라 보이지 않는다고 말했다. 그러고는 잠시 망설이더니 또 다른 주제에 대해 솔직한 의견을 듣고 싶다며 진지하게 질문을 하기 시작했다. 즉 그는 어떤 정직한 자국의 한 성직자로부터 우리 독일인은 자매들과 결혼해도 괜찮다는 말을 들었는데 그건 너무 심하지 않느냐는 것이었다. 나는 그렇지 않다고 부정한 뒤 그에게 독일 교리의 인간적인 개념에 대해 설명하려고 했다. 그러나 그에게는 너무 시대에 뒤떨어진 듯 들렸던지 새로운 질문으로 화제를 바꿔 버렸다. 그가 말했다.

"우리가 들은 바로는, 수차례나 전쟁에서 신도들까지 공격하여 천하에 명성을 날린 프리드리히 대왕은 일반적으로 이교도로 알려져 있지만, 실은 가톨릭 신자인데 교황의 허락을 받고 그 사실을 숨기고 있다던데요. 그는 이미 알려져 있듯이 당신들 독일 교회 어디에도 발을 들여놓지 않았습니다. 하지만 거룩한 종교를 드러내 놓고 신봉하지 못하는 데에 후회하는 심정으로 지하 성당에서 예배를 드린다고 들었습니다. 그가 그런 사실을 밝힌다면, 잔인한 국민이자 광포한 이교도인 프로이센 사람들이 즉시 그를 죽여 버리겠지요. 그렇게 되면 사태는 걷잡을 수 없게 됩니다. 바로 그렇기 때문에 교황은 그런 허가를 은밀히 내렸고, 그 대신 그는 이 유일하고 고마운 종교를 비밀리에 전파하고 있는 것입니다."

나는 그건 너무 큰 비밀이어서 그 누구도 증거를 들어 밝힐 수는 없다고 대답했다. 그 뒤 이어진 우리의 대화도 이와 다름없었는데, 나는 자신들의 전통적 교리의 어두운 세력을 깨고 나와, 사람들을 혼란시킬 수 있는 모든 것을 부정하고 왜곡하려고 애쓰는 성직자들의 영리함에 놀라지 않을 수 없었다.

아시시, 프란체스코 교회

10월 26일 저녁, 폴리뇨

매우 상쾌한 아침, 페루자에서 떠나 다시 혼자가 되는 행복을 누렸다. 그 도시의 입지 여건은 참으로 뛰어났고, 호수*[44]의 경관도 무척 아름다웠다. 그 도시와 호수에 대한 인상은 모두 내 마음속 깊이 새겨졌다. 처음에는 내리막길이 나오고, 저 멀리에 양쪽이 언덕으로 에워싸여 있는 골짜기를 따라가다 보니 마침내 '아시시' 마을이 눈에 들어왔다.

팔라디오와 폴크만의 책에서 읽은 내용에 따르면, 아우구스투스 시대에 지어진 훌륭한 미네르바 신전이 이곳 아시시에 여전히 완벽하게 보존되어 있다고 했다. 마돈나 델 안젤로*[45] 부근에서 마차를 폴리뇨로 떠나보내고, 나는 세찬 바람을 맞으며 아시시로 걸어갔다. 이렇게 적막한 외딴 세계를 혼자서 도보로 여행하고 싶었기 때문이다.

---

*[44] 그 무렵 페루자 호수라고 불렸던 트라시메노 호수.

*[45] 본디는 '마돈나 데글리 안젤리'라고 불리는 커다란 교회로, 아래쪽 계곡의 성 프란체스코 예배당 위에 세워졌다.

바빌론 양식으로 층층이 포개 쌓은 교회는 성 프란체스코가 영원히 잠들어 있는 곳인데, 그 교회*46의 엄청나게 큰 하부 구조에 나는 혐오감을 느끼고 눈길을 돌려 버렸다. 그 건물 안으로 들어가면 누구라도 그 대위의 머리처럼 되어 버릴 것 같은 생각이 들었기 때문이다. 조금 뒤에 나는 잘생긴 한 소년에게 마리아 델라 미네르바로 가는 길을 물었다. 그러자 소년은 산자락에 자리잡은 도시까지 나를 안내해 주었다.

마침내 우리는 진정한 고대 도시에 도착했다. 보라, 가장 칭찬할 만한 건축물이 내 눈앞에 서 있지 않은가! 그것은 내가 본 것들 가운데 가장 최초로 완벽한 고대 기념물이었다. 작은 도시에 걸맞게 아담한 신전은, 어디에 내놓아도 두드러질 만큼 완벽하고 아름답게 여겨졌다. 먼저 그 입지부터 말하겠다.

비트루비우스와 팔라디오의 책을 읽고, 도시는 어떤 식으로 지어야 하고, 신전과 공공건물은 어디에 세워야 하는가를 알게 된 뒤로 나는 그런 문제들을 매우 중요시하게 되었다. 이런 면에서도 고대인들은 천부적으로 위대했다. 신전은 아름다운 산 중턱에 자리잡고 있다. 그곳은 두 언덕이 만나는 곳이며, '광장*47'이라 부른다. 그 광장은 조금 경사져 있고, 심하게 찌그러진 안드레아스 십자가 모양*48의 네 갈래 길이 이곳에서 교차된다. 두 개의 길은 아래쪽에서 올라오고, 다른 두 길은 위쪽에서 중심으로 내려오는 형태이다.

현재 신전을 마주보고 세워져 전망을 막고 있는 집들은, 아마 예전에는 없었을 것이다. 만일 그 집들이 없다면 남쪽으로 매우 비옥한 땅이 내려다보일 것이며, 어느 방향에서든 미네르바 성소를 볼 수 있을 것이다. 길이 산의 형태와 경사를 따라 있는 것을 보면, 그 길은 옛날에 설계되었는지도 모른다. 신전은 광장 한가운데에 세워져 있지는 않지만, 로마 쪽에서 신전으로 올라오는 사람들에게 특히 멀리서도 아름답게 보이는 위치에 자리잡고 있다. 그래서 이 신전 건물뿐만 아니라 좋은 위치까지도 함께 그려야 할 것 같다.

그 건축물의 정면은 건축가가 얼마나 천재적으로 일관되게 다루었는지 아무리 오래 바라보고 있어도 지루하지 않았다. 기둥은 코린트 양식으로, 기둥

---

*46 이 거대한 교회는 성 프란체스코의 무덤은 별도로 지어진 2층짜리 교회이며, 거대한 하부 구조 위에는 전통식 회당도 있다.

*47 오늘의 빅토리오 엠마누엘레 광장.

*48 X자형.

아시시, 미네르바 사원, 룰 그림

사이의 거리는 2도*⁴⁹가 조금 넘는다. 주각과 그 아래 석판은 대석(臺石) 위에 서 있는 것처럼 보이지만 이것은 단지 착시에 불과하다. 받침대가 다섯 군데나 절단되어 있고 그런 곳마다 다섯 계단이 기둥 사이로 나 있기 때문이다. 계단을 모두 올라가면 본디의 원기둥들이 서 있는 평면이 나오고, 그곳을 지나 신전으로 들어가도록 되어 있다.

이곳 입지를 고려한다면 그렇게 대좌(台座)를 절단하는 대담한 발상은 매우 적절한 것이었다. 신전은 산 중턱에 있어 그런 발상이 없었다면 신전으로 올라가는 계단이 너무 떨어져 있어 광장이 비좁을지도 모른다. 아래쪽에 몇 개의 계단이 있었는지는 알 수 없다. 그 계단은 몇 개 말고는 모두 땅 속에 묻혔으며 그 위로 도로가 생겼기 때문이다.

나는 못내 아쉬운 심정으로 그곳에서 발길을 돌리며, 모든 건축가들이 이 건물에 관심을 갖도록 해야겠다고 마음먹었다. 그러면 우리 시대에도 이 건물의 정확한 설계도를 확보할 수 있을 것이다. 일반적으로 전해져 내려오는 것

---

*49 원기둥의 직경을 말함.

이 얼마나 믿을 수 없는 것인지 나는 이번에 다시 한 번 확인하지 않을 수 없었다.

내가 전적으로 신뢰하는 팔라디오의 책에도 이 신전 그림이 실려 있지만, 그는 이 신전을 자신의 눈으로 직접 보지는 않았을 것이다. 그의 그림에는 대석이 계단 위 평면에 올라가 있고 이로 인해 기둥이 지나치게 높아졌다. 그 때문에 실제로 조용하고 느낌이 좋으며 시각적으로나 오성적으로 만족감을 주는 아름다운 광경 대신에 마치 팔미라*50처럼 기괴한 흉물이 되어 버렸다. 이 건축물을 통한 내면의 감동은 말로 표현할 수 없으며 언젠가는 영원한 성과를 가져다 줄 것이다.

더할 나위 없는 아름다운 저녁 무렵, 나는 매우 느긋한 기분으로 로마 거리를 향해 걸어가고 있었다. 그때 갑자기 등 뒤에서 거칠고 격한 말소리가 들려왔다. 나는 그것이 이미 시내에서 들어본 경찰들 목소리일 것이라고 짐작했다.

그래서 아무렇지도 않다는 듯 앞만 보고 걸으며 등 뒤에서 들려오는 그들의 말에 귀 기울였다. 그 순간 나는 그들이 나를 겨냥하여 소리치고 있다는 것을 즉각 알 수 있었다. 총으로 무장한 2명을 포함해 그들 4명은 불쾌한 모습으로 투덜거리면서 내 앞을 몇 걸음 앞서더니 돌아서서 나를 에워쌌다. 그들은 내 신분이 무엇이며 왜 이곳에 있느냐고 물었다. 나는 외국인이며 내 마차를 폴리뇨로 보내고 아시시로 걸어가고 있다고 답했다. 그들은 내 말을 믿으려 하지 않았다. 마차 삯을 지불하고 걸어가는 사람이 어디 있느냐는 것이었다. 그들은 내게 그란 콘벤토*51에도 갔느냐고 물었다. 나는 가보지 않았으나 그 건물은 오래전부터 알고 있다고 덧붙였다. 그리고 나는 건축가이기 때문에 이번에는 마리아 델 미네르바만 답사했고, 그 건물은 당신들도 알다시피 걸작이지 않느냐고 말했다.

그들은 내 말을 부정하지는 않았지만, 내가 성 프란체스코에 참배하지 않았다는 점을 몹시 불쾌해하면서 혹시 내가 밀수꾼일지도 모른다고 의심했다. 나는 배낭도 없이 빈 가방으로 혼자서 길을 가는 사람을 밀수꾼으로 의심하다니 이 얼마나 어이없는 일이냐고 미소지으며 말했다.

---

*50 시리아의 사막에 있는 폐허로 3세기 무렵에는 상업의 중심지였다. 흉물이란 이곳에 있는 거대한 바르의 신전을 가리킨다.
*51 프란체스코파의 수도원.

나는 그들에게 함께 시내로 돌아가 재판관에게 가보자고 제안했다. 재판관에게 내 서류를 보여 주면 그는 내가 존경할 만한 외국인이라는 것을 확인해 줄 것이라고 말했다. 그러자 그들은 투덜거리며 그럴 필요는 없다고 말했다.

내가 계속해서 단호한 태도를 보이자, 마침내 그들은 시내 쪽으로 다시 멀어져 갔다. 나는 그들의 뒷모습을 지켜보았다. 그 무례한 녀석들이 걸어가는 앞쪽에서 아름다운 미네르바의 다정한 모습이 보여 다시 한 번 위안을 받았다. 나는 성 프란체스코의 음울한 돔을 왼쪽으로 보면서 길을 계속 가려고 했다. 그때 좀 전의 그 녀석들 가운데 총을 들지 않은 경찰 하나가 무리를 벗어나 아주 우호적인 태도로 내게 다가왔다. 그는 내게 인사를 하며 곧장 운을 떼었다.

"외국인 양반, 내게 최소한 팁 한 푼이라도 줘야 하지 않겠소. 나는 당신이 선량한 사람이라는 것을 금세 알아보고, 그들에게도 그렇게 말했으니까 말이오. 저들은 성미가 급하고 세상 이치를 잘 모르는 자들이오. 내가 당신 말에 맞장구 쳐 준 것을 당신도 봤을 거요."

나는 그를 칭찬해 주면서, 앞으로는 종교와 미술 연구를 위해 아시시를 찾아오는 정직한 외국인을 보호해 달라고 말했다. 특히 아직 제대로 된 설계도나 동판화가 없는 미네르바 신전을 이 도시의 명예를 위해 측정하거나 스케치하려고 오는 건축가들을 지켜 달라고 부탁했다. 외국인들에게 도움을 준다면 그들도 틀림없이 고마워할 것이라는 뜻이었다.

그러면서 나는 그의 손에 은화 몇 닢을 쥐어 줬더니, 그는 예상보다 많은 돈을 받자 매우 기뻐했다. 그는 아시시에 다시 한 번 들려 달라고 부탁했다. 특히 신앙심을 드높이고 위로받을 수 있는 성 프란체스코 축제를 놓치지 말라고 권유했다. 그러고는 나처럼 멋있는 남자는 마땅히 예쁜 여자를 만나고 싶어할 테니 내게 아시시에서 가장 아름다운 여성의 대접을 받을 수 있도록 자기가 주선해 주겠다고 말했다. 그는 오늘 저녁 안으로 성 프란체스코 무덤을 찾아가 나와 나의 남은 여정을 위해 기도하겠노라고 약속하고서 떠났다.

그렇게 그와 헤어지자, 나는 다시 자연과 나 자신만을 벗으로 삼게 되어 행복했다. 폴리뇨로 가는 길은 이제까지 지나온 길 중에서 가장 아름답고 멋진 산책길이었다. 산기슭을 따라 나무가 우거진 계곡을 오른쪽으로 굽어보며 내려가는데 네 시간쯤 걸리는 길이었다.

마차 여행은 내키지 않기 때문에 느긋하게 걸어서 그 뒤를 따라가는 것이 좋다. 페라라에서 이곳까지 계속해서 이런 식으로 이동해 왔다. 이탈리아는 자연의 혜택을 가장 많이 받은 나라지만, 더 편리하고 새로운 삶에 필연적으로 기초가 되는 기계 공업과 기술 분야에서는 여전히 다른 나라들에 훨씬 뒤처져 있다.

이곳의 마차는 아직도 세디아(안락의자)라고 불린다. 이런 마차는 여성이나 노인, 상류층 사람들이 타고 다닌, 노새가 끄는 고대 가마에서 발달된 것이 분명하다. 뒤쪽에서 가마 갈래에 매여 있던 노새가 이제 두 개의 바퀴로 바뀌었을 뿐이고, 그것 말고는 고대 가마에서 나아진 것이 없다. 여행객은 수백 년 전과 마찬가지로 여전히 이리저리 흔들린다. 이탈리아 사람들의 집과 그 밖의 모든 것이 다 그런 식이다.

대부분의 시간을 들판에서 보내고 간혹 비상시에만 동굴로 돌아가던 목가적 삶이 아직도 현실에서 이루어지고 있는 모습을 보고 싶다면, 이곳 사람들의 거처, 특히 시골집에 들어가 보면 곧 알게 된다. 그런 곳에는 오늘도 여전히 동굴의 특성과 취향이 오롯이 남아 있기 때문이다. 그들은 믿기 어려울 만큼 평안한 모습인데, 이것은 생각을 많이 함으로써 빨리 늙는 일이 없도록 하려는 의도일 것이다. 전대미문의 낙천적 성격을 지닌 그들은 차츰 길어질 겨울밤을 지낼 준비를 하는 데 소홀하기 때문에 일년 가운데 상당 기간을 개처럼 고통받으며 지낸다.

이곳 폴리뇨는 갈릴리 가나의 혼례식*52 그림에서 보듯, 모든 사람이 커다란 공간의 땅바닥에 피워놓은 불가에 둘러앉아 왁자하게 떠들면서 이야기를 나누고, 긴 식탁에 앉아 식사를 하는 완벽한 호메로스풍의 분위기가 넘친다. 마침 나는 그 광경을 묘사할 기회를 갖게 되었다. 뜻하지 않게 한 남자가 내게 잉크병을 갖다 주었기 때문이다. 그러나 이 글씨를 보면 이곳이 어찌나 춥고 내가 앉은 책상은 또 얼마나 형편 없는지를 잘 알 수 있을 것이다.

이제 와서야 나는 아무 준비도 없이 홀로 이 나라를 여행한다는 것이 얼마나 무모한 짓인가를 실감하고 있다. 화폐도 다르고 마차 삯이며 물가, 형편 없는 여관 따위는 하루도 빠짐없이 겪게 되는 어려움이다. 나처럼 혼자 초행길

---

*52 신약성서 요한복음 제2장 참조.

스폴레토, 폰테 델레 토리(수도교)

을 가면서 끊임없이 즐거움을 누리길 기대하는 사람은 큰 실망감에 빠지지 않을 수 없다. 나는 이 나라를 둘러보는 것 말고는 아무것도 기대하지 않으므로 익시온*53의 마차에 묶여 로마로 끌려간다 하더라도 한 마디 불평도 하지 않을 것이다.

10월 27일 저녁, 테르니

1년 전에 발생했던 지진으로 피해를 입은 동굴에 앉아, 역시 석회질로 이루어진 산과 산 사이의 아름다운 평야가 시작되는 지점에 있는 이 작은 도시를 한 바퀴 둘러보면서 들판을 바라보았다. 꽤나 마음에 드는 곳이다. 이곳 테르니는 저쪽의 볼로냐와 같이 산기슭 이쪽에 위치하고 있다.

교황청 군인과 헤어진 뒤 이번에는 한 수도사를 만나 길동무가 되었다. 그는 그 군인에 비해 자신의 처지에 매우 만족하고 있었으며, 내가 이단자라는 것을 알고도 전례나 그 밖의 것을 묻는 내 질문에 기꺼이 대답해 주었다. 늘 새로운

---

*53 그리스 신화에 나오는 라피타인의 왕. 여신 헤라를 사랑한 모독죄로 주피터의 명령으로 지옥에서 불수레에 묶였다.

사람들과 어울려온 덕분에 나는 내 목적을 훌륭히 이룰 수 있었다. 우리는 그 나라 사람들끼리 하는 대화를 들어봐야 한다. 그것이야말로 나라 전체의 살아 있는 모습이기 때문이다. 이상하게도 그들 모두는 서로 적대자이고 저마다 지방색이나 도시색을 갖고 있어 상대를 이해하고 받아들일 줄을 모른다. 계급 다툼도 끊이지 않는데, 이 모든 것들이 금세 치열한 감정싸움이 되어 종일 원초적인 희극으로 나타난다. 그러면서도 눈치 하나는 빨라서 다른 나라 사람들이 자신들의 어떤 행동을 낯설어 하는 것은 금세 알아챈다.

스폴레토 산에서 수도교*[54] 위에 올라가 보았는데, 그것은 동시에 산에서 산을 연결해 준다. 그 아래 골짜기에 걸쳐진 열 개의 아치는 벽돌로 되어 있으며 수백 년 동안 그곳에 조용히 서서 자리를 지키고 있다. 스폴레토 산에서는 요즘도 곳곳에서 맑은 물이 솟아난다. 그것은 내가 본 고대인의 건축물이며 마찬가지로 위대한 정신을 지니고 있다. 그들의 건축은 시민의 목적에 들어맞는 제2의 자연이었고, 그에 따라 원형 극장, 교회, 수도교*[55] 등이 생겨났다.

그제야 나는 자유로운 양식으로 지어진 건물이 내 마음에 들지 않았던 이유를 깨달을 수 있었다. 거대한 과자 장식과 수천 가지 다른 요소들에 지나지 않는 형편 없는 건물인 바이센슈타인의 겨울의 집*[56]이 대표적이다. 그 밖에도 이런 건축물은 수없이 많다. 그런 것들은 모두 죽은 채로 태어난 것이다. 참된 내면적 실재가 없는 것은 생명도 없고 위대하지도 않거니와 위대해질 수도 없기 때문이다.

최근 8주 사이에 나는 얼마나 많은 기쁨을 누리고 견문을 넓혔던가! 하지만 고생스러움도 충분히 겪었다. 나는 언제나 눈을 크게 뜨고 올바른 인상을 받고 싶다. 되도록이면 판단은 전혀 하고 싶지 않다.

산 크로체피소*[57]는 길가에 세워진 독특한 예배당이다. 나는 그것이 처음 이곳에 있던 신전의 유적이 아니라, 후세 사람들이 원기둥과 지주와 들보를 발견하고 모아 맞붙인 것이라고 생각한다. 어리석지 않고 기발하다. 하지만

---

*54 폰테 델레 토리를 말하는 것으로, 로마 시대의 기초 위에 14세기에 수리되었다. 수도는 도시와 루코 산을 잇고 있다.

*55 원형극장은 베로나에, 교회는 아시시에, 수도교는 스폴레토에 있는 셈이다.

*56 카셀 부근 빌헬름스회에 공원에 있는 팔각형 건물.

*57 성 살바토레라는 작은 교회로, 트레비와 스폴레토 사이에 있는 레 베네 부근의 통칭 크리톰누스 사원.

그것을 글로 표현하는 것은 어렵다. 어딘가에 동판화로 남아 있을 것이 틀림없다.

우리가 고대의 개념을 얻으려고 노력하면서 단지 폐허만 보고, 그것을 바탕으로 아직 밝혀지지 않은 개념을 다시 세우는 것은 정말이지 놀라운 일이다.

하지만 고전의 땅이라 불리는 곳에서는 사정이 전혀 다르다. 우리가 그런 곳에서 공상적인 태도를 취하지 않고 그 지방의 모습 그대로를 현실적으로 받아들인다면, 그곳은 늘 가장 위대한 행위를 낳는 결정적인 무대가 될 것이다. 따라서 나는 이제까지 언제나 공상이나 감정을 누르고 각 지방을 자유롭고 명확하게 관찰하기 위해서 지질학적, 경관적 지식을 이용해 왔다. 그러자 신기하게도 역사가 머릿속에 생생하게 떠오른다. 사람들은 자신에게 일어난 일을 모른다. 빨리 로마에 가서 타키투스*58를 읽고 싶은 마음이 간절하다.

날씨에 대해서도 말하지 않을 수 없다. 내가 볼로냐에서 아펜니노 산맥을 올라왔을 때 구름은 여전히 북쪽으로 움직이고 있었는데 방향을 바꾸어 트라시메노 호수 방향으로 이동했다. 이곳에서는 구름의 움직임이 멈춰 있지만, 남쪽으로 흐르는 구름도 있었다. 이렇게 포 강의 대평원은 여름 내내 모든 구름을 티롤 산지로 보냈지만, 지금은 일부분을 아펜니노 산맥 쪽으로도 보내고 있다. 그러므로 우기가 다가올지도 모른다.

이제는 올리브 열매의 수확 시기이다. 이곳에서는 손으로 열매를 따지만, 다른 곳에서는 막대기로 쳐서 떨어뜨린다. 예년보다 겨울이 빨리 찾아오면 따다 남은 열매는 봄까지 그대로 둔다. 오늘은 돌이 잔뜩 박힌 땅에서 가장 크고 오래된 나무가 자라는 것을 보았다.

뮤즈의 은총은 악마의 은총과 마찬가지여서 꼭 적절한 때에 받을 수 있는 것은 아니다. 오늘 나는 아직 때가 아닌 작품을 쓰고 싶은 욕망에 사로잡혔다.

구교의 중심지에 와서 구교도들에게 둘러싸인 채 마차 안에서 어떤 인연으로 한 성직자를 만나 마음을 정결하게 하고 진실의 자연과 고귀한 예술을 살펴보며 파악하려고 노력했다. 내 마음에는 본디 그리스도교의 모든 흔적이 완전히 사라지고 없다는 생각이 생생하게 떠올랐다. 사도행전에서 볼 수 있는

---

*58 이곳 테르니는 옛 인테라무나로, 로마시대의 역사가 타키투스가 태어난 곳이다.

모습으로 그리스도교를 순수함 속에 떠올려보니, 그 아득했던 초기에도 추하고 기괴한 이교로부터 핍박받을 수밖에 없었다는 생각이 들어 전율을 금할 수 없었다.

그러자 다시 《영원한 유대인》이 떠올랐다.*59 그는 이런 놀라운 사실의 발전과 전개를 목격했으며, 그리스도가 자신의 가르침이 얼마나 성과를 거두었는지 알아보기 위해 돌아왔을 때, 다시 십자가에 달리는 수난을 당하게 한 불가사의한 사건을 체험한 사람이다.

"나는 다시 십자가를 지러 간다"(Venio iterum crucifigi)라는 전설*60을 이 비극적 결말을 위한 소재로 쓰고 싶다.

이러한 몽상이 지금 내 눈앞에 떠오른다. 나는 이 여행을 되도록 서두르고 싶어서 옷을 입은 채로 자다가 날이 밝기 전에 일어나 바삐 마차에 오른다. 그러고는 꾸벅꾸벅 조는 상태로 낮 시간 동안 달리면서 제멋대로 공상에 잠겨버릴 수 있다는 것이 그 무엇보다도 가장 큰 즐거움이기 때문이다.

10월 28일 시비타 카스텔라나

마지막 밤을 소홀하게 보내고 싶지는 않다. 아직 8시도 안 되었는데 모두 잠자리에 들었다. 나는 내가 지나쳐 온 과거의 좋았던 일들을 떠올려 보고 이미 눈앞으로 다가온 미래를 즐길 수 있다. 오늘은 무척 맑고 푸른 날씨였다. 아침에는 몹시 추웠지만 낮은 환하고 따뜻했고, 저녁은 바람이 조금 불었지만 매우 상쾌했다.

새벽에 테르니를 떠났는데 나르니에 오른 것도 아직 날이 밝기 전이어서 그 유명한 다리*61는 볼 수 없었다. 그리고 계곡과 해안 근교, 가깝고도 멀리 보이는 아름다운 지방, 이들은 온통 석회암으로 이루어진 산지로, 다른 돌들의 흔적은 전혀 찾아볼 수 없다.

오트리콜리는 물살에 떠내려 온 퇴적물이 만든 구릉 위에 있으며, 강 건너편에서 가져온 용암으로 이루어졌다.

---

*59 괴테는 《영원한 유대인》을 1774년에 단편으로나마 집필했다. 그것을 떠올린 것이다.
*60 순교자로서의 죽음을 피한 베드로가 구세주를 만나 "주여, 어디로 가시나이까?"라고 물었을 때 "나는 다시 십자가를 지러 간다"고 대답했다는 전설.
*61 넬라교를 말하며, 아우구스투스가 프라미니우스 가도에 설치한 것.

다리*62를 건너면 곧바로 화산지대가 나온다. 표면은 진짜 용암이나 이전부터 있던 암석이 구워지고 녹아서 변질된 것이다. 회색 용암이라고 불릴 정도의 어떤 산을 올라가보았다. 그곳에서는 석류석처럼 생긴 하얀 결정체가 많이 보였다. 높은 곳에서 시비타 카스텔라나로 내려오는 길도 이 돌로 되어 있었는데, 매끈하게 다져져 있어서 걷기에 무척 편했다. 마을은 화산질의 응회암 위에 이루어져 있었는데, 이 바위 안을 자세히 살펴보면 화산재나 경석이나 용암의 파편을 찾을 수 있을 것 같았다. 성에서 바라다보는 전경은 매우 아름다웠다. 홀로 떨어진 소라쿠테 산은 그림처럼 아름다웠는데, 이것도 아마 아펜니노 산계에 속하는 석회산일 것이다. 화산지대는 아펜니노 산맥보다 훨씬 고도가 낮은데, 그것을 가로지르는 물줄기가 이 지역의 산과 바위들을 이룬다. 그와 동시에 그림처럼 장엄한 지역들과 우뚝 솟아오른 암벽, 그 밖의 지형적인 우연이 형성되고 있다.

내일 저녁에는 마침내 로마에 간다. 아직도 나는 내가 로마에 간다는 사실을 믿을 수가 없다. 나의 이 오랜 소원이 이뤄지면 그다음에는 대체 무엇을 소망하면 좋을까? 꿈에서 본*63 꿩을 실은 배를 타고 무사히 고향으로 돌아가 친구들의 건강하고 반갑고 호의적인 얼굴을 보는 것 말고 또 무엇을 바라겠는가?

---

*62 테베레 강의 다리로, 보르게토 옆에 있는 폰테 펠리체. 이것도 아우구스투스가 넬라교와 똑같은 목적으로 만든 것으로, 1589년에 식스투스 5세가 보수공사를 했다.
*63 10월 19일 밤 볼로냐에서 쓴 일기에서 꿈에 관한 이야기를 언급한 부분을 참조.

로마[*1]

1786년 11월 1일, 로마

마침내 나는 오랜 침묵을 깨고 친구들에게 즐거운 인사를 보내게 되었다. 이곳까지 오는 동안의 비밀,[*2] 말하자면 잠행이나 다름없는 여행에 대해 친구들에게 용서를 빌어야겠다. 나 자신조차 가는 곳을 분명히 말하기 어려웠으며, 여행하는 동안에도 걱정스런 심정이었다. 그러다가 마침내 포르타 델 포폴로 문[*3]에 이르러서야 비로소 내가 정말 로마에 왔다는 사실을 확신하게 되었다.

내가 혼자서 구경하리라고는 생각지도 못했던 사적을 이렇게 가까이에서 접하게 되니, 멀리 있는 친구들이 수천 번이나 생각났다는 사실도 말해 두고 싶다. 북방에 있으면 누구든 몸과 마음이 그곳에 사로잡혀서 이런 남쪽 지방에 대한 기대가 완전히 사라져 버린다는 것을 겪었다. 따라서 나는 이 길고 고독한 여행을 하기로 결심하고, 저항할 수 없는 욕구에 이끌려 세계의 중심지를 찾게 된 것이리라. 사실 난 지난 몇 년 동안은 마치 병든 것 같았다. 그래서 치료할 수 있는 길은 오로지 이곳을 찾아와 내 눈으로 직접 보는 것뿐이었다. 이제 와서 고백하건대, 그때는 정말 라틴어로 쓰인 책 한 권, 이탈리아의 풍경화 한 점조차도 바라볼 수 없었다. 이 나라를 보고자 하는 욕망이 무르익었다. 그런데 이제 막 그 욕구가 채워지니까 친구들과 조국이 사무치게 그리워지고 돌아가고 싶은 생각이 간절해진다. 더구나 내가 가지고 갈 그 많은 보물을 나만의 전유물로 하지 않고 다른 사람들과도 함께 나누어, 평생의 길잡이로 삼게 될 것을 굳게 믿기 때문에 고향으로 다시 돌아가고픈 욕구가 더욱

[*1] 이 장은 칼 아우구스트 공, 헤르더, 슈타인 부인 및 바이마르의 친구들에게 보낸 편지들을 바탕으로 편집했다.

[*2] 괴테는 이제까지 이탈리아 여행을 필립 자이델에게만 털어놓고, 바이마르의 친구들에게뿐만 아니라 칼 아우구스트, 헤르더 집안 사람들, 슈타인 부인에게도 비밀로 했었다.

[*3] 로마 북문에서 시내로 들어가는 외국인은 반드시 이 문을 지나야 했다.

델 포폴로 문, 주세페 바시 그림(동판화)

커지는 것이다.

1786년 11월 1일, 로마

마침내 나는 세계의 수도에 도착했다! 만일 내가 15년 전쯤에 좋은 동행자와 함께 견식 있는 사람의 안내를 받으며 이 도시를 구경했었더라면 나를 행운아라 불렀을 것이다. 그러나 오늘처럼 안내자도 없이 홀로 찾아올 운명이었다면, 이러한 기쁨이 이토록 늦게서야 베풀어진 게 오히려 다행스럽다.

티롤 산맥을 마치 날아서 넘어온 것 같다. 베로나·비첸차·파도바·베네치아 등은 충분히 둘러보았지만, 페라라, 첸토, 볼로냐는 대충 훑어 보았고 피렌체에서는 겨우 세 시간밖에 머물지 않아 거리는 거의 구경도 하지 못했다. 로마로 가고자 하는 욕구가 너무나 강렬했고 날이 갈수록 커져서 잠시도 발걸음을 멈출 수가 없었기 때문이다.

이제 이곳에 도착하니 마음이 편안해지고, 평생 이어질 듯한 안정을 찾은 것 같다. 부분적으로 속속들이 알고 있던 것들을 전체적으로 바라보게 되면, 거기에서 새로운 삶이 시작될 것이다. 내 젊은 시절의 모든 꿈을 오늘 이 순간 내 눈앞에서 생생히 바라보고 있다. 내 기억에 아로새겨진 옛날의 동판화—아버지가 현관에다 걸어 놓은 로마 조감도를 바로 지금 실물로 바라보고 있다. 그리고 일찍이 그림과 스케치로, 동판화와 목판화로, 석고상과 코르크 세공품으로 보아온 것들이 바로 오늘 내 눈앞에 줄지어 펼쳐져 있다.

어디를 가더라도 새로운 세계에서 친숙한 대상과 마주친다. 모든 것이 내가 생각했던 그대로이며, 또한 새롭다. 나의 관찰 방식과 관념에 대해서도 똑같다. 나는 이곳에 와서 전혀 새로운 생각을 갖게 된 것도 아니고, 생판 낯선 것을 발견한 것도 아니다. 하지만 나의 옛 지식들이 여기 와서 매우 또렷해지고 생명력을 얻었으며, 또한 유기적으로 연결되었으니 이것이 곧 새로움이라고 말할 수 있다.

피그말리온이 자신의 이상형으로 만들었고, 예술가로서 할 수 있는 최대의 진실성과 생명을 불어넣었던 엘리제[4]가 마침내 그에게 다가와 "저예요!" 말했을 때, 살아 있는 엘리제는 이전의 단순한 조각상과 비교하면 얼마나 큰 차이인가!

로마인에 대한 이야기와 글은 수도 없이 많아, 여행객은 누구나 자신의 잣대에 따라 판단하기 마련이다. 이 감상적인 민족과 함께 생활해 보는 것은 내게는 도덕적으로 매우 이로운 일이다. 나는 이 나라 사람들을 비난하고 욕하는 이들을 탓하고 싶지 않다. 여기 있는 사람들은 우리와 너무 멀리 떨어져 있어서, 외국인으로서 그들과 관계를 맺는 일은 어려울 뿐 아니라 시간과 비용 또한 많이 들기 때문이다.

11월 3일, 로마

내가 서둘러 로마를 찾게 된 주된 이유 가운데 하나는 11월 1일이 만성절이기 때문이었다. 오직 한 사람의 성인에게도 대단한 경의를 표하는 사람들인지라 성인 모두를 기리는 행사는 얼마나 장관일까 하는 생각이 들었던 것이다. 그러나 그것은 큰 오산이었다. 로마 교회는 눈에 띌 만한 축제는 없었고, 각 교

---

*4 로마 시인 오비디우스(기원전 43~기원후 17)의 이야기에 따르면, 키프로스 섬의 미술가 피그말리온은 자신이 상아로 만든 인형의 아름다움에 취해 그 인형을 사랑하게 되었고, 미의 여신 아프로디테에게 부탁해 인형에게 생명을 불어넣어 아내로 삼았다. 이 인형은 오비디우스의 이야기에서는 이름이 없었지만, 뒷날 보드머가 《피그말리온과 엘리제》(1747)라는 이야기에서 엘리제라고 이름을 붙였다.

로마 포폴로 광장, 가스파르 판 비텔 그림

단은 자신들이 섬기는 성인만을 기념하여 단출하게 저마다 식을 올렸다. 각 성인이 영광 속에 빛나는 날은 명명일 축전과 그에게 주어진 기념제 때이다.

그러나 어제의 만성절은 참으로 만족스러웠다. 교황이 퀴리날레*5의 본당에서 축제를 집전한 것이다. 누구나 자유롭게 참석할 수 있었기에, 나도 티슈바인*6과 함께 몬테 카발로*7를 향해 발걸음을 재촉했다.

궁전 앞 광장은 매우 독특한 독자성을 띠고 있었는데, 형태가 불규칙하기는 했지만 웅장하고 아름다웠다. 나는 거기서 두 개의 거대한 입상을 보았으나 그것을 이해하기에는 내 안목도 지식도 너무나 부족했다. 우리는 군중 속에 뒤섞여 그 화려하고 널찍한 안뜰을 지나 드넓은 계단을 올라갔다. 예배당과 마주

---

*5 1870년 이후 왕궁으로 쓰였지만, 그 무렵에는 사도궁이었다.

*6 요한 하인리히 빌헬름 티슈바인(1751~1829). 헤센 태생의 화가로 주로 초상화, 동물화, 역사화 등을 그렸다. 1782년부터 고타 공 에른스트 2세의 후원으로 로마에 와서 살았다. 로마에 와서 그와 알게 된 괴테는 함께 로마와 캄파니아에서 어울리며 고대 예술과 르네상스의 걸작을 배웠다.

*7 왕궁 앞 광장으로, 오늘의 피아차 델 퀴리날레. 몬테 카발로(말의 산)라 불리는 것은 이곳에 거대한 마부의 대리석상 두 개가 있기 때문이다.

퀴리날레 궁전

보고 여러 방들을 한눈에 바라볼 수 있는 현관홀에 들어서니 그리스도의 대리자와 한 지붕 밑에 함께 있다는 생각이 들어 묘한 느낌이 들었다.

예식은 이미 시작되어 교황[8]과 대주교들은 교회 안에 들어와 있었다. 교황은 무척 잘생겼을 뿐 아니라 위엄 있었고, 대주교들은 다양한 연령과 풍채를 지닌 사람들이었다.

나는 교황이 그 고귀한 입을 열어 성자들의 영혼을 이루 말할 수 없을 만큼 축복해 주고 우리까지 황홀경에 잠기도록 해주었으면 하는 묘한 욕구에 사로잡혔다. 그러나 교황은 제단 앞에서 이리저리 움직이고, 이쪽저쪽을 바라보면서 마치 평범한 사제처럼 행동하며 중얼거릴 뿐이었다. 나는 프로테스탄트적인 원죄가 꿈틀대기 시작해 그 관습적인 미사가 전혀 마음에 들지 않았다.

그리스도는 일찍이 소년 시절부터 성경을 입으로 설파했는데, 청년 시절에 침묵으로 전도하며 사람들을 감화시켰을 리가 없지 않은가. 우리가 복음서를 읽고 알듯이 예수는 이야기하기를 좋아했으며 재치있는 달변가였다. 만일 예

---

[8] 1775년부터 1799년까지 교황직에 있었던 피우스 6세.

로마, 몬테 카발로 광장, 피라네시 그림

수가 이 자리에 나타나서, 지상에 있는 자신의 대리자가 뭔가를 중얼거리며 이리저리 오락가락하는 모습을 본다면 과연 뭐라고 말씀하실까? 그런 생각에 잠겨 있을 때 "나는 다시 십자가를 지기 위해 왔노라" 하는 말씀[9]이 문득 떠올랐다. 나는 길동무의 소맷자락을 잡아끌고 그곳을 빠져나와 그림이 그려진 돔 천장의 넓은 방으로 갔다.

거기에서는 많은 사람들이 귀중한 그림들을 유심히 바라보고 있었다. 이 만성절은 로마에 있는 모든 예술가들의 축제이기도 하다, 성당과 마찬가지로 모든 궁전과 공간이 누구에게나 열려 이 날은 몇 시간이든 자유롭게 드나들 수 있다. 팁을 줄 필요도 없고 문지기에게 쫓겨날 걱정도 없다.

나는 벽화를 감상했다. 거기에는 이제까지 이름도 들어보지 못한 뛰어난 화가들의 작품들이 있었다. 유쾌한 카를로 마라티[10]를 높이 평가하고 좋아하게

*9 〈피렌체에서 로마까지〉 중 10월 27일 밤 테르니에서 쓴 일기의 마지막 부분과 그 주를 참조.
*10 1625~1713. 마돈나 화가로 로마파에 속함.

된다.

그리고 무엇보다도 즐거웠던 것은, 내가 이미 그 화풍에 감명을 받았던 예술가들의 걸작품들을 마주하는 일이다. 나는 구에르치노의 〈성 페트로닐라〉*[11]를 보고 감탄하지 않을 수 없었다. 그것은 전에 성 피에트로 교회에 있던 것인데, 지금은 원작 대신 모자이크 복제품이 걸려 있다. 성녀의 시신이 무덤에서 꺼내지고, 되살아난 성녀가 천당에서 거룩한 젊은이에게 영접받는 장면이다. 이러한 두 개의 줄거리에 대해 이의를 제기하는 사람이 있을지도 모르나, 이 그림은 더없이 위대한 작품이다.

티치아노 그림*[12] 앞에서 나는 더욱 경탄을 금치 못했다. 이제까지 내가 본 그의 모든 작품을 훨씬 넘어서는 것이었다. 그림을 보는 나의 수준이 높아진 것인지, 아니면 이 그림이 좀 더 특별히 뛰어난 것인지는 잘 모르겠다. 자수와 금박으로 꾸며진 빳빳하고 호화로운 전례복이 주교의 당당한 풍채를 감싸고 있다. 왼손에는 커 보이는 목자의 지팡이를 들고 간절한 눈길로 하늘을 올려다보면서, 오른손에는 책 한 권을 들고 있다. 마치 그 책에서 방금 신의 계시라도 받은 듯한 모습이다. 그의 등 뒤에는 아름다운 처녀가 종려나무 잎사귀를 손에 들고 호기심에 찬 사랑스러운 표정으로 그 펼쳐진 책을 들여다보고 있다. 그와는 다르게 오른편의 근엄한 노인은 바로 옆에 서 있으면서도 책에는 눈길도 주지 않는다. 열쇠를 손에 쥐고 있는 그의 모습은 마치 스스로 천국의 문을 열 수 있다는 확신에 차 있다. 이 인물들과 마주보는 위치에는 건장한 체격의 한 젊은이가 화살이 박힌 채 벌거벗은 상태로 묶여, 고개를 떨군 채 모든 것을 체념한 듯 멀거니 앞을 바라보고 있다. 그들 사이에 두 성직자가 십자가와 백합꽃을 들고 경건한 모습으로 하늘을 우러러보고 있다.

그들 모두를 둘러싸고 있는 반원의 벽은 위쪽으로 트여 있고, 거기서 성모 마리아가 찬란한 후광을 받으며 자애로운 눈길로 지상의 인간들을 내려다보고 있다. 그녀의 무릎에는 생기발랄한 아기가 밝은 표정으로 화환을 내밀고 있는데, 화환은 거의 떨어질 것만 같다. 양쪽에는 천사들이 수많은 화환을 들

---

*11 이 그림은 나중에 카피톨의 화랑으로 옮겨졌다.
*12 성 니콜로 데 프라리에 있는 마돈나의 그림. 베네치아에 있었다가 바티칸의 화랑으로 옮겨졌다. 그려진 인물은 성자 니콜라우스, 카타리나, 베드로, 세바스티안의 네 사람과 아시시의 프란체스코, 파도바의 안토니우스 등 두 사제.

고 공중에 떠 있다. 그들의 머리 위 삼중 후광 위에서 천상의 비둘기가 중심점이 되어 있다.*13

이렇게 어울리지 않는 여러 인물들을 교묘하면서도 의미심장하게 연결시켜 놓을 수 있던 까닭은, 신성하고 오래된 전통이 그 바탕을 이루고 있기 때문임에 틀림없다. 우리는 그 사정과 이유에 대해 궁금해하지 않고, 오직 있는 그대로의 모습을 바라보면서 그 놀라운 작품에 경탄을 금치 못할 뿐이다.

〈프라리의 성녀〉 티치아노 그림

성당에 있는 귀도의 벽화*14는 이해하기는 좀 더 쉽지만 신비롭다. 천진하고 사랑스러우며 경건한 처녀가 조용히 혼자 앉아서 바느질을 하고 있고, 그 옆에서는 두 천사가 매순간 그녀의 시중을 들기 위해 기다린다. 이 매력적인 그림이 우리에게 넌지시 알려주는 바는 젊은이의 순결함과 근면함이 천사들에 의해 보호받고 존중받고 있다는 점이다. 이 점에 대해서는 어떠한 성서 이야기나 해설도 필요 없다.

*13 이 비둘기 부분은 현재 유감스럽게도 잘려나가고 없다.
*14 마리아의 생애를 그린 귀도 레니의 벽화로, 왕궁 대예배당에 있다.

여태껏 진지한 예술 이야기만 했지만, 재미있는 사건도 있었다. 티슈바인과 아는 사이인 독일 예술가 몇몇이 나를 유심히 살펴보며 때때로 들락거렸다. 잠시 내 곁을 떠나 있었던 티슈바인이 다시 내게 돌아와서 이렇게 말하였었다.

"참 재미있는 일인데요! 시인 괴테가 이곳에 와 있다는 소문이 벌써 퍼졌는데, 저 화가들은 유일하게 낯선 이방인인 당신이 어쩐지 괴테인 것 같다며 당신을 주목하게 된 거예요. 그런데 우리 화가들 가운데, 전부터 당신과 알고 지내고 있으며 심지어 친분이 두터운 사이라고 주장하던 한 사람*15이 있었는데, 우리는 그의 말을 믿지 않았지요. 그래서 이번에 사람들이 그에게 당신과 만나 당신이 정말 괴테인지 판단해 달라고 요구했다고 합니다. 하지만 그 사람은 당신이 괴테가 아니며, 전혀 비슷한 구석조차 없는 사람이라고 단언했답니다. 그러니까 신분을 감추며 다니는 당신의 정체가, 당장에는 드러나지 않겠지만 결국에는 웃음거리가 될 것 같아요."

그래서 나는 전보다 대담하게 화가들 사이에 끼어들어, 처음 보는 몇몇 그림들의 작가에 대해 이것저것 물어보았다. 마침내 그림 하나가 특히 내 관심을 끌었는데, 그것은 성 게오르크가 용을 물리치고 처녀를 구하는 모습을 그린 것이었다.

그러나 아무도 그 그림의 작가 이름을 말하지 못했다. 그때 지금까지 말없이 겸손한 모습을 보이던 자그마한 사나이가 앞으로 나서면서 그 그림에 대해 설명을 해주었다. 그것은 베네치아파 화가 포르데노네*16의 대표작 가운데 하나인데, 그 작품 하나만 보더라도 그의 기량을 충분히 알 수 있을 것이라는 설명이었다. 나는 그때서야 내가 왜 그 그림에 그토록 남다른 애착을 느끼게 되었는지 깨달았다. 다시 말해 그 그림이 내게 좋은 느낌을 주었던 까닭은, 내가 이미 베네치아파 그림들에 친숙해져서 그 대가들의 장점을 잘 알고 있었기 때문이었다.

---

*15 루트비히 티크의 보고에 의하면, 이 '한 사람'은 시인이자 화가인 프리드리히 뮐러 (1749~1825)이다.

*16 조반니 안토니오 포르데노네(1483~1539). 이탈리아 화가로 조르조네의 제자. 성 게오르기우스의 그림은 오늘날 바티칸의 고미술관에 있지만, 작가는 팔리스 포르도네(1500~1571)로 되어 있다.

달빛 아래 별장, 괴테 그림

내게 설명해 준 이는 하인리히 마이어*¹⁷라는 스위스 화가이다. 그는 쉴라*¹⁸ 라는 이름의 친구와 함께 몇 년 전부터 이곳에서 연구하고 있었으며, 주로 세 피아에서 고대 흉상을 모사하고 있으며, 미술사에도 해박한 사람이었다.

11월 7일, 로마

이곳에 온 지 벌써 7일이 지났다. 이제 내 머릿속에는 이 도시의 커다란 윤 곽이 차츰 자리잡혀 간다. 우리는 부지런히 이곳저곳으로 돌아다녔다. 나는 고 대 로마와 현대 로마의 도면을 머리에 넣고 폐허와 건축물들을 관찰하며 여러 별장들을 방문했다. 가장 중요한 유적은 앞으로 천천히 연구하기로 하고, 지금 은 그저 왔다갔다하면서 눈을 크게 뜨고 볼 뿐이다. 로마를 알고자 한다면 로 마에 와서만이 그 마음의 준비를 할 수 있다는 생각에서였다.

하지만 새로운 로마에서 고대 로마를 분리해 낸다는 작업은 어렵고도 내키

─────────────────

*17 1759~1832. 취리히 호숫가의 슈테파 출신으로, 뒷날 바이마르 미술학교장이 되었다.
*18 하인리히 쉴라는 곧 귀국해서 1789년에 죽었다.

▲괴테가 묵었던 집은 오늘날 박물관이 되었다.

◀코르소 거리에 있는 괴테가 묵었던 집

지 않는 일이다. 그럼에도 그런 작업은 필요하며, 결국 가치있는 일이라는 만족감이 찾아올 것이다. 나는 이곳에서 상상을 뛰어넘는 웅장함과 파괴의 흔적을 나란히 보게 되었다. 야만인들이 부수지 않고 놔둔 것을 새 로마 건축가들이 무너뜨려 버린 것이다.

2천 년을 넘게 버텨 온 실체가 바로 여기에 있다. 시대의 변천에 따라 여러 굵직한 변혁을 겪어오면서도 들판과 산은 여전히 옛날과 똑같고, 기둥과 성벽도 과거 그대로이며, 사람들에게서도 예전과 같은 특징이 엿보인다. 이러한 실체들을 대할 때 우리는 운명의 위대한 결의를 따르는 동반자가 된다. 따라서 관찰자의 눈으로는 어떻게 로마에서 로마로 내려오고 변화되어 왔는지 파악하기가 사실상 어렵다. 고대 로마로부터 이어지는 현대 로마뿐만 아니라 고대와 현대에 걸친 여러 시대의 발전 과정을 이해하기도 힘들다. 나는 먼저 이렇게 반쯤 가려진 국면들을 따라 무언가를 알아낼 수 있어야 한다. 그렇게 해야만 준비해둔 훌륭한 예비 작업을 제대로 활용할 수 있으리라. 그것은 15세기 무렵부터 오늘날에 이르기까지 뛰어난 학자들과 예술가들이 평생을 바쳐 이것에 대해 연구해 왔기 때문이다.

중요한 대상들과 마주하기 위해 로마 시내를 이리저리 돌아다니다 보면 이 거대한 존재들은 우리 마음에 잔잔한 감동을 주고는 한다. 다른 지역에서는 중요한 유적지를 찾아다녀야 하지만 로마에서는 굳이 힘들여 찾아다니지 않아도 그런 유적들이 시내 곳곳에 가득 차 있다. 어디를 가든 어떻게 머물든 각양각색의 풍경화가 펼쳐진다. 궁전과 폐허, 정원과 황야, 조그맣게 보이는 먼 풍경

창 밖을 내다보는 괴테, 티슈바인 그림

과 경치, 집, 마구간, 개선문, 원기둥, 때때로 이 모든 것이 한곳에 모여 있어서 종이 한 장에 빠짐없이 그려 넣을 수 있을 정도이다. 이런 것들에 대해 쓰려면 석필이 1천 개는 필요할 텐데, 펜 하나로 어떻게 묘사를 다할 수 있겠는가! 더구나 지나치게 많은 것을 보고 무척 자주 감탄하다 보니 저녁 때가 되면 피곤해서 기진맥진한다.

11월 7일

친구들이여, 이제부터 소식 전하는 일을 게을리하더라도 너그럽게 이해해주길 바란다. 여행 중에는 누구든지 가능한 한 모든 것을 놓치지 않고 움켜 쥐려고 한다. 날마다 무엇인가 새로운 것이 나타날 때마다 그에 대해 생각하고 판단하느라 바쁘다. 특히 이 도시에 오니까 매우 커다란 학교에 온 것 같다. 하루

동안 본 것이 어쩌나 많은지 그것들을 감히 보고할 엄두조차 나지 않을 정도이다. 그러니 몇 해 동안 이곳에 머문다 하더라도 피타고라스의 침묵을 지키며 살펴보는 것이 가장 지혜로운 방법이리라.

몸 상태가 무척 좋다. 오늘 날씨는 로마 사람들 말로 'brutto(나쁘다)'이다. 날마다 많건 적건 비를 몰고 오는 남풍(시로코)이 분다. 하지만 이런 날씨가 불쾌하지는 않다. 독일의 비 오는 여름 날씨와는 달리 따뜻하기 때문이다.

11월 7일

티슈바인의 재능과 예술적 의도에 대해 차츰 더 알게 되고 높이 평가하게 되었다. 그는 내게 자신의 소묘와 스케치를 보여 주었는데 충분히 장래성이 있는 작품들이었다. 보드머[19] 집에서 묵을 때 그는 인류가 지구상에 정착하여 세계의 지배자가 되기 위해 사명을 해결해야 했던 태초 세계에 관심을 갖게 되었다.

티슈바인은 작품 전체에 대한 재치 있는 입문 단계로 태초의 세계를 감각적으로 묘사하려고 노력했다. 장엄한 삼림으로 뒤덮인 산, 급류로 침식당한 골짜기, 활동을 멈추고 조용히 연기만 피어오르는 화산이 그려졌다. 전경에는 땅 속에 수백 년 된 참나무의 거대한 그루터기가 남아 있고, 반쯤 드러난 그 뿌리를 향해 수사슴 한 마리가 자기 뿔의 세기를 시험해 보고 있다. 구상은 물론 그린 솜씨 또한 뛰어나다.

또한 그는 주목할 만한 그림[20]으로 인간을 말 조련사로 그리면서, 인간이 지상과 공중과 물속에 사는 모든 동물보다 힘은 약하더라도 지혜는 훨씬 뛰어나다는 점을 강조했다. 구성이 매우 좋으며, 유화로 그리면 틀림없이 큰 효과를 낼 수 있을 것 같다. 그 그림의 소묘 한 장을 바이마르에 꼭 가져가야겠다.

그는 이미 세상에 정평이 난 옛 현인들의 회합 장면을 그릴 예정인데, 그것을 현실 인물을 그릴 기회로 삼겠다는 생각도 하고 있다. 그러나 그가 가장

---

* 19 요한 야콥 보드머(1698~1783). 취리히의 시인. 그의 서사시 〈대홍수〉, 〈노아〉, 〈야곱과 요셉〉은 오랜 여행 시절을 바탕으로 한 것. 티슈바인은 1781년부터 이듬해에 걸쳐 취리히에서 머물렀다.

* 20 티슈바인이 즐겨 사용한 소재인 '인간의 힘'을 그린 것으로, 이듬해인 1787년에 비로소 완성되었다. 30년 뒤에는 같은 그림을 더 큰 화면에 담았는데, 이 그림은 오늘날 스위스의 오이텐 성에 있다.

열정적으로 스케치하는 그
림은, 두 파로 갈린 기병대
원들이 똑같이 분노에 사로
잡혀서 서로 공격하는 전
투 장면이다. 더군다나 그
장소는 거대한 협곡이 그
들을 갈라놓고 있는 곳으
로 말도 온 힘을 다해야 겨
우 넘을 수 있을 것이다. 여
기서는 방어란 생각조차
할 수 없는 일이다. 승리냐,
패배의 구렁텅이로의 추락
이냐의 기로에서 대담한 공
격과 과감한 결단만이 살
아남을 수 있는 유일한 길
이다. 이 그림은 말의 골격
과 동작에 대한 그의 지식

티슈바인 자화상, 티슈바인 그림

을 매우 인상적으로 펼쳐 보일 수 있는 기회를 줄 것이다.

그는 이 그림들과 이어진 후속 그림들을 몇 편의 시와 연결짓길 원한다. 그
시들은 그림의 대상을 설명하는 데 도움이 되고, 그는 다시 그림의 특정한 형
상들을 통해 그 시들에 구체성과 매력을 갖게 해 주리라는 것이다.

생각은 좋은데 그러한 시를 쓰려면 그와 몇 년 동안 함께 생활해야 할 것이
다.

라파엘로의 방*²¹과 아테네파 학당*²²을 이제야 보게 되었다. 마치 부분적
으로 지워지고 훼손된 호메로스의 수기를 판독하는 기분이었다. 첫 인상은
그리 만족스럽지 못했다. 차츰 모든 것을 제대로 검토하고 연구한 다음에야
즐거운 마음으로 감상하게 될 것이다. 가장 잘 보존된 것은 성경 이야기를 재

*21 바티칸의 다마스호프 화랑에 있는 작은 벽화로 구약과 신약을 그린 것.
*22 바티칸의 라파엘로 방에 있는 커다란 벽화.

현한 그 방의 천장화였는데, 마치 어제 그린 것처럼 신선했다. 라파엘로가 직접 그린 부분은 많지 않았지만, 그렇더라도 그의 밑그림을 바탕으로 그의 감독 아래 제작된 더할 나위 없이 뛰어난 그림이었다.

어린 시절 나는 가끔 기이한 열망에 사로잡혔는데, 그것은 미술과 역사에 조예가 깊은 학식 있는 영국 남자의 안내를 받으면서 이탈리아를 돌아보고 싶다는 것이었다. 그런데 그 일이, 내가 꿈꾸었던 것보다도 더 멋지게 이루어졌다. 이곳에 오랫동안 살아온 내 참된 친구인 티슈바인은 나에게 로마를 안내해 주리라는 희망을 가지고 기다렸다. 실제로 알게 된 기간은 얼마 안 되지만 편지를 통한 우리 관계는 오랫동안 이어졌다. 내게 그보다 더 좋은 안내자가 어디 있겠는가? 내가 이곳에서 보낼 수 있는 시간은 제한되어 있지만 나는 가능한 한 많은 것을 배우고 즐길 것이다. 어쨌든 이곳을 떠나게 되더라도 다시 돌아오고 싶어질 것만은 분명하다.

11월 8일

신분을 드러내지 않는, 거의 잠행에 가까운 나의 기묘하고도 독특한 행적이 생각지도 못했던 성과를 불러왔다. 모두들 내 신분을 모르는 척해야 한다는 것을 불문율처럼 여겼으며, 어느 누구도 내게 시인 괴테에 대한 말을 꺼내지 않았다. 따라서 화제는 늘 그들 자신이나 관심거리에 머무르곤 했다. 그래서 나는 자연히 그들이 어떤 일을 하고 있으며 또 어떤 진기한 일이 일어나고 있는지 무엇이든 자세히 알 수 있었다.

궁중 고문관 라이펜슈타인*23은 나의 그런 익명 생활에 도움을 주었지만, 무슨 이유에선가 그 무렵 내가 썼던 가명*24을 쓰지 않고 곧바로 나를 남작이라고 불렀다. 그래서 나는 론다니니 남작*25으로 불렸는데, 나의 호칭은 그것으로 충분했다. 더군다나 이탈리아 사람들은 세례명이나 별칭으로 부르는 습

---

*23 요한 프리드리히 라이펜슈타인(1719~1793). 동(東)프로이센 사람으로 궁중고문관, 빙켈만의 친구. 1762년 이래 로마에서 살면서 부유한 여행객의 고문이나 미술품 중개 일을 했다.

*24 괴테는 로마에 가는 길에 라이프치히의 상인 요한 필립 뮐러라는 가명을 썼다.

*25 괴테가 코르소의 론다니니 궁전 건너편에 살았기 때문에 이런 이름이 붙여졌다. 괴테의 숙소는 티슈바인이 살던 곳으로, 1833년에 다시 지어졌고, 1872년 이후 괴테를 기념하는 문구가 걸렸다.

▲판테온 신전(로
톤다 사원) 오늘
날 유일한 고대
로마 건축물

▶판테온 신전
내부, 피라네시
작(에칭)

벨베데레의 아폴로 상

관이 있어서 그런 호칭이 내게는 오히려 더 편했다. 어쨌든 나는 마음대로 행동할 수 있었으며 생활과 내 일에 대해 번거롭게 일일이 해명할 불편을 겪지 않아도 되었다.

11월 9일

때때로 나는 한 순간 조용히 서서, 이제까지 내가 여행에서 얻은 것 가운데 최상의 것들을 돌이켜본다. 특히 베네치아를 즐겨 회상하는데, 그 도시는 마치 주피터의 머리에서 팔라스*26가 태어난 것처럼 바다의 품에서 탄생한 위대한 땅이다. 그리고 이곳 로마에 와서는 로톤다*27의 내부와 외부의 위대함에서 이루 말할 수 없는 큰 감동을 받았다. 성 피에트로에서는 예술도 자연처럼 모든 기준을 뛰어넘을 수 있음을 배웠으며, 벨베데레의 아폴로*28는 나를 현실 세계로부터 이끌어냈다. 그것은

---

*26 그리스 신화에 나오는 지혜의 여신 아테네의 별명으로, 주피터의 머리에서 태어났다고 한다.
*27 판테온 신전을 가리키며, 기원전 27년에 아그리파가 건축했으며 69년에 성 마리아 로톤다의 사원이 되었다.
*28 벨베데레의 아폴로는 요즘도 그때와 마찬가지로 벨베데레의 안뜰에 있다.

아무리 정확한 도면이라도 건물에 대한 개념을 제대로 재현하지 못하는 것과 마찬가지로, 내가 이제까지 가장 뛰어난 작품으로 알고 있었던 석고상도 대리석의 원형과는 비교할 수가 없다.

11월 10일

그동안 이곳에서 느껴 보지 못했던 밝고 편안한 기분으로 하루하루를 보내고 있다. 모든 것을 있는 그대로 바라보고 받아들이려는 나의 노력, 총명함을 잃지

팔라티노 언덕

않으려는 나의 충실함, 주제넘은 모든 생각을 떨쳐 버리고자 하는 나의 태도, 이 모든 것이 한데 어우러져 내게 도움이 되고 고요 속에서 더없는 행복감을 느끼게 해준다. 날마다 새롭고 진기한 대상과 만나고, 날마다 신선하고 웅대하며 진기한 그림을 보면서, 지금까지 오래도록 생각하며 꿈꾸어 온, 상상만으로는 이르지 못할 전체의 윤곽을 잡아간다.

오늘은 케스티우스의 피라미드*[29]를 구경하고, 저녁때는 팔라티노 언덕에

---

*29 아우구스투스 시대의 케스티우스라는 인물의 무덤으로, 성 파올로 문 옆에 있다.

메텔라의 원형 묘당, 피라네시 그림(에칭)

올라 암벽처럼 솟아오른 왕궁의 폐허 위에 섰다. 그 광경은 어떤 말로도 전달이 불가능하리라. 대체로 로마에는 자질구레한 것이 하나도 없다. 가끔 단조롭고 비난할 만한 것도 있긴 하지만, 이 점 또한 로마의 위대한 요소이다.

누구나 그러하듯이 나 또한 기회가 있을 때마다 나 자신을 돌이켜보고 이루 말로 다할 수 없을 만큼 무한한 기쁨을 느낀다. 누구든 진지하게 이곳을 둘러보고 정확한 안목으로 이 도시를 구경할 줄 아는 사람이라면 이런 진실된 기분을 느끼지 않을 수 없다. 착실함이라는 개념을 여태껏보다는 더 생생하게 이해하게 되는 것이다.

정신은 유능함이라는 각인을 받아 무미건조하지 않은 엄숙함과 기쁨에 찬 평안함을 얻게 된다. 적어도 나는 이 세상의 사물을 이곳에서처럼 올바로 평가해 본 적이 없었던 것 같다. 나는 온 생애를 통해 평생 잊지 못할 이 축복의 결과에서 더없는 기쁨을 얻는다.

그러니 되어가는대로 몸을 맡기자. 질서는 자연히 잡히리라. 나는 내 방식대로 즐기기 위해 이곳에 온 것이 아니다. 내 나이 마흔이 되기 전에 위대한 대상을 부지런히 연구하고 배우면서 나 자신을 북돋아 나아가야 한다.

이탈리아 최대의 원형 투기장(극장), 콜로세움

11월 11일

오늘은 물의 요정 에게리아의 수정궁*30을 구경하고 나서 카라칼라의 경마장,*31 아피아 거리 주변의 황폐해진 묘역, 그리고 견고한 방벽 공사의 진면목을 보여 주는 메텔라의 무덤*32 등도 찾아갔다. 이것들을 만든 고대인들은 영원히 사라지지 않는 것을 목표로 공사했다. 하지만 그들은 무모한 파괴자를 계산에 넣지 않았기에 그런 파괴자들 앞에서는 끝내 굴복해야만 했다. 나는 진심으로 그대*33가 이곳에 왔으면 좋겠다고 생각한다. 폐허가 된 대수로*34는 정말이지 대단히 훌륭하다. 그렇게 거대한 시설로 국민들에게 물을 공급하려 한

*30 성 세바스티아노 문 앞에 있는 수정궁으로, 앞을 흐르는 아르모 강의 요정을 모시고 있다. 에게리아는 로마의 전설에 등장하는 일곱 왕 가운데 두 번째에 해당하는 누마 폼필리우스 왕의 애인이었던 님프.

*31 아피아 거리에 있는 악센티우스의 경마장일 것으로 추정된다.

*32 아우구스투스 시대의 소(小)크라수스의 아내 체칠리아 카에킬리아 카에메텔라의 무덤으로, 둥근 방으로 되어 있었지만 중세에 들어 첨각이 만들어졌다. 황소 머리 그림이 띠 형식으로 둘러져 있어 카포 디 보베라고도 불린다.

*33 헤르더를 가리킴.

*34 아피아 거리에서 보이는 아쿠아 마르치아와 클라우디아 사이에 있는 아치.

목적은 얼마나 아름답고 위대한가!

저녁 무렵 콜로세움(원형극장)에 도착할 쯤에는 이미 날이 어둑해지고 있었다. 그렇게 웅대한 극장을 앞에 두고 있노라니 다른 사물들은 모두가 조그맣게 보인다. 콜로세움은 너무나 커서 그 모습을 모두 마음에 담을 수가 없다. 나중에 떠올릴 때는 실제 크기보다 작게 기억되지만, 다시 그곳에 가보면 그것이 훨씬 크다는 사실을 새삼 느끼게 된다.

11월 15일, 프란스카티*35

일행은 모두 잠자리에 들었지만, 나는 그림 그릴 때 썼던 흑묵으로 이 글을 쓴다. 우리는 이곳에서 비가 내리지 않는 쾌청한 며칠을 보냈는데, 따뜻하고 기분 좋은 햇볕을 쬐니 여름이 더는 그립지 않다. 이 지방은 무척 상쾌한 곳으로, 언덕이라기보다는 산기슭에 위치하고 있어 한 걸음씩 걸을 때마다 훌륭한 그림의 소재가 발견된다. 시야가 탁 트여 로마나 그 앞의 바다까지 내다보이고, 오른편으로는 티볼리 산맥까지도 보인다. 따라서 이 유쾌한 지방에는 별장 등도 즐거움을 누릴 수 있도록 지어져 있다. 고대 로마인이 이미 이곳에 별장을 지었듯이, 백년도 더 전에 부유하고 호사스러운 로마인이 가장 아름다운 지역에 별장을 지은 것이다. 우리는 이틀 동안 이곳을 돌아보았는데, 볼 때마다 새로운 매력을 끊임없이 발견한다.

그러나 밤은 또 밤대로 그 즐거움이 낮보다 못하지는 않다. 떡 벌어진 체구의 여관 안주인이 다리가 셋 달린 놋쇠 램프를 커다란 원탁 위에 놓고 "안녕하세요!" 인사하면, 모두들 둥그렇게 둘러앉아 낮 동안에 그린 것들을 꺼내 놓는다. 그러면 그것에 대해 그림의 소재를 더 잘 살릴 수 있는 방법이 있다는 둥, 특징을 참으로 잘 잡아냈다는 둥 하며, 이미 밑그림만으로 설명되어야 할 최초의 일반적 주요 요건이 논의된다. 궁중고문관 라이펜슈타인은 특유의 통찰력과 권위로 이 회합을 훌륭하게 조직하고 운영한다.

이 칭찬할 만한 모임은 본디 필립 하케르트*36가 창안해냈다. 그는 실제의

---

*35 앞서 나온 라이펜슈타인의 별장이 있는 곳으로, 알바노 산맥 북쪽 사면에 있다.
*36 1737~1807. 풍경화가로 괴테와는 1787년에 나폴리에서 알게 되었으며, 괴테는 뒷날 하케르트의 전기를 썼다. 하케르트는 1768년부터 로마에서 살다가 1782년에 나폴리로 거처를 옮겼다.

산 안드레아 델라 발레 교회

풍경을 운치 있는 필체로 그려내는 재능을 지녔다. 그뿐 아니라 전문 화가나 아마추어, 남녀노소를 가리지 않고 저마다 재능과 기량에 따라 화가들을 격려하고 스스로 모범을 보였다. 하케르트가 죽은 지금은, 사람들을 모아 즐기게 하는 이 방법을 궁중고문관 라이펜슈타인이 충실히 이어가고 있다.

저마다 적극적으로 흥미를 일깨우는 것은 무척 좋은 일이다. 다양한 구성원의 천성과 특질이 기분좋게 드러난다. 이를테면 역사 화가인 티슈바인은 경치를 보통의 풍경 화가와는 전혀 다른 식으로 바라본다. 그는 다른 사람들이 그 어디에서도 보지 못하는 대상에서 의미 있는 집단이나 우아하고 의미심장한 어떤 것을 찾아낸다. 또 어린아이나 농민, 거지와 같은 자연인은 물론 동물에게서도 인간적인 소박한 특징을 잡아내는 것이 그의 특기이다. 또한 그는 그런 것을 특색 있는 최소한의 선으로 교묘하게 그려내어 우리 대화에 늘 새롭고 유쾌한 이야깃거리를 제공한다.

화젯거리가 떨어지면, 하케르트가 남기고 간 유언에 따라 줄처*37의 《이론》

---

*37 요한 게오르크 줄처(1720~1779). 《미학과 예술의 일반이론》(1771~1774, 라이프치히 발행)의 저자.

파르네시나 별장의 천장화 〈프시케 이야기〉

을 낭독한다. 높은 수준에서 보면 이 미술론은 크게 만족스럽지는 못해도 중간 정도의 교양이 있는 사람들에게는 틀림없이 좋은 영향을 주었다.

11월 17일, 로마

우리들은 다시 이곳으로 돌아왔다. 오늘밤에는 천둥 번개와 함께 폭우가 쏟아진다. 비는 아직도 내리고 있지만 여전히 따뜻하다.

나는 오늘의 행복을 단 몇 마디로 정리할 수 있다. 안드레아 델라 발레*[38]에서 도메니키노의 프레스코 벽화*[39]와 카라치가 그린 파르네세 화랑의 벽화를 둘러보았다는 것이다. 몇 개월 동안 머물며 감상하기에도 이토록 볼 것이 많은데, 하물며 단 하루 만에 어떻게 제대로 감상할 수 있겠는가.

11월 18일, 로마

날씨가 다시 좋아졌다. 눈부시게 밝고 매우 따사로운 날이다.

파르네시나에서 나는 프시케 이야기*[40]를 그린 그림을 보았다. 이 그림의 아

---

*38 비토리오 엠마누엘레 대로에 있다.

*39 네 복음서의 저자를 그린 것과 성 안드레아스의 생애를 그린 것.

*40 라파엘로가 고대 이야기에서 소재를 얻어 그린 벽화로, 그의 계획에 따라 1518년부터 2년에 걸쳐 제자들이 완성했다.

름다운 복제품*[41]은 오랫동안 내 방을 화려하게 꾸며 주었다. 그리고 나서 몬토리오의 성 피에트로 성당에서 라파엘로의 〈변용〉*[42]을 보았다. 이 그림들은 마치 멀리 떨어진 나라에서 오랫동안 편지를 주고받다가 이제야 처음으로 만나는 옛 친구들처럼 친숙했다. 그러나 함께 살아간다는 것은 또 달라서 진실한 관계라든가 서로 조화를 이루지 못하는 부분들이 곧바로 드러나 버린다.

〈그리스도의 변용〉 라파엘로 그림

이곳에는 전혀 알려지지 않았으며 동판화나 복제품으로 온 세계에 흩어져 있지도 않은 훌륭한 작품들이 어디에나 널려 있다. 나는 그런 작품들을 재주 있는 젊은 화가들에게 똑같이 그리게 하여 기념품으로 가지고 가려고 한다.

---

*41 1693년에 니콜라우스 도리니가 그린 열 점의 복제화로, 오늘도 바이마르의 괴테하우스에 있다.

*42 라파엘로의 마지막 작품으로, 1797년까지 이 사원의 대제단에 있었다가 지금은 바티칸의 화랑에 있다.

나와 티슈바인과는 오랜 기간 편지로 우정을 쌓아 왔고, 언젠가 서로 볼 희망이 없다 하더라도 이탈리아에 가게 되면 꼭 그와 만나고 싶다는 내 소망을 늘 그에게 털어 놓았기 때문에 마침내 우리가 만나게 되자 무척 감개무량하고 반가웠다. 그는 언제나 나를 생각하고 배려해 주었다. 고대인과 현대인이 건축에 사용한 석재에 대해서 그는 누구보다도 지식이 풍부하다. 그는 그런 것을 매우 철저하게 연구해 왔는데, 그럴 때 그의 예술적 안목과 감각적 사물을 좋아하는 예술가 기질이 큰 도움이 되었다. 그가 얼마 전에 나를 위해 표본을 골라 바이마르로 보내 주었다고 하니 그것들이 내가 귀국하면 나를 환영해 줄 것이다. 그 뒤에도 그는 내게 많은 표본을 더 보내주었다.

지금은 프랑스에 머무는 중이며 고대 암석에 대한 책을 쓰려는 한 성직자가 옛날에 벌였던 포교 활동*43의 공덕으로 파로스 섬에서 이목을 끄는 대리석 덩어리를 손에 넣었다. 그것이 이곳에서 표본으로 재단되었는데, 입자가 고운 것부터 거친 것, 조각에 쓰이는 가장 순수한 것부터 건축재로서 조금 운모가 섞인 것까지 열두 종류나 되는 다양한 표본을 나를 위해 보관했던 것이다. 예술에서 재료에 대한 정확한 지식이 얼마나 예술 비평에 도움이 되는가는 말할 필요도 없다.

이곳에서는 그런 것들을 수집할 기회가 매우 많다. 폐허가 된 네로의 궁전*44에서 엉겅퀴가 자라나 다시 생기를 얻은 땅을 지나가면서, 나는 곳곳에 수도 없이 뒹굴며 아득한 옛 성벽의 장엄함을 끊임없이 말해 주는 화강암, 반암, 대리석판 등의 파편들을 호주머니에 한가득 집어넣었다.

이쯤에서 나는 문제가 되었던 어떤 비범한 그림에 대해 말하지 않을 수 없다. 그 그림은 앞서 본 훌륭한 그림들과 비교해도 결코 뒤지지 않는다.

미술 애호가이자 수집가로 알려진 한 프랑스인*45이 이곳에 머물렀다. 그는 종이에 그린 고대 그림 한 장을 손에 넣었는데, 그 출처는 아무도 몰랐다. 그

---

*43 그레고리오 15세가 1622년에 가톨릭교를 전파하기 위해 창립한 협회의 포교 활동을 일컫는다.

*44 팔라티노와 에스퀼리누스 사이에 있는 도무스 아우레아를 말하며, 로마 대화재 직후 64년에 건설되었지만 네로가 죽은 뒤 곧 붕괴되었다.

*45 기사 딜 마실리를 가리키며, 본디는 군인. 1761년에 로마에서 죽었으며, 그가 수집한 그림은 빙켈만이 그의 저서 《고대미술사》에서 높이 평가했다.

는 그 그림을 멩스 *[46]에게 복원케 하여 수집품으로서 소중히 소장했다. 빙켈만이 어딘가에서 열정적으로 그 그림에 대해 말했다. 그 그림에는 가니메데스가 주피터에게 술 한 잔을 바치고 그 대신 입맞춤을 받는 장면이 그려져 있다. 그런데 그 프랑스인은 죽고 말았고, 그 작품은 고대 작품으로 알려진 채 여관 여주인의 손에 남겨졌다. 멩스도 죽었지만, 그는 임종 직전에 그 그림이 고대 작품이 아니며, 자기가 그린 것이라

괴테와 티슈바인이 구상한 전원시 제목을 새긴 동판화 밑그림, 티슈바인 그림

고 고백했다. 그러자 사람들 사이에 논쟁이 일었다. 어떤 사람은 그것이 멩스가 장난삼아 그린 것이라고 주장했고, 다른 사람은 멩스는 절대로 그릴 만한 실력이 없으며 그것은 라파엘로 작품이라 해도 믿지 못할 만큼 훌륭하다고 이야기했다. 나도 어제 그 그림을 봤는데, 머리고 등이고 할 것 없이 이 가니메데스의 모습보다 더 아름다운 것을 여태껏 본 적이 없다고 고백하지 않을 수 없다. 그러나 머리, 등과 같은 부분들은 복원 작업이 지나치게 이루어졌다. 그래서 이런 뛰어난 작품의 신용이 떨어져 그 가난한 여주인에게서 이 그림을 사겠다는 사

*46 라파엘 멩스(1728~1779). 드레스덴과 마드리드의 궁정화가였지만 거의 로마에서 지냈다.

람은 아무도 나타나지 않고 있다.

11월 20일

경험으로 보아, 어떤 종류의 시라도 그림이나 동판화의 소재로 쓰이고자 하는 욕구가 있다. 화가 자신도 자신이 정성들여 그린 그림을 어느 시인에게 바치고 싶어하는 예는 아주 많다. 그러므로 시인과 화가가 근본적으로 통일을 이루기 위해서는 서로 공동 작업을 해야 한다고 말한 티슈바인의 견해에는 그야말로 찬성이다. 특히 그 시가 쉽게 이해할 수 있는 짧은 시라면 여러 면에서 어려움은 크게 줄어들 것이다.

티슈바인은 이 문제에 대해 무척 유쾌하고 목가적인 생각을 갖고 있다. 그가 이런 방식으로 그리고자 하는 소재가 시로서나 그림으로서나 어느 한쪽만으로는 묘사하기에 충분하지 않다는 사실은 매우 불가사의한 점이다. 함께 나선 산책길에서 그는 내가 자신의 그러한 구상에 따라 줬으면 좋겠다고 말하면서 내 흥미를 부추겼다. 그는 우리의 공동 작업의 표지가 될 동판화*47 밑그림은 이미 그려 놓았다. 뭔가 새로운 일에 뛰어든다는 막연한 두려움만 없다면 나는 기꺼이 함께할 것이다.

1786년 11월 22일, 세실리아 축일, 로마

오늘처럼 행복했던 날의 기억을 몇 줄의 글로 남기고 보존하여, 내가 보았던 것을 적어도 역사적 사실로서 전하려 한다. 그지없이 아름답고 고요한 날씨였다. 하늘은 티 없이 맑았고, 햇볕은 따사로웠다. 티슈바인과 함께 성 피에트로 성당 광장으로 가서 먼저 이곳저곳을 거닐었다. 너무 더우면 우리는 커다란 오벨리스크 그늘 속으로 들어갔다. 그 그늘은 우리 둘이 충분히 들어설 수 있을 만한 넓이였다. 거기서 우리는 근처에서 사 온 포도를 먹었다.

그리고 나서 시스티나 성당*48으로 들어갔다. 그곳은 밝고 환하며, 그림들도 충분한 조명을 받고 있었다. 미켈란젤로의 〈최후의 심판〉과 천장에 그려진 온갖 그림들은 우리로 하여금 경탄을 자아내게 했다. 나는 그저 놀랄 뿐이었다. 거장의 내면적 확고함과 남성다운 힘, 그 위대함은 어떠한 표현으로도 충분히

---

*47 이 동판화는 바이마르의 괴테하우스에 보존되어 있다.

*48 바티칸에 있는 시스티나 성당으로 식스투스 4세가 1473년에 건축했다.

〈최후의 심판〉 미켈란젤로 그림 바티칸 궁전, 시스티나 성당 제단 위의 벽화, 프레스코화

설명할 수가 없다.

우리는 몇 번이고 되풀이해서 본 뒤 산 피에트로(성 베드로 성당) 성당으로 갔다. 그곳은 쾌청한 하늘에서 너무도 아름다운 햇빛을 받아 모든 부분이 밝고 또렷하게 보였다. 우리는 감상하는 관람자로서 지나치게 혐오스럽거나 너무 지각 있는 취향으로 당황하지 않고 그 위대함과 화려함을 있는 그대로 즐겼으며, 트집잡는 따위의 모든 비평은 완전히 삼갔다. 우리는 그저 즐길 수 있는 것을 즐겼다.

이윽고 우리는 성당 지붕으로 올라갔다. 그곳에서는 잘 정비된 시가지가 자세하게 내려다보였다. 집들, 창고, 분수, (겉으로 보아서) 교회와 대성당 등 모든 것이 공중에 떠 있는 듯 보이고 그 사이사이로 아름다운 산책길이 나 있었다. 우리는 돔형 지붕으로 올라가서 아펜니노 산맥의 밝고 화사한 지대와 소라크테 산, 티볼리 방면의 화산 언덕,*49 프라스카티, 카스텔 간돌포, 그리고 그 너머의 평야*50와 바다까지 바라다보았다. 바로 눈앞에는 언덕 위의 궁전과 돔형 지붕 등이 있는 로마 시 전체가 시야에 널따랗게 들어온다. 바람 한점 불지 않았으며, 구리로 만든 돔 내부는 온실처럼 더웠다.

이런 것들을 모두 충분히 마음에 간직하고 나서 우리는 아래로 내려와 그 돔형 지붕의 주름 장식과 둥근 지붕의 하부와 내당으로 통하는 문들을 열어 달라고 부탁했다. 그 주위를 걸어다니면서 일부분들과 성당 전체를 위에서 관찰할 수 있었다. 마침 우리가 둥근 지붕 하부의 주름 장식에 서 있었을 때, 저 아래쪽에서는 교황이 오후 기도를 올리기 위해 지나가고 있었다. 마침내 산 피에트로 성당 안을 하나도 빠짐없이 구경한 셈이었다. 우리는 다시 아래로 내려와 근처의 식당에서 즐겁게 간단한 식사를 한 다음 세실리아 교회*51로 발걸음을 옮겼다.

많은 사람들이 가득 들어찬 이 교회의 장식에 대해 묘사하려면 많은 말이 필요할 것이다. 오늘날 이 건물의 건축에 사용한 돌은 전혀 볼 수가 없었다. 기둥은 황금 몰이 감긴 붉은 벨벳으로 감싸여 있었고, 기둥머리도 수놓은 기둥머리 모양의 벨벳으로 감싸여 있었다. 모든 처마 돌림띠와 기둥도 그렇게 감싸

---

*49 사비노 산맥에 있는 구릉. 다른 지명은 모두 알바노 산맥에 있다.

*50 캄파니아 평원.

*51 트라스테베레의 성 세실리아 사원.

▲산 피에트로 성당 돔에서 시내 쪽을 바라본 광경
▼시내 쪽에서 산 피에트로 성당 돔을 향해 바라본 광경

이고 가려져 있었다. 모든 벽면 사이 공간은 생동감 있게 그려진 그림들로 장식되어 있어서 교회 전체가 모자이크로 가득 채워진 듯했다.

2백 자루가 넘는 양초가 높은 제단 주위에 켜져 있어서, 벽면 한쪽은 온통 촛불로 가득해 교회의 본당은 매우 환했다. 측랑과 측면의 제단 또한 장식으로 가득하고 촛불이 켜져 있었다. 정면 제단 맞은편 오르간 밑에는 벨벳으로 덮여 있는 두 연단이 있었는데, 한쪽에는 가수들이 서 있고 다른 쪽에는 악단이 연주를 하고 있었다. 교회는 사람들로 가득했다.

여기서 나는 흥미로운 음악 연주를 들었다. 바이올린이나 다른 협주곡을 연주하듯이 이곳에서는 성악 콘서트를 하는 것이었다. 하나의 목소리, 예를 들면 소프라노가 주도적으로 독창을 하면 합창단이 이따금 합세하여 어우러진다. 물론 그럴 때마다 오케스트라도 계속 협주를 한다. 그것은 무척 효과적이었다. 즐거웠던 하루에도 끝이 있듯이 나도 그만 펜을 놓고 쉬려고 한다. 저녁에는 오페라하우스*52까지 갔다. 마침 〈싸우는 사람들〉*53이 공연되고 있었는데, 낮에 좋은 노래를 많이 들었기 때문에 그곳은 그냥 지나쳐 버렸다.

11월 23일

내가 좋아하는 잠행이 머리만 숨기고 꽁무니는 그대로 드러내는 타조처럼 우스꽝스럽게 끝나지 않도록 나는 기존 입장을 지키면서도 얼마쯤 양보를 했다. 내가 존경하고 사랑하는 하르라흐 백작부인의 형제인 리히텐슈타인 후작*54에게 반갑게 인사를 올리고 몇 번의 식사를 대접받기도 했는데, 혹시 이런 나의 양보가 앞으로도 이어지는 것은 아닐까 하는 생각이 들었는데 결국 그렇게 되고 말았다. 그 무렵 나는 교구 사제 몬티*55가 썼고 조만간 무대에 오를 예정인 비극 〈아리스토뎀〉에 대해서 들은 바가 있었는데, 그 작가가 그것을 내 앞에서 낭독하고 그에 대한 내 의견을 듣고 싶어한다는 것이었다. 나는 그것을 거절하지 않고 그냥 있었는데, 마침내 어느 날 후작의 집에서 그 시인

---

*52 오늘날의 비토리오 엠마누엘레 대로에 있는 성 안드레아 델라 발레 교회 뒤편에 있는 델라 발레 극장으로 추정된다.

*53 잔바티스타 로렌치의 작품으로 1772년에 파이셀로가 작곡했다.

*54 칼 보로메우스 네포무크(1765~1795)로 추정된다.

*55 빈첸조 몬티(1754~1827). 이탈리아의 고전 극작가 비토리오 알피에리(1749~1803)의 뒤를 잇는 비극 시인.

과 그의 한 친구와 함께하는 자리에서 그 작품이 낭독되었다.

이 작품의 주인공은 잘 알려진 것처럼 스파르타 국왕*56으로, 이런저런 양심의 가책에 시달리다가 자살하게 된다. 몬티는 공손한 태도로,《젊은 베르테르》의 작가라면 자신의 작품에 그 훌륭한 소설의 몇 부분이 이용된 것을 보더라도 기분 나빠하지 않을 거라며 양해를 구했다. 그리하여 나는 스파르타의 성벽 안에서도 그 불행한 청년의 망령으로부터 벗어날 수가 없었다.

그 희곡 작품 줄거리는 단순하고 안정적이었으며, 성향도 대사처럼 소재와 어울렸다. 힘이 있으면서 부드러움도 있었다. 이 작품은 지은이의 뛰어난 재능을 충분히 보여 주고 있다.

나는 물론 이탈리아식이 아닌 내 방식대로 이 작품의 장점과 칭찬할 만한 점을 인색하지 않게 말해 주었다. 사람들은 내 말에 매우 만족했지만, 남국인들답게 조바심을 내며 내게 더 많은 의견을 들려달라고 졸랐다. 나는 특히 이 작품이 관객에게 얼마나 많은 영향을 미칠지에 대해 예견해야만 했다. 나는 이 나라 사정이나 사고 방식, 그리고 취향을 아직 잘 모른다고 변명하면서도 다음과 같은 감상을 솔직하게 덧붙여 말했다. 3막으로 이루어진 희극이나 2막짜리 완벽한 오페라, 여기에 이국적인 춤곡이 포함된 대규모의 인테르메초 오페라 등에 눈이 익숙해진 로마인이 빠르게 전개되는 비극의 고상하고 조용한 진행을 좋아할지 모르겠다고 말이다. 자살이라는 소재 또한 이탈리아인들은 이해하지 못할 것 같았다. 살인에 대한 것은 거의 날마다 듣는 소식이지만 이탈리아 사람들은 누가 소중한 목숨을 스스로 버린다는 생각은커녕 그런 행위가 가능하다는 말조차 들어본 적이 없다.

다음으로 나는 그 의문에 반대하는 의견들을 자세히 경청했다. 그리고 정당한 의견에는 흔쾌히 동의하고, 나도 이 작품의 상연을 손꼽아 기다리며 친구들의 합창과 함께 이 작품에 진심어린 갈채를 보내고 싶다고 분명하게 말했다. 사람들은 내 말을 무척 호의적으로 받아들였다. 사실 이번에는 내가 양보해도 좋을 만한 이유가 있었다. 이를테면 리히텐슈타인 후작은 내게 친절하게도 수많은 예술품을 그와 함께 둘러볼 수 있는 기회를 마련해 주었다. 거기에는 소유자의 특별한 허가가, 다시 말해서 신분 높은 사람의 영향력이 필요

---

*56 스파르타의 국왕이라기보다는 메세니아의 국왕이라고 해야 할 것이다.

했다.

그러나 그 왕위 계승자의 딸*⁵⁷이 외국의 마모트를 보고 싶다는 소망을 전
해오자 나는 기분이 언짢아졌다. 그래서 나는 그 청을 단호히 거절하고 다시
신분을 감추었다.

그러나 이것은 절대로 정당한 방법이라고 할 수 없다. 이기적인 인간이나
소인배나 악인과 똑같이 선을 추구하는 사람 또한 활동적으로 부지런히 타인
을 대해야 한다는 것은 이제까지의 경험으로 이미 깨달은 바인데, 나는 이곳
에서 그것을 절실히 느꼈다. 이론적으로는 쉽게 터득할 수 있지만 행동하기란
매우 어려운 일이다.

11월 24일

이탈리아 민족에 대해서는, 그들이 종교와 예술의 화려함과 존엄함을 간직
하고 있으면서도 동굴이나 깊은 숲 속에 살고 있는 것과 다름없을 만큼 자연
그대로의 인간이라고 말할 수밖에 없다. 어떤 외국 사람에게든 금방 눈에 띄
는, 오늘도 또 여지없이 온 도시의 이야깃거리가 되면서도 일상적인 일이 되어
버린 것이 바로 살인 사건이다. 우리가 묵고 있는 이 구역*⁵⁸에서만도 최근 3
주 동안 네 명이나 살해당했다. 오늘도 슈벤디만*⁵⁹이라는 훌륭한 예술가가
빙켈만*⁶⁰과 거의 똑같은 방법으로 습격당했다. 스위스 출신인 그는, 기념비
조각가로서 헤틀링어*⁶¹의 마지막 제자였다. 슈베디만에게 시비를 건 가해자
는 그에게 스무 군데나 상처를 입히고 경비병이 달려오자 자살하고 말았다.
그런데 이곳에서는 사람을 죽이고도 교회로 달아나면 끝나기 때문에 자살은
보기 드문 사건이었다.

나의 그림에 음영을 넣기 위해 범죄와 재난, 지진과 홍수 등에 대해서도 어
느 정도 기록해야만 한다. 그러나 이곳에 있는 외국인은 온통 베수비오 화산

---

*57 알바니 백작 칼 에두아르트 슈트아르트의 사생아로, 알바니의 왕녀 샬로테 슈트아르트
  (1753~1789). 알바니 백작은 1785년에 그녀를 프랑스에서 이탈리아의 자신의 거처로 불렀다.
*58 리오네 디 캄포 마르초.
*59 1741년 출생의 카스팔 요셉 슈벤디만.
*60 유명한 고대연구가 요한 요아힘 빙켈만이 이탈리아에서 귀국하던 도중, 1768년 6월 8일 트
  리에스테의 여관에서 이탈리아인 프란체스코 알칸젤리라는 자에게 살해되었다.
*61 요한 칼 헤틀링어(1691~1771). 스위스인으로 기념비 조각가.

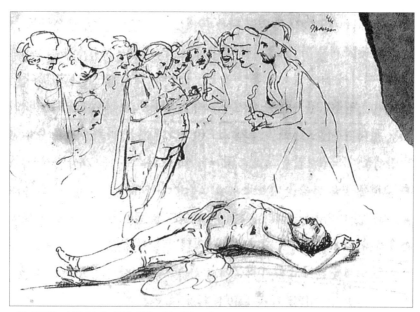
피살 사건의 조서를 꾸미는 법원 직원, 티슈바인 그림

폭발 사건에 정신이 쏠려 있어, 이런 소동에 휩쓸리지 않으려면 정신을 바짝 차려야 한다. 이런 자연 현상은 정말 방울뱀 같은 성격을 띠고 있어 사람들의 관심을 무한정 끌어당긴다. 요즈음 로마의 모든 미술품들은 순식간에 그 가치를 잃어버린 듯이 보이고 있어, 모든 외국인들은 구경을 중단하고 서둘러 나폴리로 떠난다. 하지만 나는 베수비오 화산이 내게 뭔가를 남겨주리라는 희망을 가지고 이곳에 그대로 남아 있으려고 한다.

1786년 12월 1일
《안톤 라이저》*[62]와 《영국 여행기》로 우리의 주목을 끈 모리츠가 이곳 로마에 와 있다. 그는 순수하고 뛰어난 사람으로, 만나 보니 퍽 재미있는 사람이다.
꼭 고상한 예술을 위해서만이 아니라 다른 방식으로도 즐거움을 찾으려고 이 세계의 수도, 로마를 찾는 외국인도 많기 때문에, 이곳에는 모든 준비가 되어 있다. 예를 들면, 뛰어난 손재주와 수공 기술을 요구하는 반(半)예술이 크게

---

*62 뒤에 나오는 모리츠의 자전소설로, 1785년에 제3부까지가 출판되고, 제4부는 1790년에 출판되었다. 《영국 여행기》는 1783년에 베를린에서 출판되었다.

발전하여 외국인들의 관심을 끈다.

밀랍화도 그 가운데 하나이다. 수채화에 조금이라도 지식이 있는 사람이라면 누구든지 밑그림 준비, 낙인찍기 등을 통해 그것에 필요한 작업을 기계적으로 해낼 수 있다. 본래는 예술적 가치가 없는 작품이지만, 시도의 새로움 때문에 진기하게 여겨진다. 솜씨 좋은 미술가가 그 기술을 학생에게 가르치면서도 중요한 곳에서는 지도한다는 구실로 손을 봐준다. 마지막 과정에서 밀랍으로 입체감이 빛나는 그림을 금으로 된 액자에 끼워 완성하게 되면, 그 학생은 여태껏 깨닫지 못했던 자신의 재능에 놀라게 된다. 또 다른 세련된 작업은 석재 부조를 깨끗한 점토로 복제하는 일이다. 이 작업은 기념패에도 응용되는데, 이때는 양면이 함께 복제된다. 마지막으로 숙련과 주의와 노력이 더 필요한 유리 보석 제조가 있다. 궁중고문관 라이펜슈타인은 자신의 집이나 그 근처에 이 제조에 필요한 모든 도구와 설비를 갖춰 놓았다.

12월 2일

이곳에서 우연히 아르헨홀츠의 《이탈리아》라는 책을 찾아냈다. 이런 책은 현지에서는 여지없이 빛을 잃게 된다. 마치 불더미에 던져진 소책자가 타들어 가면서 차츰 갈색이나 검은색으로 변하고, 종잇장들이 오그라들면서 연기로 사라지는 것과 같다. 그 책의 저자는 사물을 관찰하기는 했으나, 조소적인 태도를 굳게 지켜나가기에 그의 지식은 너무 빈약했고, 칭찬할 때도 비난할 때도 늘 실수를 연발한다.

1786년 12월 2일, 로마

때때로 2, 3일 정도씩 비 오는 날 말고는, 거의 이름답고 따뜻하며 잔잔한 날씨가 이어지는 11월 말의 기후가 내게는 무척 새로운 경험이다. 우리는 날씨 좋은 날은 야외, 궂은 날은 실내에서 보내는데, 어디에서든 즐기고 배우면서 할 일이 있었다.

11월 28일, 우리는 시스티나 예배당을 다시 찾아 천장*⁶³을 좀 더 가까이에서 볼 수 있는 회랑을 열어 달라고 부탁했다. 회랑이 너무 좁아서 조금 힘들고

---

*63 천장에는 창세기와 선지자와 무녀를 그린 미켈란젤로의 그림이 있다.

시스티나 성당 구약성서의 〈창세기〉 천장화(부분) 미켈란젤로 그림

위험한 것 같긴 했지만 철제 난간을 붙잡고 서로 부축하면서 비집고 나아갔다. 현기증이 있는 사람은 뒤처져야 했지만, 그런 것은 위대한 걸작을 바라보는 것으로 보상받았다. 나는 그 순간 미켈란젤로에게 완전히 반했으며, 대자연도 그 거장만큼의 정취는 자아내지 못할 것 같다는 생각이 들었다. 아무래도 나는 그런 거장만큼 위대한 눈으로 자연을 볼 수 없기 때문이다. 그런 그림을 마음속에 단단히 붙들어 맬 수 있는 방법이 있다면 얼마나 좋을까! 최소한 이 그림의 동판화나 복제품이라도 구할 수 있다면 가지고 가야겠다.

우리는 성당에서 나와 라파엘로의 방으로 갔는데, 차라리 미켈란젤로 작품을 보지 말 걸 그랬다는 생각이 들 정도였다. 우리의 눈은 미켈란젤로 작품의 위대한 형식과 뛰어난 완성도로 넓혀지고 한결 까다로워져서 아라베스크의 재기넘치는 유희성을 차마 눈뜨고 볼 수가 없었다. 성경 내용을 묘사한 그림도 아름답기는 하지만 미켈란젤로 작품과는 비교할 수 없었다. 두 사람의 작품을 좀 더 자주 보면서 편견 없이 비교해 본다면 무척 재미있으리라. 무엇이든 맨 처음 본 것에 관심이 기울기 마련이다.

우리는 그곳을 빠져나와 덥다고 느껴질 정도의 햇볕을 받으며 팜필리 별장*64으로 갔다. 그 건물에는 무척 아름다운 정원이 있었는데, 우리는 저녁때까지 그곳에 머물렀다. 늘푸른 떡갈나무와 키가 큰 소나무로 둘러싸인 널따랗고 평탄한 초원에는 데이지 꽃이 널리 흩어져 있었다. 꽃들의 작은 머리는 모두 태양을 바라보고 있었다.

그것들을 보자 나는 다시 식물학에 골몰하게 되었고, 다음날 몬테 마리오, 멜리니 별장, 마다마 별장*65 등으로 산책하는 길에도 그 생각을 떨치지 못했다.

혹독한 추위에도 생장을 멈추지 않고 생기 있게 자라는 식물이 어떤 모습을 보이는가를 살펴보는 일은 매우 흥미롭다. 이 땅에는 싹이라는 것이 없다. 따라서 우리는 먼저 싹이 무엇인가 하는 개념을 배운다. 아르부투스(Arbutusunedo)는 먼저 열린 열매가 무르익는 동안에 벌써 새로운 꽃을 피운다. 오렌지나무도 열매가 반쯤 익거나 완전히 익었을 때 꽃이 핀다. 하지만 오렌지나무가 건물 그늘에 심어져 있지 않다면 지금쯤은 무엇인가로 덮어 놓아야 한다.

가장 존경스러운 나무인 실측백나무가 오래되고 잘 자라게 되면 우리는 많은 생각을 하게 된다. 나는 되도록 빨리 식물원*66을 찾아갈 생각이다. 그곳에서 많은 것을 배우려고 한다. 생각이 깊은 사람이 어떤 새로운 지방을 관찰할 때 경험하게 되는 새로운 삶은 그 무엇과도 비교할 수 없다. 나는 여전히 똑같은 나 자신이지만 그 동안 뼛속 깊이 변화했다고 생각한다.

오늘은 이만 줄이고, 다음번에는 나의 그림에도 음영을 가미해서 재난과 살인, 지진과 불행 등으로 가득 채워보려고 한다.

---

*64 테베레 강 오른편의 쟈니쿠르스 산 뒤에 있다.
*65 마리오 산은 로마 북서쪽에 있는 산으로, 그 위에 멜리니 별장이 있다. 모두 식스투스 4세 때 이 별장을 소유했던 마리오 멜리니가 이름을 붙인 것. 마다마 별장은 멜리니 별장의 북쪽에 있으며, 클레멘스 6세를 위해 줄리오 로마노가 라파엘로의 설계에 따라 지은 것인데, 그 뒤 카를 5세의 왕녀 파르마의 마르게리타의 소유가 되었기 때문에 마다마 별장으로 불리고 있다.
*66 그 무렵 식물원은 교황 알렉산더 7세가 지은 것으로, 쟈니쿠르스 산에 있는 아쿠아 파올라 뒤편에 있었다.

〈팜필리 별장〉 주제페 바시 그림

12월 3일

날씨는 오늘까지 거의 6일을 주기로 해서 변하고 있다. 매우 맑은 날이 이틀, 흐린 날이 하루, 비 오는 날이 2~3일, 그리고 다시 맑은 날이 이어졌다. 나는 이런 주기 속에서 어떤 날이든지 최대한 잘 이용하려고 한다.

이 지방의 훌륭한 유적들은 내게 여전히 새롭다. 우리는 이 유물들과 함께 살아온 것도 아니며 그 고유한 특성을 발견했다고 할 수도 없다. 어떤 것들은 우리 마음을 무척 강렬하게 사로잡아 한동안은 다른 대상에 무관심해지거나 심지어는 편애하기도 한다. 이를테면 판테온, 벨베데레의 아폴로, 몇 개의 거대한 두상 조각*67 그리고 최근에는 시스티나 예배당에 내 마음이 완전히 사로잡힌 나머지 다른 것은 아예 눈에 차지도 않는다.

본디 작고 또한 작은 것에 익숙해져 있는 우리 인간이 어떻게 그런 고상한 것, 거대한 것, 완벽한 것들과 비교될 수 있겠는가? 우리가 어느 정도 정리했다 싶으면 금세 또 엄청나게 많은 새로운 것들이 곳곳에서 밀려와 어디를 가나 우

---

*67 주피터와 주노의 조각상.

리 눈앞에 펼쳐진다. 그러면서 그것들은 저마다 자신에게 관심을 가져 주기를 바란다. 그런데 어떻게 거기에서 빠져나올 수 있겠는가? 인내심을 갖고 그것들이 우리 마음속에서 작용하고 자라도록 내버려 두고, 다른 사람들이 우리를 위해 힘들게 써놓은 것을 부지런히 읽는 방법밖에 없다.

페아가 옮긴 빙켈만의 《미술사》 최신판*68은 매우 이로운 책이다. 나는 그 책을 곧바로 샀다. 바로 이곳 로마에서는 그 책을 풀이해 주고 가르쳐 줄 수 있는 친구들이 있어 많은 도움이 된다.

로마의 고대 유물도 내게 커다란 기쁨을 준다. 이제까지는 아무런 흥미도 느껴지지 않았던 역사, 비문, 화폐 등에도 이제는 차츰 관심이 쏠린다. 내가 박물학 분야에서 경험한 일들이 여기서도 반복되고 있다. 세계의 모든 역사가 이 도시와 연관되어 있기 때문이다. 내가 로마 땅을 밟게 된 그날이야말로 나의 제2의 탄생일이자, 참된 삶의 시작이라고 생각한다.

12월 5일

이곳에 온 지 몇 주밖에 안되었는데 벌써 많은 외국인이 오가는 것을 보았다. 그 가운데 많은 사람들이 이 소중한 예술품들을 참으로 대수롭지 않게 대하는 것을 보고 놀라지 않을 수 없었다. 이 철새처럼 스쳐지나가는 여행객들이 앞으로 독일로 돌아가 더 이상 외경심 없이 로마에 대해 어떤 이야기를 하더라도 나는 놀라지 않고 흔들리는 일도 없을 것이다. 나는 내 눈으로 직접 로마를 보았고, 지금 내가 할 일을 어느 정도 알고 있기 때문이다.

12월 8일

이따금 날씨가 더없이 좋은 날이 있다. 때때로 내리는 비는 잡초와 잔디를 푸르게 해준다. 사철나무들이 여기저기 있어서 갈잎나무 잎들이 모두 떨어졌어도 쓸쓸하지 않다. 정원에는 등자나무에 열매가 가득 달려 있다. 그 나무들은 맨땅에서 자라나며 거적으로 덮여 있지도 않다.

바닷가까지 즐거운 마차 드라이브를 하고 그곳에서 고기잡이를 하고 그런 일들을 보고할 생각이었으나, 저녁때 그 선량한 모리츠가 말을 타고 돌아오는

---

*68 카를로 페아가 이탈리아어로 옮긴 빙켈만의 《미술사》 제2판이 바로 이 무렵에 출판되었다.

화환 모양 구름으로 둘러싸인 산과 거룻배, 괴테 그림

길에 말이 미끄러지는 바람에 팔이 부러져 돌아왔다. 그래서 흥은 깨지고 많지 않은 우리 일행에 한바탕 나쁜 일이 일어났다.

12월 13일

여러분[*69]이 나의 갑작스런 잠적을 내가 바라는 대로 받아들여 주어 얼마나 고마운지 모르겠다. 혹시 그 일 때문에 기분상한 사람이 있다면 사죄하고 화해하고 싶다. 나는 누구의 감정도 상하게 할 뜻이 없고, 지금도 변명할 생각은 조금도 없다. 나의 이런 결정 과정에서 한 친구라도 마음 상하지 않기를 진심으로 바랄 뿐이다.

이곳에 와서 나는 마치 외줄타기(salto mortale) 하는 것 같던 상태에서 차츰 회복되어, 즐긴다기보다는 오히려 많은 공부를 하고 있다. 로마는 하나의 세계여서 진정으로 로마를 알려면 적어도 몇 년은 걸려야 할 것이다. 나는 대충 구

---

*69 이 글은 헤르더 집안 사람들에게 보내는 내용.

경만 하고 떠나는 여행객들이 오히려 부러울 지경이다.

빙켈만이 이탈리아에서 쓴 편지집*[70]이 오늘 아침에 우연히 내 손에 들어왔다. 내가 그 글을 얼마나 감동적으로 읽었는지 한번 상상해 보라! 그는 31년 전 바로 요즘과 같은 계절에 나보다 더 측은하고 무지한 채로 이곳에 도착했던 것이다. 그에게 고대 유물과 미술을 꼼꼼하고 확실히 연구하는 일은 무척 진지한 일이었다. 그리고 그는 그 연구를 얼마나 훌륭하게 수행해냈는가! 바로 이곳에서 내가 그를 기억한다는 것은 얼마나 의미 있고 존귀한 일인가!

모든 부문에서 진실하고 한결같은 자연물들 말고는 선량하고 지적인 사람의 업적, 즉 자연처럼 모순 없는 참된 예술만큼 강하게 사로잡는 것은 없다. 수많은 횡포가 맹위를 떨치고 터무니없는 많은 일들이 권력과 금권으로 영원히 유지되어 온 이곳 로마에서는 그런 점을 더욱 절실히 느끼게 된다.

빙켈만이 프랑케*[71]에게 보낸 다음 편지 한 구절은 특히 나를 기쁘게 했다. "로마에서는 모든 일에 어느 정도 냉담하게 대해야 합니다. 그렇지 않으면 우리는 프랑스인으로 오해 받을 것입니다. 물론 나는 로마가 전세계 최고의 학교라고 믿고 있으며, 나 또한 이곳에서 정화되고 시련을 겪고 있습니다."

그가 하고자 하는 말은, 내가 이곳에서 사물을 탐구하는 방식과 잘 맞는다. 정말이지 로마에 와보지 않고서는 여기서 무엇을 배우게 될지를 전혀 알 수 없다. 사람들은 이곳에 와서 다시 태어나는 것이다. 이제까지 가지고 있던 개념들을 돌이켜보면 마치 어릴 적에 신던 신발 같다는 생각이 든다. 무척 평범한 사람도 이곳에 오면 대단한 사람이 되며, 그것이 그의 본성을 바꿀 수 없다 하더라도 적어도 하나의 독특한 개념을 갖게 된다.

이 편지는 신년쯤에 여러분에게 배달될 것이다. 새해에 만복을 빈다. 연말이 되기 전에는 우리는 다시 만나게 될 터이고 그때는 정말 기쁠 것이다. 지난 일년은 내 인생에서 가장 중요한 해였다. 내가 오늘 죽든지 조금 더 살든지 간에 어쨌든 행복한 해였다. 마지막으로 아이들을 위해 한마디 덧붙이겠다.

---

*70 다스돌프가 1777년과 17780년에 드레스덴에서 발행한 것으로, 빙켈만이 친구에게 보낸 2부짜리 편지집이다.

*71 요한 미하엘 프랑케(1717~1775)는 빙켈만과 함께 드레스덴 근방 네트니츠에 있는 뷔나우 백작의 사서관이었다. 괴테가 말한 편지는 1758년 2월 4일자의 것으로, 빙켈만 편지집 제 1부 83쪽에 있다.

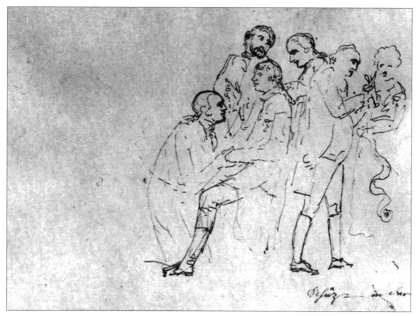
낙마하여 부러진 팔을 치료받고 있는 모리츠, 티슈바인 그림

아이들에게 이런 이야기를 그대로 읽어 주든지 쉽게 설명해 주었으면 좋겠다. 어느덧 겨울이지만 전혀 겨울 같지가 않다. 정원에는 상록수들이 자라며 햇살은 밝고 따스하게 비춘다. 눈은 북쪽 먼 산 위에서만 볼 수 있다. 정원 담장을 따라 심은 레몬나무에는 이제 짚으로 된 거적이 씌워지고, 등자나무에는 아무것도 씌워져 있지 않지만 한 그루에 열매가 수백 개씩 달려 있다. 우리 독일에서처럼 가지치기를 하거나 화분에 심지 않고 자유롭고 즐거운 모습으로 형제들과 함께 줄지어 땅 위에 서 있다. 이런 광경보다 더 유쾌한 것은 상상할 수도 없으리라. 돈을 조금만 주면 얼마든지 원하는 만큼 먹을 수 있다. 지금도 벌써 꽤 맛이 들었는데 3월이 되면 훨씬 더 맛있을 것이다.

최근에는 바닷가에 나가서*72 낚시를 했다. 물고기와 게, 그 밖의 기이한 형태의 바다 생물들이 잡혔다. 그 가운데는 만지면 찌릿 하고 전기를 쏘는 물고기도 있었다.

───────────

*72 모리츠와 함께 테베레 강 어귀에 있는 피우미치노에 갔던 것을 가리킴.

12월 20일

누가 뭐라고 해도 이 모든 일은 향락이라기보다는 고생과 근심거리이다. 나를 안으로부터 바꿔 다시 태어나게 하는 작용이 끊임없이 이어진다. 이곳에서 뭔가 제대로 된 것을 배우게 되리라는 생각은 진작부터 하고 있었다. 하지만 이제까지 배운 많은 것을 버리고 이토록 처음으로 되돌아가 완전히 다시 배우리라고는 상상도 못했다. 그러나 이제는 확신을 가지고 완전히 배우는 일에 몰두하게 되었다. 나 자신을 부정해야 한다고 생각할수록 더욱더 즐겁다. 나는 마치 탑을 세우려고 했지만 불안한 기초를 쌓게 된 건축가와 같다. 다행히도 늦지 않게 그것을 깨닫고, 이미 땅 속에서부터 쌓아올렸던 것을 기꺼이 헐어내고, 기반을 넓히고 고쳐서, 기초를 더욱 견실하게 다지고자 노력한다. 그리고 앞으로 건축물이 더욱 견고하게 완공될 일을 즐거운 마음으로 기대하고 있다. 바라건대, 내가 돌아갈 때는 이 광대한 세계에서의 생활이 가져다 준 도덕적 효과까지 내게서 느껴질 수 있다면 좋겠다. 사실 위대한 혁신을 이루는 것은 예술 정신과 함께 도덕적 정신까지도 포함되는 것이다.

뮌터 박사*73가 시칠리아 여행을 하고 돌아와 있다. 박사는 정열적이고 격정적인 사람인데, 그의 목적이 무엇인지는 잘 모르겠다. 그는 5월이면 독일로 가서 이곳에 왔던 이야기들을 할 것이다. 그는 2년 동안 이탈리아 여행을 했는데, 이탈리아 사람들에 대해서 불만이 많았다. 기록보관소나 비밀도서관을 방문하기 위해 받아 온 유력한 인사들의 소개장이 전혀 소용이 없어서 자신이 계획했던 일들을 충분히 이룰 수 없었기 때문이다.

그는 아름다운 화폐를 수집했고, 한 편의 원고를 입수했다고 한다. 그 원고 내용에 따르면, 화폐학이란 마치 린네의 식물 분류법처럼 뚜렷한 기호를 붙여 화폐를 분류하는 일이라는 것이다. 헤르더라면 그 점에 대해서 더 자세히 물어 봤을 터이고, 그 원고를 베끼는 일까지 허락받았을 것이다. 이 같은 화폐학을 세우는 일은 가능하며 그것이 정립된다면 좋은 일이다. 우리도 조만간 그런 분야의 연구에 더욱 진지하게 몰두해야 할 것이다.

---

*73 프리드리히 뮌터는 신학자이자 고대연구가. 1761년 고타에서 태어났지만 코펜하겐에서 1830년까지 살다가 죽었다. 1784년부터 이탈리아를 여행하고, 그 여행기를 〈1785년 및 1786년 여행 중에 모은 나폴리와 시칠리아에 관한 보고〉라는 표제 아래에 1790년에 출판했다.

몬테 제나로와 몬테 모라를 배경으로 아니오 강의 다리, 괴테 그림

12월 25일

나는 가장 뛰어난 작품들을 벌써 두 번째로 보기 시작했다. 처음에 느꼈던 놀라움은 어느덧 공감으로 변하고, 작품의 가치에 대해 더 순수한 감정이 되살아났다. 인간이 만들어 낸 것을 가장 정확하게 이해하기 위해서는 먼저 우리의 정신이 오롯이 자유로운 경지에 이르러야 한다.

대리석은 한마디로 표현할 수 없는 신기한 재료이다. 그렇기 때문에 벨베데레의 아폴로는 원형 속에서 무한한 기쁨을 안겨 준다. 생생하고 영원한 젊음이 활짝 피어난 최고의 숨결은 아무리 잘 만들어져도 석고상이 되면 그 생기가 사라져 버린다.

우리 숙소 맞은편의 론다니니 궁전에는 메두사 가면[74]이 있다. 그 가면은 실물보다 큰 고상하고 아름다운 얼굴에, 불안하게 바라보는 죽음의 눈길이 참으로 뛰어나게 표현되어 있다. 나는 좋은 구조물을 가지고 있지만, 대리석 작

---

[74] '론다니니의 메두사'라고 불리는 이 가면은 뒷날 루트비히 1세가 뮌헨의 조각관에 전시할 목적으로 사들였다.

품에서 볼 수 있는 매력은 조금도 남아 있지 않다. 누르스름한 살색을 띤 대리석의 그 고상한 반투명함은 완전히 사라져 버렸다. 석고는 언제나 백묵과 같아 생명이 없어 보인다.

그렇지만 석고장이의 공방에 있는 주형에서 그 석고상의 훌륭한 몸이 하나씩 하나씩 만들어져 나오는 모습을 구경하고, 이를 통해 완전히 새로운 형상의 인물들을 만나게 되는 것은 커다란 기쁨이다. 더군다나 로마 시내 여기저기 흩어져 있는 작품들이 그곳에서는 나란히 진열되어 한꺼번에 볼 수 있어서 비교하기에도 아주 좋다. 나는 거기서 주피터의 거대한 두상[75]을 주문하지 않을 수 없었다. 지금 그 석고상은 빛이 잘 들어오는 내 침대 맞은편에 서 있다. 나는 잠에서 깨자마자 그 두상 앞에서 아침 기도를 드린다. 그리고 그 석고상은 그 위대함과 존엄함에도 무척 재미있는 이야기의 소재거리가 되었다.

나이 많은 여관 안주인[76]이 이불을 정리 해주기 위해 내 방에 들어올 때면 그녀의 애완용 고양이도 슬며시 따라 들어온다. 나는 큰 방에 나가 앉아서, 그녀가 내 방에서 일하는 소리를 듣고 있었다. 그때 갑자기 안주인이 무척 다급하게 문을 열더니 내게 빨리 들어와서 기적을 좀 보라고 소리쳤다.

무슨 일이냐고 묻자 그녀는 고양이가 하느님께 기도드리고 있다고 대답했다. 그녀는 진작부터 이 고양이가 그리스도교도와 같은 오성을 지니고 있다는 것을 알고 있었지만, 이건 참으로 엄청난 기적이라는 것이었다. 나도 직접 보기 위해 급히 달려갔는데, 그 광경은 정말 기적이라고 하기에 충분했다. 그 반신상은 높다란 받침대 위에 있었는데, 몸통은 가슴 부분보다 훨씬 아래쪽에서 잘려져 있어서 머리 부분이 상당히 높게 올라가 있었다. 그런데 고양이는 책상 위로 뛰어올라가 앞발을 신의 가슴 위에 얹고, 될 수 있는 대로 온몸을 쭉 뻗은 채 주둥이를 신의 수염에 갖다 대고 무척 사랑스럽게 핥고 있었다. 그러고는 아주머니의 감탄사에도 꼼짝 않고, 내가 끼어드는 소란스런 가운데도 아랑곳하지 않은 채 하던 행동을 계속했다.

그런 모습에 경탄을 금치 못하는 안주인에게는 말을 하지 않았지만 기이한 고양이의 예배는 이런 비밀이 있다. 즉 후각이 잘 발달한 이 동물은 주형에서 그 석고상의 수염 달린 구멍 속에 흘러들어 굳은 지방분 냄새를 맡았던 것이다.

---

[75] 이 주피터의 두상은 현재는 바티칸의 로툰데에 있다.

[76] 코르소에 있는 모스카텔리 여관의 안주인 피에라 콜라나 부인.

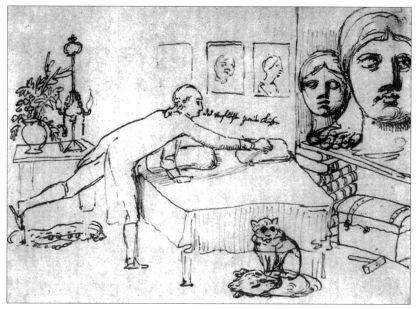

코르소 숙소에서 머무를 때의 괴테, 티슈바인 그림

1786년 12월 29일

티슈바인에 대해 더 많은 것을 이야기해야겠다. 그가 매우 독창적이고 독일적인 방식으로 자신을 수련하고 있다는 점을 칭찬해야겠다. 다음으로 나는 그가 두 번째로 로마에 머무는 중에*77 참으로 친절하게도 나를 위해 일류 대가의 작품을 어떤 것은 검은 초크로, 또 어떤 것은 세피아와 수채화로 잔뜩 모사해 준 일에 감사를 표한다. 그 모사품들은 내가 독일로 돌아가 원화를 가까이 할 수 없을 때 더 큰 가치를 드러내며 최상의 작품을 떠올리게 해줄 것이다.

처음부터 초상화가가 되고자 했던 티슈바인은 예술가로서 온갖 경험을 하면서 수많은 저명 인사—특히 취리히 등에서*78—를 만나 그들과 어울리며 자신의 감정을 더욱 굳히고 견식까지 넓혔다.

나는 헤르더의 논문집*79 《흩어진 가족들》 제2부를 여기까지 가지고 왔는데,

*77 티슈바인의 두 번째 로마 체재는 1783년 1월 24일부터이다.
*78 앞서 나온 티슈바인의 취리히 체재 부분 참조. 여기서는 보드머나 라파타를 가리킨다.
*79 1786년에 쓴 것으로, 《네메시스. 교훈적 풍자》와 《고대인은 어떻게 죽음을 형성했나》와 같은 그리스주의 찬미론 등이 수록되어 있다.

그 책은 두 배로 환영받았다. 이 책을 다시 읽을 때마다 얼마나 좋은 감명을 느끼게 되는지에 대해 헤르더에게 자세히 전하여 그의 노력을 칭찬해 주고 싶다. 티슈바인은 이탈리아에 와 본 적도 없는 사람이 그런 책을 어떻게 썼냐면서도 알려고 하지 않았다.

이런 예술가들 사이에서 생활하는 것은 곳곳이 거울로 된 방 안에 있는 것과 같아서 좋든 싫든 끊임없이 자기 자신과 타인이 눈에 비치게 된다. 나는 티슈바인이 때때로 나를 유심히 관찰하고 있다는 것을 알았지만, 그가 내 초상화를 그릴 생각을 하고 있다는 사실은 이제야 알았다. 벌써 구상은 다 되어 있었고 캔버스도 준비되어 있었다. 나는 등신대의 여행자 모습으로 하얀 망토를 걸치고, 넓은 야외에서 무너져 내린 기념비 위에 걸터앉은 자세이며, 배경으로 로마 캄파니아 지역의 폐허를 바라보고 있는 모습이 그려질 예정이다. 이 초상화는 아름다운 그림이 되겠지만, 우리 북쪽 나라 집 안에 걸기에는 너무 클 듯싶다. 고향에 돌아가면 나는 다시 그런 집으로 들어갈 것이기에 이 초상화[80]를 걸어 놓을 공간은 없을 것이다.

12월 29일

그나저나 신분을 감추고 다니는 나의 본모습을 들추어 내려는 시도는 여러 번 있었다. 시인들은 이미 자신들의 작품을 내 앞에서 읽거나 나에게 낭송하도록 시켰다. 여기서 자기 목소리를 내기는 쉽지만 그것은 모두 나에게 달렸다는 식이었다. 그들의 이러한 시도에도 나는 현혹당하지 않았고, 다만 재미있게 여겨질 뿐이었다. 로마에서 사람들과 어울리려면 어떻게 해야 하는지를 이미 적절히 파악했기 때문이다. 세계의 여왕 발밑에 있는 여러 작은 단체는 여기저기서 소도시적인 편협함을 드러내고 있다.

사실 이곳도 다른 여느 곳과 그다지 다를 바 없다. 그리고 나와 더불어, 또 나를 통해 무슨 일이 일어날 수 있을까 그런 생각만 해도 나는 그 일이 벌어지기도 전에 벌써 따분해진다. 누구든지 어떤 파벌에든 가담하고 그 열정과 계략을 옹호해주지 않으면 안 된다. 또한 동료 예술가와 아마추어 예술가들을 칭찬하고 그 경쟁자들을 흠잡고 권세가와 재력가의 비위를 맞추어야 한다. 그런 허

---

*80 이 유명한 괴테의 초상화는 1840년대까지 이탈리아에 있었지만, 칼 폰 로칠드 남작이 이것을 사들여 1887년에 프랑크푸르트의 슈테델 미술관에 기증했다.

캄파니아 평원의 괴테, 티슈바인의 스케치

례 때문에 이 세상에서 아예 달아나 버리고 싶은 생각이 들 정도인데, 내가 무엇 때문에 아무 목적도 없이 그들과 더불어 그런 행동을 하겠는가?

나는 더 이상 깊이 관련되지 않을 것이며, 그저 칩거생활에 만족하며 나 자신에게나 다른 사람에게나 재미있고 드넓은 세상에 대한 욕망을 빼앗지 않도록 해야겠다. 나는 영원히 이어지는 로마를 보고자 하는 것이지, 10년마다 변해 가는 로마를 보려는 것이 아니다. 내게 시간이 좀 더 있다면 그 시간을 더욱 이롭게 쓸 텐데. 특히 이곳에서 역사를 읽으면 세계 다른 어떤 곳에서 읽는 것보다 매우 색다르다.

다른 곳에서는 역사가 밖에서부터 안으로 읽혀 들어가는데 이곳에서는 안에서 밖을 향해 읽혀 나가는 듯한 생각이 든다. 모든 것이 우리 주위에 모여 있고 모든 것이 우리에게서 출발해 밖으로 나간다. 이것은 로마사뿐만 아니라 세계사에도 해당된다. 나는 이곳에서 시작해 베저 강이나 유프라테스 강에 이르기까지 정복자를 따라갈 수 있다. 혹은 단순한 구경꾼이 되고자 한다면, 귀환하는 개선장군들을 신성 가(神聖街)*81에서 맞이할 수도 있다. 그동안 나는 곡식이나 기부한 돈을 받아먹으면서 편하게 이 모든 장엄함에 참여하는 것이다.

1787년 1월 2일

글이나 말로 전해지는 내용이 아무리 그럴듯하다 해도 그것은 극소수의 경우를 제외하면 모두 불완전하다. 어떤 실체의 고유한 특성을 전달하기란 불가능하며, 정신적 문제 또한 마찬가지다. 그러나 일단 실물을 명확히 봐두면 그것에 대해 책으로 읽거나 말로 들어도 모두 즐겁다. 전달받은 내용이 생생한 인상과 연결되어 생각은 물론 판단도 할 수 있게 되기 때문이다.

내가 광물이나 식물이나 동물을 어떤 확고한 관점에서 특별한 애착을 보이며 관찰할 때면, 여러분은 곧잘 나를 비웃으며 그런 관찰을 그만두게 하려고 했다. 하지만 이제 나는 건축가와 조각가, 화가들에게 주목하고 있으며 이 분야에서도 나 자신을 발견하는 법을 배우고자 한다.

1월 6일

이제 막 모리츠에게서 돌아오는 길이다. 그는 팔이 다 나아 드디어 붕대를 풀었다. 별다른 걱정을 하지 않아도 될 것이다. 지난 40일 동안 나는 이 환자 곁에서*82 간호인이자 고해 신부이자 절친한 친구가 되기도 하고, 재무 장관이자 개인 비서가 되기도 하면서 온갖 것들을 겪으며 배웠다. 그것은 결과적으로 우리에게 이로울 것이다. 극심한 고통과 대단히 고귀한 기쁨이 이 기간 동안 내내 함께 찾아들었다.

기쁘게도 어제는 주노의 거대한 두상을 새로 주조하여 홀에 가져다 놓았다. 그 원작은 루도비시 별장에 있다.*83 그것은 내가 로마에서 처음으로 마음이 이끌렸던 것인데, 드디어 손에 넣게 된 것이다. 어떤 말로도 그 매력을 생생

---

*81 광장에서 카피톨리오 언덕으로 이어지는 사크라 거리.

*82 모리츠는 베를린에서 베르크라트 슈타트케라는 부인과 괴테와 슈타인 부인의 관계와 같은 관계에 있었다. 그리고 괴테는 모리츠의 병상 옆에서 슈타인 부인에게 이 편지를 쓴 것이다.

*83 이 주노의 두상은 예전에는 루도비시 별장의 현관 밖에 놓여 있었지만, 이때는 정원에 있는 건물 안에 있었다. 그 뒤 도시 확장 공사로 루도비시 별장은 허물어지고, 두상은 현재 테르멘 박물관으로 다른 보물들과 함께 이관되었다.

〈루도비시 별장(궁전)〉 이스라엘 실베스트르 그림

히 설명할 수가 없다. 마치 호메로스의 시와 같다.

나는 앞으로도 여러분의 환대를 받을 만한 자격을 갖춘 것 같다. 나의 《이피게니에》를 마침내 탈고한 것이다. 그 초안은 꽤 비슷한 필체의 두 필사본으로 내 책상 위에 놓여 있는데, 이제 그 가운데 하나를 여러분에게 보내려한다. 이것을 우호적으로 받아들여 주기 바란다. 물론 완성도 면에서는 만족스럽지 않지만 여러분은 내가 이야기하고자 하는 바를 헤아려 주리라 믿는다.

여러분은 이미 몇 번씩이나 내가 이토록 훌륭한 자연 속에서도 중압감에시달리는 듯한 암시를 주는 우울함이 내 편지에서 엿보인다며 유감의 뜻을전했다. 그러나 나의 그러한 상태에는 길동무인 이 그리스 여인*84이 한몫을단단히 했다. 그녀는 내가 구경해야 할 때에도 나를 재촉하여 글을 쓰도록강요했다.

*84 괴테 자신의 작품 《이피게니에》의 주인공을 가리킴.

나는 어떤 훌륭한 친구를 떠올렸다. 그는 긴 여행을 준비하고 있었는데, 그 여행을 위해 몇 년 간을 연구하고 절약하던 중, 끝내 어느 명망 있는 집안의 딸을 꾀어내는 것이 좋겠다는 생각을 했다. 그렇게 하면 모든 일이 한꺼번에 이루어지리라고 생각했기 때문이다.

그와 똑같은 무모함으로 나는 《이피게니에》를 칼스바트로 데려가기로 결심했다. 내가 특히 어떤 곳에서 그녀와 즐겼는지 간단히 이야기해 보려고 한다.

브레너 고개를 떠날 때 나는 가장 큰 보따리에서 그 초고를 꺼내 품 안에 넣어두었다. 세찬 남풍이 호숫가로 물결을 몰아치던 가르다 호반에서는 적어도 타우리스 해변에 서 있는 나의 여주인공만큼이나 쓸쓸한 기분이 들었다. 거기서 나는 개작의 몇 행을 썼다. 그리고 베로나·비첸차·파도바에서도 계속 썼지만, 가장 열심히 쓴 것은 베네치아에서였다. 하지만 그 뒤로 집필 작업은 중단 상태에 머물렀으며, 심지어 《델피의 이피게니에》*85를 써보는 게 어떨까 하는 새로운 생각이 떠오르기도 했다. 만일 기분전환이 되지 않고 진행중인 작품에 대한 의무감이 나를 붙들지 않았더라면, 나는 그 새로운 착상을 곧바로 실천에 옮겼을지도 모른다.

로마에서는 작업이 꽤 연속적으로 진척되었다. 밤이 되어 잠자리에 들기 전에 다음 날 집필 일정을 세워두고, 잠에서 깨면 곧바로 작업을 시작하는 식이었다. 나의 집필 방식은 무척 간단했다. 작품을 조용히 쓰고 난 뒤에 한 단락 한 단락 규칙적인 운율을 밟아 나갔다. 그렇게 해서 완성된 작품이 어떤 것인지는 여러분의 판단에 맡긴다. 나는 그 작품을 쓰는 동안 글을 썼다기보다 오히려 많은 것을 배웠다. 이 작품에 대해서도 나중에 몇 가지 말할 게 있다.

이제 다시 교회 이야기를 해볼까 하는데, 우리는 성탄절 밤에 근처를 돌아다니다가 의식이 행해지고 있는 교회들을 방문했다. 특히 어떤 교회*86에는 사람들이 많이 모였는데, 그곳의 오르간과 음악은 목동의 피리소리, 또 새들의 지저귐, 양들의 울음소리에 이르기까지 목가 음악으로서 무엇 하나 부족함 없이 잘 갖추어져 있었다.

성탄절 첫 날, 성 베드로 성당에서 교황을 비롯한 모든 성직자를 보았다. 교황은 때로는 성좌 앞에서 때로는 그 위에서 대미사를 집전했다. 그 미사는

---

*85 이때 괴테는 델피를 섬으로 생각하고 있었다.
*86 나보나 광장에서 가까운 성 아폴리나레 교회.

성 아폴리나레 교회

무엇과도 비교할 수 없을 만큼 정말 화려하고 장엄한 광경이었다. 그러나 나는 오랫동안 신교도적인 디오게네스 주의*[87]에 젖어 있어서 그러한 화려하고 장엄한 의식은 내게 이로움을 주기보다 오히려 많은 것을 빼앗아 간다. 나의 경건한 조상 디오게네스가 한 것처럼, 나는 이 종교적인 세계 정복자들에게 이렇게 외치고 싶다.

"더욱 고귀한 예술과 순수한 인간성의 태양을 제발 가리지 않았으면 좋겠다."

오늘은 공현절이라 미사가 그리스식 의식에 따라 치러지는 것을 보고 들을 기회를 얻었다. 라틴식 의식보다 한결 장중하고 엄격하며 명상적이었고, 그러면서도 훨씬 대중적이라고 생각했다.

그때도 나는 그 모든 것에 대해 내가 지나치게 시대에 뒤떨어졌다는 느낌이 들었지만, 진실에 대해서만은 그렇지 않다. 그들의 의식과 오페라, 기원 행렬과 춤, 그 모든 것이 마치 밀랍을 바른 망토에서 빗물이 흘러내리는 것처럼

*87 물욕과 허례허식을 경멸한다는 뜻.

내 주위에서 떠내려갔다. 그와 달리 마다마 별장에서 바라본 해 질 무렵 자연 현상이나, 많은 존경을 받는 주노의 신상 같은 예술 작품은 깊고 오묘하며 영속적인 인상을 주었다.

다가올 연극 공연을 생각하니 벌써부터 겁나기 시작한다. 다음 주에는 일곱 군데 무대에서 막이 오른다.*⁸⁸ 안포시*⁸⁹도 이곳에 와서 〈인도의 알렉산더〉*⁹⁰를 공연할 것이다. 〈키로스 왕〉도 상연될 것이고, 춤극 〈트로이 정복〉*⁹¹도 막이 오를 예정이다. 그러나 아이들*⁹²에게나 보여줄 만한 수준일 것이다.

1월 10일

다시 내 '부모를 울리는 아이' 이야기를 해보기로 하자. 《이피게니에》는 여러 의미에서 그런 별칭을 가질 만하다. 언젠가 이곳 예술가들 앞에서 낭독할 기회가 있었을 때 나는 이 원고의 여러 행에 밑줄을 쳐 놓았다. 그 가운데 몇 행은 소신에 따라 고쳐 썼지만, 다른 행들은 혹시 헤르더가 몇 마디 덧붙여 줄지도 모른다고 생각해서 그냥 두었다. 이 작품 때문에 글을 쓰기조차 힘들 정도다.

내가 몇 년 전부터 내 집필 작업에서 산문 형식을 좋아해 온 까닭은 우리 독일의 운율법이 대단히 모호하다는 점 때문이다. 견식과 학식을 갖추고 있으며 내게 협조적인 친구들마저도 여러 문제들에 대한 결정을 감정이라든가 취향에 맡겨버리는 실정이므로 그런 것에 기준 따위가 있을 리 없다.

모리츠의 《운율학》*⁹³이라는 지침서를 발견하지 못했더라면, 나도 《이피게니에》를 얌부스 운율로 고쳐 쓸 생각은 감히 하지도 못했으리라. 특히 그가 병상에 누워 있을 무렵, 친밀한 관계를 맺게 된 것을 계기로 나는 그렇게 고쳐 써 볼 생각을 품게 되었고, 그래서 내 친구들에게 그 점을 호의적으로 생

---

*88 일반적으로 1월 7일부터 성회제(聖灰祭) 때까지는 연극 상연이 허락되었다.

*89 파스쿠알레 안포시(1729~1797). 이탈리아의 가극 작곡가이자 악장.

*90 피에트로 보나벤투라 메타스타시오(1698~1782). 18세기 대표적인 가극 작가로, 이 연극의 음악은 그가 작곡한 것.

*91 이것에 대해서는 괴테가 1787년 1월 4일에 프리츠 폰 슈타인에게 보낸 편지에 자세히 설명되어 있다.

*92 특히 프리츠 폰 슈타인과 헤르더의 아이들을 가리킨다는 이야기가 있다.

*93 1786년에 베를린에서 발행된 것.

각해봐 달라고 부탁했다.

독일어에서 결정적으로 짧거나 긴 음절을 찾아보기가 무척 어렵다는 것은 잘 알려진 사실이다. 다른 음절들은 취향이나 기호에 따라 자의적으로 처리한다. 그런데 모리츠가 음절에는 일정한 등급이 있다는 사실을 밝혀낸 것이다. 의미상 더 중요한 음절이 상대적으로 더 길며, 따라서 두 음절이 나란히 놓이게 되면 비교적 덜 중요한 음절이 짧아질 수 있다는 것이다. 그러나 의미상 중요한 음절이라도 그보다 더 중요한 의미를 지니는 다른 음절 옆으로 가면 다시 짧아질 수 있다. 이러한 이론은 분명히 설득력이 있다. 비록 이 이론으로 모든 문제가 다 해결되는 것은 아니지만 적어도 우리는 하나의 해결책으로 삼을 수 있는 지침을 마련한 셈이다. 나는 자주 이러한 법칙에 따라 글을 써 보았으며, 이것이 내가 느낀 바와 일치한다는 것을 발견했다.

친구들 앞에서 내 원고를 낭독했다는 이야기가 앞에 나왔으니 그 일의 경과를 간략하게나마 설명하는 편이 좋겠다. 과거의 격렬하고 긴박한 작품에 익숙한 이 젊은 친구들은 희곡 《베를리힝겐》과 같은 작품을 기대했는지 이 작품처럼 잔잔한 줄거리에는 전혀 만족하지 못했다. 그러나 고상하고 순수한 대목에는 그들도 감명을 받았다. 이 작품에서 정열적인 요소가 거의 없어졌다는 점에 좀처럼 동의하지 못하던 티슈바인도 매우 운치 있게 비유 혹은 상징으로 이야기를 해주었다. 그는 이것을 제물에 비유하면서, 불기둥은 높이 솟아오르려 하는데 연기는 기압에 눌려 땅바닥에 깔려 있다고 비평했다. 그는 이러한 자신의 의견을 아름답고도 의미심장한 한 장의 소묘로 표현했다. 그의 이 그림도 함께 넣어 보낸다.

그런 이유로, 곧 끝낼 생각이었던 이 일은 꼬박 석 달이나 즐겁게 해주기도 하고, 지체되기도 하고, 일손을 바쁘게 하며 속을 썩였다. 내가 가장 중요한 일을 뒷전으로 미뤄둔 경우는 한두 번이 아니니 이제 더는 이 작품을 가지고 언쟁을 벌이지는 않기로 한다.

어린 사자의 코앞에서 파리가 붕붕거리며 날고 있는 모습을 예쁘게 조각한 돌도 함께 보낸다. 고대인들은 이러한 소재를 특히 좋아해서 이런 조각들을 끊임없이 제작했다. 앞으로 여러분이 내게 띄울 편지는 이것으로 봉인해 줬으면 좋겠다. 이 작은 돌을 통해 여러분 마음에 울려 퍼지는 예술의 메아리가 나에게까지 전해질 수 있을 것이다.

1월 13일

날마다 할 이야기가 너무도 많은데, 여러 날 이어지는 구경과 제멋대로 풀어진 기분으로 방해를 받는다. 더군다나 집 안에 있기보다 밖에 나가는 편이 훨씬 기분 좋은 쾌청한 날이 이어지고 있다. 이런 날에 스토브도 벽난로도 없는 방에 있으면 그저 잠을 자거나 이유 없이 불쾌해질 뿐이다. 그러나 지난 주에 있었던 몇 가지 사건은 꼭 기록해야겠다.

주스티니아니 궁전에는 내가 열렬히 숭배하는 미네르바 조각상[*94]이 있다. 빙켈만은 그것에 대해 거의 언급하지 않고, 간혹 이야기하는 경우에도 적절하지 않은 대목에 끌어들인다. 나 자신도 이 석상에 대해서는 뭐라고 말할 자격이 없다고 느낀다.

우리가 그 석상을 바라보며 한참 동안 그 앞에 머물러 있자, 궁전 관리인 여자가 나타나서 다음과 같은 설명을 해주었다. 그것은 오래된 성상인데 그 종파에 속하는 영국인들은 여전히 그 석상의 한쪽 손에 입을 맞춤으로써 숭배의 뜻을 표현한다는 것이다. 실제로 석상의 다른 부분은 모두 갈색인데 반해 그 한쪽 손만 하얗게 닳아 있었다. 그녀는 덧붙여 말하길, 최근에도 그 종파에 속하는 한 부인이 와서 그 앞에서 무릎을 꿇고 석상에 절을 하더라는 것이었다. 그리스도 교도인 자기로서는 그런 이상한 행동을 보고 웃지 않을 수가 없었는데, 웃음을 보이지 않으려고 얼른 큰 홀로 뛰어들어갔다고 했다.

내가 이 석상 곁을 떠나지 못하자 그녀는 혹시 내게 이 대리석상과 닮은 여자라도 있어서 그토록 마음을 쓰는 게 아니냐고 물었다. 그 선량한 여인이 아는 것은 오직 예배와 사랑뿐이며, 위대한 작품에 대한 순수한 감탄이나 인간 정신에 대한 존경심 같은 것은 전혀 생각조차 하지 못하는 것 같았다. 우리는 그 영국 부인에 대한 이야기를 재미있게 듣고 나서, 다시 방문할 것을 약속하며 그곳을 떠났다. 나는 가까운 시일 안에 또 한 번 그곳에 가보려고 한다. 여러분이 더 자세한 이야기를 알고 싶다면 빙켈만이 그리스인들의 고귀한 양식에 대해 쓴 부분을 읽어보기 바란다. 다만 유감스럽게도 그는 이 미네르바 석상에 대해서는 알지 못했다. 내가 착각하지 않았다면 이 대리석상은 우아한 양식으로 넘어가는 과도기적 작품으로 고상하고 엄격한 양식을 보여준다. 말

[*94] 이 조각상은 현재 바티칸의 브라치오 누오보에 있다.

하자면 이제 갓 피어난 봉오리이며, 이 과도기적 양식은 미네르바의 성격과도 매우 잘 어울린다.

이제 다른 구경거리에 대해 이야기해 보자! 이 교도들에게 복음을 전한 것을 기념하는 축일에 우리는 포교 성당을 방문했다. 그곳에서는 추기경 셋과 대법관 한 사람이 참석한 가운데 먼저 강연이 있었다. 마리아가 동방의 세 박사를 과연 어떤 장소에서 만났을까 하는, 다시 말해 마구간에서였을까 아니면 다른 어떤 곳에서였을까 하는 논제였다.

그러고 나서 비슷한 주제의 라틴어 시 몇 편이 낭독된 뒤에 30명쯤의 신학도가 한 사람씩 차례대로 나와 저마다 자기 모국어로 짤막한 시를 낭송했다. 말라바르어, 에피로트어, 터키어, 몰다우어, 에렌어, 페르시아

미네르바 석상, 바티칸미술관 소장

어, 코르키스어, 히브리어, 아랍어, 시리아어, 콥트어, 사라센어, 아르메니아어, 히베룬어, 마다가스카르어, 아이슬란드어, 보헤미아어, 이집트어, 그리스어, 이

사울어,*95 에티오피아어, 그 밖에도 내가 알아들을 수 없는 많은 언어들이 쏟아져 나왔다.

대부분의 시는 저마다 자기 나라 말의 운율에 맞춰 전통적인 낭송법에 따라 암송되는 것 같았다. 그래서 때로는 야만적인 리듬과 음조도 튀어나왔다. 그 가운데서 그리스어 음향은 마치 밤하늘에 별이 나타나는 것 같았다. 청중들은 그러한 낯선 소리를 듣고는 왁자하게 웃어 댔기 때문에, 그 공연 또한 익살극이 되고 말았다.

마지막으로, 짤막한 이야기 한 토막을 빠뜨릴 수 없다. 신성한 존재가 막상 신성한 로마에서는 그야말로 경망스럽게 다루어지고 있다. 전에 이야기한 알바니 추기경*96이 내가 위에서 설명한 축일의 어떤 모임에 언젠가 참석했을 때의 일이다. 신학생 한 명이 추기경들에게 낯선 방언으로 "그나야! 그나야!"*97 (경배합니다) 라고 소리치기 시작했는데, 그 소리는 흡사 이탈리아어로 "Canaglia! canaglia!"*98 (악당)처럼 들렸다. 그러자 그 소리를 듣고 추기경은 다른 추기경들을 보면서 이렇게 말했다. "저 친구는 우리를 잘 알고 있군요!"

빙켈만의 업적은 위대하지만, 그는 우리가 바라지 않는 것도 많이 남기고 갔다. 그리고 손에 넣은 소재를 자신의 글을 완성하기 위해 너무 성급하게 사용한 것도 없지 않다. 아직도 그가 살아 있다면 여전히 시원스럽고 건강하리라. 그래서 누구보다도 먼저 자신의 저술을 다시 고쳐 썼을 것이다. 그런 다음 자신의 원칙들에 따라 타인이 이룬 것, 관찰한 것, 그리고 최근에 발굴하고 찾아낸 것까지 모조리 다시 살펴보고 보고하고 이용했을 것이다. 알바니 추기경도 그쯤에는 이 세상을 떠났을 테니까. 빙켈만은 그를 위해 많은 글을 썼지만, 모든 것을 말하지는 않았다.

---

*95 말라바르어=남인도의 타무르어, 에피로트어=알바니아어, 몰다우어=루마니아어, 코르키스어=게오르기엔어, 콥트어=이집트어, 히베룬어=아일랜드어, 이사울어와 에렌어는 불명확.
*96 알렉산드로 알바니(1692~1779). 빙켈만의 친구로, 로마 교외에 알바니 별장을 지었다.
*97 에티오피아어.
*98 천민 또는 악인이라는 뜻.

1월 15일

마침내 《아리스토
뎀》이 우레와 같은
박수 갈채를 받으며
성공적으로 상연되
었다. 교황의 사랑하
는 조카이자 상류사
회에서 대단히 존경
받는 빈센초 몬티*[99]
는 이런 방면에서도
매우 유리했다. 특별
관람석의 관객들은
박수를 아끼지 않았
으며, 또한 일반 관람
석의 관객들도 작가
의 아름다운 대사와
배우들의 훌륭한 낭
독에 처음부터 마음
을 빼앗겨 기회가 있
을 때마다 만족감을
드러냈다. 특히 독일
예술가들이 앉은 좌
석이 적잖이 눈에 띄
었는데, 나서기 좋아
하는 그들은 그야말
로 물 만난 고기 같
았다.

파르네세 헤라클레스 석상

작가는 만일에라도 자기가 쓴 작품이 실패하지나 않을까 하는 조바심으로

---

*99 네미 공 루이지 브라스키.

집에 머물러 있었지만, 막이 바뀔 때마다 좋은 소식이 전해지자 처음의 걱정도 차츰 커다란 환희로 바뀌어 갔다. 그 작품은 그 뒤로도 오늘까지 계속 공연되었는데, 매회 성공적이었다. 이처럼 사람은 아무리 다른 분야에서도 두드러진 업적만 보인다면 대중과 학자들의 갈채를 받을 수 있다.

아무튼 공연은 실제로 칭찬받기에 충분했으며, 무대마다 등장하는 주연 배우들도 뛰어난 대사와 연기를 선보였다. 마치 고대 황제를 눈앞에서 보는 듯했다. 또한 우리를 압도하는 조각상의 복장이 무대 의상으로 훌륭하게 재현되었으며, 그 옷을 입은 배우가 고대를 꼼꼼히 연구해 잘 이해하고 있음을 알 수 있었다.

1월 16일

오늘의 로마는 예술의 위기에 맞닥뜨리고 있다. 나폴리 왕*¹⁰⁰이 파르네세의 집에 있던 헤라클레스 상을 자신의 집으로*¹⁰¹ 옮기려 하고 있다. 예술가들은 모두 그 일을 애석해하지만, 우리는 선조들은 볼 수 없었던 그 작품을 볼 수 있는 기회를 얻게 될 것이다.

그 조각상의 머리에서 무릎까지 부분과 발밑을 받치고 있는 받침대 및 두 발은 파르네세의 소유지에서 발견*¹⁰²되었다. 하지만 무릎에서 복사뼈까지의 다리 부분은 발견되지 않아 빌헬름 포르타*¹⁰³가 만든 모조품으로 대체되었다. 그 조각상은 복구된 두 다리로 오늘날까지 서 있었는데, 그 뒤에 보르게세 소유지에서 본디의 다리 부분이 발견되어 보르게세 별장에 진열되어 있었다.

그런데 최근에 보르게세 공*¹⁰⁴은 나폴리 왕에게 이 귀중한 유물 조각을 증정하기로 단호히 결단내렸다. 그래서 포르타가 모조품으로 대신했던 다리 부

＊100 그 무렵 나폴리 왕은 페르디난도 1세(1759~1825)였다. 그때는 부르봉 일가가 파르네세 집안의 상속인이었다. 따라서 파르네세 집안의 마지막 후손인 파르마의 엘리자베타가 스페인의 필립 5세와 결혼했고, 필립 5세는 나폴리 왕 페르디난도 1세의 아버지인 카를로 3세의 아버지였다. 바로 여기서 문제가 발생한 것이다.

＊101 아테네인 그리콘이 고대의 조각상을 본떠서 로마 시대에 만든 것으로, 그즈음은 로마 파르네세 저택에 있었지만 오늘날은 나폴리 국립박물관에 있다.

＊102 1540년에 발견되었다.

＊103 괴테는 빌헬름 포르타라고 썼지만, 이 사람은 1579년에 죽은 조각가로, 미켈란젤로의 사숙생.

＊104 마르코 안토니오 3세(1730~1800).

로마, 보르게세 별장, 괴테 그림

분은 제거되고 진짜 다리로 원상복구되었다. 사람들은 여태껏 포르타의 모조 다리에도 만족해 왔지만, 이제부터는 완전히 새롭고 더 조화를 이룬 작품을 보고 즐길 수 있으리라 기대한다.

1월 18일

어제는 성 안토니우스 아바*[105] 축일이라 우리는 하루를 즐겁게 보냈다. 이루 말할 수 없이 아름다운 날씨였다. 지난밤에는 얼음이 얼었지만, 날이 밝자 맑고 따뜻해졌다.

예배와 명상을 무척 중요하게 여기는 종교는 동물에게도 어느 정도 종교적 은총을 내려준다. 이것은 우리가 익히 아는 사실이다. 수도원장이자 주교였던 성 안토니우스*[106]는 네 발 달린 동물의 보호자였다. 그의 축일은 여느 때 무거운 짐을 짊어지고 다니는 동물에게나, 그들을 지키고 모는 사람들에게나 모두

---

*105 파도바의 성자.
*106 파도바의 성자.

산타마리아 마조레 교회

행복한 축제일이다. 그 어떤 귀족이라도 이날만은 집에 머물러 있거나 나가더라도 반드시 걸어다녀야만 한다. 이날에 마부에게 말을 몰도록 강요하는 어느 불경한 귀족이 큰 사고를 당함으로써 벌을 받았다는 꺼림칙한 이야기도 있다.

성당은 거의 황량할 정도로 드넓은 광장*107에 자리잡고 있지만 오늘은 대단한 활기를 띈다. 갈기와 꼬리를 리본으로 예쁘게 땋아 꾸민 말과 노새들이 교회에서 조금 떨어진 작은 성당 앞으로 이끌려 간다. 그곳에서는 커다란 총채를 손에 쥔 사제가 자기 앞의 통이나 대야에 담긴 성수를 기분 좋은 동물들에게 아낌없이 흠뻑 뿌려준다. 때로는 그 동물들을 즐겁게 해주려고 익살맞게 뿌려주기도 한다. 경건한 마부들은 크고 작은 양초를 바치고, 귀족들은 값비싸고 쓸모 있는 동물들이 일 년 동안 아무런 사고도 없이 안전하길 빌며 자선금과 선물을 보낸다. 또 이롭고 소중한 당나귀와 소들도 이날은 그에 알맞은 축복을 나누어 받는다.

그 뒤 우리는 화창한 하늘 아래 멀리까지 산책을 즐겼다. 가는 길에도 참으

*107 산타마리아 마조레 광장.

늑대 젖을 먹고 자란 로마 건설자 로물루스와 레무스 형제

로 흥미로운 볼거리가 잔뜩 있었지만, 오늘은 그런 것들에 관심을 기울이기보다는 농담과 장난을 마음껏 즐겼다.

1월 19일

온 세계에 그의 명성을 떨쳤고 그 업적이 가톨릭 낙원까지도 이를 만큼 위대했던 대왕*108도 끝내는 세상을 떠나 저승에서 같은 영웅들 사이에 끼게 되었다. 우리는 그와 같은 인물을 이 세상에서 떠나보낼 때 자신도 모르게 숙연해진다.

오늘 우리는 즐거운 하루를 보냈다. 이제까지 소홀했던 카피톨의 일부*109를 구경하고 나서 테베레 강을 건너가, 막 도착한 배 위에서 스페인 포도주를 마셨다. 오래전 이 근처에서 로물루스와 레무스*110를 발견했다고 한다. 그

---

*108 괴테는 이미 칼스바트에서 프리드리히 대왕이 1786년 8월 17일에 죽었다는 사실을 알았지만, 슈타인 부인으로부터 대왕의 유산에 대한 이야기를 새로 들어서 언급한 것이다.
*109 특히 고대미술품실.
*110 로마의 건설자이자 최초의 왕으로 여겨지는 전설적 인물. 로물루스와 레무스는 쌍둥이로, 늑대의 젖을 먹고 자랐다고 한다.

래서 우리는 성령강림제가 2중, 3중으로 찾아올 때처럼 거룩한 예술 정신과 매우 부드러운 분위기, 고대에 대한 추억, 달콤한 포도주에 흠뻑 취할 수 있었다.

1월 20일

처음 겉만 보고서는 즐겁게 여겨지던 것도 철저한 지식 없이는 절대로 참된 즐거움을 맛볼 수 없다는 사실을 깨닫게 되면 그때부터는 번거로운 것이 되고 만다.

나는 해부학에 대해 꽤 준비도 했고 인체에 대한 지식도 끊임없는 노력으로 어느 정도까지는 배우고 익혔다고 생각했다. 그러나 이곳에 와서 조각상들을 감상하고 보니 끊임없이 더 높은 수준의 암시를 받게 된다. 우리의 의학적, 외과적 해부학에서는 부분적 지식만이 문제시되기 때문에 작은 근육 한 점만 있어도 충분하지만, 로마에서는 각 부분이 하나의 고귀하고 우아한 형상을 만들어 내지 않으면 아무런 의미가 없다.

커다란 산 스피리토 병원*¹¹¹에는 예술가들을 위해 무척 아름다운 근육 조각상을 가져다 놓았는데, 어찌나 훌륭한지 감탄이 절로 나온다. 마치 살가죽이 벗겨진 반신 마르시아스*¹¹²를 보는 듯하다.

사람들은 고대인들의 지시에 따라, 골격을 인공적으로 조합된 뼈의 집단으로 보지 않고, 생명과 운동력을 주는 인대와 함께 연구하는 것을 보통으로 삼는다.

우리가 밤이 되어서까지 원근법을 연구했다는 사실을 덧붙여 둔다면 그렇게 한가하게 놀고먹지만은 않았다는 사실을 여러분도 알아주리라 믿는다. 아무튼 우리는 실제로 일어났던 것보다 훨씬 더 많은 것을 하기를 바란다.

1월 22일

독일인의 예술적 감각이나 예술 생활에 대해 말하자면, 음향은 들려도 화음

---

*111 테베레 강 오른편의 보르고에 있다.
*112 아폴로와 피리 대결을 벌였다가 패배하여 그 벌로 가죽이 벗겨진 마르시아스는 그리스인이 즐겨 조각한 소재이다.

몬테 핀치오에서 바라본 로마 전경, 괴테 그림

은 없다고 표현할 수 있다. 우리 가까이*113에 참으로 뛰어난 것들이 많이 있는데도, 그것들을 전혀 이용하지 않았다는 사실을 생각하면 나는 절망하게 된다. 그러나 그저 어설프게 알던 그 걸작들을 확실히 알아볼 수 있게 된다면, 독일로 돌아갈 때는 다시 기뻐할 수 있으리라.

하지만 이 로마도 진지하게 총체적으로 연구하려는 사람들에 대한 배려는 매우 부족하다. 끝도 없이 많은 파편들을 모아서 이리저리 끼워 맞춰야 한다. 정말로 훌륭한 것을 관찰하고 연구하고자 하는 열의를 가진 외국인은 물론 적지 않다. 그러나 많은 수가 충동이나 자만심에 따라간다는 것은 외국인을 상대하는 모든 사람이 아는 사실이다. 안내인들은 장사꾼을 소개하거나 미술가들의 배를 불려 준다. 그렇지만 그게 꼭 나쁘다고만은 할 수 없다. 문외한들은 거의 아무리 뛰어난 작품을 보여 줘도 받아들이지 않고 거절하기 때문이다.

고대미술품을 수출할 때는 먼저 정부에 허가를 받아야 하는데, 그때마다 원작 대신 모조품을 제출하는 법안이 생긴다면 그 뒤 관찰도 무척 쉬워지고 독

＊113 고타, 라이프치히, 드레스덴을 가리킨다.

특한 미술관들도 생기게 될 것이다. 그러나 교황이 아무리 이런 생각을 갖고 있다고 해도 사람들은 모조품을 내는 일에 반대할 것이다. 몇 년 지나지 않아 그렇게 수출된 물품들의 가치와 품격에 놀라게 될 것이기 때문이다. 또한 사람들은 개개인의 경우에 언제나 온갖 은밀한 수단을 이용해서 수출 허가를 받는 것을 알고 있기 때문이다.

이미 전부터, 특히 《아리스토템》 상연 때부터 우리 독일 예술가들은 애국심에 눈을 떠 내 《이피게니에》를 입에 침이 마르도록 칭찬했다. 그들은 처음에는 부분 낭독을 듣길 바랐지만 나중에는 전체를 읽어달라고 강하게 요청해 왔다. 그때 나는 종이에 쓰여 있을 때보다 낭독될 때 유려한 부분이 한결 더 많다는 사실을 깨달았다. 역시 시란 눈으로 보라는 게 아닌 것이다.

그 뒤 이런 평판이 라이펜슈타인과 앙겔리카*114에게까지 전해져 나는 그들 앞에서도 내 작품을 다시 소개하게 되었다. 나는 잠시 시간적 여유를 갖고 싶었지만 작품 줄거리와 진행만은 곧바로 매우 자세하게 알렸다. 그들은 내 예상보다 훨씬 더 내 작품을 마음에 들어 했으며, 내가 가장 무관심하리라고 예상했던 주시*115 씨조차도 깊은 이해와 호의를 보여 주었다. 이런 사실들은 이 작품이 영국식 대담함*116에 익숙하지 않은 사람들이 가장 좋아하는 그리스, 이탈리아, 프랑스 등의 작품 형식과 비슷하다는 점으로도 충분히 설명될 것이다.

1월 25일

나의 로마 체류에 대해서 제대로 설명하기가 점점 더 어려워지고 있다. 바다는 멀리 들어가면 들어갈수록 더 깊어지기 마련인데, 이 도시를 관찰하는 것도 그와 똑같기 때문이다.

지난날을 모르면서 오늘을 아는 것은 불가능하며, 이 둘을 비교하는 데에는 더 많은 시간과 여유가 필요하다. 세계의 수도인 이 로마의 위치가 이미 그 건설 무렵을 되돌아보게 한다. 이곳에 정착해서 나라의 기초를 닦은 것이 뛰어난 통솔자를 가진 위대한 이주민족의 지혜로운 업적이 아니었다는 것쯤은 금

---

*114 앙겔리카 카우프만은 1741년에 쿨에서 태어나 1807년에 로마에서 죽은 여류 화가.
*115 안토니오 주시. 1726년 베네치아에서 태어남. 1782년에 앞서 나온 앙겔리카와 결혼한 화가. 1795년에 로마에서 죽었다.
*116 셰익스피어의 작풍을 가리킨다.

로마 아레쪽 테베레 강, 괴테 그림

세 알 수 있다. 또한 강력한 군주가 알맞은 장소를 찾아내서 식민지의 주거지를 결정했던 것도 아니다. 그렇다. 목동들과 천민들이 맨 처음 이곳에 자리잡고 몇몇 건장한 청년들이 언덕*[117]에다 지배자들을 위한 궁전의 터를 닦은 것이다. 그들은 한때 사형집행인*[118]의 기분에 따라 그 언덕 어귀의 수렁과 갈대밭 사이로 내몰렸다. 로마의 일곱 언덕은 그 뒤로 이어지는 땅에 견주면 결코 높이 솟아 있다고 할 수 없고, 테베레 강과, 나중에 캄푸스 마르티우스*[119]가 된 테베레의 태곳적 하천 바닥에 비해서만 높다 말할 수 있다.

이번 봄에 더 멀리 답사를 갈 수 있는 기회가 주어진다면 이 불리한 지형에 대해 더 상세히 써 보려고 한다. 오늘도 나는 알바*[120] 여인들의 비탄과 고뇌를 동정하지 않을 수 없다. 그들은 자신들의 도시가 무너지는 것을 보고서, 그들

---

*117 일곱 언덕 중 하나인 팔라티노.
*118 로물루스와 레무스를 버리라는 명령에 따랐던 남자.
*119 연병장으로, 오늘의 코르소에서 서쪽으로 강가까지 이어져 있는 땅. 아우구스투스 시대에 만들어졌다.
*120 로마의 전신인 알바 롱가. 알바나 산맥의 카보 산 비탈에 있었다. 로마보다 300년 먼저 세워졌지만 기원전 8세기에 툴루스 호스틸리우스에 의해 파괴되었다.

의 현명한 지도자가 골라 준 아름다운 땅을 버리고 테베레 강의 짙은 안개 속에 싸인 비참한 코엘리우스 언덕으로 옮겼다. 그들은 거기서 사라져 버린 낙원을 멀리서 바라볼 수밖에 없었다.

나는 여전히 그 지방에 대해 그리 아는 것이 없지만, 고대 도시 가운데 로마보다 더 지형이 나빴던 곳은 없었다고 굳게 믿는다. 로마인들은 끝내 모든 토지를 남김없이 사용해 버린 뒤에 생존과 삶을 누리기 위해, 한때 자신들이 파괴했던 황폐해진 도시 광장으로 삶의 터전을 옮겨가야만 했다.

이곳에서 얼마나 많은 사람들이 평온하게 생활하며, 저마다의 방식대로 일하는지를 평화로운 마음으로 지켜볼 수 있는 좋은 기회가 생겼다. 우리는 타고난 재능은 그다지 없지만 생애를 예술에 바친 한 성직자를 찾아가서 그가 작은 화폭에 그린 여러 명화의 흥미로운 모사품들을 보았다. 그 가운데서 가장 훌륭했던 것은 밀라노에 있는 레오나르도 다 빈치의 〈최후의 만찬〉*121이었는데, 그리스도가 제자들과 함께 즐겁고 편안하게 식탁에 앉아 "너희들 가운데 한 명이 나를 배신할 것이다" 말하는 그 순간을 그린 것이다.

이 모사나 지금 그리고 있는 다른 모사의 동판화가 있으면 좋겠다는 생각을 한다. 사람들 앞에 훌륭한 작품이 나타난다면 더없이 좋은 선물이 될 것이다.

2, 3일 전에 나는 프란체스코 파의 수도사인 자키에 신부*122를 만나러 트리니타 데이 몬티로 갔다. 프랑스 태생인 그는 수학 분야의 저서로 유명해진, 나이가 지긋하고 편안하며 세상 물정에 밝은 사람이다. 그는 당대에 저명한 사람들과 교류했으며, 볼테르 밑에서도 몇 달 동안 배운 적이 있는데 볼테르도 그를 무척 좋아했다고 한다.

나는 그런 식으로 많은 독실한 인사들과 아는 사이가 되었다. 이곳에서 그런 인물들은 수도 없이 만나지만, 그들은 성직자에 대한 불신감에 의해 따로따로 지낸다. 책방에서도 전혀 연락이 없고, 신간 문학도 거의 반응이 없다.

고독한 사람이 은둔자를 찾아가는 일은 매우 적절한 일이다. 《아리스토템》이 상연될 때는 진심으로 호의를 보여 줬다. 그 뒤에도 사람들은 나를 여러 번 유혹하려 했다. 하지만 사람들이 자기 당파를 강화하기 위해 나를 도구로 이용하려는 사실이 뚜렷한지라, 내가 발 벗고 나선다 한들 허수아비 역할만 하고

---

*121 수도원이었던 마리아 델레 그라치에의 회당에 있다.
*122 프랑수아 자키에(1711~1788). 유명한 물리학자이자 수학자.

말게 될 것이다. 끝내 그들도 나를 어떻게 할 수 없음을 깨닫고 간섭하기를 그만두었기 때문에 나는 내 확고한 길을 계속 걸어가고 있다.

그렇다. 마침내 내 생활에도 알맞은 무게를 지닌 짐이 실렸다. 나를 실컷 우롱했던 악령들도 이젠 무섭지 않다. 나도 곧 무사히 그곳으로 돌아갈 수 있을 테니 그동안 안녕히 지내기 바란다.

1월 28일

매순간마다 온 마음을 다해 모든 것을 꿰뚫는 두 가지 관찰 방법이 최근에 내게 명백하게 밝혀졌기 때문에 그에 대해 여기에 빠짐없이 기록해야겠다.

첫째로, 더없이 풍부하지만 여기저기에 파편처럼 흩어져 있는 이 도시의 미술품들을 접할 때, 가장 먼저 요구되는 것은 그것들이 존재하게 된 시대에 대한 질문이다. 빙켈만은 시대를 구분한 다음, 먼저 각 민족에게 받아들여져 시대 흐름에 따라 차츰 발전했다가 마침내는 사라져 버린 여러 양식을 깨달아야 한다고 우리에게 끊임없이 요구한다. 진정한 예술 애호가라면 이 주장에 반대하지 않을 것이다. 우리는 모두 그 요구의 정당성과 중요성을 충분히 알고 있다.

그렇지만 우리가 어떻게 그런 통찰력을 얻을 수 있을까? 일반 개념은 별다른 준비 없이도 정확하고 뛰어나게 잡아낼 수 있을지 몰라도 개별적인 것은 모호한 상태로 남아 있다. 중요한 것은 오랜 훈련을 통해 확실한 눈을 만들 필요가 있다. 질문을 하기 위해서는 먼저 공부하지 않으면 안 된다. 망설이며 머뭇거리는 것은 아무런 도움도 되지 않는다. 이 중요한 점에 대한 주의력이 먼저 커지면 진지한 사람은 누구나 이 영역에서도 역사적 연구를 진행하지 않고서는 아무런 판단도 내릴 수 없다는 사실을 깨닫게 될 것이다.

두 번째 관찰 방식은 오로지 그리스 미술에 관계되는데, 그 뛰어난 예술가들이 인간 형상에서 신적인 형상의 작품을 만들어 내기 위해 어떤 방식을 사용했는가를 연구하는 것이다. 그것은 본질적인 성격이나 변화 과정과 매개 등이 전혀 부족하지 않은 완전무결한 작품을 만들어 내기 위함이다. 나는 그들이 자연 안에 존재하는 법칙을 따르지 않았나 하는 짐작으로 그러한 자연 법칙의 자취를 추적하고 있다. 그러나 거기에는 내가 설명할 수 없는 다른 무엇인가가 더 관련되어 있다.

2월 2일

만월의 달빛을 가득 받으며 로마를 두루 산책하는 멋에 대해서, 그것을 몸소 겪어 보지 않은 사람은 도저히 상상할 수도 없을 것이다. 빛과 그림자의 거대한 덩어리가 모든 개체를 삼켜 버리고, 가장 크고 평범한 형상들만이 우리 눈앞에 드러난다.

사흘 전부터 우리는 그지없이 맑고 아름다운 밤을 마음껏 만끽해 왔

체스티우스 피라미드를 상상한 그림, 괴테 그림

다. 특히 아름다운 광경을 보여주는 곳은 콜로세움이다. 밤에는 문이 닫혀 있으나, 그 안의 작은 전당에는 어떤 은둔자가 살고 있으며 폐허가 된 돔 안에는 거지들이 보금자리를 틀었다. 그들은 평평한 바닥에 불을 피우면, 연기가 바람에 실려 아레나 쪽으로 날아가 폐허 아래쪽을 뒤덮었고 그 위로 거대한 방벽이 희미하게 솟아 있었다.

우리는 격자문 앞에 서서 그 광경을 바라보았다. 높이 뜬 달이 환하게 비추고 있었다. 연기는 방벽의 벌어진 틈과 구멍으로 차츰 더 많이 새어나와 달빛에 어려 안개처럼 내리깔린다. 그야말로 보기 드문 광경이었다. 판테온과 카피톨리노 언덕, 성 베드로 성당의 앞뜰, 그 밖의 대로와 광장들이 달빛을 받고 있는 광경도 봐야 했다. 웅대하면서도 우아한 이런 사물들 앞에서는 해와 달조차 인간의 정신과 마찬가지로 다른 곳과는 전혀 다른 작용을 하게 된다.

2월 13일

작은 일이기는 하지만 어떤 행운에 대해 이야기해야겠다. 크든 작든 모든 행

운은 늘 기쁘다. 지금 트리니타 데이 몬티에서 새로운 오벨리스크*[123]를 세우기 위한 지반 공사가 이루어지고 있는데, 그 위에 덮인 흙은 모두 나중에 황제 소유로 넘어간 루쿨루스 정원의 폐허에서 나온 것이다.

나의 가발사가 아침 일찍 그곳을 지나다가 흙더미 속에서 문양이 새겨진 불에 그을린 톤의 납작한 질그릇 몇 개를 찾아내고 그것을 씻어서 우리에게 보여 주었다. 나는 곧바로 그것을 받아두었다. 그 그릇은 손바닥 크기만큼도 안 되었는데, 아마도 큰 접시의 한쪽 부분이었던 것 같다. 두 마리의 그리핀*[124]이 제단 옆에 서 있는 그림이 그려져 있는데, 그 세공이 얼마나 아름다운지 그지없이 기쁘다. 만일 그것들이 돌에 조각되어 있었더라면 매우 좋은 봉인용으로 쓰였으리라.

그 밖에도 많은 것이 수집되었지만 쓸데없거나 헛된 물건은 하나도 없다. 모든 것이 교훈적이며 의미 있는 것뿐으로, 이곳에는 허튼 것이 있을 수 없다. 그러나 무엇보다도 내 마음속에 담아갈 수 있다는 사실이 가장 좋다. 그것은

*123 요즘은 교회 앞에 있다.
*124 그리스 신화에서 그뤼피스(gryps)라고도 하며, 독수리의 머리와 날개를 가졌고 몸통은 사자인 전설속의 괴물.

달밤의 로마 근교 별장, 괴테 그림

점점 더 성장하면서 계속 불어날 수 있기 때문에 내게는 더없이 기쁜 것이다.

2월 15일

나폴리로 떠나기 전 다시 한 번 《이피게니에》를 읽어 줘야만 했다. 앙겔리카 부인과 궁중고문관 라이펜슈타인이 청중이었다. 주치 씨까지도 자기 부인의 소원이라며 낭독해 달라고 간청했다. 그는 커다란 설계도를 제작 중이었는데, 특히 장식적인 설계도를 만드는 솜씨가 뛰어나다. 그와는 전부터 클레리소*125와 달마티아에서 가깝게 지냈다. 클레리소와 함께 있기도 했고, 그가 그린 건물과 파괴된 건축물의 도면을 클레리소가 뒷날 출판해주기도 했다. 그는 그런 그림을 그리면서 원근법과 색채 효과 등을 많이 배운 덕분에 만년이 된 지금도 종이 위에 그림을 즐겨 그릴 수 있는 것이다.

부드러운 심성의 앙겔리카는 내 작품에 놀랄 만큼 감명 받았으며, 그 작품을 그림으로 그려서 내게 기념선물로 주겠다고 약속했다. 로마에서 떠날 준비를 하고 있는 바로 지금, 나는 이 친절한 사람들과 다정하게 어울려 지내고

＊125 샤를 루이 클레리소(1722~1820). 화가 겸 건축가. 그가 달마티아에서 그린 작품은 1764년에 출간되었다.

두 마리의 그리핀 돌을새김, 산 마르코 성당

있다. 이들도 나를 떠나보내며 서운해하리라 생각하면 기쁘면서도 한편으로는 마음이 아프기도 하다.

2월 16일

지난번에 보낸 《이피게니에》 원고가 무사히 그쪽에 도착했다는 소식을 생각지도 않은 유쾌한 방법으로 받았다. 오페라를 보러 가는 길에 눈에 익은 필체*126의 편지가 내게 전해진 것이다. 이 편지는 어린 사자 문양으로 봉인되어 있어서 이중으로 반갑고 기뻤다. 그것은 내 소포가 무사히 도착했다는 청신호였다. 발걸음을 서둘러 오페라 극장*127을 찾은 나는, 낯선 관객들 틈을 비집고 들어가 커다란 샹들리에 아래쪽에 자리를 잡았다. 그곳에 앉아 있으려니 내 고향 친구들 바로 곁에 있는 듯한 느낌이 들어서 껑충껑충 뛰어오르며 그들을 껴안아 주고 싶은 마음이 간절했다. 《이피게니에》가 무사히 도착했다는 소식을

---

*126 슈타인 부인의 필체.
*127 오늘의 비토리오 엠마누엘레 대로의 골목에 있는 아르헨티나 극장.

전해 주어서 진심으로 감사하다. 제발, 친구들이 호의 넘치는 갈채의 말로 환영해 주었으면!

내가 괴셴*128에게서 받기로 한 기증본들을 내 벗들에게 어떤 식으로 나누어 줄 것인가를 적은 목록을 함께 넣는다. 일반 독자들이 나의 이 작품을 어떻게 평가하든 문제 될 일은 없지만, 내 친구들에게는 커다란 즐거움이 되기를 바랄 뿐이다.

나는 지금 너무 많은 일을 벌려 놓았다. 앞으로 나오게 될 네 권의 책에 대해 한꺼번에 생각하면 머리가 어지러울 정도다. 하나씩 개별적으로 생각해야겠다. 그렇게 한다면 상황은 한결 나아질 것이다.

그것들을 처음 생각대로 단편인 채로 발표한다. 보다 신선한 흥미를 느낄 수 있는 새로운 소재들로 용기와 힘을 가지고 썼더라면 더 낫지 않았을까? 《타소》의 변덕과 여러 생각을 놓고서 씨름하기보다는 《델피의 이피게니에》를 쓰는 편이 더 낫지 않았을까? 하지만 나는 그 작품들에 정신적 투자를 너무 많이 했기 때문에 아무 결과 없이 포기할 수는 없다.

나는 지금 대기실의 벽난로 곁에 앉아 있다. 웬일인지 잘 타들어 가는 난로 열기를 보고 있으니 새 편지를 써야겠다는 용기가 솟아오른다. 자신의 새로운 생각을 멀리까지 보내 내 주변 상황을 말로써 전달할 수 있다는 사실은 얼마나 멋진 일인가!

날씨는 더없이 좋고 낮도 눈에 띄게 길어지고 있다. 월계수와 회양목 그리고 아몬드나무에도 꽃이 피기 시작했다. 오늘 아침에는 놀라운 광경을 보았다. 장대처럼 키가 큰 나무들이 온통 아름다운 붉은보랏빛을 띠며 저 멀리에 보이고 있었다. 가까이 가서 살펴 보니까 그것은 식물학자들이 학명으로 '체르시스 실리콰스트룸(Cercis siliquastrum)(박태기나무)'이라 부르며 독일 온실에서도 곧잘 볼 수 있는 나무였다. 흔히 유대 나무라고 부르는데, 나비 모양의 보랏빛 꽃부리가 줄기에서 곧바로 돋아나 있다. 내가 본 나무는 지난 겨울에 가지를 몽땅 쳐버렸기 때문에 줄기에서 빛깔 고운 꽃들이 무수히 피어나 있었다. 데이지 꽃들은 개미 떼처럼 땅에서 나와 피어 있고, 사프란과 복수초는 드문드문 보이지만 우아하고 화사했다.

---

*128 게오르크 요아힘 괴셴(1752~1828). 라이프치히의 출판업자로, 괴테의 첫 저작집 여덟 권을 간행했다. 그즈음 그 출판 계획이 진행되고 있었다.

벽난로 앞 긴 그림자, 티슈바인 그림

　남쪽 지방으로 더 내려가면 내게 새로운 성과를 가져다 줄 즐거움과 지식이 얼마나 나를 반길 것인가! 자연물 또한 예술을 대하는 것과 마찬가지다. 자연에 대해서는 많은 글이 쓰여 왔지만, 여전히 자연은 보는 사람에 따라 다르기에 새로운 맥락에서 다시 모아 묶을 수 있다.

　나폴리를 떠올리고 심지어 시칠리아로까지 생각이 미치면, 이야기를 할 때나 그림을 감상할 때마다 생각나는 것이 있다. 제아무리 지상 낙원이라지만 이곳에서도 지옥 같은 화산이 무시무시한 폭발을 거듭하며 수천 년 동안 이 지역 주민들과 관광 온 여행자들을 놀라고 혼란스럽게 했다는 점이다.

　하지만 나는 저 여러 의미로 광경을 둘러볼 희망을 기꺼이 머릿속에서 떨쳐버린다. 이곳을 떠나기 전에 이 유서 깊은 세계의 수도를 좀 더 제대로 이용하기 위해서이다.

　2주일째 나는 아침부터 한밤까지 쉬지 않고 돌아다녔다. 아직 보지 못한 것들을 찾아다닌 것이다. 매우 훌륭한 유적은 두세 번씩 관찰하고 나서야 얼마쯤 정리가 되었다. 주요 대상들이 제대로 뿌리를 내려야만 그 밖의 사소한 것들이 들어설 자리가 생기기 때문이다. 예술품에 대한 나의 선호도가 정리되고 확고해진 뒤에야 비로소 내 마음은 냉철한 자세로 흥미를 느끼면서 더욱 위대하고 가장 순수한 것에 이끌리게 된다.

이런 경우에 누구보다 부러운 사람들은 역시 미술가들이다. 그들은 모사와 모방을 통해 고대인의 위대한 예술적 의도에 다가가기 때문에, 단지 구경과 생각만 하는 사람보다 더 잘 이해하게 된다. 그러나 결국 누구나 자신이 할 수 있는 일을 해야 하며, 그래서 나는 이 해안을 회항하기 위해 내 정신의 모든 돛을 활짝 펼친다.

오늘은 질 좋은 석탄이 잔뜩 쌓여 있어, 벽난로가 무척 훈훈하다. 이런 일은 독일에서는 드물다. 누구든 몇 시간 동안이나 벽난로 불에 신경 쓰고 싶어하지도, 그럴 시간을 내기도 쉽지 않다. 나는 내 수첩에서 이미 반쯤은 지워져 버린 몇 가지 메모를 다시 살려내기 위해 이 따뜻한 온기를 이용하련다.

2월 2일, 우리는 촛불 켜는 행사를 보러 시스티나 예배당에 갔다. 하지만 나는 금세 불쾌해져서 친구들과 함께 곧바로 그곳을 빠져나왔다. 그 이유는 이렇다. 그 촛불은 3백 년 전부터 연기로 그곳의 훌륭한 그림들을 그을렸고, 하나뿐인 태양과 같은 예술에 먹구름을 드리웠을 뿐만 아니라, 해가 갈수록 더욱 흐려지게 만들어 끝내 암흑 속에 잠기게 할 것이기 때문이다.

그곳을 빠져나온 우리는 교외로 나가 이곳저곳을 산책하다가 성 오노프리오*129에 다다랐다. 그 수도원 한쪽 구석에 타소가 묻혀 있다. 수도원 도서관에는 그의 흉상이 세워져 있다. 밀랍으로 된 얼굴은 아마도 그의 시신에서 본을 뜬 것 같다. 윤곽이 선명치 않고 여기저기 부스러져 있지만 전체적으로는 다른 어떤 초상보다도 훨씬 더 잘 만들어져서 섬세하고 세련되며 내성적인 인간의 모습을 보여 준다.

오늘은 이쯤에서 펜을 놓아야겠다. 지금부터 존경하는 폴크만의 저서 제2부 로마 편을 읽어 보려고 한다. 내가 아직 구경하지 못한 것을 그 안에서 찾기 위함이다. 나폴리로 떠나기 전에 이제까지의 수확물을 모두 거둬들여 묶어 놓아야겠다. 그것을 차분히 정리할 때가 올 것이다.

---

*129 자니쿨 산 비탈에 있는 이집트의 은자 오노프리오를 기리기 위해 세워진 사원 및 수도원으로, 타소는 이곳에서 1595년에 죽었다. 1857년에 피우스 9세가 타소의 무덤 위에 기념비와 입상을 세웠다.

아폴리나레 농장, 괴테 그림

2월 17일

날씨는 믿기 어려울 정도로, 또 말로 표현할 수 없을 만큼 좋다. 비가 온 나흘 말고는 2월 내내 구름 한 점 없이 맑았고, 정오 무렵에는 너무 더울 정도이다. 이제 사람들은 야외를 찾는다. 여태까지는 오직 신이나 영웅에게 중점을 두었지만 이제는 자연 풍경에 관심이 쏠리게 되어 생기를 불러일으키는 주변 경치에 빠져 든다. 나는 때때로 북쪽 예술가들이 초가지붕이나 허물어진 성곽에서 무엇인가를 끄집어 내려고 애쓰고, 회화적인 효과를 내기 위해 시냇가나 숲이나 부서진 암석 지대를 돌아다니는 모습이 기억 속에 떠오른다. 그리고 그런 사물들이 그렇게 오랜 습관에 따라 여전히 우리의 마음에 남아 있다는 사실이 내게는 더욱 불가사의하게 여겨진다.

나는 2주 전부터 용기를 내어 별장 골짜기나 언덕을 돌아다니면서 눈에 뜨이는 대상들, 남국적인 대상물과 로마적인 풍물을 별 생각 없이 스케치해 왔다. 이제는 성공을 바라며 그것들에 명암을 부여해 보려고 한다. 좋은 것과 더 좋은 것을 명백하게 볼 수 있다는 것은 매우 특별한 일이다. 그러나 내 것으로 소화하려고 하면 그것은 손 안에서 빠져나가 버린다. 그리하여 우리는 잡아야 할 것을 잡는 게 아니라, 잡는 데에 익숙해진 것을 잡게 된다. 규칙적인 연습을 통해서만 나아갈 수 있을 텐데, 그럴 만한 시간이 어디에서 나며 어떻게 정신 집중을 해야 한단 말인가! 어쨌든 2주 동안의 정열적인 노력으로써 많은 발전이 이루어졌음이 느껴진다.

나는 이해가 빠른 편이라 예술가들이 내어주는 가르침을 기꺼이 받아들인다. 하지만 이해하는 것과 실행하는 것은 서로 다른 문제다. 뭔가를 재빨리 이해한다는 것은 정신의 특성이지만, 뭔가를 훌륭하게 수행하기 위해서는 일생에 걸친 연습이 필요하다.

그렇지만 아마추어는 자신의 실력이 미약하다 해도 낙담해서는 안 된다. 내가 종이 위에 그리는 선은 똑바르게 그려지는 경우가 드물지만, 감각적인 사물의 표상을 만들어 내는 것은 어렵지 않다. 대상을 좀 더 정확하고 자세하게 살펴볼수록 더 빠르게 보편성에 이를 수 있기 때문이다.

우리는 자신을 예술가와 비교하기보다는, 자신의 방식에 따라 행동해야 한다. 자연은 자기 자식들을 돌보아 왔기 때문이다. 아무리 보잘것없는 인간이라 해도 잘난 존재에 의해 자기 존재를 방해받지는 않는다. 다시 말해 "작은 남자도 남자인 것이다."*130 그 점에 대해서는 이쯤 해두고 넘어가자.

나는 바다를 두 번 보았다. 처음 본 것은 아드리아 해이고 두 번째는 지중해였는데, 둘 다 그저 지나가는 길에 들른 것 뿐이었다. 나폴리에서는 바다와 좀 더 친해지고 싶다. 갑자기 온갖 생각이 마음속에 떠오른다. 왜 좀 더 일찍, 왜 좀 더 손쉽게 그렇게 하지 못했던가! 여러분에게 전해야 할 이야기가 얼마나 많은지 모르겠다. 그 가운데는 처음부터 이야기해야 할 것도 적지 않다.

1787년 2월 17일, 사육제날의 광란에 가까운 소동이 멎은 뒤 저녁

출발할 때가 되었지만 모리츠를 홀로 남겨두고 떠날 수가 없다. 그는 잘 하고 있지만, 스스로 일처리를 해야 하는 순간에는 금방 자기만의 은신처를 찾아 숨어버린다. 나는 그를 재촉해서 헤르더에게 편지를 쓰도록 했다. 그것을 내 편지와 함께 넣어서 보낼텐데 그에게 도움이 될 만한 이로운 내용의 답장을 보내 주었으면 좋겠다. 모리츠는 아주 선량한 사람이다. 그의 상태를 일깨워

---

*130 괴테의 《새로 열린 도덕적·정치적 인형극》에 나오는 구절.

줄 수 있는 능력과 친절함을 갖춘 사람을 만났더라면 지금보다는 훨씬 더 잘되었으리라.

현재로서는 그가 때때로 헤르더에게 편지를 보내는 것을 헤르더가 받아준다면 어떤 관계보다도 바람직할 것이다. 지금 그는 추진할 만한 가치가 충분하고 칭찬할 만한 고대 연구*131에 몰두해 있다. 나의 벗 헤르더로서도 그만큼 가치있는 결과를 보기 어려울 것이고, 그 어떤 작업도 이렇게 훌륭한 학설이라는 씨를 비옥한 토양에 뿌리는 효과를 보지 못할 것이다.

티슈바인이 그리기 시작한 나의 대형 초상화가 이제 거의 완성단계에 이르렀다. 그는 숙련된 조각가로 하여금 작은 점토 모델을 만들도록 했는데, 입고있는 외투 주름이 말할 수 없이 그럴듯하다. 티슈바인은 이 모델을 바탕으로 무척 열심히 그리고 있다. 그 그림은 우리가 나폴리로 떠나기 전에 어느 단계까지는 반드시 완성되어야 하는데, 그렇게 커다란 캔버스는 색칠하는 데만도 꽤 시간이 걸리기 때문이다.

2월 19일

날씨는 줄곧 말할 수 없을 정도로 쾌청하다. 오늘은 사육제에서 왁자하게 소동을 벌이는 어리석은 이들에 섞여 고통스레 하루를 보냈다. 그러다 밤이 되어 메디치 별장*132으로 가서 안정을 취했다. 마침 달이 바뀐 뒤여서 홀쭉한 모양의 초생달 옆에 눈으로도 식별할 수 있는 어두운 달의 전면이 조감도로 또렷하게 보였다. 땅 위로는 클로드*133의 유화나 소묘에서나 볼 수 있는 한낮의 아지랑이가 떠다녔다. 이렇게 아름다운 자연 현상은 다른 곳에서는 쉽게 볼 수 없다. 지상에는 이름 모를 꽃들이 솟아나고, 나무마다 새로운 꽃들이 피어난다. 아몬드나무도 꽃을 피워 암녹색의 떡갈나무 사이에서 생기로운 장면을 새로이 연출한다. 하늘은 햇빛을 받아 담청색의 호박직 옷감과도 같다.

나폴리 하늘은 얼마나 더 아름다울까! 벌써 녹음이 짙어졌다. 이 모든 것이

---

*131 모리츠는 소년들을 위해 《고대 미술》을 집필할 계획을 갖고 있었다. 그의 《신화》는 1791년에 베를린에서 그런 의도 아래 만들어졌다.

*132 핀치오 산에 있다. 옛날에는 메디치 집안 소유였지만 1801년부터 프랑스 미술원의 소유가 되었다.

*133 1600년 로트링겐에서 태어나 1682년에 로마에서 죽은 프랑스의 풍경화가 클로드 로랑.

메디치 별장, 괴테 그림

식물학에 대한 나의 관심을 다시금 북돋는다. 자연이라는 아무것도 아닌 듯이 보이는 이 거대한 물체가 단순한 것으로부터 온갖 것을 만들어내는지, 그런 새롭고 아름다운 상태를 나는 지금 발견해 나가는 과정에 있다.

베수비오 화산이 돌과 화산재를 분출해내고 있어서 밤이 되면 산봉우리가 붉게 달아오르는 것을 볼 수 있다. 여전히 활동 중인 자연이 우리에게 용암의 흐름을 보여 줬으면 좋겠다. 그렇게 위대한 대상들을 내 눈에 담기 전까지 나는 좀처럼 기다리지 못할 것이다.

2월 20일, 성회의 수요일

이제 그 소란스러운 축일도 끝났다. 어제 저녁의 그 무수히 많은 촛불은 또 하나의 이루 말로 할 수 없는 장관이었다. 로마 사육제는 한 번 보면 두 번은 보고 싶지 않다. 그것은 딱히 글로 남길 만한 가치는 없지만 말로 이야기하면 혹시 재미있을지도 모른다.

특히 사육제 행사에서 마음에 들지 않는 점은, 사람들에게 내면적인 쾌활함이 모자란다는 것이다. 그들은 흥에 취해 우울함을 떨쳐 버리려고 해도 돈이

밤하늘에 떠 있는 구름과 초승달, 괴테 그림

없어서 그러지도 못한다. 상류층 사람들은 뜻밖으로 경제적이어서 돈 쓰길 꺼려하고, 중간층 사람들은 돈이 넉넉지 않으며 일반 대중은 한 푼도 없어 무기력한 상태에 빠져 있다. 지난 며칠 동안은 정말 끔찍하게 시끄러웠을 뿐, 참된 즐거움은 없었다. 더없이 맑고 아름다운 하늘만이 고상하고 순수한 모습으로 이 어리석은 인간들의 소동을 내려다보고 있었다.

그래도 묘사를 그만둘 수는 없었기에, 아이들에게 즐거움을 주기 위해서라도 사육제 가면과 로마의 독특한 복장을 그려 색칠해 놓았다. 우리 아이들이 이 그림을 보고 《Orbis pictus(오르비스 픽투스)》*134에서 빠진 부분을 보충하면 좋을 것 같다.

예술과 자연에 대해 뛰어난 안목을 지닌 티슈바인과 함께 하는 여행은 내게는 매우 뜻깊은 일이다. 그러나 우리는 진정한 독일인으로서 일의 계획을 세우

---

*134 삽화가 들어간 라틴어 교재로 교육가 코메니우스가 1657년에 발행했고, 괴테의 소년시절까지 사용되었다.

지 않을 수 없다. 질 좋은 도화지를 사두었으며, 그 위에 그림을 그릴 계획을 세웠다. 비록 그릴 것이 너무 많아서, 그 아름다움과 광채에 흠뻑 취하기만 할 뿐, 처음 의도를 충분히 이루지 못하리라는 것은 알고 있지만.

창작 작업 가운데서 《타소》 말고는 더 가져가지 않기로 했다. 나는 그 작품에 가장 큰 기대를 걸고 있다. 《이피게니에》에 대한 벗들의 견해가 내게 전해진다면 커다란 지침이 될 수 있을 것이다. 《타소》는 《이피게니에》와 비슷한 작품이지만 소재는 더욱 제한되어 있다. 세부적인 면에서는 좀 더 다듬고 고쳐야 한다. 하지만 나도 그것이 어떻게 완성될지는 아직 모른다. 여태껏 써두었던 것 *[135]은 완전히 없애 버려야겠다. 그것은 너무 오래 묵혀 있었고, 인물이나 구상이나 어조도 지금의 내 생각과는 완전히 다르기 때문이다.

짐을 정리하다가 나는 벗들이 보낸 반가운 편지를 몇 통 발견했다. 그것들을 읽어 보았더니, 내 편지 내용이 모순되었다고 비난하는 구절이 눈에 뜬다. 그러나 그것이 무엇을 두고 하는 말인지 나는 모르겠다. 그것은 늘 편지를 쓰자마자 곧바로 부쳐버렸기 때문에, 있을 법한 일이기는 하다. 나는 때때로 엄청난 힘에 의해 이리저리 내몰리기 때문에, 내가 어디에 있는지조차 잊어버리는 일도 있다.

바다에서 한밤에 폭풍우를 만나 집을 향해 필사적으로 노 저어 가는 뱃사공의 이야기가 있다. 어둠 속에서 아버지 곁에 꼭 붙어있던 그의 아들이 물었다.

"아버지, 저쪽에서 위로 떠올랐다가 아래로 가라앉는 저 이상한 불빛은 도대체 뭐예요?"

아버지는 다음날 설명해 주겠다고 약속했다. 날이 밝자 그것은 등대불이었다는 사실을 알게 되었다. 사나운 파도 때문에 위아래로 흔들리는 눈에는 그 등대불이 위로 아래로 흔들리는 것처럼 보였던 것이다.

나 또한 세차게 요동하는 바다에서 항구로 노를 젓고 있다. 비록 등대 불빛이 시시때때로 위치를 바꾸는 듯이 보일지라도 그 불빛을 향해 가면 마침내 해안에 다다를 것이다.

길을 떠날 때는 언제나 지난 모든 이별과 앞으로 다가올 이별이 무의식적으

---

*135 괴테가 그때까지 써두었던 《타소》는 1780년과 1781년에 쓴 산문의 2막이다.

로 떠오른다. 살아가기 위해 우리는 너무 많은 준비를 한다는 말이 더욱 절실하게 마음에 와 닿는다. 티슈바인과 나도 그렇게 훌륭한 것에, 심지어 우리들의 잘 정돈된 미술관에조차 등을 돌리고 떠나야만 한다. 지금 저기 세 개의 주노 신상*136이 비교를 위해 나란히 세워져 있지만, 우리는 마치 아무것도 아닌 듯이 그것들을 두고 떠난다.

*136 루도비시의 주노와 불분명한 '두 개의 작은 주노 신상'을 가리킨다.

제2부

나폴리와 시칠리아

(1787년 2월 ~ 1787년 6월)

나폴리

1787년 2월 22일, 벨레트리[*1]

마침 좋은 때에 이곳에 도착했다. 날씨는 그저께부터 우중충해지더니 완전히 흐렸다. 그렇건만 우리는 다시 날씨가 좋아질 징조를 느낄 수 있었다. 구름이 차츰 흩어지면서 푸른 하늘이 모습을 드러냈고 마침내 햇빛이 우리의 길을 비춰 주었다. 알바노를 지나기 전에 젠차노 못 미처 어떤 공원 입구에 마차를 잠시 멈추었다. 주인인 치지 공이 독특한 방식으로 관리하는 그 공원은 전혀 손질이 되어 있지 않아서인지 사람들이 둘러보길 원치 않아 거의 황무지나 다름없었다. 아무렇게나 자란 나무와 덤불, 풀과 덩굴이 말라죽거나 쓰러져서 썩어 가고 있지만 그런대로 운치가 있다. 공원 입구 광장은 더없이 아름답다. 높은 벽이 골짜기를 막고 있고, 격자 문틈으로 공원 안이 들여다보인다. 경사진 언덕 위에는 성이 자리잡고 있는데 재능 있는 예술가가 그림을 그린다면 무척 훌륭한 작품이 나올 것 같다.

더 이상 묘사하기는 어렵고 다만 이렇게 말할 수 있겠다. 우리는 언덕 위에 올라가 세차 산맥, 폰티나 습지, 바다와 섬을 바라보았다. 그때 세찬 비가 습지를 지나 바다 쪽으로 이동하고 있었고, 빛과 그림자가 번갈아 가며 움직여 황량한 평야에 온갖 생명력을 불어넣어 주었다. 여기저기 흩어져 있어 눈에 띄지 않는 오두막에서 피어오르는 몇 개의 연기 기둥이 햇빛을 받아 참으로 아름다웠다.

벨레트리는 화산 언덕 위의 좋은 곳에 무척 아늑하게 자리잡고 있다. 북쪽으로만 다른 언덕과 이어져 있는 이 언덕은 나머지 세 방향으로 시야가 넓게 트

[*1] Velletri. 이탈리아 라치오 주 로마 현에 위치한 코무네. 볼스키족의 고대 도시로 1744년과 1849년에는 역사적인 전투지이기도 하다. 중세 시대에는 중부 이탈리아와 라치오 지역에서 몇 안되는 '도시 국가' 가운데 하나였다. 1863년 교황 비오 9세가 취임한 뒤부터 도시는 신 아피아 가도를 지나는 중심지 가운데 하나가 되었다.

여 있다.

우리는 카발리에레 보르지아의 진열실을 눈여겨 보았다. 추기경이나 선교회 사람들[*2]과 인척 관계였기에 우대를 받았던 그는, 이곳에 뛰어난 고대 유물과 그 밖의 진기한 것들을 진열해 놓을 수 있었다. 단단한 돌로 만든 이집트 우상, 초기와 후기의 조그만 청동상, 이 지역에서 발굴한 납작한 모양의 점토로 구운 조형 미술품들이 놓여 있다. 이 미술품들은 고대 볼스키족에게 독자적인 양식이 존재했다고 말하는 사람들에게 하나의 근거가 되고 있다.

이것 말고도 이 박물관은 온갖 희귀한 유물들을 소장하고 있는데, 중국의 벼루상자 두 개가 유난히 눈에 띄었다. 한쪽에는 누에 치는 모습이, 다른 쪽에는 벼농사를 하는 모습이 새겨져 있다. 더없이 순박하고 세밀한 기법이다. 작은 상자와 포장까지도 매우 아름다운데, 어쩌면 내가 이미 칭찬한 책과 함께 선교회 도서관에서 볼 수 있을지도 모른다.

이런 보물이 로마 가까이에 있는데 사람들이 자주 구경하러 오지 않는다는 것은 이해할 수 없다. 그러나 오는 길이 불편하고, 로마가 그들을 끌어당기는 힘이 너무 강력하다는 것이 하나의 구실이 될지도 모르겠다. 숙소 쪽으로 가는데, 문 앞에 앉아 있던 아낙 몇몇이 우리에게 무어라 소리쳤다. 고대 유물을 사려는지 물어보는 것이었다. 우리가 큰 관심을 보이자, 그들은 낡은 솥, 불집게와 가재도구들을 가지고 왔다. 우리를 놀리는 데 성공했다는 듯 그들은 배를 잡고 웃어댔다. 우리가 화를 내자, 안내자가 그 상황을 수습했다. 이런 장난은 오래전부터 전해져 내려오는 일이며, 이곳에 오는 외국인은 다들 한 번씩 겪는다고 했다.

신통치 않은 숙소에서 글을 쓰려다 보니, 계속 쓸 힘도 쾌적함도 느껴지지 않는다. 벗들이여, 잘 자기를!

1787년 2월 23일, 폰디[*3]

새벽 3시에 길을 떠났는데, 날이 밝아 밖을 보니 폰티나 습지에 이르렀다. 직

*2 Congregatio de propaganda fide. 1622년 교황 그레고리우스 15세가 프로테스탄티즘의 급속한 확산에 충격을 받고 신설한 신앙선전실.

*3 Fondi. 이탈리아 라치오 주 라티나 현에 위치한 코무네. 나폴리와 로마 사이에 있다. 1950년대 끝무렵, 로마와 나폴리 간 고속도로가 생기기 전에 로마와 남부 이탈리아를 연결하던

벨레트리, 모르티에 피에르 그림(1724)

접 와 보니 로마에서 말하는 것만큼 흉한 모습은 아니다. 인공적으로 습지의 물을 빼는 방대한 사업을 지나가는 여행자가 뭐라고 평가할 수는 없다. 하지만 교황이 지시한 사업이니 적어도 물빼기의 목적은 어느 정도 이룰 수 있을 것이다. 북쪽에서 남쪽으로 조금 경사지게 뻗었고, 동쪽으로는 산맥을 향해 깊은 골짜기를 이루고, 서쪽으로는 바다를 향해 높은 언덕을 이루는 넓은 골짜기를 떠올리면 된다.

　그 옛날 아피아 가도*⁴를 일직선으로 연장해 복원했는데, 오른쪽에는 큰 운하가 뚫려 있어 물이 잔잔하게 흐른다. 그러나 그로 인해 바다를 향한 오른쪽 땅은 너무 건조해서 농경이 어렵다. 멀리 시선이 미치는 곳까지 밭이 펼쳐져 있

　아피아 가도의 주요 거점이었다.

＊4 Via Appia. 고대 로마의 가장 중요한 도로로 길이 50km, 너비 8m인 로마의 켄소르(감찰관) 아피우스 클라우디우스 카이쿠스가 기원전 312년에 건설을 시작한 도로이며, 도로명은 그의 이름을 따서 붙인 것이다. 처음에는 로마와 카푸아 사이였으나 기원전 240년경 브룬디시움(브린디시)까지 연장되었다. 도로는 돌로 포장을 했는데 로마와 남이탈리아를 잇는 데 그치지 않고 그리스의 간선도로로 쓰이기도 했으며, 오늘날도 일부가 사용되고 있다.

는데, 소작인이 있다면 너무 낮은 곳을 빼고는 경작이 가능할지도 모른다.

산을 향하고 있는 왼쪽은 이미 다루기가 더욱더 힘들어졌다. 과연 대로 아래의 교차 운하들은 대운하와 연결되기는 하지만, 산 쪽 지면의 경사가 너무 심해서 이런 방법으로는 배수가 되지 않는다. 사람들은 산 쪽에 두 번째 운하를 만들 계획이라고 말한다. 테라치나로 가는 큰길에는 버드나무와 포플러나무가 자라고 있다.

오로지 긴 초가집 하나로 이루어진 우편마차의 역(驛)이 있다. 티슈바인*5은 그 전경을 스케치한 보답으로 그만이 누릴 수 있는 즐거움을 얻었다. 바짝 마른 땅 위로 백마 한 마리가 자유롭게 한 줄기 빛처럼 누런 땅 위를 내닫고 있었는데, 참으로 멋진 광경이었다. 티슈바인이 매혹되었기에 그 가치가 온전히 드러나게 되었다.

교황은 전에 큰 장이 서던 곳을 '평야의 중심지'라 하며 그곳에 크고 아름다운 건물을 짓게 했다. 건물의 당당한 모습은 사업에 대한 희망과 믿음을 준다. 우리는 이 길에서는 졸면 안 된다는 경고를 새겨듣고 활기차게 이야기를 나누며 계속 이동했다. 계절에 맞지 않게 일정한 높이에서 아른거리는 푸른 안개가 불안정한 대기층을 일깨워 주었다. 눈앞의 바다를 바라보았을 때는 그다지 흡족하지 않았지만 테라치나 암석층은 바라던 대로 우리를 더욱 즐겁게 해주었다.

얼마 가지 않아 시내에 있는 다른 산의 새로운 초목이 구경거리를 보여주었다. 인디언무화과가, 황록색 석류나무와 담록색 올리브 가지 아래 키 작은 녹회색 미르테나무 사이에서 크고 두꺼운 잎사귀가 흔들리고 있었다. 한 번도 본 적 없는 새로운 꽃과 나무들이 길가에 늘어서 있고, 초원에 수선화와 복수초가 피어 있었다. 우리는 한동안 바다를 오른쪽에 두고 달렸다. 석회암은 왼쪽 가까이로 주욱 이어진다. 티볼리에서 시작해 바다로 이어지는 아펜니노 지방의 연장선이다. 이런 지대는 여기서부터 처음에 로마 교외의 캄파니아 대평원, 다음에 프라스카티, 알바노, 벨레트리 화산 그리고 마지막으로는 폰타나 습

---

*5 Johann Heinrich Wilhelm Tischbein(1751~1829). 18~19세기에 많은 화가를 낳은 헤센의 화가 일족. 빌헬름 8세의 궁정화가였던 요한 하인리히, 로코코에서 고전주의로 넘어가는 과도기의 초상화가였던 아우구스트 프리드리히, 〈캄파니아의 괴테〉를 그린 초상화가 빌헬름 등이 유명하다.

요새, 괴테 그림

지를 통해 분리된다. 폰티나 습지가 끝나는, 테라치나 맞은편의 야산 지대에
위치한 키르캘로 산도 계속 이어진 석회암으로 이루어졌을 것이다.

　우리는 바다를 떠나온 지 얼마 되지 않았는데 곧 매력적인 폰디 평원으로
들어섰다. 거칠지 않은 산으로 둘러싸인 비옥한 경작지의 작은 공간은 누구에
게나 미소짓는 듯하다. 아직 많은 오렌지가 나무에 달려 있고, 푸른 밀 싹이
자라고 있으며 경작지엔 올리브나무가 서 있다. 이곳은 소도시이다. 야자나무
한 그루가 눈길을 끌며 우리를 반겼다.

　오늘 저녁은 이만 쓰기로 하자. 앞길을 재촉하는 펜에게 미안한 마음이다.
그냥 쓰기만 하려면 생각하지 말고 써야 하는데, 써야 할 소재는 매우 많고 이
대로 머물기에는 너무 바쁘다. 그래도 몇 가지 일들을 기록하고 싶은 욕구가
더없이 강렬하다. 우리는 어두워질 무렵에 도착했는데 어느덧 잠을 자야 할 시
간이다.

1787년 2월 24일, 산 아가타
　차디찬 방에서 날씨에 대한 보고를 한다. 폰디를 나오자 날이 밝았고, 우리

는 곧 길 양쪽 담벼락에 드리워진 등자나무의 환영을 받았다. 상상할 수 없을 만큼 많은 나무들이 빼곡하게 들어서 있다. 나무 위쪽에는 갓 나온 나뭇잎이 노르스름하지만 아래와 중간 부분은 싱싱한 초록빛을 띠고 있다. 미뇽이 그리워할 만한 장면이다.

그리고 잘 경작된 밀밭을 지나쳤다. 알맞은 자리에 올리브나무가 심어져 있었다. 바람이 불어 이파리 뒷면이 은빛을 띠며 드러났다. 가지들이 가볍고 간들간들대며 살랑거리고 있었다. 세찬 북풍이 구름을 모두 날려 보낼 듯한 우울한 아침이었다.

그 뒤로는 돌이 많지만 잘 가꿔진 밭 사이로 난 길이 골짜기까지 이어졌다. 갓 싹이 튼 초록빛 작물이 무척 아름다웠다. 몇몇 군데에서 나지막한 담벼락에 둘러싸인 넓고 둥근 광장이 보였다. 여기서는 곡물을 다발로 묶어 집에 가져가지 않고 바로 타작했다. 골짜기는 더 좁아지고 길은 오르막이었다. 길 양쪽엔 석회질 암석이 드러나 있다. 등 뒤에서는 세찬 폭풍우가 몰아쳤다. 싸락눈이 내리면서 천천히 녹았다.

고대 건축물의 담벼락은 그물 모양으로 되어 있어 우리를 깜짝 놀라게 했다. 언덕 위 광장에는 바위가 많긴 했지만 조금이라도 공간이 있는 곳에는 어김없이 올리브나무가 심어져 있었다. 올리브나무 평원을 지나 조그만 도시를 통과했다. 성벽으로 둘러싸인 시내에서 제단과 묘석, 그리고 정원 담장에서는 여러 흉상들이 있었다. 훌륭한 솜씨로 벽돌을 쌓아올렸지만 이제는 흙으로 메워진 고대 별장 지하층도 찾아냈다. 앞으로는 이곳도 올리브나무 숲을 이룰 것 같다. 그러는 사이에 우리는 연기구름이 피어 오르는 베수비오 화산을 바라보았다.

몰라 디 가에타*⁶에 이르니 매우 풍부한 등자나무가 우리를 환영했다. 이곳에서 몇 시간을 머물렀는데, 조그만 도시 앞의 만(灣)에서 보이는 전망이 무척 아름다웠고 여기까지 파도가 몰아친다. 오른쪽 해안으로 시선을 돌리면,

---

*6 Mola di Gaeta. 포르미아(Formia)의 옛 이름. 이탈리아 중남부 라치오(라티움) 지방 라티나 주에 있는 도시. 나폴리 북서쪽에 가에타 만 연안에 있다. 이탈리아 고대 부족인 볼스키족이 세운 도시로 로마에 점령당해 로마인들에게 인기 있는 여름 별장지가 되었고, 카이쿠바 포도주와 팔레르노 포도주로 유명해졌다. 제2차 세계대전 때 피해를 입었으나 그 뒤 재건되었다.

나폴리 인근의 만과 성채, 괴테 그림

반달 모양으로 휜 만의 끝에 이르러 한쪽 암벽에 가에타 요새가 보인다. 왼쪽 만은 한결 멀리 뻗어 있다. 먼저 산들이 보이고, 그 다음 베수비오 화산과 섬들이 눈에 들어온다. 이스키아는 중간쯤에 서 있다.

해안에서 파도에 밀려온 불가사리와 성게를 처음으로 발견했다. 아름답고 푸른 잎사귀는 최고급 양피지처럼 곱고, 색다른 모양의 표석도 보인다. 평범한 석회암은 곳곳에 널렸고, 사문석·벽옥·석영·각력암·화강암·반암·대리석·녹색과 푸른색을 띤 유리 모양의 암석도 보인다. 마지막으로 언급한 암석은 이 지역에서 생산되지 않으므로 고대 건축물의 잔해가 틀림없다. 우리는 눈앞의 파도가 태고 영화 시대의 흔적을 들고나는 모습을 지켜본다. 이곳에 머물며 미개인이나 다름없이 행동하는 사람들의 자연스러움에 흥미를 느꼈다. 몰라에서 차츰 멀어지면서 바다가 보이지 않을지라도 멋진 전망은 변함없다. 마지막으로 보이는 사랑스러운 만의 풍경을 스케치했다. 그 뒤로 알로에 울타리로 둘러싸인 훌륭한 과수원이 나타났다. 산에서부터 알아보기 어려울 만큼 무너져 있는 폐허 쪽으로 수도가 통해 있는 것을 바라보았다.

그러고 나서 가릴리아노 강을 배로 건너 비옥한 지대를 지나 산으로 산책길을 떠났다. 이렇다 할 눈에 띄는 것이 없이 화산재로 만들어진 첫 번째 언덕에 이르렀다. 산과 골짜기로 이루어진 커다랗고 장엄한 지대를 지나면 눈 덮인 산 정이 우뚝 솟아 있다. 비교적 가까운 언덕에서 한눈에 들어오는 긴 도시도 보인다. 산 아가타는 골짜기에 자리잡고 있다. 눈길을 끄는 여관에는 별실에 설치된 벽난로에서 불이 활활 타오르고 있다. 그런데 우리 방에는 창문이 없고 덧문만 있어서 춥다. 그래서 서둘러 글을 마쳐야겠다.

1787년 2월 25일, 나폴리

이곳에도 좋은 징조를 느끼며 행복하게 도착했다. 오늘 여행에 대해서는 이 정도만 써야겠다. 동 틀 무렵 우리는 산 아가타를 떠났다. 세찬 바람이 등 뒤에서 불어 왔는데, 이 북동풍은 종일 계속되었다. 오후가 되어서야 구름이 개었으나 우리는 내내 추위에 시달렸다.

몇 번이고 화산 언덕을 통과해서 지나갔다. 그곳에는 석회암이 거의 없는 듯 눈에 띄지 않았다. 이윽고 카푸아의 평원을 지나 카푸아 시에 도착해 점심을 먹었다. 오후에는 아름답고 평평한 들판이 눈앞에 펼쳐졌다. 푸른 밀밭 사이로 큰길이 나 있고, 한 뼘쯤 자란 밀은 마치 양탄자를 깔아 놓은 듯했다. 들판에 높게 가지 뻗은 포플러가 줄지어 있고, 포도나무들도 늘어서 있었다. 이런 광경이 나폴리까지 이어졌다. 깨끗하고 무척 기름진 토양이 잘 일구어져 있었다. 포도덩굴들은 유별나게 굵고 높이 뻗쳤으며, 덩굴들이 흔들리는 포플러 사이사이에 그물처럼 엮여져 있다.

왼쪽에 보이는 베수비오 화산은 변함없이 엄청난 증기를 내뿜고 있다. 나는 이런 색다른 광경을 구경하면서 홀로 조용히 즐거움을 만끽했다. 하늘은 차츰 맑아졌고, 마침내 좁은 마차 위로 태양이 뜨겁게 내리쬐었다. 밝은 분위기 속에 나폴리에 가까이 다가가자 비로소 다른 세계에 들어온 느낌을 받았다. 지붕이 납작한 건물들은 토질이 다름을 보여 주는데, 내부는 생활하기에 그리 편할 것 같지는 않다.

사람들은 모두 거리에 나와 볕을 받으며 앉아 있다. 나폴리 사람들은 자신들이 낙원에 살고 있다고 생각한다. 반면 북쪽 나라에 대해서는 무척 우울한 생각을 가지고 있다. "Sempre neve, case di legno, gran ignoranza, ma danari assai." 이들은 우리에 대해 이런 생각을 가지고 있다. 그 묘사를 독일어로 옮기면 "늘 눈

나폴리, 카스텔로 누오보 오랜 세월 정치의 중심이었던 성이다.

이 오고, 집들은 나무로 지어졌으며, 무지가 넘쳐나지만, 돈은 넉넉히 있다"와
같다.

나폴리는 기쁘고 자유로우며 생기발랄해 보인다. 수많은 사람들이 바삐 거
리를 오간다. 국왕은 사냥을 떠났고 왕비는 임신 중이다. 이보다 더 좋은 일이
있을 것인가.

2월 26일 월요일, 나폴리

앞으로 세계 곳곳에서 우리에게 오는 편지는 쾌활하고, 화려하게 들리는
'카스텔로 광장 모리코니 씨 여관 전교*[7](Alla Locanda del Sgr. Moriconi al Largo
del Castello)'라는 주소로 도착할 것이다. 바닷가의 커다란 성 주위로 드넓은 지
대가 펼쳐져 있다. 이곳은 곳곳이 집들로 둘러싸여 있는데도 광장이 아닌 '광

---

*[7] 轉交. 다른 사람을 거쳐서 받게 한다는 뜻으로, 편지 겉봉에 쓰는 말.

활(Largo)*8한 토지'라는 이름으로 불린다. 끝없이 평야가 이어져 있기 때문에 틀림없이 태곳적부터 그렇게 불려왔을 것이다. 우리는 이곳 한쪽 귀퉁이에 위치한 커다란 집의 넓은 객실에 자리를 잡았다. 언제 보아도 감동적인 자유롭고 기쁨을 주는 평야가 한눈에 들어오는 기분 좋은 방이다. 그 옆의 창 바깥에는 철제 난간이 설치되어 있다. 매서운 바람을 견딜 수 없는 때가 아니라면 그곳을 벗어나기는 어려울 듯하다.

방은 화려하게 꾸며졌는데 특히 천장을 수백 개의 구획으로 나누어 놓은 아라베스크*9는 우리가 폼페이*10와 헤르쿨라네움*11 근처에 와 있음을 알게 해준다. 모든 것이 아름답고 좋은 곳이지만 화덕이나 벽난로가 눈에 띄지 않았다. 이곳 2월의 추위는 매섭기 때문에 몸을 따뜻하게 덥히고 싶은 생각이 간절하다.

불에 두 손을 편하게 쬘 수 있는 높은 삼발이 난로를 건네받았다. 그 삼발이 위에 고정된 납작한 세례반에는 목탄이 무척 약하게 타고 있었는데, 재가 덮인 세례반은 반들반들했다. 로마에서 배웠듯이 이곳에서는 알뜰하게 살림

*8 Largo. 넓고 광활한 의미.

*9 arabesque. 아라비아풍이라는 뜻으로서, 이슬람교 사원의 벽면 장식이나 공예품의 장식에서 볼 수 있는 아라비아 무늬. 문자·식물·기하학적인 모티프가 어울려서 교차된 곡선 가운데 융합되어 가는 환상적인 무늬다. 뒷날 그리스도교 미술에도 응용되고, 이슬람교에서는 금지되고 있던 동물·인간상도 혼합한 당초무늬를 만들게 되었으며, 이런 종류의 것은 넓은 의미로 아라베스크라고 한다.

*10 Pompeii. 이탈리아 남부 나폴리 만 연안에 있던 고대도시. 교통의 요충, 비옥한 토지를 배경으로 일찍이 오스크인이 촌락을 이룬 뒤, 기원전 8세기 이후 그리스의 식민자 에트루리아인이 이주하면서 마을이 확대되었다. 로마 부유층의 휴양지로서 별장은 호화로운 벽화·조각·모자이크로 장식되고 수도(水道)·포장로·상점도 갖추어졌다. 최성기 인구가 약 2만 명에 이르렀으나, 63년 대지진으로 재해를 입고 다시 재건되었다. 그러나 79년 8월 24일 베수비오 화산 대폭발로 매몰되었다.

*11 Herculaneum. 현대 지명 에르콜라노(Ercolano). 이탈리아 남부의 캄파니아 지방, 나폴리의 남동 8km, 베수비오 화산의 서쪽 산기슭에 있는 고대 로마 마을의 폐허. 63년의 지진으로 피해를 입었고, 또 79년 베수비오 화산의 분화로 폼페이 등과 함께 완전히 매몰됐다. 유적은 1709년에 발견되었으나 화산의 용암으로 파묻히고, 또 그 위에 레지나 마을이 건설되었기 때문에 발굴이 늦어졌다. 그 뒤 20세기에 들어와서 시의 일부를 희생시키며 과학적 발굴이 개시되었다. 건물의 보존은 양호해서 거의 2층까지 남아 있다. 18세기 이후에 발굴된 주된 회화, 조상 등의 출토품은 나폴리 국립고고미술관에 소장되어 있다. 또한 빙켈만의 절찬을 받은 헤르쿨라네움의 부인상 3구(軀)는 드레스덴의 알베르티눔에 있다.

을 꾸려가야만 한다. 그리고 가끔 열쇠 귀로 조심스럽게 재를 치워줘야 석탄이 다시 바깥 공기와 접촉할 수 있다. 참을성 없이 이글거리는 불덩어리를 헤집으면 당장은 더 따뜻할지 몰라도 곧 열기가 식어 버린다. 그러면 돈을 더 주고 다시 목탄을 넣어야 한다.

내 몸 상태가 썩 좋지 않아 더욱 편안함을 원했을지도 모른다. 갈대 돗자리가 봉당*¹² 역할을 대신했다. 이곳에서는 보통 모피 옷을 입지 않는다. 그래서 장난삼아 가져온 선원복을 입기로 마음먹은 뒤, 옷을 입고 노끈으로 몸을 단단히 묶었다. 더없이 편했다. 선원도 아니고 카푸친 교단*¹³ 성직자도 아닌 어중간한 내 모습이 무척이나 우스꽝스러웠음에 틀림없다. 친구들을 만나고 돌아온 티슈바인은 나를 보더니 터져 나오는 웃음을 참지 못했다.

1787년 2월 27일, 나폴리

어제는 불편한 몸을 추스리기 위해 온 하루 휴식을 취했다. 그래서 오늘은 먹고 싶은 것을 즐기고, 훌륭한 대상들을 감상하며 시간을 보냈다. 누구나 마음대로 말하고, 이야기하고, 그림을 그리지만 이곳은 그 모든 것이 이상적이다. 해안, 바다의 품과 같은 만, 베수비오 화산, 도시, 교외, 성채, 유원지 등 그 모든 것이!

저녁이 되어 해가 질 무렵, 포실리포 동굴을 찾아갔다. 이제 나폴리에 넋을 잃는 사람들을 이해할 수 있겠다. 그리고 내가 오늘 처음 본 광경을 보고 잊을 수 없는 인상을 받았을 지난날의 아버지 모습이 눈에 선했다. 한 번 유령을 본 사람은 다시는 즐거움을 되찾지 못한다는 말이 있지만, 언제나 나폴리를 꿈꾸셨던 아버지는 결코 불행해질 수 없었으리라. 그러나 참으로 기막힌 광경을 볼 때에도 나는 그저 눈을 휘둥그레 뜨고 바라볼 뿐이다.

---

*12 封堂. 주택 내부에 있으면서 마루나 온돌을 놓지 않고 바닥면을 흙이나 강회·백토 등을 깔아 만든 공간.

*13 라틴어. Ordo Fratrum Minorum Capuccinorum, 영어 : Order of Friars Minor Capuchin. 국내에서는 카푸친 작은형제회로 잘 알려져 있는 기독교 수도회이다. 아시시의 프란치스코가 세웠던 작은 형제회의 최후의 개혁으로 1528년 교황의 인준을 받았다.

1787년 2월 28일, 나폴리

유명한 풍경 화가인 필립 하케르트*¹⁴를 만났는데, 그는 왕과 왕비의 각별한 신임과 특별한 은총을 받고 있다. 프란카빌라궁의 한쪽을 하사받은 그는 예술가적 취향대로 가구를 배치하고 만족스럽게 살고 있다. 그는 끊임없이 노력하면서 인생을 즐길 줄 아는, 의지가 군건하고 지혜로운 사람이다.

우리는 바닷가로 나가 여러 물고기와 이상한 모양의 수생 동물들이 파도에 밀려오는 것을 보았다. 날씨는 매우 좋았고 트라몬타나*¹⁵도 견딜 만했다.

3월 1일, 나폴리

이미 로마에서 사람들은 내 고집스러운 은둔자적 성향이 바뀌어 정도를 넘어설 만큼 사교적이 된 것을 알아차렸다. 본디 세상 밖으로 나오면서까지 고독한 상태로 있는 것은 더없이 이상한 일이다. 그래서 매우 정중히 나를 초대하고 자신의 지위와 영향력으로 여러 좋은 일에 참여할 수 있게 이끌어 준 발데크 후작*¹⁶의 호의를 거절할 수 없었다. 마침 나폴리에 머물고 있던 그는, 우리가 도착하자마자 포추올리*¹⁷와 인근 지역으로 함께 여행을 가자고 권했다. 나는 베수비오 화산에 오를 생각이지만, 티슈바인은 쾌청하고 좋은 날씨에 학식 있는 후작과 함께라면 즐겁고 이로운 시간이 될 거라며 자신도 동행을 부탁했다. 로마에서 후작과 친한 어느 아름다운 부인과 그녀의 남편을 본 적이 있었는데, 이번에도 마찬가지로 함께 참석하게 될 것이다. 모든 것이 즐겁게 되기를 기대했다.

예전에 그 회합에 나간 적이 있어 이런 고상한 모임을 잘 알고 있다. 후작은 처음 만나는 자리에서, 내게 지금 무슨 작품을 쓰고 있는지 물었다. 마침《이

---

* 14 Jacob Philipp Hackert(1737~1807) 이탈리아 화가. 조각가.

* 15 tramontano. 이탈리아와 지중해 서부 위쪽에 있는 산악 지대에서 불어오는 시원한 서북풍.

* 16 크리스티앙 아우구스트 폰 발데크 당주의 동생, 장군으로 오스트리아에서 근무했다. 괴테는 로마에서 후작을 방문했다. 알렉산더 토릿페루에 의촉하고 괴테의 흉상을 만들게 한 것도 후작이다.

* 17 Pozzuoli. 고대 라틴명은 푸테올리(Puteoli). 이탈리아 남부 캄파니아 지방, 나폴리 만에 면한 도시로, 고대도시의 유적이 있다. 기원후 1세기 후반까지 이탈리아 반도 최대의 상업항구였다. 구(舊) 시가 구(區)에는 마켈룸(macellum, 공공시장), 아우구스투스 신전, 원형투기장 (암피테아트룸) 등이 남아 있다. 항만 시설 중 방파제는 19세기까지 그 일부가 남아 있었다. 중요한 출토품은 나폴리 국립고고미술관에 있다.

나폴리 항구에서 바라본 베수비오 화산, 괴테 그림

피게니에)*[18]를 쓰고 있던 때라 어느 저녁 작품에 대해 꽤 소상하게 들려줄 수 있었다. 사람들은 그 작품에 관심을 기울이는 것 같았지만 보다 활기차고 보다 야성적인 것을 기대하는 기력이 뚜렷했다.

저녁에

오늘 하루 있었던 일을 설명하기란 어려울 것 같다. 말이 필요 없을 만큼 마음을 매료시켜 버리는 책은, 나중에 다시 읽거나 열심히 연구해도 더는 얻을 것이 없을 만큼 일찌감치 그 효과를 경험하게 된다. 이런 일은 누구나 겪

---

*18 Iphigenie auf Tauris. 1787년 괴테가 발표한 희곡. 그리스 비극작가 에우리피데스의 《타우리스 섬의 이피게니에》에서 소재를 얻은 괴테가 산문 형식으로 써놓았던 것을 이탈리아 여행 중이었던 1786년부터 희곡 형식으로 고쳐 썼다. 5막의 '폐쇄 형식'으로 구성되어 있으며, 시간과 공간의 일치, 등장인물의 제한, 줄거리의 엄격한 구성, 운율을 통한 제약에서 볼 때 전형적인 고전극이라고 할 수 있다. 이 작품에서 괴테는 이피게니에를 '순수한 인간'의 대표자로 양식화한다. 이피게니에는 먼저 타우리스 섬에서 자행되던 야만적인 인신공양의 관습을 폐지하게 하고, 탄탈로스족의 후예인 자신의 집안에 내린 친족살인과 복수의 저주의 고리를 끊어낸다. 또한 이피게니에는 운명의 부당함에 대해 끊임없이 회의하고 인간의 자유의지를 속박하는 교권(敎權)이나 사회제도 등에 맞서면서 인간의 도덕적인 결단을 통한 자유의지를 구현하는 인물로 그려진다.

은 적이 있을 것이다. 내게는 《샤쿤탈라》*¹⁹가 바로 그런 책이었다.

훌륭한 사람들과 함께 시간을 보내는 일도 마찬가지 아닐까? 포추올리까지의 뱃길 여행, 기분 좋은 마차 여행, 세계에서 가장 기이한 곳을 지나는 명랑한 산책, 이 모든 것들도 그렇다. 구름 한 점 없이 맑은 하늘 아래 불안정한 지반이 있다. 이들이 얼마나 잘살았는지 알 수 있는 잔해들은 마음을 무겁고 착잡하게 만든다. 부글거리는 물, 유황을 내뿜는 구멍, 풀 한 포기 자라지 않는 잿더미 산, 보기 싫은 불모지가 바로 그렇다. 그래도 무성한 식물은 어떻게든 한 줌의 땅만 있으면 끝내 무성하게 자라난다. 말라 죽은 자리를 덮고 못과 시냇물 주위로 퍼져 끝내는 오래된 분화구 벽돌에 훌륭한 참나무 숲을 만들어낸다.

그래서 사람들은 자연사나 인간사에서 일어난 사건을 두고 이런저런 생각을 한다. 그리고 무언가를 깊이 헤아려 보려 하지만 그러기에는 스스로가 지나치게 부족함을 느낀다. 그래도 살아 있는 사람은 계속 즐겁게 살아간다. 하지만 세계와 그 존재에 불가분의 관계를 맺은 교양 있는 사람들은 현세와 그 본질에 속해 있으면서도 엄숙한 운명의 경고를 따르고 성찰에 마음을 쏟는다. 하늘과 땅과 바다에 끝없는 시선을 보내면서도, 사랑받는 것에 익숙해진 젊고 사랑스러운 어느 젊은 귀부인에게 되돌아오게 된다.

하지만 이런 도취 속에서도 나는 여러 가지를 빈틈없이 적어 두었다. 곳곳에 이용된 지도와 티슈바인의 간단한 스케치는 앞으로 원고 정리하는 데 큰 도움이 될 것이다. 오늘은 이제 한 줄도 더 쓰지 못할 것 같다.

3월 2일

날씨가 흐리고 봉우리에 구름이 뒤덮여 있었지만 베수비오 화산에 올랐다. 레시나까지 마차로 가고, 그곳에서부터는 노새를 타고 포도원 사이로 산을 올

---

*19 Sakuntala. 칼리다사 저작의 희곡으로 7막으로 된 산스크리트극(劇)이다. 두샨타 왕은 사냥 나갔다가 산중에서 천녀(天女)의 딸 샤쿤탈라를 만나 결혼하고 기념으로 반지를 남기고 왕도(王都)로 돌아온다. 샤쿤탈라는 왕을 찾아 왕도에 오나, 오는 길에 반지를 잃어버림으로써 왕의 기억이 사라지고, 그녀는 슬픔에 잠겨 천계(天界)로 떠난다. 반지를 되찾음으로써 왕의 기억은 되살아나 천계의 악마를 정벌한 왕은 그녀와 재회하게 된다. 이 극은 옛 전설을 지은이가 각색한 것으로서 1789년 존스의 영어 번역으로 인도 문학의 진가를 세계에 알리게 되었다. 괴테의 《파우스트》의 서곡 부분은 이 극의 서막에서 힌트를 얻은 것이다.

랐다. 1771년 만들어진 용암지대는 걸어서 올랐다. 용암에는 부드럽지만 단단한 이끼가 달라붙어 있었다. 옆으로 용암지대가 이어지는 언덕 왼쪽에 은둔자의 오두막이 나타났다. 화산재로 이루어진 꼭대기에 오른다는 것은 매우 힘이 드는 일이었다. 봉우리 3분의 2가 구름으로 덮여 있다. 마침내 예전에 만들어졌지만 이제 다 메워진 분화구에 이르렀다. 그곳에서 생긴 지 두 달 반밖에 되지 않은 새로운 용암을 발견했는데, 생긴 지 닷새밖에 안 된 아직 굳지 않은 용암도 있었다. 그것은 이미 차갑게 식어 있었다. 이 지대를 지나 얼마 전에 생성된 화산 언덕으로 올라갔다. 언덕은 봉우리마다 증기를 내뿜고 있었다. 우리가 있는 곳에서 연기가 피어올라 나는 분화구 쪽으로 다가가려고 했다. 증기 속으로 오십 걸음쯤 걸어가자 증기가 너무 자욱해서 신발이 보이지 않을 정도였다. 손수건으로 입을 막아봤으나, 아무 소용이 없었고 안내자마저 눈앞에서 사라져 버렸다. 여기저기 흩어진 용암 덩어리를 밟는 것이 여간 불편하지 않았다. 일단 돌아갔다가 날이 개고 연기가 잦아들면 다시 찾아와 구경하는 편이 좋겠다는 생각이 들었다. 이런 대기 속에서 숨을 쉬면 몸에 매우 해롭다는 사실을 나는 잘 알고 있었다.

연기만 제외하면 산은 무척 고요했다. 불꽃도 없고 끓어오르는 소리도 들리지 않았다. 돌도 날리지 않았다. 날씨가 좋아지면 제대로 정복하기 위해 다시 와야겠다.

내가 찾아낸 용암은 주로 잘 아는 것들이었지만, 전문가나 채집가에게 물어보고 연구하고 싶은 색다른 것을 하나 발견했다. 그것은 안쪽이 종유석 모양으로 생긴 화산 굴뚝이다. 예전에 막혀 있던 불룩한 표면이 이제는 뚫려 있는 이 분화구에 우뚝 솟아 있었다. 종유석 모양의 이 단단한 회색 암석은 습기나 용해되지 않은 미세한 화산 수증기가 증발하면서 생겨난 듯하다. 이에 대해서는 더 깊이 생각해 볼 필요가 있다.

3월 3일

오늘은 하늘에 구름이 잔뜩 끼었고 시로코*[20]가 분다. 편지쓰기에 좋은 날씨

---

*20 sirocco. 지중해 주변 지역에서 저기압이 지나기에 앞서 아프리카의 사막지대에서 불어오는 열풍. 좁은 뜻으로는 시칠리아 섬과 남이탈리아에서 부는 바람을 말한다. 시로코는 아랍어의 쇼로그(shorg) 또는 샤르키아(sharkia)에서 온 말로 '동쪽'을 뜻하는데, 남동풍을 가리킨

이다. 어쨌거나 이곳에서 여러 사람들과 멋진 말 그리고 기이한 물고기들을 많이 보았다.

이 도시의 지세와 훌륭한 경관은 곧잘 묘사되고 칭송되고 있으니 더 이상 설명할 필요는 없겠다. 이곳 사람들은 이렇게 말한다.

"나폴리는 보고나서 죽어라!"

3월 3일, 나폴리

나폴리 사람은 자기 도시를 떠나려 하지 않고, 이 도시 시인들이 이곳을 축복하고 과장해서 노래한다 해서 이들을 나쁘게 보아서는 안 된다. 예를 들면, 가까이에 베수비오 화산이 몇 개 더 있더라도 말이다. 여기에서는 누구도 로마를 떠올리지 않을지도 모른다. 이곳의 자유로운 지형에 비하면 테베레 강바닥에 자리한 세계의 수도는 나쁜 곳에 자리잡은 케케묵은 수도원 같다는 생각이 든다.

해상 운송과 배편은, 생각지도 않은 새로운 상황을 만들기도 한다. 어제 팔레르모로 가는 프리깃함이 맑고 세찬 트라몬타나 바람을 받으며 출항했다. 이번에는 서른여섯 시간 이상 걸리지 않을 것이다. 카프리와 미네르바 곶 사이를 빠져 나가 멀어지는 배를 보자, 나는 그리움에 잠겨 활짝 펼쳐진 돛을 바라보았다. 사랑하는 사람이 그렇게 떠나가는 모습을 본다면 누구나 그리움에 미쳐버릴지도 모르겠다! 이제 시로코가 분다. 바람이 한결 세차게 불어 방파제에 부딪치는 파도가 더 거세질 것이다.

금요일에는 귀족들의 거창한 마차 행렬이 있었는데, 저마다 자기 의장 마차와 말을 끌고 나와 자랑스럽게 내보였다. 이곳의 말보다 아름답고 훌륭한 말은 볼 수 없을 것이다. 말을 향한 내 마음이 두근거리는 것은 내 생애에 처음 있는 일이다.

3월 3일, 나폴리

여기서 내가 보내는 두세 페이지에 가득 찬 편지는 내가 이곳에서 연 축하 파티에 대한 보고이다. 그리고 지난번에 보낸 편지 봉투 귀퉁이가 연기에 그

다. 이탈리아의 시로코는 남풍이 지중해를 건너는 사이에 조금 습기를 띠지만 그대로 건조해서 밤낮없이 기온이 40℃에 이르는 일도 있다.

베수비오 화산 분화구 등정, 파브리스 그림

을린 까닭은, 베수비오 화산에 다녀왔다는 증거이다. 하지만 내가 위험에 둘러싸이는 일은 없을 터이니 걱정하지 말았으면 한다. 이제까지 어디를 가든 벨베데레로 가는 길만큼 위험하지는 않았다. 어느 곳이든 그 자리의 주인은 그 땅이라는 것을 이 기회에 말해두고 싶다. 주제넘게 모험을 쫓거나 색다른 일을 찾으려는 것도 아니다. 나는 늘 사정에 밝은 편이라 어느 대상에서건 곧 그 특성을 찾아내기 때문에 섣부른 행동은 하지 않는다. 시칠리아로 가는 길은 결코 위험하지 않을 것이다. 며칠 전에 팔레르모행 프리깃함이 북동풍을 받으며 출항했다. 카프리를 오른쪽으로 끼고, 틀림없이 서른여섯 시간 안에 도착했을 터이고, 저 건너편도 멀리서 생각하는 것만큼 그렇게 위험스러워 보이지 않는다.

이탈리아 남부에서는 요즘은 전혀 지진이 일어나지 않지만, 북부에서는 최근 리미니와 인근 지역이 피해를 입었다. 지진이 얼마나 유별나고 변덕스러운지 이곳에서는 날씨나 바람 정도에 지나지 않지만, 튀링겐에서는 큰 화재와 다름없다고 여기고 있다.

여러분이 《이피게니에》의 수정본에 익숙해졌다니 반갑다. 그 차이를 좀 더 느낄 수 있었더라면 더 좋았을 텐데. 나는 어느 부분이 고쳐졌는지 잘 알고

있으며, 앞으로도 더 다듬어 나갈 것이다. 좋은 것을 즐기는 게 하나의 기쁨
이라면 더 좋은 것을 느끼는 것은 더욱 커다란 기쁨이다. 그리고 예술에 있어
서는 최고로 좋은 것이라야 진정으로 좋은 것이다.

1787년 3월 5일, 나폴리

사순절 두 번째 일요일, 우리는 성당 순례에 나섰다. 로마에서는 모든 것을
심각하게 받아들이지만 이곳에서는 모든 일을 즐겁고 쾌활하게 여긴다. 나폴
리파의 그림 학교도 이곳에 와보지 않고는 제대로 이해할 수 없다. 나폴리에는
놀랍게도 성당 앞면 아래에서 위까지 모두 그림이 그려져 있다. 문 위에는 물
건 파는 사람들을 내쫓는 예수가, 양쪽에는 쾌활하고 사랑스러운 사람들이 놀
라서 계단에서 굴러 떨어지고 있는 모습도 보인다.

다른 성당 내부의 현관 위는 헬리오도로스*21의 추방을 묘사하는 프레스코
화로 빼곡하게 장식되어 있다. 물론 루카 조르다노*22는 이런 공간을 채우기 위
해 서둘렀을 것이다. 다른 장소에서처럼 개인을 위한 연단이나 강단이 아닌 회
랑으로 된 강론대에는 어느 카푸친 교단 성직자가 이곳저곳 다니면서 신도들
에게 죄업을 훈계하는 모습도 있다. 이런 세세한 것까지 모두 이야기할 필요는
없으리라.

광장을 지나 거리를 돌아다니며 우리가 마음껏 즐긴 보름달 밤이 얼마나 아
름다웠는지 말로는 다 표현할 수가 없다. 키아야에서 산책을 즐긴 다음 바닷가
를 여기저기 돌아다녔다. 그러다 보면 그야말로 공간이 무한하다는 감정에 사

---

*21 Heliodor. 셀레오코스조 아시아 주(州) 왕의 재무관. 〈구약성서〉 외전(外典) 제2 마카베오서
   3 : 7절 이하에 따르면, 그는 셀레우코스 왕명을 받아 이교의 제사를 유지하기 위한 금은
   을 예루살렘의 유대교 신전으로부터 징발하러 갔다. 그러나 헬리오도로스가 과부와 고아
   를 기르기 위해 신전에 헌납된 신성한 재보를 탈취하려 하자 하늘로부터 화려하게 차려입
   은 기사가 나타나, 그를 말의 다리에 걸어 넘어뜨렸고 또 두 젊은이가 나타나 그를 때려 눕
   혔다고 한다. 그 뒤 사제들의 간절한 기도로 그는 성전에서 추방당한다.
*22 Luca Giordano(1634~1705). 이탈리아 화가. 나폴리 태생. 호세 데 리베라나 또는 마티아 프
   레티(Mattia Preti, 1613~1699)의 영향을 받았다. 1650년 이후 로마에서 피에트로 다 코르토
   나의 장식 양식을 배웠고 또 베네치아에서 밝은 색채 표현을 받아들였다. 그 뒤 피렌체의
   팔라초 메디치 릿카 루디의 무용실의 천장화를 제작했고, 스페인 왕 카를로스 2세에게 초
   청되어 1692~1694년에 엘 에스코리알 수도원의 천장화를 그렸다. 마드리드, 톨레도 등에
   도 장식화를 남겼다.

〈헬리오도로스의 추방〉 프란체스코 솔리메나 그림

로잡힌다. 이런 몽상에 잠기는 것이라면 그다지 헛된 일은 아닐 것이다. 수고라면 할 만하지 않는가.

3월 5일, 나폴리

이번에 알게 된 어느 훌륭한 남자에 대해 짧게 이야기하려고 한다. 그는 입법에 대한 저작자로 잘 알려진 필란지에리이다. 그는 인간의 행복과 자유에 관심을 갖고 있는 고상한 젊은이다. 군인이자 기사, 귀족 신분인 그는 사교적인 인간의 풍모를 가지고 있다. 또한 예의 범절이 몸에 배어 있고, 말씨와 행동에서 기품 있게 빛을 내는 섬세한 도덕 관념으로 한결 부드러움을 보이고 있다.

그는 오늘날 정치에 무조건적으로 찬성하는 것은 아니지만 온 마음으로 왕과 왕국에 충성하고 있다. 그러나 그도 요제프 2세에 대해서는 공포감을 갖고 있다. 만일 허항된 것이라 할지라도 전제 군주는 귀족에게 공포감을 주기에 충분하다.

그는 나폴리 사람들이 갖고 있는 왕에 대한 두려움을 솔직하게 털어 놓았다. 또한 몽테스키외*[23]나 베카리아,*[24] 그리고 자신이 쓴 책에 대한 이야기도 기꺼이 내게 들려주었다. 이 모든 것은 선을 행하려는 젊은이다운 기개와 정신에서 우러나오는 것이 아닐까. 그는 아직도 30대 청년과 같다.

우리가 만난지 얼마 뒤, 그는 내게 나이가 지긋한 법률학자 한 사람을 소개해 주었다. 이탈리아의 신진 법률가들은 모두 조반니 바티스타 비코*[25]라는 그 학자의 깊은 학식에 힘을 얻고 감화를 받는다고 한다. 이곳에서 그는 몽테스키외보다 더 존경을 받는다. 그들이 귀중한 경전이라며 보여 준 책을 읽어 보았다. 그것은 전해 내려오는 전통과 삶에 대한 진지한 연구를 바탕으로, 언젠가 올지도 모르는, 또는 와야 하는 선과 정의에 대한 불가사의한 예언서였다. 한 민족에게 이와 같은 조상이 있다는 사실은 참으로 경탄할 만한 일이다. 독일인에게는 언젠가 하만*[26]이 이와 같은 학자가 되지 않을까 생각한다.

---

*23 Charles De Montesquieu(1689~1755). 프랑스 계몽시대 정치학자. 그의 저서는 프랑스 부르주아 혁명의 지도자들에게 아주 큰 영향을 주었다. 그는 영국의 사상, 특히 로크의 영향을 받아 절대군주제를 격렬하게 비판하고 국가의 기원, 법의 본성을 설명하고자 하면서 '자연적'인 기초 위에서 사회개혁의 계획을 세웠다. 그리고 정부 형태로서 입헌군주제를 최선의 것으로 생각하고, 3권 분립, 양원제 의회를 주장했다.

*24 Cesare Bonesana Marchese di Beccaria. 이탈리아 형법학자. 저서 《범죄와 형벌》을 발표해 단번에 형법학자로서 유명해졌다. 형벌은 마땅히 입법자에 의해 법률로 엄밀히 규정되어야 한다고 역설했다. 형벌은 어디까지나 범죄의 경중과 균형을 이루어야 하고, 그 균형은 법률로써 정해야 한다는 죄형법정주의의 사상과 고문·사형 등의 폐지론 등을 낳게 했다.

*25 Giovanni Battista Vico(1668~1744). 이탈리아 철학자. 법학·정치학·역사학에서 업적을 남겼다. 그의 사상에는 낡은 것과 새로운 것이 뒤섞여 모순을 내포하고 있지만, 봉건적 제약으로부터 벗어나 미래를 내다보았다고 평가받고 있다. 그의 기본 사상은 인간 역사의 발전에 대한 연구에 있는데, 신적 원리가 역사적 법칙의 기원이라고 인정하고 있지만, 역사 그 자체에 내재한 법칙이 있고 발전은 이를 따르고 있다고 생각했다. 모든 민족은 그 발전 과정을 세 단계로 나눌 수 있는데, 그것은 신적·영웅적·인간적 단계를 말한다. 인간 역사의 정점은 얼마 지나지 않아 쇠퇴하게 되어 원시단계로 되돌아가고, 그때부터 다시 상승 과정이 진행된다는 역사의 순환론을 주창했다. 그는 이 사상을 기초로 해 과학과 예술을 평가·해석했다.

*26 Johann Georg Hamann(1730~1788). 칸트와 동향으로 독일에서 기독교의 감정철학, 체험철학, 신앙철학의 대표자. 조르다노 브루노의 영향을 강하게 받아 지성을 제한하고 경험·체험을 중시할 것을 설파한다. '북방의 위인'이라고 불린다. 칸트, 헤르더, 야코비 등과 친교를 나눴다.

해안 절벽 위로 쏟아져 내리는 돌덩이와 화산재, 괴테 그림

1787년 3월 6일, 나폴리

티슈바인은 그리 내키지 않는 듯했지만, 의리를 저버릴 수 없어 나의 베수비오 화산 등정에 함께해 주었다. 언제나 더할 나위 없어 나의 아름다운 인간과 동물 형상에만 관심을 기울이고, 바위나 풍경 같은 비조형물을 그만의 감각과 취향으로 인간화해 온 그에게, 끝없이 자신을 소모하고 모든 미적 감각에 선전포고할 만큼 형상도 없이 그저 끔찍한 형태의 화산더미는 참으로 혐오스러웠을 것이다.

우리는 시내의 어수선한 길을 스스로 헤쳐 나갈 엄두가 나지 않아서 경마차 두 대를 타고 갔다. "비켜요, 비켜!" 마부가 끊임없이 소리치면서, 목재나 쓰레기를 싣고 가는 당나귀들, 맞은편에서 달려오는 사륜마차, 짐을 끌고 가거나 빈손으로 한가롭게 거니는 사람들에게 주의를 주고 길을 비키게 하며 우리의 말이 거침없고 쏜살같이 달리도록 했다.

도시의 가장 외곽 지대나 전원을 빠져나가는 길은 저승의 광경을 미리 보는 것처럼 생각될 정도였다. 오랫동안 비가 내리지 않아 상록수 잎에 잿빛 화산재가 수북이 쌓였고, 곳곳의 지붕들, 벽면의 장식 돌림띠, 평평한 곳이면 어디에서든 희뿌연 화산재가 덮여 회색으로 보였다. 그래서 눈부시게 푸른 하늘과 내리쬐는 강렬한 태양만이 이곳이 생물체가 존재하는 곳임을 입증하고 있었다.

가파른 언덕길 아래에서 두 안내자가 우리를 맞이했다. 한 사람은 좀 나이가 들었고, 다른 하나는 젊었지만 둘 모두 유능한 사람들이었다. 나이가 많은 사람이 나를, 또 젊은 사람이 티슈바인을 맡아 우리를 끌고 산으로 올랐다. 이들이 '끌었다'는 표현이 정확하다. 그 두 안내인은 허리춤에 가죽띠를 둘렀는데, 우리가 그 허리띠를 붙잡고 올랐기 때문이다. 거기다가 막대를 짚으니 발걸음이 한결 가벼웠다.

이렇게 해서 원뿔 모양 봉우리가 우뚝 솟아 있고 북쪽으로는 솜마의 폐허가 보이는 평지에 이르렀다.

서쪽 지역을 바라보니 마치 온천욕을 한 것처럼 그동안의 고통과 피로가 씻은 듯이 사라졌다. 그곳에서 우리는 자욱한 연기를 내뿜으며 돌덩이와 화산재를 뿜어내는 원추 봉우리 주위를 한 바퀴 돌았다. 적당한 거리를 두고 떨어져서 볼 수 있는 공간만 있다면 더없이 기막힌 장관이다.

처음에는 깊은 분화구 속에서 천둥 같은 소리가 울리더니, 곧이어 크고 작은 수천 개의 돌덩이가 공중으로 마구 솟아올랐다가 화산재 구름에 휩싸이며 시야에서 사라졌다. 대부분의 돌덩이는 분화구로 도로 떨어졌고, 옆으로 튕겨 난 파편들은 봉우리 주변으로 떨어지며 기묘한 소리를 냈다. 비교적 무거운 돌덩이들이 둔탁한 소리를 내며 산비탈에 떨어졌고, 뒤이어 가벼운 돌멩이들이 떨어지더니, 마지막으로 화산재가 서서히 내려앉았다. 이것은 모두 규칙적인 간격을 두고 일어났기에 차분히 헤아리면 그 횟수를 정확히 맞힐 수 있었다.

그런데 솜마와 원뿔 모양 봉우리 사이의 공간이 차츰 좁아졌고 주변에도 이미 돌덩이 몇 개가 떨어졌기 때문에 마음 놓고 돌아다닐 수가 없었다. 티슈바인은 보기도 싫은 흉물로 위험한 상황이 되자, 화산에 대해 더욱 역겨운 감정을 갖게 되었다.

하지만 눈앞의 위험한 상황은 왠지 모르게 사람 마음을 움직여 이를 극복해야겠다는 인간의 반항심을 부추기는 법이다. 나는 다음번의 분출이 있을 때까지 분화구 가까이에 접근했다가 무사히 돌아오는 모험도 가능하리라고 생각했다. 그래서 안전하다고 생각되는 솜마 봉우리 절벽 바위 아래에 들어가

나폴리, 베수비오 화산

준비해 온 음식을 나누어 먹으며 안내자들과 의논했다. 그러자 젊은 안내자가 이 모험에 나와 함께 도전해 보겠다고 나섰다. 우리는 모자에 아마포와 비단천을 두르고, 손에는 막대를 들었다. 나는 곧 그의 허리띠를 붙잡고 떠날 준비를 했다.

이따금 작은 돌덩이들이 우리 주위로 떨어졌고, 화산재도 뽀얗게 내려앉았다. 용감한 젊은 안내자는 나를 이끌고 뜨겁게 이글거리는 돌더미를 피해 비탈길을 올라, 입을 벌린 분화구 입구에 이르렀다. 곧 한 줄기 미풍이 그 연기를 불어주었지만 그와 동시에 주위를 둘러싼 수많은 틈새로 증기를 내뿜는 분화구 내부를 가려버렸다. 자욱한 연기 사이로 여기저기 솟아나온 암벽들이 드러나 보였다.

이런 광경은 교육적이지도 즐겁지도 않았다. 하지만 아무것도 보지 못한 사람들은 기어이 무언가를 보게 되기를 기대하며 이곳에 오르는 것인지도 모르겠다. 우리는 마음속으로 세는 것도 그만둔 채 어마어마한 심연 앞의 가파른 벼랑 끝에 위태롭게 서 있었다.

그때 느닷없이 천둥소리가 울리며 무시무시한 돌덩이가 우리 곁을 스쳐 날아갔다. 우리는 떨어지는 파편을 피할 수 있기라도 한 것처럼 몸을 납작 웅크렸다. 곧 작은 돌덩이들이 떨어지기 시작하자 우리는 한 번 더 휴지 간격이 있는 것을 생각지도 못한 채 위험한 순간을 넘긴 것을 다행으로 여기며 숨돌릴 틈도 없이 내달렸다. 쉬지 않고 계속 날리는 화산재를 덮어쓰며 마침내 산기슭에 도착해 보니, 모자와 어깨에는 희뿌연 화산재가 잔뜩 쌓여 있었다.

우리를 반갑게 맞아 준 티슈바인의 걱정스런 질책을 들으며 기력을 되찾은 나는 오래된 용암과 비교적 최근의 용암에 주의를 기울일 수 있었다. 나이 많은 안내자는 용암들의 생성 연도를 정확히 구분할 줄 알았다. 오래된 용암은 이미 화산재가 잔뜩 끼여 특별한 점이 없었고, 새로운 용암, 특히 천천히 흘러내린 용암은 기이한 모양이었다. 이것들은 표면에 응고된 덩어리들을 끌고 다니면서 천천히 굳어 버리기도 하지만, 서로 뒤섞여 떠밀려 다니는 얼음 조각과 비슷한 방식으로 이글거리며 흘러내리는 용암에 밀리고 뒤섞이며 톱니 모양으로 굳기 때문이다. 이렇게 형체도 없이 녹아 버린 황폐한 존재물 밑에서 큰 덩어리들이 발견되기도 한다. 이 덩어리들은 갓 응고된 원암석류와도 비슷해 보인다. 안내자들은 이것이 화산에서 내뿜어져 나올 때 가장 깊은 곳에 있던 오래된 용암이라고 했다.

나폴리로 돌아오는 길에는 창문 없이 특이하게 지어진 조그만 이층집들이 색다른 인상을 풍겼다. 거리 쪽으로 나 있는 문을 통해서만 방 안으로 빛이 들어온다. 그 집에 사는 사람들은 동 틀 때부터 해 질 무렵까지 집 앞에 나와 앉아 있다가 밤늦게서야 동굴 같은 집으로 들어간다.

좀 다르긴 하지만, 저녁까지도 떠들썩한 시내를 보니, 이곳에 잠시 머무르며 도시의 생동감 있는 모습을 스케치해야겠다는 생각이 들었다. 바라는 희망한대로 잘 될지 모르겠다.

1787년 3월 7일 수요일, 나폴리

이번 주에 티슈바인은 나폴리의 귀중한 보물 예술품들을 보여 주고 정성을 다해 설명해 주었다. 훌륭한 동물 전문가이자 소묘가인 그는, 나로 하여금 콜롬브라노 궁전 청동 말의 두상에 관심 갖게 했고 오늘 그곳에 다녀왔다. 이 예술품은 놀랍게도 성문 앞 바로 맞은편 뜰 안 우물 위의 움푹 들어간 구석에 있다. 머리가 나머지 네 다리와 완전한 모습으로 결합되어 있다면 어떤 느낌이 들까! 그 말은 산 마르코 성당에 있는 것보다 훨씬 컸다. 머리를 자세히 보면 그 특성과 힘을 한결 더 뚜렷하게 느끼고 감탄하게 된다. 훌륭한 이마뼈, 킁킁

거리는 코, 쫑긋거리는 귀, 뻣뻣한 갈기! 매우 흥분한 상태로 힘차게 뛰어오르는 거센 말이다.

우리는 성문으로 통하는 길 한 구석에 서 있는 여인상을 보고 발걸음을 멈추었다. 그것을 보고 빙켈만에 따르면, 이 여인상은 어떤 무용수를 묘사한 것이라 했다. 조형 예술의 거장들이 보여 주는 경직된 요정이나 여신과는 달리, 이 무용수는 생생하게 살아 움직이는 동작 그대로 표현되어 있다. 그녀는 무척 날렵하고 아름답다. 머리는 부서져 버렸지만 흠이 안 보이도록 잘 붙여져 있었다. 그러니 좀 더 좋은 자리에 놓아둘 만도 했다.

3월 9일, 나폴리

오늘 너무나 반가운 2월 16일자 편지를 받았다. 앞으로도 계속 써서 보내 주기를 바라네. 간이 우편 마차를 부르길 잘했다. 앞으로 여행을 하면서도 계속 마차를 이용하게 될 것이다. 친구들과 함께할 수 없는 이처럼 멀리 떨어진 곳에서도 편지를 읽다니 새삼 묘한 기분이다. 하지만 가까이 있으면서도 모이지 못하는 것이 자연스러울 때도 때로는 있지 않은가.

날이 어두워졌다. 이제는 날씨가 변하는 시점이고, 곧 봄에 접어들면 비 오는 날이 많을 것이다. 베수비오 화산 정상에 다녀온 뒤로 날씨가 좋은 적이 없었다. 최근 며칠 밤 동안 때때로 붉게 타오르는 모습을 볼 수 있었다. 지금은 활동을 멈추고 있지만 보다 강력한 분출이 있을 듯하다.

요즈음 며칠 동안 폭풍우가 일어나 바다의 장관을 볼 수 있었고, 파도의 위엄 있는 자태를 연구할 수 있었다. 자연은 역시 전 페이지에 엄청난 내용을 제공하는 오직 하나밖에 없는 책이다. 이와 달리 연극은 더는 기쁨을 안겨 주지 못한다. 이곳 사람들은 사순절이 되면, 세속적인 오페라와 전혀 구분이 안 되는 다채로운 요소를 섞은 종교 오페라를 공연한다. 중간에 무용이 들어가지 않는 것 말고는 특이할 게 없는 공연이다. 이들은 이번에 산 카를로 극장에서 〈느부갓네살의 예루살렘 파괴〉*27를 무대에 올린다. 내 눈에는 대형 파노라마

---

*27 Nebuch기원후nezzar II. 신(新)바빌로니아 제국 제2대의 왕(재위 기원전 604~ 기원전 562). 느부갓네살 2세라고도 한다. 부왕(제국의 창건자) 나보폴라사르의 생전에 네코 2세가 거느린 이집트군을 카르케미시 전투에서 무찌르고(기원전 605), 왕위 계승 뒤에는 시리아·팔레스티나 지방의 평정에 온 힘을 다했다. 기원전 597년 예루살렘을 공략했으며, 이어 기원전

나폴리, 산 카를로 극장 이탈리아 3대 극장의 하나이다.

처럼 보여 오히려 기분을 망치고 말았다.

　발데크 후작과 함께 그림이나 동전 따위를 수집해 둔 커다란 전시실이 있는 카포디몬테*²⁸에 다녀왔다. 전시 상태가 썩 마음에 들지는 않았지만 소중한 유물들이다. 나는 앞으로 이런 전통적인 개념에 영향받을 터이고, 이러한 사실은 곧 드러나게 될 것이다. 북유럽에서는 동전, 조각한 보석, 꽃병 등이 가지 친 레몬나무처럼 띄엄띄엄 들어오는데, 보물들의 본고장인 이곳에는 넘쳐나는지라 무언가 색다르게 보인다. 예술 작품이 드문 곳이라면 희소성에 가치를 부여하지만, 여기서는 참으로 가치 있는 것에 대해서만 평가하는 법을 가르친다.

587년에는 유대를 철저하게 파괴하고 멸망시켜 그 곳의 수천 주민을 바빌로니아로 강제 이주시켰다(바빌론의 유수).

＊28 Museo e Gallerie Nazionali di Capodimonte. 이탈리아 나폴리에 있는 국립미술관. 나폴리 만을 한눈에 내려다볼 수 있는 카포디몬테 궁은 나폴리 왕국의 영화를 보여 주는 화려한 건물로, 제2차 세계대전 뒤에 궁전 내부를 근대적인 화랑 형식으로 고치고 나폴리국립미술관 회화관에 소장되어 있던 작품을 옮겨, 많은 명화들을 독특한 방법으로 진열해 놓았다.

나폴리, 카포디몬테 미술관

에트루리아*29 꽃병은 지금 매우 비싼 값을 치러야 한다. 그 가운데 아름답고 뛰어난 작품들도 있을 것이므로 그걸 탐내지 않을 여행자는 아무도 없을 것이다. 여행을 하면 누구나 자기 집에서보다 많은 돈을 쓰게 되므로 나는 또 유혹에 빠질 것 같아서 무서운 생각이 든다.

1787년 3월 9일 금요일, 나폴리

평범한 일도 새롭고 예기치 않은 것으로 느껴지며 모험적인 성격을 띠게 되는 것이 바로 여행의 즐거움이다. 카포디몬테에서 돌아온 날 저녁에 또 필란지에리 댁을 방문했다. 안주인 옆 안락의자에 한 여자가 앉아 있었다. 그녀의 외모는 스스럼없이 대하는 그녀의 태도와 어울리지 않았다.

체크무늬의 가벼운 실크 원피스를 입고 머리를 이상하게 꾸민 아담하고 귀여운 그녀는, 다른 사람들 치장에는 신경 쓰면서 정작 자기 외모에는 별로 관

---

*29 Etruria. 에트루리아인이 거주해 나라를 세운 고대 이탈리아의 지명. 오늘의 이탈리아 토스카나 주에 해당하는데, 로마인은 이 지방 사람들을 투스키(Tusci)라 불렀고 그들이 살던 지방을 투스키아라 불렀기 때문에 오늘날 토스카나라는 지명이 생겼다.

심이 없는 미용사처럼 보였다. 그런 직업의 사람들은 돈을 받고 일하는 데 익숙해져서 보수도 받지 않는 자신에게는 어떻게 신경써야 하는지 알지 못한다.

내가 집에 들어섰는데도 그녀는 수다를 멈추지 않고 최근에 겪은 작은 사건들보다는 덤벙대는 행동 때문에 그렇게 보였을지 모를 우스운 일들에 대한 이야기를 잔뜩 늘어놓았다.

안주인은 내게도 말할 기회를 주려고 카포디몬테의 훌륭한 지형과 유적에 대해 화제를 돌렸다. 그러자 그 쾌활한 여자가 자리에서 벌떡 일어났다. 서 있는 모습이 앉아 있을 때보다는 고상해 보였다. 그녀는 작별 인사를 하고, 문쪽으로 가더니 지나는 말투로 내게 말했다.

"며칠 뒤 필란지에리 가족이 우리 집에 와서 식사를 함께하게 될 텐데, 선생님도 와 주셨으면 좋겠어요!"

그러더니 그녀는 내가 무어라 대답도 하기 전에 훌쩍 떠나 버렸다. 그제야 나는 그녀가 이 집과 아주 가까운 친척인 백작의 딸임을 알게 되었다. 필란지에리 가족은 그리 부유한 편은 아니었으며, 매우 검소하게 살고 있었다. 백작의 딸 정도 되는 신분은 나폴리에서 드물지 않았기에 그녀의 생활 수준도 비슷하리라 생각했다. 이름, 날짜, 시간을 알아둔 나는, 알맞은 시간에 정확한 장소로 찾아가는 것은 문제없을 듯했다.

1787년 3월 11일 일요일, 나폴리

나폴리에 그리 오래 머무르지 않을 생각이므로, 우선 먼 곳부터 가보고 차츰 가까운 곳을 찾기로 했다. 티슈바인과 함께 마차를 타고 폼페이로 가는데, 양옆에 풍경화로 잘 알려진 훌륭한 풍경이 연이어 펼쳐져 장관을 드러냈다. 사람들은 폼페이가 생각보다 좁고 작은 것에 놀라곤 한다. 길이 반듯하고 양쪽 길가에 보도까지 있는데도 거리는 비좁다. 작은 집들은 창문이 없으며, 안뜰과 복도로 난 문을 통해서만 빛이 들어온다. 공공 건축물, 성문 가까이의 은행, 신전 그리고 별장도 건물이라기보다는 차라리 모형이나 장난감 장롱 같다는 생각이 든다.

하지만 이런 방, 복도, 회랑에는 매우 화사하게 색이 칠해져 있고, 벽면은 단조롭고 가운데에 세밀한 그림이 한 점 있는데 이제는 흔적만 남아 있다. 벽모서리와 끝에는 경쾌하고 품위 있는 아라베스크 무늬가 있는데, 그 가운데

폼페이 발굴 광경 괴테는 1787년 3월 발굴 현장을 방문했다.

귀여운 아이나 님프의 모습이 나타나고, 다른 무늬에서는 야생 동물과 온순한 동물이 갑자기 튀어나온다.

이렇게 돌덩이나 화산재로 뒤덮여 있다가 마침내는 도굴범에게 약탈당한이 도시의 황폐한 모습은, 이전에 살던 민중의 예술과 그림에 대한 의식을 보여 준다. 하지만 지금 이곳의 가장 열렬한 애호가들조차도 예술과 그림에 대해 어떠한 개념이나 감정은 물론 욕구조차도 없다.

베수비오 화산과의 거리를 생각하면, 이곳을 뒤덮고 있는 화산 물질은 분화구에서 뿜어져 나온 것도 아니고, 돌풍에 날려올 만한 거리도 아니다. 오히려 돌덩이와 화산재가 구름처럼 공중을 떠돌다가 이 불운한 장소에 낙하했다고 여겨야 할 것이다.

이 사건을 좀 더 구체적으로 살펴보려면, 폭설에 갇힌 산간 마을을 생각해 보면 된다. 처참하게 파괴된 건물들 사이의 공간은 눈으로 메워질 테고, 포도원이나 과수원이던 언덕은 여기저기 담장만 남게 될 것이다. 어떤 사람은 자기 경작지에서 중요한 첫 수확을 할 수 있을지도 모르겠다. 방들은 텅 비고, 방 구석에는 재가 수북히 쌓여 가재도구나 세공품들은 모두 묻혀 버렸다.

미라가 되어 버린 이 도시에서 받은 불쾌했던 인상도 바닷가 주막 식당에서 간단한 식사를 하고, 푸른 하늘과 빛나는 바다 풍광을 즐기는 동안, 어느

덧 씻은 듯이 사라졌다. 이곳이 포도 잎사귀로 뒤덮이는 날 다시 만나 함께 즐거움을 맛보리라는 희망을 가져본다.

나폴리 가까이 다가가자 폼페이에서 보았던 조그만 집들이 있어 그곳의 광경과 거의 비슷했다. 허락을 받고 어떤 집에 들어가 보니 가구가 말끔히 갖추어져 있고, 등나무 의자나 장롱은 금박을 입혀 화려하게 꾸몄으며 유약칠까지 했다. 수백 년의 무수한 변화를 겪은 뒤에는 주민들에게 유사한 생활방식과 풍속, 그리고 애착심과 호감을 심어 줄 것이다.

3월 12일 월요일, 나폴리

오늘은 시내를 유유히 거닐며 내 방식대로 살펴보고 돌아다녔다. 유감스럽게도 지금 당장 전달할 수는 없지만, 나중에 이 도시에 대해 쓰기 위해 필요한 많은 것들을 메모해 두었다. 이곳 형편으로 보아 필요한 것들을 넉넉히 제공하는 복받은 땅은, 인간에게도 행복한 천성을 내려줄 수 있음을 알 수 있다. 이들은 오늘 가져다 준 것을 내일도 가져다 주리라 여기며 느긋하게 기다릴 줄 안다. 이런 행복한 천성으로 인해 이들은 아무런 걱정 없이 살아간다. 현실에 대한 만족, 적당한 향락, 일시적인 고통을 슬기롭게 참고 견디는 이들에 대한 좋은 예가 있다.

아침에 비가 좀 내려서인지 날씨는 춥고 습기가 많았다. 나는 각석*30으로 깨끗이 포장된 커다란 광장에 이르렀다. 평평한 바닥에 누더기를 걸친 소년들이 빙 둘러 머리를 맞대고 손을 땅에 대고 있는 모습이 보였다. 마치 서로 몸을 녹이려는 듯했다. 처음에는 장난처럼 보였지만 욕구가 채워졌다는 듯 진지하고 침착한 표정을 짓는 소년들을 보고 나는 골똘히 생각해 보았지만 도저히 그 영문을 알 수가 없었다. 그래서 이 소년들이 왜 이상한 자세를 취하고 있는지 물어보지 않을 수 없었다.

마침내 바로 그 자리에서 어느 대장장이가 바퀴의 살을 뜨겁게 달구었음을 알게 되었다. 쇠바퀴를 땅에 놓고 부드러워질 만큼 그 위에 참나무 지저깨비*31를 잔뜩 쌓아 불을 땐다. 그 다음 바퀴에 살을 두르고 재를 털어 낸다. 그런

---

*30 角石. 각주형(角柱形)으로 직사각형 또는 정사각형 단면을 가진 돌. 주로 건축용·축벽·계단에 쓰인다.

*31 1. 나무를 깎거나 다듬을 때에 생기는 잔조각. 2. 떨어져 나오는 부스러기나 잔조각.

폼페이, 신비의 별장에 등장하는 디오니소스 신화의 프레스코 벽화(20세기에 발견)

뒤에 아이들은 그 포장도로에 전달된 열을 쬐며 온기가 없어질 때까지 꼼짝도 하지 않는 것이다. 이처럼 분수를 아는 태도와 그대로 두면 사라질 것까지도 세심하게 이용하는 예는 하나하나 들 수 없을 만큼 많다. 나는 이 민족에게서 가장 생생하고도 재기 넘치는 활동을 발견했다. 그것은 부자가 되기 위해서가 아닌 걱정 없이 살아 가기 위한 것이다.

저녁에

오늘은 그 별스런 공주를 찾아가기로 했다. 길을 헤매지 않기 위해 안내인을 한 사람 고용했다. 그는 커다란 궁전 뜰로 통하는 대문 앞까지 나를 데려다 주었다. 이렇게 화려한 저택에 산다는 게 믿기지 않아서 그에게 다시 한번 이름을 또박또박 불러 주었다. 그는 제대로 집을 찾은 것이라고 장담했다.

본채와 별채로 둘러싸인 널찍한 안마당은 쥐 죽은 듯이 고요했으며 깨끗하게 청소되어 있었다. 건축 양식은 잘 알려진 나폴리 양식이었고 색깔도 마찬가지로 밝았다. 맞은편에 커다란 정면 현관과 넓고 완만한 계단이 보였다. 계단 양쪽에는 값비싼 제복을 입은 시종들이 죽 늘어서 있다가 내가 올라가자 모두들 허리를 굽혀 정중히 인사했다. 나는 빌란트*32의 요정 동화*33에 나오는 술탄이라도 된 듯 용기를 내어 흉내를 내 보았다.

지위가 높은 시종들이 나를 맞이하더니 가장 예의바르게 보이는 사람이 커다란 홀의 문을 열어 주었다. 밝지만 텅 비어 있는 곳을 이리저리 거닐다가 한쪽 커다란 방에 40명쯤이 함께 앉을 수 있는 식탁을 흘깃 보았다. 그 위에는 호사스런 식탁이 차려져 있었다. 곧이어 한 교구 성직자가 들어왔다. 그는 내가 누구인지, 어디 출신인지도 묻지 않고 마치 아는 사이라도 되는 듯 일상적인 화젯거리를 꺼냈다.

이윽고 양 날개 문이 열리더니 노년에 접어든 신사가 들어왔고, 바로 문이 닫혔다. 성직자가 그에게 다가가자 나도 뒤따라가서 함께 몇 마디 말을 나누며 인사했다. 그는 개 짖는 것처럼 더듬거리는 목소리로 대답했는데, 호텐토트족*34이 쓰는 사투리 같아서 한 마디도 알아들을 수 없었다.

그가 벽난로 곁에 자리잡자 우리도 자리로 되돌아왔다. 그때 위엄 있는 베네딕트 교단 성직자가 조금 젊은 동반자와 함께 안으로 들어왔다. 그도 주인에

---

* 32 Christoph Martin Wieland. 독일 시인, 소설가. 대표작 《아가톤 이야기》는 독일 최초의 교양소설이다. 바이마르에서 그가 주관한 문예지 〈도이처 메르쿠르〉는 칸트를 비판하는 논설도 게재했지만, 그의 사위로서 편집 협력자인 라인홀트가 쓴 《칸트 철학에 대한 서한》을 1786년부터 연재해 칸트주의의 소개, 보급에 공헌하기도 했다. 또한 《판단력 비판》에서 그는 모방할 수 없는 천재로서 호메로스와 견주어지고 있다.

* 33 빌란트는 관능적·정신적인 유머러스한 공상으로 이탈리아 르네상스와 서사시인인 아리오스트를 본떠 만든 슈탄체(Stanze, 8행 각운이 있는 시구)에 의한 영웅 희극적인 요정 동화 《이드리스와 체니데 Idris und Zenide》(1768)를 집필했다. 1775년 이후로는 괴테와 가까이 하며 그의 운문 소설은 더욱 자연스럽고 간결한 형식으로 되었다. 그는 뛰어난 필치로 온갖 소재들을 해학과 교육적인 동화로 바꾸어 그려 냈다. 괴테가 미문(美文)으로 추도 연설에서 1813년에 말한 바와 같이 빌란트는 "퇴영적인 옹졸함, 지방 도시적인 체질, 비뚤어진 외면적인 풍습, 편협한 비판, 허위에 찬 수줍음, 천박한 경솔, 그리고 교만한 위험"에 반대하여 바이마르에서 혼신의 힘을 다하여 《아브데라의 사람들 Geschichte der Abderiten》(1774/81)을 썼다. 이것은 독일 시민에 대하여 고루하고 편협한 속물 근성에서 벗어나서 자유롭고 미적이며, 그리고 개방된 문화로 나아가 분발하도록 한 풍자적인 외침이었다.

* 34 Hottentot. 코이코이족(Khoikhoin)이라고도 하며, 아프리카 남부에 사는 종족이다. 오늘날 유일하게 남아 있는 코이코이족은 나마족으로 나미비아에 살고 있다. 머리카락은 바싹 말려 있으며 속쌍꺼풀이 있어 눈이 기울어져 보인다. 언어에 특이한 혀 차는 발음이 있다.

게 인사한 다음, 개 짖는 소리를 듣고는 우리가 있는 창가 쪽으로 왔다.

수도회 사제들, 누구보다 옷차림이 우아한 사제들은 특히 모임에서, 두드러져 보였다. 그들의 복장은 대단한 위엄과 함께 겸손, 자제심을 부여해 준다. 그들은 그에 맞게 품위를 잃지 않으면서 겸손하게 보이도록 행동할 줄 안다. 그러다가 허리를 곧추세울 때는 다른 신분의 사람들에게서는 엿볼 수 없는 어떤 자부심이 드러나기도 한다. 이 사람이 바로 그랬다. 내가 몬테카시노*35에 대해 묻자, 그는 나를 그곳으로 초대해 크게 대접하겠다고 약속했다.

그러는 동안 홀에는 사람들로 가득 찼다. 장교들, 궁정 관리들, 교구 성직자들, 심지어 카푸친 교단 수도사도 몇 사람 참석했다.

나는 그 여성을 찾았지만 보이지 않았다. 그녀가 없을 리가 없다고 생각하는데 다시 문이 열리더니 닫히고, 주인보다 더 늙은 듯한 노부인이 들어왔다. 노부인이 등장하자 나는 낯선 궁에 와 있으며 이곳에서 나를 아는 사람은 아무도 없다는 사실이 새삼 확실하게 느껴졌다.

식탁 위에는 이미 음식들이 모두 차려져 있었고, 나는 성직자들과 함께 천국 같은 연회장에 들어가기 위해 그들 가까이 바싹 붙어 자리잡았다. 그때 갑자기 필란지에리가 늦은 것을 사과하면서 부인과 함께 들어왔다. 뒤이어 그 공주도 따라 들어와 무릎을 굽히거나 허리와 고개를 숙여 인사하면서 손님들 사이를 지나 곧장 내가 있는 곳으로 다가오며 이렇게 소리쳤다.

"약속을 지켜주셔서 정말 반가워요! 제 옆에 앉아 주세요. 당신께 최고로 맛있는 음식을 대접해 드릴게요. 잠깐만 기다려 주세요! 먼저 제가 알맞은 자리를 잡을 테니 제 곁에 앉아 주세요."

이런 요청을 받자 나는 그녀가 하는 대로 이리저리 움직여 그녀 옆자리에 앉게 되었다. 베네딕트 교단 성직자들이 우리 맞은편에 앉았고, 필란지에리는 나의 다른 쪽 옆에 앉았다. 공주가 말했다.

"음식이 참 훌륭해요. 모두 사순절 요리에서 정성 들여 고른 것이에요. 가장 맛있는 걸 알려드릴게요. 하지만 먼저 저 예수쟁이들부터 처리해야겠군요. 저

---

*35 Montecassino. 이탈리아 라치오 주 카시노 시에 있는 구릉. 중세 때 번성한 유명한 수도원이 있다. 제2차 세계대전 끝무렵에 독일군이 수도원 안에 사령부를 두었기 때문에 치열한 전투가 벌어졌으며, 수도원도 도서관과 문서고를 제외한 모든 건물이 무너졌으나, 전후 다시 지어졌다.

자들은 구제불능이에요. 우리가 가진 것을 친구들과 나누어 먹어야 한다면서 날마다 우리 집에 와서 등쳐먹고 있어요!"

수프가 들어오자 베네딕트 교단 성직자들은 점잖게 먹어 치웠다.

"사양 말고 마음껏 드세요, 손님 여러분들" 그녀가 외쳤다. "수저가 너무 작은가요? 더 큰 걸 가져오라고 할게요. 댁들은 한입 가득 넣는 데 익숙해져 있나 봐요."

한 신부가 영주의 궁전에는 모든 것이 훌륭하게 차려져 있으니 모든 손님들이 충분히 포만감을 느낄 거라고 대답했다.

그렇게 말한 신부는 파이 한 조각만을 집어 들었다. 그러자 공주는 신부에게 먹으려면 반 다스는 더 드시라고 소리쳤다. 퍼피 페이스트리*36는 소화가 잘 된다는 사실을 신부도 알지 않느냐는 것이다. 분별력 있는 신부는 자신을 모독하는 뼈 있는 농담을 못 들은 척하고, 파이를 또 하나 집어먹으며 자비롭게 관심을 가져 준 것에 고마움을 표시했다. 그녀는 파이 하나만으로도 악담을 늘어놓을 기회를 잡았음이 틀림없었다. 신부가 파이 한 조각을 잘라서 접시에 담기가 무섭게 두 번째 파이가 그의 접시로 굴러 들어갔기 때문이었다.

"하나 더 드세요, 신부님. 기초 공사를 아주 튼튼히 하시려나 봐요!" 공주의 말에 신부가 이렇게 대꾸했다.

"이렇게 재료가 훌륭하다면 건축가가 일하기 쉽겠네요."

공주가 내게 최고의 요리를 대접한다며 잠깐씩 말을 멈출 때 말고는 줄곧 이런 식의 대화만 이어졌다.

그러는 동안 나는 옆자리에 앉은 필란지에리와 무척 진지한 이야기를 나누었다. 필란지에리는 함부로 말하는 법이 없다는 점에서 우리의 친구 게오르크 슐로서와 비슷한 구석이 많다. 다른 것이 있다면 나폴리 사람이자 사교가인 그가 더 부드럽고 온화한 성품을 지녔다는 점이다.

성직자들은 식사 시간 내내 내 옆에 앉은 공주의 무례한 말버릇에 끝까지 시달려야만 했다. 특히 사순절 때 먹는 고기처럼 보이게 요리된 생선이 나오자,

---

*36 puff pastry. 밀가루 반죽에 유지를 넣어 많은 결을 낸 페이스트리로, 바삭바삭하고 고소한 맛이 난다. 이스트를 넣지 않아 반죽의 늘어지는 성질이 좋기 때문에 최고 250결까지 많은 결을 만들 수 있다. 이와 달리 데니시 페이스트리는 이스트의 발효 작용 때문에 반죽이 잘 늘어지지 않아 결이 그다지 많이 만들어지지 않는다.

그녀는 이를 빌미로 불경스럽고 음탕한 사설을 끊임없이 늘어놓았다. 특히 육욕을 찬양하고 인정하면서, 고기가 금지되어 있다 하더라도 외관으로나마 즐기는 것은 찬성한다고 말했다.

나는 그녀가 떠들어대는 농담의 참뜻을 알아차릴 수 있었지만 차마 여러분에게 전할 엄두가 나지 않는다. 아리따운 여자의 입에서 이런 말을 듣는 것은 참을 수 있다 해도, 이를 글로 옮기는 일은 역겹기 그지없기 때문이다. 이런 낯뜨겁고 대담한 묘사는 사람들을 깜짝 놀라게 하는 속성이 있어서, 그 자리에서 들을 때는 즐겁지만, 남에게 전할 때는 모욕적이고 메스꺼운 감정이 되살아나는 법이다.

후식이 들어오고, 나는 또 그런 이야기가 계속될까봐 걱정스러웠다. 그러나 뜻밖에도 공주는 내 쪽으로 돌아앉아 차분하게 이렇게 말했다.

"사제들이 저 시라쿠사*³⁷ 와인을 마음놓고 실컷 마실텐데 말이에요. 저들의 식욕이 달아날 정도는 안 되더라도 그 가운데 하나만이라도 실컷 골려주면 좋겠지만 아직 그러질 못 했어요. 이젠 고상한 이야기를 나누기로 해요! 필란지에리와 무슨 이야기를 그렇게 하셨나요. 훌륭한 분이지요! 할 일이 많은 사람이에요. 저는 그분께 이런 말을 자주 했답니다. '당신들이 새로 법률을 만들면 우리는 또 이를 어길 방법을 짜내기 위해 골머리를 싸매야 해요. 옛날 법은 이미 어겨봤기 때문이지요' 라고 말이지요.

나폴리가 얼마나 아름다운 도시인지 한번 보세요. 사람들은 오래 전부터 걱정 없이 흡족하게 살고 있어요. 가끔 가다 교수형당하는 사람이 있기는 해도 다른 일은 모두 훌륭하게 진행되어 왔어요."

이어서 그녀는 자신의 커다란 농장이 있는 소렌토로 가 보라고 권유했다. 농장 관리인이 최고의 생선 요리와 귀한 어린 송아지고기 요리(뭉가나)를 대접하고, 맑은 산 공기와 하늘을 벗삼고 있으면 온갖 번뇌를 치유해 줄 것이며 자기도 곧 뒤따라 갈 것이라 했다. 그러고는 내 얼굴에 너무 일찍 파인 주름이 흔

---

*37 Siracusa. 이탈리아 시칠리아 섬에 있는 도시. 그리스 시대에 세워진 옛 도시로, 구시가는 시칠리아 섬과 좁은 해협으로 격리되어 있는 오리티지아 섬에 있으나, 신시가는 시칠리아 섬까지 펼쳐져 있다. 비누·시멘트·올리브유·포도주 제조 및 어업의 중심지로 제염업이 활발하다. 아폴로 신전, 그리스식 극장 등 고대 그리스·로마 시대의 유적이 많으며 관광지로서도 유명하다.

적도 없이 사라지도록 우리 함께 즐거운 인생을 살아보는 게 어떻겠냐고 나를 유혹했다.

1787년 3월 13일, 나폴리

편지가 끊어지지 않도록 오늘도 몇 자 적어 보낸다. 몸 상태는 좋았지만 생각만큼 많이 다니며 구경하지는 못했다. 이 땅은 유유자적한 생활을 하게 해 주었고, 내가 그려 나가는 도시의 모습은 조금씩 완성되어 가고 있다.

우리들은 일요일에 다시 폼페이로 떠났다. 세상에 많은 재앙이 있었지만, 후손에게 이처럼 큰 즐거움을 준 것은 별로 일어나지 않았다. 이보다 더 흥미로운 것은 본 적이 없다. 집들은 작고 좁지만 내부는 예쁘게 채색되어 있었다. 특이하게 묘지 바로 옆에 성문이 붙어 있다. 어떤 여사제 무덤은 반원형 벤치처럼 생겼고, 팔걸이가 돌로 되어 있다. 그 옆의 묘비명은 대문자로 새겨져 있다. 팔걸이 너머로 바다와 석양이 보인다. 멋진 생각이 떠오를 만한 훌륭한 곳이다.

우리는 그곳에서 나폴리의 훌륭한 사교계 사람들을 만났다. 그들은 자연스럽고 경쾌한 사람들이다. 우리는 바다 옆 토레 안치아타*38에서 함께 식사했다. 날씨가 좋아 카스텔아마레와 소렌토 쪽 전망도 가깝게 보여 더없이 훌륭했다. 사람들은 자신들이 사는 곳에 만족하고 있다. 바다 경치가 보이지 않으면 살아갈 가치가 없다는 이들도 있었다. 나는 이 풍경을 마음에 간직한 것만으로 이미 충분하다. 그리고 기회를 봐서 산악 지대로 되돌아가게 될지도 모른다.

다행히 이곳에도 자유롭고 풍요로운 주위 환경을 화폭에 담는 성실한 풍경 화가가 있다. 그는 나를 위해 벌써 몇 장의 그림을 그려주었다.

베수비오 화산에서 나온 물질들을 자세히 살펴보았다. 이것들을 연관지어 보면 모든 게 달라 보인다. 이를 관찰하는 데 나머지 인생을 보낸다면 인간의 지식을 늘려주는 많은 진실들을 찾아낼 수 있으리라. 나의 식물학 연구가 진

---

*38 Torre Annunziata. 이탈리아 캄파니아 주에 있는 도시. 나폴리 남동쪽, 베수비오 산 남쪽 기슭에 있다. 나폴리 만과 접한다. 1631년 베수비오 화산이 폭발해 도시가 파괴되었으나, 그 뒤 다시 지어지면서 해수욕장과 항구 등이 생겼다. 대표적인 유적으로 초기 로마시대의 생활상을 보여 주는 오플론티스 빌라가 있다.

소렌토 만, 괴테 그림

척되고 있음을 헤르더*[39]에게 알려야겠다. 이것은 변함없는 나의 원칙이다. 이를 수행하기 위해서 일평생이 필요하다. 어쩌면 나는 기본적인 선은 그을 수 있을지도 모른다.

나는 포르티치*[40] 박물관 구경을 손꼽아 기다리고 있다. 보통 사람들은 이곳을 가장 먼저 들르게 되는데, 우리는 맨 나중에 보기로 했다. 아직 여행 일정이 어떻게 될지 정하지 않았다.

모두들 부활절에는 로마로 돌아오기를 바라고 있지만, 그렇게 잘 될까 모르겠다. 상황에 따라 대처할 생각이다. 앙겔리카는 《이피게니에》에 나오는 한 장면을 그림으로 그리려고 했는데 매우 좋은 생각이다. 그녀가 훌륭하게 해내

---

*39 Johann Gottfried von Herder (1744~1803.). 독일 철학자·문학자. 직관주의적·신비주의적인 신앙을 앞세우는 입장에서 칸트의 계몽주의적 이성주의 철학에 반대했다. 주요 저서로 《인류역사철학고》(1784~1791) 《언어의 기원에 대한 논고》(1772)가 있다.

*40 Portici. 이탈리아 남부 캄파니아 주에 있는 도시. 이탈리아 남부 캄파니아 주에 있는 도시이다. 베수비오 산 남서쪽 기슭에 있으며, 나폴리에서 남동쪽으로 8km쯤 떨어진 곳이다. 나폴리 만에 접해 있으며, 작은 항구가 있다. 1631년 베수비오 화산이 폭발할 때 완전히 무너졌으며, 이후 재건했다.

리라 믿는다. 그녀는 오레스테스*⁴¹가 누나와 친구 곁에서 자신을 재발견하는 순간의 장면을 그리려고 한다. 따로따로 나오는 세 인물을 한 장면에 등장시켜 이들의 말을 행동으로 변화시킬 것이다. 여기서 그녀의 섬세한 감각과 전문 분야라 할 수 있는 미적 감각을 자기 것으로 소화하는 능력을 보여 줄 것이다. 이것이야말로 그 작품의 클라이맥스이다.

여러분들, 안녕히 계시기를 바라며 나를 잊지 않으시기를! 이곳 사람들은 나를 어떻게 대해야 할지 잘 몰라도 다들 친절히 대해 준다. 티슈바인은 오히려 이들이 만족할 수 있게끔 행동한다. 저녁이면 그는 이들의 초상화를 실물 크기로 금세 몇 장씩 그려준다. 그러면 이들은 뉴질랜드인이 전함을 본 듯 놀라고 만다. 이와 관련하여 재미있는 이야기가 생각난다.

티슈바인은 신과 영웅을 실물 크기로 윤곽을 단숨에 그려내는 뛰어난 재주를 가졌다. 그는 그림에 선을 별로 쓰지 않고, 넓은 붓으로 음영을 잘 살려 인물이 둥글고 고상하게 보이게 그린다. 마침 그 자리에 있다가 그가 그림을 그리는 모습을 지켜보던 사람들은 그가 너무 간단히 그려내자 놀라워하며 진심으로 즐거워했다. 그러면서 자신들도 그렇게 그려 보겠다고 나섰다. 이들은 붓을 들고 번갈아 수염을 그렸으나 금세 엉망이 되어 버렸다. 인간은 저마다 타고난 능력이 다르다. 이것은 제법 그림을 아는 교양 있는 사람들의 모임에서 있었던 일이다. 실제로 만나보지 않으면 이들이 어떤 사람들인지 도저히 감이 잡히지 않을 것이다.

3월 14일 수요일, 카세르타

하케르트 댁을 다녀왔는데, 그는 고성(古城)에서 내준 아늑하고 쾌적한 집에서 살고 있었다. 새롭고도 거대한 궁전은 엘 에스코리알식*⁴²의 사각형으로 지

---

*41 《이피게니에》에 나오는 아가멤논의 아들. 누이 엘렉트라와 친구 필라데스의 도움으로 어머니에게 살해된 아버지의 복수를 실행하게 된다. 즉 그는 어머니 살해범이 되어 복수의 화신 에리니에스들에게 쫓기는 신세가 된다. 친구 필라데스와 함께 타우로스족 나라까지 쫓기게 된 그는 희생 제물로 바쳐지게 되는데, 마침 희생제의를 준비하던 이피게니에가 자신의 동생 오레스테스를 알아본다.

*42 El Escorial. 스페인 코무니다드 데 마드리드 자치지방 마드리드 주에 있는 자치 시. 1557년 스페인 국왕 펠리페 2세가 프랑스 생 캉탱(Saint Quintin) 전승을 기념하며 수도원을 겸한 산 로렌소 데 엘 에스코리알(San Lorenzo de El Escorial) 궁전을 만들었다. 압도적인 규모와

었고 안뜰이 몇 개 있다. 생각보다 훨씬 당당한 위용을 보이고 있다. 세상에서 가장 비옥한 평야에 위치한 궁전은 매우 아름답고, 정원은 산으로 이어져 있다. 성과 이 지역에 물을 대주는 송수로에는 물이 강처럼 흐르는데, 인공 암벽에 이 정도 물이 부딪친다면 아름다운 폭포를 만들어 낼 수 있을 것이다. 이 아름다운 곳은 정원의 일부에 불과하다.

궁궐의 모습은 당당하지만 그다지 활기차 보이지 않았다. 그러나 넓은 공간이 텅 비어 있으면 어느 누구도 아늑함을 느끼지 못할 것이다. 영주의 생각도 같을지 모른다. 좀 더 친밀한 느낌을 주고 사냥하거나 살기 알맞은 시설물은 산에 만들어져 있다.

3월 15일 목요일, 카세르타

하케르트는 고성에서 평안하고 즐겁게 살아가고 있다. 그곳은 손님을 초대하기에도 적당한 공간이다. 그는 스케치나 그림에 열중하면서도 사람 사귀기를 좋아한다. 누구든지 제자로 받아들이고 사람들을 끌어당길 줄 안다. 그는 내 약점을 눈감아 주었고, 스케치를 주문받은 다음에는 자신 있고 분명한 태도를 취할 것을 요구하며 내 마음을 사로잡았다. 그는 수채화를 그릴 때 늘 물감 세 병을 준비한다. 그가 원경에서부터 근경으로 그리며 물감을 한 병씩 사용하면 그림이 하나 그려지는데, 사람들은 어떻게 그런 그림이 그려지는지 알 수가 없다. 눈에 보이는 것처럼 쉽게 그림이 완성된다면 얼마나 좋겠는가. 으레 그렇듯이 그는 나에게 또렷하고도 솔직하게 말했다.

"당신은 자질은 있지만 잘 되지 않네요. 1년 반 동안만 내 곁에 있으면 당신 자신과 친구들에게 기쁨을 줄 수 있는 무언가를 만들 수 있을 텐데요."

이는 모든 애호가들에게 변함없는 교훈이 아닌가? 나는 이 말이 얼마나 효력이 있는지 직접 경험해 보기로 한다.

그는 공주들에게 실용적인 교육뿐만 아니라 예술에 관련된 이야기를 나누도록 때때로 저녁 초대를 받는다. 이것으로 보아 왕비가 그를 남달리 믿고 있

치밀한 정밀도를 자랑하는 이 건물은 1984년 유네스코가 지정한 세계문화유산에 선정되었다. 네 개의 모퉁이에 탑을 세우고, 장방형을 수직으로 삼등분하여 왕궁, 성당, 수도원이 배치되어 있다. 장식을 배제하고 사각형을 중심으로 공간을 구성한 이 건축 양식을 '데스 오르나멘타도(desornament기원후o, 장식이 없는) 양식'이라고 한다.

음을 알 수 있다. 이때 그는 줄처[43]의 사전을 펴놓고 그의 신념에 따라 이런저런 항목을 정한다.

나는 이 방식에는 동의했으나 웃음을 참을 수 없었다. 자신을 교화하려는 사람과 세상에 영향을 주고자 하고, 이것을 가정에서 사용하도록 가르치려는 사람 사이에 무슨 차이가 있는가! 기본 원칙이 잘못된 줄처의《이론》은 나에게 늘 증오의 대상이 되었다. 그런데 이번에 이 저서가 사람들이 필요로 하는 것보다 한결 많은 내용을 담고 있음을 알게 되었다. 여기서 전달되는 많은 지식들, 줄처보다 더 의연하고 침착한 사고방식들을 사람들은 갖추어야 하는 게 아닐는지.

우리는 복원 기술자 안드레스의 집에서 매우 의미 있는 시간을 가졌다. 로마에서 초빙받은 그는, 이곳 고성에 살며 국왕이 관심 갖는 작품 활동을 하고 있다. 그에 대해서는 그의 독자적인 손재주와 관련된 어려운 과제와 그것의 성공적인 해결을 해야 할 것이다. 고미술 복원에 대한 그의 뛰어난 능력은 그 다음이다.

1787년 3월 16일, 카세르타

2월 19일에 보낸 반가운 편지를 오늘 받았다. 곧바로 답장을 보낼 것이다. 친구들을 그리며 생각에 잠긴다는 것은 얼마나 즐거운 일인가!

나폴리는 낙원 같은 곳이다. 모두가 도취된 듯 자기 망각 속에 살고 있으며, 나 또한 마찬가지이다. 스스로를 좀처럼 인식할 수 없고 완전히 딴 사람이 된 것 같다. 어제는 이런 생각까지 들었다. '너는 이제까지 미쳐 있었거나, 아니면 지금 미쳐 있는 것이 틀림없다.'

어제 고대 카푸아[44]의 잔해와 인근 지대를 둘러보았다.

---

*43 Johann Georg Sulzer(1720~1779). 독일 미학자, 철학자, 심리학자. 계몽주의의 입장에 서서 미학과 문예에 대한 관심을 불러일으키게 했다.

*44 Capua. 이탈리아 캄파니아 주에 있는 도시. 나폴리 북쪽의 볼투르노 강에 접해 있다. 옛 카푸아는 오늘의 카푸아에서 남동쪽으로 5km 떨어진 곳에 있다. 기원전 6세기경에 에트루리아인이 건설한 것으로 추정되며 제2차 포에니전쟁(기원전 218~201) 때 한니발 장군이 이끄는 카르타고의 편을 들었다가 자치권을 박탈당했다. 노예반란을 주도했던 스파르타쿠스가 기원전 79년에 이곳에서 첫 봉기를 일으켰다. 456년 가이세리크가 이끄는 반달족에게 약탈당했으며, 840년경에는 사라센인이 침입해 대부분이 파괴되었다. 유서깊은 유적으로 산스테파노 대성당(856)에 롬바르디아 양식의 종루가 남아 있으며, 스파르타쿠스가 검투사로서 싸웠던 로마시대의 원형 투기장, 목욕탕, 극장 및 미트라신을 모신 신전이 있다.

▲카세르타 궁전
정원의 다이아나
연못

▶카세르타 궁전
엘 에스코리알
식 사각형으로
건축되었다.

　이 지방에 와서야 비로소 식물은 어떻게 자라며, 왜 사람들은 논밭을 경작
하는지 처음으로 이해하게 되었다. 아마는 벌써 꽃을 피우려 하고, 밀은 키가
한 뼘 반이나 자랐다. 카세르타 주변 땅은 무척 평평하고 경작지는 화단처럼
고르고 정갈하게 가꾸어져 있다. 곳곳에 포플러나무들이 줄지어 심어져 있고,
그 곁에서 포도줄기가 휘감고 있다. 그렇게 그늘이 져있는데도 이 땅에서는 더

없이 완벽한 결실을 맺고 있다. 이제 새봄이 힘차게 약동하며 찾아들면 어떤 모습일까! 이제까지 햇빛은 좋았지만 산 위의 눈 때문에 몹시 찬바람이 불었다.

이제 2주일 안에 시칠리아에 갈 것인지 말 것인지를 결정해야 한다. 행선지를 정하는 문제를 놓고 이렇게 망설인 적은 없었다. 오늘은 가야겠다는 생각이 들다가도, 다음 날은 번복하는 일이 벌어지고 있다. 내 마음을 둘러싸고 두 영혼이 싸움을 벌이고 있다.

이건 부인들에게만 살짝 이야기하는 것이라, 친구들이 들으면 곤란하다. 나는 사람들이 《이피게니에》를 이상하게 취급하고 있다는 사실을 안다. 사람들이 자주 듣고 읽어 자기 것으로 소화한 표현들로 만들어버렸기 때문이다. 그러므로 이제 이번 것이 완전히 다르게 생각되는 게 당연하다. 내 끝없는 노력에 누구도 고마워하지 않는다는 사실을 나는 잘 알고 있다. 그러므로 이런 작업은 끝이 없으며 시간과 정황에 따라 최선을 다했으면 그것으로 완성되었다고 인정해야 한다.

하지만 그렇다고 해서 나는 《타소》*45도 이런 식으로 손대는 것을 겁내지 않을 것이다. 차라리 불 속에 던져 버리고 싶을 때도 있지만, 나는 내 결심을 지키고자 한다. 상황이 다르지 않으니 이를 위대한 작품으로 만들어보자. 이 때문에 내 저서들이 천천히 인쇄된다면 더할 나위 없이 흡족한 일이다. 그리고 식자공으로부터 위협을 받는 것도 좋은 일이다. 가장 자유로운 행위에 얼마간의 강요를 예상하고, 또 이를 요구한다는 것은 참으로 기괴한 일이다.

1787년 3월 16일, 카세르타

로마에서는 사람들이 연구하고 싶어하지만, 이곳에서는 그저 즐겁게 살기를 바란다. 이곳에서는 자신도 세상의 일도 잊게 된다. 인생을 즐기는 사람들과의 교제는 내게 기묘한 느낌을 가져다 준다. 지금도 영국 사절로서 이곳에 살고 있는 기사 해밀턴은 매우 오랫동안 예술과 자연을 연구했는데, 자연과 예술에서 얻는 기쁨의 절정을 아름다운 한 소녀에게서 발견했다. 그는 스

---

*45 독일의 작가 괴테가 지은 희곡. 르네상스 시기의 이탈리아를 배경으로, 공주를 사랑하는 몽상적인 시인 타소와 유능하고 현실적인 대신 안토니오를 대조하여, 꿈과 현실 사이에서 고뇌하는 시인의 삶을 그렸다. 1790년에 발표했다.

캄파니아 고대 카푸아 유적 원형 투기장 폐허 이탈리아에서 두 번째로 큰 규모이다.

무 살쯤 되는 영국 여성을 곁에 두고 있는데, 그녀는 미모가 빼어나고 몸매가 뛰어났다. 그는 그녀에게 잘 어울리는 그리스 의상을 만들게 했다. 그녀는 그 옷을 입은 채 머리를 풀어 늘어뜨리고 숄을 든 채 자세와 표정 등을 바꾼다. 그 모습은 보는 사람으로 하여금 꿈꾸게 만든다. 많은 예술가들이 이미 행했을지도 모르나, 이곳에서는 놀랄 만큼 생동감 있게 완성되어 있음을 볼 수 있다. 서 있거나 무릎을 꿇고, 앉아 있고, 누워 있기도 하고, 진지하고, 슬픈 표정, 놀리는 표정, 불안한 표정 등으로 계속 다르게 표현된다. 그는 그때그때의 표현에 맞추어 망사 주름을 선택하고 바꿀 줄 안다. 그리고 같은 천으로 수백 가지의 머리 장식을 한다. 노 기사 헤밀턴은 등불을 들고 이런 연출에 매진한다. 우리들은 그녀에게서 온갖 고대, 시칠리아 동전에서 나타내는 다양한 특색, 벨베데레의 아폴로 상을 발견한다. 비할 데 없는 기쁨이다! 우리는 이틀 밤이나 이 광경을 마음껏 즐겼다! 오늘 아침에는 티슈바인이 그녀를 스케치했다.

궁전 신하들과 내가 경험하고 조합한 여러 상황들을 먼저 심사받고 정리해야 한다. 오늘은 왕이 늑대 사냥을 나섰는데, 적어도 다섯 마리는 잡을 것으로 기대된다.

3월 17일, 나폴리

내가 무언가를 쓰려고 하면 기름진 땅, 끝없이 펼쳐지는 바다, 안개 자욱한 섬, 연기 피어오르는 산 등의 모습이 눈앞에 아른거린다. 내게는 이 모든 것을 서술할 감각기관이 모자란다.

인간이 어떻게 해서 작물을 경작할 생각을 하게 되었는지 하는 것을 이 지역을 보면 비로소 알 수 있다. 경작지에서 여러 작물을 재배하고, 일 년에 세 번 또는 다섯 번까지 수확을 기대할 수 있는데, 가장 좋았던 시절에는 같은 밭에서 옥수수를 세 번이나 수확했다고 한다.

나는 많은 것을 보고 생각했다. 시야가 점점 더 활짝 열리기 시작했다. 이미 알고 있던 모든 것도 비로소 정리되어 내 것이 된다. 인간이란 일찍 알면서도 늦게야 실행하는 피조물이다.

매 순간 관찰한 것을 곧바로 전할 수 없는 게 안타까울 따름이다. 티슈바인이 함께 있기는 하지만, 그는 인간으로서 예술가로서 수많은 생각에 의해 여기저기에서 휘몰리고 있으며 또한 많은 사람들에게서 요구받는다. 그는 특이하고 놀라운 상황에 직면해 있다. 그는 자신의 노력이 모자라다고 느껴 다른 사람의 존재에 마음껏 관여할 수도 없다.

그러나 세계는 모든 것이 한데 어울려 돌아가는 바퀴에 지나지 않는다. 우리들도 함께 돌아가고 있어 이상하게 생각되는 것이다.

나는 이 나라에 와서 비로소 자연 현상들과 다양한 생각이나 입장들을 이해하고 발전시킬 수 있으리라고 생각했다. 여러 분야에서 얻은 것들, 특히 조국에 대한 사랑과, 몇몇 사람들과 함께한 즐거움도 가지고 돌아갈 것이다.

신들은 여전히 시칠리아 여행에 대해 저울질을 하고 있다. 저울 바늘이 멈추지 않고 이리저리 움직인다. 이토록 비밀스럽게 나에게 소개되는 그 사람은 누구인가. 내가 헤매고 방황하는 동안 그를 놓쳐서는 안 될 것이다.

팔레르모의 프리깃함이 다시 되돌아왔다. 다음 주에 다시 이곳을 떠난다. 그 배를 타고 부활절 전 주에 로마로 돌아갈지 아직 미정이다. 이 정도로 결단을 내리지 못했던 적은 이제까지 한 번도 없었다. 그러나 한순간 어떤 계기로

나폴리 만, 하케르트 그림

결심하게 될 것이다.

사람들과의 관계도 더 가까워졌다. 이들을 일반 저울로 재야지 황금 저울에
달 필요는 없다. 그런데 애석하게도 이따금 우울한 생각과 이상한 요청 때문에
이 금기가 깨질 때도 있다.

이곳 사람들은 서로에 대해 알려 하지 않고 남들이 어떻게 살아가든 신경
쓰지도 않는다. 온 하루 낙원을 이리저리 뛰어다니면서도 주위는 둘러보지
않는다. 옆에 있는 지옥 입구가 미쳐 날뛰기 시작하면, 다른 나라 사람들이
죽음과 악마를 막기 위해 피를 사용하거나 그러고 싶어하듯이, 성 야누아리
우스*46의 피를 사용해 재앙을 막는다.

---

*46 Saint Januarius(기원후 ?~305). 나폴리의 수호 성인. 디오클레티아누스 황제 때 참수당하며
순교했다. 그를 모신 성당에 그의 피를 보관하고 있는 용기가 있다. 베수비오 산이 분출할
때마다 위험을 피하기 위해 매년 세 번 그 용기를 성자 머리에 가까이 갖다 대는 의식을
행한다.

이처럼 끊임없이 움직이는 수많은 사람들 사이를 돌아다니는 군중은 매우 신선한 활력이 된다. 모든 게 뒤섞여 흘러가지만 저마다 자신의 길과 목적지가 있다. 이렇게 커다란 사회와 역동적 움직임 속에서 나는 비로소 평온함과 고독을 느낀다. 거리가 시끄러울수록 내 마음은 더욱 안정감을 느낀다.

가끔 루소와 그의 우울병적인 탄식을 떠올려본다. 그처럼 뛰어난 두뇌를 가진 사람이 어떻게 그리되었는지 이해가 간다. 내가 자연 사상에 요즈음처럼 흥미를 느끼지 않았다면, 측량기사가 선을 긋고 세세하게 측량하듯 언뜻 혼란스러워 보이는 경우에도 관찰을 비교하고 질서를 잡아갈 수 있다는 사실을 인정하지 않았다면, 나도 몇 번이고 나를 미치광이라고 생각했을 것이다.

1787년 3월 18일, 나폴리

드디어 우리는 더 이상 미루지 말고 포르티치로 가자, 그곳에서 헤르쿨라네움과 발굴된 유물을 모아놓은 박물관을 보러 가야겠다. 베수비오 산기슭에 있는 도시는 용암으로 완전히 뒤덮여 있는데, 계속된 화산 폭발로 화산재가 두껍게 내려앉아 건물들은 지하 육십 피트나 되는 곳에 파묻혀 있다. 우물을 파다가 널빤지 붙은 대리석 바닥이 나오는 바람에 이 도시가 발견된 것이다. 독일 광부들이 계획적으로 발굴하지 못한 일은 참으로 안타깝다. 약탈자처럼 마구 파헤치는 바람에 고상한 고대 유물이 훼손되었음이 틀림없다. 60계단쯤 내려가면 지하 동굴이 나오는데, 그 무렵 지상에 있었을 극장에 횃불을 비춰보고 사람들은 놀라움을 금치못했다. 거기서 발견되고 세워진 모든 것에 대해 서로 이야기를 나누었다.

박물관을 찾은 우리는 특별한 환대를 받았지만, 무언가를 기록하는 일은 허락받지 못했다. 그래서 우리는 더 주의 깊게 살펴보면서 이 물건들이 소유주 옆에서 자주 쓰였던 사라져 버린 과거 시대에 들어가, 보다 생생한 상념에 잠겼다. 폼페이에서 본 조그만 집과 방들이 이젠 좁게 보이기도 또 넓게 보이기도 했다. 너무 값진 물건들이 꽉 들어차 있다고 생각하니 방이 좀 비좁아 보였고, 이런 물건들이 실제로 사용하기 위해 만들어졌을 뿐만 아니라 조형예술을 통해 더없이 기지 있고 품위 있게 장식되고 생기를 돋우며 그 뜻을 드높이고 사람의 마음을 즐겁게 한다고 생각하니 다시 넓게 보이는 것 같았다.

헤르쿨라네움 발굴 광경 대지진으로 진흙에 묻혔던 이 마을이 미처 복구도 되기 전에 화산재에 또다시 깊숙이 묻히는 대재앙을 만났다.

예를 들어, 위쪽 가장자리에 무척 귀엽게 장식된 양동이가 보인다. 더 자세히 살펴보면 양쪽 가장자리가 위쪽으로 튀어나와 반원 모양으로 연결된 부분을 편안하게 손잡이로 잡고 들 수 있다. 램프는 심지 수에 따라 가면이나 소용돌이 무늬로 장식되어 하나하나의 불꽃이 예술 작품을 저마다 비추게 되어 있다. 높고 가느다란 청동기시대의 받침대로 등을 운반하게 되어 있다. 걸려 있는 등들은 여러 취향에 맞게 매달려 있어 이리저리 움직이고 흔들리며 보는 사람의 마음을 즐겁게 해주었다.

다시 찾아오겠다는 희망을 품고 안내자들을 따라 방을 둘러보며 매 순간 상황이 허락하는 한 많은 기쁨과 가르침을 얻었다.

1787년 3월 19일 월요일, 나폴리

최근 들어 새로운 인간관계를 보다 밀접하게 맺었다. 4주 동안 티슈바인은 자연물과 예술품을 성실하게 안내해 주어서 큰 도움이 되었다. 어제도 함께 포르티치에 가면서 서로의 생각을 이야기했다. 그는 그의 예술적 목표뿐 아니라 나폴리에서 취직할 계획을 갖고 있어, 앞으로 시와 궁에서 예정된 일들이 내 의도와 소망대로 이어질 수 없음을 알게 되었다. 그리하여 그는 나를 위해 함께 여행을 다닐 길동무로 젊은이를 추천해 주었다. 나는 그를 만나고부터 때때로 마주친 터라 그에게 관심과 호감이 생겼다. 그는 크니프*⁴⁷라는 청년으로 한동안 로마에 머무르다가 풍경 화가들의 집합소인 나폴리로 왔다. 로마에서는 실력 있는 소묘가라는 칭찬을 들었지만, 누구도 그의 태도는 칭찬하지 않았다. 나는 사람들로부터 비난받는 그의 결점이 결단성 없는 성격 때문이라 말하고 싶다. 하지만 그런 것은 함께 지내다보면 극복될 수 있는 부분이다. 시작이 좋은 걸로 보아, 나는 이런 희망을 가져도 괜찮을 것 같다. 그리고 일이 잘 풀린다면 우리는 오랫동안 좋은 길동무로 지낼 수 있을 것이다.

3월 19일, 나폴리

시내를 돌아다니다 보면, 도저히 흉내낼 수 없는 희한한 광경들을 보게 된다. 어제 나는 시내에서 가장 번화한 부두 몰로에 나갔다가 어릿광대가 나무 발판 위에서 조그만 원숭이 한 마리와 다투는 광경을 보았다. 건너편 발코니에서는 아리따운 소녀가 자신의 매력을 뽐내며 내려다보고 있었다. 나무 발판 옆에서는 야바위꾼이 몰려든 군중들에게 만병통치약이라며 약을 팔고 있다. 만일 게리트 도우*⁴⁸가 이 광경을 그림으로 그려 놓았다면, 동시대와 후세 사람들에게 얼마나 흥겨움을 주었을까!

오늘은 또 성 요셉 축일*⁴⁹이기도 했다. 성 요셉은 넓은 의미에서 프리타루올리, 즉 제빵사들의 수호신이다. 여기서 빵은 구운 과자를 포함한다. 검게 끓

---

* 47 Christoph Heinrich Kniep(1748~1825). 힐데스하임 태생 화가로 티슈바인과 하케르트의 친구였다. 뒤에 나폴리 미술 아카데미 교수가 되었다.
* 48 Gerrit Dou(1613~1675.). 바로크 시대 레이덴파를 이끈 네덜란드 화가. 풍속화와 초상화로 유명하다. 1628~31년 렘브란트의 제자로 공부하기도 했으며 광택 있고 매끄러운 표면처리는 17세기 네덜란드의 정물화가 가운데 필적할 만한 자가 없을 만큼 영향력 있는 화가이다.
* 49 Sollemnitas S. Ioseph, Sponsi BeatæMariæVirginis. 서방 크리스트교의 주요 축일 가운데 하나로서, 성모 마리아의 배필인 성 요셉을 기념하는 날이다.

어오르는 기름 아래 강한 불꽃이 끊임없이 불타오르기 때문에, 화염으로 인한 모든 괴로움도 이들의 전문사항이다. 그런 까닭에 제빵사들은 어젯밤, 집 앞을 그림으로 정성껏 꾸몄다. 그림에서는 연옥의 영혼과 최후의 심판자들이 붉게 타오르고 있었다.

대문 앞에 아무렇게나 만들어 놓은 화덕에는 커다란 가마솥들이 걸려 있다. 한 직공이 반죽을 빚으면 다른 직공은 그것을 둥글게 말아 끓어오르는 기름에 집어 넣었다. 가마솥 옆에는 작은 쇠꼬챙이를 든 세 번째 직공이 기다리고 있다가 빵이 튀겨지자마자 꺼낸 다음 그것을 다른 쇠꼬챙이로 집어 네 번째 직공에게 건네주었다. 그러면 그가 주위에 둘러선 사람들에게 빵을 나누어 주었다. 세 번째와 네 번째 직공은 금빛 곱슬머리 가발을 쓴 젊은이였는데, 여기서 가발은 천사를 뜻한다.

무리에 있던 몇몇이 일에 열중하는 사람들에게 포도주를 따라주고 자신들도 마시며 술맛이 좋다고 떠들어댔다. 천사들과 요리사들도 모두 소란스레 떠들어 댔다. 사람들은 이곳으로 몰려들었다. 이날 밤에는 모든 빵이 싸게 제공되고, 게다가 수입의 일부는 가난한 사람들에게 나누어 준다는 것을 알고 있기 때문이다.

이와 같은 이야기를 시작하면 끝도 없다. 거리에서 보게 되는 다채로운 복장과 톨레도 거리*50에서만 볼 수 있는 사람들의 엄청난 무리, 매일같이 벌어지는 새롭고 기막힌 일들을 이야기하자면 끝이 없을 것이다.

이런 사람들과 함께 지내다 보면 참으로 재미있는 이야깃거리가 많아지고 누구나 자연스럽게 어울리게 된다.

이탈리아 고유의 민중 가면극에 나오는 풀치넬라, 베르가모의 익살 광대, 티롤 태생의 어릿광대를 예로 들 수 있겠다.

그런데 이 풀치넬라는 그야말로 태연하고 침착하며 무심하고 게으른 면도 있지만 유머를 잊지 않는 하인이다. 이런 종업원이나 하인은 어디서나 볼 수 있다. 오늘은 우리 하인과 재미있게 놀아보려고, 그에게 펜과 종이를 가져오게 했지만, 반은 알아듣지 못하고 우물쭈물했다. 선의와 악의가 섞인 재미있는 장면이 연출되었다. 이런 장면을 모두 연극 무대에 올린다면 반드시 성공

---

*50 toledo. 나폴리 번화가. 1540년 섭정 페드로 델 톨레도에 의해 만들어져 톨레도 거리라 불렸다. 뒤에 1870년부터 공식적으로 로마 거리라고 불리게 되었다.

할 것이다.

1787년 3월 20일 화요일, 나폴리

나폴리에서는 보이지 않지만, 방금 분출된 용암이 오타야노 쪽으로 흘러내린다는 소식을 듣고, 나는 세 번째로 베수비오 화산을 올라야겠다고 생각했다. 말 한 마리가 끄는 이륜마차를 타고 베수비오 산기슭에 이르자, 전에 우리를 안내했던 두 명이 나타났다. 한 사람은 이미 경험했던 터라 고마움 때문에, 다른 사람은 신뢰감 때문에 둘 다 놓치고 싶지 않았다. 여러 편리한 조건 때문에 두 사람도 나와 함께 갔다.

꼭대기에 오른 뒤, 나이 많은 안내자는 외투와 먹을 것을 지키려고 그 자리에 남고, 젊은 안내자가 나를 따랐다. 우리는 원뿔 모양 분화구 아래 산봉우리에서 뿜어져 나오는 어마어마한 증기를 향해 용감하게 나아갔다. 옆으로 난 완만한 경사면을 내려가자, 맑은 하늘 아래 거친 증기 구름 사이로 용암이 꿈틀대며 분출하는 모습이 보였다.

백문이 불여일견이라는 말이 있듯이 사물의 고유한 성격을 알기 위해서는 그 모습을 직접 보는 수밖에 없다. 용암은 10피트를 넘지 못할 만큼 폭이 좁았다. 그러나 용암이 완만하고 평탄한 지면으로 흘러내리는 광경은 참으로 대단했다. 용암이 흘러내리는 동안에는 측면과 표면이 식으면서 녹은 물질도 열류 아래에서 굳어지므로, 차츰 솟아오르는 운하 같은 모양이 만들어진다. 또한 표면을 흐르는 덩어리들은 양옆에 똑같은 모양으로 던져져 점차 둑처럼 높아진다. 그 둑 위로 물레방아가 있는 시냇물처럼 용암이 이글거리며 거침없이 흘러간다. 꽤 높아진 둑 옆으로 다가가 보니, 덩어리들이 규칙적으로 굴러와 우리 발밑까지 쌓였다. 운하에 있는 몇몇 틈으로 우리는 이글거리며 흘러가는 용암을 아래쪽에서 볼 수 있었고, 계속 그것이 멀리 흘러내려가는 광경을 위쪽에서 관찰할 수 있었다.

엄청나게 햇빛이 강렬한 탓으로 이글거리는 용암도 흐릿해 보였고 다만 한 줄기 연기만 맑은 공기 속으로 피어올랐다. 나는 용암이 산 어디에서 흘러나오는지 분출하는 곳 가까이에 가보고 싶었다. 안내인의 말에 따르면 용암이 터져나오는 곳은 그 위로 둥근 지붕 모양이 만들어지는데 그는 몇 번 그 위에서 본 적이 있다고 했다. 나는 그것도 구경하고, 뒤쪽에서 접근해 보기 위해

▲베수비오 화산
분화구

▶용암

다시 산에 올랐다.

　다행히도 그곳은 활발한 기류 때문에 속이 훤히 들여다 보였지만, 수많은 틈새에서 자욱하게 피어오르는 증기로 둘러싸여 전체가 앞으로 움직이며 보이지 않았다. 마침내 우리는 죽처럼 걸쭉하게 굳은 용암 표층 위에 섰다. 하지만 그 표층이 앞으로 움직이며 넓게 퍼지는 통에 용암이 분출하는 곳을 끝내 볼 수 없었다.

　우리는 이삼십 걸음 앞으로 더 나아가려고 했지만, 땅바닥이 점점 더 뜨거워졌다. 한편으로는 자욱한 연기가 소용돌이치고 있어서 태양을 가렸고 숨이 막혀왔다. 마침내 앞서 가던 안내자가 몸을 돌려 내 손을 잡아주어 이런 지옥 같은 분화구에서 가까스로 빠져나왔다.

우리는 눈으로는 전망을 즐기며, 포도주로 목구멍과 위를 달랜 뒤, 또다시 낙원의 한가운데 탑처럼 우뚝 솟은 지옥 봉우리를 보기 위해 발걸음을 옮겼다.

화산의 굴뚝이면서 연기는 내뿜지 않고 끊임없이 뜨거운 열풍을 힘차게 발산하는 몇몇 분화구 속을 경외감을 가지고 다시 세밀하게 관찰했다. 깊숙한 심연에는 위쪽까지 종유석 모양의 물질로 온통 표면이 울퉁불퉁했다. 증기로 인해 생겨난 종유석 가운데 어떤 것은 손에 닿을락 말락 한 깊이에 있어서 지팡이나 갈고리 모양 도구로 충분히 떼어낼 수 있었다. 전에 용암 가게에서 진짜 용암의 일종이라는 이런 것들을 본 적이 있었다. 그것들은 안에 들어 있다가 증발해 버린 광물질의 일부를 드러내면서 뜨거운 증기에서 방출된 화산재 그을음임을 알게 되어 무척 기뻤다.

돌아오는 길에 볼 수 있었던 멋진 일몰과 밤하늘이 기분을 상쾌하게 해 주었다. 그렇지만 이렇게 엄청난 대조를 이루는 자연 앞에서 내 감각이 혼란에 빠져 있음을 느낄 수 있었다. 아름다운 광경과 무시무시함, 무시무시한 광경과 아름다움, 이 둘이 서로를 지양하며 아무래도 좋다는 감정을 불러일으킨다. 만일 나폴리 사람들이 신과 악마 사이에 끼어 있다는 것을 느끼지 않는다면 그들은 확실히 별난 인간들임에 틀림없을 것이다.

1787년 3월 22일, 나폴리

즐기는 것보다 더 많이 배우고 행동하려는 독일인 기질의 나를 다그치지 않는다면, 이런 경쾌하고 즐거운 삶의 현장에 더 머물며 안주하려 들지도 모른다. 적은 수입으로도 살기 좋은 곳을 찾는다면 단연 나폴리를 꼽을 것이다. 도시의 지형과 온화한 기후가 하늘이 내려준 이점이긴 하지만, 외국인들은 오로지 이 점만을 칭찬한다.

물론 시간 여유가 있고 기술과 능력이 있는 사람이라면 여유로운 마음으로 정착해서 살아도 될 것이다. 해밀턴은 편안하게 자리잡고서 인생의 황혼을 즐기고 있지 않은가. 그가 영국식으로 꾸민 방들은 아늑하기 그지없다. 구석방에서 바라보이는 전망은 아마 어느 곳과도 비교할 수 없으리라. 아래에는 바다가 있고 맞은편에 프리 섬이 보이며, 오른쪽에는 포실리포가 있다. 가까이에 빌라 레알레*51 산책길이, 왼쪽에는 오래된 예수회 건물이, 멀리 미네르바 곶이 소렌토 해안에서 한눈에 들어온다. 인구가 조밀한 유럽의 대도시 가운데 이런 전망을 갖춘 곳은 아마도 없으리라.

해밀턴은 폭넓은 취미를 가진 사람이다. 그는 새로운 세계를 두루 돌아다닌 뒤 아름다운 여인, 위대한 예술가의 걸작을 창조해내는 것이다.

이제 모든 것을 즐길 만큼 즐겼다. 바다 저편의 세이렌이 나를 유혹한다. 순풍이 불어 준다면 이 편지는 북쪽으로, 나는 남쪽으로 길을 떠난다. 인간의 마음이란 다스리기 어렵다. 특히 나에게는 넓고 커서 끝이 없는 것이 필요하다. 이제 참고 견디는 인내뿐만 아니라 빠르게 붙잡는 것에도 관심을 가져야 한다. 사물에서 손가락 끝을 얻었다면, 앞으로는 듣고 생각하여 손가락 모두를 내 것으로 만들 수 있을지도 모른다.

이상하게도 요즘 한 친구가 《빌헬름 마이스터》를 계속 말하면서 속편을 쓰라고 요구하고 있다. 이런 하늘 아래서는 불가능할지도 모르지만 어쩌면 이런 공기로부터 최근의 책들에 대해 무언가가 전해질 수도 있겠다. 줄기가 더욱 뻗어나가고 꽃들이 아름답게 피면 나의 존재도 한 걸음 나아갈 수 있을지도 모른다. 정말이지, 내가 환생할 수 있다면, 다시 돌아오지 않는 편이 더 나을지도 모르겠다.

3월 22일, 나폴리

오늘은 매물로 나와 있는 코레조*52의 그림을 한 점 보았다. 보존 상태는 썩좋지 않았지만 다행히도 우아한 특징의 흔적은 살아 남아 있었다. 성모마리아와 아기 예수를 그린 그림은 아이가 어머니 젖가슴과 어린 천사가 건네주는 배 사이에서 어느 것을 택할지 망설이고 있는 순간을 나타내고 있다. 한마디로 '아기예수의 젖떼기'이다. 발상이 섬세하고 구성은 감동적이며, 자연스럽고 매력

---

*51 Villa Reale. 오늘의 빌라 나시오날. 1780년에 만들어져 그 뒤 크게 확장되었다.

*52 Correggio(1494~1534). 본명 Antonio Allegri(안토니오 알레그리)로 코레조는 출생 지명을 따서 붙인 이름이다. 이탈리아 르네상스 최성기를 대표하는 화가. 명암법·빛·채색 등에 있어 이탈리아 르네상스 회화의 최고 단계에 이르렀다고 평가받는다. 주요 작품으로 〈성히에로님스의 성모〉, 〈거룩한 밤〉 등이 있다.

적인 작품이라 생각한다. 이것을 보자 〈성 카타리나의 약혼〉*53이 떠올랐는데,
그것 또한 코레조의 작품이 틀림없는 것 같다.

1787년 3월 23일 금요일, 나폴리

이제는 크니프와의 관계가 꽤 실제적인 방식으로 확고해졌다. 우리는 파에
스툼*54에 다녀왔는데, 그곳에서 그는 이리저리 다니면서 무척 활발하게 스케
치를 했다. 그는 오가는 중에도 많은 스케치를 했는데, 이렇게 활발하고 부지
런한 생활로 인해 자신도 이제껏 확신하지 못했던 재능이 다시 살아나게 된
것을 더없이 기뻐했다. 이제 중요한 것은 그의 단점인 단호한 결단력인데, 여
기서 그의 정확하고 깔끔한 솜씨가 드러난다. 그는 스케치를 할 때 사각 윤곽
을 그리는 걸 결코 소홀히 하지 않는다. 최고급 영국제 연필을 깎고 또 깎는
일은 그에게 스케치만큼이나 큰 즐거움을 안겨주었다. 그가 그리는 윤곽선은
참으로 나무랄 데가 없다.

우리는 오늘부터 함께 생활하며 여행하되, 여태껏 그래왔던 것처럼 그는 스
케치 말고 다른 데는 신경 쓰지 않기로 약속했다. 그가 그린 모든 스케치는
지금처럼 모두 내가 갖게 되겠지만, 여행에서 돌아온 뒤 이 스케치들을 바탕
으로 해서 훌륭한 그림이 되도록 내가 선택한 것들을 완성해야 한다. 나는 어
느 정도까지 그의 그림을 사들이겠다고 약속했다. 이렇게 하다보면 솜씨도 더
늘고, 그의 그림도 잘 팔릴 것이기 때문이다. 나는 이러한 합의에 만족했다. 이
제야 우리가 함께 다니는 여행에 대해 간단하게나마 설명해 줄 수 있겠다.

우리는 경쾌하게 달리는 이륜 경마차를 타고 착하고 순박하게 생긴 시골뜨
기 소년을 뒤에 태운 채 교대로 말고삐를 잡으며 아름다운 지방을 여행했다.
크니프는 화가다운 눈으로 주변 경관에 감탄했다. 얼마 안 있어 협곡에 이르
른 뒤로 매우 잘 닦인 도로를 빠른 속도로 더없이 아름다운 숲과 암석 지대
를 지나쳐 갔다. 알라 카바 근교에 이르렀을 때, 크니프가 푸른 하늘을 배경
으로 우리 앞에 우뚝 솟은 수려한 산을 스케치하고 싶은 마음을 억누를 수
없어 하자, 우리는 마차를 멈추었다. 크니프는 깔끔하고 독특한 화필로 산기

---

*53 코레조의 걸작으로 이 무렵 카포디몬테 화랑에 있었으나, 그 뒤 국립박물관으로 옮겨졌다.
*54 Paestum. 파이스툼. 이탈리아 남부 캄파니아 주에 있는 그리스 유적지. 살레르노 남쪽 아크
    로폴리스 근처에 있다. 도리아식 건축으로 만들어진 포세이돈을 모신 신전이 있다.

늪뿐만 아니라 산 측면에 이르기까지 풍경을 남김없이 화폭에 담았다. 우리는 이것이 우리를 결속시켜 주는 징표라며 즐거워했다.

저녁에 살레르노의 숙소 창가에서 또 한 장의 스케치를 했다. 어디에서도 볼 수 없는 사랑스럽고 비옥한 지역을 묘사한 이 그림은 말로는 다 표현할 수 없을 만큼 뛰어나다. 대학*55 이

〈성모와 아기 예수〉 코레조 그림, 부다페스트 국립미술관 소장

번성하던 황금 시절에 이곳 대학에서 공부하고 싶은 마음이 들지 않는 사람이 누가 있겠는가? 이튿날 새벽에 마찻길이 끊긴 질퍽한 길을 따라 아름답게 짝을 이루고 있는 산으로 갔다. 시내와 개천을 따라 지나갈 때는 하마처럼 생긴 물소들이 빨간 눈알을 부라리는 모습도 보였다.

땅이 차츰 더 평평하고 황폐하게 보였다. 집이 몇 채 없는 것으로 보아 궁핍한 농가의 형편을 알 수 있었다. 암석 지대인지 폐허인지 구분하기 힘든 곳을

*55 Università degli Studi di Salerno. 이탈리아 살레르노에 있는 고등교육기관. 이 대학의 역사적 기원은 중세의 의과대학으로 거슬러 올라간다. 1050년 건립된 이 의과대학은 중세 최초이자 가장 유수한 의과대학 가운데 하나로 11세기에는 유럽 전역과 아시아·아프리카에서 학생들이 모여들었다. 1221년에는 프리드리히 2세의 명령으로 수술경력을 포함해 8년이 걸리는 이 의과대학을 졸업하지 않고는 신성로마제국에서 합법적 의료활동을 할 수 없게 되었다. 이 대학은 1817년에 폐교되었고 살레르노에 있는 지금의 대학교는 1970년에 세워진 또 다른 교육 기관이다.

나폴리에서 크니프, 티슈바인 그림

지나는 사이, 멀리서부터 눈에 들어온 커다랗고 긴 사각형 물체들에 다가섰다. 그때서야 우리는 그 물체들이 한때 번영했던 도시의 유적인 사원과 기념 건축물임을 알 수 있었다. 그동안 벌써 두 개의 그림같은 석회산을 두 장 스케치해 놓은 크니프는, 회화적 부분이라고는 조금도 없는 이 지역의 특징을 어디서 포착해야 할지 고민하며 장소를 찾고 있었다.

그러는 동안 한 시골 농부가 사원 건물들을 돌며 나를 안내해 주었다. 첫인상은 그저 놀라움뿐이었다. 나는 완전히 다른 세상에 와 있는 것 같았다. 수백 년동안 세월은 엄숙한 것에서 매력적인 것으로 변화되어 왔듯이 인간도 함께 변화되어 왔다. 이제 우리의 눈과, 시각을 통한 내적 본질은 우아한 건축에 맞춰져 있고 확실하게 규정되어져 있기 때문에, 비좁게 들어찬 원뿔모양 기둥들은 우리에게 성가시고 두렵게 여겨졌다. 하지만 나는 정신을 가다듬고 예술사를 떠올렸다. 그리고 이러한 건축을 마땅하다고 생각한 시대를 그 시대의 정신으로 생각하려고 노력하며 엄밀한 조형양식을 눈앞에 그려보았다. 그러자 한 시간도 못 되어 친숙한 느낌을 받고, 이렇게 훌륭하게 잘 보존된 유물들을 몸소 볼 수 있게 해준 수호신에게 감사했다. 그림만으로는 도저히 그 개념을 이해할 수 없기 때문이다.

건축 설계도로 보면 실제보다 우아하게 보이겠지만, 원근법에 따른 그림으로 보면 실제보다 둔중하게 보일 것이다. 그러므로 유적들을 두루 돌아보고

일몰 때의 밤하늘과 호반 사원 유적 정경, 괴테 그림

안에 들어가 봤을 때 비로소 그 생명의 본질에 접근할 수 있다. 다시 말하면, 건축가의 의도가 무엇이고 어떻게 생명을 불어넣었는지를 깨달을 수 있게 되는 것이다.

내가 이렇게 하루를 보내는 동안, 크니프는 정밀한 스케치를 게을리하지 않았다. 나는 전혀 신경을 쓰지 않고도 이처럼 확실한 추억의 징표를 얻게 되어 그지없이 즐거웠다. 그런데 유감스럽게도 이곳에는 숙박 시설이 없었기에 우리는 살레르노로 돌아와 다음 날 아침 일찍 나폴리로 떠났다. 베수비오 화산을 뒤에서 바라보니 매우 비옥한 지대에 자리하고 있었다. 전방의 큰길에는 피라미드 같은 거대한 포플러나무들이 줄지어 심어져 있었다. 잠깐 마차를 세우고 바라본 정경이었지만 더없이 즐거웠다.

언덕에 올라서자 확 트인 전망이 눈앞에 펼쳐졌다. 영화로운 나폴리, 만 안쪽의 평탄한 해안을 따라 몇 마일이고 줄지어 늘어선 집들, 갑(岬 : 바다 또는 호수로 뾰족하게 내민 육지의 끝. 곶), 지협, 암벽 그리고 많은 섬과 바다가 한눈에 들어왔다. 보는 사람을 황홀하게 만드는 아름다운 광경이었다.

그때 갑자기 뒤에 타고 있던 소년이 환희의 절규와 기쁨에 넘친 열락의 고함 소리를 내질렀다. 나는 화가 나서 그 애를 호되게 꾸짖었다. 그는 아직 한 번도 우리에게 야단맞은 적이 없는 마음이 여린 소년이었다.

그러자 한동안 꼼짝 않고 서 있던 소년은 내 어깨를 가볍게 치면서 오른손 집게손가락을 치켜올려 우리 사이로 내뻗으며 말했다.

"Signor, perdonate! Questa èla mia patria!(아저씨, 용서하세요. 여긴 나의 조국이 아니겠어요!)"

이 말을 듣고 나는 또 한 번 놀랐다. 북쪽에서 온 가엾은 여행자로서 눈시울을 붉히지 않을 수 없었다.

1787년 3월 25일, 나폴리 성모마리아 수태고지 축일[*56]

크니프가 나와 함께 시칠리아로 가고 싶어한다는 것은 알았지만 어딘지 모르게 그에게서 허전함을 애써 감추는 듯한 느낌을 받았다. 알고 보니 그는 곧 미래를 약속한 애인이 있었던 것이다. 그리고 그녀와 가까워지게 된 경위를 들려주었는데, 참으로 사랑스러웠다. 그는 그녀의 태도와 행실을 보고 반했다는 말도 덧붙였다. 그는 나에게 그녀가 얼마나 예쁜지 한번 만나봐 달라고 했다.

우리는 나폴리를 전체적으로 볼 수 있는 곳에서 가장 좋은 전망을 즐길 수 있는 장소에 도착했다. 그는 나를 어떤 건물의 평평한 지붕으로 데리고 올라갔다. 거기서는 시내의 아랫부분, 몰로 방면, 만, 소렌토 해안을 굽어볼 수 있었다. 오른편에 펼쳐진 모든 경관은 이곳이 아니면 쉽게 볼 수 없을 듯한 특이한 방식으로 휘어져 있었다. 나폴리는 어디서 보아도 아름답고 멋지다.

어느 정도 예상은 했지만, 우리가 경치에 감탄하고 있을 때 갑자기 바닥에서 귀여운 머리가 불쑥 올라왔다. 뚜껑으로 덮을 수 있는 길쭉한 사각형 구멍이 발코니로 통하는 유일한 문이었다. 작은 천사가 완전히 모습을 드러내자, 옛날 예술가들이 마리아의 수태고지를 표현할 때 그린 천사가 계단으로 올라오는 모습이 내 머릿속에 떠올랐다. 이 천사는 참으로 아름답고 얼굴이 갸름하고 귀여우며 성숙한 자태도 훌륭하고 자연스러웠다. 멋진 하늘 아래 세상에서 가장 아름다운 경치를 눈앞에 두고, 무엇보다 친구가 행복해하는 모습을

[*56] Annunciata. 예수를 잉태하리라는 천사의 말을 통해 하느님의 뜻에 순종하신 성모를 기리는 날. 그리스도교 교회에서 3월 25일을 수태고지 축일로 기리고 있다.

배가 있는 나폴리 만, 괴테 그림

보니 나도 기뻤다.

그녀가 이곳에서 떠나자, 그는 그녀와의 사랑에 기뻐하고 그녀의 분수에 맞는 생활을 존중하는 법을 배우기 위해 스스로 가난한 삶을 살아왔다고 고백했다. 그리고 이젠 그녀가 더 나은 삶을 살 수 있게 하기 위해, 더 나은 미래와 넉넉한 형편을 소망한다고도 했다.

3월 25일, 나폴리

이 유쾌한 사건이 지나자 해변을 산책했다. 마음이 차분하고 흡족해졌다. 나는 식물학적 대상에 대한 큰 깨우침을 얻게 되었으며 원형식물에 대한 문제를 곧 해결할 수 있을 듯한 생각이 든다. 이 말을 헤르더에게 전해주기 바란다. 그러나 다른 사람들이 그 안에 다른 식물 세계가 있음을 부정할까 걱정이 된다. 떡잎에 대한 나의 훌륭한 이론은 너무 세련된 것이므로 한 발짝도 더 나아가기가 어렵겠다.

1787년 3월 26일, 나폴리

내일이면 이 편지를 여러분에게 보낼 것이다. 3월 29일 목요일, 나는 코르벳함을 타고 팔레르모로 떠난다. 해상 운송 수단에 대한 지식이 없어서 지난번 편지에서는 프리깃함에 예약했다고 썼다. 떠나야 할지 머물러야 할지 결정을 못내리고 이곳에 머무는 동안 이따금 불안했다. 그러나 이제 결단을 내리니 마음이 홀가분하다. 이 여행은 나를 위해서도 이롭고 꼭 필요하다. 내게 시칠리아는 아시아와 아프리카로 통하는 길목을 의미한다. 세계사의 주된 활동 무대였던 그 경이로운 땅을 직접 밟아본다는 것은 결코 작은 일이 아니다.

나는 나폴리를 그 도시의 고유한 특성에 따라 살펴보았다. 부지런히 돌아다녔다고는 할 수 없지만 많은 것을 보았으며 이 지방과 주민, 여러 상황들에 대해 일반적인 개념을 만들어 두었다. 돌아갈 때까지 더 많이 봐두어야겠다. 6월 29일 전에 로마에 다시 돌아가야 하기 때문이다. 부활절 전의 수난 주간은 놓치더라도 적어도 성 베드로 축일은 로마에서 축하하고 싶다. 그러므로 시칠리아 여행 때문에 내 계획이 어긋나서는 안 된다.

그저께는 천둥과 번개가 치고 폭우가 쏟아지는 험악한 날씨였다. 이제는 다시 날씨가 맑아져서 산에서부터 상쾌한 트라몬타나가 불어온다. 이 북동풍이 계속 불어 준다면 배는 매우 빠른 속도로 나아갈 것이다.

어제 나의 길동무와 함께 배 안을 둘러보고 우리가 쓸 조그만 선실을 찾아가 보았다. 생소한 바다 여행은 개념이 잡혀 있지 않은 색다른 체험이다. 어쩌면 해안선을 따라 돌기만 할 테지만 이 짧은 배 여행이 상상력을 키워주고 세상을 보는 눈을 넓혀주리라 기대한다. 선장은 젊고 활발한 남자이다. 배는 정말 깨끗하고 좋은 느낌을 준다. 미국에서 만들어진 매우 우아하고 산뜻하며 훌륭한 범선이다.

이곳은 이제 모든 초목이 푸르게 변하기 시작했다. 시칠리아는 녹음이 더 짙어져 있을 것이다. 여러분이 이 편지를 받을 때쯤이면 나는 트리나크리엔*[57]을 뒤로 하고 돌아오는 중이리라. 사람이란 늘 생각이 앞뒤로 오락가락하나보다. 아직 시칠리아에 가지도 않았는데 생각은 이미 여러분 곁에 가 있으니 말이다. 하지만 이처럼 갈팡질팡하는 혼란스러움은 내 탓이 아니다. 매번

---

*57 Trinácria(라틴어). 고대 로마시대 곶(串) 셋을 가진 시칠리아 섬을 이르던 별칭.

글을 쓸 때마다 이런저런 일로 방해받아 멈추곤 했지만, 이번 편지만큼은 꼭 끝까지 쓰고 싶다.

조금 전에 베리오 후작이라는 박식해 보이는 젊은이가 찾아왔다. 《젊은 베르테르의 슬픔》의 지은이를 꼭 만나보고 싶다는 것이다. 교양과 지식을 얻고자 하는 이곳 사람들의 욕구와 열의는 대단하다. 다만 그들이 지나치게 행복하기 때문에 올바른 길을 제대로 못 찾을 뿐이다. 내게 좀 더 시간이 있다면 그들에게 더 많은 시간을 나눠줄 용의가 있지만, 엄청난 삶을 논하기에 4주라는 시간은 얼마나 짧은가! 아무튼 잘 지내길 바란다. 이 여정으로 여행하는 법은 배우겠지만 살아가는 법까지 배울 수 있을지는 잘 모르겠다. 인생을 이해할 것 같은 사람들은 기질과 성향이 나와 너무 달라서, 과연 내가 그 같은 재능을 갖추고 있는지 의문이다.

모두 잘 지내길 빌며, 내가 여러분을 진심으로 생각하듯이 여러분도 나를 사랑하는 마음으로 기억해 주길 바란다.

1787년 3월 28일, 나폴리

이 며칠 동안은 짐 꾸리고 작별 인사하고, 물건을 구입하고 돈 치르고, 보충하고 준비하느라 전혀 이렇다 할 것도 없이 지나갔다.

발데크 후작은 작별 인사를 하면서도 나를 사뭇 불안하게 했다.[58] 시칠리아에서 돌아올 때 자신과 함께 그리스와 달마티아로 가자는 말밖에 하지 않았기 때문이다. 세상에 나와서 사람들과 관계맺을 때는 질질 끌려다니지 않도록 하거나, 미쳐 버리지 않도록 주의할 필요가 있다. 더는 한 자도 못쓰겠다.

1787년 3월 29일, 나폴리

며칠 전부터 날씨가 불안했는데 출항하는 오늘은 비교적 괜찮다. 사람들은 안성맞춤형으로 불어오는 북풍(트라몬타나), 맑은 하늘, 이런 하늘 아래라면 드넓은 세상으로 나아가기를 바란다. 바이마르와 고타의 모든 친구들[59]에게 진심으로 작별 인사를 한다! 늘 여러분의 사랑이 나와 함께하리라. 왜냐하면 나는 언제까지나 여러분의 사랑이 필요하니까. 오늘 밤 또다시 나의 일에 대한

---

*58 발데크 후작은 1787년 5월 티슈바인과 함께 로마로 돌아왔다.

*59 에른헤르트 2세와 아우구스트 공, 그리고 프랑켄베르크 장관 등을 이른다.

꿈을 꾸었다. 내 꿩잡이 배*60의 짐을 여러분 가까이 말고는 어디에도 내릴 수 없을 것 같다. 그래서 더 좋고 훌륭한 짐을 싣고 가기를 바랄 뿐이다.

ㅇ

---

*60 786년 10월 19일 일기에서 언급된 괴테의 꿈에 나타난 배.

시칠리아

1787년 3월 29일 목요일, 해상 여행

이번에는 유감스럽게도 지난번 우편선을 탔을 때처럼 상쾌한 순풍인 북동풍이 아니라 역풍인 남서풍이 약하게 불었다. 배가 앞으로 나아가는 데 가장 방해가 되는 바람이 이 남서풍이다. 그래서 우리는 배를 타는 것은 날씨와 바람의 변덕 때문에 기를 못 편다는 사실을 알게 되었다. 그래서 아침 내내 초조한 마음으로 해안에 머물거나 카페에서 시간을 보내고 점심때가 되어서야 배에 올랐는데, 더없이 날씨가 좋았기 때문에 멋진 경치를 볼 수 있었다. 부두에서 그리 멀지 않은 곳에 코르벳함이 닻을 내리고 있었다. 하늘은 맑았지만 안개가 자욱해 그림자 진 소렌토 암벽은 더없이 아름다운 푸른색을 띠고 있었다. 밝게 빛나며 생기 넘치는 나폴리는 다채로운 빛으로 반짝이고 있었다. 해 질 녘에야 겨우 출항했지만, 배는 매우 느리게 움직였다. 그런데다가 역풍 때문에 포실리포 곶 쪽으로 밀려갔다. 배는 밤새도록 느린 속도로 나아갔다. 미국에서 만들어진 쾌속 범선인 이 배의 작은 선실 안에는 몇 개의 침대가 마련되어 있었다. 오페라 가수와 무용수인 명랑하고 우아한 손님들은 팔레르모로 가는 중이었다.

3월 30일 금요일

동 틀 무렵, 우리는 이스키아와 카프리 섬 사이 카프리로부터 1마일쯤 떨어진 곳에 있었다. 카프리 섬과 미네르바 곶 산 뒤에서의 해돋이는 그야말로 장관이었다. 크니프는 해안의 윤곽과 섬, 여러 경관들을 부지런히 그렸다. 배가 천천히 가는 것이 그의 작업에 도움이 되었다. 우리는 미풍을 받으며 계속 앞으로 나아갔다. 4시경 베수비오 화산이 시야에서 사라졌는데도 미네르바 곶과 이스키아 섬은 여전히 보였다. 그러나 저녁이 되자 더는 보이지 않게 되었다. 태양마저 바다 속으로 모습을 감추자 우리는 구름과 보랏빛으로 반짝이는 수 마일의 띠를 벗삼아 항해했다. 크니프는 이런 풍경도 화폭에 담았다. 더 이상 육지가 보이지 않아 수평선에는 물밖에 없었고 아름다운 달빛에 밤바다가 빛났다.

그러나 나는 배멀미 때문에 더는 훌륭한 경치를 즐길 수 없었다. 선실로 들어가 자리에 누웠다. 흰 빵과 적포도주 말고는 아무것도 먹지 않으니 훨씬 나아지는 것 같았다. 나는 외부 세계와 격리된 채 내부 세계를 다스렸다. 배가 천천히 갈 것 같아 애써 이야기를 나누어야겠다는 부담을 떨쳐 버렸다. 나는 원고들 가운데 시적 산문으로 된 《타소》의 첫 두 막만을 챙겨 갑판으로 나왔다. 이 두 막은 구상이나 줄거리는 지금과 같으나 써놓은 지 십 년이나 되어 어딘가 미약하고 애매한 점이 있어서 새로운 취지로 형식을 바로잡고 운율을 덧붙여 부족한 점을 없앴다.

3월 31일 토요일

산뜻한 태양이 바다에서 솟아올랐다. 7시에 우리보다 이틀 먼저 떠난 프랑스 배를 따라잡았다. 우리 배가 그만큼 빠른 속도로 항해했는데도 배 여행이 언제 끝날지는 알 수 없다. 우스티카 섬이 조금은 위로가 되었지만, 카프리 섬과 마찬가지로 우리 오른쪽에 있어야 할 그 섬이 유감스럽게도 왼쪽에 있었다. 점심때가 되어 바람이 완전히 역풍으로 바뀌자 배는 좀처럼 앞으로 나아가지 못했다. 파도는 차츰 더 높아졌고 배 안의 거의 모든 사람들이 멀미를 하기 시작했다.

나는 평소 익숙한 자세를 유지하면서 《타소》 전체를 여러 관점에서 다시 꼼꼼하게 살펴보았다. 그러는 사이에 시간이 한참 흘러갔다. 파도에도 불구하고 식욕이 왕성한 크니프는 중간중간 나에게 포도주와 빵을 가져다 주면서 장난을 쳤다. 그는 훌륭한 점심과 젊고 유능한 선장의 명랑함과 그의 예의바름을 칭찬했다. 내가 제대로 먹지 못하자 안타까워하면서도 재미있어 했다. 배에 탄 손님들이 농담을 하다가도 멀미로 불쾌해하는 모습은, 그에게 장난삼아 묘사할 풍부한 소재가 되었다.

오후 4시, 선장은 배를 다른 방향으로 틀었다. 커다란 돛이 다시 올라갔고, 우리는 우스티카 섬으로 떠났다. 그 뒤로 시칠리아의 산들이 보이자 우리는 매우 기뻤다. 바람의 도움을 받아 더 빠른 속도로 시칠리아를 향해 나아갔다. 몇 개의 섬들이 눈에 띄기도 했다. 해 질 녘이라 날이 흐릿하고 안개가 짙어 석양은 모습을 감춰버렸다. 저녁 내내 순풍이 불어왔지만 자정 무렵이 되자 바다는 마구 흔들리기 시작했다.

1787년 4월 1일 일요일

새벽 3시, 세찬 폭풍우가 몰아쳤다. 비몽사몽 간에 희곡 구상을 하는데, 갑판에서 한바탕 소동이 일어났다. 돛을 내리고, 배는 높은 파도에 흔들리고 있었다. 날이 밝을 무렵에야 폭풍우가 잦아들면서 날씨가 맑아졌다. 이제 우스티카 섬은 완전히 왼쪽에 위치하고 있었다. 멀리서 커다란 바다거북이 헤엄치는 모습을 망원경으로 보니 살아 있는 점처럼 보였다. 정오 무렵에는 시칠리아 해안의 곶과 만을 뚜렷이 분간할 수 있을 정도가 되었지만, 배가 바람에 밀려 너무 아래쪽으로 와버려서 돛 방향을 계속 바꾸면서 오후쯤에야 가까스로 해안에 더 접근했다. 날씨가 맑고 햇살이 밝게 비치는 가운데 릴리베오 곶에서 갈로 곶까지 서쪽 해안이 매우 뚜렷이 보였다.

돌고래 한 무리가 뱃머리 양쪽에서 따라오며 계속 앞으로 헤엄쳤다. 파도에 휩싸인 채 헤엄치기도 하고, 때로는 등지느러미와 옆지느러미로 푸른색과 금색으로 변화하는 물살을 가르며 움직이는 모습이 장관이었다.

우리 배는 바람 한가운데 있었기 때문에 선장은 갈로 곶 뒤쪽에 있는 만으로 배를 몰았다. 크니프는 이런 좋은 기회를 놓치지 않고 이런저런 광경을 상세하게 스케치했다. 해가 지자 선장은 다시 바다 가운데로 배를 돌려 팔레르모 언덕으로 가기 위해 북동쪽으로 떠났다. 나는 가끔 용기를 내어 갑판 위로 올라가 보았다. 계속 작품 구상을 염두에 두고 있었기 때문에 모든 작품을 자유자재로 지배할 수 있게 되었다. 밤이지만 달이 밝아 바다에 반사된 빛이 눈부시게 아름다웠다. 화가들은 강한 효과를 내기 위해 달빛이 물에 반사될 때, 보는 사람에게 가장 가까운 곳의 에너지를, 가장 크고 폭도 넓은 것처럼 보이게 그려내는 기술이 있다. 뾰족한 피라미드처럼 뱃전의 번쩍이는 파도 속에서 반사광이 저 멀리 수평선으로 사라지는 것을 볼 수 있었다. 선장은 밤에 또 몇 번이나 배의 방향을 바꾸었다.

4월 2일 월요일, 아침 8시

우리는 팔레르모와 마주하고 있었다. 오늘은 기분이 좋은 아침이었다. 요즈음 나의 작품 구상이 고래 배 속*1에서처럼 아주 무르익었다. 좋은 기분으로 갑판에 나가 시칠리아 해안을 주의 깊게 관찰했다. 크니프는 스케치를 멈추지 않았다. 그가 정확하고 재빠른 솜씨로 그린 그림 몇 장이, 이처럼 상륙이 늦어진 데에 대한 보상이자 귀중한 기념품이 되었다.

1787년 4월 2일 월요일, 팔레르모

우리는 이러저러한 고생을 치르고 나서 오후 3시 무렵 가까스로 항구에 도착했다. 매우 만족스러운 광경이 눈앞에 펼쳐졌다. 몸이 완전히 회복된 나는 이루 말할 수 없는 기쁨을 느꼈다. 북쪽을 향한 도시는 높은 산기슭에 자리했는데, 마침 낮이라 태양이 거리를 이글거리며 비추고 있었다. 반사된 빛에 비쳐 모든 건물의 그늘이 선명하게 보였다. 오른쪽의 몬테 펠레그리노 산은 환한 빛을 받아 우아한 모습을 드러냈다. 왼쪽에는 만과 반도와 곶이 있는 먼 곳까지 해안이 넓게 뻗어 있다. 가장 사랑스러운 것은 푸른빛을 띤 아름다운 나무들이었다. 뒤에서 빛을 받은 나뭇가지 우듬지들이 초식성 개똥벌레 대군처럼 어두운 건물 앞에서 이리저리 파도치고 있었다. 맑고 엷은 안개가 건물 그림자를 푸르게 물들였다.

우리는 해안으로 성급하게 달려가지 않고, 선원들이 내려가라고 할 때까지 갑판에 머물러 있었다. 우리가 이곳에서 느끼는 행복한 순간을 어디서 다시 누릴 수 있겠는가!

탑처럼 높은 성 로살리아의 마차가, 유명한 축일에 드나들 수 있게 두 개

---

*1 구약성서 요나에 나오는 인물. 아시리아 제국의 수도 니네베(니느웨)로 가서 그곳 주민들을 회개시키라는 신의 명령을 받은 요나는 이스라엘의 적인 아시리아인들을 회개시켜 용서받게 하기는 싫었다. 그의 마음을 알고 있는 신은 사나운 폭풍을 일으켜 그가 탄 배를 뒤흔들었다. 요나는 신이 자신에게 의무를 일깨워 주기 위해 폭풍을 일으켰음을 깨닫고 자신이 바다에 빠지겠노라고 나섰다. 요나는 고래 뱃속에서 기도를 올렸고, 사흘이 지나자 고래는 그를 마른 땅에 토해냈다. 요나는 신이 명한 대로 니네베로 갔다. 그가 전할 내용은 간단했다. "40일이 지나면 니네베가 무너지리라." 그러자 놀랍게도 니네베의 이교도들은 물론이고 왕까지도 회개했다. 신은 자신이 선택한 이스라엘 백성만이 아니라 니네베의 이교도들도 사랑한다는 교훈이 담긴 부분이다. 요나가 깨달음을 얻고 구원에 이르게 되는 과정을 고래 배 속이라 표현하며, 그것은 자신의 작품이 무르익은 과정을 빗댄 것으로 보인다.

폭풍우가 몰아치는 해안, 괴테 그림

의 거대한 기둥으로만 이루어진 놀라운 문*²을 지나 시내로 들어선 뒤, 우리는 바로 왼쪽에 있는 여관*³으로 들어갔다.

여관 주인은 여러 나라에서 온 외국인들을 만나는 데 매우 익숙한 부드러운 인상의 늙은 남자로, 우리를 큰방으로 안내했다. 발코니로 나가서 바다와 선착장, 로살리아 산 및 해안을 굽어보았고, 타고 온 배도 바라보면서 우리가 있는 곳을 가늠해 보았다. 방의 위치에 크게 만족한 나머지 커튼 뒤 구석에 작은 방이 있는 사실을 알아채지 못했다. 거기에는 비단 커튼 안쪽에 큰 침대가 놓여 있었다. 침대는 낡아 보였지만 호화롭게 꾸며져 다른 가구와 완벽한 조화를 이루었다. 이처럼 호사스러운 듯한 방에 조금 당황한 우리가 평소에 하던 약정을 맺자고 했지만, 노인은 아무런 약정도 필요 없다고 말했다. 다만 그는 자기 집에서 지내는 것이 마음에 들었으면 좋겠다고 했다. 우리는 시원하고 바람이 잘 통하는 현관에 딸린 방도 쓸 수 있었는데, 그 방은 몇 개의 발코니를 지나 우리 방과 맞닿아 있었다.

우리는 한없이 다양한 경치를 즐기면서 이를 하나하나 스케치나 그림으로 옮겨 담으려 했다. 이곳에서의 전망은 많은 예술가들에게 큰 수확을 거둘 수

*2 포르타 펠리체. 비토리오 에마뉴엘 거리 끝에 있는 바로크식 건축물.
*3 괴테가 실제 머물렀던 이 여관은 이제는 개인 집이 되었으며 괴테가 머물렀던 것을 기념하는 액자가 걸려 있다.

있게 하기 때문이다.

또 저녁이면 밝은 달빛에 이끌려 선착장까지 거닐었고, 돌아온 뒤에도 오랫동안 발코니에 서서 야경을 즐겼다. 색다르게 비치는 빛이 무척 고요하고 우아함으로 그득했다.

1787년 4월 3일 화요일, 팔레르모

먼저 우리가 할 일은 굽어보기는 쉬워도 완전히 이해하기란 쉽지 않은 도시를 자세히 살펴보는 일이다. 아래쪽 성문에서 위쪽 성문까지, 바다에서 산까지 수 마일이나 되는 거리가 도시를 가로지른다. 이 거리의 중앙에서 또 다른 거리가 뻗어 있어 쉽게 굽어볼 수 있다. 시내 중심은 다른 지역 사람들을 혼란에 빠뜨린다. 그것은 안내자의 도움을 받아야만 이 미로에서 빠져 나올 수 있기 때문이다.

저녁 무렵 우리는 귀족들의 마차 행차를 관심 있게 지켜보았다. 그들은 시내를 벗어나 선착장으로 갔는데, 거기서 신선한 공기를 마시고 담소를 나누며 부인들에게 경의를 표하기도 했다.

밤이 되기 두 시간 전쯤 휘황한 보름달이 떠올라, 저녁 경치의 아름다움은 말로는 표현할 수 없을 정도였다. 팔레르모 지형은 북쪽으로 도시와 해안이 빛에 비쳐 매우 이상한 모습으로 보이게 한다. 파도 속에서는 그런 반사광을 결코 볼 수 없다. 때문에 오늘도 밝은 낮임에도 암록색 바다가 거칠고 억세게 보였다. 나폴리라면 점심때부터 바다가 차츰 밝아지면서 멀리까지 빛나 보일 텐데.

크니프는 이미 여기저기 걸어다니며 구경하는 것은 나 혼자서 하게 하고, 자기는 세상에 있는 구릉맥 가운데 가장 아름다운 펠레그리노 산과 곶을 정밀 스케치하느라 정신이 없었다.

1787년 4월 3일, 팔레르모

추가로 요약해서 기록해 두어야 할 두세 가지 사항을 사실대로 적는다.

3월 29일 목요일, 해가 지면서 나폴리를 떠난 지 나흘째 되는 날 3시에야 겨우 팔레르모 항구에 도착했다. 내가 갖고 다니는 작은 메모장이 우리가 어떤 일을 겪었는지 말해 줄 것이다. 이번처럼 차분하게 여행을 해 본 적은 없었

팔레르모 만, 크니프 그림

다. 끊임없이 불어오는 역풍으로 일정이 늦어지기는 했지만, 요즘처럼 조용한 시간을 가져본 적이 없다. 심한 멀미로 좁은 선실 침대에 누워 있을 때조차도 그러했다. 나는 조용히 저 멀리 떨어져 있는 여러분들을 생각한다. 내게 무언가 결정적인 일이 있다면 바로 이 여행이기 때문이다.

자기 주변이 온통 바다에 둘러싸인 광경을 보지 못한 사람은 세계라는 개념도, 자신과 세상의 관계도 이해할 수 없으리라. 풍경화가인 내게 이런 위대하고도 단순한 해안선은 매우 새로운 착상을 안겨 주었다.

메모장에 적혀 있듯이 우리는 이 짧은 항해에서 다채로운 변화를 맛보았고, 짧은 시간이나마 뱃사람의 운명을 겪어 보았다. 게다가 우편 여객선의 안전성과 편안함은 충분히 칭찬할 만했다. 선장은 용감하고 훌륭한 사람이다. 배 안은 하나의 극장 같았으며 함께 탔던 승객들은 모두 예의 바르고, 느낌 좋은 사람들이었다. 나와 함께한 화가 크니프는 대상을 정밀 스케치하는 화가로, 명랑하고 진실하고 선량한 사람이다. 그는 섬과 해안선을 보이는대로 스케치했다. 내가 이 모든 그림을 가지고 갈 수 있다면 여러분들은 커다란 기쁨을 맛볼 것이다.

게다가 그는 긴 항해의 지루함을 덜어주기 위해 지금 이탈리아에서 한창 유행하고 있는 수채화 기법을 설명해 주었다. 또한 특정한 색을 내기 위해 어떤 물감을 써야 하는지도 잘 알고 있는데, 이 비결을 모르는 사람에게는 아무리 물감을 섞어도 불가능한 일이리라. 나는 로마에서 들어서 알기는 했지만 이렇게 계통을 세워 파악한 것은 아니었다. 이처럼 예술가들은 이탈리아 같은 나라에 오면 어렴풋이 알던 것을 확실히 배우게 된다.

팔레르모 항으로 들어오던 그 아름답던 날의 오후, 해안선에 아롱거리던 얇은 안개의 청명함은 어떤 말로도 표현할 수가 없다. 깨끗한 윤곽, 전체적인 부드러움, 색조의 교차, 하늘과 바다와 땅의 조화는 이루 말할 수 없을 정도였다. 누구든 이 광경을 본 사람은 아마도 평생토록 잊지 못할 것이다. 이제야 클로드 로랭*4의 그림을 이해할 수 있게 되었다. 그리고 언젠가 다시 영혼의 고향인 북유럽에 가서도 이런 행복한 곳의 경치를 그리게 되리라는 희망을 가져본다. 내가 갖고 있는 그림의 개념으로부터 초가지붕 같은 작은 것들이 사라져버렸듯이, 내 영혼으로부터 모든 사소한 것들이 말끔히 씻겨 내려가 버리면 얼마나 좋을까. 섬 중의 여왕이라 할 수 있는 이 섬이 어떻게 해 줄지 지켜보기로 하자.

이제 막 푸른색을 띠는 뽕나무, 늘푸른 협죽도, 레몬나무 울타리 등과 함께 우리를 맞이해 준 섬의 여왕의 모습은 어떤 말로도 표현할 수 없다. 공원에는 미나리아재비와 아네모네 꽃밭이 넓게 조성되어 있다. 부드럽고 따뜻한 공기에는 향기로운 냄새가 실려 오고, 바람은 잔잔하다. 거기다 보름달이 곶 뒤편에서 떠올라 바다를 비춰 주었다. 나흘 밤낮을 파도에 시달린 뒤에 누리는 이런 즐거움이란!

나는 오늘 나의 길동무 크니프가 스케치할 때 쓰고 있는 조개껍질 속의 먹물에 뭉툭한 펜을 적셔가며 이 글을 쓰고 있으니 용서해 주길 바란다. 그러나 여러분에게는 이것이 속삭임처럼 들려올 것이다. 나를 사랑하는 모든 이들을 위해 이 행복한 순간을 함께 나눌 또 다른 기념물*5을 준비하고 있다. 그것이

---

*4 2월 19일 일기 참조

*5 본문에서는 괴테가 시칠리아에서 구상한 비극 《나우시카 Nausikaa》를 말한다. 나우시카는 본디 호메로스의 《오디세이아》 제6권에 등장하는 처녀. 스케리아 섬의 왕 알키노스의 딸로, 배가 난파해 영웅 오디세우스가 벌거숭이로 스케리아 섬에 표착했을 때 나우시카는 아버

팔레르모 항, 크니프 작

어떤 모습이 될지는 이야기하지 않겠다. 또한 여러분이 언제 그것을 받아보게 될지도 장담할 수 없다.

1787년 4월 3일 화요일, 팔레르모

사랑하는 여러분, 함께 넣어 보낸 이 한 장의 그림은 여러분에게 최고의 즐거움을 누리게 하리라 생각한다. 이 그림은 다른 곳과는 비교할 수 없이 광대한 물을 담고 있는 만을 그린 것이다. 바다 쪽으로 불거져 나온 비교적 평탄한 육지가 있는 동쪽에서부터, 험준하나 잘 이루어진 숲으로 뒤덮인 수많은 바위, 교외에 있는 어부들의 집, 우리가 들어 있는 집과 우리가 지났던 성문에 이르기까지 도시의 집들은 모두 항구를 바라보고 있다.

―――――――――――

지의 저택으로 그를 데리고 가서 정성을 다해 보살핀다. 용기와 품위를 함께 갖추고 있으며, 사려가 깊고 여자다운 부드러움을 지닌 여성의 이상형이라고 할 수 있다. 헬라니코스에 따르면 뒷날 오디세우스의 아들 텔레마코스와 결혼한 것으로 되어 있다. 괴테는 이를 주제로 작품을 쓰기 시작했으나 150페이지 정도만을 쓰다가 결국 미완성 작품으로 끝나 버리고 말았다.

서쪽으로는 비교적 작은 배들이 드나드는 평범한 선착장이 있고, 몰로 부근에는 큰 배들이 정박하는 사실상의 항구가 있다. 서쪽에는 실제적인 본 섬 사이에 저편 바다까지 뻗어 있는 비옥하고 사랑스런 골짜기를 끼고 있는 몬테펠레그리노 산이 아름다운 자태로 우뚝 솟아 있다.

크니프는 스케치를 하고, 나는 도식화를 그렸다. 우리는 둘 다 커다란 즐거움을 느꼈다. 흐뭇한 마음으로 집에 돌아온 뒤로는, 이 그림을 반복하거나 이어나갈 힘도 생기지 않았다. 그러므로 우리의 스케치는 일단 미래를 위해 접어두기로 했다. 이 그림은 우리가 이런 대상들을 충분히 파악할 능력이 없음에도 무례하게 짧은 시간에 정복하고 지배하려 했음을 드러낼 뿐이다.

1787년 4월 4일 수요일, 팔레르모

오후에는 남쪽 산 아래로 팔레르모를 지나 오레토 강이 굽이쳐 흐르는, 쾌적한 계곡을 찾아갔다. 과실이 풍부한 이곳 경치를 그리려면 회화적인 안목과 숙련된 손재주가 필요하다. 과연 크니프는 반쯤 무너진 방벽으로 인해 물흐름이 정체되는 곳을 찾아냈다. 무성한 나무 숲 뒤에 있는 계곡을 타고 오르면 전망이 확 트이고 농가 몇 채가 눈에 들어온다.

아름다운 봄 날씨와 초목이 돋아나는 기름진 땅이 골짜기 전체에 생기와 평화의 기운을 불어넣어 준다. 요령 없는 안내자는 예전에 한니발이 이곳에서 전투를 벌여 대단한 전적을 올렸다고 아는 체하며 떠벌리는 바람에 모처럼 느꼈던 좋은 기분이 상해버렸다. 나는 그런 오래된 영혼들을 불러내 보았자 불쾌해질 뿐이라며 그를 크게 나무랐다. 씨앗이 가끔 코끼리에게 짓밟히는 일은 없다 해도 말이나 사람에게 짓밟히는 것은 그리 좋지 않은 일이다. 적어도 그렇게 야단법석을 떨어 평화로운 꿈 속의 상상력을 놀라게 하거나 깨워서는 안 된다고 말이다.

이런 장소에서 고전이 된 흥미로운 역사를 내가 달가워하지 않자 그는 몹시 놀라워했다. 그렇지만 과거와 현재를 그런 식으로 뒤섞었을 때 내 기분이 어떠한지를 그에게 말하지는 않았다.

안내인은 내가 강물이 말라 얕은 곳에서 온갖 종류의 돌멩이를 주워 오자 나를 더욱 이상하게 생각하는 것 같았다. 시냇물에 떠밀려 내려온 암석 파편을 조사하는 일이 산악지대를 이해하는 가장 빠른 방법이며, 여기에서도 그

팔레르모 항에서 바라본 몬테 펠레그리노 산, 하케르트 그림

잔해로써 고대 토양의 높이에 대한 개념을 얻게 된다는 것을 이해시키는 것도 불가능했다.

　그 강에서는 거의 40여 개의 돌을 넉넉할 정도로 수집했지만 분류해 보니 종류가 그리 많지는 않았다. 대부분 벽옥 또는 각옥, 아니면 점판암이라 할 수 있었다. 그 가운데는 표석들도 있었는데, 온전한 형태를 갖춘 것과 기형, 다양한 색깔을 띤 마름모꼴도 있었고, 좀 오래된 석회암 변종도 많이 나왔다. 각력암도 적지 않았으며 그것의 결합제는 석회였다. 결합되어 있는 암석은 벽옥이거나 석회암이었는데, 패각석회암도 있었다.

　이곳에서는 말 사료로 보리, 여물과 겨를 먹이는데, 봄에는 싹이 튼 녹색 보리를 준다. 이것은 '페르 린프레스카르*6'라고 하는 것으로 이렇게 힘을 북돋아주기 위한 것이다. 초지가 없다보니 건초도 부족하다. 산에 몇 군데 목초지가 있고, 경작지의 3분의 1이 휴경지이기 때문에 경작지에도 목초지가 이루어져 있다. 양도 그다지 많지 않고 종류는 바르바리에서 온 것이 대부분이다. 말보다는 나귀가 많은데 이는 더운 성질의 식료가 나귀에게 더 잘 맞기 때문

---

*6 per rinfrescar. '힘을 내기 위해'라는 의미.

이다.

팔레르모가 있는 평원, 도시 외곽의 아이콜리 지역뿐만 아니라 바게리아의 일부도 거의 패각석회암층이다. 도시가 이런 암석으로 지어졌기 때문에 커다란 채석장도 드문드문 눈에 띈다. 펠레그리노 산 부근의 어떤 채석장은 깊이가 50피트를 넘는다. 지층 아래쪽은 색이 흰 점토가 섞였으며 석화된 산호초와 갑각류가 있다. 맨 위쪽에는 붉은 점토가 있고, 조가비는 섞이지 않았다.

몬테펠레그리노 산은 이 모든 점에서 단연 으뜸이다. 이 산은 오래된 석회암층으로 이루어져 있으며 구멍과 갈라진 틈이 많다. 자세히 들여다보면 고르지는 않지만 지층의 질서에 따르고 있다. 암석은 단단하고 두드리면 소리가 잘 울린다.

1787년 4월 5일 목요일, 팔레르모

우리는 특별히 도시를 돌아다니며 관찰을 했다. 건축 양식은 거의 나폴리와 비슷하지만, 공공기념물, 예를 들면 분수 같은 기념물들은 미적 감각이 뛰어나다고는 할 수 없다. 이곳은 로마처럼 체계적인 예술정신 따위는 없다. 건축물은 우연으로 이뤄진 형상이며 현존이다. 시칠리아에 아름답고 다채로운 대리석이 없었더라면, 그리고 동물 조각하는 데 숙련된 어떤 조각가가 그 무렵 인기가 없었더라면, 섬 사람 모두가 찬탄해 마지 않는 분수는 만들어지지 않았을지도 모른다.

그 분수의 모양을 글로 표현하기는 어렵다. 적당한 넓이의 광장에 동그란 받침대, 벽, 가장자리 장식도 모두 색깔 있는 대리석 돌림띠로 이루어진 그리 높지 않은 둥근 건축물이 있다. 석벽에는 열지어 몇 개의 움푹한 벽감*7이 있고, 거기에 흰 대리석으로 잘 조각된 여러 동물들이 머리를 내밀고 있다. 말·사자·낙타·코끼리가 번갈아가며 나타나, 이런 동물 전시장 배후에 분수가 있으리라고는 전혀 예상하지 못했다. 넉넉하게 제공되는 분수의 물을 긷기 위해서는 네 곳에 난 빈틈에 있는 대리석 계단으로 올라가면 된다.

---

*7 壁龕(영어로는 niche). 건축 용어. 벽면에 움푹하게 들어간 부분. 그 안쪽은 보통 조각상이 놓여진다. 서양 건축에서 장식을 목적으로 벽면을 부분적으로 오목하게 파서 만든 감상의 장치로서, 조각품·꽃병 등을 놓아 장식하며 종교 건축에서는 신앙 대상을 안치하기도 한다.

팔레르모, 프레토리아 광장 분수대

　성당마다 화려함을 좋아하는 예수회의 취향이 잘 드러난 점은 비슷하지만, 이는 원칙이나 의도가 없는 우연에 지나지 않는다. 당대의 수공업자, 형상 조각가, 잎무늬장식 조각가, 도금사, 칠 장인, 대리석공 등이 취향이나 지도도 없이 한 장소에 몰아놓은 것이나 다름없다.

　그럴 경우에 잘 조각된 동물 머리에서 사람들은, 자연스런 것을 모방하는 능력을 발견하여 틀림없이 놀라워할 것이다. 대중들에게 있어서의 예술적 즐거움이란 원형과 본뜬 것을 원형과 비교하는 데 있기 때문이다.

　저녁 무렵, 이런저런 사소한 물건들을 구입하기 위해 큰길 가에 있는 조그만 가게에 들어갔다가 기분 좋은 만남을 이루게 되었다. 물건을 구경하려고 가게 앞에 서 있는데 갑자기 불어온 돌풍이 소용돌이치면서 가게와 창문에 자욱하게 먼지를 날렸다. 나는 이렇게 소리쳤다.

　"이보시오! 이 더러운 먼지는 대체 어디서 오는 겁니까. 없앨 수는 없습니까? 이 거리는 길이로 보나 아름다움으로 보나 로마 코르소와 견줄 만합니다. 길 양쪽은 가게와 공장주들이 날마다 깨끗하게 쓸지만, 가운데는 늘 지저분하고 조금만 바람이 불어도 쓰레기들이 흩날려 큰길을 더럽힙니다. 나폴리에서는 부지런한 나귀들이 날마다 쓰레기를 뜨락과 들판으로 나르는데, 여기서도 그런 대책이 있어야 하는 게 아니오?"

그러자 가게 남자가 대꾸했다.

"다른 방법이 없어요. 우리가 집 밖으로 내던지면 문 앞에 쌓여서 바로 썩어 버리지요. 보시다시피 이렇게 짚과 갈대, 음식물 쓰레기와 온갖 오물이 쌓여 있는데, 이것들이 바짝 말라 먼지가 되어 우리에게 되돌아오는 거지요. 우리는 종일 여기에 맞서야 한답니다. 아무리 고급 빗자루를 사용해 봤자 금세 닳아 버리고 집 앞에 오물만 더욱 쌓여갈 뿐이에요."

우스운 이야기지만 사실이다. 이들은 조금만 손보면 부채로도 쓸 수 있는, 고급 당종려나무*8 빗자루를 사용하고 있었는데, 이 빗자루가 어찌나 빨리 닳아 버리는지 몽당 빗자루가 수천 개나 길거리에 버려져 있었다.

그것에 대해 아무런 대비책이 없냐고 거듭 묻자, 그는 이렇게 말했다.

"사람들 말로는 거리 청소를 맡고 있는 관리들이 큰 세력을 갖고 있는데, 그 때문에 법대로 청소 비용을 그쪽에 달라고 요구할 수 없다고 합니다. 저 더러운 짚더미를 없애면 밑에 있는 포장도로가 얼마나 허술하게 만들어졌는지 드러나기 때문에 부정하게 사용한 금전 문제까지 탄로날 가능성이 있으니까요."

그러나 이런 모든 이야기는 나쁘게 생각하는 쪽의 해석일 뿐이라고 그는 익살맞은 표정으로 덧붙여 말했다. 그의 생각은 다음처럼 주장하는 사람들의 견해와 같다고 했다. 귀족들은 보통 저녁때마다 마차 행차에 나서는데, 편안한 승차감을 위해서는 탄력 있는 바닥이 필요하므로 이러한 부드러운 깔개를 좋아한다는 것이다. 어쩔 수 없는 일을 우스개로 삼는 그의 유머스런 모습이 재미있게 느껴졌다. 그러고 나서 그는 다시 경찰의 몇 가지 악습들을 조롱삼아 이야기했다.

---

*8 唐棕櫚. 야자나무과의 상록 묘목. 중국 원산이다. 일본 원산인 종려나무(T. excelsa)와 비슷하나, 꼭대기의 손바닥 모양의 잎이 약간 더 크고 잎자루가 짧으며 잎 끝이 늘어지지 않는 점이 다르다. 줄기의 생장이 늦고, 내한성(耐寒性)이 비교적 강하다. 따뜻한 지방에서는 대부분 정원용이지만 한국에서는 주로 온실에서 관상용으로 가꾼다.

펠레그리노 산에 있는 성 로살리아 수도원, 장 피에르 위엘 그림

1787년 4월 6일, 팔레르모

팔레르모의 수호 성인인 성 로살리아*[9]에 대해서는 브라이든*[10]이 그녀의
축일을 묘사한 글이 잘 알려져 있으니, 로살리아가 특히 추앙받는 장소에 대해
읽어보는 일도 분명 벗들을 즐겁게 해 줄 것이다.

거대한 암반덩어리인 몬테펠레그리노 산은 높다기보다는 널찍하다고 할 수
있는데 팔레르모 만 북서쪽 끝에 위치해 있다. 그 아름다운 모습은 글로 표현
할 수 없을 정도이다. 《그림처럼 아름다운 시칠리아 여행기》*[11]에서 불완전하나

---

*9 St. Rosalia. 1624년 몬테 펠레그리노의 한 동굴에서 처음 유골이 발견되었다. 팔레르모를 흑
    사병에서 구했다고 전해지며, 매년 7월 14일이면 팔레르모 시민들은 시내를 가로지르는 행
    렬과 축제로 성녀를 기념한다.

*10 패트릭 브라이든(1740~1818). 자연과학자. 1767년부터 1771년까지 이탈리아를 여행하고 시
    칠리아와 몰타를 여행한 내용을 윌리엄 베크퍼드에게 편지로 알려주었다.

*11 Voyage pittoresque de la Sicile. 1781년 파리에서 출판된 생트농 수도원장의 저서 〈Voyage
    pittoresque ou description des Royaumes de Naples et de Sicile〉의 호화판을 일컫는다.

마 그곳을 묘사한 대목을 볼 수 있다. 선사시대의 회색 석회암으로 이루어진 이 산은 나무 한 그루 없이 온통 바위로만 뒤덮여 있어 초목이 자라지 않으며, 평평한 지대에도 잔디나 이끼로 덮여 있을 뿐이다.

17세기 초, 사람들이 이 산의 어느 동굴에서 로살리아 성인의 유골을 발견해 팔레르모로 가져왔다. 그 뒤 도시에 퍼졌던 페스트가 사라져 버렸다고 한다. 로살리아는 이때부터 민중의 수호성인이 되었으며 교회를 세우고, 그녀를 기리는 화려한 축제가 치러지기 시작하였다.

신앙이 깊은 사람들은 부지런히 산에 올라 참배했기 때문에, 많은 돈을 들여 도로를 깔았다. 그것은 마치 수로처럼 기둥과 아치 위에 만들어졌는데 양쪽 절벽 사이를 지그재그로 올라가도록 되어 있다.

성녀가 속세를 떠나 은둔생활을 했음을 기리는 화려한 축제보다는 성인이 피신해 있던 예배소에 참배하는 것이 한결 더 어울리는 일이다. 초기의 기부자들과 열정적인 신봉자들의 희생을 기반삼아 1800년 동안 재산과 호화로운 의식과 환락을 쌓아온 모든 그리스도 교회에서, 이처럼 순수하게 마음을 담아 장식되고 경배되는 성지는 찾아볼 수 없을 것이다.

산에 올라 하나의 바위 모서리를 돌면 깎아지른 듯한 암벽과 마주하게 되는데, 교회와 수도원은 이 암벽에 매달리듯 자리하고 있다.

교회 외벽에는 마음을 끌거나 기대를 갖게 하는 것은 아무것도 없다. 그러나 무심코 문을 열고 안에 들어가 보면, 그 경이로운 내부 모습에 놀라움을 금할 수 없다. 교회의 폭 방향으로 길게 뻗은 넓은 홀은 본당 회중석 쪽으로 트여 있고, 홀 안에는 평범한 성수반과 몇 개의 고해석이 보인다. 회중석은 천장이 없는 뜰로 되어 있으며, 오른쪽에는 험준한 바위가 있고, 왼쪽은 죽 이어지는 회장으로 막혀 있다. 뜰에는 빗물이 빠지게끔 석판을 비스듬히 깔아놓았다. 가운데쯤에는 조그만 분수가 마련되어 있다.

동굴은 자연 그대로의 형태를 훼손하지 않고 성가대석으로 만들어졌다. 계단을 오르면 성가집이 놓인 큰 탁자가 있고, 양쪽에 성가대 의자들이 놓여 있다. 뜰에서 비쳐들어오거나 회중석으로 내리비치는 햇살이 이 모든 것을 환하게 비춰 준다. 그리고 어두컴컴한 동굴 안쪽 깊숙한 곳 중앙에 대제단이 자리하고 있다.

앞서 말했듯이 동굴에는 사람 손이 닿은 곳은 없지만, 바위에 계속 물이 떨

성 로살리아 수도원 동굴교회 내부

어지므로 이 장소를 건조하게 유지할 필요가 있었다. 그래서 납으로 홈통을 만들어 바위 모서리에 대고 다양한 모양으로 이리저리 연결해 놓았다. 홈통은 위쪽은 넓고 아래쪽은 뾰족한 모양인데다, 얼룩덜룩하게 녹색 페인트를 칠해 놓아서 동굴 안은 마치 커다란 선인장들이 무성하게 자라고 있는 듯이 보였다. 물은 일부는 옆쪽으로 흘러가고, 일부는 뒤쪽 깨끗한 그릇으로 흘러들어가는 데, 신자들은 이 물을 떠다가 온갖 악행을 물리치는 데 사용한다.

이런 것들을 자세히 살펴보느라 정신이 없었는데, 한 성직자가 내게 다가와 혹시 제노바 사람이 아닌지, 미사를 드리고 싶은지를 물었다. 그래서 나는 제노바에서 오지는 않았지만 제노바 사람과 함께 팔레르모로 왔으며, 그 사람은 축일인 내일 올라온다고 대답했다. 우리 가운데 한 사람은 집에 있어야 하기 때문에 오늘은 내가 와서 구경하는 것이라고 덧붙였다. 그러자 그는 자유롭게 둘러보고 미사를 드려도 좋다고 했다. 그리고 동굴 왼쪽에 위치한 제단을 가리키며 특별히 지성소라고 일러주고는 내 곁을 떠났다.

나는 잎사귀 모양의 황동 장식에 난 틈으로 제단 아래의 등이 깜박이며 빛을 내는 것을 보고 그 앞으로 바싹 다가가 무릎을 꿇고 그 안을 들여다보았다. 안에는 섬세하게 엮은 구리 철사가 그물 모양으로 설치되어 있어, 마치 베일을 통해 대상을 바라보는 것 같았다.

두세 개의 램프에서 비쳐나오는 은은한 불빛을 받으며 내 눈에 들어온 것은 아름다운 여인이었다. 그녀는 마치 황홀경에 빠진 듯 반쯤 눈을 감고, 여러 개의 반지를 낀 오른손으로 아무렇게나 머리를 비스듬히 받친 채 누워 있었다. 제대로 살펴볼 수는 없었지만 매우 관능적인 모습이었다. 그림이 너무나 매혹적이라 더 이상 바라볼 수 없을 정도였다. 도금한 양철로 만들어진 그녀의 옷은 진짜 금으로 만든 것처럼 보였다. 흰 대리석으로 만든 머리와 손은, 우아하다고는 할 수 없지만 자연스럽고 호감이 가게 만들어져 당장이라도 숨을 쉬면서 몸을 움직일 것 같다는 착각이 들 정도였다. 그녀 곁에는 작은 천사가 서서 백합 줄기로 시원한 바람을 일으켜 주고 있었다.

그러는 동안 동굴 안으로 들어온 성직자들이 자리에 앉아 저녁 예배를 드리기 시작했다.

나는 제단 맞은편 의자에 앉아 잠시 그들의 찬송에 귀 기울였다. 그런 다음 다시 제단으로 다가가 무릎 꿇고 아름다운 성녀의 그림을 좀 더 자세히 감상했다. 나는 그림 속 인물과 배경의 매력적인 환영에 완전히 매료당했다.

성직자들의 찬송 소리가 동굴 속으로 사라지고, 물은 제단 옆 수조 안으로 흘러 들어갔으며, 본당 앞뜰에 튀어나온 암석들이 이런 정경을 에워싸고 있었다. 이는 인적이 끊긴 것 같은 사막의 위대한 정적이자, 자연 그대로인 동굴의 위대한 순수였다.

가톨릭, 특히 시칠리아 특유의 예배용 장식품도 여기에서는 자연의 소박함에 가장 가까운 상태이며, 잠자는 미녀의 모습에서 느껴지는 환영은 수련을 쌓은 사람의 눈에도 매력적일 것이다. 어쨌든 나는 발길을 돌리기가 아쉬워 밤늦게서야 팔레르모에 도착했다.

1787년 4월 7일 토요일, 팔레르모

선착장 바로 옆에 있는 공원에서 나는 느긋하게 조용히 마음을 가라앉히며 즐거운 시간을 보냈다. 이곳은 세상에서 가장 놀라운 장소이다. 한결같이 잘 꾸며진 이 공원은 마치 선경과 같은 느낌이 든다. 나무를 심은 지 그리 오래되지 않은 것 같은데도 공원에는 고풍스러운 느낌이 감돌았다. 녹색띠를 두른 듯한 화단의 가장자리는 이름 모를 수목들이 둘러쌌고, 레몬나무 울타리는 아치형으로 나지막하게 잎사귀를 늘어뜨리고 있다. 패랭이꽃 같은 붉은 꽃들로 무수히 장식된 높은 협죽도 담벼락이 시선을 끈다. 그리고 열대 지역에서 온 듯한 이파리 없는, 낯선 나무들이 기묘한 모양으로 가지를 뻗고 있다. 평평한 공간 뒤편으로 솟아오른 암석층에 올라서니 괴상하게 엉켜 자라는 수목들이 눈에 들어오고, 금붕어와 잉어들이 사랑스럽게 헤엄치는 커다란 연못이 눈에 띈다. 물고기들은 이끼가 낀 갈대 속에 숨었다가 빵 조각에 이끌려 떼를 지어 모여들기도 한다. 식물은 어느 것이나 우리에게 익숙지 않은 초록빛을 띠는데, 우리나라에서보다 노랗거나 푸른빛이 더 진한 것도 있었다. 그러나 모든 식물 위에 퍼져 있는 짙은 안개가 더없이 기묘한 매력을 갖게 해준다. 안개가 너무 두드러지는 작용을 하기 때문에 몇 걸음만 뒤로 물러나 있어도 이 대상들은 뚜렷한 담청색으로 구별되어 마침내 독특한 색상을 잃어 버리거나 본디 색보다 진한 청색으로 보인다.

이러한 안개가 멀리 떨어져 있는 선박이나 곶에 얼마나 새로운 인상을 주는지에 대해 화가로서 눈여겨볼 만한 가치가 있다. 이로써 원근 구별을 정확하게 할 수 있을 뿐 아니라 거리까지도 측정할 수 있으며 언덕으로 나가는 산책도 무척 매력적인 일이 되었다. 눈에 보이는 것은 더 이상 자연이 아니라 재능이 매우 뛰어난 화가가 인위적으로 덧칠을 하여 서로 단계를 나누어 놓은 것 같은 그림들일 뿐이었다.

그러나 이 불가사의한 공원의 인상은 마음속에 무척 깊이 아로새겨졌다. 북쪽 수평선에 보이는 거무스름한 파도, 굽은 만에 끊임없이 부딪쳐오는 파도, 그리고 안개 낀 바다 특유의 냄새조차 나의 감각에도, 축복받은 페아케 사람들*12의 이야기를 내 기억 속에 불러일으켰다. 서둘러 호메로스의 책을 한 권 사서 경건한 마음으로 그 시를 읽고 번역해서 크니프에게 낭송해 주었다. 오늘

---

*12 페아케족, 또는 페아케인이라고도 한다. 호메로스의 《오디세이아》에 나오는 인민으로 셰리아 섬에서 근심 걱정 없이 사는 사람들이다. 다른 한편으로는 '죽은 자를 실어 나르는 사공들'을 의미하기도 한다.

힘든 하루 동안의 피로를 풀기 위해 시낭송을 듣고 질 좋은 포도주를 마시면서 느긋하게 휴식을 취할 수 있게 될 것이다.

1787년 4월 8일 부활절, 팔레르모

주님의 경사스러운 부활을 축하하는 행사들이 동이 트면서부터 시끌벅적하게 시작되었다. 폭죽, 도화선 폭죽, 딱총 등으로 성당 문 앞에서 불꽃놀이가 벌어지는 사이 신도들이 열린 정문으로 모여 들었다. 종소리와 오르간 소리, 축제 행렬의 합창과 이에 화답하는 성직자들의 노랫소리는 이런 소란스러운 의식에 익숙하지 않은 사람들의 귀를 먹먹하게 했다.

새벽 미사가 채 끝나기도 전에 옷을 잘 차려입은 총독의 시종 두 사람이 여관으로 찾아왔다. 이들은 두 가지 목적으로 왔는데, 축제를 맞이해 외국인들에게 축하 인사를 하면서 기부금을 받으려는 것이었고 다른 하나는 나를 식사에 초대해 기부금을 높여보려는 의도였다.

나는 오전 중에 여러 교회를 돌아다니며 사람들의 얼굴과 모습들을 관찰했고, 마차를 타고 도시 위쪽에 자리한 총독의 궁전으로 갔다. 조금 일찍 도착했기 때문에 널따란 홀은 여전히 텅 비어 있었다. 작고 쾌활한 남자*[13]가 다가왔는데, 몰타 기사단 소속임을 바로 알 수 있었다.

그는 내가 독일인임을 알고, 자기도 얼마 동안 에어푸르트*[14]에서 참으로 즐거운 시간을 보냈다며 그곳 소식에 대해 아는 게 있는지 물었다. 그래서 다혜뢰텐 가문과 부총독 달베르크에 대해 묻는 그에게 자세한 소식을 알려주자, 그는 매우 흡족해하면서 튀링겐에 대해서도 물었다. 그는 예사롭지 않은 관심을 보이며 바이마르에 대해서도 이것저것 물었다.

"독일에 있을 때, 젊고 발랄했던 사람으로, 사람들을 기쁘게도 슬프게도 만들었던 그분은 어떻게 지내는가요? 이름은 잊어버렸지만 그《젊은 베르테르의 슬픔》의 작가라면 당신도 알만하겠지요?"

나는 주저하듯 잠시 뜸을 들인 뒤 이렇게 답했다.

"당신이 말씀하신 사람이 바로 접니다."

그는 깜짝 놀란 표정을 그대로 드러내고 한 걸음 물러서며 외쳤다.

＊13 스타테라 백작을 가리킨다. 이 백작은 그 뒤 바이마르를 방문한다.
＊14 Erfurt. 독일 튀빙겐 주의 주도로 오래된 중세도시라 성당이며 고풍스런 건물들이 많다.

시칠리아 만, 괴테 그림

"이런 정말 많이 변하셨군요!"

나는 또 대답했다.

"그렇습니다. 바이마르에서 팔레르모까지 오는 동안 많이 변했습니다."

그때 총독이 시종을 거느리고 안으로 들어왔다. 신분에 걸맞게 품위가 있으면서도 거침없는 행동이었다. 여기서 나를 본 것에 계속 놀라움을 감추지 못하는 듯한 말을 늘어놓는 몰타의 기사를 보고 총독 또한 기쁨을 감추지 못했다. 연회 때 내 옆자리에 앉은 총독은 여행 목적에 대해 물어 보고, 팔레르모에서 무엇이든 볼 수 있게끔, 그리고 시칠리아를 여행하는 동안 온갖 편의를 제공해 주도록 명령을 내리겠다고 약속했다.

1787년 4월 9일 월요일, 팔레르모

오늘 우리는 팔라고니아 공자*15의 몰상식한 행동에 온 하루 시달려야 했다. 그의 바보스러움은 읽고 들었지만 상상했던 것과는 완전히 딴판이었다. 부조리한 일을 변명하려 드는 사람은, 진리에 대한 사랑이 아무리 크다 해도 끝내는 궁지에 내몰리는 법이다. 그런 사람은 상식 밖의 일에 어떤 개념을 부여하려고 하지만, 사실은 아무 의미 없는 것을 대단한 것처럼 보이기 위해 억지로 꿰어 맞추는 것에 지나지 않는다. 여기서 나는 또 하나의 일반적 고찰을 말해

---

*15 페르난도 프란체스코 그라비나 크루이라스 에드 아그리아타. 공상적이고 기발한 그의 별장은 팔레르모 동쪽, 바가리아라고 하는 작은 도시에 있었다.

두고자 한다. 취향이란 저속하든 훌륭하든 한 인간이나 한 시대에서 직접 나오는 것이 아니며, 주의를 기울여 보면 명백히 둘 모두로부터 비롯한다.

팔레르모의 저 분수는 팔라고니아식 몰상식한 행위의 원조 가운데 하나이다. 자기 소유 땅에 있으므로 자유롭게 제멋대로 기를 펴고 있는 게 다를 뿐이다. 여기서 사건 성립 경과를 하나하나 풀어 가려고 한다.

이 지역의 별장들은 어느 정도 차이는 있지만 자기 소유지의 가운데쯤에 있다. 그래서 별장에 이르기 위해서는 경작지, 채소밭 및 유용한 농지를 지나야 한다. 그것은 눈을 즐겁게 하기 위해 열매 맺지 않는 관목을 심어 넓고 훌륭한 토지를 공원이나 유원지로 만드는 북쪽 사람들보다 더 경제적이라는 사실을 보여 준다. 그 대신 남쪽 사람들은 두 담을 세워 그 사이를 지나 성에 다다르게 해놓았기 때문에 양옆에 무슨 일이 벌어지는지를 전혀 알 수 없다. 이런 길은 보통 커다란 정문이나 아치형 홀에서 시작되어 저택 뜰 앞에서 끝난다. 이런 담벼락을 지나는 동안 눈요기를 할 수 있도록 위쪽이 휘어지고 소용돌이 무늬나 받침대로 장식되어 있으며, 그 위의 여기저기에 꽃병이 놓여 있다. 벽은 구획을 나누어 칠했다. 저택의 뜰에는 하인과 일꾼들이 머무는 단층집들이 원을 이루고, 사각형 모양 저택이 이들 위로 높이 솟아 있다.

이것이 전통적인 설계 방법인데, 옛날 팔라고니아 공자의 아버지가 이 저택을 건축했을 때까지도 존재했던 것 같다. 이것이 최고라 할 수는 없어도 그럭저럭 견딜 수 있을 정도의 설계이다. 그런데 지금 소유주가 일반적인 원칙을 지키지 않고 자신의 욕구와 열정만을 마음껏 휘두르는 탓에 볼품 없고 저속한 건물로 완성되어 버렸다. 조금이라도 그의 상상력을 인정해 주는 것은 과분한 찬사이다.

소유지의 경계를 이루는 커다란 홀에 들어서자 매우 높은 팔각형 건물이 보였다. 근대식 각반에 단추를 채운 네 거인이 돌림띠를 떠받치고, 그 위 현관 맞은편에는 삼위일체가 세워져 있다.

저택으로 가는 길은 일반도로보다 폭이 넓으며, 계속 이어진 담벼락은 높은 받침대로 바뀌었다. 그 받침대 위에는 훌륭한 초벽이 진기한 '군상'을 받치고 있는데, 여기저기 꽃병들이 놓여 있다. 형편없는 석수가 서툰 솜씨로 만든 조각물은 푸석푸석한 패각 응회암으로 만들어져 더 혐오스러워 보인다. 하지만 더 나은 재료를 썼다면 형태의 무가치함이 더욱 눈에 거슬렸을지도 모른다. 방금 '군

팔레르모 성당

상'이라는 말을 썼는데 그것은 부적절한 표현이다. 이런 배열은 성찰이나 의도적으로 생겨난 것이 아니라 무작위로 뒤섞어 놓았기 때문이다. 매번 세 개의 상이 그런 사각형 받침과 장식을 이루는데, 이들은 여러 위치에서 합쳐져 사각형 공간을 메우고 있다.

가장 뛰어난 부분은 보통 두 형상으로 이루어지고, 그것의 토대는 받침 앞부분을 거의 차지하고 있다. 조각상의 대부분은 반인반수 형상의 괴물들이다. 받침 뒤편을 채우기 위해서는 두 작품이 더 필요하다. 중간 크기의 작품은 보통 남자나 여자 양치기, 기사나 숙녀, 춤추는 원숭이나 개를 나타낸다. 받침 위에는 또 하나의 틈이 있고 거기에는 한 난쟁이로 채워지는데, 시시한 농담을 할 때면 큰 역할을 한다.

팔라고니아 공자가 갖고 있는 광기의 형태들을 조금이나마 전달하기 위해 다음 목록을 만들어 보았다.

인간부에는 남자와 여자 거지, 스페인 남녀, 무어인, 터키인, 곱사등이, 각종 장애인들, 난쟁이, 악사, 어릿광대, 고대 복장 병사, 신, 여신, 고대 프랑스 의상을 입은 자, 탄약주머니와 각반을 찬 병사, 어릿광대와 함께 있는 아킬레우스와 키론*16 같은 이상한 동반자를 거느린 인물 등이 있다.

＊16 Chiron. 케이론이라고도 한다. 그리스 신화에 나오는 반인반마의 켄타우로스 가운데 하나. 크로노스가 아내 레아의 눈을 속이기 위해 말로 변장해서 오케아노스의 딸 필리라와 낳은 아들이라는 설도 있다. 켄타우로스 일족은 야만에 가까운 난폭한 성질을 가졌으나, 케

동물부에는 신체 일부만 등장한다. 사람 손을 가진 말, 반인반마, 일그러진 원숭이, 용과 뱀, 각종 형상에 온갖 앞발, 머리가 두 개인 동물과 머리가 뒤바뀐 동물 등이 있었다.

화병부에는 여러 괴물들과 아래쪽으로 꽃병의 배 부분과 받침에서 끝나는 소용돌이무늬가 있다.

어떤 의무 없이 대량으로 만들어진 이런 물건들이 생각 없이 아무렇게나 배열되어 있으며, 이런 받침대, 주춧돌과 볼품없는 형상들이 알 수 없는 순서로 늘어서 있다. 생각해보면 언짢은 감정을 함께 느낄 것이다. 망상이라는 나뭇가지에 휘둘린다면 누구나 이런 언짢은 감정에 사로잡히니까.

성 가까이 다가가자 팔처럼 생긴 반원형 앞뜰이 펼쳐져 있다. 성 문과 연결된 맞은편 주벽은 성벽처럼 쌓아져 있는데 이곳에서 우리는 이집트적 형상의 벽을 발견했다. 물 없는 분수, 기념물, 주위에 흩어진 꽃병, 입상들이 의도적으로 돌출부에 배치되었다. 뜰에 들어서니 작은 건물들로 둘러싸인 전통적인 원형 형상이 다양성을 잃지 않게 더 작은 반원 모양으로 잘려 있다.

땅에는 대부분 풀이 무성하다. 여기서는 무너져내린 성당 앞마당처럼 신부들이 쓰던 이상한 나선무늬 대리석 꽃병과 난쟁이들, 새시대의 산물이라 할 수 있는 보기 흉한 형상들이 아직까지 제자리를 못 찾고 어수선하게 뒤섞여 있다. 심지어 어떤 정자 앞에는 오래된 꽃병과 나선무늬 장식 암석이 뒤섞여 방치되어 있다.

작은 집들의 장식 테가 이쪽저쪽으로 완전히 기울어져 있는 데서 이런 저속한 취향이 빚어낸 사고방식의 불합리성이 뚜렷하게 드러난다. 모든 조화의 근본이자 우리를 사람답게 만들어 주는 인간 고유의 수평과 수직 감각이 파괴되고 기만당한다. 그런데 이런 일련의 지붕에도 히드라와 조그만 흉상, 음악을 연주하는 원숭이 합창단, 그와 같은 기상천외한 형상들이 가장자리를 꾸며주고 있다. 신과 번갈아 나타나는 용, 천구 대신 포도주통을 떠받친 아틀라스 신이 있는 것이다.

이 모든 것에서 벗어나기 위해, 신부가 세우고 비교적 합리적인 외관을 갖

___

이론은 선량하고 정의를 존중하는 온화한 성격이었다고 한다. 의술과 예언·음악·사냥 등에 뛰어나 그리스 신화에 등장하는 많은 영웅들이 그의 가르침을 받았다. 신의 아들로 불사의 몸이었던 그는 제자 헤라클레스의 독화살에 맞아 죽음을 맞이한다.

팔라고니아 공자 저택

췄다는 저택에 가보니 정문과 가까운 곳에 돌고래를 타고 앉은 난쟁이 형상 위에, 월계수 화환을 쓴 로마 황제의 머리가 있다.

나는 겉모습을 보고 난 뒤 내부를 기대했지만 저택 안에서는 공자의 열기가 미쳐 날뛰기 시작한다. 의자다리도 고르지 않아 누구도 자리에 앉을 수 없다. 저택 관리인은 벨벳 쿠션에 가시가 있을지 모르니 의자에는 앉지 말라고 경고한다. 구석에는 팔이 여러 개 달린 중국산 자기촛대들이 늘어서 있는데, 자세히 보면 사발, 찻잔과 찻잔 받침대 등을 서로 붙여 만든 것이다. 조금이라도 생각하고 만든 흔적은 찾아볼 수조차 없다. 또한 경치가 뛰어난 곳 너머 바다 쪽을 바라보려 해도 유리창에 색칠이 되어 있어 제대로 볼 수가 없다. 유리창의 색조로 인해 이 지역은 차갑게 식기도 하고 뜨겁게 불타오르기도 한다.

또 금박을 입히고 짜 맞춘 낡은 틀에 널빤지를 대어 만든 장롱 이야기도 안할 수 없다. 이 모든 훌륭한 조각의 모범들, 오래된 것이든 최근의 것이든, 조금은 먼지가 끼고 손상된 도금의 여러 색깔들이 전부 조잡스럽게 뒤엉킨 채 벽을 뒤덮고 있어 잡동사니 수집상 같은 인상을 준다.

해 질 녘의 시칠리아 해변, 괴테 그림

이 성당을 묘사하려면 노트 한 권이 필요할 것이다. 이곳에 오면 맹신에 빠진 사람의 미치광이 같은 모습이 어디까지 갈 수 있는지를 알게 된다. 잘 못된 열정이 얼마나 우스운 결과를 불러오는가에 대해서는 추측에 맡기기로 하고 나는 가장 좋은 것만을 알려 주고자 한다. 이야기하자면 상당한 크기의 십자가 조각이 자연스레 색칠되고, 도금을 곁들인 그리스도 상 배꼽에는 갈고리가 박혀 있으며, 거기서 내려온 쇠사슬이 공중에 매달려 무릎 꿇고 기도하는 남자의 머리에 이어져 있다. 성당의 다른 그림들과 마찬가지로 색칠되고 유약이 발린 이 남자 상은 아마 소유자의 변치 않는 믿음을 뜻하는 것 같다.

게다가 저택은 완공된 게 아니다. 신부에 의해 화려하고 다채롭게 구상되었지만 눈에 거슬리지 않게 장식된 큰 홀은 미완성인 채로 남아 있다. 공자의 한없이 몰상식한 행위로 그 어리석음을 끝까지 펼칠 수 없었던 것 같다.

이런 정신병원 같은 곳에 들어오자, 예술 정신이 자포자기 상태에 빠져버리고만 크니프는 처음으로 신경질을 부렸다. 내가 이런 기괴한 창조의 요소들을 하나하나 머리에 떠올리고 도식으로 그리려고 하자 그는 나를 재촉하며 앞으로 나아갔다. 그래도 마음씨 착한 그는 배열된 그림들 가운데 특징 있는 하나를 기어코 스케치해 냈다. 그것은 안락의자에 앉아 있는 말머리 부인 그림으로, 그녀의 맞은편 아래쪽에는 구식 옷을 입고 독수리머리, 왕관, 커다란 가발을 쓴 기사가 카드놀이를 하고 있다. 뜻밖이지만 무척 진기한 팔라고니아

시칠리아 풍경, 괴테 그림

집안의 문장을 연상케 하는데, 그 문장은 숲의 신 사티로스*[17]가 말머리 부인에게 거울을 내미는 그림이다.

1787년 4월 10일 화요일, 팔레르모

오늘 우리는 마차를 타고 몬레알레*[18]에 올라갔다. 그 길은 수도원 원장*[19]이 엄청난 부를 누릴 무렵 건설되었다. 넓고 곳곳에 나무들이 심어져 있고 분수와 펌프식 우물이 남달리 눈에 띄었다. 분수와 우물은 팔라고니아식 나선무늬나 소용돌이무늬로 꾸며졌는데 사람과 동물들에게 힘을 갖도록 해주기

---

*17 Satyr, Saturos. 그리스 신화에 나오는 반인반수 괴물. 얼굴은 사람 모습이지만 머리에 작은 뿔이 났으며, 하반신은 염소의 모습을 하고 있다. 술의 신 디오니소스의 시종으로서 디오니소스 숭배를 상징하는 지팡이나 술잔을 든 모습으로 그려지기도 한다. 고대 이집트의 신 베스가 원형이라는 견해도 있으며, 로마 신화에 나오는 파우누스와 동일시된다.
*18 Monreale. 이탈리아 시칠리아 주 팔레르모 남서쪽에 있는 도시, 시가는 베네딕토파의 몬레알레 수도원을 중심으로 발달했다. 이 수도원은 1174년 노르만인 윌리엄 2세가 노르만 양식에 아랍적 특성을 가미하여 건설한 것인데, 오늘은 흔적이 거의 남아 있지 않다.
*19 테스타 수도원장. 1760년 그의 지시로 이 길이 만들어졌다.

팔레르모 인근 풍요로운 골짜기, 크니프 그림

에 충분하다.

언덕에 위치한 산 마르티노 수도원*[20]은 존중할 만한 건축물이다. 하지만 팔라고니아 공자 같은 독신주의자가 무언가 합리적인 것을 만들어 내는 일은 드물다. 많은 사람들이 모여야 교회나 수도원에서 볼 수 있는 훌륭한 건물들을 짓게 된다. 수도자 단체가 그만한 일을 해낼 수 있던 까닭은 이들의 자손이 대대로 이어질 것을 믿고 있기 때문일지도 모른다.

수도사들은 수집품들을 보여 주었는데, 이들은 몇몇 아름다운 고대 유물이나 자연의 산물을 소장하고 있었다. 특히 젊은 여신을 새긴 메달은 넋을 잃게 할 만큼 눈길을 끌었다. 친절한 사람들은 우리에게 이 메달 모형을 본 떠서 주고 싶어했지만 본을 뜨는 데 도움이 될만한 것이 없었다.

그들은 조금 슬픈 표정으로 예전과 오늘을 비교하며 모든 수집품들을 보여 준 뒤, 아기자기한 전망을 즐길 수 있는 쾌적한 작은 방으로 안내했다. 그곳에는 우리 둘을 위한 훌륭한 점심 식사가 준비되어 있었다. 후식이 나오자 수도원장이 최고 연장자인 수도사와 함께 들어와 30분쯤 머물렀다. 우리는 그

---

*20 St. Martin's Charterhouse. 이탈리아 남부 캄파니아 주의 주도 나폴리에 있는 바로크 양식의 옛 카르투지오회 수도원 건물. 6세기에 교황 그레고리오 1세가 세워 1346년에 복원되고, 1770년에 확장되었다. 베네딕토회 소속으로 오늘날에는 산마르티노 국립박물관이 있다.

산 마르티노 수도원

들의 몇몇 질문에 대답하고 나서 더없이 즐거운 기분으로 헤어졌다. 젊은 수도사들은 우리와 함께 전시실로 돌아간 것은 물론, 마차가 있는 곳까지 배웅해 주었다.

우리는 어제와는 사뭇 다른 기분으로 숙소로 돌아왔다. 한편으로는 황당무계한 계획으로 지어진 드넓은 수도원 시설을 보니 슬프고도 안타까운 마음을 금할 수가 없었다.

산 마르티노 수도원으로 가려면 비교적 오래된 석회암산을 올라가야 한다. 사람들은 이 암석을 깨뜨려 잘게 부수고 거기에서 나오는 새하얀 석회를 굽는다. 이때 바짝 말려 다발로 묶은 억세고 긴 풀을 연료로 쓴다. 이렇게 해서 칼카라(석회석)가 만들어진다. 가파른 언덕에 이르기까지 부식토를 이루는 붉은 점토가 깔려 있다. 높은 지대일수록 식물군의 영향으로 검게 변하지 않고 한결 붉은색을 띤다. 조금 떨어진 곳에 진사(辰砂)*21 비슷한 동굴이 보

---

*21 cinnabar. 수정과 같은 결정 구조를 가지는 육방정계에 속하는 광물로 주사·경면주사·단사·광명사라고도 한다. 색깔은 주홍색 또는 적갈색인데, 가루의 색은 심홍색이다.

였다.

수도원은 샘이 많은 석회암질 산악지대 한가운데에 자리하고 있고, 산 주위에는 잘 가꾸어진 경작지가 있다.

1787년 4월 11일 수요일, 팔레르모

도시 외곽에서 중요한 두 곳을 구경한 뒤 궁전으로 들어갔다. 부지런한 시종이 방들과 내부를 안내해 주었다. 그런데 놀랍게도 이제까지 고대 예술품이 진열되어 있던 방은 새 건축 장식이 추가되어 매우 무질서했다. 조각들이 본디 자리에서 치워진 채 천을 덮고 뼈대로 막아 놓았기 때문에 안내자의 호의와 수공업자들의 노고에도 겉핥기식 개념밖에는 얻을 수 없었다. 이런 상황이다보니 예술 정신을 한껏 높여 준 청동 숫양 두 마리가 가장 큰 관심의 대상이 되었다. 양들은 앞발을 앞으로 내민 채 드러누워 있고, 짝을 이루는 머리는 저마다 다른 방향으로 돌리고 있었다. 이는 신화 속 세계의 힘찬 자태를 나타내는데, 프릭수스와 헬레*22를 등에 태워도 끄떡없을 정도로 보인다. 양털은 짧거나 곱슬거리지 않고 물결 모양으로 길게 드리워졌다. 그리스 황금시대의 작품답게 사실적이고 우아하게 만들어졌다. 이것은 본디 시라쿠사 항구에 있었다고 한다.

그러고 나서 시종은 우리를 도시 외곽의 카타콤*23으로 안내했다. 건축학적

---

*22 프릭수스(Phrixus)와 헬레(Helle). 그리스 신화에 등장하는 보이오티아의 왕 아타마스 (Athamas)와 네펠레(Nephele)의 자녀. 옛날 그리스 테살리의 아타마스 왕에게는 프릭수스와 헬레라는 남매가 있었는데, 네펠레에게 무심해진 왕은 테베 왕 카드무스의 딸 이노와 결혼을 하고, 이노는 아이들을 없애려는 음모를 세운다. 네펠레는 신에게 기도를 하고 전령의 신 헤르메스는 날개달린 황금양을 보내 아이들을 구하게 한다. 황금양을 타고 가던 헬레는 기절하면서 바다로 떨어졌는데, 사람들은 그 바다를 헬레스폰트라고 불렀다. 황금양은 프릭수스를 아이에테스 왕이 다스리는 콜키스로 데려가고 왕은 프릭수스를 따뜻하게 맞이해 주었다. 이 황금양은 뒷날 황도 12궁의 양자리의 기원이 되었다. 본문에 나오는 그리스 시대 청동 숫양을 본 괴테는 이 신화를 떠올리고 프릭수스와 헬레를 언급한 것으로 보인다.

*23 Catacomb. 초기 그리스도 교도의 지하 묘지. 나폴리·시라쿠사·몰타·아프리카·소(小)아시아 등에서 볼 수 있는데, 특히 로마 근교에 많다. 본디 그리스어 '카타콤베'로 '낮은 지대의 모퉁이'를 뜻하며, 로마 아피아 가도와 마주한 성 세바스찬의 묘지가 두 언덕 사이에 있었기 때문에 3세기에 이 묘지 위치를 표시하기 위해 이 이름을 쓰게 되었다. 중세까지만 해도 지하 묘지로서 알려진 것은 이 묘지뿐이었으나, 16세기에 초기 그리스도 교도의 지하 묘

괴테가 발견한 청동 숫양, 팔레르모 주립고고학박물관 소장

감각으로 조성된 이곳은, 결코 채석장을 이용한 묘지터가 아닌 것으로 보인다. 꽤 딱딱하게 굳은 응회암과 수직으로 깎아지른 암벽에는 아치형 구멍이 있고, 관들의 내부는 깊게 파여 있다. 몇몇 관들은 서로 포개져 벽돌 공사 지원을 받지 못한 채 덩어리를 이루었다. 위쪽 관은 더 작고, 기둥 위 공간에는 어린이 묘지가 마련되어 있다.

1787년 4월 12일 목요일, 팔레르모

오늘은 토레무차 공자[*24]의 기념물 전시실을 보았다. 실은 썩 내키지 않았다. 이 분야로 아는 것도 없고, 제대로 된 전문가와 애호가들은 그저 호기심에 둘러보는 여행객을 싫어하기 때문이다. 그래도 무슨 일이든 시작은 해야겠기에 따라나서긴 했는데, 뜻밖에도 즐거웠고 꽤 성과가 있었다. 이 오래된 세계에는 흩뿌려 놓기라도 한 것처럼 도시들이 많은데, 가장 작은 도시조차도 예술의 모

지가 발견되고부터는 모든 지하 묘지를 카타콤이라 부르게 되었다. 그리스도 교도에 대한 박해가 심해지면서 지하묘지의 풍습이 더욱 성행한 것으로 짐작되고 있다. 그러나 게르만이 침입한 뒤부터 지하 매장을 하지 않게 되어 카타콤의 존재조차 알려지지 않았다.
*24 가브리엘 란체토트 카스테로. 제사학 방면의 저술가.

든 분야까지는 아니더라도 두세 시기를 귀중한 화폐의 형태로나마 우리에게 남겨주고 있다. 이것이 얼마나 큰 수확인가. 이런 서랍에서 무한히 꽃 피고 열매 맺는 예술의 봄, 보다 고상한 의미에서 행해지는 무한의 봄이 우리에게 미소짓는다. 이제는 생기가 없는 시칠리아 도시의 광채가 이처럼 형식을 갖춘 금속으로 다시 새로이 빛나고 있다.

유감스럽게도 젊은 시절에는 내가 본 것은 아무 의미 없는 가문의 기념주화나 옆모습을 싫증날 만큼 보아온 황제주화뿐이었다. 이런 통치자들의 모습을 인류의 모범적인 형상으로 생각할 수는 없다. 우리의 젊은 시절이, 무형의 팔레스티나와 혼란스러운 로마에 한정되었다는 것은 얼마나 슬픈 일인가. 시칠리아와 근대 그리스가 다시금 내게 활기찬 삶을 소망하게 해줄 것이다.

내가 이런 대상들을 관찰하고도 일반적인 이야기나 늘어놓는 것은 아직 이 분야를 제대로 이해하지 못했다는 증거이다. 그렇지만 다른 것과 마찬가지로 앞으로 차츰 지식을 쌓아갈 것이다.

1787년 4월 12일 목요일, 팔레르모

오늘 저녁 매우 기묘한 방식으로 또 하나의 소망을 이루었다. 나는 큰 거리에 서서 보석상 주인과 서로 농담을 하고 있었는데, 그때 갑자기 옷을 잘 차려입은 키 큰 시종이 다가와 동전과 은화 몇 닢이 담겨 있는 은접시를 내밀었다. 나는 무슨 의미인지 몰라, 상대의 질문을 잘 이해 못하거나 관심이 없을 때 으레 그러듯 목을 움츠리고 어깨를 으쓱해 보였다. 그러자 그는 나에게 다가왔을 때처럼 빠른 걸음으로 다시 돌아가 버렸다. 그런데 맞은편 거리에서 그의 동료가 똑같은 행동을 하고 있었다.

"무슨 일인가요?" 나는 보석상 주인에게 물었다. 그러자 그는 걱정스러운 표정으로 누가 볼세라 조심스레 키 크고 야윈 남자를 가리켰다. 우아하게 차려입은 그는 품위 있고 의젓하게 거리 중앙에 널린 쓰레기 위를 걸어오고 있었다. 그는 잘 손질된 머리, 분을 바른 얼굴로 모자를 팔에 끼고, 실크 옷을 입고, 단도를 옆에 차고, 보석으로 장식된 구두를 신고 있었다. 사람들은 엄숙하고 차분하게 걸어오는 그를 주시했다.

"저분이 팔라고니아 공자입니다." 상인이 말했다. "가끔 도시를 돌며 바바리에서 사로잡힌 노예들을 위한 몸값으로 성금을 모으고 있습니다. 액수는 그리 많지 않아도 이런 일은 기억에 남는 법이니까요. 가끔은 생전에 망설이던 사람들이 막대한 금액을 유산으로 남기기도 하지요. 벌써 몇 년 동안 공자는 이런 일을 해오면서 많은 선행을 베풀었습니다!"

"별장의 그 바보같은 공사에 돈을 쓰느니 이런 선행에 썼어야지요. 만일 그렇게 했다면 세상의 어떤 영주도 그보다는 더 많이 베풀지 못했을 겁니다." 내가 소리쳤다.

그러자 상인은 이렇게 말했다. "인간이란 다 그렇죠. 어리석은 일에는 기꺼이 자기 돈을 내지만, 좋은 일에는 다른 사람들에게 돈을 내게 하니까요."

1787년 4월 13일 금요일, 팔레르모

시칠리아 광물계에서는 보르흐 백작*25이 우리보다 먼저 열심히 연구를 하고 있었다. 그러므로 같은 목적으로 섬을 찾는 사람은 그에게 깊이 감사를 표할 것이다. 나는 어떤 선구자가 행한 일을 기억하고 축하하는 것을 의무이자 기쁨이라 여긴다. 나 같은 사람도 여행에 있어서나 인생에 있어서 먼 훗날 다른 사람들의 선구자가 될 수 있을까!

나에게는 백작이 행한 일이 그의 지식보다 더 위대하게 보인다. 백작은 중요한 대상을 다룰 때 필요한 겸손함, 진지함과는 상반되는 하나의 자기만족으로 일처리하고 있었다. 하지만 나는 그의 저서 시칠리아 광물계의 사절판 책자에서 얻은 바가 매우 컸다. 그리고 그 책을 읽고 준비를 단단히 한 다음 보석 연마 석공들을 찾아갔기 때문에 내게는 많은 도움이 되었다. 연마석공들은 이전에 성당과 제단을 대리석이나 마노로 덮어야 했을 때 요즘보다 더 바빴던 것은 사실이지만, 이들은 지금도 손기술로 계속하고 있었다. 나는 이들에게 부드러운 돌과 단단한 돌의 견본을 주문했다. 대리석과 마노를 구별하는 주된 이유는 가격이 달리 정해지기 때문이다. 하지만 이들은 그 밖에도 석회 가마의 불에서 생성되는 어떤 생산물을 이용하는 방법도 알고 있다. 이 가마에서 구워진 뒤 담청색에서 암청색으로, 그러니까 매우 거무스름한 색으로 옮겨가는 모조 보석용 유리가 발견된다. 이러한 덩어리들은 다른 암석처럼 얇은 판으로 쪼개서 색상과 순도에 따라 평가하는데, 청금석 대신에 제단, 묘석 및 그 외의 성

---

*25 1782년 《시칠리아 및 말타에 관한 1777년의 통신》을 출판한 자연과학자.

당 장식물을 꾸밀 때 유용하게 쓸모있다.

내가 원하는 만큼 완전히 수집하지는 못했지만, 먼저 나폴리 숙소로 그것들을 보낼 것이다. 마노는 비할 데 없이 아름다운데, 특히 고르지 않은 노란색이나 붉은색 벽옥 반점이 흡사 얼어붙은 듯 흰 석영과 번갈아 나타나고, 그럼으로써 더없이 아름다운 효과를 불러일으킨다.

얇은 유리창 뒷면에 유약칠을 해 만든 마노의 모방품은, 예전에 팔라고니아의 터무니없는 짓거리에서 발견해 낸 것 가운데 유일하게 제대로 얻은 물건이다. 장식적인 면에서는 이런 유리판이 진짜 마노보다 더 아름답다. 진짜는 작은 파편을 접합해서 만들어야 하는데, 모조품은 판의 크기를 건축가의 필요에 따라 정할

팔레르모

수 있기 때문이다. 이러한 예술품은 모방할 만한 가치가 충분하다.

1787년 4월 13일, 팔레르모

시칠리아 없는 이탈리아는 내 마음속에 아무런 감상을 남기지 못한다. 여기에 모든 것에 대한 열쇠가 있다.

기후에 대해서는 아무리 칭찬해도 모자라지 않을 정도이다. 요즘은 우기지만 계속 비가 내리다 그쳤다는 반복하므로 맑을 때도 있다. 오늘은 천둥번개가 쳤다. 모든 만물이 한껏 푸르름을 더해 간다. 아마는 이미 열매를 맺고, 몇몇은 꽃이 한창이다. 낮은 지대에 있는 녹청색 아마밭은 조그만 연못처럼 보인다. 매력적인 대상들이 헤아릴 수 없이 많다! 나의 동료는 뛰어난 사람이고, 내가 성실하게 트로이프로인트 역할을 하는 한 그는 참된 호페구트*26이리라. 그는 이

---

*26 Treufreund & Hoffegut. 고대 그리스 최대의 희극작가 아리스토파네스의 《새 *Die Vögel*》를 괴테가 번역, 각색한 작품에 나오는 등장인물. 원작은 복잡다단한 도시 아테네를 피해 도망가는 두 사람이 새들의 도움을 받아 조용한 주거지를 찾으려 하다가 오히려 신들의 발목을 묶고 우주를 관장하는 거대한 새 국가를 건설해 자신의 세력을 강화시킨다는 이야

미 꽤 멋진 스케치를 했고, 그 최상의 작품들을 함께 가지고 갈 것이다. 언젠가 보물과 함께 행복하게 집으로 돌아갈 생각을 하니 너무나 기쁘다!

이 나라의 먹을 것과 마실 것에 대해서는 아직 이야기하지 않았다. 이는 간단히 표현할 수 있는 부분이 아니다. 정원의 채소들이 훌륭한데, 특히 상추는 그 부드러움과 맛이 우유와 같다. 옛사람들이 왜 그것을 락투카*27라고 불렀는지 알 것만 같다. 기름이며 포도주며 모든 것이 훌륭하다. 준비하는 데 정성을 더 들인다면 금상첨화다. 생선은 무척 연하고 맛이 뛰어나다. 이곳의 쇠고기는 좋은 평가를 받지 못하지만, 최근에 먹은 것은 매우 맛있었다.

점심을 마치고 나자 창가로, 거리로 나간다! 어떤 범죄자가 사면을 받았다고

기로, 인간이 새들과 교류하는 모습을 통해 즐거움과 교훈을 주고 있다. 괴테가 번역, 각색한 작품에 등장하는 트로이프로인트는 아첨꾼, 호페구트는 광대와 같은 인물이다. 본문은 괴테가 성실하게 아첨을 하고 다니는 한, 동료 크니프는 광대 역할을 잘 해낼 것이라는 의미로 해석된다.

*27 lactúca. 라틴어로 상추. 라틴어에서 '락'(lac)은 우유를 뜻한다. 상추를 자른 단면에서 나오는 흰색 액체 때문에 이런 이름이 붙었다. 본문에서 상추의 부드러움과 맛이 우유와 같다는 문장도 이 말이 라틴어 '락'(lac)에서 비롯되었음을 나타내는 것이다.

한다. 축복을 가져다 주는 부활절 주간을 기려 이런 일이 흔히 일어난다. 교단 사람 하나가 거짓으로 꾸민 죄수를 교수대로 데려간다. 그는 사다리 앞에서 기도를 드리고 그것에 입맞춤한 다음 죄수를 다시 다른 곳으로 이끌어간다. 그는 중간 계층 출신의 귀여운 남자로 잘 손질된 머리에, 흰 프록코트, 흰 모자까지 모두 흰색으로 꾸몄다. 손에는 모자를 들었는데, 몸에 알록달록한 리본만 몇 개 달면 곧 목동이 되어 무도회장에도 갈 수 있을 것 같았다.

1787년 4월 13일과 14일, 팔레르모

출발이 바짝 다가온 때에 무척 재미난 일이 생겼기에 자세히 알린다.

이곳에 머무는 동안 여럿이 함께 사용하는 식탁에서 칼리오스트로*28의 태생이나 운명에 대한 온갖 이야기를 들을 수 있었다. 팔레르모 사람들은 입을 모아 이곳에서 태어난 주세페 발사모라는 자가 나쁜 짓들을 저지르고 쫓겨났다는데, 그가 정말 칼리오스트로 백작과 동일 인물인지에 대해서는 의견이 엇갈렸다. 그를 본 적이 있다는 몇몇 사람들은 독일인에게 잘 알려져 있고 팔레르모에 건너와 있는 그 동판화 인물*29이 그가 틀림없다고 주장했다.

이런 이야기를 하고 있는데 손님 하나가 팔레르모의 어떤 법학자가 이 사건을 또렷이 밝히기 위해 노력하고 있다는 이야기를 꺼냈다. 그는 프랑스 정부의 의뢰로 어떤 남자의 신원을 조사했는데, 그 남자는 중요하고 위험한 어떤 소송*30에서 프랑스의 면전, 말하자면 세계의 면전에다 터무니없는 거짓 진술을 했다는 것이다.

---

*28 Alessandro di Cagliostro(1743~95). 이탈리아 팔레르모 출생의 여행가이자 사기꾼, 신비주의 자이자 연금술사였던 주세페 발사모(Giuseppe Balsamo)의 별명이다. 자칭인 칼리오스트로 백작으로 유명하다. 유럽 전역을 여행하면서 다양한 가명을 써서 사교계에 들어가 수상한 물건을 팔았다. 1777년, 프리메이슨에 가입했다. 뒷날 프리메이슨의 이집트 기원설을 제창하고 스스로 이집트파를 설립했으나, 러시아 궁정에서의 스캔들과 마리 앙투아네트가 연루된 유명한 사기 사건인 '목걸이 사건(1785년)'으로 실각했다. 종교재판에 회부되어 1791년 종신형을 언도받는다. 1795년 옥사했다. 하지만 사후에도 살아서 돌아다니는 모습을 보았다는 목격담이 남아 있고, 그 괴담은 러시아까지 유포되었다.
*29 칼리오스트로가 바스티유에서 쓴 《메무아 주스티카티프》에 나오는 인물.
*30 Affaire du collier de la reine. 1785년, 프랑스 혁명 전 마리 앙투아네트가 연루된 유명한 사기 사건이다. 본문에서 일기가 씌어진 시점이 1787년이므로 2년 전 사건의 소송을 언급하고 있음을 알 수 있다.

사람들 말에 따르면, 이 법학자는 주세페 발사모의 족보를 만들어 공증된 증빙서류와 상세한 비망록을 프랑스로 보내 공적으로 사용할 수 있게 했다고 한다.

그 이야기를 듣고 내가 평판이 좋은 이 법학자를 만나 보았으면 좋겠다고 하자, 이야기하던 사람은 나를 그에게 데려가 주겠다고 했다.

며칠 뒤 우리가 찾아갔을 때 그는 소송의뢰인과 상담 중이었다. 일을 마치고 함께 아침식사를 한 뒤 그는 칼리오스트로의 족보와 증거 서류 사본 및 프랑스로 보낸 비망록 초안을 담은 원고를 끄집어 냈다.

그는 족보를 보여 주며 필요한 설명을 해 주었는데, 그 가운데서 이 사건을 간단하게 이해하는 데 도움이 될 만한 것만 적어 보겠다.

주세페 발사모의 증조할아버지의 어머니 쪽 이름은 마테우스 마르텔로였고, 증조할머니의 처녀 때 성은 알려져 있지 않다. 이 둘 사이에서 마리아와 빈첸차라는 두 딸이 태어났다. 주세페 브라코네리와 결혼한 마리아는 주세페 발사모의 할머니가 되었다. 빈첸차는 메시나에서 8마일쯤 떨어진 작은 마을라 노아라 태생의 주세페 칼리오스트로와 결혼했다. 메시나에는 요즘도 같은 이름을 가진 종 만드는 기술자 두 사람이 살고 있음을 이 자리에서 덧붙인다. 이 종조(從祖)할머니가 주세페 발사모의 대모가 된다. 그는 종조할아버지의 세례명을 받았고 뒤에는 자신을 종조할아버지의 성인 칼리오스토르의 이름으로 불리게 되었다*31

브라코네리 부부에게는 펠리치타스, 마테오, 안토니오라는 세 자식이 있었다. 펠리치타스는 유태계로 추정되는 팔레르모의 리본 상인인 안토니오 발사모의 아들 피에트로 발사모와 결혼했다. 악명 높은 주세페의 아버지인 피에트로 발사모는 재산을 탕진하고 마흔다섯의 나이로 죽었다. 아직도 살아 있는 그의 부인은 앞에서 말한 주세페 말고도 조반니 밥티스타 카피투 미노와 결혼해 세 아이를 낳았는데, 남편은 죽었다.

---

*31 세례명(洗禮名, Christian name)은 로마 가톨릭과 동방정교회에서 세례성사를 집전하면서 주어지는 이름이다. 수호성인 신앙을 보급하기 위해 대부분은 성인의 이름이 붙여지는데, 그것은 그 성인의 수호를 기원함과 아울러 그의 덕을 거울로 삼는다는 의미도 갖는다. 즉 본문에서 '종조할아버지의 성인'이라는 말은 종조할아버지가 세례받을 때 붙여진 성인의 이름인 칼리오스트로를 가리킨다.

매우 친절한 작성자가 우리에게 낭독해 주고, 나의 간청으로 며칠 동안 빌린 그 비망록은 세례증서, 혼인계약서 및 꼼꼼하게 수집한 다른 문서를 바탕으로 작성되었다. 거기에는 로마의 소송 기록[32]으로부터 우리에게 알려진 여러 상황(내가 그 무렵에 발췌한 것에서 미루어 알 수 있듯이)들이 담겨 있었다. 이에 따르면 1743년 6월 초 주세페 발사모가 태어나 세례받을 때, 혼인으로 칼리오스트로라는 성을 갖게 된 빈첸차 마르텔로가 입회했다. 주세페 발사모는 젊은 시절 병자들을 돌봐주던 교단 소속의 간호 수사들로부터 옷을 얻어 입었다. 그는 의학에 관심과 재능을 보였지만 행실이 좋지 않아 팔레르모로 쫓겨났고, 그 뒤 그곳에서 마법을 사용해 도굴을 하기도 했다고 한다.

뿐만 아니라 그는 남의 필적을 모방하는 뛰어난 재주를 감추지 않았다.(비망록은 이렇게 계속되고 있다.) 그가 위조한 고문서 때문에 몇몇 재산의 소유 문제가 말썽을 빚기도 했다.

그는 조사를 받고 감옥에 갇혔지만 달아났기 때문에 뒤에 공시소환을 받아야 했다. 칼라브리아를 지나 로마로 간 그는 혁대 제조인의 딸과 결혼했고 펠레그리니 후작이라는 이름으로 나폴리로 되돌아갔다. 그러다 위험을 무릅쓰고 다시 팔레르모로 갔지만 신분이 드러나 또 다시 감옥에 갇히게 되었고, 우여곡절 끝에 자유의 몸이 되었다. 그 시련은 상세히 이야기해 볼 만하다.

시칠리아의 첫째 공자이자 대지주이며, 나폴리 궁정에서 상당한 지위를 차지한 한 남자의 아들이 있었다. 그는 부자와 대지주는 교양이 없어도 특권을 지닐 자격이 있다고 여겼으며, 오만불손함과 튼튼한 신체, 흉폭한 기질을 아울러 갖추고 있었다.

돈나 로렌차 칼리오스트로[33]는 이 고위층 아들의 마음을 사로잡을 줄 알았기에 펠레그리니 후작으로 위장한 발사모는 그의 도움으로 자신의 안전을 확보했다. 공자는 도착한 이 부부를 자신이 보호하고 있음을 거리낌없이 밝혔다. 하지만 주세페 발사모의 사기로 손해를 본 당파의 고소로 그가 다시 감옥에 들어가자, 공자는 매우 분노한다. 그는 발사모를 석방시키기 위해 온갖 수단을 동원했다. 하지만 아무런 효과가 없었기에 그는 발사모를 곧바로 풀어주

---

[32] 이 서류는 공작 부인 안나 이마리에의 사서, 야게만에 의해 1791년 바이마르에서 출판되었다.

[33] 칼리오스트로의 부인.

지 않으면 가만두지 않겠다며 총독 대기실에서 상대 변호사를 위협했다. 그러나 그 상대편 변호사가 이를 거부하자, 공자는 그를 붙잡아 주먹질하고 땅바닥에 내동댕이쳐 발로 짓밟았다. 재판장이 현장에 달려와서 뜯어말리지 않았더라면 그의 가혹 행위는 쉽사리 끝나지 않았을 것이다.

마음이 약하고 패기도 없는 재판장은 모욕을 가한 사람에게 벌을 내리지도 못했고, 상대편과 그 변호사도 기가 꺾였다. 그런데 재판부가 서면으로 석방을 결정하지도 않았는데도 쥐도 새도 모르게 발사모는 풀려났다.

풀려나자마자 그는 팔레르모를 벗어나 이곳저곳을 여행했는데 그 여로에 대해 각서 작성자는 불완전한 보고밖에 할 수 없었다.

그 각서는 칼리오스트로와 발사모가 같은 인물이라는 뚜렷한 증거를 남기며 끝났다. 이제야 이 사건의 전말이 완전히 파악되었지만 그 무렵에는 이와 같이 주장하는 일이 쉽지 않았으리라.

프랑스 정부에서는 그 조서를 정식으로 접수할 것이다. 내가 돌아갈 즈음 당연히 인쇄되리라 생각하지 않았더라면, 사본을 만들어 친구들과 주위 사람들에게 이 재미난 이야기를 알려줄 수 있었을 텐데.

그런데 우리는 평소 틀린 정보만을 흘려주던 쪽으로부터 그 각서에 담겨 있는 내용의 대부분을 알아낼 수 있었다.

즉 세상을 계몽하고 한 사기꾼의 정체를 밝혀내기 위해, 로마가 소송 서류에서 발췌한 부분을 발행한 것이 이토록 큰 이바지를 하리라고는 아무도 생각하지 못했다. 이 문서는 이보다 더 재미있어질 수도 있고 그게 마땅할지도 모르지만, 몇몇 이성적인 사람들에게는 이대로도 충분히 좋은 기록물일 것이다. 기만당한 자, 반쯤 기만하는 자들과 사기꾼들이 그의 거짓을 몇 년이나 숭배하고, 그와 함께한 친교를 자랑스럽게 여기며, 그들의 자만으로 인해, 인간의 상식을 경멸까지는 아니더라도 가엾게 여기는 것을 보고, 불만을 참지 못했던 사람들이라면 말이다.

이 기간 동안 침묵을 지키지 않고 선뜻 나선 자는 누구였나? 모든 사건이 끝나고 논란이 종식된 지금, 그 서류를 보충하기 위해 내가 알고 있는 사실을 감히 공개할 수도 있다.

족보에 나오는 사람들, 특히 어머니와 누이가 아직 살아 있음을 알고서 나는 그 각서를 쓴 사람에게 그 특별한 이의 가족을 만나고 싶다고 했다. 그러나 가난하지만 정직한 이 사람들은 은둔생활을 하고 있고, 낯선 사람을 만나는 데 익숙하지 않으며, 의심이 많기 때문에 만나기 쉽지 않으리라고 그는 말했다. 그렇더라도 그 집에 드나들면서 족보가 작성되어진 경위와 증거 서류를 확보하고 있는 서기를 나에게 보내겠다고 했다.

이튿날 모습을 드러낸 서기는, 몇 가지 걱정스러운 점이 있다고 내게 털어놓았다.

"나는 여태까지 이 사람들 앞에 떳떳이 나타날 수 없었습니다. 그들의 혼인계약서, 세례증명서 및 다른 서류들을 입수해서 합법적인 사본을 만드느라 때때로 술책을 부리지 않을 수 없었기 때문입니다. 그래서 기회를 봐서 가정 장학금을 받을 여지가 아직 있다는 이야기를 전했습니다. 젊은 카피투미노*34에게 그 자격이 있으며 장학금을 어느 정도 받을 수 있는지 알아보기 위해서는 족보를 만들어야 한다고 했죠. 물론 그 뒤에는 어떻게 교섭하느냐에 달려 있는데, 받는 금액에서 일부를 사례금으로 준다면 그 일을 맡아 주겠다고 제안했습니다. 그러자 그 선량한 사람들은 기꺼이 이에 동의했습니다. 나는 필요한 서류들을 받아 사본을 만들었고 족보가 완성되었지요. 그 뒤로 저는 이들 앞에 모습을 드러내는 일을 삼가고 있습니다. 몇 주 전에는 카피투미노 부인이 나를 알아보는 바람에, 일 진행이 좀 늦어지고 있다고 용서를 구하고 그 자리를 피했지요."

그러나 나는 마음먹은 바를 포기하지 않았다. 궁리 끝에 내가 영국인 행세를 하고, 막 바스티유 감옥에서 나와 런던으로 간 칼리오스트로의 소식을 가족에게 알려주는 것으로 하자는 데 의견을 모았다.

우리는 약속한 오후 3시쯤에 길을 떠났다. 그 집은 일 카사로라는 큰길에서 멀지 않은 골목 모퉁이에 있었다. 우리는 볼품없는 계단을 올라 주방으로 들어갔다. 몸이 튼튼하고 어깨가 넓적하면서도 살찌지 않은 적당한 키의 여자가 설거지를 하고 있었다. 깔끔한 차림의 그녀는 우리가 안으로 들어갔을 때 앞치마의 더러운 부분을 감추려고 한쪽 끝을 들어 올렸다. 그녀는 내 안내자를 기쁘게 맞이하면서 말했다.

"조반니 씨, 무슨 좋은 소식이라도 가지고 오셨나요? 일은 잘 되어 가고 있

---

*34 주세페를 가리킨다. 가계도를 보면 칼리오스트로의 누이동생의 자식으로 되어 있다.

습니까?"

그러자 그는 이렇게 대답했다. "그 일은 아직 잘 안 되고 있습니다. 하지만 당신 오빠의 안부를 전하러 한 외국분을 모시고 왔습니다. 당신 오빠가 요즘 어떻게 지내는지 이야기해 드릴 겁니다."

내가 전해 주기로 했다는 그의 안부에 대해서는 전혀 협의하지 않았다. 하지만 이미 나온 말이라 어쩔 수 없는 상황이 되어 버렸다.

"저희 오빠를 아시나요?" 그녀가 물었다.

"유럽에서는 그를 모르는 사람이 없지요. 그가 안전하게 잘 있다는 것을 알면 기뻐하실 거라 생각됩니다. 틀림없이 이제껏 오빠 일로 걱정을 많이 하셨을 테니까요." 내가 대답했다.

"어서 들어오세요, 곧 따라가지요."

그녀의 말에 나는 서기와 함께 방으로 들어갔다.

방은 무척 넓고 천장이 높아서 마치 홀과 같았다. 그러나 이곳은 가족 모두 거주하는 공간인 것 같기도 했다. 하나밖에 없는 창문은 한때 색이 칠해져 있던 커다란 벽을 비추고, 벽에는 금색 액자가 걸렸는데, 그 안에는 검은 복색 성자의 그림이 들어 있었다. 한쪽 벽 앞에는 커튼이 없이 커다란 침대 두 개가 나란히 놓였고, 다른 쪽 벽에는 책장 모양을 한 작은 갈색 장롱이 있었다. 그 옆에 도금한 흔적이 있는 낡은 등나무 의자가 있고, 바닥의 벽돌들은 군데군데 깊이 닳아 있었다. 그렇지만 모든 게 깨끗했다. 우리는 방의 다른 쪽 끝에 있는 하나밖에 없는 창가에 모여 있는 가족에게 다가갔다.

내 안내인이 구석에 앉아 있던 발사모 노인*³⁵에게 다가가 방문 이유를 설명했다. 이 선량한 할머니가 귀가 어두워 큰소리로 여러 번 되풀이해 말하는 동안 나는 방 안과 다른 식구들을 두루 살펴볼 수 있었다. 열여섯 살쯤 되어 보이는 아리따운 소녀가 창가에 서 있었는데 얼굴에 부스럼이 있어 표정이 또렷하게 드러나지는 않았다. 마찬가지로 그 옆에 부스럼 때문에 불쾌한 표정을 짓고 있는 젊은이도 눈에 띄었다. 창 맞은편의 안락의자에는 병적인 기면증에 걸린 듯한 몰골의 환자가 반쯤 기댄 채로 앉아 있었다.

나의 안내인이 소개를 하자 사람들이 앉으라고 권했다. 할머니가 내게 몇

---

*35 칼리오스트로의 어머니.

가지 질문을 했지만, 시칠리아 사투리에 익숙하지 않은 나는 통역을 거쳐 답변했다.

그러는 동안에 나는 할머니를 푸근한 마음으로 바라보았다. 그녀는 중간 크기의 몸집이었지만 체격이 좋았고, 고령에도 반듯한 얼굴에는 보통 청력을 잃은 사람이 일상적으로 누리는 평화가 깃들어 있었다. 음성은 부드럽고 유쾌했다. 나는 할머니 질문에 대답했고, 나의 답변도 통역으로 전달되었다. 이처럼 천천히 대화를 나눔으로써 나는 말에 신중을 기할 수 있었다. 나는 할머니의 아들이 프랑스에서 석방되어 영국에서 잘 지내고 있다고 말씀드렸는데, 이 소식을 듣고 그녀가 보여 준 기쁨에는 마음으로 우러나오는 경건한 표정이 담겨 있었다. 할머니가 더 크게, 천천히 말하자 알아듣기가 한결 쉬웠다.

그러는 사이에 할머니의 딸이 방 안으로 들어와 내 안내자 옆에 와서 앉았다. 그는 내가 이야기한 것을 그녀에게 그대로 되풀이해서 말했다. 그녀는 깨끗한 앞치마를 두르고 단정하게 땋은 머리에 망을 씌웠다. 그녀를 바라보며 어머니와 비교할수록 두 사람의 생김새 차이가 뚜렷이 드러났다. 딸의 외모에서는 활기차고 건강한 관능미가 느껴졌는데, 나이는 마흔쯤 되어 보였다. 그녀는 생기 넘치는 푸른 눈으로 신중하게 주위를 둘러보는데, 그 시선에서는 어떤 의심의 흔적도 느낄 수 없었다. 서 있을 때보다 앉아 있을 때 키가 더 커 보이는 그녀는 엄격한 자세로 몸을 숙이고 두 손을 무릎 위에 얹고 있었다. 날카롭다기보다는 둔한 얼굴 생김새가, 우리가 동판화로 접한 그녀의 오빠 모습을 떠오르게 했다. 그녀는 나의 시칠리아 여행에 대해 이것저것 물어 보고는 돌아와서 성 로살리아 축일[36]을 자기들과 함께 보낼 것을 분명히 했다.

할머니가 다시 내게 몇 가지를 물어서 대답하느라 바쁜 동안 딸은 조용조용한 목소리로 나의 안내인과 대화를 나누었다. 그래도 나는 둘 사이의 화제가 무엇인지 물어볼 기회를 얻을 수 있었다. 그녀는 오빠가 카피투미노 부인에게 아직 14온스의 빚이 있다고 대답했다. 또한 오빠가 급히 팔레르모를 떠나며 저당잡혔던 물건들을 이제야 겨우 되찾았다고 했다. 그에게 재산이 많아 돈을 물쓰듯 한다고 들은 적이 있지만, 그 뒤로 오빠에게서는 아무런 소식

---

*36 주석 9 참고. 성 로살리아 축제는 14일에 열리지만 축일은 그녀의 시신을 발견한 7월 15일이었다. 처음 로마 순교록에 이름이 오른 것은 1630년 교황 우르바누스 8세(Urbanus VIII) 때였으며 현재 축일인 9월 4일은 그녀가 죽은 날로 추정되는 날이다.

도 듣지 못했고, 금전적으로도 어떤 도움도 받지 못했다고 했다. 그녀는 내가 돌아간 뒤에 좋은 말로 그에게 빚을 상기시켜서 돈을 돌려받을 수 있게 해달라고 부탁했다. 또한 편지를 전해 주거나 보낼 수 있도록 주선해 달라는 말에 나는 승낙했다. 그녀는 내가 어디 사는지, 어디로 편지를 보내면 되는지를 물었다. 나는 숙소를 알려주지 않고 다음 날 저녁 직접 편지를 받으러 오겠다고 했다.

그러자 그녀는 자신의 곤란한 실상을 들려주었다. 그녀는 아이 셋을 둔 과부로, 딸아이 하나는 수도원에서 길러지고 있고, 아들은 공부하러 갔으며, 다른 딸아이만 집에 있다고 했다. 세 아이 말고도 어머니를 모시고 사는데, 기독교적 사랑의 정신으로 불행한 환자까지 보살피고 있어 부담이 매우 크다는 것이다. 더군다나 아무리 열심히 일해도 생활을 간신히 이어가는 것이 고작이었다. 하느님께서 이 선행을 아신다면 그냥 내버려두시진 않으시겠지만 그래도 너무 오랫동안 짊어져 온 부담 때문에 한숨이 나온다고 했다.

젊은 사람들이 끼어드니 이야기는 더욱 활기를 띠었다. 다른 사람들과 대화를 나누는 사이에 할머니가 딸에게 묻는 말이 들려왔다. 나도 자신들의 신성한 종교를 믿고 있을까 하는 이야기였는데, 딸이 지혜롭게 답을 피하고 있음을 눈치챌 수 있었다. 그녀는 이 외국인이 우리에게 호의를 갖고 있지만, 처음 뵙는 분에게 그런 질문은 실례가 될 수 있다고 말하는 것 같았다.

이들은 내가 곧 팔레르모를 떠난다는 이야기를 들었으므로 더욱 절박한 심정이 되어, 곧 다시 와주었으면 좋겠다고 간청했다. 특히 로살리아 축일 같은 멋진 날은 세계 어디를 가도 볼 수도 즐길 수도 없을 거라며 자랑했다.

진작부터 돌아가고 싶어하던 나의 안내인이 마침내 대화를 끝내자는 몸짓을 내게 했다. 나는 다음 날 저녁쯤에 다시 들러서 편지를 받아가겠다고 약속했다. 동행인은 나의 일이 잘된 것을 매우 기뻐했다. 우리는 만족한 마음으로 헤어졌다.

이 가난하고 신심 깊으며 마음씨 착한 가족이 내게 어떤 인상을 남겼을지 상상할 수 있으리라. 호기심은 채워졌지만 이들의 자연스럽고 선량한 모습은 동정심을 불러일으켰고, 생각하면 생각할수록 그런 마음이 더욱 커져만 갔다.

이와 달리 다음 날이 은근히 걱정되기 시작했다. 내가 나타남으로써 깜짝 놀란 이들은 나와 헤어진 뒤에 틀림없이 이런저런 생각을 했을 것이다. 나는 족보를 통해 몇몇 가족이 살아 있음을 알고 있다. 내 말을 듣고 놀라움을 금치 못했던 그들은, 틀림없이 친척들을 불러모아 내게서 들은 이야기를 들려주었으리라. 나는 목적을 이루었고 이제 이 모험을 슬기롭게 마무리짓는 일만이 남아 있다. 이튿날 나는 식사를 마치자마자 홀로 이들의 집으로 갔다. 내가 들어서자 그들은 모두 당황해했다. 편지는 아직 다 쓰지 못했으며, 나를 만나고 싶어하는 몇몇 친척들이 저녁 무렵에 찾아올 것이라고 했다.

나는 내일 새벽이면 떠나야 하고 잠깐 들를 곳도 있으며 짐도 꾸려야 하기에, 오지 못하는 것보다는 이른 시간이라도 찾아오는 것이 도리라고 생각했다고 둘러댔다.

그러는 사이 전날 보지 못했던 아들이 들어왔다. 체격과 모습이 누나와 꼭 닮은 듯한 그는 사람들이 나에게 전하려고 한 편지를 갖고 왔다. 이 지방에서 으레 그렇게 하듯 공증인이 쓴 편지였다. 조용하고 우울하며 겸손한 성격의 그는 외숙에 대한 일과, 그의 재산이며 씀씀이에 대해 물어 보았다. 그리고 슬픈 목소리로 덧붙여 물었다.

"왜 외숙은 그렇게 가족들을 잊고 싶어하는 걸까요? 언젠가 외숙이 이곳에 와서 우리를 받아들여 준다면 그보다 큰 행복은 없을 것 같습니다." 그리고 또 이런 말도 했다. "그런데 외숙께서는 왜 당신에게 팔레르모에 친척이 있다고 말했을까요? 사람들이 말하기를, 외숙은 우리 존재를 부인하고, 자기는 훌륭한 집안 출신이라고 했다던데요."

처음 이곳에 방문했을 때 내 안내인의 부주의 때문에 나는 이런 질문에 답해야 했다. 나는 매우 자연스럽게 대답했다. 외숙께서는 일반 대중에게 자신의 출신을 숨겨야 할 이유가 있었을 것이고, 친구나 친지들에게까지 비밀로 하지는 않았음을 이해할 수 있도록 설명했다.

우리가 이야기를 나누는 사이 방에 들어온 누나는, 동생도 있고 어제의 안내인도 보이지 않자 더욱 용기가 났는지 매우 정중하면서도 활기차게 이야기하기 시작했다. 그녀는 내가 그들의 외숙에게 편지를 보내게 되면 안부를 전해 달라고 간곡히 부탁했다. 그리고 내가 여행을 마치고 다시 오면 로살리오 축일에 함께 가자고 간청했다.

어머니도 자식들의 말에 동조하듯 말했다.

"선생님, 혼기가 찬 딸이 있다 보니 남자분을 집에 들이는 것을 꺼리게 되고,

위태롭기도 하고, 사람들 입에 오르내리는 것도 조심스러워요. 하지만 선생님 만은 이 도시에 되돌아오실 때 언제든지 저희 집에 들러 주십시오."

"그러세요." 자식들도 맞장구를 쳤다. "축일 때에는 선생님을 모시고 다니면 서 여기저기 다 안내해 드릴게요. 축제가 가장 잘 보이는 자리에 앉을 생각입 니다. 선생님께서도 대형 마차와 화려한 조명을 보면 분명 기쁘실 겁니다!"

그러는 동안에 할머니는 편지를 읽고 또 읽었다. 내가 작별인사하는 것을 듣자 그녀는 일어서서 접은 편지를 내게 건네주었다. 그녀는 감동받은 것처럼 고상하고 활기차게 이야기했다.

"선생님께서 전해 주신 이 소식을 듣고 제가 얼마나 행복해졌는지 우리 아 들에게 말해 주세요! 저는 아들을 이 가슴속에 품고 산다고 전해 주세요." 이 렇게 말하면서 그녀는 두 팔을 앞으로 뻗었다가 자신의 가슴을 안았다. "날마 다 하느님과 성모마리아께 간절히 기도하고, 아들과 며느리의 축복을 빌고 있 다고 전해 주세요. 그리고 아들 때문에 수없이 눈물을 흘린 이 두 눈으로, 죽 기 전에 다시 한 번 그를 보고 싶어한다고 전해 주세요."

이탈리아어 특유의 우아한 음조가 이들 단어 선택과 고상한 배열을 돋보이 게 했다. 게다가 그 말에는 이탈리아인이 말할 때 놀라운 매력을 더해 주는 생동감 있는 몸짓도 포함되어 있었다.

나는 적잖게 감동한 상태로 그들에게 작별의 말을 했다. 모두가 내게 손을 내밀었으며, 자녀들은 바깥까지 따라 나왔다. 내가 계단을 내려가는 동안에 는 부엌에서 길 쪽으로 나 있는 창 발코니로 뛰어나와 소리지르고 손을 흔들 며 부디 잊지 말고 꼭 다시 오란 말을 되풀이했다. 모퉁이를 돌아갈 때까지도 발코니에 서 있는 그들의 모습이 보였다.

이 가족에 대한 호의가 그들에게 도움이 되고 그들의 부탁을 들어주고 싶 은 강한 소망을 불러일으켰음은 두말할 것도 없다. 이제 그들은 나에게 두 번 째로 속은 것이다. 우연한 도움에 대한 그들의 희망은 북유럽 사람들*37의 호 기심에 의해 다시 한 번 기만당한 것이다.

나의 처음 계획은 예전에 그 도망자가 빌렸다는 14온스를 몰래 가족에게 돌려주고 이 돈을 나중에 발사모에게 다시 받아내는 것이었다. 하지만 여관에

―――――――――
*37 괴테와 그의 일행을 가리킨다.

돌아와 현금과 장부를 살피며 계산해보니, 내가 곤경에 빠질지도 모른다는 사실을 깨닫게 되었다. 의사소통의 어려움으로 한없이 고립감이 느껴지는 지방에서 마음에서 우러난 호의라며 주제넘게 못된 인간이 벌여놓은 부당한 일의 뒷수습을 해주다가는 도리어 내가 궁지에 몰릴 판이었다.

저녁 무렵 그 상인에게 가서 내일 축제가 어떻게 치러지는지를 물었다. 또 큰 행렬이 시내를 지나가고 부왕이 몸소 걸어서 성체 뒤를 따른다고 하는데, 바람이라도 불면 신도 인간도 모두 먼지구름에 뒤덮이는 것 아니냐고 말했다.

그러자 씩씩한 주인이 대답했다. "팔레르모 사람들은 기적을 잘 믿습니다. 이런 일이야 흔하지요. 지금까지 엄청난 폭우가 쏟아진 적도 많았습니다. 그러나 그때마다 경사진 큰길, 적어도 그 일부나마 깨끗이 씻어주어 행렬을 위한 길을 만들어 주곤 했지요. 그러니 이번에도 그같은 희망을 갖는 것도 무리는 아닙니다. 하늘이 흐린 것을 보니 밤에 비가 한 차례 올 것 같으니까요."

1787년 4월 15일 토요일, 팔레르모

과연 그럴까 했는데, 정말 그런 일이 일어났다! 지난밤에 엄청난 폭우가 쏟아졌다. 나는 기적의 증인이 되기 위해 아침 일찍 큰길로 나갔다. 참으로 불가사의한 일이었다. 양쪽 보도 사이에 흐르는 빗물은 가벼운 쓰레기를 경사진 도로로 흘려보냈다. 일부는 바다로, 나머지는 뚫린 배수구 쪽으로 쓸려 가고 큰 짚더미 같은 것들은 한 곳에서 다른 장소로 떠밀려 도로 위에 독특하면서도 아름다운 미앤더식*38 선을 구불구불하게 그려놓았다. 그러자 수많은 사람들이 삽과 빗자루, 갈퀴 등을 들고 나와 남아 있는 쓰레기들을 이쪽저쪽에 쌓아 올리며 깨끗한 부분을 넓히고 길을 연결시켰다.

행렬이 시작되자 진창을 지나 깨끗한 길이 연결되었다. 긴 옷을 입은 성직자도, 멋진 구두를 신은 귀족도, 몸을 더럽히지 않았으며, 모두 왕을 앞세우고 아무런 방해도 받지 않으며 앞으로 나아갈 수 있었다. 진창과 늪 속에서 천사

---

*38 meander. 강이 구불구불 휜 상태로 흐르는 지형 또는 현상을 말한다. 곡류(曲流)라고도 부르는데 이는 그 모양이 마치 뱀이 기어가는 모양과 비슷하다 해서 '사행천(蛇行川)'이라고도 한다. 영어단어 meander는 터키 남서부 Maeanderes 강에서 그 이름이 유래했다. 보통 장년기 이후의 하천, 즉 경사가 완만하고 수량이 많아질 때 수로가 굽어 있는 곳에서는 물의 흐름이 바깥쪽이 더 빠르고 안쪽이 상대적으로 느리다.

산과 산 사이에서 바닷가 만을 바라본 풍경, 괴테 그림

에게 마른 길을 부여 받은 이스라엘 아이들을 보는 듯했다. 경건하고 품위 있는 수많은 사람들이 진흙이 쌓여 만들어진 가로수길을 기도하며 누비고 다니는 차마 볼 수 없는 광경에 이런 비유를 함으로써 그 품위를 높일 수 있었다.

돌로 포장된 도로는 예나 지금이나 걷기에 좋았지만, 그와는 반대로 이제까지 여러모로 가벼이 취급된 도심은 오늘 가보니 걸어다니는 게 거의 불가능했다. 그렇지만 그곳도 쓰레기를 쓸어서 쌓아놓는 일을 소홀히 한 것은 아니었다.

이 축일을 계기로 우리는 본당*³⁹을 찾아가 색다른 점을 살펴보았고, 다른 건물들도 둘러보았다. 오늘까지 잘 보존된 무어 양식의 건물*⁴⁰은 특히 우리에게 기쁨을 더해 주었다. 건물은 크지 않았지만 방들은 아름답고 널찍했으며 균형이 잘 잡혀 더없이 조화로웠다. 사실 북쪽과 같은 기후라면 살기가 어렵겠지만, 남쪽 기후에서는 매우 쾌적하다. 건축가들에게 이 약도와 평면도를 건네받았으면 좋겠다.

＊39 호엔슈타우펜 집안의 하인리히 5세와 프리드리히 2세의 묘가 있는 성당을 가리킨다.
＊40 시의 서부에 있는 라 치사궁을 말한다. 노르만인 왕인 빌헬름 1세가 12세기에 세웠으며 오늘날까지 남아 있는 몇 안 되는 고대 무어인의 유물 가운데 하나이다.

우리는 또 어떤 탐탁지 않은 장소에서 고대 대리석 조각상의 온갖 유물을 보았지만 하나하나 살펴 볼 기분이 나지 않았다.

1787년 4월 16일 월요일, 팔레르모

이 낙원을 떠나야 할 때가 가까이 다가왔기 때문에 오늘도 공원에 가서 새로운 활력을 충전하고, 어느덧 나의 일과가 된 《오디세이아》[41]를 읽었다. 그리고 로살리아 산기슭에 있는 계곡을 산책하면서 《나우시카》[42]의 구상을 계속하고, 이 주제에서 희곡적 재료를 얻어낼 수 있는지 시험해 보고 싶었다. 이 기획은 크게 성공적이지는 못했지만, 꽤 흡족한 편이었다. 나는 이것을 메모했는데, 특히 나의 마음을 끈 몇몇 구절을 구상하고 집필하는 일을 멈출 수 없었다.

1787년 4월 17일 화요일, 팔레르모

여러 유령들에게 쫓기며 시런당하는 일은 참으로 불행한 일이다! 새벽에 나는 시적 몽상을 계속 이어가겠다는 확고하고도 차분한 결심으로 공원에 갔다. 하지만 마음의 준비를 다 하기도 전에 요즈음 내 뒤를 따르던 다른 유령이 나를 낚아챘다. 보통 때는 오직 화분 안에서만, 그러니까 일 년 가운데 대부분의 시간을 유리창 뒤에서 보이는 데 익숙한 많은 식물들이 여기서는 탁 트인 하늘 아래 정겹고 싱싱하게 서 있다. 식물들이 자신의 사명을 완전히 이루고 있기 때문에 우리 눈에 더욱 또렷하게 보였는지도 모른다. 이렇게 새로운, 또 새롭게 만들어진 모습을 눈앞에서 보니 이런 무리에서 원형식물을 발견할 수 있지 않을까 하는 예전의 망상이 되살아났다. 그런 식물은 반드시 있을 것이다! 이것들이 죄다 하나의 전형에 따라 만들어지지 않았다면, 이런저런 모양이 같

---

[41] Odysseia. 고대 그리스의 시인 호메로스의 작품으로 전해지는 대서사시. '오디세우스의 노래'라는 뜻으로 1만 2110행으로 되어 있으며, 《일리아스》와 같이 그리스 문자 24개에 착안한 24권으로 나뉘어 있다. 지리적인 지식, 시 속에서 묘사한 생활상태, 기타 여러 가지 내적인 증거로 미루어 보아 이 작품은 《일리아스》보다 조금 늦게 나온 것으로 추측된다. 주제는 그리스 신화에서 유명한 이야기로 그리스군의 트로이 공략 뒤 오디세우스의 10년간에 걸친 해상 표류의 모험과 귀국에 대한 이야기이며, 이 이야기를 40일간의 사건으로 처리했다.

[42] 주석 5번 참고.

이슬람 건축 양식의 치사궁

은 식물임을 무엇으로 인식한단 말인가?

나는 수많은 다른 형상들이 무엇으로 구별되는지 조사하고자 노력했다. 그리고 이것들은 서로 다른 점보다는 비슷한 점이 더 많다고 여겼다. 하지만 나의 식물학적 전문 용어로 말한다면, 어쩌면 가능할지도 모르겠다. 그러나 아무 소용없으며 도움이 되기는커녕 불안할 뿐이다. 나의 훌륭한 시적 의도가 방해받고, 알키노오스의 정원*43은 사라져 버렸으며, 세계 정원이 열렸다. 하지만 왜 우리는 보다 새로운 것에 이토록 심란해지고, 다다를 수도 이룰 수도 없는 요구에 자극받는 걸까?

1787년 4월 18일 수요일, 알카모

우리는 늦지 않도록 마차로 팔레르모를 떠났다. 크니프와 마부는 짐을 꾸리

＊43 Alcinoos. 그리스 신화에서 전설의 섬 스케리아에 사는 파이아케스 사람들의 왕. 포세이돈의 손자이자 나우시토오스의 아들이다. 형인 렉세노르의 딸 아레테와 결혼해 5명의 아들과 외동딸 나우시카를 두었다. 호메로스의 《오디세이아》에 따르면, 파이아케스 사람들의 13대 왕이다. 알키노오스는 정원으로도 유명했는데 그의 정원은 과수원 나무들이 자라고, 그곳에 흐르는 물은 꽃들과 동식물을 자라게 한다고 한다.

고 싶는 데 뛰어난 솜씨를 보였다. 우리는 산 마르티노를 방문할 때 보았던 훌륭한 길을 따라 천천히 올라갔다. 이 지방 사람들의 절제하는 풍습에 익숙해진 우리는 길가의 훌륭한 분수를 보고 크게 감탄했다. 우리 마부는 종군 상인들처럼 작은 포도주통을 가죽 끈으로 이어서 어깨에 걸치고 있었는데, 안에는 며칠 분의 포도주가 가득 담겨 있는 듯했다. 그런데 그가 한 분수대 앞에 말을 세우더니 마개를 열어 물을 담는 모습을 보고 우리는 크게 놀랐다. 우리는 독일인다운 놀라움으로 거기서 무엇을 하고 있는 것인가, 이미 통에는 포도주가 들어 있지 않았느냐고 물었다. 그러자 그는 태연하게 대답했다. "통 안은 3분의 1 정도 비워 두었지요. 물을 섞지 않은 포도주는 아무도 마시지 않으니까요. 포도주에 물을 섞으면 액체들이 잘 섞여서 좋습니다. 그리고 샘물이 아무 곳에나 있는 건 아니니까요." 그러는 사이에 통은 가득 채워졌다. 그리고 우리는 이런 고대 오리엔트 지방의 혼례 풍습을 따라야 했다.

우리가 몬레알레 뒷편의 언덕에 다다르자, 경제적이라기보다는 오히려 역사적 양식을 한 아름다운 지대가 보였다. 오른편으로는 바다가 보였는데 이상하게 생긴 곳 사이로 나무가 무성한 바닷가와 나무가 없는 해안 너머로 반듯하게 수평선이 그어진 듯 보이고 있어, 거친 석회질 암석과 훌륭한 대조를 이루고 있었다. 이 모습을 보더니 참지 못하고 크니프는 바로 작은 크기로 스케치했다.

오늘 우리는 조용하고 깨끗한 소도시 알카모에 도착했다. 이 도시의 여관은 시설이 좋고 아름다워 훌륭한 숙박소로서 추천되고 있다. 조금 떨어진 곳에 조용히 자리잡은 세제스타*44의 신전을 찾아가기에도 더없이 편리하기 때문이다.

1787년 4월 19일 목요일, 알카모
조용한 산간 도시에 있는 숙소가 너무 마음에 들어서 우리는 이곳에서 하

---

*44 Segesta. 시칠리아 섬 서북부에 있는 고대 도시 유적. 기원전 5세기 중엽 이전부터 아테네와 관계를 맺고 기원전 409년 이후 카르타고의 지배 아래 들어갔으며, 기원전 263년에는 로마의 판도에 들어갔다. 기원전 5세기 미완성의 도리스식 신전(6주×14주)에는 플루팅(기둥 등에 홈을 새기는 것)을 하지 않은 원주와 대들보가 남아 있다. 또한 아크로폴리스로 추정되고 있는 언덕 북면에는 그리스 극장이 있다.

루 머물기로 했다. 먼저 어제 있었던 일에 대해 이야기해야겠다. 이전에 나는 팔라고니아 공자의 독창성을 부정했는데 그에게는 그와 같은 생각을 한 사람의 선례가 있었다. 몬레알레로 오는 길 분수 옆에는 두 개의 괴물이 서 있고, 난간에는 화병이 몇 개 놓여 있는데 마치 파라고니아 공자가 만들도록 한 것 같았다.

몬레알레 뒤에서 아름다운 길을 지나 갈라진, 돌이 많은 산악지대로 들어가니 산등성이쪽에 암석이 보였다. 무게와 풍화된 정도로 보아 철광석으로 보였다. 평평한 곳은 모두 경작되었고, 열매는 튼실하기도 그렇지 않기도 했다. 석회암은 붉은색이고, 풍화된 토양도 같은 붉은색을 띠고 있었다. 이런 점토 석회질의 붉은 토양이 폭넓게 퍼져 있고, 모래가 섞이지 않은 점토질 토양에서는 밀이 잘 자란다. 우리는 매우 튼튼한 올리브 고목이 잘려나간 것을 발견했다.

초라한 여관 앞에 만들어 놓은 바람이 잘 통하는 홀에서 가벼운 식사로 기운을 차렸다. 우리가 먹다 버린 소시지 그릇을 개들이 게걸스럽게 핥아먹었다. 한 거지 소년이 개들을 쫓아버리고, 버려진 사과 껍질을 맛있게 주워 먹었지만 이 아이 또한 늙은 거지에게 쫓겨났다. 어디를 가도 직업적인 질투심은 널리 퍼져 있는 듯했다. 너덜너덜한 토가를 걸친 늙은 거지는 하인이나 종업원 역할을 하면서 이리저리 돌아다녔다. 그래서 손님이 주문한 물건이 없으면 여관 주인이 거지를 소매상으로 보내 가져오게 했다. 그러나 우리가 고용한 마부는 마부 역할뿐만 아니라 여행 안내자, 호위자, 물건 구매자, 요리사 역할까지도 훌륭하게 수행하는 재주 있는 사내였기에 그런 불쾌한 서비스를 받지 않아도 되었다.

제법 산 위로 더 높이 올라갔는데도 여전히 올리브나무, 캐러브,*45 물푸레나무가 자라고 있었다. 경작도 3년으로 나뉘어 첫 해는 콩류, 다음해는 곡물, 그 다음은 휴경, 이런 식으로 돌아간다. 이들은 "인분비료는 성자보다 더 많은 기적을 가져다 준다"고 한다. 포도나무는 거의 재배하지 않았다.

만에서 조금 떨어진 언덕에 위치한 알카모는 훌륭한 풍광과 뛰어난 경치로 우리를 매혹한다. 높은 바위와 깊은 계곡은 폭이 넓고 다양하다. 몬레알레를 뒤로 하고 아름다운 이중 계곡으로 들어가니, 암석으로 된 산등성이가 계

---

*45 carob. 쌍떡잎식물 장미목 콩과 상록교목. 지중해가 원산지이며 시리아 등지에서 자란다. 관상용 또는 열매를 얻기 위해 재배하는데, 인류의 역사가 시작되기 전부터 심어 왔다고 한다. 나무의 모양이 둥글고 아름다우며, 잎은 어긋나고 깃꼴겹잎이다.

속 이어진다. 비옥한 들판은 푸르고 평온한 반면, 넓은 길의 덤불과 관목 숲에는 엄청난 꽃들이 활짝 피어 있다. 완두콩밭은 나비 모양의 노란 꽃으로 뒤덮여 녹색 잎사귀는 잘 보이지 않고 산사나무는 꽃다발이 겹쳐 있으며, 키가 자란 알로에는 곧 꽃이 필 것 같았다. 짙은 자홍색 융단을 깔아놓은 듯한 무성한 붉은클로버, 알프스 들장미, 범종 같은 꽃이 달려 있는 히아신스, 보리지,*46 산마늘, 수선화 등이 있었다.

세제스타에서부터 흘러내려오는 물은 석회질 암석 말고도 많은 각암(chert) 표석을 날라 온다. 이 돌은 무척 단단하며 진한 푸른색, 붉은색, 노란색, 갈색 등 여러 색을 띠고 있다. 암맥으로 노출되어 석회질 암석에 있는 각암과 부싯돌을 발견했다. 알카모에 도착할 때까지 언덕이 모두 표석으로 이루어져 있음을 알게 되었다.

1787년 4월 20일, 세제스타

세제스타 신전은 완공되지 않은 그대로 끝나 있고 그 주변의 광장은 평평하지 않고, 기둥을 세워야 할 주변 지역만 평평하다. 지금도 땅속에 9에서 10피트짜리 계단이 나 있는데, 주위에는 돌과 토양을 가져올 만한 언덕이 없다. 돌멩이들은 자연스러운 모습으로 놓여 있지만, 그 아래에 폐허의 잔해는 발견되지 않는다.

기둥은 모두 세워져 있다. 예전에 무너진 두 개는 최근에 복구된 것 같다. 기둥에 어느 정도 받침돌이 있어야 하는지는 규정하기 어렵고 도면이 없으면 명확히 할 수 없겠다. 기둥이 네 번째 계단에 서 있는 것처럼 보이는데 신전 안으로 들어가려면 다시 한 계단 내려가야 한다. 최상층 계단이 잘려나간 것으로 보아 기둥에 주춧돌이 있었던 것으로 보이지만, 기둥과 기둥 사이가 메워져 있음을 보면 아무래도 첫 번째 경우가 맞는 것 같기도 하다. 건축가라면 이를 좀 더 정확히 규정할지도 모르겠다.

옆면에는 모서리기둥을 제외하면 열두 기둥이 있고, 앞면과 뒷면에는 모서

---

*46 borage. 통화식물목 지치과 한해살이 또는 두해살이풀. 원산지는 지중해 연안이며 고대 그리스와 로마 시대부터 술 등에 넣어 마시면 기분이 좋아진다고 해서 널리 사용했다. 이런 효능 때문에 '쾌활초'라고도 불린다. 십자군 원정 때에는 고된 전쟁으로 인해 지친 병사들을 달래기 위해 보리지 술을 사용했다는 기록이 있다.

리기둥을 포함해 여섯 기둥이 있다. 돌을 운반하는 입구가 신전 계단 주변에 깎이지 않은 것으로 보아 신전이 완공되지 않았음을 알 수 있다. 바닥을 보면 이 점을 가장 잘 알 수 있다. 바닥에는 측면의 몇몇 지점에 석판이 깔려 있지만, 가운데는 원석 석회암이 바닥보다 더 높다. 이 사실만 보더라도 아직 바닥을 한 번도 고르게 한 적이 없음을 알 수 있다. 또한 본당에는 그런 흔적조차 없다. 이 신전에는 회반죽을 바른 적도 없는데 그런 의도가 있었다는 것만 짐작할 수 있다. 기둥머리의 석판에 튀어나온 부분이 있는데 아마도 그곳에 회반죽을 바를 생각이었던 것 같다. 전체적으로 엷은 석회화와 같은 석회암으로 지어졌는데 이제는 많이 침식되어 있다. 1781년에 이루어진 보수공사는 건물에 많은 도움이 되었다. 부분부분을 잇는 돌조각은 단순하지만 훌륭하다. 리데젤[47]이 언급한 특별히 큰 돌을 발견하지는 못했는데, 아마도 기둥을 보수하는 데 사용되었을지 모른다.

신전 위치는 아무리 생각해도 좀 특이하다. 넓고 긴 계곡의 가장 높은 끝, 고립된 언덕에 자리하지만 낭떠러지에 둘러싸여 멀리 여러 지역을 굽어보고 있으며, 바다는 한 귀퉁이만 보인다. 땅은 그리 비옥하지 않지만, 모두 경작되어 있고 집들은 거의 보이지 않는다. 엉겅퀴에는 수많은 나비들이 몰려 있다. 말라죽은 8피트에서 9피트 높이의 야생 회향(茴香)[48]이 얼핏 보기에도 매우 질서정연하게 서 있어서, 마치 수목원처럼 보인다. 바람이 숲속처럼 기둥 사이로 불어대고, 매가 시끄러운 소리를 내며 들보[49] 위를 맴돈다.

폐허가 된 극장을 오르내리는 데 지쳐서 도시의 유적을 둘러보는 재미가 줄어들었다. 신전 아랫부분에서는 커다란 각암 조각이 발견되고, 알카모로 가는 길에는 각암 표석이 엄청나게 많이 뒤섞여 있다. 이런 지대를 지나면 규토[50]가 섞인 토양이 나오는데, 이로 인해 땅은 좀 더 부드럽다. 싱싱한 회향을 보면

---

[47] 요한 헤르만 폰 리데젤 남작. 시칠리아에서 괴테가 지침서로 삼았던 안내서인 《시칠리아 및 대 그리스 여행기》의 저자.

[48] fennel. 산형화목 미나리과 한해살이풀 또는 두해살이풀. 지중해 연안이 원산지다. 속명인 페니쿨룸(Foeniculum)은 '건초'를 뜻하는 라틴어 페눔(foenum)에서 왔는데, 이는 회향 특유의 건초 냄새에서 나온 이름이다.

[49] 칸과 칸 사이의 두 기둥을 건너질러 도리와는 'ㄴ' 자 모양, 마룻대와는 'ㅗ' 자 모양을 이루는 나무.

[50] 硅土. 석영을 주성분으로 하는 흙. 유리나 도자기를 만드는 재료로 쓴다.

서 아랫잎과 윗잎의 차이점을 깨달았다. 이는 동일한 기관이 단순함에서 다양함으로 발전하고 있음을 보여 준다. 이곳 사람들은 부지런히 잡초를 뽑고, 남자들은 사냥감몰이라도 하듯 온 들판을 누비며 돌아다닌다. 곤충들도 눈에 띈다. 팔레르모에서는 날아다니는 벌레만 목격했는데, 이곳에서는 도마뱀, 거머리, 달팽이도 보인다. 하지만 독일 것과 비교해 보았을 때 그저 회색만 띠고 있을 뿐 색깔은 아름답지 않았다.

1787년 4월 21일 토요일, 베트라노 성채

알카모에서 석회암 산을 따라 자갈 언덕을 지나 카스텔 베트라노 성채로 간다. 험준하고 황량한 석회암 산들 사이는 넓고 구릉이 많은 골짜기들이 있지만 나무는 거의 보이지 않는다. 커다란 표석으로 가득 찬 자갈 언덕에는 옛날에 바닷물이 흘렀음을 암시한다. 여러 종류가 아름답게 섞인 토양은 모래가 들어 있어 지금까지 지나온 곳보다 더 부드럽다. 오른쪽으로 저 멀리 한 시간은 가야 닿을 거리에 살레미 시가 보인다. 여기서 석회암층 앞에 있는 석고암을 지나왔는데, 토양은 여러 종류가 뒤섞여 기름지다. 멀리 서쪽 바다가 시야에 들어오고 앞쪽은 온통 구릉지대이다. 싹이 난 무화과나무를 발견했지만, 그보다 더 호기심과 놀라움을 불러일으킨 것은 넓디넓은 길에 끝없이 펼쳐진 꽃무리였다. 커다란 평원에는 끊겼다가 다시 이어지는 알록달록한 풍경이 계속되었다. 아름답기 그지없는 메꽃, 부용과 아욱, 온갖 종류의 클로버들이 번갈아 가며 나타났고, 사이사이에 마늘과 완두꽃도 드문드문 보였다. 이 알록달록한 융단 같은 꽃길을 지나 좁은 마차길을 달리다 보니 서로 엇갈리는 수많은 오솔길들이 보인다. 그 사이에서 적갈색의 멋진 동물이 풀을 뜯고 있다. 그리 크지 않고 날렵한 몸집을 가진 이 동물은 조그만 뿔이 나 있어 매우 귀여워 보였다.

모든 산들이 줄지어 서 있는 북동쪽 산맥 가운데에 유일한 봉우리 쿠니글리오네가 우뚝 솟아 있다. 자갈 언덕에는 물이 없으며, 그곳에는 강우량도 많지 않음이 틀림없다. 물이 흐른 흔적도 없고 흘러내려 쌓일 흙도 보이지 않는다.

이날 밤 신기한 일이 일어났다. 그리 우아하지 않은 여관에 들어가 몹시 지친 나머지 침대에 누워 있다가 한밤에 문득 잠에서 깨어나 보니 하늘에 더없이 기분 좋은 광경이 펼쳐져 있었다. 이제까지 한 번도 본 적 없는 아름다운 별

세제스타 신전 보수 공사, 루어 장 데프레(에칭)

이 보이는 것이었다. 나는 좋은 일을 예견해 주는 사랑스러운 광경에 새로운 힘이 났다. 하지만 사랑스러운 빛은 곧 사라져버렸고, 나는 홀로 어둠 속에 남겨졌다. 동 틀 무렵에야 비로소 이런 기적이 생긴 이유를 깨달았다. 지붕에 틈이 있었는데, 하늘의 가장 아름다운 별 하나가 그 순간 내 머리 위를 지나간 것이었다. 그러나 여행자는 이런 자연현상을 자기 좋을 대로 해석하는 법이다.

1787년 4월 22일, 시아카

여기까지는 광물학적으로 볼 때 그다지 흥미 없는 길로 자갈 언덕을 넘어온 것이다. 바닷가에 이르니 이따금 석회 암석이 우뚝우뚝 솟아 있다. 평평한 땅은 어디에나 비옥하고, 보리와 귀리는 품질이 매우 우수하다. 수송나물*51도 있

＊51 Salsola komarovi. 쌍떡잎식물 중심자목 명아주과의 한해살이풀. 가시솔나물·저모채라고도
한다. 바닷가 모래땅에서 무리지어 자란다. 밑에서 가지가 갈라져서 비스듬히 30~40cm까
지 자란다. 잎은 어긋나고 줄 모양은 원주형이며 줄기와 함께 다육질이다. 어린 것은 부드
럽지만 자라면 잎 끝은 찔리면 따끔할 정도로 가시처럼 된다.

다. 알로에는 엊그제 본 것보다 더 높게 잎을 뻗고 있으며, 여러 종류의 클로버가 우리 곁을 떠나지 않았다. 마침내 덤불숲에 도착했는데 키 큰 나무들만 드문드문 보였다. 마침내 코르크나무도 보았다!

4월 23일 저녁, 지르젠티

시아카에서 여기까지 하루만에 오기란 무척 힘든 일이었다. 시아카에 오기 전에 온천을 발견했다. 심한 유황 냄새가 나는 뜨거운 물이 바위에서 흘러내린다. 물에서는 소금맛이 나지만 썩은 것은 아니다. 물이 분출되는 순간에 유황 냄새가 나야 하는 게 아닌가? 조금 위쪽에 있는 샘은 물이 차고 냄새도 나지 않았다. 더 위쪽에는 수도원*⁵²이 있었는데, 그곳에는 한증탕이 있어 맑은 공기 속에 진한 수증기가 피어올랐다.

이곳에서는 석회암 표석만 바다로 흘러가고 석영과 각암은 분리되어 있다. 작은 강들을 살펴보았다. 칼라타 벨로타 강과 마카솔리 강은 석회암 표석만을 나르고, 플라타니 강바닥에는 비교적 고급스러운 석회암의 영원한 동반자인 노란색 대리석과 부싯돌이 쌓여 있다. 몇 개의 용암이 눈길을 끌었지만, 이 지역에 화산 활동이 있는 것 같지는 않다. 맷돌의 부서진 조각이거나 또는 맷돌에 쓸 목적으로 멀리서 가져온 조각일 것이다. 알레그로 산 부근은 온통 석고로 되어 있다. 석회 앞이나 사이에 있는 암석은 모두 촘촘한 석고나 운모다. 칼라타 벨로타의 암석층은 참으로 경이롭다!

1787년 4월 24일 화요일, 지르젠티

오늘처럼 봄날의 장엄한 일출 광경은 내 생애를 통틀어 처음이다. 새로 건설된 지르젠티는 고대의 높은 성터에 자리잡고 있다. 주민들이 성 안에서 살아가기에 충분히 넓고 크다. 창 밖으로 예전 도시의 넓고 느긋한 경사면이 바라보인다. 온통 녹색 과수원과 포도원으로 뒤덮여 있어 옛날에는 많은 사람이 살았던 도시였다고 추측할 만한 흔적이 거의 없다. 꽃이 핀 푸른 평야의 남쪽 끝에 콘코르디아 신전*⁵³이 우뚝 솟은 모습이 보일 뿐이고, 동쪽에는 헤라 신

---

*52 몬테 카로제로에 있는 칼멜파 수도원.
*53 Concordia. 기원전 440~450년경에 세운 시칠리아 최대의 도리아식 신전으로 아그리젠토 유적의 상징과도 같은 건축물. 신전의 계곡이라 불리는 아그리젠토에 있는 20여 개의 신전

전*54의 잔해들이 보인다. 나머지 일직선상에 위치한 다른 성전들의 폐허는 위에서 보이지 않는다. 바다까지 가려면 반 시간은 걸리게 뻗어 있는 남쪽 해안 평야로 계속 시선을 옮긴다. 하지만 저토록 근사하게 꽃을 피우고 열매 맺는 가지와 덩굴 사이로 내려갈 수는 없었다. 우리의 안내자인 자그맣고 선량한 교구 사제가 오늘은 도시 구경을 하는 데 온 힘을 다하겠다고 정중하게 말했기 때문이었다.

먼저 그는 잘 닦인 도로를 구경시켜 주고 탁 트인 전망이 내려다보이는 더 높은 곳으로 안내했는데, 이곳은 참으로 시야가 넓어서 조망은 매우 훌륭했다. 그러고서 우리는 예술품을 감상하기 위해 본당으로 갔다. 이곳에서는 잘 보존된 석관이 제단으로 사용되고 있었다. 이 석관에는 계모 파이드라*55가 사냥 동료와 말을 데리고 온 히폴리투스*56에게 작은 글씨판을 건네주며 말리는 모습이 조각되어 있다. 이 작품의 주된 목적은 멋진 젊은이를 묘사하는 것이다. 이 때문에 노파는 매우 작게 부수적으로 조각되어져 있다. 나는 반 부조 작품 가운데 이보다 더 훌륭한 것을 본 적이 없다. 게다가 이것은 보존 상태마저 완벽했다. 그리스 예술의 가장 우아했던 시대의 예로 여길 만하다.

중 가장 보존 상태가 좋다. 시칠리아가 그리스도교화했을 때 교회로 사용되었던 덕분에 보존될 수 있었다.

*54 Tempio di Giunone. 이탈리아 발음으로는 주노. 본문에서는 다른 그리스 신화 관련 명칭을 그리스식 발음으로 표기했기에 헤라 신전이라 표기한다. 그리스 신화의 영향을 많이 받은 로마 신화에서의 헤라 이름이 주노이다. 460~440년경 세워진 이 신전은 아그리젠토에서 콘코르디아 신전 다음으로 보존 상태가 좋다고 할 수 있을 만큼 거의 완전한 상태로 남아 있으며 후기 도리아식의 세련된 건축 양식을 엿볼 수 있다.

*55 Phaedra. 그리스 신화에서 크레타의 왕 미노스와 파시파에의 딸이자 아테네의 영웅 테세우스의 두 번째 아내. 영어로는 페드라라고 한다. 테세우스는 미노스의 딸 아리아드네의 도움을 받아 미궁 속의 괴물 미노타우로스를 처치하고 무사히 빠져나온 뒤 함께 크레타 섬을 떠났으나, 도중에 들른 낙소스 섬에 아리아드네를 버리고 떠났다. 테세우스는 아마존으로 가서 히폴리테 여왕(또는 그녀의 동생 안티오페)과 아들 히폴리투스를 낳았는데, 트로이젠의 왕위 계승권자였던 테세우스는 히폴리투스를 트로이젠으로 보냈다. 한편 미노스의 아들 데우칼리온은 크레타 섬의 왕위에 오른 뒤, 테세우스가 다스리는 아테네와 동맹을 맺고 아리아드네의 동생 파이드라를 테세우스와 결혼시켰다. 파이드라는 아카마스와 데모폰 두 아들을 낳았다.

*56 Hippolytus. 그리스 신화에 나오는 영웅. 아테네 왕 테세우스의 아들로, 아버지의 후처 파이드라의 구애를 받았으나 거절했으며, 파이드라는 이 사실을 거짓으로 꾸며 유언을 남기고 자살했다. 뒤에 아버지의 저주를 받고 죽었다.

아그리젠토, 콘코르디아 신전

상당한 크기로 완벽하게 보존된 귀중한 꽃병을 관찰하다보니 마치 이전 시대로 되돌아간 듯했다. 건축술의 몇몇 유물들이 새로운 성당 여기저기에 숨어 있는 것 같았다.

이곳에는 여관이 없어 어느 친절한 가족이 잠자리를 마련해 주었다. 큰 방의 벽에 설치되어 있는 높은 공간이었다. 녹색 커튼이 우리와 짐들을 큰 방에서 희고 가는 아주 질 좋은 국수를 만드는 가족들과 분리시켰다. 어떤 국수는 가장 비싼 값을 받는다. 먼저 길쭉한 모양으로 만든 다음 소녀가 가는 손가락을 이용해 국수 가락을 뽑는다. 귀여운 아이들 옆에 앉아 국수 만드는 법을 설명해 달라고 하자, 그라노 포르테라 불리는 가장 무겁고 질 좋은 밀을 쓴다고 했다. 기계나 형틀로 뽑는 것보다 손으로 하면 훨씬 더 많이 만들 수 있다고도 했다. 이들은 우리에게 최상의 국수 요리를 해주었다. 그러면서 지르젠티 말고는, 그러니까 자기 집에서만 만들 수 있는데 이제는 한 그릇도 남아 있지 않다고 말했다. 흰 빛깔이나 부드러움에서 이것들과 견줄 만한 것이 없을 듯했다.

우리의 안내자는 저녁 내내 아랫마을로 내려가고 싶어하는 우리의 성급함

아크리젠토, 헤라(주노) 신전 폐허

을 달래는 방법을 잘 알았다. 그는 다시 한 번 우리를 전망 좋은 언덕으로 데리고 갔고, 우리는 내일 이 부근에서 보게 될 명소 유적의 위치를 미리 보여주었다.

1787년 4월 25일 수요일, 지르젠티

아침 해가 떠오르자마자 우리는 천천히 아랫마을로 내려갔다. 한 발짝 옮길 때마다 아름다운 경치가 그림처럼 펼쳐졌다. 키 작은 안내자는 틀림없이 우리가 기뻐할 것이라며 울창한 초목들을 가로질러 목가적인 색채를 더해 주는 여러 경치를 쉬지 않고 안내했다. 폐허를 감추어 주듯 물결처럼 울퉁불퉁한 지면도 이 풍경에 한몫 거들었다. 옛 건물들이 가벼운 패각 응회암으로 건축되었기 때문에 폐허는 기름진 땅으로 변할 수 있었다. 푸석푸석한 돌들이 풍화로 인해 부서져 해마다 헤라 신전*57의 폐허는 도시의 동쪽 끝까지 이르렀다. 오늘

---

*57 1787년 4월 24일 헤라 신전 참조.

괴테가 아그리젠토에서 발견한 그리스 신화 '파이드라와 히폴리투스'가 조각된 석관 부조

은 대충 둘러볼 수밖에 없었지만, 크니프는 이미 내일 스케치할 장소를 점찍어
두었다.

신전은 오늘날도 풍화되고 있는 암석 위에 서 있다. 도시 성벽은 이곳에서부
터 바로 동쪽의 석회암층까지 뻗어 있다. 이 석회암층은 바닷물이 밀려들어와
암석층을 만든 뒤 그 밑으로 파도가 들이치면서 깎아지른 모양을 이뤘다. 성
벽 일부는 이 암석을 잘라서, 나머지 부분은 바위를 쌓아서 만들어졌다. 성벽
뒤에는 신전이 한 줄로 우뚝 솟아 있다. 그렇게 지르젠티의 낮은 부분과 오르
막 부분, 그리고 가장 높은 부분이 어우러져 바다에서 보았을 때 장관을 이루
게 되는데, 조금도 낯설게 느껴지지가 않았다.

콘코르디아 신전*58은 이처럼 수백 년을 의연히 버티어 왔다. 그 섬세한 건축
법은 미와 친밀감으로 볼 때 오늘날의 기준에 가깝다. 이 신전과 페스툼*59 신
전의 관계는 신들의 모습과 거인상의 관계와 비슷하다. 이 기념물을 보호하려
는 최근의 바람직한 계획이 수준 낮은 방식으로 망쳐진, 다시 말해 벌어진 틈
새를 눈부실 만큼 흰 석고로 땜질한 것을 비난하려는 건 아니다. 그러나 이로
인해 이 기념물이 조금은 파괴된 듯 보이는 것도 사실이다. 풍화된 돌의 색을

*58 1787년 4월 24일 콘코르디아 신전 참조.
*59 1787년 3월 23일 페스툼 주석 참조.

아그리젠토, 제우스 신전 유적에 남아 있는 인간 모습의 기둥

석고에 입히는 것이 그리 어렵지는 않았을 텐데 말이다. 물론 쉽게 부스러지는 기둥과 장벽의 패각석회암을 보면, 그렇게 오랜 세월 동안 잘 보존된 것이 오히려 의심스럽다. 하지만 이 때문에 건립자는 자기와 같은 후손을 위해 예방조치를 해놓았다. 즉 기둥에 남아 있는 섬세한 덧칠은 눈을 즐겁게 해주는 동시에 오랫동안 보존할 수 있도록 해 준다.

다음에 머문 곳은 제우스 신전*60의 폐허였다. 이 신전은 크고 작은 식물들이 무성하게 자라 울타리에 둘러싸인 몇 개의 작은 언덕 내부와 하부에 거대한 골조처럼 넓게 뻗어 있다. 거대한 트리글리프*61와 그에 맞는 반 기둥 조각

---

*60 Tempio di Giove. 아그리젠토에 있는 신전 중 가장 큰 것으로 기원전 406년 이 도시가 파괴되었을 때에는 아직 완성되어 있지 않았다. 그리스 신화의 제우스와 동일시되는 로마 신화의 주피터를 모신 신전으로 'Giove'는 주피터를 의미한다. 앞서 언급된 다른 신전들과 마찬가지로 도리아식 건축 양식을 보여 준다. 오늘날에는 잔재들만이 남아 7.5m의 인간의 모습을 한 기둥이 누워 있다.

*61 triglyph, triglyphos. 고전 건축 용어. 도리아 양식 프리즈의 일정한 간격을 두고 거듭되는 수직의 부재(部材). 세로로 세 줄의 홈이 새겨져 있다. 트리글리프 사이에 메토프가 위치한다.

을 뺀 모든 형상은 이 폐허에서 사라져 버렸다. 팔을 벌려 트리글리프를 재어 보았는데, 두 팔로는 모자랐다. 이와 달리 홈이 새겨진 도리스식 기둥은 그 안에 들어가면 작은 벽감처럼 양어깨가 가득 차서 벽에 닿는다고 하면 아마도 상상이 될 것이다. 스물두 명의 남자들이 바짝 붙어 원을 만들면 이 기둥 둘레와 같다. 여기서는 화가로서 소재를 건질 만한 게 전혀 없다는 아쉬운 생각에 발길을 돌렸다.

이와는 반대로 헤라클레스 신전*62에서는 고대의 대칭 양식의 흔적을 엿볼 수 있었다. 신전 이쪽저쪽에 나란히 있는 두 열의 기둥은 동시에 쓰러진 것처럼 북에서 남쪽을 향해 놓여져 있는데, 하나는 언덕 위쪽으로, 다른 하나는 아래쪽으로 쓰러져 있었다. 언덕은 작은 산이 무너져 생겨난 것 같았다. 기둥은 들보에 의해 지탱되었던 것 같은데, 아마도 폭풍 때문에 쓰러졌을지도 모른다. 한꺼번에 무너진 듯 본디 짜맞추어져 있던 부분들이 그대로 무너져 나란히 누워 있었다. 이런 진귀한 장면을 정확히 그리기 위해 크니프는 이미 마음속에서 연필을 깎고 있었다.

조그만 농가에 둘러싸인 채 아름다운 구주콩나무*63 그늘이 드리워진 아스클레피오스 신전*64은 친근한 인상을 주었다.

우리는 테론의 묘비*65가 있는 곳으로 내려갔다. 그 동안 모형으로만 보아왔

트리글리프 체계는 초기의 목재 건축 방식에서 비롯된 것으로 생각된다.

＊62 Tempio di Ercole. 아그리젠토에 있는 제우스 신전 전방, 제우스 신전과 나란히 있는 신전의 옆에 있다. 그리스 신화에 등장하는 헤라클레스를 모신 신전으로 'Ercole'는 헤라클레스를 의미한다. 아그리젠토에서 가장 오래된 도리아식 건축물인 헤라클레스 신전은 본디 38개의 기둥을 갖고 있었다고 하는데, 현재는 단 8개의 기둥만이 남아 있다.

＊63 세례 요한이 황야에서 먹었다고 함.

＊64 Tempio di Esculapio. 아그리젠토에 있는 신전 중 하나. 그리스 신화의 아스클레피오스를 모신 신전이며 헤파이스토스를 모신 신전과 함께 오늘날은 거의 폐허가 되어 있다. 아스클레피오스(Asklepios)는 그리스 로마 신화에 나오는 의술의 신이다. 라틴어로는 아이스쿨라피우스(Aesculapius)라고 한다. 호메로스에서는 인간이며 의사라고 되어 있으나, 뒷날의 전설에서는 아폴론의 아들이라고 전하고 있다. 케이론 밑에서 자라면서 의술을 배워 죽은 사람도 되살릴 수 있었기 때문에, 제우스는 인간이 그를 통해 불사(不死)의 능력을 얻을까 두려워하여 번개를 쳐 그를 죽였다. 그러나 아폴론의 요청으로 제우스는 그를 별로 바꾸어 오피우커스(Ophiuchus : 뱀주인자리)가 생겼다고 한다.

＊65 Tomba di Terone. 처음에는 초기 로마 시대 무덤이라 판단하여 폭군 테론 폰 아크라가스의 것이라 추정되어 왔다. 하지만, 그는 기원전 473년에 죽고 이 무덤은 소규모 이오니아식 연

아그리젠토, 헤라클레스 신전 유적

던 이 기념물을 눈앞에서 보게 되자 뛸 듯이 기뻤다. 특히 진귀한 경치에 어우러지니 그 즐거움은 더욱 커졌다. 서쪽에서 동쪽으로 암석층이, 그 위에는 틈이 벌어진 도시의 성벽이, 그 성벽을 통해 성벽 위에 있는 신전의 잔해가 보였기 때문이다. 하케르트*[66]의 예술적인 손으로 이 광경은 훌륭한 그림이 되었다. 크니프도 이곳에서만큼은 스케치하지 않을 수 없었다.

1787년 4월 26일 목요일, 지르젠티

아침에 눈을 뜨고 보니, 크니프는 길안내서와 화판을 들어 줄 소년과 함께 이미 스케치 여행을 떠날 준비를 하고 있었다. 나는 은밀하고 조용한, 말이 적지는 않은 이 친구를 가까이 두고 창가에서 눈부신 아침 햇살을 즐겼다. 오늘

단과 같이 형식은 소아시아에 뿌리를 둔 그리스 아시아 양식이다. 후기 그리스 아니면 로마 시대 것으로 무덤일 가능성이 높아 현재는 두 번째 포에니 전쟁 중 죽은 군인의 것으로 추측하고 있다.

*66 1786년 11월 15일 Jacob Philipp Hackert 참조.

아그리젠토, 테론 묘역, 괴테 그림

까지 내가 우러러보고 귀 기울이는 스승의 존함을 그에 대한 경외심 때문에 말하지 않았다. 그는 폰 리데젤이라는 훌륭하신 분이다. 나는 그분의 저서를 기도서나 부적처럼 가슴에 간직하고 다닌다. 나는 늘 본보기 같은 사람에게 나의 부족한 모습을 비춰 보기를 즐긴다. 바로 이런 것들이다. 냉정한 결단, 목적의 확실성, 깔끔하고 알맞은 수단, 준비와 지식, 대가다운 훈육자 빙켈만[67]에 대한 내적 관계, 이로부터 생겨나는 다른 모든 것이 나에게는 부족하다. 그렇다고 내 삶에서 정상적인 방법으로는 얻을 수 없는 것을 교활한 수단으로 손에 넣는다거나, 습격하여 빼앗는 등 강압적인 수단을 사용하여 내 자신을 배신할 수는 없다. 그 훌륭한 남자는 번잡한 세상사의 순간에도 고독한 장소에서 고독하게 자신의 공로를 찬양하는 어떤 고마운 후손이 있음을 느낄지도 모른다. 그 또한 이곳에 무척 매력을 느껴 가족에게서 잊히고 자신도 그들을 잊은 채 이곳 고독한 장소에서 혼자만의 나날을 보내고 싶어할지도 모른다.

＊67 Johann Joachim Winckelmann(1717~1768). 독일의 미술사가. '근대의 그리스인'이라고 불릴 만큼 고대 그리스의 미술에 깊은 애착을 보였다. 예술의 이상을 '고귀한 단순함과 고요한 위대함'에서 구했던 것도 그것이야말로 고대 그리스 예술의 본질을 이룬다고 생각했기 때문이었다. 또한 빙켈만은 종래의 전기적 예술사를 대신해 양식사로서의 미술사를 제시함으로써 예술학에 새로운 분야를 열었다. 빙켈만의 예술관·예술 사상은 헤르더, 레싱, 괴테에게 커다란 영향을 미쳤다.

아그리젠토, 아스클레오피오스 신전 유적

　나는 안내해 주는 키 작은 그 사제와 함께 여러 유적을 관찰하고 때때로
부지런히 친구를 찾아가며 어제 지나쳤던 길들을 지나갔다. 안내자는 특히 고
대에 융성했던 도시의 어떤 아름다운 시설물에 주목하게 했다. 지르젠티의 보
루로 설립되었던 암석과 방벽 속에는 용감하고 훌륭한 고인들의 안식처임이
분명한 무덤들이 있었다. 자신의 명예와 영원히 생존하여 본받으려는 후세의
노력을 위해 이보다 더 멋진 장소는 없으리라.

　벽과 바다 사이의 널찍한 공간에는 작은 신전이 있는데 그리스도교 예배당
으로 보존되어 있다. 반기둥들이 네모난 벽의 석재와 잘 결합되어 맞물려 있
는 모양을 보고 있노라면 말할 수 없이 즐거워진다. 도리스식 기둥 양식이 완
벽하게 정점에 달해 있는 것을 정확히 느낄 수 있다.

　이 참에 눈에 잘 띄지 않는 고대의 볼품 없는 기념물을 보았다. 안쪽이 벽
으로 둘러싸인 지하의 커다란 창고 아래 밀을 보관하는 오늘날 시설을 주의
깊게 살펴보았다. 한 선량한 노인이 시민과 교회 상태에 대해 몇 가지 이야기
를 들려 주었는데, 내가 알고 있던 내용은 하나도 없었다. 끊임없이 풍화해 가

는 잔해들에 대한 대화가 깊이 있게 진행되었다.

패각석회암층은 모두 바닷물을 향해서 무너져 내리고 있다. 아래쪽과 뒤쪽부터 바닷물이 들이쳐 침식된 암석층의 윗부분과 앞면은 부분적으로 보존되어 있어서 마치 아래로 드리워진 술장식처럼 보인다. 프랑스인은 미움을 받고 있는데, 그것은 프랑스인이 바바리아인과 강화를 맺고 그리스도교인을 이교도에게 팔아넘겼기 때문이다.

바닷물이 고대 성문에 쉴새없이 몰아친다. 여전히 남아 있는 벽은 계단식으로 암석 위에 위태롭게 자리하고 있다. 우리의 새로운 관광 안내자는 돈 미카엘 벨라라는 골동품상이다. 그는 산타 마리아 근처에 있는 스승 제리오의 집에서 산다.

이곳에서는 다음과 같은 방식으로 누에콩을 심는다. 알맞은 간격으로 땅에 구멍을 파서 그 속에 한 움큼 거름을 넣고 비가 오기를 기다린 다음 그 속에 씨앗을 집어넣는다. 콩짚을 태워 생기는 재로 아마포를 씻는다. 이때 비누를 사용하지 않고 아몬드 겉껍질을 태워서 소다 대신 쓴다. 먼저 세탁물을 물로 빤 뒤에 양잿물을 사용하는 것이다.

이들이 농사를 짓는 순서는 콩, 밀, 투메니아이며, 4년이 되는 해에는 휴경하여 초지 상태로 둔다. 여기서 말하는 콩은 누에콩이다. 이들이 재배한 밀은 정말 아름답다. '비메니아' 또는 '트리메니아'에서 그 이름이 유래한다는 투메니아는 케레스 여신이 내려 준 훌륭한 선물로, 석 달이면 익는 여름 곡물이다. 1월 1일부터 6월까지 씨를 뿌려 놓으면 언제나 일정 시점이 되면 익는다. 비는 많이 내리지 않아도 되지만 강렬한 햇빛은 꼭 필요하다. 처음에는 무척 부드러운 잎이 밀처럼 자라다가 마지막에는 무성해진다. 11월과 12월에 씨 뿌리면 6월에 익는다. 11월에 씨 뿌린 보리는 6월 초순에 익는데, 해안에서 산간 지방으로 갈수록 더 늦게 익는다.

아마 열매는 벌써 익었다. 아칸서스*68는 화려한 잎사귀를 펼쳤고, 수송나

---

*68 acanthus. 쥐꼬리망초과에 딸린 여러해살이풀. 톱니 모양의 잎, 강하게 곡선진 줄기를 가진 이 식물은 그리스·로마 시대 이래 장식 모티프로 전세계에서 널리 사용되고 있다. 아칸서스 무늬는 고대 그리스·로마에서 코린트식 원주의 머리 등, 또한 몰딩(molding), 용마루 장

무 수풀도 울창하다.

개간이 덜 된 언덕에는 에스파르셋*69이 무성한데 일부는 소작을 준 것으로 다발로 묶어 도시에 내다 판다. 귀리도 다발로 판다.

양배추를 심을 때는 땅에 두렁을 만들어 반듯하게 구획해 둔다. 관개를 위해서이다.

무화과나무는 잎사귀가 모두 나왔고 열매도 달렸다. 성 요한절 즈음이면 다 익는데, 한 번 더 열매를 맺는다. 편도가 가득 달리고 가지 친 캐러브나무에는 엄청나게 많은 깍지가 달려 있다. 탐스러운 포도가 높다란 기둥에 기대어 정자 곁에서 자란다. 3월에 멜론 씨를 뿌리면 6월에 익는데, 이것은 습기가 없는 제우스 신전의 폐허에서도 잘 자란다.

마부는 아티초크*70와 콜라비를 날것으로 무척 맛있게 먹었다. 물론 독일 것보다 훨씬 더 부드럽고 연하다. 가운데를 지나갈 때 농부들이 누에콩을 먹고 싶은 대로 먹게 해주었다.

내가 용암과 유사한 검고 단단한 돌을 눈여겨 보니까 골동품상 안내자는, 그것은 에트나 화산 폭발 때 나온 것으로, 항구나 선착장 근처에 가면 많다고 말했다.

이 지방에는 새가 많지 않으며, 고작해야 메추라기 정도이다. 철새는 나이팅게일, 종달새, 제비 리니네, 리데네 등이 있다. 작고 검은 리니네라는 새는 지중해 동부에서 날아와 시칠리아에서 알을 낳고는 계속 날아가거나 되돌아온다. 리데네는 12월과 1월에 아프리카에서 와서 아크라가스*71에 내려앉은 다음 산으로 이동해 간다.

식, 테두리 장식, 프리즈(천장과 벽의 경계선에 띠 모양의 연속면), 소용돌이 장식 등의 오더 부분으로 사용되었다.

*69 esparsett. 빨간 나비 모양의 꽃이 피는 콩.

*70 artichoke. 쌍떡잎식물 초롱꽃목 국화과의 여러해살이풀. 지중해 연안이 원산지이며, 바닷가 근처에서 자란다. 줄기는 높이가 1.5~2m이고, 엉겅퀴와 비슷하게 생겼다.

*71 Akragas. 시칠리아 섬 남서부에 있던 고대 그리스 도시국가. 로마 시대에는 아그리겐툼이라고 했고, 현재 이름은 아그리젠토이다. 기원전 600년경 도리아계 그리스인의 식민지가 되어 번성했으며, 기원전 5세기 전반에 전성기를 맞이했다. 기원전 405년 카르타고에 굴복하고 제1차 포에니전쟁 때는 로마·카르타고 양군의 쟁점이 되기도 했으며 기원전 210년 이후에는 로마의 영토가 되었다. 시인 핀다로스는 '가장 아름다운 도시'라고 찬양했다. 그 중에도 콩코르디아 신전은 도리아식 유구를 보존하고 있는 것으로 유명하다.

성당에 있는 꽃병에 대해 한 마디 적어 둔다. 꽃병에 왕관을 쓰고 왕홀을 든, 왕으로 짐작되는 노인이 앉아 있는 모습이 그려져 있다. 왕 앞에는 갑옷 차림의 한 영웅이 마치 손님처럼 서 있고, 뒤에는 머리를 숙이고 왼손에 턱을 괸 채 생각에 잠긴 듯한 여인이 서 있다. 영웅의 뒤에는 어떤 노인이 마찬가지로 왕관을 쓴 채 창을 든 친위대와 이야기하고 있다. 그것을 보면 노인이 영웅을 안내하고 친위대에게 이렇게 말하는 것 같다. "그는 매우 용감한 사람이므로 왕과 직접 대화하는 것이 좋겠다."

이 꽃병의 바탕색은 붉은색이고, 그 위에 검은색이 칠해져 있다. 그러나 여성이 입은 옷은 검은색 위에 붉은색을 칠한 것처럼 보인다.

1787년 4월 27일 금요일, 지르젠티

크니프는 계획한 일들을 모두 실행하려면 내가 안내자와 돌아다니는 동안 끊임없이 스케치하지 않으면 안 될 것이다. 우리는 바다 쪽으로 산책을 나갔다. 노인들이 호언하기를, 바다에서 바라보는 지르젠티의 경치가 가장 좋다고 한다. 시선을 멀리 바다 쪽으로 향하자 안내자는 산등성이처럼 남쪽으로 수평선에 걸려 있는 기다란 구름띠를 잘 보라면서 그곳이 아프리카 해안이라고 했다. 그러나 내 눈에는 구름띠에서 생긴 가느다란 무지개가 더 진기하게 보였다. 무지개는 시칠리아에 한 발을 디딘 채, 다른 끝은 남쪽 바다를 딛고 푸르고 맑은 하늘에 둥글게 걸려 있는 것 같았다. 석양에 아름답게 물든 채 움직이지 않는 무지개의 출현이 더없이 즐겁고 진기해 보였다. 사람들은 저 무지개가 말타 섬을 향한 채로, 한쪽 다리는 이 섬에 내딛고 있을지도 모른다고 자신 있게 말했다. 그리고 어쩌다 그런 현상이 생긴다고 한다. 두 섬의 끄는 힘이 대기에서 이와 같이 전달된다면 전혀 새로운 현상일지도 모른다.

이런 이야기를 듣고 나자 몰타로 가려는 계획을 포기해야 하는지에 대한 문제가 다시 고개를 쳐들었다. 하지만 전부터 걱정해 온 다양한 어려움과 위험은 여전히 남아 있다. 그래서 마부를 메시나까지 계속 고용하기로 결정했다.

그러나 다시 잘 생각해 보고 행동에 옮겨야 했다. 이제까지 시칠리아로 오면서 곡창지대를 그다지 보지 못한 것이 못내 아쉬웠기 때문이다. 그리고 어디를 지나더라도 산으로 지평선이 막혀 있는 탓에 섬에 평야가 없는 것 같아서, 나는 케레스 여신이 왜 이 지역에 특별히 은혜를 내렸는지 알다가도 모를 일이라고 그 이유를 물었다. 그러자 사람들은 곡창지대를 여행하기 위해서는 시라쿠사를 지나지 말고 육지를 가로질러 가야 한다고 말했다. 그러면 밀 생산지를 보게 될 거라고 한다. 사실 이 훌륭한 도시는 화려한 명성 말고는 특별할 게 없음을 모르는 바는 아니지만 시라쿠사*72를 포기하라는 그 말에 따르기로 했다. 어쨌든 그곳은 카타니아에서도 가기가 쉽다.

1787년 4월 28일 토요일, 칼타니세타

이제야 비로소 우리는 말할 수 있다. 시칠리아가 어떤 방법으로 이탈리아의 곡창이란 명예를 얻을 수 있었는지에 대해 확실한 대답을 얻었는지. 지르젠티를 떠나 조금 뒤부터 비옥한 땅이 펼쳐졌다. 큰 평야는 아니지만 서로 마주보고 완만하게 연이어 있는 낮은 산과 언덕에 거의 밀과 보리가 심겨 있어 참으로 풍요로운 광경이 펼쳐져 있다. 이런 기름진 땅은 오직 농경지로만 잘 이용되고 손질되어 나무는 어디에서도 보이지 않는다. 모든 마을은 언덕 등성이에 있고, 죽 뻗은 석회암 때문에 그곳에서는 집을 짓는 일 말고는 땅을 다른 용도로 쓸 수 없다. 여자들은 일 년 내내 실을 잣고 베를 짜는 반면, 남자들은 본격적으로 들일을 하는 시기에는 토요일과 일요일에만 자기 집에 묵는다. 나머지 날에는 들에서 일하고 밤이 되면 오두막집으로 돌아간다. 이렇게 해서 우리의 소망은 충분히 이루어졌다. 이런 단조로움에서 벗어나기 위해 트립톨레모스의 날개 달린 용마차*73를 갖고 싶다는 생각도 했다.

마차를 타고 뜨거운 햇살을 받으며 적막한 곡창지대를 지나 마침내 훌륭한

---

*72 1787년 3월 12일 *37 시라쿠사 참고.

*73 Triptolemos. 그리스 신화에서 아테네 근교의 엘레우시스의 왕자. 그의 아버지 켈레오스 (Keleos)와 메타네이라(Metaneira)는 오곡의 여신 데메테르가 행방불명된 딸인 페르세포네를 찾으러 엘레우시스에 왔을 때, 그녀가 여신인지 알지 못한 채 친절히 대우했다. 데메테르는 이 호의에 보답해서, 트립톨레모스에게 날개 달린 용이 끄는 마차를 주고, 보리 재배를 전세계에 확산시켰다고 한다. 기원전 5세기~4세기의 아테네는 이 신화를 근거로서, 그리스의 모든 폴리스에서 첫 곡식을 봉납받을 자격이 있다고 주장했다. 트립톨레모스라는 이름은 '3번 일구는 자라는 뜻으로, 고대 그리스인이 1년에 3번 토지를 일구는 습관이 있었다는 것에서 땄다고 설명되고 있다.

지형에 잘 건설된 칼타니세타에 도착했다. 그러나 기쁜 것도 잠시, 우리는 지내기에 적합한 숙소를 찾지 못했다. 노새들은 화려한 둥근 천장의 마구간에서 있고, 마부는 동물 먹이인 클로버 위에서 잠을 자는데, 여행객들은 지낼 공간을 확보해야만 했다. 어쨌든 묵을 방이 먼저 깨끗이 정리되어야만 한다. 걸상이나 벤치도 없어서 낮은 나무받침대에 앉아야 하는데 테이블마저도 없다.

나무 받침대를 침대다리로 사용하려면 가구장이에게 가서 세를 내고 널빤지를 빌려야 했다. 하케르트가 우리에게 내준 큰 러시아 가죽부대가 여물 부대자루로 유용하게 쓰였다.

하지만 무엇보다도 식사문제를 해결해야 했다. 우리는 도중에 암탉 한 마리를 샀고, 마부는 쌀과 소금 및 향신료를 구입하러 갔다. 하지만 그도 여기에 와본 적이 없었기 때문에 요리를 할 장소를 찾느라 한참을 헤매야 했다. 겨우 구한 여관에도 요리할 만한 시설이 없었다. 마침 늙수구레한 한 주민이 아궁이와 땔감, 주방 용구와 식기를 싼값으로 제공해 주었다. 뿐만 아니라 음식이 만들어지는 동안 그 노인은 시내 구경을 시켜 주었다. 시장에 가보니, 명망 높은 주민들이 옛스러운 방식으로 둘러앉아 서로 담소를 나누고 있었는데 우리이야기도 듣고 싶어했다.

우리는 프리드리히 2세에 대해 들려 주어야만 했다. 그 위대한 왕에 대한 그들의 관심이 너무나 깊었지만, 좋지 않은 소식을 전하면 여관 주인이 우리를 싫어할 것 같아 국왕이 서거*74했다는 사실은 말하지 않았다.

1787년 4월 28일 토요일, 칼타니세타

지질학에 대한 사항을 덧붙인다. 지르젠티의 패각석회암을 내려가 보면 흰색이 도는 토양이 나타난다. 다시 오래된 석회가 보이고, 거기에 석고가 있다. 넓고 평평한 계곡, 산 정상까지, 때때로 그 산 너머까지 경작지가 이어진다. 오래된 석회에는 풍화된 석고가 보이는데, 경작된 밭을 보면 거무스름하고 자주색을 띠는 석회암을 확실히 볼 수 있다. 반쯤 길을 가다보면 다시 석고가 나타난다. 그 석고 위에는 진보라와 장미 빛깔의 꿩의비름*75이 자라고, 석회암에는

---

*74 프리드리히 대왕은 1786년 8월 17일에 서거했다. 즉 이 일기가 쓰인 시점에서는 국왕이 서거한지 약 9개월이 지난 것이다.

*75 쌍떡잎식물 장미목 돌나물과의 여러해살이풀.

아름다운 노란 이끼가 자란다.

패각을 함유한 층에 위치한 칼타니세타 쪽으로 갈수록 간간이 이 풍화된 석회암은 자주 나타나는데 무척 단단해 보인다. 위쪽 산 마르티노 근처에서 봤던 것처럼 자줏빛은 별로 띠지 않고 거의 연단[76]처럼 불그스름하다.

석영 표석은 길의 중간쯤에서만 발견되는데, 삼면이 막혀 있고 동쪽이 되는 바다 쪽으로 트여 있다.

멀리 왼쪽으로는 카메라타 부근의 높은 산이 눈길을 끌었고, 다른 산은 잘 다듬은 원뿔처럼 보였다. 가는 길의 대부분 나무가 거의 보이지 않았다. 지르젠티와 해안에서처럼 키가 크지는 않지만 열매들은 튼실하다. 멀리까지 이어진 밀밭에는 잡초가 전혀 없었다. 처음에는 녹색 들판밖에 볼 수 없었는데 그 뒤로는 경작된 들판이 나오고 이어서 축축한 장소에는 초지가 조금 만들어져 있었다. 여기에는 포플러나무도 보였다. 지르젠티 바로 뒤에는 사과와 배나무가 보였고, 언덕이나 몇몇 마을 주위에는 무화과나무도 몇 그루 있었다.

좌우에서 보이는 모든 것을 포함해서 30밀리오[77] 사이는 조금 풍화되거나 새로운 석회로 되어 있고, 거기에는 석고도 섞여 있었다. 이 세 가지가 풍화되고 혼합되어 있기 때문에 이 지방의 땅이 기름진 것이다. 입에 넣고 씹어도 씹히지 않는 걸로 보아 모래는 섞여 있지 않은 것 같다. 아카레스 강 때문에 그렇다는 가설이 있는데 그건 내일 증명해 보도록 하겠다.

골짜기는 아름다운 형태를 이룬다. 완전히 평평한 골짜기는 아니지만 큰비가 내린 흔적은 없고 오직 눈에 띄지 않는 조그마한 개천만 소리없이 흐를 뿐이다. 모든 물길은 바다로 향한다. 붉은클로버는 거의 볼 수 없고 키 작은 야자도, 서남쪽에서 보았던 꽃과 관목도 사라진다. 엉겅퀴만이 길을 차지하고 있을 뿐, 다른 것들은 모두 케레스 여신[78]에게 속한다. 이 지역은 독일의 에르푸르

---

*76 鉛丹. 납의 묽은 사산화물로 주사(朱砂)보다는 약간 노란 기운이 있는 밝은 주홍색.

*77 1밀리오는 약 1.48km. 1밀리오는 '1천 걸음'을 뜻하는 로만 마일(Roman Mile)에서 비롯된 것으로, 1로만 마일은 약 1.48km에 해당된다.

*78 Ceres/Keres . 그리스 신화에 나오는 죽음의 여신들. 케르(Ker 또는 Cer)의 복수형으로 '운명' 또는 '파멸'을 뜻한다. 천지창조와 신들의 계보를 체계적으로 서술한 헤시오도스의 《신통기》에 따르면 밤의 여신 닉스가 남성과 관계를 맺지 않고 혼자서 낳은 딸들이라고 하는데, 마찬가지로 닉스에게서 태어났다고 하는 복수의 여신 에리니에스나 잠의 신 힙노스 등과 함께 추상적인 개념이 의인화된 신이다. 고대 아테네인들은 케레스가 죽음과 질병을 불러

트와 고타 사이, 특히 글라이헨처럼 언덕이 많고 풍요로운 곳과 매우 닮았다. 시칠리아가 이처럼 세계에서 가장 비옥한 지역 가운데 하나가 되기 위해서는 수많은 요건을 갖추어야만 했다.

이제까지 지나온 길에서 말은 거의 보지 못했다. 이들은 주로 황소를 이용해 밭을 가는데, 암소나 송아지를 도살하지 못하게 하는 금지령도 있다. 염소, 나귀, 노새는 많이 보았다. 말들은 거의 검은색 발굽과 갈기를 가진 백마들이다. 바닥에 돌이 깔려 있는 마구간은 대단히 훌륭하다. 누에콩과 완두콩을 심기 위해 땅에 거름을 주고, 여름에 작물이 익으면 그 뒤에 다른 작물을 재배한다. 이삭이 돋아난 청보리와 붉은클로버를 각각 단으로 묶어 말을 타고 여행하는 사람들에게 팔려고 내놓는다.

칼타니세타 위의 산에서는 화석물과 함께 단단한 석회암이 발견된다. 커다란 패각은 아래에, 작은 패각은 위쪽에 자리잡고 있다. 우리는 이 작은 도시의 포석에서 국자가리비 화석이 들어 있는 석회암을 찾아냈다.

칼타니세타를 지나자 언덕은 경사가 낮아지면서 여러 모양의 골짜기가 되고, 골짜기에서 흐르는 물은 살소 강으로 흘러든다. 토양은 불그스름하고 점토가 많으며, 경작되지 않은 곳이 많다. 경작된 땅의 곡물들은 꽤 잘 영글었지만 앞서 본 지방과 비교하면 역시 그만 못하다.

1787년 4월 29일 일요일, 카스트로조반니

오늘 우리는 땅은 보다 비옥하지만 인적은 드문 지역을 보았다. 우기가 시작되었기 때문에 물이 많이 불어난 하천을 몇 군데 지나야 했으므로 여행길이 조금 불편해졌다. 살소 강에서 주위를 둘러봐도 다리는 보이지 않았는데, 기발한 방법으로 건널 준비를 하는 사람들이 있어 우리를 놀라게 했다. 건장한 남자들이 두 사람씩 짝지어 사람과 짐을 실은 노새를 가운데 끼고 깊은 강물을 건너 넓은 모래밭까지 운반하는 것이다. 모두가 모래밭에 도착하면 다시 같은 방법으로 강의 두 번째 지류를 통과해 건넌다. 남자들은 또 한 번 서로 받쳐주

온다고 믿어, 해마다 2~3월에 열리는 안테스테리아 축제 기간에 케레스를 집에서 쫓아내는 의식을 가졌다고 한다. 호메로스의 《일리아스》에 따르면, 트로이전쟁에서 그리스군의 영웅 아킬레우스와 트로이 최고의 용사 헥토르가 최후의 결투를 벌일 때 제우스는 황금 저울의 양쪽에 케레스, 즉 죽음의 운명을 올려놓고 누가 죽을 것인지를 저울질했다.

시칠리아 오지, 괴테 그림

고 밀어주며 노새가 물살에 떠내려가지 않고 바르게 앞으로 나아갈 수 있도록
해주었다. 강가에는 어느 정도 잡목이 있지만 이곳을 벗어나면 거의 보이지 않
는다. 살소 강에서는 편마암으로 변해 가는 화강암이, 각력암[79]으로 변해 가
는 단색 대리석을 운반한다.

  마침내 홀로 서 있는 산등성이에 다다랐다. 그 위에 자리한 카스트로조반니
[80]는 이 지역에 무척 장중하고 색다른 특징을 부여해 준다. 옆으로 이어진 기
다란 길을 달릴 때 패각석회로 이루어진 산을 발견했다. 우리는 석회화된 큰 껍
데기만 챙겨서 실었다. 위쪽 산등성이에 도달할 때까지 카스트로조반니는 잘 보
이지 않는다. 그곳은 북쪽 낭떠러지에 위치해 있기 때문이다. 이 이상한 소도시
와 탑, 왼쪽으로 좀 떨어진 곳의 칼타시베타 마을[81]은 매우 가깝게 마주해 있
다. 평지에서는 콩꽃이 활짝 피었지만 아무도 이런 광경을 즐기려고 하지 않았
다! 도로 사정은 대단히 좋지 않았는데 이전에 돌이 깔려 있던 길이기 때문에

---

*79 角礫岩. 암석편의 모가 거의 닳지 않고 그대로 있는 것을 말한다.
*80 Castrogiovanni. 이탈리아의 시칠리아 주에 있는 도시. 현재 지명은 엔나(Enna)이다. 카스트
   로조반니는 1927년까지 쓰인 지명이다.
*81 해발 478m의 몬테 알테지노 위에 있는 마을

더욱 끔찍했다. 게다가 끊임없이 비가 내렸다. 오래된 엔나의 거리는 우리를 무척 불친절하게 맞이했다. 다락방에는 창문 없이 덧문만 있어, 우리는 어둠 속에 앉아 있거나, 안개비를 다시 맞으며 버텨야만 했다. 여행용 식료품이 조금 남아 있었지만 그것도 다 떨어져서 우리는 비참한 하룻밤을 보내야 했다. 우리는 두 번 다시 신화 속 신들의 이름*[82]에 매혹되어서 목적지를 정하는 일은 하지 말자고 굳게 다짐했다.

1787년 4월 30일 월요일

카스트로조반니부터는 거칠고 질척거리는 내리막길이라 말에서 내려 말을 끌고 가야 했다. 우리의 눈앞은 낮게 깔린 구름으로 덮여 있고, 멀리 높은 언덕에서는 이상한 대기 현상이 보였다. 흰색과 회색 모양의 구름띠가 어떤 물체처럼 보였다. 하지만 하늘에 무슨 물체가 있을 수 있단 말인가! 안내자는 우리가 보고 놀라는 것이 갈라진 구름 사이로 보이는 에트나 산이라고 알려 주었다. 눈과 산등성이가 번갈아 줄무늬 모양을 만들어 내는데, 그 정상은 그보다 더 위에 있다고 한다.

오래된 엔나의 급경사진 암석을 지나 길고 적막한 골짜기를 통과했다. 간혹 풀을 뜯는 짐승만 보일 뿐, 경작도 하지 않고 사람도 마을도 보이지 않았다. 짙은 갈색의 그 짐승은 뿔이 작고, 몸집도 그리 크지 않은데다가, 무척 귀엽고 매끈하며 사슴처럼 날렵하다. 목초지는 이런 순한 가축들이 풀을 뜯기에 충분하지만, 엄청난 엉겅퀴가 군락지를 이루고 있어 점점 비좁아지고 있다. 이 식물들은 군집을 이루어 번식할 좋은 조건을 결코 놓치지 않았다. 하지만 엉겅퀴는 다년생 식물이 아니므로 꽃이 피기 전에 베어 버리면 모두 없어질 것이다.

---

*82 엔나에는 그리스 신화 페르세포네의 이야기가 전해 내려오고 있다. 페르세포네는 명부의 왕 하데스의 아내, 제우스와 곡물 풍요의 여신 데메테르의 딸이다. 니사(신화상의 가공의 지명) 또는 시칠리아 섬 엔나 들판에서 꽃을 꺾고 있을 때, 하데스에게 납치되어 지하의 명부로 끌려갔다. 모신이 딸의 행방을 찾아 떠돌아다니는 동안, 지상에 오곡이 열매를 맺지 않게 되자, 제우스의 중개에 의해 그녀는 봄에서 가을까지는 천상에서 모신과, 나머지는 지하에서 산다는 조건으로 명부의 여왕이 되었다고 한다. 그녀는 일반적으로 코레('처녀', '아가씨'라는 뜻)라고 하며, 데메테르와 함께 에레우시스를 필두로 하는 그리스 각지 비교(祕敎)의 2대 여신이었다. 로마 신화에서는 그녀의 이름이 에트루리아어를 거쳐 들어왔기 때문에 프로세르피나(Proserpina)로 되어 있다.

〈아르카디아 풍경〉 하케르트 그림

엉겅퀴에 맞선 이러한 농경의 제초 계획을 심각하게 생각하는 동안에 부끄러운 일이지만 엉겅퀴도 전혀 쓸모없는 식물은 아니라는 사실을 알게 되었다. 우리가 식사를 했던 여관에, 어떤 소송사건으로 인해 이 지방을 가로질러 팔레르모로 가고 있던 시칠리아 귀족 몇 명이 도착했다. 우리는 근엄한 두 남자가 엉겅퀴덤불 앞에 날카로운 주머니칼을 꺼내, 이 식물의 가장 윗부분을 자르는 것을 보고 놀라움을 감추지 못했다. 그들은 이 가시투성이 식물을 손가락으로 잡고 껍질을 벗겨 맛있게 먹었다. 우리가 물을 섞지 않은 포도주에 좋은 빵을 먹으며 쉬는 동안, 그들은 줄곧 그 일을 반복하고 있었다. 마부는 우리에게도 줄기 속대를 건네며 몸에 좋은 시원한 음식이라고 했지만, 세제스타의 양배추처럼 맛있다고는 전혀 말할 수 없었다.

4월 30일, 가는 길에

산 파울로 강이 돌아 흐르는 골짜기에 이르니 풍화된 석회가 섞인 검붉은 토양이 보였다. 많은 휴경지, 넓은 들판, 아름다운 골짜기가 연이어 나왔고, 시냇물을 지날 때는 무척 기분이 좋았다. 온갖 성분이 섞인 질 좋은 점토는 20피트 깊이이며 대체로 질이 고르다. 알로에는 원기있게 쑥쑥 자라고 있다. 곡물의 작황은 좋지만 가끔 잡초 같은 것이 섞여 있고, 남쪽에 비하면 그 양이 매우 떨어진다. 군데군데 작은 집들이 보였지만 카스트로조반니에서처럼 나무는 볼 수 없었다. 강가에는 목장이 많이 있지만 엄청나게 자란 엉겅퀴덤불 때문에 매우 좁아졌다. 강의 표석에 석영이 눈에 띄었는데, 단일한 종류이거나 각력암 종류였다.

새로 만들어진 몰리멘티 마을은 산 파울로 강가의 아름다운 들판 가운데에 건설되었다. 밀은 이 부근에서는 비할 데 없는 풍년으로 작황이 좋아, 5월 20일이면 수확할 예정이다. 전 지역에 화산 흔적은 보이지 않고, 강물에서도 화산 증거가 될 만한 표석을 볼 수 없었다. 토양은 여러 종류가 잘 섞여 있어 무겁고, 밤색이나 자주색이다. 강을 둘러싼 왼쪽의 모든 산들은 석회암 또는 사암인데, 이것들의 변화 과정을 볼 수는 없었다. 이러한 암석들이 풍화하면 아래쪽 골짜기를 비옥하게 만든다.

1787년 5월 1일 화요일

자연에게 천혜의 비옥함을 물려받았지만, 경작 상태가 거친 골짜기를 말을 타고 내려오다 보니 기분이 그리 좋지 않았다. 지독한 기후를 간신히 참아내며 지나왔는데도 우리가 바라는 그림 같은 풍경은 그 어디에도 없었기 때문이다. 크니프는 매우 먼 곳을 스케치했는데, 전경과 중경이 너무 살풍경해서 장난삼아 거기에 푸생*83풍의 전경을 그려 넣었다. 그랬더니 크게 힘들이지 않고 아름다운 그림이 한 폭 완성되었다. 그림 여행을 하다보면 이처럼 절반만 진실인 그림도 이따금 탄생하곤 한다.

마부는 우리의 우울한 기분을 달래 주려고 저녁에 좋은 숙소로 찾아 주겠다고 약속했고, 정말로 지어진 지 오래되지 않은 여관으로 우리를 안내했다. 카타니아에서 적당한 거리에 있는 그 여관은 여행자들이 좋아할 만했다. 그럭저럭 시설도 괜찮아서 우리는 12일 만에 모처럼 편안한 휴식을 취할 수 있었다. 그런데 벽에 연필로 아름답게 쓰여 있는 영어 글씨가 우리의 눈길을 끌었다. 그 내용은 이러했다.

＊83 Nicolas Poussin(1594~1665). 17세기 프랑스 최대의 화가이며 프랑스 근대 회화의 시조. 신화·고대사·성서 등에서 제재를 골라 로마와 상상의 고대 풍경 속에 균형과 비례가 정확한 고전적 인물을 등장시킨 독창적인 작품을 그렸다. 장대하고 세련된 정연한 화면 구성과 화면의 정취는 프랑스 회화에 큰 영향을 끼쳤다.

"여행자들이여, 여러분이 누구든 간에 카타니아에서 '황금사자' 여관을 조심하라. 키클롭스,*[84] 세이렌,*[85] 스킬라*[86]의 발톱에 동시에 당하는 것보다 무서운 일을 당하게 될 것이다."

우리는 그 경고자가 위험을 조금은 신화적으로 확대했으리라 생각했지만 그렇더라도 괴물로 알려진 '황금사자' 여관은 피해야겠다고 마음먹었다. 그래서 카타니아에서는 어디서 묵겠느냐고 묻는 노새 마부에게 우리는 이렇게 대답했다. "'황금 사자' 말고는 어디라도 괜찮소!" 그러자 그는 자신의 노새를 세워둘 수 있는 곳이라면 어디든 괜찮겠다면서, 같은 값이면 식사도 제공받아야 한다고 덧붙였다. 우리가 바라는 것은 그 '사자'의 입에서 먼저 벗어나는 일이었기에 모두 승낙했다.

이블라 마요르*[87] 부근에서는 북쪽으로부터 강물이 날라오는 용암 표석이

---

*84 Kyklōps. 그리스 신화, 전설 속의 거인. 복수형은 키클로페스(Kyklōpes). 호메로스의 《오디세우스》에 의하면 그들은 애꾸눈의 거인족으로, 법도 경작도 알지 못하고, 양을 키우면서 살았다. 그들이 사는 섬(시칠리아 섬)에 도착한 오디세우스와 그 부하가 폴리페모스(Polyphēmos)라는 이름의 키클롭스의 동굴에 잘못 들어가 부하들이 차례로 잡아먹혔을 때, 오디세우스가 계략을 써서 거인의 눈을 찌르고 도망간 이야기는 유명하다. 후대의 그리스인은 그들을 대장장이의 신 헤파이스토스의 직인이라고 생각하며, 에트나 화산의 연기는 그들의 일터에서 피어나는 연기라고 믿었다.

*85 Seiren. 호메로스의 《오디세이아》에 등장하는 바다의 요정으로, 여성의 머리와 물새의 몸을 가진 모습으로 알려져 있다. 그러나 실제로는 그런 모습이 아니라 그저 보통 여성의 모습이라고도 전해진다. 이는 호메로스가 세이렌에 대해서 묘사할 때 단순히 노래를 부르는 여자들로서 근처를 지나가는 뱃사람들에게 마법을 거는 두 명의 마녀라고 써놓았던 것을 봐도 알 수 있다. 세이렌은 아름다운 목소리로 노래를 불러서(혹은 악기를 연주해서) 근처를 지나치는 배의 선원들을 미혹시켜 자신들의 섬으로 끌어들인 다음, 암초나 얕은 물로 유인해서 배를 난파시킨다. 세이렌이 뱃사람들 사이에서 공포의 대상이 되었던 이유는 바로 이것이다. 그러나 그 노래는 뱃사람들에게 해를 끼쳤을 뿐 아니라 그들의 생명도 앗아갔다. 왜냐하면 세이렌은 무척 자존심이 강해서 자신의 노래에 홀리지 않는 자는 있을 수 없다고 생각하고 있었기 때문이다. 《오디세이아》에는 그것이 원인이 되어 생명을 잃는 세이렌에 대한 이야기가 나온다.

*86 Scylla. 인간이었다가 바다의 신이 된 글라우코스의 사랑을 받았지만, 이를 질투한 마녀 키르케의 저주를 받아 바다 괴물이 된 아름다운 소녀. 포르키스(Phorkis)의 딸로 빼어난 미모를 갖고 있던 그녀는 키르케가 독을 풀고 저주를 건 바다에서 멱을 감다가, 머리는 여섯이고 하체는 뱀 모양인 괴물이 되고 만다. 메시나(Messina) 해협에 살면서 그곳을 지나는 뱃사람을 잡아먹다가 뒤에 헤라클레스의 손에 죽는다.

*87 오늘날의 파트로를 가리킨다.

보인다. 선착장 위쪽에는 여러 표석, 각암, 용암 및 석회가 결합된 석회암이 보이고, 그 다음에는 석회질 응회암으로 뒤덮여 굳은 화산재도 보인다. 온갖 종류가 뒤섞인 자갈 언덕은 카타니아 근처까지 계속되며, 에트나에서 분출된 용암은 언덕까지 계속되는데, 그 위까지 이르는 것도 있다. 우리는 진짜 분화구처럼 보이는 것을 왼편에 두고 나아갔다. 화려함을 좋아하는 자연이 검푸른 회색 용암에 흥겨워하는 것을 알 수 있다. 노란 이끼가 자연을 뒤덮고, 붉은 꿩의비름이 무성하며 아름다운 보랏빛 꽃들도 자라고 있다. 선인장과 포도덩굴을 보면 이들이 얼마나 꼼꼼하게 재배하는지 알 수 있다. 이제 거대한 용암류가 밀려왔던 곳에 도달한다. 모타는 아름답고 거대한 바위산이다. 이곳 콩은 매우 잘 자라서 키가 큰 관목 같다. 경작지는 장소에 따라 자갈이 많기도 하고 여러 종류가 섞여 있는 곳도 있다.

마부는 남동쪽에서 자라는 이런 봄 식물을 오랫동안 보지 못했는지, 멋진 그 열매를 보고 매우 감탄했다. 그는 애국심에 취해 자랑하듯이 독일에도 이런 멋진 작물이 있느냐고 물었다. 이곳에는 모든 게 자연의 희생물이 되어 나무가 보이지 않는다. 마부와 전부터 알고 지냈다는 화사하고 날씬한 소녀가 이 모든 것 가운데서 가장 사랑스러웠다. 그녀는 노새와 함께 걸으며 마부와 이야기도 하고 우아한 손놀림으로 실을 감고 있는 모습은 뭐라 말할 수 없을 만큼 사랑스러웠다. 얼마 안 가 노란 꽃이 활짝 핀 곳을 지났다. 미스테르비안코 주위에는 벌써 선인장이 울타리를 만들었다. 이런 기묘한 식물로 만들어진 울타리들은 카타니아 부근에 오면 더욱 규칙적이고 아름답게 보인다.

1787년 5월 2일 수요일, 카타니아

여관은 정말이지 형편없었다. 마부가 만들어 준 요리는 거짓말로라도 최고라고는 절대 말할 수 없다. 쌀을 넣어 삶은 암탉은 사프란*88을 지나치게 많이 넣었는지 도저히 먹을 수 없을 만큼 노랗게 되었다. 침상 역시 너무 불편해서 하케르트가 빌려준 러시아 가죽 부대를 다시 꺼내려고까지 했다. 아침이 되

---

*88 Saffron. 향신료의 여왕이라 불리는 고급 향신료. 천연 착색제와 향신료로 사용될 뿐만 아니라 의류와 화장품 등 그 쓰임이 다양하다. 하지만 값이 비싸서 주로 고급 요리의 향신료로 사용되고 있다. 의학적으로도 지혈, 부인병의 냉증, 월경불순 등에 진정작용이 있는 것으로 알려져 있다.

자, 친절한 주인에게 지난 밤 이야기를 했다. 그는 우리를 더 잘 대접하지 못한 것을 미안해했다. "저 건너편에 외지인이 묵기에 알맞고, 만족스러운 조건을 갖춘 집이 하나 있습니다." 그는 모퉁이의 커다란 집을 가리켰다.

이쪽에서 보니 그럴듯해 보였다. 서둘러 가니 활발한 종업원 남자가 주인 대신 우리를 홀 옆에 있는 깨끗한 방으로 안내해 주었다. 그리고 숙박료도 특별히 싸게 해주겠다고 자신 있게 말했다. 우리는 늘 하던 대로 방, 식사, 포도주, 아침 식사 및 그 밖의 비용에 대해 물어보았다. 모든 것이 그가 말한 대로 비싸지 않았다. 우리는 서둘러 짐들을 가져와서 금박을 입힌 커다란 장롱 안에 정돈했다. 크니프는 모처럼 화판을 펼칠 기회를 얻게 되었다. 그는 스케치한 것을, 나는 노트를 정리했다. 그런 다음 숙소에 만족한 우리는 전망을 즐기기 위해 홀의 발코니로 올라갔다. 경치를 충분히 감상한 뒤 방으로 돌아가려고 몸을 돌리는데, 저게 무엇인가! 우리 머리 위에서 커다란 황금사자가 우리를 위협하고 있는 게 아닌가. 우리는 걱정스럽게 서로 바라보며 미소짓다가 크게 웃었다. 그러다가 어딘가에서 호메로스에 나오는 괴물이 튀어나오는 게 아닌가 하고 주위를 둘러보았다.

괴물 같은 것은 어디에도 보이지 않았고, 홀에서 두 살쯤 된 아이와 놀아주던 아름다운 젊은 여인을 발견했을 뿐이다. 그러나 그녀는 갑자기 주인을 대신하던 종업원에게서 호되게 꾸지람을 들었다. 여기서 할 일이 없으니 당장 나가라는 소리였다.

"나를 쫓아내다니 너무해요." 그녀가 말했다. "저쪽으로 가면 내가 아이를 달랠 수 없어요. 저분들도 여기서 아이 돌보는 것을 허락하실 거예요."

남편은 이 말에는 아랑곳하지 않고 아내를 내쫓으려고 했다. 그러자 아이는 문앞에서 애처롭게 울었다. 마침내 우리는 이 아름다운 부인을 여기에 있게 해달라고 그에게 진정으로 부탁하지 않을 수 없었다.

그 영국인의 낙서 경고 때문에 이 연극을 간파하는 일은 쉬웠다. 우리는 아무것도 모르는 척했지만, 그도 다정한 아버지인양 잘 행동했다. 사실 아이는 아버지를 잘 따랐는데, 분명 어머니라는 여자가 문 앞에서 아이를 꼬집었을 것이다.

그렇게 해서 그녀는 매우 순진한 척하며 그 자리에 남았고, 남자는 비스카리스 대공*[89]의 재가 신부*[90]에게 소개장을 갖다 주기 위해 밖으로 나갔다. 그가 돌아와 신부가 우리를 찾아와 꼭 할 이야기가 있다고 전달할 때까지, 그녀는 어린아이와 계속 재잘거리며 놀아주고 있었다.

1787년 5월 3일 목요일, 카타니아

어젯밤에 인사를 전해온 그 신부가, 오늘 일찍 와서 높은 지대에 단층으로 지어진 궁으로 우리를 안내했다. 먼저 대리석상, 청동상, 꽃병과 온갖 고대 유물이 전시되어 있는 박물관을 구경했다. 우리는 다시 한 번 견문을 넓힐 기회를 얻었다. 특히 티슈바인의 작업장에서 모조품으로 본 적 있는 제우스 흉상이 우리의 마음을 사로잡았다. 그것은 우리가 감히 평가할 수 없을 만큼 커다란 장점과 매력을 지니고 있었다. 관내 사람에게 중요한 역사적 정보를 들은 뒤, 넓고 높은 홀에 들어갔다. 주위 벽들 아래에 의자가 많은 것으로 보아 사람들이 때때로 이곳에서 모임을 연다는 것을 알 수 있었다. 우리는 후한 대접에 감사해하며 자리에 앉았다. 그때 두 귀부인이 안으로 들어오더니 이리저리 오가며 열심히 이야기를 나누었다. 그들이 우리를 발견했을 때 신부가 일어나자, 나도 따라 일어서서 인사했다. 그 사람들이 누군지 물어보니 젊은 여자는 공녀*[91]이고, 조금 나이 든 여자는 카타니아의 귀부인이라고 했다. 우리는 다시 자리에 앉았고, 여인들은 광장을 거닐듯이 여기저기를 돌아다녔다.

신부는 우리를 대공에게 안내했다. 그가 귓속말로 알려준 것처럼, 대공은 우리를 특별히 환영하고 자신의 수집품인 동전을 보여 주었다. 그의 선친 때나, 또 그 뒤에도 이같이 공개하다가 잃어버린 적이 있기 때문에 예전처럼 자주 보여 주지는 않는다고 했다. 나는 토레무차 공의 수집품을 관찰하면서 보고 배운 게 있었기에 그 전보다는 더 잘 이해할 수 있었다. 나는 새로운 배움을 얻었고, 다양한 예술시대를 거쳐 우리를 이끌어 가는 빙켈만식 이론으로 훨씬 더 견해를 넓힐 수 있었다. 우리들이 전문가 수준은 아니지만 그런 수집품에 많은 관심을 가진 애호가임을 알자, 이 분야에 완전히 능통한 대공은 우리가 알고 싶어하는 것 이상으로 자세히 가르쳐 주었다.

---

*89 비젠조. 신분이 높은 부자를 가리킨다.
*90 아바테 세스티니. 유명한 식물학자.
*91 대공의 누이 동생인 테레사.

시간이 많지 않아 만족할 만큼 구경하지는 못했지만 어느덧 꽤 시간이 흘러 있었다. 우리가 작별 인사를 하려고 하자, 대공은 우리를 그의 어머니에게 데려가 다른 예술품들을 보여 주었다.

우아한 자태의 귀부인은 우리의 방문을 환영하면서 이렇게 말했다.

"자, 여러분, 제 방을 마음껏 구경하세요. 돌아가신 제 남편이 수집하고 정리한 것들이랍니다. 모두 마음씨 고운 우리 아들 덕분이지요. 아들은 나를 가장 좋은 방에서 살게 해주었을 뿐 아니라, 돌아가신 아버지가 수집하고 진열해둔 것들은 단 하나도 없애거나 치우지 못하게 한답니다. 덕분에 나는 오랫동안 살던 방식대로 지낼 수 있었고, 멀리서 우리의 보물을 보러 오는 훌륭한 외국 손님들을 만나 유대를 쌓을 수 있게 되어 한 번에 두 가지 혜택을 누리고 있답니다."

그러면서 그녀는 호박(琥珀) 세공품이 보관된 유리 진열장을 열어 보였다. 시칠리아 호박은 북방 호박과 달리 투명하거나, 혹은 불투명한 밀랍색과 벌꿀색부터 짙은 노란색의 음영을 거쳐 더없이 아름다운 히아신스 붉은색에 이르기까지 참으로 다양하다. 호박으로 만들어진 항아리와 술잔, 다른 여러 물건들도 있었다. 그렇게 만들기 위해서는 아마 놀라운 재료가 들어갔음에 틀림없다. 트라파니에서 만들어지는 패각 조각과 정교한 상아 세공 등에도 남다른 애착을 가진 귀부인은 재미있는 이야기도 들려 주었다. 그리고 대공은 다른 중요한 사항에 대해 우리가 관심을 갖도록 이끌어서 즐겁고도 유익한 시간을 보낼 수 있었다.

노 부인은 우리가 독일인이라는 사실을 알고 폰 리데젤,[92] 바르텔스, 뮌터[93] 같은 사람들에 대해 물어보았다. 그녀는 그들을 모두 알고 있을 뿐 아니라 성격이며 태도까지 아주 잘 구별해 평가할 정도였다. 우리는 이별을 아쉬워하며 작별인사를 했는데, 그녀도 우리를 그렇게 보내는 게 아쉬운 듯했다. 이 섬에서는 쓸쓸한 궁 생활을 이렇게 스쳐가는 사람들의 관심으로 활기를 되찾고 버텨 나가는 듯했다.

---

*92 요한 헤르만 폰 리데젤 남작. 시칠리아에서 괴테가 지침서로 삼았던 안내서인 《시칠리아 및 대 그리스 여행기》의 저자.

*93 신학자이자 고대 연구가. 1784년부터 한 이탈리아 여행을 《1785년 및 86년의 여행 중에 수집한 나폴리와 시칠리아에 관한 보고》라는 제목으로 1790년에 출판했다.

신부는 다음으로 우리를 베네딕트 수도원으로 데려가 어느 수도사의 방으로 안내했다. 중년인 그 수도사는 슬프고도 사색에 잠긴 듯한 인상으로 보아 그다지 즐거운 대화를 나눌 수 있을 것 같지는 않았다. 하지만 보기와 달리 그는 예술적 감수성이 풍부했는데, 이 성당의 거대한 오르간을 연주할 수 있는 오직 한 사람이었다. 그는 우리가 바라는 바를 듣지도 않고, 알아맞히기라도 한듯 말없이 원하는 바를 들어 주었다. 우리는 아주 넓은 본당으로 가서 그의 훌륭한 연주를 들었다. 그는 나지막한 음을 은은하게 울리다가 때론 엄청난 음률을 성당 구석구석까지 울려 퍼지도록 했다.

이 남자를 만나보지 못한 사람은 이런 괴력을 드러내는 자는 틀림없이 거인이라 생각할지도 모른다. 하지만 이미 그의 인간 됨됨이를 알고 있는 우리는, 그가 이러한 싸움에서 아직도 정력을 다 써버리지 않았다는 사실에 놀라워했을 뿐이다.

1787년 5월 4일 금요일, 카타니아

식사를 마치자마자 신부는 도시에서 멀리 떨어진 곳에 보여 줄 게 있으니 그곳으로 함께 가자고 했다. 마차에 오르면서 잠깐 자리다툼이 일어났다. 내가 먼저 마차에 올라타서 왼쪽에 앉으려고 하자 그가 왼쪽에 앉겠다고 고집을 부렸기 때문이다. 나는 그런 예의를 차리지 않아도 된다고 했지만, 신부는 이렇게 말했다. "제발, 제가 이렇게 하도록 해주십시오. 제가 선생님 오른쪽에 앉게 되면 사람들은 제가 주인이고 당신이 동행인이라고 여길 것입니다. 하지만 제가 왼쪽에 앉으면, 제가 대공님 명령으로 귀빈들을 모시고 안내해 드린다는 점이 보다 또렷해질 것입니다."

그의 말에 뭐라고 이의를 달 수도 없어 그대로 하기로 했다.

우리는 산 위로 마차를 몰았는데 거기에는 1669년 도시의 대부분을 황폐화했던 용암이 오늘날까지 길가에 뚜렷하게 남아 있었다. 굳어 있는 용암류는 다른 암석처럼 변했는데, 그 위에 길이 나거나 시가지가 만들어질 예정인 곳도 있었으며 이미 일부가 완성된 곳도 있었다. 여행을 떠나오기 전 독일에서 현무암의 화산성(火山性)에 대한 논쟁[94]이 있었음을 떠올리면서, 용암으로 보이는

---

[94] 현무암의 형성 원인이 화산인가 바다인가 하는 논쟁.

돌을 깨뜨려 보았다. 여러 가지로 변화되는 것을 알아보기 위해 온갖 군데에서 이런 실험을 반복했다.

토착민이 자신의 고향을 사랑하지 않는다면, 이득이든 학문이든 자신이 사는 지역의 진기한 것을 수집하고 정리하려는 노력을 기울이지 않는다면, 이 지역을 여행하는 자는 오랜 시간을 헛되이 고생해야 할지도 모른다.

이미 나폴리에서는 용암 상인에게 많은 도움을 받았고, 이곳에서는 보다 수준 높은 차원에서 기사 지오에니가 힘이 되어 주었다. 짜임새 있게 정리된 그의 풍부한 수집품에서 에트나의 용암, 그 화산 기슭의 현무암, 그리고 변성암을 발견했다. 그는 이 모든 것을 성심을 다해 보여 주었다. 야치 아래 바다에 솟아 있는 가파른 암석에서 나왔다는 비석이 가장 놀라운 수집품이었다.

에트나 화산에 오르려면 어떠한 방법이 있겠느냐고 묻자, 기사는 지금 같은 계절에 정상에 오르는 것은 무모한 행위라며 상대도 해주지 않았다. 그러나 곧 자신의 태도를 사과하며 이렇게 말했다.

"거의 이곳을 찾아오는 외국인들은 에트나 등반을 너무 가볍게 생각합니다. 산 가까이 사는 우리들도 정상에 오르는 것은 평생 동안 고작 두세 번 정도로 만족하는 형편입니다. 처음 이곳에 대한 글을 써서 등반 열기를 부추긴 브라이던도 꼭대기까지는 오르지 못했지요. 보르흐 백작에 대한 기사도 확실하지 않지만, 그 또한 어느 정도 높이밖에 오르지 못했습니다. 이런 예는 얼마든지 있지요. 아직 눈이 너무 드넓게 쌓여 있기 때문에 더욱 어려운 상황입니다. 제 충고를 받아들이시겠다면 내일 가능한 좋은 시간대에 몬테 로소 기슭까지 말을 타고 가서 언덕에 오르지요. 거기서라면 아주 멋진 광경을 즐길 수 있고, 1669년 불행히도 도시 쪽으로 흘러든 오래된 용암도 볼 수 있을 겁니다. 전망도 좋고 훌륭하지요. 그러나 다른 것들에 대해서는 이야기로 듣는 편이 나을 겁니다."

1787년 5월 5일 토요일, 카타니아

우리들은 기사의 친절한 충고에 따라, 이른 아침에 노새를 타고 길을 떠나 세월이 흘렀어도 아직 길이 생기지 않은 용암지대에 이르렀다. 들쭉날쭉한 암석과 암반이 앞을 가로막았지만, 노새는 그 사이에 우연히 생긴 길을 찾아서 나아갔다. 우리가 꽤 높은 언덕에 이르러서 잠시 쉬는 동안, 크니프는 눈앞에 솟은 산의 모습을 정밀하게 스케치했다. 앞에는 용암 덩어리가 있고, 왼편에는 몬테 로소의 이중 봉우리, 위에는 니콜로시 숲이 있었다. 그 수풀 사이로 미약한 연기가 피어오르는 눈 덮인 봉우리가 우뚝 솟아 있었다. 나는 붉은 산을 향해 좀 더 다가간 다음 산 위쪽으로 올라갔다. 산은 온통 붉은 자갈과 재와 돌이었다. 여느 때 같았으면 화구 주변을 돌아 아무 문제 없이 올랐겠지만, 거세게 불어오는 아침 돌풍에 한 걸음 떼기조차 힘들었다. 조금이라도 앞으로 가려고 하면 외투가 벗겨지고 모자도 분화구 속으로 날아갈 듯했고, 내 몸도 날려 떨어질 것만 같았다.

우리는 마음을 가다듬고 주위 경치를 살펴보기 위해 자리에 주저앉았다. 그러나 앉아 있어도 위험하기는 마찬가지였다. 멀고도 가까운 해안까지 아름다운 육지를 넘어서 무서운 동풍이 불어닥쳤다. 메시나에서 시라쿠스까지 이르는 구불구불한 해안이 눈에 들어온다. 해안은 트여 있거나 암석들로 조금 가려져 있었다. 나는 완전히 넋이 빠진 채 아래로 내려갔는데, 크니프는 돌풍 속에서도 내가 사나운 폭풍우 때문에 제대로 보지 못한 것들을 섬세한 선으로 화폭에 담아내고 있었다.

우리는 다시 '황금사자' 입구까지 돌아와 우리와 동행하겠다는 것을 겨우 떼어 놓았던 그 종업원을 발견했다. 그는 우리가 정상에 오르기를 포기한 것을 칭찬하고는 내일은 바다에서 배를 타고 야치의 바위로 나들이 가자고 간곡히 청했다.

"카타니아 최고의 피크닉입니다! 마실 것과 먹을 것, 취사 도구는 챙겨가야 합니다. 아내가 준비할 것입니다."

그는 예전에 영국인들이 작은 배에 악대를 태워 함께 갔었는데 상상 이상으로 즐거웠다며 그때의 즐거움을 떠올렸다.

야치의 바위는 매우 매혹적이었다. 기사 지오에니 수집품에서 봤던 것과 같은 훌륭한 비석을 꼭 손에 넣고 싶은 생각이 굴뚝같았다. 물론 일을 손쉽게 처리하고 그의 아내의 동행을 거절할 수도 있었다. 하지만 그 영국인의 낙서 경고를 잊지 않고 그 비석을 손에 넣는 일을 단념하기로 했다. 우리는 이러한 자제력에 대해 적잖게 자부심을 느꼈다.

에트나의 몬티 로소 등정, 장 피에르 위엘 그림

1787년 5월 6일 일요일, 카타니아

우리를 안내한 신부는 자신이 해야 할 일에 게으르지 않았다. 그는 우리를 고대 건축술의 잔해를 볼 수 있는 곳으로 이끌었다. 이러한 것을 이해하기 위해서는 부족한 부분을 보충할 만한 뛰어난 상상력과 재능을 지녀야만 한다. 저수조와 나우마키아*95 원형 극장 잔해 등의 유적과 폐허들을 둘러보았다. 이것들은 용암, 지진 및 전쟁으로 여러 번 무너지고 파묻혔기 때문에 고대 건축술에 정통한 전문가만이 그 안에서 기쁨과 교훈을 얻을 수 있다.

다시 한 번 대공을 찾아가고자 했지만 신부가 말렸기에, 우리는 서로 감사와 호의의 말을 주고받으며 헤어졌다.

＊95 Naumachia. 모의해전(模擬海戰) 또는 모의해전장(模擬海戰場). 고대 그리스어로 '해상전투 (naval cornbat)'를 뜻하는 나우마키아(Ναυμαχia)에서 비롯된 것이나, 진짜 싸움이라기보다는 고대 로마 때 귀족들이 즐기던 오락의 하나로 벌어진 모의해전 또는 그 모의해전이 벌어지던 분지(basin)를 뜻한다. 본문에서는 그 모의해전이 벌어지던 원형극장을 가리키고 있다.

1787년 5월 7일 월요일, 타오르미나*96

다행히도 오늘 구경한 것은 충분할 정도로 기록해 두었다. 게다가 크니프는 내일 산에 올라가 종일 스케치할 예정이다. 바닷가에서 멀지 않은 곳에 우뚝 솟은 암벽을 오르면 반원 모양으로 이어진 두 봉우리가 보인다. 이것이 본디 어떤 형상이었는지 간에 예술의 도움으로 관객을 위한 반원형의 극장이 만들어진 것이다. 벽돌로 이루어진 벽과, 다른 증축 부분이 서로 이어져 통로와 홀을 대신하고 있다. 계단식으로 된 반원 아랫부분에는 비스듬히 설치된 무대를 양쪽 바위에 연결해 자연적이고 인공적인 거대한 예술품을 완성해 놓았다.

옛날에 상류층 관객이 앉았을 가장 윗자리에 앉아보니, 어떤 관객이 이처럼 멋진 광경을 볼 수 있겠는가 하는 생각이 들었다. 오른쪽으로 조금 높은 언덕에는 성채가 솟아 있고, 멀리 저 아래의 도시 전경이 눈에 들어온다. 이 건축물은 최근에 생긴 것임에도 아주 오래전부터 바로 그 자리에 똑같은 모습으로 서 있었던 것처럼 보였다. 바로 앞쪽에는 에트나 산맥의 긴 산등성이가 이어지고, 왼쪽으로는 카타니아까지, 더 나아가 시라쿠스까지 뻗어 있는 해안선이 보인다. 연기를 뿜어내는 거대한 에트나 화산 때문에 더 이상은 보이지 않지만, 그다지 흉한 모습은 아니다. 그것은 대기가 온화한 까닭에 산이 실제보다 더 멀고 부드럽게 보이기 때문이다.

이러한 전망에서 눈을 돌려 객석 뒤쪽에 마련된 통로를 바라보면 왼쪽으로는 암벽이 나타나고, 그 암벽과 바다 사이에 메시나로 향하는 구불구불한 도로가 보인다. 바다에 흩어진 암초와 바위 절벽, 그리고 아득히 멀리 보이는 칼라브리아의 해안은 주의 깊게 살펴보아야만 부드럽게 솟아오르는 구름과 구별할 수 있다. 우리는 극장으로 내려가다가 그 폐허에서 발길을 멈추었다. 재능 있는 건축가에게 이 폐허를 종이 위에서라도 복원해보도록 했으면 하는

---

*96 Taormina. 시칠리아 섬 동쪽 기슭에 위치한 메시나와 카타니아 사이의 타우로 산 기슭으로, 해발고도 200m의 언덕 위에 있다. 남서쪽에는 해발고도 3,323m의 에트나 산이 있으며, 바닷가 경치가 빼어나고 기후가 온화해, 시칠리아 섬에서 가장 인기 있는 겨울 휴양지이다. 도로와 철도를 통해 메시나 및 카타니아와 연결된다. 1892년에 발굴된 로마 시대 오데온극장과 나우마키아의 유적, 기원전 395년에 세운 것으로 알려진 그리스풍 원형극장이 있으며, 대성당과 코르바자 궁전, 산토스테파노 궁전, 참폴리 궁전 등 중세 건축물이 남아 있다. 황광산(黃鑛山)·식료품 공장 등도 있다.

타오르미나의 원형 극장 유적, 크니프 그림

생각이 들었다.

우리는 경작지를 가로질러 도시로 가는 길을 터 보려고 생각했다. 하지만 줄지어 심어져 있는 용설란 울타리가 어느 누구도 출입할 수 없는 요새처럼 되어 있는 것을 알게 되었다. 얽히고 설킨 잎들 사이로 들여다보니 뚫고 지나갈 수 있을 것도 같지만 잎 가장자리에 나 있는 억센 가시들이 커다란 장애물이었다. 사람이 올라타고 넘어갈 수 있을까 생각해 보았지만, 잎은 부러질 것이고 우리는 건너가는 대신 옆의 나무로 떨어지리라. 마침내 우리는 가까스로 미로에서 빠져 나와 시내에서 짧은 시간 동안 식사를 마쳤지만 일몰 전에 이 지역에서 빠져나갈 수가 없었다. 모든 면에서 중요한 이 지방이 차츰 어둠 속으로 빠져드는 광경은 이루 말할 수 없이 아름다웠다.

1787년 5월 8일 화요일, 타오르미나 아래 바닷가에서

행운이 내게 이끌어 준 크니프는 아무리 칭찬해도 지나치지 않는 사람이다. 그는 내가 홀로 감당해낼 수 없는 무거운 짐에서 풀어주고, 자연 그대로의 나 자신으로 되돌아가게 해준다. 그는 우리가 대충 살펴본 것을 하나하나 스케치하기 위해 위로 올라갔다. 그는 몇 번이나 연필을 깎았지만, 어떤 작품을 완성하게 될지는 알 수 없다. '나중에 모든 것을 볼 수 있겠지' 이런 심정으로 기다릴 뿐이다!

처음에는 함께 올라가려고 했지만 이곳에 남아 있는 것이 좋겠다는 생각이 들어서 둥지를 틀고 싶어하는 새처럼 좁은 공간을 찾았다. 형편없이 황폐한 어느 농가의 정원에서 오렌지나무 가지 위에 앉아 상념에 잠겼다. 지나가는 여행객이 오렌지나무 가지에 앉았다니 조금은 이상하게 들리겠지만, 그 나무를 자연 그대로 놔두면 뿌리 바로 위에서 가지가 돋아나 해를 거듭하며 크고 훌륭한 가지가 된다는 사실을 안다면 이상할 것도 없는 이야기이다.

거기 앉아서 《오디세이아》를 희곡적으로 집약한 《나우시카》 구상을 이어갔다. 나는 이것이 불가능한 일이라고 생각하지 않는다. 다만 드라마와 영웅 서사시의 근본적인 차이점을 제대로 알아야 할 것이다.

크니프가 두 장의 커다란 종이에 깔끔하게 스케치한 것을 더없이 만족스러운 얼굴로 가지고 내려왔다. 그는 이 멋진 날을 영원히 기억하기 위해 내게 두 점의 그림을 완성해 줄 것이다.

무척 맑은 하늘 아래, 작은 발코니에서 아름다운 해안을 내려다보고 장미를 구경하며 나이팅게일 소리를 들은 것은 잊지 못하리라. 사람들 이야기로는 이 새들은 이곳에서 여섯 달 내내 지저귄다고 한다.

회상에서

재능 있는 한 예술가가 내 곁에서 활동해 주고 여기에 내 보잘것없는 노력이 보태져, 이 흥미로운 지역과 그 일부를 테마로 한 잘 선택된 불후의 작품이라고나 할까, 간단한 스케치나 완성된 그림이 내 손 안에 남을 것이 확실해졌다. 그러자 한 발 더 나아가 시적 가치를 지닌 형태로 바다와 섬, 항구 등 오늘 눈앞에 보이는 멋진 광경에 생명을 내려주고, 이곳을 발판이자 출발점삼아 이제껏 만들어 내지 못한 의미와 색조로 작품을 구성해 보고 싶은 충동이 솟구쳐서 그것에 내 자신을 맡겨버렸다.

하늘의 맑음, 바다의 숨결, 산과 바다와 하늘을 '하나'의 요소로 만드는 안개, 이 모든 것이 내 계획에 자양분이 되었다. 그래서 나는 그 아름다운 공

몬티 로소, 에트나 화산에서 타오르미나 만을 바라본 전경, 괴테 작

원*97에서 꽃이 핀 협죽도 울타리나 열매맺은 오렌지나무와 레몬나무 아래를 거닐고, 내가 아직 알지 못하는 나무와 관목 사이에 머물면서 다른 나라에서만 느낄 수 있는 정취를 마음껏 즐겼다.

이렇게 살아 있는 환경보다 《오디세이아》에 대한 더 나은 논평은 있을 수 없다고 확신한 나는 책을 한 권 사서 믿기지 않을 만큼 공감을 느끼며 내 방식대로 읽어 나갔다. 처음에는 몹시 어색해 보였지만 차츰 더 빠져들어, 나중에는 몰두하게 되었고 곧 나의 작품으로 생각이 옮아갔다. 말하자면, 나는 《나우시카》를 비극으로 만들기로 마음먹게 된 것이다.

나도 이 작품이 어떻게 될지는 알 수 없지만 그 구상에 대해서는 곧 나 자신과 의견일치가 되었다. 나우시카를 많은 사람들에게 구애를 받는 훌륭한 처녀로 묘사하는 것이다. 그러나 그녀는 누구에게도 애정을 느끼지 못하고 모든 구혼자들을 냉정하게 대한다. 그런데 어느 이상한 외국인에게 마음이 움직이고 평정을 잃고 너무 빠르게 애정을 표현함으로써 명예를 잃어버린 탓에 상황은 점차 비극으로 치닫는다. 이에 곁딸린 동기를 풍부하게 넣고 전체적인

---

*97 팔레르모에 있는 빌라 줄리아를 가리킨다.

묘사와 특수한 색채로 바다와 섬 같은 요소를 덧붙이면 이 간단한 이야기는 틀림없이 재미있어지리라.

'제1막은, 공놀이로 시작된다. 예기치 못한 만남이 이루어지는데, 낯선 사람에게 시내 안내를 해주느냐 마느냐 망설이는 것에서 이미 애정의 싹이 엿보인다.

제2막은, 알치노우스의 집을 보여 주고 구혼자들의 성격을 드러내며 오디세우스가 등장한다.

제3막은, 거의 모험자들의 중요성을 보여 준다. 그로 하여금 모험을 대화식으로 이야기하게 해서, 듣는 사람에 따라 온갖 의미로 받아들일 수 있게 할 뿐 아니라 예술성과 흥미를 이끌어 내는 것이다. 이런 이야기를 나누면서 두 사람의 열정이 끓어오르고 외국인에 대한 나우시카의 애정은 상호작용을 통해 겉으로 드러나게 된다.

제4막에서, 오디세우스가 무대 밖에서 자신의 용맹함을 증명해 보이는 동안, 여자들은 집에서 애정과 희망, 그리고 모든 섬세한 감정에 자신을 내맡긴다. 외국인에게 승리를 거두었을 때, 나우시카는 스스로를 억제하지 못해 고향 사람들의 명예를 돌이킬 수 없을 만큼 먹칠한다. 이 모든 일에 절반의 책임이 있는 오디세우스는 끝내 이 땅을 떠날 것임을 밝히지 않을 수 없게 된다. 이렇게 이 선량한 소녀는 제5막에서 죽음을 택한다.'

이 구상 속에서 나의 체험을 있는 그대로 묘사할 수 없었던 곳은 한 군데도 없다. 여행 중에도, 위험에 빠져서도, 애착을 느끼게 될 때도. 그것이 비극적으로 끝나지 않더라도 충분히 고통스럽고 위험하며 해로울 수 있다. 고향에서 이렇게 멀리 떨어져 있는 것들, 여행의 모험, 이런저런 사건들을 사람들에게 재미있게 들려주기 위해 생생한 색채로 그려내는 것, 젊은 사람들에게는 반신(半神)으로 여겨지는 것, 분별 있는 사람들에게는 허풍쟁이 취급받는 것, 우연한 호의, 예상치 못했던 장애를 겪는 것, 이 모든 것들이 마음에 들었기에 나는 이 구상이나 계획을 세우는 일에 강한 애착을 갖게 되었다. 팔레르모에 머물 때에도, 시칠리아를 여행할 때에도 대부분의 시간을 이러한 것들을 꿈꾸면서 보냈다. 내가 이 여행에서 불편을 거의 느끼지 못한 것도 이런 더없이 고전적인 땅에서 시적인 분위기에 잠겨 생각에 빠져 있었기 때문이다. 내가 경험하고 보고 깨닫고 만났던 것을 모두 이런 분위기에서 파악하여 즐거운 그릇에 담아 보관할 수 있었기 때문이다.

마음에 들기도 하고 그렇지 않기도 한 습관에 따라 나는 이런 것에 대해 '거의'라기보다 '전혀' 기록해 놓지 않았다. 하지만 대부분 무척 상세한 내용까지 모조리 마음속에 담아 놓았는데, 오랫동안 헷갈려서 이제까지 내버려둔 것을 문득 생각이 떠올라 적어둘 뿐이다.

1787년 5월 8일, 메시나로 가는 길에서

왼쪽에 높은 석회암이 보인다. 이것이 차츰 다채로운 색채를 띠면서 아름다운 만을 이루고 있다. 그것에 뒤이어 점판암이나 경사암이라 부르고 싶은 암석들이 있다. 시냇물에는 이미 화강암 표석이 있다. 노란 사과들, 협죽도의 붉은 꽃들이 경치를 돋보이게 한다. 니시 강과 그에 이어 흐르는 시냇물은 운모 편암을 실어온다.

1787년 5월 9일 수요일

동풍을 받으며 오른쪽으로 물결치는 바다와 암벽 사이를 노새를 타고 지나갔다. 그저께는 암벽 위에서 내려다 보았는데, 오늘은 끊임없이 파도에 시달린다. 우리는 수많은 시냇물을 지나쳐 갔다. 그 가운데서 보다 큰 '니시'는 강이라는 명예로운 이름을 얻었다. 시냇물이 실어다 주는 자갈도 그렇지만 이런 하천은, 세차게 몰아치고 여러 갈래 길을 넘어와 암석에 부딪치며 나그네에게 물을 튀기는 바다보다 견디기가 더 쉬웠다. 이것은 근사했고, 이런 멋진 광경이 불편을 감수하게 해주었다.

이와 동시에 광물학적인 관찰도 빼놓을 수 없다. 커다란 석회암이 풍화하면서 아래로 떨어진다. 암석의 부드러운 부분은 파도의 작용으로 부서져 떨어지고, 더 견고한 부분은 남아 있다. 그리하여 해안 전체가 가지각색의 각암질의 부싯돌로 뒤덮여 있는데, 그 가운데 표본을 두세 개 골라서 짐 속에 넣었다.

1787년 5월 10일 목요일, 메시나

이러고 나서 우리는 메시나에 도착했다. 그런데 도무지 어디가 어딘지 알 수 없어 다음 날 아침에 좀 더 나은 숙소를 알아보기로 하고 첫날 밤은 일단 마부들 숙소에서 머무르기로 했다. 이런 결정을 내리고 시내에 들어섰는데, 바로 파괴된 도시*⁹⁸라는 끔찍한 인상을 받지 않을 수 없었다. 그것은 숙소에 도착하기 전 15분 동안 노새를 타고 폐허와 폐허를 지났으며 마침내 숙소에 도착했다. 그런데 이 근처에서 유일하게 재건된 건물인 숙소의 2층 창밖으로 내다보이는 것들도 들쭉날쭉한 폐허뿐이었다. 이런 농가 밖으로는 사람이나 동물의 그림자도 보이지 않았고, 밤에는 으스스한 정적이 감돌았다. 문에는 자물쇠나 빗장조차 없었고, 객실도 마부들 숙소와 마찬가지로 아무런 설비가 되어 있지 않았다. 그렇지만 친절한 마부가 주인을 설득해서 깔고 있던 요를 가져다 주어, 우리는 그것을 깔고 조용히 잠을 청할 수 있었다.

1787년 5월 11일 금요일

오늘 우리는 그 충실한 안내자와 헤어졌다. 완벽하게 소임을 다해 준 대가로 넉넉하게 사례했다. 그는 우리에게 새로운 안내자를 한 사람 소개해 준 뒤 작별인사를 했다. 새 안내자는 곧 우리에게 가장 좋은 숙소로 안내하고 메시나의 모든 명소를 보여 주기로 했다. 주인은 우리를 되도록 빨리 떠나보내고 싶었는지 재빨리 트렁크와 모든 짐을 도시 번화가의 쾌적한 숙소로 옮겨 주었다. 그러나 번화가라고는 했지만 사실 숙소는 도심 바깥에 있었다.

그 사정은 다음과 같다. 메시나에서는 엄청난 재앙이 닥쳐서 만이천 명의 주민이 목숨을 잃었고, 나머지 삼만 명은 살 집을 잃은 뒤였다. 대부분의 건물들은 무너졌고, 남아 있는 집도 벽에 온통 금이 가 있어서 안전을 장담할 수 없었다. 이 때문에 사람들은 메시나 북쪽의 넓은 초지에 서둘러 판자촌을 세웠다. 프랑크푸르트의 뢰머베르크나 라이프치히의 시장에 가본 적이 있는 사람이라면 이 판자촌을 쉽게 상상할 수 있을 것이다. 소매점과 작업장은 모두 길 쪽으로 열려 있고, 장사는 밖에서 이루어진다. 주민들은 대부분의 시간을 바깥에서 보내기 때문에 길 쪽은 닫혀 있는 집이 몇 채 되지 않는 큰 건물들

---

*98 Messina. 이탈리아 시칠리아 섬 북동쪽에 있는 항구도시. 기원전 8세기에 그리스인이 세운 식민도시에서 비롯되며, 기원전 379년 카르타고인의 침략으로 파괴되었다. 831년에 로마 지배하에서는 사라센인의 침략을 받았고, 1061년에는 노르만인의 침략을 받았다. 1282~1713년 에스파냐의 영토였고, 1861년 이탈리아의 영토가 되었다. 이탈리아 굴지의 상업항으로, 시칠리아의 철도 중심지이기도 하다. 1783, 1908년 2번에 걸쳐 대지진을 겪었기 때문에 오랜 역사에 비해 시가지는 비교적 새롭다. 1548년에 창립된 대학, 해양생물연구소, 성당 등이 있다. 본문에서는 1783년 2월과 3월에 일어났던 대지진으로 인한 파괴를 가리키고 있다.

메시나에서 본 스트롬볼리 화산, 괴테 작

뿐이며, 특별히 문을 꼭 닫아 놓지도 않는다. 이들은 이곳에서 벌써 삼 년이나 이렇게 살고 있다. 그런데 이런 노천생활, 오두막 및 천막생활은 주민들의 성격에 결정적인 영향을 미쳤다. 저 무시무시한 재난에 대한 경악, 비슷한 일이 다시 일어날지도 모른다는 공포는 놀랍게도 오히려 이들의 성격을 낙천적으로 바꾸게 해서 순간의 쾌락을 즐기도록 만들어버렸다.

4월 21일, 그러니까 이십 일 전쯤 매우 심한 지진이 대지를 흔들면서 새로운 재앙에 대한 걱정은 다시 현실이 되었다. 작은 성당으로 가자, 그곳에는 벌써 많은 사람들이 와 있었다. 그곳에 있는 몇몇 사람은 그때의 공포에서 아직도 회복되지 않은 듯했다.

이런 곳을 찾아다니며 구경할 때에는 친절한 영사[99]가 안내해 주었다. 우리를 크게 걱정하며 안내를 자청한 그의 호의가 다른 어떤 곳보다 이런 폐허 속에서는 특히 고맙게 여겨졌다. 아울러 그는 우리가 곧 떠날 생각이라는 이야기를 듣고 나폴리로 떠나는 무역선의 프랑스인 선장을 소개해 주었다. 미리 해적의 공격에 대비하여 백기를 달고 있는 게 한결 마음이 놓였다.

우리는 단층이라도 좋으니 조금 큰 오두막 안을, 살림살이와 임시로 살고 있는 모습을 보고 싶다며 선량한 안내인에게 귀띔을 했다. 그때 한 친절한 남자가 다가

---

[99] 외국에 있으면서 본국의 무역 통상의 이익을 도모하며 아울러 자국민의 보호를 담당하는 공무원. 본국에서 파견되는 영사와 그 나라의 거주자 가운데 무보수로 선임하는 명예 영사 등, 두 가지가 있다.

와 자신을 프랑스어 교사라고 소개했다. 산책을 마친 뒤 영사가 그런 집을 보고 싶다는 우리의 희망을 그에게 이야기하고 그의 집에 데려가서 식구들을 소개해 달라고 부탁했다.

우리는 벽과 천장이 판자로 된 오두막으로 들어갔다. 집 안은 돈을 받고 맹수나 그 밖의 진기한 것을 보여 주는 가설 흥행장처럼 보였다. 천장과 벽에는 대들보 같은 것이 드러나 보였고, 마루를 깔지 않아 맨땅인 듯한 앞쪽은 푸른색 커튼으로 분리되어 있었다. 가구라고는 의자와 테이블밖에 없었다. 지붕 판자 사이에 나 있는 틈으로 빛이 새어들었다. 우리는 한동안 이야기를 주고받았다. 그리고 녹색 커튼과 그 위로 보이는 집 안 대들보의 재목을 살펴보았다. 그러자 커튼 여기저기서 까만 눈과 검은 곱슬머리의 귀여운 소녀들이 호기심어린 눈으로 안을 들여다보는 모습이 눈에 들어왔다. 하지만 그 소녀들은 들켰다는 사실을 알아채자 번개같이 사라졌다. 영사가 나오라고 하자 옷을 갈아입을 수 있을 정도로 제법 시간이 지난 뒤에 잘 차려입은 모습으로 나타났다. 녹색 카페트와 알록달록한 옷이 잘 어울려 무척 사랑스러웠다. 소녀들의 질문으로 미뤄 볼 때, 우리를 다른 세상에서 온 동화 속 인물로 생각했음을 알 수 있었다. 이들의 사랑스러운 오해로 우리의 답변이 한결 효력을 드러냈음은 물론이다. 영사는 명랑한 어조로 동화 같은 우리의 출현에 대해 상세히 이야기해 주었다. 그 소녀들과 대화를 나누는 것이 무척 즐거워서 차마 발길을 돌릴 수가 없었다. 문 밖에 나와서야 비로소 우리가 소녀들에게 정신이 팔려 집 내부도 제대로 못보고 구조도 살펴본다는 것을 잊어버렸다는 생각이 떠올랐다.

1787년 5월 12일 토요일, 메시나

영사가 말하기를, 꼭 해야 할 일은 아니지만, 그래도 총독*[100]에게 경의를 표하는 것이 좋겠다고 했다. 그는 기분과 선입견에 따라 냉정해지기도 하고 힘이 되어 주기도 하는 인물이라고 했다. 훌륭한 외국인을 소개하면 영사에게 이로울 수도 있고 처음 이곳에 온 사람은 어떤 식으로든 총독의 힘을 필요로 하게 되니 득이 될 것이라는 것이다. 나는 영사의 뜻을 받아들여 함께 갔다.

현관에 들어서는데 안에서 요란한 고함 소리가 들려왔다. 어떤 하인이 어릿광대 같은 몸짓을 하면서 영사의 귀에 속삭였다.

---

*100 돈 미케레 모데아 장군. 그의 성격에 대해서는 괴테 이전의 여행자도 괴테와 마찬가지로 묘사하고 있다.

"일진이 좋지 않아요! 위험한 때입니다!"

그렇지만 우리는 이 말에 신경쓰지 않고 안으로 들어가니 늙은 총독이 등을 돌린 채 창가 책상에 앉아 있었다. 그의 앞에는 누렇게 바랜 낡은 서류 뭉치가 잔뜩 쌓여 있었다. 그 가운데 아무 글씨도 쓰여 있지 않은 종이들을 모아 능숙하게 자르는 그의 모습에서 여느 때 절약하는 성격이 드러났다. 그는 한가로이 이 일을 하면서 점잖아 보이는 남자를 눈앞에서 야단치며 욕을 퍼붓고 있었다. 옷차림으로 보아 몰타 기사단과 관계가 있는 듯했는데, 남자가 아무리 침착하고 조리 있게 변명을 해도 소용이 없었다. 야단을 맞으며 호통을 듣던 그 남자는 차분하게 자신의 혐의를 부인하려고 애썼다. 그러나 총독은 그가 아무런 권한도 없이 몇 번이나 이 나라를 드나들었다는 혐의를 내걸었고, 남자는 여권과 함께 나폴리에 있는 지인을 내세워 혐의 내용을 부인했다. 그러나 그것은 아무 소용이 없었다. 총독은 낡은 서류들을 자르고 흰 종이를 정성스럽게 분류하면서 끊임없이 욕설을 퍼부어댔다.

우리 두 사람 말고도 실내에는 열두 명의 사람들이 넓게 빙 둘러서서 이런 동물적 언쟁의 증인이 되고 있었다. 격분한 총독이 지팡이를 집어던질지도 몰랐기 때문에 이들은 문 입구의 좋은 위치에 있는 우리들을 부러워하는 눈치였다. 이 상황 때문에 영사는 눈에 띄게 언짢은 얼굴을 보이고 있었다. 그나마 익살스러운 표정의 하인이 가까이 있었기에 나는 조금 안심이 되었다. 그는 내 뒤의 문지방 바깥에서 내가 가끔 뒤를 돌아볼 때마다 나를 안심시키기 위해 저런 일쯤은 아무것도 아니라는 듯 온갖 익살스러운 표정을 지었다.

그러나 이 공포스런 언쟁도 원만히 해결되었다. 총독은 다음처럼 결론 내렸다.

"너 같은 침입자를 체포해서 감옥에 집어넣어야 하지만 이번만은 특별히 봐줄 테니 며칠 동안만 메시나에 머물렀다가 바로 이곳을 떠나 다시는 오지 않도록 해라."

그러자 남자는 얼굴빛 하나 바꾸지 않고 차분하게 작별을 고하고 주위 사람들에게 정중히 인사를 했다. 문 밖으로 나가기 위해서는 우리 사이를 지나가야 했기 때문에 특히 우리에게 예의를 갖춰 인사했다. 총독은 그의 등 뒤에 대고 다시 호통치려고 무서운 얼굴로 몸을 돌렸지만, 우리를 보더니 금세 감정을 추스르고는 영사에게 손짓을 했다. 우리는 그에게 다가갔다.

그러자 그 늙은 남자는 머리를 숙이고 더부룩한 회색 눈썹 아래 움푹 들어간 검은 눈으로 우리를 바라보았다. 조금 전과는 전혀 다른 모습이었다. 그는 나에게 앉으라 권하고는 하던 일을 계속하면서 이것저것 물어왔다. 내가 질문에 하나하나 답변하자 그는 말끝에 내가 여기에 머무는 동안 식사에 초대하겠다고 말했다. 나만큼 만족스러워하던 영사는 우리가 위험한 상황에서 빠져 나왔다는 해방감에 매우 흡족해하면서 계단을 뛰어내려갔다. 나는 이 사자 소굴 근처에 다시는 얼씬도 하고 싶지 않았다.

1787년 5월 13일 일요일, 메시나

눈부신 햇살을 받으며 안락한 숙소에서 눈을 떴지만 우리는 여전히 불행한 메시나에 있음을 깨달았다. 궁전들이 초승달 모양으로 줄지어 있는 팔라차타 광장의 경관은 정말 보기 흉했다. 걸어서 십오 분쯤 걸리는 길게 늘어선 궁전들은 선창을 에워싸며 자신의 모습을 드러내고 있다. 모두 4층짜리 석조 건물들이었다. 그 가운데 몇 개 동은 전면이 발코니까지 완전하지만, 다른 건물들은 3층, 2층, 1층까지 무너져 내린 채 그대로 있었다. 그래서 한때 찬란하게 늘어섰던 건물이 이 빠진 것처럼 흉측해 보이고 온통 구멍이 숭숭 뚫려 있다. 거의 모든 창문으로 푸른 하늘이 보이기 때문이다. 건물 내부는 온통 파괴되어 있었다.

이처럼 기이한 모습으로 남게 된 까닭은 부자들이 먼저 건축학적으로 화려한 궁전을 짓기 시작하자, 외관에 대한 경쟁심이 꿈틀거린 가난한 이웃들이 네모진 마름돌을 강가의 크고 작은 돌들과 석회를 반죽해서 자신들의 낡은 집 앞쪽에 붙여 세웠기 때문이다. 그러므로 처음부터 안전하지 못했던 이 구조물은 엄청난 진동이 일어나자 산산이 부서지며 붕괴된 것이다.

이런 대재앙이 발생했을 때 기적적인 구조 과정도 나타났는데 이런 이야기도 있었다. 그 같은 건물에 살던 주민이 위급한 순간에 바로 창가 벽의 오목한 부분으로 피해 들어갔을 때, 그의 뒤에서 집이 폭삭 무너져 내렸다. 높은 곳에 매달려 살아남은 그는 마음을 가라앉히고 이 공중 감옥에서 구출되기만을 기다렸다고 한다. 견고한 건물들은 계속 버티고 있는 것을 보면 도시가 완전히 폐허가 된 원인은 인근에 석재가 부족해서 생긴 이런 흉측한 건축 양식에 있는 듯하다. 반듯한 마름돌로 지은 예수회 교단 신학교와 성당은 처음 지었을

메시나 궁전, 장 피에르 위엘 그림

때의 모습 그대로 여전히 튼튼하게 서 있다. 하지만 이와 상관없이 메시나의 광경은 너무나 보기 흉해서, 시카니인*¹⁰¹과 시쿨리인*¹⁰²이 이런 불안정한 땅을 떠나 시칠리아의 서쪽 해안에 터를 잡은 태곳적을 생각하게 한다.

아침나절을 이런 생각으로 보낸 뒤 간단히 식사를 하기 위해 여관으로 돌아왔다. 느긋한 기분으로 식탁에 앉아 있는데 영사의 하인이 헐레벌떡 뛰어들어오더니 총독이 온 시내를 뒤져서라도 나를 찾아오라고 했다는 말을 전했다. 식사에 초대했는데 내가 보이지 않는다는 것이었다. 식사를 했든 안 했든, 깜빡 잊어버렸든 또는 고의로 시간을 늦췄든 영사는 바로 와주기를 바란다는 말도 덧붙였다. 그제야 나는 경솔하게도 키클롭스*¹⁰³의 초대를 잊어버리고 있

*101 기원전 8세기 무렵 동부에는 그리스인, 서부에는 페니키아인이 식민도시를 건설할 때까지 시칠리아 섬에 살았던 원주민. 토착의 청동기문화를 갖고 있다.
*102 시카니인과 마찬가지로 시칠리아 섬에 살았던 원주민. 토착의 청동기문화를 갖고 있다.
*103 1787년 5월 1일 *51 키클롭스 참조. 그리스 신화에 나오는 외눈박이 거인이다. 본문에서는 총독을 가리킨다.

었음을 깨달았다. 하인은 내게 망설일 시간을 주지 않고 너무나 간절하면서
도 설득력 있게 부탁했다. 영사는 자신과 이곳 사람들이 저 난폭한 폭군에게
혹독하게 당하지 않을까 걱정하고 있다는 것이다.

나는 머리와 옷매무새를 단정히 매만지면서 마음을 가다듬고 명랑한 기분
을 가지려 애쓰며 안내인을 따라나섰다. 수호신 오디세우스에게 도움을 청하
고, 팔라스 아테네*104에게 화해와 중재를 간절히 기도했다.

사자 굴에 도착하자 익살스럽게 생긴 하인이 커다란 식당으로 안내했다. 그
곳에는 길고 둥근 식탁에 마흔 명쯤의 사람들이 잠자코 앉아 있었다. 하인은
총독의 오른쪽 빈자리로 나를 안내했다.

나는 주인과 손님들에게 허리를 굽혀 인사하고 그의 옆자리에 앉아, 거리
와 시간 측정이 아직 익숙지 않아 그 실수로 지각을 하게 되었다고 사과했다.
그러자 총독은 이글거리는 눈초리로 쏘아보더니 누구든 외국에 오면 그곳의
습관을 잘 파악하고 따라야 한다고 말했다. 그의 말에 나는 대답했다.

"저는 늘 그렇게 하려고 노력합니다. 하지만 아무리 주의를 기울여도 새롭
고 잘 모르는 곳에 오면 처음 며칠 동안은 실수를 하게 됩니다. 여행의 피로나
여러 사건들 때문에 정신이 흐트러지고 괜찮은 숙소를 찾을 때까지 마음고생
을 하게 되니까요. 또 앞으로의 여행에 대한 걱정까지 더해서 여러 가지로 변

---

*104 Athena. 그리스 전역에서 열렬하게 숭배되었던 여신이다. 일반적으로 지혜와 전쟁의 여신
이라는 이미지가 강하지만, 그 외에도 여러 신격을 지녔다. 그녀는 기술을 주관하는 여신
으로, 구체적으로는 직물과 요리, 도기, 의술의 신이기도 했다. 로마 신화의 미네르바와
동일시된다. 아테나에게는 '팔라스' 또는 '팔라스 아테나'라는 별명이 있다. 이 별명의 유래
에 대해서는 몇 가지 설이 있다. 첫 번째는 아테나는 무기로 창을 가지고 있었다. '팔라스'
란 '창을 휘두르는 자'라는 의미를 가지고 있기 때문에 팔라스 아테나라는 별명을 얻었다
는 것이다. 두 번째 설은 첫 번째와는 사뭇 다르다. 어릴 때 아테나는 트리톤 신의 딸 팔
라스와 함께 자랐다고 한다. 그런데 팔라스가 사고로 죽는 바람에 아테나는 그녀를 기리
기 위해 스스로를 팔라스 아테나로 불렀다고 한다. 하지만 이 설은 아테나가 제우스의 머
리 속에서 성인의 모습으로 세상에 나왔다는 일화와는 차이가 있다. 팔라스(Pallas)는 그
리스 신화에서 크로노스가 자른 우라노스의 성기에서 흘러내린 피가 땅에 떨어져 생긴
24명의 기간테스 중 하나이다. 제우스와 기간테스의 싸움이 올림포스 신들의 전쟁이 끝
나며 팔라스는 아테나에게 쫓기다가 살해당하는데 이때 아테나가 팔라스의 가죽을 벗
겨 자신의 방패 아이기스에 붙였다. cf. 본문에서는 팔라스 아테네라고 되어 있지만, 아테
네는 이탈리아의 지명을 가리키는 말이며, 문맥상 그리스 신화의 여신을 가리키는 팔라
스 아테나가 맞다.

명을 하고 싶습니다만, 부디 용서해 주시기를 간절히 바랍니다."

그러자 그는 이곳에 얼마나 머물 생각이냐고 물었다. 나는 오랫동안 머무르면서 총독의 명령과 지시를 충실히 따름으로써 나에게 보여 준 호의에 감사하는 마음을 전달하고 싶다고 답했다. 그러자 조금 침묵이 흐른 뒤 그는 메시나에서 무엇을 구경했는지 물었다. 나는 아침에 본 것들을 간단히 이야기한 다음, 파괴된 이 도시의 거리가 깨끗하게 정돈되어 있는 것에 가장 놀랐다고 덧붙여 말했다. 사실 모든 거리에서 폐허의 잔해들이 깨끗이 치워져 있는 점은 참으로 놀랄 만했다. 부서진 잔해를 허물어진 성벽 터에 버리고, 돌들은 집 옆에 가지런히 치워둠으로써 거리 중앙을 비워두어 장사나 오고감이 자유로이 이루어질 수 있게 하였다. 나는 이런 업적이 '총독의 세심한 배려 덕분임을 알고 메시나의 모든 사람들이 고마워한다' 말하며 총독을 치켜세웠다. 그러자 그는 이렇게 불평을 늘어놓았다.

"그들이 고마움은 알고 있다고 하지만, 전에는 분명 자기들에게 이득이 되도록 조금 무리를 하면 가혹한 처사라고 이런저런 말들이 많았소."

나는 정부의 지혜로운 의도와 보다 높은 목적은, 나중에 가서야 사람들이 깨닫게 되고 제대로 평가된다는 등등의 말을 해주었다. 그는 내가 예수회 교단 성당을 보았는지 물었다. 본 적이 없다고 하자 그는 자기가 모든 부속 시설까지 함께 구경시켜 주겠다고 약속했다.

정말 끊길 사이도 없이 이렇게 계속 대화가 이어지는 동안에도 다른 사람들은 모두 꿀 먹은 벙어리처럼 침묵하고 있었다. 이들은 음식물을 입으로 가져가는 데 필요한 동작 말고는 전혀 움직이지 않았다. 식사가 끝나고 커피가 나오자 이들은 밀랍 인형처럼 벽에 붙어서 빙 둘러섰다. 나는 성당을 구경시켜 줄 사제에게 다가가 미리 감사의 말을 전했다. 그러자 그는 옆으로 비켜서면서 자신은 각하의 명령을 충실하게 따를 뿐이라고 겸손하게 말했다. 그런 다음 나는 곁에 서 있는 어떤 젊은 외국 청년에게 말을 걸었다. 프랑스인인 그도 자기가 처한 상황이 전혀 달갑지 않은 모양인지 다른 사람들처럼 멍하니 얼어붙은 듯한 표정을 짓고 있었다. 그 가운데는 어제 몰타 교단 기사가 호되게 당할 때 걱정스러운 표정으로 함께 서 있던 얼굴들도 보였다.

총독이 물러갔다. 그리고 잠시 뒤에 성직자가 갈 시간이 되었다고 일러 주었다. 내가 그의 뒤를 따라가자, 다른 사람들은 조용히 모습을 감추었다. 그는 나를 예수회 교단 성당의 정문으로 데려갔다. 이 교단 신부들에게 잘 알려진 건축술에 따라 지어진 문은 눈부시게 화려하고 위풍당당하게 공중에 치솟아 있다. 어느새 성당지기가 우리를 맞아들이며 안으로 들어가자고 했다. 하지만 성직자는 총독을 기다려야 한다고 막았다. 곧 총독이 도착해서 성당에서 멀지 않은 광장에 마차를 세우고는 우리에게 손짓을 했다. 우리 셋은 마차의 문 옆으로 바짝 다가섰다. 그는 성당지기에게 성당을 구석구석 보여 줄 뿐만 아니라 제단이나 다른 시설들에 얽힌 내력도 설명하라고 명령했다. 그리고 성구실(聖具室)까지 열어 그 안에 들어 있는 진기한 물건을 내가 볼 수 있게 해주라고 분부했다. 그는 나를 가리켜 '자기가 존경하는 사람'이라고 하였고, 내가 고국에 돌아가면 메시나에 대해 칭찬할 만한 그럴듯한 이유가 있어야 한다고 했다. 그런 다음 그는 나를 향해 애써 미소지으며 말했다.

"여기 머무는 동안 식사 시간에 맞춰 오십시오. 언제나 훌륭히 대접하도록 하겠습니다."

그러고는 내가 그에게 정중하게 대답하기도 전에 마차를 타고 떠나 버렸다.

마차가 떠나자 사제의 표정은 활짝 밝아졌다. 성당으로 들어가자 성지기가 보였다. 예배의식이 없는 마법의 궁전이니 '성지기'라 불러도 괜찮으리라. 그가 엄하게 지시받은 의무를 이행하려 할 때, 영사와 크니프가 성당으로 뛰어들어와 나를 끌어안더니 감옥에 들어가 있는 줄 알았는데 다시 보게 되어 반갑다며 크게 기뻐했다. 영사에게서 두둑하게 사례를 받았음이 분명한 그 민첩한 하인이 익살을 부리면서 모험이 행복하게 끝났음을 알려줄 때까지, 둘은 지옥같은 공포에 시달리며 몹시 불안했다고 말했다. 총독이 나를 위해 성당 구경을 허락했다는 소식을 듣자마자 나를 찾아온 두 사람은 이제야 안심한 듯 편안한 얼굴을 하는 것이었다.

그러는 동안 우리는 높은 제단 앞에 서서 고대의 소중한 유물에 대한 이야기를 들었다. 도금한 청동 막대기에 홈을 판 것 같은 청금석 기둥들과 피렌체 양식으로 상감 세공한 벽기둥과 판벽에 끼우는 널빤지에 대한 설명이었다. 화려한 시칠리아산 마노가 넘쳐났으며, 청동과 도금이 넉넉하게 사용되어 모든 것을 결합하고 있었다.

크니프와 영사가 이 사건으로 매우 곤혹스러웠음을 이야기하고, 안내자는 안내자대로 잘 보존되어 있는 화려하고 소중한 유물을 설명하는 모습이 마치 진기한 대위법의 푸가*105와 다름없게 생각되었다. 그러나 그 덕분에 나는 어려운 일을 무사히 넘겼음에 감사함을 느끼며, 지금까지 애써 연구해 온 시칠리아산 암석이 건축에도 사용되고 있는 것을 보는 두 가지 즐거움을 누릴 수 있었다.

이렇듯 화려한 건축을 이루고 있는 개별적인 부분들을 자세히 살펴보면서 나는 저 기둥의 청금석이 실은 석회석에 지나지 않다는 사실을 알아내게 되었다. 물론 그것은 내가 이제껏 보지 못했을 만큼 색깔이 아름답고 훌륭하게 짜 맞추어져 있었다. 석회석이라 해도 이 기둥들은 감탄을 자아내기에 충분했다. 그토록 아름답고 똑같은 색깔을 지닌 조각들을 골라내기 위해서는 엄청난 양의 재료가 필요하기 때문이며, 이것을 자르고 갈고 윤을 내는 노력 또한 말할 수 없이 중요한 일이기 때문이다. 하지만 저 예수회 장로들에게 극복할 수 없는 일이 뭐가 있겠는가?

그러는 동안 영사는 내가 처했던 위험한 운명에 대해 쉬지 않고 이야기했다. 그의 말에 따르면, 총독은 하필이면 자신이 사이비 몰타 교단 신부를 강압적으로 대할 때 내가 들어가 그 모습을 본 것이 껄끄러워 나를 특별히 모실 생각을 하고 계획을 세워 놓았다. 그런데 내가 바깥을 돌아다니다 늦는 바람에 계획이 시작부터 어긋나 버린 것이다. 오랜 기다림 끝에 내가 식탁에 앉았을 때 성미가 불같은 그 폭군은 좀처럼 언짢은 기분을 숨길 수 없었다고 한다. 그래서 초대된 사람들은 내가 도착했을 때나 식사가 끝난 뒤에 무슨 끔찍한 변을 당하지나 않을까 공포에 떨었다고 한다.

그러는 동안 성당 관리인은 여러 번 말할 틈을 노려서 밀실 문을 열어 보였다. 멋진 비례로 지어진 그 밀실은 단아하면서도 화려하게 꾸며져 있었다. 그 안에도 전체적으로 모양이나 장식이 비슷한, 그래서 감동을 자아내게 하는 성물이 아직 몇 점 남아 있었다. 그러나 귀금속이나 고대 및 근대의 진짜 예술품은 하나도 보이지 않았다.

---

*105 對位法. 두 개 이상의 독립적인 선율을 조화롭게 배치하는 작곡 기술. 작곡가 요한 세바스티안 바흐는 대위법의 대가였다. 대위법을 사용하는 작곡 방식으로 가장 고난도 기법은 푸가이며, 이외에도 카논, 돌림노래 등이 대위법을 사용한다. 본문에서는 크니프와 영사, 안내자를 두 개의 독립적 선율에 빗대어 기묘하고도 조화롭게 배치되어 있는 모습을 대위법 고난도 기법인 푸가형식에 비유하고 있다.

신부와 성당지기가 읊조리는 이탈리아어와 크니프와 영사가 읊조리는 독일어의 푸가는 내가 식탁에서 보았던 어떤 관리가 우리와 합류함으로써 끝나버렸다. 총독의 시종인 그는 우리가 다시 경계해야 할 사람이었다. 특히 항구로 안내해서 보통 외국인은 접근할 수 없는 곳으로 데려다 주겠다고 자청했기 때문이다. 친구들은 서로 얼굴을 멀뚱멀뚱 쳐다보았지만, 나는 혼자 그와 가기로 마음먹었다. 대수롭지 않은 몇 마디 대화를 나누고 난 뒤 나는 그에게 친밀하게 말을 털어놓기 시작했다. 총독의 초대를 받아 식사할 때 함께했던 몇몇 사람들이 말없이 다정한 신호를 보내, 자기들은 나를 낯선 외국인이 아니라 친구나 형제들과 함께 있으니 아무 걱정할 필요가 없다고 이야기하고자 하는 마음을 충분히 알 수 있었다고 말했다. 그래서 그에게 고마움을 전하고 다른 친구들에게도 감사의 말을 전해 주셨으면 좋겠다고 했다.

이 말에 그는 자기들은 상관의 기질을 잘 아니까 사실 전혀 걱정하지 않았던 만큼 나를 한결 안심시켜 주려고 했다고 대답했다. 총독이 몰타 교단 기사에게 터뜨린 것과 같은 분노는 매우 드문 일이라고 한다. 그 때문에 존경할 만한 이 노인은 스스로를 꾸짖으면서 행동을 조심하고 자신의 의무에 최선을 다할 것이라 했다. 그러나 예상치 못한 돌발 사건이 일어난다면 다시 격렬한 반응을 일으킬지도 모른다고도 했다. 이 정직한 친구는 자기와 동료들이 나와 좀 더 가깝게 사귀어 보기를 바란다고 덧붙였다. 때문에 내 신분을 좀 더 확실하게 밝혀주기를 바라며 오늘 밤에 절호의 기회가 있을 거라고 했다.

나는 이 요구를 정중히 거절하며 변덕스럽게 보일지 모르는 나의 생각을 용서해 달라고 부탁했다. 그리고 여행 중에는 평범한 인간으로 여겨지길 바라고, 그런 인간으로서 신뢰감을 자아내고 공감을 얻는다면 그것은 기분 좋은 일이지만, 다른 관계를 갖는 것은 여러 이유에서 삼가고 있다고 대답했다.

나는 그를 설득할 마음은 없었다. 왜냐하면 그 이유가 무엇인지 말해서는 안 되었기 때문이다. 하지만 전제 군주의 통치를 받으면서도 선량한 사람들이 자신과 외국인을 보호하기 위해 단결하는 순수한 모습은 참으로 아름답고 인상적이었다. 나는 다른 독일 여행자들과 이들의 관계를 잘 알고 있음을 숨기지 않았으며, 내가 이루어야 할 고결한 목적에 대해 자세하게 이야기했다. 그는 이런 나의 믿을 만한 완고함에 매우 놀랄 뿐이었다. 그는 나의 신분을 알아내고자 갖은 노력을 다했으나 성공하지 못했다. 그것은 가까스로 위험에서 빠져나온 내가 공연히 또 다른 위험을 무릅쓸 리가 없었기 때문이었고, 다른 한편으로는 이 용감한 섬사람들의 생각이 나와는 너무 달라서 좀 더 친밀하게 교제한다 해도 그들에게 기쁨이나 위안도 안겨주지 못할 것임을 잘 알고 있었기 때문이다.

그 대신에 밤에는 호기심이 많고 활동적인 영사와 몇 시간을 함께 보내며 몰타 교단 기사에 대해 자세한 설명을 들었다. "그는 물론 진짜 모험가는 아닙니다만, 한 곳에 머물지 못하고 정처 없이 떠돌아다니는 사나이입니다. 명문가 출신인 총독은 진지함과 유능함, 뛰어난 업무 능력으로 존경을 받기는 하지만 변덕이 심하고 성미가 급하며, 지독한 고집쟁이라는 평판을 받고 있죠. 그런데다가 나이가 많고 전제군주이다보니 남을 믿지 못하고, 궁정에 적이 있다 믿지는 않아도 그런 부분을 걱정하고 있습니다. 그 때문에 이리저리 떠돌아다니는 사람들을 모두 첩자로 여기고 매우 싫어하지요. 한동안 조용하다가 터질 때가 됐다 했더니, 이번에 그 붉은 옷을 입은 자*106가 제대로 걸려든 것입니다."

1787년 5월 13일 월요일, 메시나와 해상에서

우리는 같은 기분을 느끼며 깨어났다. 그것은 메시나의 황량한 첫 광경을 보고 실망해 참지 못하고 서둘러 프랑스 상선을 타고 귀로에 오르기로 결심한 것에 대해 똑같이 화가 치밀어 오르는 기분을 느낀 채 일어난 것이다. 총독과의 일도 잘 마무리됐고, 선량한 사람들과의 관계도 내가 신분을 자세히 밝히면 되는 것이다. 시골의 쾌적한 곳에 살고 있는 나의 은행가 친구를 찾아간 것도 매우 유쾌한 일이었다. 이런 점에서 볼 때, 메시나에 좀 더 머무른다면 즐거운 일을 기대할 수 있을 것 같았다. 몇몇 귀여운 여자아이들에게서 환대를 받은 크니프는, 여느 때에는 지긋지긋하게 여겼을 역풍이 다시 불어와서 오래 머물 수 있게 되기를 간절히 바라는 눈치였다. 그러는 동안 상황이 좋지 않아져서 우리는 짐을 풀지 못하고 언제든지 출발할 수 있도록 준비하고 있어야만 했다.

정오 무렵, 배가 출항한다는 소리에 우리는 서둘러 뱃전으로 갔다. 부두에

---

*106 본문에 나왔던 몰타인. 붉은 옷을 입고 있었다.

모인 사람들 가운데 선량한 영사의 모습도 보여서 고마운 마음으로 그에게 작별을 고했다. 익살을 부리던 누런 얼굴의 하인도 군중을 밀치며 다가왔다. 나는 그에게 사례를 하며 우리가 떠난 사실을 그의 주인에게 전해 식사에 참석하지 못해 용서를 빈다는 말을 전해 달라고 부탁했다.

"배를 타고 떠난 사람은 용서를 받는 것이지요!"

그는 이렇게 소리친 다음 이상한 동작으로 풀쩍 뛰어오르며 방향을 돌리더니 어디론가 사라져 버렸다.

뱃전에서 바라보는 경치는 나폴리의 프리깃함에서 보던 경치와는 매우 달랐다. 우리는 해안에서 차츰 멀어지면서 궁전*107의 둥근 윤곽과 망루, 그리고 도시 뒤에 우뚝 솟아 있는 산의 훌륭한 경치를 감상했다. 이제 북쪽과 남쪽의 해협을 바라보던 탁 트인 시선은 양쪽 해안을 따라 펼쳐진 아름다운 해변을 향하고 있었다. 이러한 광경을 멍하니 바라보는데, 누군가가 왼쪽으로 꽤 먼 곳의 물속에 어떤 움직임이 있다고 알려주었다. 오른쪽으로는 좀 가까운 곳에 해안으로부터 우뚝 솟아 있는 암벽을 보라고 했다. 왼쪽은 카리브디스*108고, 오른쪽의 암벽은 스킬라*109라는 것이다. 실제로는 이처럼 멀리 떨어져 있지만 시인에 의해 무척 가까이 있는 것처럼 그려진 진기한 자연현상을 보면서 사람들은 시인이 허구로 꾸며낸 이야기에 대해 불평을 털어놓았다. 하지만 그들은 인간의 상상력이 대상을 중요하게 생각하려고 할 때는 폭보다 높이를 상상함으로써 형상에 실제 이상의 특성, 진지함 및 가치를 준다는 사실을 생각지 못했던 것이다.

이야기로 널리 알려진 어떤 대상은 현실에서는 실제로 보니 보잘것없더라는 불평을 나는 그동안 수없이 들어왔다. 그 까닭은 마찬가지이다. 상상과 현

---

* 107 팔라차타 궁전을 가리킨다.
* 108 Charybdis. 그리스 전설에 나오는 여자 괴물. 해신 포세이돈과 대지의 여신 가이아의 딸로, 너무나 대식가(大食家)여서 제우스가 번개로 때려 그녀를 시칠리아 가까운 바닷속에 던져 버렸다. 그녀가 하루에 세 번 바닷물을 마신 다음 그것을 토해낼 때 커다란 소용돌이가 일어난다고 한다. 영웅 오디세우스도 그 소용돌이에 휘말렸다가 겨우 목숨을 건진 적이 있다. 후대에 와서 카리브디스는 이탈리아와 시칠리아 사이에 있는 메시나 해협의 소용돌이와 동일시되었다.
* 109 5월 1일 스킬라 참조. 스킬라와 카리브디스는 그리스 신화의 2대 바다 괴물이다. 본문에서는 두 괴물이 살고 있는 메시나 해협의 암벽을 가리키고 있다.

메시나 항, 봉헌받은 원주 위의 성모마리아 상

실의 관계는 시와 산문의 관계와 같다. 시가 대상을 굉장하고 험준하게 여긴다면, 산문은 언제나 평면으로 확대해간다. 우리 시대 화가들과는 대조적인 모습을 보인 16세기 풍경 화가들이 단적인 예이다. 크니프의 스케치 옆에 요스 드 몸퍼*[110]의 사생화를 두고 보면 전체적인 대비가 확실하게 눈에 드러날 것이다.

우리가 이런저런 이야기를 나누는 동안에 크니프는 해안이 화폭에 담을 정도로 매력적이지는 않았지만 이미 스케치할 준비를 하고 있었다.

하지만 나는 다시 배멀미 때문에 좋지 못한 기분에 시달려야 했다. 그런데 이번에는 지난 항해에서처럼 선실에서 편안히 휴식을 취하는 것으로 가라앉지 않았다. 선실은 몇 사람을 더 받아들일 만큼 충분히 넓었고 깨끗한 매트리스도 넉넉히 있었다. 나는 수평으로 다시 드러누웠고, 크니프는 적포도주와 질 좋은 빵으로 매우 정성스럽게 나를 보살펴 주었다. 이런 처지로 생각하니 우리

─────────────

*110 Joos de Momper(1564~1635). 안트베르펜 출신의 플랑드르파 화가.

의 시칠리아 여행이 즐겁게 생각되지만은 않았다. 우리가 본 것이라곤 자연의 폭력, 시대의 음험한 술책, 자신들의 적대적인 분열이 낳은 원한에 맞서 스스로를 지키려는 인류의 부질없는 노력뿐이었다. 카르타고인, 그리스인 및 로마인과 그들의 수많은 후손들은 건설과 파괴를 일삼아 왔다. 셀리눈테*[111]는 완전히 황폐화되었고, 지르젠티의 사원들을 허물어뜨리는 데는 이천 년의 세월도 충분치 않았다. 카타니아와 메시나를 황폐화하는 데는 눈 깜짝할 사이는 아니더라도 몇 시간이면 충분했다. 그러나 나는 인생의 파랑에 흔들리는 사람의 이 멀미 같은 상념을 떨쳐버리지 못했다.

1787년 5월 13일 화요일, 바다에서

이번에는 좀 더 빨리 나폴리에 도착하여 빨리 배멀미에서 벗어났으면 하는 나의 희망이 이루어지지 않았다. 크니프의 제안으로 갑판 위에 여러 번 올라가 보았지만 다채로운 경치를 제대로 즐길 수 없었고, 두세 번 정도 현기증만 잠시 잊을 수 있을 뿐이었다. 하늘은 온통 희끄무레한 구름으로 뒤덮여 있었고, 태양은 눈에 보이지는 않았지만 구름 사이로 그지없이 아름다운 하늘색을 띠고 있는 바다를 비추어 주고 있었다. 한 무리의 돌고래가 헤엄치고 뛰어오르기도 하면서 일정한 거리를 유지하며 배를 뒤따라왔다. 내 생각으로 이들은 깊은 곳이나 먼 곳에서 검은 점으로 보였을 움직이는 배를 약탈물이나 먹잇감으로 여긴 것 같다. 그렇지만 뱃사람들은 이들을 동반자가 아니라 적처럼 대했다. 그들 중 누군가 작살을 던져 맞혔으나 뱃전으로 끌어올리지는 못했다.

바람이 고르지 않아 배는 여기저기로 흔들리며 겨우 앞으로 나아갔고, 이를 참지 못한 승객들이 점점 늘어났다. 마침내 멀미에 시달리다 못한 몇몇 승객들은 선장은 상인, 조타수는 하급 선원으로 여기는 게 더 나을 정도로 실력이 형편없으며, 이렇게 많은 인명과 화물을 책임질 자격이 없다고 불평했다.

나는 이처럼 솔직하게 말하는 승객들에게 불안한 심정을 입 밖에 내지 말

---

*111 Selinunte. 시칠리아 섬 서남쪽에 있는 그리스인의 식민도시 유적. 기원전 628~627년경 시칠리아 섬 동해안의 식민도시 메가라히블라이아의 도리스인에 의해 세워짐. 기원전 5세기에 전성기를 맞이했으나 후에 카르타고에 의해 두 번이나 파괴된다. 크고 작은 8개의 도리스식 신전(바다와 접한 남쪽 지역에 A·B·C·D·O 신전, 동쪽 지역에 E·F·G 신전)이 있어 기원전 6세기~기원전 5세기 전반 신전 건축의 발전을 더듬을 수가 있다.

뱃전에서 바라본 돛단배와 작은 배가 떠 있는 만, 괴테 그림

라고 간청했다. 승객 수가 많을 뿐만 아니라 온갖 연령대의 여자와 아이들도
있었다. 해적을 대비하기 위한 준비가 뛰어나다고 해서 다른 것은 아무것도
생각하지 않고 모두 프랑스 배로 몰려들었기 때문이다. 이 승객들은 문장(紋
章)이 없는 하얀 깃발을 보고 안전하다 믿고 있으니, 이 배도 전혀 믿을 수 없
다고 한다면 그들은 엄청난 불안에 사로잡힐 것이라고 생각했던 것이다.

그런데 실제로 하늘과 바다 사이에 있는 이 하얀 천 조각은 부적처럼 신통
한 효력을 드러낸다. 떠나는 사람과 남겨진 사람이 하얀 손수건을 흔들며 작
별 인사를 하고, 평소에는 느끼지 못했던 우정과 연정을 불러일으키듯, 이 단
순한 깃발의 기원은 더없이 신성하다. 이는 한 친구가 바다 저 멀리서 온다는
사실을 온 세상에 알리기 위해 손수건을 막대에 매달아두는 것과 같은 의미
이다.

돈을 내고 식사를 하라고 한 선장은 화를 냈을지도 모르지만 가져온 포도
주와 빵으로 원기를 회복한 나는 기운을 차리자 갑판에 앉아 몇몇 사람들과
이야기를 나눌 수 있었다. 크니프는 내가 지난 번 프리깃함에서 훌륭한 음식
을 먹으며 의기양양했던 것과는 달리 이번에는 식욕이 없는 게 오히려 다행이
라며 나를 위로하고 기분을 풀어주려 애썼다.

1787년 5월 14일 수요일

오후 시간이 훌쩍 흘러가 버렸지만 우리의 소망대로 나폴리 만에 들어가지 못했다. 오히려 우리 배는 계속 서쪽으로 이동하여 카프리 섬에 가까워지면서 미네르바 곶과는 차츰 멀어졌다. 모두들 언짢아하고 마음 졸이는 기색이 뚜렷했지만 화가다운 안목으로 세상을 바라보는 우리 둘은 이런 상황이 매우 만족스러웠다. 해가 질 무렵, 이번 여행이 우리에게 준 가장 아름다운 광경을 즐길 수 있었기 때문이다. 찬란한 색깔에 물든 미네르바 곶이 인접한 산맥과 함께 눈앞에 펼쳐졌다. 남쪽으로 뻗쳐 있는 암벽에는 이미 푸르스름한 빛이 감돌았다. 곶에서 소렌토에 이르기까지 해안은 석양을 받아 환하게 빛이 이어져 있었다. 베수비오 화산 위에는 수증기가 피어오르고 동쪽으로 이어진 기다란 구름 띠로 보아 그곳에서 강력한 폭발이 있었음을 짐작할 수 있었다. 왼쪽으로는 험준한 카프리 섬이 솟아 있었다. 푸르스름하게 비치는 안개 사이로도 암벽의 형태를 또렷하게 분간할 수 있었다. 구름 한 점 없는 맑은 하늘 아래 미동도 없는 잔잔한 바다가 반짝이고 있다. 그 바다는 바람 한 점 없는 맑은 연못처럼 우리 눈앞에 펼쳐져 있었다.

우리는 이 광경을 넋을 잃고 바라보았다. 크니프는 어떤 화가라도 이같은 조화를 그려낼 수 없을 것이며, 숙련된 화가가 최상급 영국제 연필을 쓴다 해도 이런 선을 그려내지는 못할 거라고 한없이 탄식했다. 하지만 나는 이 재능 있는 예술가가 품을 수 있는 구상에 훨씬 못 미친다 할지라도 앞으로는 매우 귀중한 작품이 될 것으로 확신했다. 나는 손과 눈으로 모든 힘을 다해 불후의 명작을 제작하도록 그를 격려했다. 그는 내 말을 듣고 정교한 스케치를 하고, 색칠을 했다. 그는 다시 그릴 수 없을 것 같은 대상이라도 회화적 묘사에 따라 다시 그릴 수도 있다는 실례를 남겼다. 저녁에서 밤으로 넘어가는 풍경을 우리는 넋을 잃고 바라보았다. 카프리는 이제 완전히 어둠 속에 잠겨들었고, 길게 뻗쳐 있는 구름 띠뿐만 아니라 베수비오 산 근처의 구름도 오래 바라볼수록 더 붉게 타올랐다. 그리고 대기의 상당 부분이 우리 그림의 밑바탕에서 환하게, 번갯불처럼 빛나는 것을 보았다.

이 멋진 광경에 넋을 잃은 우리는 커다란 재앙이 닥쳐오는 것을 전혀 알아차리지 못했다. 그러나 승객들이 동요하는 바람에 우리도 위험을 인정하지 않을 수 없게 되었다.

카프리 섬 해안, 크니프 그림

우리보다 훨씬 바다 사정에 밝은 승객들은 선장과 조타수에게 거센 비난을 퍼부었다. 그들의 미숙함 때문에 해협 통과가 불가능해졌을 뿐만 아니라 그들에게 믿고 맡긴 인명, 재산 및 모든 것을 송두리째 잃어버릴 위험에 처하게 되었다는 것이다. 이토록 바다가 바람 한 점 없이 고요한데 무슨 재앙에 두려워하는 건지 영문을 몰라 그처럼 동요하는 이유를 물어보았다. 하지만 이렇게 바람 한 점 없다는 것이 바로 그들을 절망하게 만든 까닭이었다. 그들은 이렇게 말했다.

"우리는 이미 섬 주위를 돌고 있는 조류에 휘말려들었어요. 그래서 기묘한 파도가 칠 때마다 어쩔 수 없이, 서서히 험준한 암초에 다가가게 됩니다. 암초에는 발 디딜 만한 곳도 없고, 피할 만한 곳도 없습니다."

그 이야기를 듣고 바짝 긴장한 우리는 우리의 운명을 생각하며 전율을 느꼈다. 어두운 밤이라 시시각각 커져 가는 위험을 분간할 수는 없었지만, 배가 크게 흔들리고 첨벙거리며 차츰 더 시커먼 형체를 드러내는 암벽을 향해 다가가고 있음을 직감적으로 알아차렸다. 바다 위에는 아직 저녁놀이 엷게 퍼져 있었다. 대기 중에 조금의 움직임조차 느껴지지 않아 모두 손수건과 가벼운 리본을 꺼내 하늘 높이 들어올려보았지만 바람이 불어오는 기척조차 전혀 느껴지지 않았다.

사람들은 점점 더 시끄럽게 떠들며 거칠어졌다. 여인들은 아이들과 함께 갑판 위에 무릎을 꿇고 앉아 기도라도 드리려 했지만, 움직일 장소가 너무 좁아 그저 밀고 당기며 서있을 수밖에 없었다. 남자들은 그래도 구조 방법을 궁리하고 있었지만, 여인들은 끊임없이 선장에게 욕을 퍼부어 댔다. 이참에 여행 내내 참고 넘겼던 문제를 죄다 들먹이며 그를 비난했다. 비싼 운임에 비해 선실은 형편없고 음식도 보잘것없으며, 불친절하다고는 할 수 없어도 말없는 태도가 불만스러웠다는 것이다. 선장은 자기 행동에 대해 어떤 변명도 하지 않았다. 그는 어젯밤에도 자신의 조종방법에 대해 고집스럽게 침묵을 지켰다.

마침내 사람들은 선장과 조타수가 떠돌이 잡상인에 불과하다고 몰아세웠다. 항해 기술도 없으면서 그저 자기 욕심에 사로잡혀 배를 손안에 넣기는 했지만 능력도 없고 미숙한 나머지 자기들을 믿고 맡긴 모든 승객들을 위험에 빠뜨렸다고 악다구니를 썼다. 이런 상황 속에서도 선장은 여전히 아무 말 없이 구조방법을 궁리하는 듯했다.

그러나 어려서부터 무질서를 죽기보다 싫어했던 나는 더 이상 침묵할 수 없었다. 나는 그들 앞으로 나아가 말체시나의 무리들*[112]에게 보여 주었던 것과 같은 침착한 자세로 이야기를 시작했다. 이런 절체절명의 순간에 떠들고 소동을 피우면 우리를 구해 줄 가망이 있는 사람들의 귀와 머리를 혼란스럽게 만들어 생각을 할 수도, 서로 의사소통을 할 수 없게 될지 모른다고 간곡하게 타이르며 이렇게 소리쳤다.

"자신이 한 일은 결국 자신에게 돌아오는 법입니다. 그러니까 여러분, 본연의 자세로 돌아가 성모 마리아께 열심히 기도 드리십시오. 그분의 아드님께서 제자들을 위해 했던 일을 여러분에게 베푸시도록 부탁할 수 있는 분은 성모 마리아밖에 없습니다. 예전에 티베리아스 호수에서 폭우가 휘몰아쳐 파도가 배를 덮쳤을 때 절망에 빠져 어찌할 바 모르던 제자들이 잠자던 예수를 깨우자, 주님께선 '바람이여, 잠들어라!' 명령하여 즉각 바람이 멎도록 하셨지요. 이와 마찬가지로 오늘도 주님께 그런 거룩한 뜻이 있다면 바람이 불도록 명령하실

---

*112 1786년 9월 14일 일기 참조.

카프리 섬의 범선, 크니프 그림

수 있을 겁니다."

이 말은 최고의 효과를 거두었다. 일전에 도덕과 종교 문제 대해 나와 대화를 나누었던 한 부인이 외쳤다. "발람*[113]님! 발람님에게 축복을!" 그러자 이미 무릎을 꿇고 있던 부인들은 여느 때보다 더한 열정으로 연도(連禱)를 드리기 시작했다. 적어도 그들은 눈앞에서나마 선원들이 구조 수단을 찾자 더욱 안심

---

*113 Balaam. '탐식가', '백성을 멸망시키는 자(잡아먹는 자)', '백성이 아닌 자', '타국 사람'이란 뜻. 그 무렵 메소포타미아에서 유명했던 거짓 선지자이자 점술가였다(신 23 : 4). 유프라테스 강가에 살던 브돌 사람인 브올의 아들이다(민 22 : 5, 벧후 2 : 15~16). 그는 모압 왕 발락에게 고용되어 세 차례에 걸쳐 이스라엘을 저주하려 했으나, 하느님은 그때마다 저주를 바꾸어 오히려 이스라엘을 축복하게 만드셨다(민 22~24장). 하지만 집요하게 이스라엘 백성을 유혹해 음행을 동반한 우상숭배의 죄를 범하게 함으로써 마침내 이스라엘로 하여금 하느님께 형벌을 받게 했다(민 25장, 31 : 16, 계 2 : 14~15). 그러나 발람 또한 뒷날 이스라엘 군대에 사로잡혀 살해되었다(민 31, 수 13 : 22). 신약성경에서 그를 가리켜 불의의 삯을 사랑하는 자요, 하느님의 백성으로 하여금 세상과 타협하게 만들어 결국 타락시키는 거짓 교사의 표본이자, 치명적인 영향을 끼치는 이단자의 상징적인 이름이요, 또 사악한 우상숭배자로 지목하고 있다.

하고 기도를 올릴 수 있었다. 이들은 여섯에서 여덟 사람까지 태울 수 있는 보트를 끌어내리고 긴 밧줄로 배에 단단히 묶었다. 선원들은 노를 저으며 배를 자기 쪽으로 끌어당기려 안간힘을 썼다. 한순간 이들은 조류에서 배를 움직이게 했다고 느꼈고, 거기서 벗어나기를 희망했다. 하지만 오히려 이러한 방법으로 오히려 조류의 반동을 더 크게 만들었는지 아니면 다른 이유 때문인지, 마부가 마차를 움직이기 위해 말에 채찍질할 때처럼 갑자기 긴 밧줄에 매달린 보트와 선원들이 기우뚱하며 배가 있는 뒤쪽으로 쏠렸다. 그들의 희망도 물거품이 되고 말았던 것이다!

기도 소리와 탄식 소리가 서로 뒤섞여 울려 퍼졌다. 상황은 더욱 소름끼치는 방향으로 치달아갔다. 그것은 좀 전부터 암석 위쪽에서 불을 밝히고 있던 양치기들이 공허하게 외치는 소리가 들려왔기 때문이다. 그들은 무슨 뜻인지 알아들을 수 없는 말을 하고 있었다. 가까스로 알아들은 몇 마디 말로 미루어 보아, 다음 날 아침에는 고기를 많이 잡을 수 있을 듯하여 자못 기대가 된다는 것 같았다. 우리는 배가 암초에 위험하게 접근하고 있지는 않을까 하는 불안한 마음을 위로하고 있었다. 하지만, 선원들이 배가 암초 쪽으로 밀리지 않게 버티고 있던 긴 막대마저 부러지는 것을 보자, 그런 위로도 곧 사라지고 말았다.

그러자 배는 점점 더 세차게 흔들렸고, 암벽에 부딪쳐 부서지는 포말은 더욱 거세지는 것 같았다. 이 모든 사태로 재발한 멀미 때문에 나는 다시 선실로 내려갈 수밖에 없었다. 나는 거의 파김치가 되어 매트리스 위에 몸을 뉘었다. 그런데 티베리아스 호수에서 유래한 이야기가 떠올라서인지 기분이 좀 나아졌다. 메리안의 동판 성서*114에 실린 그림이 눈앞에 또렷하게 아른거렸기 때문이었다. 인간이 자신의 본연의 상태로 되돌아가 자기 말고는 믿을 것이 없어졌을 때, 감각적이고 도덕적인 힘이 가장 강력하게 나타난다는 사실이 입증된 셈이다.

얼마나 오랫동안 비몽사몽한 상태로 있었는지 알 수 없지만 위에서 울리는 시끄러운 소리에 눈을 떴다. 갑판 위에서 커다란 밧줄을 이리저리 끌고 다니는 소리가 또렷하게 들려왔다. 사람들이 돛을 사용하려는 게 아닌가 희망적인 생

---

* 114 Matthäus Merian(1593~1650). 독일의 동판화가, 역사가, 지리학자, 유명한 출판업자. 그가 그린 도시 풍경 세밀화는 많은 사랑을 받았다. 1627년 루터파의 포리오 판으로 그가 출판한 〈메리안 성서〉에는 그가 직접 그린 23장의 동판화가 삽입되어 있다. 이는 괴테도 어린 시절 즐겨 읽었을 만큼 유명하다.

베수비오 화산 폭발, 괴테 작

각이 솟구쳤다. 잠시 뒤에 크니프가 뛰어내려와 이제 살았다고 알렸다.

"몹시 약하지만 바람이 불어오기 시작했어요. 지금 모두들 돛을 올리느라 정신이 없어요. 저도 돕고 왔습니다. 배는 이제 암초에서 꽤 많이 벗어났습니다. 아직 완전히 조류에서 벗어난 것은 아니지만 이젠 걱정하지 않아도 될 것 같습니다."

이제 갑판은 조용했다. 곧 승객 몇 명이 다가와 잘 되었다는 말을 하고 자리에 드러누웠다.

항해가 시작되고 나서 나흘째 아침에 눈을 뜨니 바로 얼마 전에 바다를 건널 때처럼 몸이 가뿐하고 상태가 좋았다. 그러고 보면 비교적 긴 바다 여행도 사흘 동안만 고생하면 그것으로 공물을 바친 것이 되는 셈이다.

갑판에서 보니 카프리 섬이 옆쪽으로 차츰 멀어져 가고 있었고, 배는 우리가 바라는 나폴리 만 방향으로 나아가고 있어 흡족한 기분이었다. 곧 바라던 대로 이루어졌다. 지난밤의 가혹한 시련을 이겨내고서 전날 저녁에 우리를 황홀하게 만들었던 그 경치들을 맞은편에서 감상하는 즐거움을 누리게 된 것이다. 얼마

안 있어 위험한 바위섬도 뒤로 사라졌다. 어제는 멀리서 만의 오른쪽을 보고 감탄했는데 오늘은 성채와 도시가 눈앞에 모습을 드러냈다. 왼쪽으로는 포실리포와 프로치다와 이스키아 방면까지 뻗어 있는 지협이 자리하고 있었다. 모두들 갑판에 나와 있었고, 맨 앞에는 동양에 무척 심취해 있는 그리스 성직자가 서 있었다. 자신들의 훌륭한 조국을 황홀한 심정으로 맞이하는 지역 주민들이 나폴리를 콘스탄티노플과 비교하면 어떠한가라고 묻자, 그는 매우 비장한 어조로 이렇게 대답했다.

"이곳도 하나의 도시지요!"

우리는 아주 알맞은 시간에 항구에 도착했다. 하루 중 가장 활기찬 때여서, 사람들로 붐비고 있었다. 트렁크와 그 밖의 짐을 배에서 내려 부두에 옮겨지자마자 곧장 두 명의 짐꾼이 그것들을 낚아채더니, 우리가 모리코니 여관에 묵을 거라고 말하기가 무섭게 내달렸다. 우리는 인파로 뒤덮인 거리를 통과하고 혼잡한 광장을 지나 그들을 쫓아갔지만 놓치고 말았다. 다행하게도 크니프는 종이 가방을 팔에 끼고 있었다. 그래서 우리는 나폴리의 가련한 악당들보다 더 파렴치한 짐꾼들이 풍랑을 견디고 살아남은 짐을 가지고 달아났다 하더라도 적어도 스케치한 그림들만은 잃지 않게 된 셈이었다.

나폴리
—헤르더에게

1787년 5월 17일, 나폴리에서

그리운 벗들이여, 나는 다시 이곳에 와서 기운을 차리고 건강하게 지내고 있습니다. 시칠리아 여행은 가벼운 마음으로 빠르게 마쳤습니다. 여러분 곁으로 돌아가면 내가 본 것들에 대해 여러분들의 비판을 듣고 싶습니다. 이제까지 대상들에 집착한 결과, 이제는 악보를 보지 않고도 척척 연주할 수 있을 만큼 숙련된 경지에 이르게 되었습니다. 시칠리아에 대한 위대하고 아름답고 비할 데 없는 생각을 이토록 명료하고 완전하고 순수하게 가슴속 깊이 간직하게 된 것은 진정 큰 행복이라고 느끼고 있습니다.

어제 파에스툼을 둘러보고 왔으니 이제 남국에서 내가 가고 싶어하던 곳은 모두 본 셈입니다. 바다와 섬들은 즐거움과 함께 고통을 안겨주었지만 나는 흡족한 마음으로 돌아갈 겁니다. 자세한 이야기는 돌아갈 때까지 아껴 두겠습니다. 이곳 나폴리는 명상에 잠길 수 없는 곳이기도 합니다. 그래도 첫 편지에서보다는 이곳을 좀 더 잘 묘사할 수 있을 겁니다. 특별한 일이 없다면 6월 1일 로마로 갈 것이고, 그리고 7월 초에는 그곳을 떠날 생각입니다. 되도록 빨리 여러분을 뵙도록 하겠습니다. 즐거운 날들이 되리라 기대합니다. 이루 말할 수 없을 정도로 많은 짐을 싣고 왔으니 정리를 하려면 시간이 꽤 필요할 겁니다.

자상하고 친절한 그대가 내 원고에 보여준 친절과 후의[1]에 마음 깊이 감사를 드립니다. 언제나 그대에게 더 좋은 일이 생겨 기쁜 날이 오기를 바라고 있습니다. 그대에게 혹은 내게 어디서 무슨 일이 일어나도 나는 그것을 언제나 기꺼이 받아들일 것입니다. 우리의 사고방식은 똑같지 않아도 매우 비슷하고, 중요한 문제에 있어서는 언제나 의견일치를 보아왔습니다. 그대는 최근 자신의

---

[1] 괴테는 이 무렵 라이프치히 괴셴에서 전집을 최초로 출판했다. 이때 헤르더는 인쇄에 여러 도움을 주었다. 1790년에는 이 전집에 《파우스트 단편》이 추가되었다.

내부에서 많은 것을 이루어냈겠지만, 나 또한 많은 것을 얻었으니 서로 나누어 도움이 될 수 있기를 바랍니다.

그대가 말했다시피 내 생각은 현재적인 것에 무척 집착하는 경향이 있습니다. 그래서 세상을 보면 볼수록 인류가 지혜롭고 슬기롭게 행복한 '하나의' 집단을 이룰 수 있으리라는 희망은 점점 작아지고 있습니다. 이러한 덕목을 칭찬할 수 있는 세상이 올 가능성은 아마 수백만 분의 일밖에 되지 않을 겁니다. 우리들이나 시칠리아인의 기질로 보아 둘 다 희망을 찾을 가망은 전혀 없어 보입니다.

동봉해 보내는 편지에서는 살레르노로 가는 길과 파에스툼에 대한 의견을 적어두었습니다. 이는 내가 완전한 상태로 북쪽에 가지고 돌아갈 수 있는 마지막, 그리고 솔직하게 말하자면 가장 멋진 아이디어일 것입니다. 가운데 신전*² 도 내 생각으로는 시칠리아에서 볼 수 있는 어떤 것보다도 훌륭하다고 생각합니다.

호메로스에 대해 말하자면 이제 겨우 눈가리개가 벗겨진 기분이 듭니다. 묘사나 비유 등은 시적으로 느껴지면서도 무어라 말할 수 없을 정도로 자연스럽고 무엇보다 놀라울 만큼 순수성이나 절실함이 느껴집니다. 또한 더없이 기묘하게 꾸며낸 사건일지라도 자연미가 들어 있는데, 묘사된 대상에 근접할 때 나는 결코 가져본 적이 없는 그런 느낌이 더욱 깊어졌습니다.*³

내 생각을 간단히 말해 보자면, 그들*⁴이 존재를 묘사하고 우리는 효과를 묘사합니다. 그들이 두려운 것을 묘사했다면 우리는 두렵게 묘사합니다. 그들이 즐거운 것을 이야기했다면 우리는 즐겁게 이야기합니다. 그 때문에 모든 것이 극단적이고 부자연스러우며, 그릇되고 우아하며 과장되게 그려지는 것입니

*2 파에스툼에 있는 포세이돈 신전을 가리킨다. 나폴리 남동쪽 파에스툼(그리스명 포세이도니아)에 있는 성역에 기원전 6세기 말의 아테네의 신전이라고 불리는 케레스 신전 외에 헤라에게 바쳐진 신전이다. 오랫동안 바다에 잠겨있다가 발견된지 2~300년 밖에 되지 않았다. 그런데 2500년 세월이 흘렀음에도 보존이 잘 되어 있으며, 파에스툼의 모든 신전들 중 가장 크고 웅장하다는 평을 받고 있다.

*3 시칠리아는 호메로스 《오디세이아》의 주인공 오디세우스가 트로이를 함락시킨 뒤 20년 동안 모험을 하며 거쳐가는 섬이다. 본문에서는 괴테가 호메로스에 대해 언급하며 작품의 배경이 된 시칠리아를 둘러본 뒤 작품의 자연미를 더 느끼게 되었다는 말을 하고 있는 것이다.

*4 고대 작가들. 본문에서는 특히 '호메로스'를 가리킨다.

나폴리, 파에스툼에 있는 포세이돈 신전

다. 효과를 내려고 하거나 효과를 노려서 창작을 할 때에는, 독자들에게 그 효과를 느끼게 하려 해도 여전히 부족하기 때문입니다. 내가 말하는 것이 새롭지 않다 해도 나는 최근 기회에 이를 제법 생생하게 느낄 수 있었습니다. 모든 해안과 산맥, 만과 내해, 섬과 지협, 암석과 모래사장, 숲이 무성한 언덕, 부드러운 목초지, 비옥한 들판, 잘 꾸며진 정원, 잘 손질된 나무, 드리워진 포도덩굴, 구름이 걸린 산과 언제나 청명한 평야, 낭떠러지와 제방, 그리고 이 모든 것을 에워싸며 여러 모습으로 변화하는 바다가 마음속에 생생하게 간직되어, 이제서야 비로소 《오디세이아》가 내게 생생히 말을 걸어오게 된 것입니다.

또 한 가지 그대에게 털어놓고 이야기할 것이 있습니다. 나는 식물의 발생과 조직의 비밀에 무척 가까이 다가가게 되었고, 그것은 우리가 생각지도 못할 만큼 매우 단순하다는 점을 알게 되었습니다. 이탈리아 하늘 아래서는 무척 재미있는 관찰을 할 수 있었는데, 싹이 숨어 있는 중요한 부분을 의심의 여지없이 분명하게 발견했습니다. 다른 것들은 어느 정도 알고 있었기에 이제 두세 가지만 좀 더 명확해지면 되는 것입니다. 원형식물이라는 불가사의한 개념을 발견한 나는 자연에게 선망받아 마땅한 존재라고 할 수 있을지 모릅니다. 모델과 그 해결 방법으로 우리는 헤아릴 수 없이 많은 식물을 발견할 수 있는데, 모두 일관된 것이어야 합니다. 그런 식물이 존재하지 않는다 하더라도 존재할 가능성은 얼마든지 있을지 모릅니다. 그것은 그림이나 문학작품에 나오는 환영이나 가상이 아니라 내적인 진실성과 필연성을 지니고 있습니다. 우리는 이 법칙을 살아 있는 다른 모든 것에 적용할 수 있을 겁니다.

1787년 5월 18일, 나폴리

티슈바인*5은 로마로 돌아갔지만, 우리의 예상처럼 그는 자기가 없더라도 우리가 불편을 느끼지 않도록 여러 가지로 애써 주셨습니다. 그가 이곳에 있는 모든 친구들에게 우리에 대한 신뢰감을 단단히 심어놓아 모두들 내게 솔직하고 다정하게 대해 줍니다. 특히 지금 내 처지에서는 이러한 관심이 매우 중요합니다. 날마다 누군가의 호의와 도움이 절실하기 때문입니다. 앞으로 보고 싶은 것의 목록을 작성하려 합니다. 시간이 부족하기는 해도 이를 기준으로 앞으로 얼마나 구경할 수 있을지 정해야 할 것 같습니다.

1787년 5월 22일, 나폴리

오늘 있었던 일은 제가 곰곰이 생각하게 만들며 이야기할 만한 충분한 가치가 있을 것입니다. 여기 온 첫날부터 여러 모로 나를 도와주던 어떤 부인이 저녁 5시 정각에 자기 집에 와달라고 간청했습니다. 《젊은 베르테르의 슬픔》에 대해 어떤 영국인이 나와 이야기를 나누고 싶어한다는 것입니다.

반년 전이었다면 그녀가 나에게 두 배나 더 소중한 존재였다 하더라도 틀림없이 거절했을 것입니다. 그럼에도 이번에 내가 승낙한 것을 보면 시칠리아 여행이 내게 좋은 영향을 주었다는 사실을 깨달을 수 있었습니다. 나는 기꺼이 가겠다고 약속했습니다.

하지만 유감스럽게도 도시가 지나치게 크고 흥미로운 대상들이 너무 많아 나는 15분쯤 늦게 도착했습니다. 계단을 올라가 갈대로 만든 매트 위에 서서 초인종을 누르려고 하자, 안에서 문이 열리고 점잖은 중년 남성이 나왔습니다.

*5 5월 초, 괴테는 시칠리아에 있었지만 티슈바인은 크리스티안 폰 발테크 후작과 함께 로마로 돌아갔다.

나는 그가 영국인임을 바로 알아챌 수 있었습니다. 그는 나를 자세히 쳐다보지도 않고 이렇게 말했습니다.

"선생님께서 《젊은 베르테르의 슬픔》의 작가시군요!"

나는 그렇다고 대답하고 늦어서 미안하다고 말했습니다.

"저는 잠시도 더 기다릴 수 없었습니다." 그가 대꾸했습니다. "제가 선생님께 드리고 싶은 말은 아주 짧습니다. 여기 이 깔개 위에서도 말씀드릴 수 있습니다. 저는 선생님께서 수많은 사람에게 이미 들으셨을 이야기는 되풀이하고 싶지는 않습니다. 그 작품은 다른 사람들에게만큼 저에게 강렬한 영향을 미친 것도 아니었습니다. 하지만 그 작품을 쓰기 위해 얼마나 노력이 필요했을 지를 생각하면 저는 언제나 경탄에 사로잡히게 됩니다."

그래서 나는 무언가 감사의 말을 하려고 하는데 그가 나의 말을 막고 이렇게 외치는 것이었습니다.

"저는 한시도 더 지체할 수 없습니다. 선생님께 이 말만큼은 직접 드리고 싶었던 저의 바람은 이제 이루어졌습니다. 부디 행복하시고, 안녕히 가십시오!"

그러더니 그는 부리나케 계단을 뛰어내려갔습니다. 나는 이 명예로운 말을 되새기며 한동안 그 자리에 서 있었습니다. 그런 다음 마침내 초인종을 눌렀습니다. 그 부인은 우리가 만난 이야기를 듣고 매우 흡족한 표정을 지으며 이 이색적이고 기묘한 남자의 장점 몇 가지를 들려 주었습니다.

1787년 5월 25일 금요일, 나폴리

지난번에 만났던 그 제멋대로인 공녀님*6을 다시 만나게 될 일은 없을 겁니다. 그녀는 소렌토에 가 있습니다. 영광스럽게도 출발을 앞두고 내가 돌투성이의 황폐한 시칠리아로 가기 전에 자기를 찾아오지 않은 일을 책망했다고 합니다. 몇몇 친구들이 알려주어서 이런 별스런 투정에 대해 알게 되었습니다. 유서 깊지만 넉넉지 않은 가문에서 태어나 수도원에서 교육을 받은 그녀는 늙고 부유한 영주와 결혼하기로 결심했습니다. 사랑에 완전히 무능력한 존재가 되기 전에 사람들은 그녀를 설득하는 데 성공했습니다. 그 결혼은 주위에서 억지로 권한 것이었습니다. 돈은 많지만 가정 사정상 속박을 당하고 있던 그

---

*6 필란젤리의 누이 동생이자, 사트리아노 후작 부인.

녀는 자신의 재주로 난관을 극복하고자 마음먹었고, 행동에 구속이 많은 만큼 말에서나마 자유를 누리고자 했던 모양입니다. 사람들 말에 따르면 그녀의 행실에는 비난받을 만한 것이 전혀 없었지만, 상대를 가리지 않고 말을 함부로 하는 것을 원칙으로 삼는 듯했다고 합니다. 몇몇 사람들이 농담삼아 말하기를 그녀의 말을 글로 쓰면 종교, 국가, 풍속에 걸리는 이야기뿐이어서, 도저히 검열을 통과할 수 없을 것이라고도 했습니다.

그녀에 대한 유별나고도 재미있는 이야기가 많은데, 그다지 점잖은 이야기는 아니지만 그 가운데 하나를 소개할까 합니다.

칼라브리아에서 지진이 일어나기 직전, 그녀는 그곳에 있는 남편의 영지에 살고 있었습니다. 저택 주위에는 지면에 바로 세워 올린 단층 목조 건물이 있었지만 깔개와 가구도 있고 실내 장식도 잘 되어 있었습니다. 지진이 일어날 조짐이 보이자 그녀는 그곳으로 피신했습니다. 바느질대 앞 소파에 앉아 뜨개질을 하고 있던 그녀 맞은편에는 나이 많은 사제가 있었습니다. 그때 갑자기 땅이 진동하며 그녀가 앉은 쪽 건물이 내려앉았고, 반대쪽은 솟아올라 사제와 바느질대는 위로 치솟았습니다. "에그머니나!" 그녀는 무너지는 벽에 머리를 기대며 외쳤습니다. "사제라는 분이 이래도 되나요? 꼭 나를 덮치려는 듯한 자세잖아요. 도덕과 예의에 어긋나는 짓이에요."

그러는 동안 다행히 집은 다시 바로잡혔지만, 그녀는 그 선량한 사제의 우스꽝스럽고 음탕한 자세를 생각하자 웃음을 참을 수 없었습니다. 그녀는 이 농담으로 인해 그녀의 가족과 많은 사람들에게 닥칠 재앙과 손실을 조금도 느끼지 못하는 것 같았습니다. 땅속으로 집어삼켜지는 순간에도 그런 농담을 할 수 있다니 참으로 기이하고 태평한 성격이라고 말할 수밖에 없을 것 같습니다.

1787년 5월 26일 토요일, 나폴리

자세히 살펴보면 세상에 이렇게 성인이 많다는 것은 꽤 편리한 일이라 해야 할 것 같습니다. 신자라면 누구든 자신의 성인을 선택할 수 있고, 그 성인에게 충분한 믿음을 갖고 도움을 청하고 기댈 수 있습니다. 오늘은 나의 성인의 날이어서 그분의 방식과 가르침에 따라 경건하고 즐거운 마음으로 그를 기렸습니다.

필리포 네리*7는 신망이 두터워 많은 이들에게 존경을 받으시는 분이며, 나에게는 즐거운 기억을 떠올리게 해주시는 분이기도 합니다. 그분의 숭고한 신앙심에 대한 이야기를 들을 때면 감화 받고 기쁨을 얻게 됩니다. 또한 그분의 명랑한 성격에 대해서도 많은 이야기가 전해져 오고 있습니다. 그는 어릴 때부터 이루 말할 수 없이 강렬한 종교적인 열정을 느꼈으며 세월이 흐름에 따라 그 안에서는 종교적 열광이라는 고결한 재능이 무르익어 갔습니다. 이는 무의식적인 기도의 재능이고 깊은 곳에서 우러나오는 심원한 숭배의 재능이며, 눈물짓고 환희에 떠는 종교적 친분, 그리고 마지막으로 최고의 경지라 할 수 있는, 공중으로 떠오르는 재능 등이 나타난 것입니다.

이와 같이 신비하고도 놀라운 많은 성정에 그는 지극히 명료한 인간의 오성, 현세의 사물에 대한 순수하고 정확한 가치 부여라기 보다는 경멸이나 이웃의 육체적, 정신적 고뇌에 헌신하는 실제적인 원조와도 같은 성격도 가지고 있었습니다. 또한 축일과 예배 참석, 기도, 금식 및 그 밖에 믿음이 깊은 성직자에게 요구되는 모든 의무를 엄격하게 지켰습니다. 아울러 종교적일 뿐만 아니라 재기 발랄한 주제를 제시해 열띤 대화와 토론을 독려하면서, 청소년의 교육 및 음악이나 연설 훈련에 몰두했습니다. 이 모든 일을 자신의 의욕과 권한으로 행하고 추구하며, 어떤 교단이나 수도원연합회에 소속되지 않고, 또한 성직자의 서품을 받지 않고 오랜 세월 동안 꾸준히 자기 길을 갔다는 점이 어쩌면 아주 색다르게 여겨질지도 모릅니다.

하지만 더욱 뜻 깊고, 주목해야 할 점은 바로 이러한 일이 루터 시대에 일어났다는 사실입니다. 그리고 로마 한가운데에서 유능하고 신을 공경하며 정력적이고 활동적인 한 남자가 또한 종교적인 것, 즉 성스러운 것을 속세와 결합하고, 천상의 것을 속세에 끌어들여 개혁을 일으켜보자는 생각을 가졌다는 사실

---

*7 San Filippo Neri(1515~1595) 가톨릭의 성인. 가톨릭개혁 운동의 대표적 인물의 한 사람으로, 1548년 자선을 위한 삼위일체신심회(三位一體信心會)를 설립했다. 1551년 사제가 되어 산 지롤라모델라 카리타 성당에 정주(定住), 자기 방에서 젊은이들과 세미나를 가졌다. 참석자가 늘어나자 장소를 교회의 다락방으로 옮겼는데, 그들은 그곳을 오라토리움이라 불렀다. 이 모임이 발전하여 '오라토리오회(會)'가 되었으며, 거기서 노래한 음악이 '오라토리오'가 되었다. 1575년 그레고리우스 13세로부터 산타 마리아 교회 터를 제공받아 모임을 창립하고, 1577년에는 총회장에 선출되었다. 1622년 시성(諡聖)되었는데, 축일은 5월 26일이다. 유머리스트의 보호성인이다.

입니다. 교황청의 감옥 문을 열고 자유로운 세상에 이들의 하느님이 다시 나타나게 하는 해결의 실마리가 오로지 여기에 있기 때문입니다.

하지만 이처럼 중요한 사람을 가까이 두고 로마 구역에서 감독하던 교황청은, 성직자의 길을 걸으며 남을 가르치고 격려하며 살아갔을 이 남자가 수도원에 자신의 거처를 마련할 때까지 그냥 놓아주지 않았습니다. 교단이 아니라 자유로운 모임을 만들고자 한 그는, 결국 서품을 받고 이로써 자신의 생애에서 그때까지 부족했던 모든 이익을 취하도록 종용받았습니다.

그의 몸이 공중부양한다는 놀라운 현상은 터무니없는 이야기라 여기고 의심한다 하더라도, 정신적인 면에서는 이 속세적인 것을 훨씬 넘어서고 있었습니다. 그 때문에 그는 허영심, 위선, 자만심을 신에 귀의하는 참다운 신앙생활의 가장 커다란 장애물로 여기고 싫어했으며 그것이 큰 영향을 미쳤습니다. 그러면서도 여러 일화에서 보듯이 늘 명랑한 유머를 잊지 않았습니다.

예를 들면 그가 교황 곁에 있을 때, 로마 근교의 한 수녀원에 온갖 놀라운 은총을 받은 수녀가 나타났다는 보고가 들어왔습니다. 이 보고가 사실인지 알아오라는 교황의 명을 받은 네리는 곧바로 나귀를 타고 궂은 날씨와 엉망인 길을 뚫고 수녀원에 도착했습니다. 수도원으로 들어간 그는 수녀원장과 이야기를 나누었고, 수녀원장은 전적으로 동감을 표시하며 온갖 은총의 징후에 대해 자세히 알려주었습니다. 수녀가 불려나오자 그는 인사도 나누지 않고 진흙투성이의 장화를 그녀 앞에 내밀며 벗겨달라고 요구했습니다. 성스럽고 순결한 이 처녀는 깜짝 놀라 뒤로 물러나면서 거센 말로 무례한 요구에 대해 분노를 표시했습니다. 그러자 네리는 태연한 표정으로 일어나서는 나귀를 타고 돌아와 무슨 영문인지 몰라 얼떨떨해하는 교황 앞으로 다시 나아갔습니다.

그러한 천부의 재능을 시험하기 위해 가톨릭 고해신부들에게 중요한 주의 사항들이 매우 자세하게 규정되어 있기 때문입니다. 교회는 천상의 은총이 내려질 수 있는 가능성을 인정하기는 하지만 아주 자세한 시험을 거쳐서야 그와 같은 현실을 승인합니다. 놀라 어안이 벙벙해진 교황에게 네리는 짧게 결과를 이렇게 보고 했습니다.

"그녀는 성자가 아닙니다!" 그는 외쳤습니다. "그녀는 기적을 행할 수 없습니다! 그녀에게는 최대의 미덕인 겸손함이 부족하기 때문입니다!"

이러한 원리는 그의 평생을 꿰뚫는 근본적인 원칙이라고 할 수 있습니다. 한

가지 일화를 더 이야기하겠습니다. 그가 파드리 델 오라토리오*8 수도회를 세우고 명성이 자자해지자 수많은 사람들이 회원이 되겠다고 몰려들었습니다. 그때 로마의 한 젊은 공자가 회원으로 받아들여 달라고 왔습니다. 그래서 그에게도 수련받을 권리와 그러한 자격을 부여하는 의복이 주어졌습니다. 하지만 그가 얼마 뒤 정식 가입을 요구하자 네리는 그 전에 몇 가지 시험을 통과해야 한다고 말하면서 받아들일 용의가 있음을 밝혔습니다. 그러고는 긴 여우 꼬리를 꺼내더니 이것을 상의 뒤에 달고 엄숙하게 로마의 모든 거리를 돌아다녀야 한다고 했습니다. 그러자 젊은 귀족은 앞서 말한 수녀처럼 깜짝 놀라면서, 자기는 명예를 얻으러 왔지 모욕당하러 온 것이 아니라며 거부의 뜻을 밝혔습니다. 그러자 네리 신부는 절대적인 포기를 최고의 원칙으로 삼는 자신의 단체에서 그런 희망을 품고 있는 것은 용납할 수 없는 일이라고 했습니다. 이 말을 들은 젊은 공자는 네리 신부에게 작별을 고하고 말았습니다.

네리는 짤막한 잠언 속에 자신의 주된 가르침을 요약했습니다. "세상을 멸시하고 너 자신을 멸시하고 너를 멸시하는 것을 멸시하라." 이 말에 모든 가르침이 담겨 있었습니다. 앞의 두 구절은 우울증 환자도 가끔 해낼 수 있다고 생각할지도 모르겠지만, 세 번째 사항을 따르기 위해서는 성인이 되기 위한 수양이 필요할 것입니다.

1787년 5월 27일, 나폴리

지난달 끝무렵 보내주신 편지들은 어제 로마의 프리스 백작을 통해서 모두 받아보았습니다. 읽고 또 읽으면서 그리움과 즐거움에 빠져들었습니다. 그중에는 간절하게 기다리던 작은 상자*9도 있었습니다. 이 모든 일에 감사드립니다.

이제 얼마 안 있으면 이곳을 떠날 시간이 됩니다. 나폴리와 그 주변 풍광을 마지막이라고 마음속에 생생하게 새기며 그 인상을 새롭게 하면서, 여러 일을 마무리지으려 하니 하루가 물살처럼 흘러가기 때문입니다. 이제 알아온 사람들과 새로 알게 된 사람들, 함부로 물리칠 수 없는 뛰어난 사람들도 합류합니

---

*8 oratorio. 본디 이탈리아어로 가톨릭 성당의 '기도소(祈禱所)'를 뜻했고, 여기서 비롯되어 세속 수도자 집단을 가리키는 말로도 쓰였다. 그리고 16세기 후반 로마의 성 필리포 네리가 기도소 집회에서 사용한 음악이 계기가 되어 특정한 음악형식을 가리키게 되었다.
*9 슈타인 부인은 괴테에게 지갑을, 슈타인 씨는 작은 상자를 보냈다.

다. 지난 여름 나는 어떤 사랑스런 부인을 만나 칼스바트에서 참으로 즐거운 시간을 보냈습니다. 우리는 현재를 잊고 마치 몇 시간 전의 일을 이야기하듯 더없이 즐거운 마음으로 그 일을 추억했습니다. 사랑스럽고 소중한 모든 일들이 잇달아 떠올랐고, 무엇보다도 우리가 경애하는 공작의 기분 좋은 모습이 생각났습니다.

공작이 말을 타고 출발했을 때 엥겔하우스의 처녀들이 공작을 놀라게 했던 그 시[*10]를 그녀는 아직 갖고 있었습니다. 그 시는 위트 있는 놀림과 유혹, 재치 있는 시도, 보복의 권리를 서로 행사하는 즐거운 장면들을 모두 기억 속에 되살려 주었습니다. 곧 우리는 암벽으로 에워싸인 이상한 장소로 인해 단단히 결속되어 더욱이 존경, 우정 및 애착으로 하나가 되어 훌륭한 독일인들과 함께 독일 땅에 있다는 느낌을 받았습니다. 하지만 우리가 창가에 다가가자마자 나폴리의 물결이 다시 엄청난 소리를 내며 우리 곁을 흘러 지나가서 저 평화스러운 추억을 단단히 붙잡을 수 없을 지경이었습니다.

또한 나는 폰 우어젤 대공 부부와 친교를 맺는 것도 마찬가지로 피할 수 없었습니다. 고결한 도덕의식을 지닌 이들은 자연과 인간에 대한 순수한 마음을 간직한 훌륭한 사람들로, 예술에 대한 결연한 사랑과 만나는 사람에 대한 호감을 갖고 있었습니다. 몇 번이나 오랜 시간에 걸쳐 이야기를 나눴지만 더없이 매력적이었습니다.

해밀턴과 그의 아름다운 애인은 내게 변함없는 친절함을 보여 주었습니다. 나는 그 둘과 함께 식사를 했는데, 저녁 무렵에 하르트 양은 음악을 연주하고 노래를 부르며 자신의 재능을 한껏 뽐내 보였습니다.

내게 점점 더 호감을 보이며 온갖 귀한 물건을 구경시켜 주려는 하케르트의 권고로, 해밀턴은 나를 자신의 비밀 예술품과 골동품 있는 창고로 데려갔습니다. 그곳에는 모든 시대의 작품들이 뒤죽박죽 섞여 있었습니다. 흉상, 토르소,[*11] 꽃병, 청동상, 시칠리아산 마노로 만든 가정용 장식품, 그 밖의 작은 예

---

*10 괴테의 작품, 《칼 아우구스트 공에게》를 말한다.
*11 torso. 목·팔·다리 등이 없는 몸통만의 조각작품. 인체의 구간(軀幹), 몸통[胴體]을 뜻하는 이탈리아어에서 비롯된 조각용어이다. 그리스·로마 유적에서 발굴된 토르소에 조각으로서의 아름다움을 인정한 근대 조각가들은 토르소를 통해서 인체의 아름다움을 상징하는 것을 알게 되었다.

배당, 조각품과 미술품, 그리고 그가 우연히 손에 넣은 물건 등등…… 호기심이 일어 바닥에 놓인 긴 상자의 깨진 뚜껑을 열어보니, 그 안에는 청동으로 만든 훌륭한 등가(燈架)*12가 있었습니다. 나는 눈짓으로 하케르트의 주의를 끈 뒤, 이 물건들은 포르티치*13에 있던 것들과 비슷하지 않느냐고 작은 소리로 속삭였습니다. 그러자 그는 그렇다고 하면서 비밀을 지켜줄 것을 다짐하는 눈짓을 보냈습니다. 이것은 물론 폼페이 지하 무덤에서 나온 유물들을 이곳으로 몰래 들여온 것이었습니다. 이런 귀한 진품들이 있기 때문에 이 기사는 숨겨놓은 보물들을 가장 친한 친구들에게만 공개하는 것 같았습니다.

그 다음으로 앞쪽에 반듯하게 서서 열려 있는 상자가 내 눈길을 끌었습니다. 화려한 황금 테가 둘러져 있고 안에는 검은색이 칠해져 있었습니다. 사람이 선 채로 넉넉히 들어갈 수 있을 만한 크기였기에, 이 상자의 용도를 알 수 있었습니다. 예술과 여성애호가인 그는 아름다운 여성을 움직이는 입상으로 보는 데 만족하지 못하고, 이를 다채롭고 누구도 본뜰 수 없는 그림을 보듯 즐기려 했습니다. 그래서 때때로 색색의 의상을 입은 여성이 가끔 황금 액자 안에 들어가 검은 배경 앞에서 폼페이의 고대 미술품이나 근대 회화의 걸작을 모방했던 것입니다. 물론 이제는 그런 시대도 지나갔고 이 예술품은 너무 무거워 밖에 나가 적당한 빛 아래서 똑바로 보기도 어려웠으므로 그런 광경을 구경할 수는 없었습니다.

이쯤에서 나폴리인이 매우 좋아하는 취미에 대해서 이야기하겠습니다. 그들은 성탄절이면 어느 교회에서나 볼 수 있는 말구유(프레세페)를 화려하게 장식하곤 하는데, 목자, 천사, 왕들이 경배하는 모습까지 온전하게 표현한 것도 있고 부분적인 것도 있습니다. 옥상에 오두막 모양의 간단한 무대를 세우고 상록수나 관목으로 꾸밉니다. 성모마리아와 아기 예수, 그리고 주위에 서 있거나 공중에 떠 있는 인형을 아낌없이 장식하고, 그 의상에까지 많은 비용을 들입니다. 하지만 전체를 더없이 아름답게 만들어 주는 것은 베수비오 산과 그 일대를 포함한 훌륭한 배경입니다.

---

*12 등잔걸이(등잔을 걸어 놓는 기구).
*13 3월 18일 일기에 언급되었던 포르티치 미술관을 가리킨다. 그곳은 포르티치 왕성에 있던 미술관으로 폼페이 및 헤르쿨라네움에서 발견된 귀중품을 소장하고 있었다. 뒷날 나폴리 국립박물관으로 옮겨졌다.

때때로 인형들 사이에 살아 있는 인간을 섞어두었을지도 모릅니다. 그렇게 서서히 역사나 문학에 속하는 세속적인 인물의 모습이 밤의 유흥으로 저택에서 상연되다가, 마침내 부유한 귀족의 가장 중요한 오락 가운데 하나가 되었을 겁니다.

대접받는 손님으로서 감히 지적을 하나 하자면, 솔직히 우리를 즐겁게 해주던 아름다운 대화 상대는 어딘가 정신이 좀 나간 듯하다는 생각입니다. 그녀의 아름다움은 인정하는 바이지만 말의 표현에 혼이 담겨있지 않았고, 그녀의 노래는 사람을 매료시키는 성실성을 없습니다.

아마도 이는 영혼을 갖고 있지 않은 아름다움일 것입니다. 아름다운 사람들은 곳곳에 널려 있지만, 깊은 감성과 좋은 음성 기관을 지닌 사람들은 드뭅니다. 그리고 이 두 가지를 조화롭게 지닌 사람은 더욱 드뭅니다.

나는 헤르더*14의 책 제3부를 손꼽아 기다리고 있습니다. 어디서 그것을 받아 볼 수 있을지 알려드릴 때까지 잘 간직해 주시기를 바랍니다. 언젠가 인류의 상태가 오늘보다 더 나아지리라는 아름다운 꿈이 이 책에 잘 쓰여 있을 겁니다. 나 또한 인도주의가 마침내 승리할 거라고 생각합니다. 다만 그 승리의 날에 이 세상이, 또 모든 사람들이 서로를 간호해주어야 하는 커다란 병원이 되지나 않을까 걱정될 뿐입니다.

1787년 5월 28일, 나폴리

저 훌륭하고 매우 쓸모있는 폴크만의 기행문도 간혹 나와 다른 의견을 보일 때가 있습니다. 예를 들어 그는 나폴리에 쓸데없이 빈둥거리는 사람이 삼사만 명은 될 거라고 말합니다. 그래서 누구나 그런 말을 하고 있지 않습니까! 하지만 남쪽의 실상을 어느 정도 알게 된 나는 이러한 생각이 온 하루 악착같이 일하지 않는 사람을 모두 게으름뱅이라 단정하는 북쪽 사람들의 생각일지도 모른다고 추측했습니다. 그래서 나는 이런저런 활동을 하는 사람이나 가만히 쉬고 있는 사람을 가리지 않고 자세히 살펴보았습니다. 그 결과 차림새가 남루한 사람들은 많았지만 아무 일도 하지 않고 빈둥대는 사람은 하나도 없음을 알게

---

*14 289페이지 *39 참조.

되었습니다.

그래서 나는 몇몇 친구들에게 아무 일도 하지 않고 빈둥거리는 사람들이 어디에 있는지 묻고 그들과 사귀어보고 싶다고 말했습니다. 하지만 그들도 그런 사람들을 보여주지는 못했습니다. 그리고 이런 조사는 도시 관찰과 많은 관계가 있으므로 나는 몸소 찾아다니기로 했습니다.

나는 여러 유형의 사람들이 북적대는 곳에 가서 내 신원을 밝힌 뒤, 이들의 용모, 복장, 거동, 직업에 따라 판단하고 분류하기 시작했습니다. 이곳에서는 사람들이 비교적 자유로운 태도를 취하는 것이 허용되고 있으며, 겉모습만 보더라도 신분에 맞는 복장을 하고 있기 때문에 다른 곳보다 이런 작업을 하기가 쉬우리라는 생각이 들었습니다.

아침 일찍부터 사람들을 관찰하기 시작했습니다. 여기저기에 서성대고 있거나 쉬는 사람들은 모두 첫눈에 직업을 알아낼 수 있었습니다.

화물을 나르는 사람들은 저마다 면허를 받은 곳이 있으며 그곳에서 호출을 기다리고 있습니다. 하인과 심부름하는 소년들을 데리고 다니는 마부들은 광장에서 말 한 필이 끄는 경마차 옆에 서서 말들을 돌보며 필요한 사람들을 마차에 태워줍니다. 선원들은 부두에서 파이프 담배를 피우고, 바람 상태가 좋지 않아 바다에 나갈 수 없는 어부들은 햇볕을 쬐고 있습니다. 여러 사람들이 오가는 모습을 보았지만, 대부분 하는 일이 무엇인지 알 수 있는 사람들이었습니다. 거지는 너무 나이가 많거나 완전히 무능력하고 장애가 있는 사람들 뿐이었습니다. 더 많이 둘러보고 더 자세히 관찰할수록, 미천한 계급이든 중간 계급이든, 아침이든 낮이든, 나이나 성별을 떠나 정말로 게으름뱅이들은 찾아볼 수 없었습니다.

내가 주장하는 바를 더욱 확실하고 구체적으로 만들기 위해 좀 더 자세한 이야기를 하겠습니다. 이곳에서는 아주 어린 아이들도 온갖 일을 하며 바쁘게 움직입니다. 대부분의 아이들은 산타 루치아 바닷가에서 물고기를 잡아 시내에 내다 팔고 있습니다. 어떤 아이들은 포병 공창*15 부근이나 그 밖에 목재를 가공하는 곳에서 곧잘 눈에 띕니다. 이들은 나뭇가지나 조그만 목재가 밀려

---

*15 公廠. 포르토 밀리타레 근처에 있는 해군 병기창(兵器廠)을 가리킨다. 군사지원 계획에 최대한 참여하고 그 업무를 효과적으로 수행하기 위한 장비 현대화 및 재생에 기여하는 곳. 현대전에 적응하는 군수지원체제의 하나이다.

오는 바닷가에서 자잘한 나뭇가지나 작은 파편을 바구니에 주워 모으는 일을 합니다. 겨우 기어 다닐 정도밖에 안 되는 꼬마들도 대여섯 살쯤 되는 소년들 틈에 끼어 생업에 종사합니다. 그런 뒤에 아이들은 바구니를 들고 시내 중심지로 들어가 주워 모은 목재들로 하나의 시장을 차립니다. 수공업자나 도시의 영세민은 그것을 사서 방을 덥히기 위해 삼발이에 놓고 구워 숯으로 만들거나 검소한 부엌에서 사용하기도 합니다.

어떤 아이들은 봄에 사람들이 많이 마시는 유황천 물을 팔려고 돌아다닙니다. 또 다른 녀석들은 꼬마 상인이 되어 과일 실오라기처럼 흘러내리는 벌꿀, 과자, 사탕을 사서는 아이들에게 되팔아 조금의 이윤을 남기기도 합니다. 자기 군것질거리만큼은 스스로 벌려는 것입니다. 물건과 장비라곤 널빤지 한 장과 작은 칼밖에 없는 아이가 수박이나 삶은 호박을 들고 다니면 한 무리 아이들이 모여듭니다. 그 장사꾼 아이가 널빤지를 내려놓고 과일을 잘게 썰기 시작하는 모습을 보고 있노라면 참으로 기특하다는 생각이 저절로 듭니다. 물건을 사는 아이들은 동전 한 닢을 내고도 많이 받으려고 자못 긴장하는 반면에, 물건을 파는 꼬마 상인은 침을 흘리고 있는 손님 사정은 아랑곳하지 않고 조금이라도 덜 주기 위해 요리조리 궁리를 합니다. 이곳에 좀 더 오래 머무르면 이렇게 생업에 몸담은 아이들의 모습들을 얼마든지 더 볼 수 있다고 확신합니다.

남루한 옷차림을 한 중년 남자와 소년들이 쓰레기를 나귀에 싣고 도시 밖으로 실어 나르는 모습도 보입니다. 나폴리 부근에는 채소밭이 한 군데밖에 없습니다. 그래서 장이 서는 날이면 엄청난 양의 채소가 나폴리로 쏟아져 들어오고, 식물 성장 주기를 단축하기 위해 팔다 남은 것이나, 요리하다 내버린 것을 다시 밭으로 가져가는 모습을 지켜보는 일도 재미있습니다. 믿을 수 없을 만큼 많은 양의 채소가 소비되면서 꽃양배추, 브로콜리, 엉겅퀴, 양배추, 샐러드, 마늘 등의 줄기와 잎이 나폴리 쓰레기의 대부분을 차지합니다. 그래서인지 이 쓰레기에는 특별한 배려를 하고 있습니다. 커다랗고 부드러운 바구니 두 개를 나귀 등에 달고, 그 안에 쓰레기를 가득 실을 뿐만 아니라 바구니 위에도 요령껏 한 무더기 더 쌓아올립니다. 그러므로 어떤 농원도 나귀가 없으면 운영할 수 없습니다. 마부나 소년, 주인은 어느 때든 풍성한 보물 창고인 시내를 몇 번이고 드나듭니다. 이 수거자들이 말과 나귀의 분뇨에 얼마나 관심을 기울이는지 생각할 수 있습니다. 어둠이 깃들면 그들은 마지못해 거리를 떠납니다. 자정이 지나 오페라 구경을 마치고 집으로 돌아가는 부자들은 이미 동이 트기도 전에 어떤 부지런한 사람이 열심히 말들의 흔적을 찾아 나서리라고는 상상조차 하지 못할 겁니다. 사람들이 자신 있게 들려준 이야기에 따르면 그런 일을 하는 몇몇 사람들이 서로 힘을 합쳐 나귀 한 마리를 산 다음 대지주에게서 채소밭을 빌려 꾸준하게 채소를 길렀다고 합니다. 다행히도 날씨가 좋아 채소가 잘 자란 덕에 이들은 얼마 안 가서 채소밭 규모를 크게 넓혀 영업을 확장할 수 있었다고 합니다.

다른 대도시와 마찬가지로 나폴리에서도 곧잘 볼 수 있는 온갖 소매상들을 보고 있으면 여러 가지로 재미있지만, 그 이야기까지 하자면 너무 샛길로 빠지게 될 것 같습니다. 하지만 사회 최하층에 속하는 떠돌이 행상 이야기만큼은 하지 않을 수 없습니다. 그들은 어디서나 바로 레몬수를 만들 수 있도록 얼음물 통과 유리잔, 레몬을 갖고 다닙니다. 그것은 최하층 사람들에게는 없어서는 안 될 음료이기 때문입니다. 그러기에 어떤 사람들은 안에 담은 온갖 술병들과 끝이 뾰족한 유리잔들이 떨어지지 않도록 나무 고리를 두른 서비스 쟁반들을 들고 서 있습니다. 또 다른 사람들은 이런저런 빵과 과자, 레몬 및 다른 과일이 든 바구니를 들고 다닙니다. 나폴리에서 날마다 벌어지는 먹고 마시는 축제를 자신들도 함께 즐기고 그 축제를 더 성대하게 만들려는 것 같습니다.

이처럼 떠돌이 행상들처럼 살아가는 소규모 소매상들이 많습니다. 이들은 번거로운 격식을 차리지 않고 널빤지 위나 상자 안에 자질구레한 물건들을 담고 돌아다니거나 광장에서 잡화를 늘어놓고 팝니다. 커다란 상점에서 볼 수 있는 그런 상품들을 말하는 게 아닙니다. 엄밀히 말하자면 잡동사니에 지나지 않은 것으로, 철, 가죽, 나사, 삼베, 펠트 등의 제품은 하나도 없고, 시장에 중고품으로 다시 나올 수도 누구에게 되팔 수도 없는 물건들뿐이기 때문입니다. 또 상인이나 수공업자에게 고용되어 심부름꾼이나 막일꾼으로 일하는 하층계급 사람들이 많습니다.

이곳에서는 한 걸음만 밖으로 나가면 몹시 허름한 옷차림, 아니 넝마를 걸친 사람을 쉽게 볼 수 있습니다. 하지만 그렇다고 그들이 온 하루 빈둥대는 게 으름뱅이인 것은 아닙니다! 그렇습니다. 역설적으로 들릴지 모르겠지만 나폴리에서 최하층 사람들은 부지런히 일하는 모습들을 볼 수 있습니다. 물론 이것을 화창하고 맑은 날에는 궂고 흐린 날을 준비하기 위해서, 그리고 여름에는 겨울을 걱정해야 하는 북쪽의 산업과 비교해서는 안 됩니다. 북쪽 사람은 자연의 특성상 대비하고 절약하지 않을 수 없습니다. 주부는 일 년 내내 먹을거리를 마련하기 위해 소금에 절이고 훈제해야 하고 남자는 땔감과 곡물을 모아두고 가축이 먹을 사료를 마련해야 합니다. 그러므로 아무리 날씨가 좋고 시간이 남아도 놀지 않고 일을 해야 합니다. 이들은 몇 달 동안이나 문 밖에 나가지 않고 집에서 폭풍우와 비, 눈과 추위로부터 자신의 몸을 지킵니다. 그러한 계절이 끊임없이 찾아오는 것을 막을 수 없기 때문에 파멸하지 않으려면 가정을 잘 돌보는 수밖에 없습니다. 북쪽에서는 없이 지내는 것이 있을 수 없는 일이기 때문입니다. 없이 지내려고 해서는 안 되고, 없이 지낼 수도 없습니다. 북쪽의 자연은 언제나 혹독하게 앞날을 준비하도록 강요합니다. 그렇게 수천 년 동안 변함없이 자연의 영향을 받아, 여러 면에서 존경할 만한 북방 민족들의 성격이 정해진 것이 틀림없습니다. 우리는 온화한 기후의 혜택을 받아온 남쪽 사람들을 북쪽 관점에서 너무 엄하게 평가하고 있습니다. 폰 파우*16 경이 《그리스인에 대한 연구》에서 언급한 견유학파*17 철학자에 대한 내용이 이 경우에 딱 맞습니다. 그는 사람들이 남쪽 사람들의 비참한 상태를 제대로 파악하지 못하고 있다고 말합니다. 모든 결핍을 참는 그들의 근본 원칙은 모든 것을 베풀어주는 기후에 의해 절대적으로 보호되고 있다는 것입니다. 우리가 볼 때 비참해 보이는 가난한 사람도 최소한의 욕구는 충족할 수 있을 뿐만 아니라, 마음먹기에 따라 세상을 아주 멋지게 즐길 수도 있다고 합니다. 이와 마찬가지로 나폴리 거지는 노르웨이 부왕의 지위쯤은 가볍게 물리치고, 러시아의 여황제가 그에게 시베리아의 총독 자리를 넘겨준다 해도 그 명예를 거절할지 모릅

---

*16 코르넬리우스 폰 파우. 네덜란드인으로 1787년 그의 저서가 베를린에서 출판되었다.

*17 犬儒學派(Cynics). 그리스 철학의 한 유파로 그 명칭은 창시자 안티스테네스의 학교 소재지인 아테네의 Kynosarges에서 비롯된 것이라고 하는데 그 학파의 '개와 같은 생활' 때문이라고 이야기되기도 한다. 퀴닉스 학파라고도 한다. 행복은 유덕한 생활에 있으며 유덕한 생활이란 외적 조건에 좌우되지 않는 생활이며, 이것은 강인한 의지로 욕망을 억제하는 것에 의해 달성될 수 있다는 것이 이 학파의 가르침이다. 그들은 매우 간소한 생활과 자연에 가까운 생활을 부르짖으며, 문명사회의 관습 및 제도를 무시하고 걸식 생활(乞食生活)을 실행하기도 했다. 전설적으로 유명한 시노페의 디오게네스가 그 대표적 예라 할 수 있겠다. 이 학파는 뒤에 스토아학파에 영향을 주었다. 시니시즘(cynicism)이라는 말은 이 학파의 가르침을 의미하는 것이 아니라 일반적으로 세론(世論), 습속(習俗), 일반 도덕 등을 무시하는 생활 태도를 의미한다.

니다.

확실히 우리 독일 지역에서는 견유학파 철학자가 버텨내기가 쉽지 않지만 남쪽 나라들에서는 마치 자연이 그곳으로 초대하는 것처럼 여겨질 정도입니다. 누더기를 걸친 사람일지라도 남쪽에서는 아직 벌거벗은 것은 아닙니다. 집도 없고 셋집에도 살지 못해서 여름이면 남의 집 처마 밑, 궁전이나 성당의 문지방, 공회당에 들어가 밤을 새고, 궂은 날이면 숙박료를 내고 어딘가로 피하는 사람도 법을 위반하거나 비참한 것은 아닙니다. 다음 날을 걱정하지 않아도 되기에 어느 누구도 아직 비참한 것은 아닙니다. 교회 규정에 따라 해산물은 일주일에 두세 번만 먹어야 하지만, 어류가 풍부한 바다가 주는 식량을 생각하면 얼마나 살기 좋은 곳인지 알 수 있습니다. 사계절을 통해서 남아돌 만큼 생산되는 온갖 과일과 채소들, 나폴리가 있는 이곳이 '노동의 땅'이 아니라 '경작의 땅'이라 칭할 만하고, 이 지역 전체가 이미 수백 년 동안 '행복의 땅'이라는 명예로운 이름으로 불려온 것을 생각하면 얼마나 살기 좋은 곳인지 알 수 있을 겁니다.

만일 누군가 나폴리를 생동감 있게 상세히 묘사하려고 한다면, 내가 이야기한 역설이 여러 고찰을 하는 데 필요한 계기를 마련해 줄지도 모릅니다. 물론 그러기 위해서는 적지 않은 재능과 여러 해 동안 관찰이 요구될 것입니다. 그렇게 되면 대체로 나폴리의 빈민인 라차로네가 여타 모든 계층 사람들과 비교해 비활동적인 것이 아님을 깨달을지도 모릅니다. 또 이들은 나름대로 단순히 살기 위해서 일하는 것이 아니라 향락을 위해 일하며, 일을 하고 있을 때에도 삶을 즐기려 한다는 사실을 알게 될 것입니다. 이러한 사실에서 몇 가지 사항이 뚜렷해집니다. 북쪽 나라들에 비해 이곳 수공업자들의 기술이 뒤떨어진다는 것, 남쪽에는 공장이 건설되어 있지 않다는 것, 유능한 사람은 저마다의 분야에서 학문에 힘쓰지만 그래도 변호사나 의사 말고는 인구에 비해 지식인 수가 적다는 것, 나폴리 파에서는 열심히 노력해서 위대한 화가가 된 자가 아무도 없다는 것, 성직자들은 어떤 일도 하지 않고 편안한 삶을 누리고 있다는 것, 또 상류층 사람들은 자신들의 재산을 오로지 감각적인 쾌락과 화려함이나 오락에만 쓰고자 한다는 것 등입니다.

이런 말은 너무 일반적인 진술이며 모든 계층의 특성은 좀 더 정확하게 살펴본 뒤라야 비로소 또렷해진다는 것은 나도 잘 알고 있습니다. 그래도 주로 이런 결론에 이르게 되리라 생각합니다.

다시 나폴리의 하층민 이야기로 돌아가겠습니다. 그들의 일하는 모습은 마치 쾌활한 어린아이들이 장난하는 것 같은 느낌이 듭니다. 이들은 생업을 이어가면서도 거기에서 즐거움을 만들어낼 줄 압니다. 거의 이 계급의 사람들은 매우 활기차며 자유롭고 올바른 견해를 갖고 있습니다. 쓰는 말에는 비유가 많고 활기차며 위트는 더없이 생생하고 신랄합니다. 고대 아텔라*¹⁸가 나폴리 지방 부근에 있었고, 그들이 좋아하는 광대극이 사뭇 공연되고 있는 것으로도 알 수 있듯이 하층민들은 오늘날에도 여전히 이러한 분위기에 공감을 느끼고 있습니다.

플리니우스는 자신의 《자연사》 제3권 5장에서 오로지 캄파니아만이 상세한 묘사를 할 만한 가치가 있다고 말합니다. "이 지역은 너무 행복하고 우아하며, 또 축복을 받아 풍성한 땅이기에, 우리는 자연이 이곳에서 일을 즐겼음을 알 수 있다. 생명이 넘치는 공기, 건강에 좋은 온화한 기후, 양지바른 언덕, 해가 없는 넓은 숲지대, 그늘진 작은 숲, 유익한 숲, 높이 솟은 산, 넓게 퍼진 씨앗, 풍부한 포도 덩굴과 올리브 나무, 고급 양모, 살찐 수소의 목덜미, 많은 호수들, 물을 대주는 수많은 강과 샘물들, 수많은 바다와 항구들! 어디와도 거래를 트고, 말하자면 마치 사람들을 도와주기 위해 바다 속으로 팔을 내뻗고 있는 것 같다."

"인간의 능력과 관습과 힘에 대해, 또한 그들이 언어와 손을 통해 얼마나 많은 민족들을 이겨냈는지에 대해 나는 여기서 말하지는 않겠다."

"대단히 자존심이 강한 민족인 그리스인은 이곳을 대(大) 그리스라 칭하면서 이 땅에 가장 명예로운 비평을 내렸다."

1787년 5월 29일, 나폴리
가는 곳마다 사람들이 무척 즐거워하는 모습을 보고 있노라면 말할 수 없이 큰 만족감을 느끼게 됩니다. 알록달록한 꽃과 과일들로 자신을 멋지게 장식

---

*18 캄파니아의 옛 도시.

한 자연을 보면 꽃과 과일들은 자신을 가능한 화려하게 꾸미도록 사람들을 유혹하는 것만 같습니다. 어느 정도 지각 있는 사람이라면 누구나 비단 스카프와 리본을 두르고 꽃으로 모자를 치장할 것입니다. 초라한 집일망정 의자와 가구들은 도금된 바탕에 알록달록한 꽃으로 꾸며져 있습니다. 경마차는 빨갛게 칠했고 조각품은 도금했으며, 마차에 매어놓은 말도 조화와 새빨간 꽃술, 그리고 금박으로 치장되어 있습니다. 어떤 말들은 깃털 장식을 달고, 또 다른 말들은 머리에 작은 깃발을 꽂고 있어 움직일 때마다 펄럭이곤 합니다. 우리는 보통 알록달록한 색을 좋아하면 야만적이고 상스럽다고 여깁니다. 경우에 따라서는 맞는 말이기도 하지만 맑고 푸른 하늘 아래에서는 사실 어떤 것도 알록달록할 수 없습니다. 태양 광채와 바다에 반사된 햇빛보다 더 강렬한 것은 없기 때문이지요. 아무리 선명한 색도 강렬한 햇빛 아래서는 그 빛이 바래게 됩니다. 초목의 녹색이나 토양의 노란색, 갈색, 붉은색이 눈에 강력한 효과를 내기 때문에 다채로운 꽃이나 의복의 색깔들도 조화를 이루게 되는 것입니다. 널따랗게 금박과 은박을 입힌 네투노*19 여인네들의 주홍색 조끼와 치마, 지방 특유의 색채가 화려한 의상, 그림이 그려져 있는 배 등은 모두 하늘과 바다의 광채 속에서 조금이라도 자기 색깔을 드러내고자 안간힘을 쓰는 듯합니다.

죽은 자를 땅에 묻을 때도 살아 있을 때처럼 변함이 없습니다. 느릿느릿 나아가는 검은 행렬이 흥겨운 세상의 조화를 휘저어 어지럽히지는 않습니다.

나는 어린아이를 묘지에 묻으러 가는 장면을 보았습니다. 금으로 넓게 수놓은 붉은 우단으로 된 커다란 융단이 넓은 관대(棺臺)를 덮었고, 그 위에는 금과 은을 두껍게 입힌 조각된 관이 놓여 있었습니다. 관 안에는 흰옷을 입은 시신이 온통 장밋빛 리본에 덮인 채 누워 있었습니다. 관의 네 귀퉁이에는 저마다 약 2피트 높이의 네 천사상이 달려 있었습니다. 천사들은 누워 있는 아이 위로 커다란 꽃다발을 받쳐 들고 있었습니다. 꽃다발은 아랫부분만 철사로 고정되어 있기 때문에 관이 움직일 때마다 흔들리면서 부드럽게 생기를 불어넣는 꽃향기를 내뿜는 것 같았습니다. 상여 행렬이 서둘러 거리들을 지나고, 앞서 가는 성직자들과 촛불을 든 아이들이 뛰다시피 걸어가자 천사들은 더욱더 심하게 흔들렸습니다.

---

*19 안치오 부근에 있는 라티움의 해안.

어딜 가나 먹을거리가 풍족하지 않은 계절이 없습니다. 나폴리 사람들은 먹는 것을 즐길 뿐만 아니라 팔려고 내놓은 물건들이 돋보이도록 곱게 단장하는 일도 좋아합니다.

산타루치아 주위에서 잡히는 물고기는 종류별로 깨끗한 광주리에 담겨 있고, 게, 굴, 대합, 작은 조개들은 저마다 푸른 잎에 싸여 좌판에 놓여 있었습니다. 말린 과일이나 콩과 식물을 파는 가게들은 특히 요란하게 꾸며져 있습니다. 사이사이에 푸른 잎이 달린 온갖 종류의 오렌지와 레몬이 진열된 모습을 보니 매우 기분이 좋았습니다. 하지만 뭐니 뭐니 해도 푸줏간만큼 요란하게 치장한 곳은 없습니다. 고기를 자주 먹지 못해 식욕이 당기는 사람들은 남달리 그것을 탐욕스럽게 바라봅니다.

판매대에 황소고기, 송아지 고기, 양고기가 내걸려 있을 때는 언제나 비곗살 말고도 갈빗살이나 뒷다리도 요란하게 꾸며 놓습니다. 이곳에서는 일 년 내내 다양한 기념일을 지내는데, 특히 크리스마스는 성찬을 즐기는 축제로 유명합니다. 다음으로는 오십만 명이 넘는 사람들이 참가해 서로 덕담을 주고받는 대대적인 코카냐[20] 축제가 벌어집니다. 이때는 톨레도 거리뿐 아니라 주변 거리와 광장까지 사람들의 식욕을 돋우도록 꾸며집니다. 건포도, 멜론, 무화과 같은 청과물을 파는 가게들은 사람들 눈을 무척 즐겁게 해줍니다. 거리의 꽃 장식마다 먹을거리가 걸려 있고, 금종이로 싸고 빨간 리본으로 묶은 소시지 묶음, 꽁무니에 붉은 깃발을 꽂은 칠면조들도 있습니다. 사람들 말로는 집에서 길러서 잡아먹은 칠면조를 빼고도 팔린 칠면조가 삼만 마리는 된다고 하더군요. 이것 말고도 청과물이며 거세한 수탉과 어린양을 실은 나귀들이 거리와 시장을 돌아다닙니다. 믿어지지 않을 만큼 엄청난 양의 달걀을 쌓아올린 달걀 더미들이 여기저기 보입니다. 그런데 이 모든 것들을 다 먹어치우고도 모자란다고 합니다. 해마다 말을 탄 순경들이 나팔을 불고 시내를 돌면서, 광장이나 네거리에서 나폴리 사람들이 황소, 송아지, 양, 돼지고기 등을 얼마나 소비했는지 알려줍니다. 시민들은 이 소리에 귀를 기울이고, 그 엄청난 숫자에 말할 수 없는 기쁨을 표시하며, 이런 즐거운 일에 참가했다는 사실에 흡족함을 느낍니다.

---

*20 Cocagna. 나폴리 지방의 카니발에서 비롯된 축제. 국왕이 시녀들에게 고기와 포도주 등을 베풀었던 이 축제는 1783년 중단되었고, 그 비용을 80명의 가난한 신부 결혼 비용으로 쓰게 되었다.

우리 독일의 여자 요리사들이 밀가루와 우유로 그토록 다양한 음식을 만들어낼 줄 아는 데 비해, 이 지방 사람들은 무엇이든 간단하게 처리하기를 좋아하고 시설 좋은 부엌도 없기 때문에 음식을 만드는 데 두 배로 신경을 씁니다. 고운 밀가루를 일정한 형태로 반죽하고 삶아서 정성 들여 완성한 부드러운 마카로니는 어딜 가나 싼 값에 다양하게 사먹을 수 있습니다. 마카로니는 물에 푹 삶아내고 치즈를 바른 뒤 양념을 합니다. 큰 거리 모퉁이마다 과자 장수들이 있는데, 축제 때는 손님들의 주문에 맞춰 기름이 끓는 프라이팬에서 생선과 과자를 그 자리에서 튀겨내느라 분주합니다. 수천 명의 사람들이 점심이나 저녁으로 한 봉지씩 종이에 싸들고 가다보니 장사가 무척 잘됩니다.

1787년 5월 30일, 나폴리

밤에 시내를 산책하다가 부둣가에 갔습니다. 달이 한눈에 보였고, 구름의 가장자리를 비추는 달빛, 바다에 비쳐 부드럽게 일렁이는 반사광이 뒤따르는 파도의 가장자리를 비추며 점점 더 밝고 선명하게 빛나고 있었습니다. 하늘의 별들, 등대의 등불, 베수비오 화산의 불꽃, 그것이 물에 반사된 빛, 그리고 점점이 흩어져 있는 배들에서 새어나오는 수많은 불빛들까지, 이토록 다양한 소재들은 반 데어 네르[21]가 해결해 주었으면 하고 생각했습니다.

1787년 5월 31일 목요일, 나폴리

나는 로마의 성체축일[22]과 특히 라파엘로의 그림을 묘사해서 짠 융단[23]을

---

* 21 Aert van der Neer. (1603~1677) 네덜란드의 풍경화가. 암스테르담에서 많은 활약을 했고 새벽과 일몰, 달밤의 풍경, 밤의 화재, 겨울경치 등을 즐겨 그려 정감이 넘치는 훌륭한 그림을 그렸다. 대표작으로 〈암스테르담 풍경〉(1639년경, 암스테르담 국립미술관) 등이 있다.

* 22 성체축일(聖體祝日, Corpus Christi). 그리스도교 축일의 하나. 성체성혈대축일이라고도 한다. 이 축일은 코르푸스 크리스티(Corpus Christi, 그리스도의 몸)라는 라틴어 명칭으로도 알려져 있다. 성주간 동안 가장 먼저 생각하게 되는 수난에 대한 슬픔으로 인해 올바로 경축하지 못했던 주님 만찬 성목요일의 성체성사 제정을 상기하기 위하여 그리스도의 성체성혈대축일이 제정되어 삼위일체와 신심이 부단히 발전한 것과 이 축일은 지역 축일로 처음 경축한 리에즈의 성 율리안나가 받은 계시에 그 기원을 둔다. 이 축일은 1264년 세계 교회의 축일로 확대되었다. 이 축일의 두드러진 측면은 미사 후에 있는 행렬이다.

* 23 예수와 사도 이야기를 주제로 한 라파엘로의 그림을 모사한 것. 산 피에트로 성당 앞에 있는 주랑에 걸려 있었다.

꼭 봐야겠다고 단단히 마음먹고 있었기에, 세상에 다시 없을 이런 자연의 절경에도 흔들리지 않고 꿋꿋하게 여행 준비를 계속했습니다. 여권을 마련하고, 마부는 내게 착수금을 보내왔습니다. 이곳에서는 여행객들의 안전을 위해 우리 독일과는 반대로 일이 진행됩니다. 크니프는 방 크기나 위치 등이 이전보다 훨씬 나은 새로운 숙소로 이사하느라 분주했습니다.

이사를 하기 전에 크니프는 이사해 들어가는 집에 아무것도 들고 가지 않으면 어쩐지 기분이 언짢을 뿐 아니라 조금은 예의 없는 일이라고 말했습니다. 하다못해 침대만 하나 가지고 가도 주인 부부에게 어느 정도 인정을 받게 될 것이라며 몇 번이나 내게 의논해왔습니다. 우리는 오늘 넓은 성채의 끝없는 잡동사니 사이를 걸어 다니면서 청동색이 칠해진 몇 개의 쇠틀을 발견했습니다. 그것을 헐값에 산 나는 앞으로의 조용하고 견실한 잠자리를 위해 그것을 크니프에게 선물했습니다. 늘 대기하고 있는 짐꾼이 필요한 널빤지와 함께 그것을 새로운 숙소로 가져갔습니다. 이 선물을 본 크니프는 크게 기뻐하며 바로 나를 떠나 그곳으로 들어가기로 마음먹었고, 대형 제도판, 종이 및 모든 필요한 것들을 서둘러 마련하기로 했습니다. 나는 약속대로 시칠리아에서 가져온 스케치 일부를 그에게 넘겨주었습니다.

1787년 6월 1일 나폴리

루케시니 후작[*24]이 이곳에 도착해 나는 출발을 며칠 연기했습니다. 그를 알게 되어 무척 기뻤습니다. 내가 볼 때 그는 세계라는 식탁에서 늘 식사를 즐길 수 있는, 훌륭하고 건강한 위를 가진 사람들 속에 포함되는 것 같습니다. 반면에 되새김질을 하는 동물들이 그렇듯, 우리 같은 사람들은 때로 과식을 한 다음에는 여러 번 씹어서 소화를 끝낼 때까지 아무것도 먹지 못합니다. 내 마음에 쏙 드는 그는 건전한 독일적 기질을 가진 인물입니다.

이제 나는 기꺼이 나폴리를 떠납니다. 아니, 떠나야 합니다. 마지막 며칠은 친구들을 만나는 즐거움을 누렸습니다. 재미있는 사람들을 사귀었고, 그들과 보낸 시간들에 무척 만족합니다. 지난 보름 동안은 나의 목표로부터 계속 벗어났을지도 모르겠습니다. 그 뒤로는 차츰 더 비활동적으로 되어갔습니다. 파

---

*24 Marquis Lucchesini(1751~1825). 외교 임무로 교황에게 파견된 프러시아의 정치가.

에스툼에서 돌아온 뒤, 포르티치의 보물들 말고는 그다지 본 것이 없었습니다. 이처럼 못다 한 일이 있어서 발을 떼기가 어려운지도 모르겠습니다. 그 박물관은 고대 미술 수집의 알파이자 오메가*25입니다. 비록 꼼꼼한 수공업적 숙련도에서는 우리보다 한결 뒤처져 있지만 예술품을 즐겁게 이해할 수 있다는 점에서는 고대 세계가 더 앞서 있음을 잘 알 수 있습니다.

1787년 6월 1일

발급된 여권을 전달해 준 임시 고용인이 출발에 곤란한 문제가 생겨 애석하다고 말했습니다. 베수비오 화산에서 엄청난 용암이 분출해서 바다 쪽으로 흘러가고 있다는 것이었습니다. 그리고 좀 더 비탈진 산 경사면에서는 용암이 이미 아래까지 내려와 며칠 내에 해안에 다다를지도 모른다고 했습니다.

그래서 내 입장은 이러지도 저러지도 못하게 되고 말았습니다. 오늘은 내게 호의적이고 도움을 주었던 많은 사람들을 찾아다니며 작별 인사를 하려고 했습니다. 내일 어떤 일이 벌어질 것인지는 불을 보듯 뻔합니다. 여행자들은 타인의 도움을 완전히 피할 수는 없지만, 도움과 즐거움을 준다 해도 끝내 우리는 목적을 이루지 못할 뿐 아니라 우리도 그들에게 그다지 큰 도움이 되지 못합니다. 이런 생각을 하니 기분이 좋지 않았습니다.

저녁에

오늘 감사 인사를 다니면서 즐거움과 깨달음이 없던 것은 아니었습니다. 사람들은 지금까지 미루거나 소홀히 해 왔던 다정한 모습을 보여주었습니다. 기사 베누티*26는 여태껏 숨기고 있던 보물들을 보여주기도 했습니다. 비록 훼손되기는 했지만 매우 귀중한 오디세우스 상을 다시 한 번 경건한 자세로 살펴봤습니다. 그는 작별에 앞서 나를 도자기 공장으로 안내했습니다. 나는 거기서 헤라클레스를 마음 깊이 새겼고, 캄파니아의 그릇을 보고 놀라움에 또 한 번

---

*25 Alpha and Omega. 헬라어. 알파벳의 처음 문자와 마지막 문자로, 전존재를 나타내기 위해 쓰인 말이다. 하느님과 예수 그리스도가 처음이자 나중임을, 즉 창조자이자 완성자임을 뜻한다. 신약성서에서 하나님 자신(요한계시록 1 : 8, 21 : 6) 또는 그리스도 요한계시록 22 : 13)의 명칭으로 사용되었다.

*26 아마추어 화가이자 국왕의 기사. 괴테는 티슈바인의 소개로 그를 알게 되었다.

눈을 둥그렇게 떴습니다.

그는 진정으로 감동을 받고 우호적으로 작별을 고하면서 마지막으로 속마음을 털어놓았습니다. 내가 한동안 함께 있어주는 것이 그의 유일한 바람이라고 했습니다. 식사 무렵에 들른 나의 재무 담당자도 나를 떠나지 못하게 했습니다. 만일 저 용암이 나의 상상력을 자극하지 않았다면 나도 여유롭게 머물렀을 것이고 모든 일이 잘 풀렸을지도 모릅니다. 바쁘게 여러 일들을 마무리짓고 짐을 꾸리는 가운데 밤이 다가오자 나는 서둘러 부둣가로 향했습니다.

여기서 나는 모든 불꽃과 등불 그리고 이들이 반사된 빛을 보았습니다. 바다가 일렁거릴 때마다 불빛이 더욱 흔들거렸습니다. 화산이 불꽃을 내뿜고 있는데 보름달이 말할 수 없이 장려한 모습을 보여주었습니다. 이제껏 뜸했던 용암은 이글거리며 위협적으로 흘러내리고 있었습니다. 마차를 타고 더 구경했다면 좋았겠지만 준비할 게 너무나 많고 복잡했습니다. 만일 갔더라도 아침에야 겨우 도착하게 됐을지도 모르겠습니다. 바라보며 즐거움을 누리는 광경을 조바심을 내다가 망쳐버리고 싶지 않았습니다. 나는 오고 가는 사람들이 용암이 어디로 흘러갈지, 그리고 이러한 자연의 행패가 앞으로 또 있을지 해석하고 이야기하고 비교하고 다투는 일에는 전혀 아랑곳하지 않고, 점점 졸음이 와서 두 눈이 저절로 감길 때까지 부둣가에 그대로 앉아 있었습니다.

1787년 6월 2일 토요일 나폴리

이렇게 아름다운 날들을 훌륭한 사람들과 흡족한 마음으로 유익하게 보냈지만 나의 의도와는 달라 마음이 무겁기도 했습니다. 서서히 산을 내려와 바다 쪽으로 이동하며, 매 시간 용암이 흘러갈 길을 가리키던 증기를 그리움이 가득 찬 마음으로 바라보았습니다.

저녁에도 자유로운 시간을 가질 수는 없었습니다. 나는 성에 사는 조바네 대공 부인을 찾아가기로 약속했었는데, 거기까지 가려면 여러 복도를 지나 수많은 계단을 올라가야만 했습니다. 상자, 장롱 및 궁전 의상실에서 나온 마음에 들지 않는 온갖 물건들 때문에 가장 높은 곳의 복도는 비좁았습니다. 전망이 그리 좋지 않은 크고 높은 방에서 자태가 아름답고 무척 다정하며 예의바른 젊은 부인을 만났습니다. 독일 태생인 그녀는 우리의 독일 문학이 좀 더 자유롭고, 주위를 널리 둘러보는 인도주의 문학으로 형성되어 가고 있음을 알고 있었습니다. 헤르더의 노력 혹은 그 비슷한 것을 특히 높게 평가했고, 가르베*27의 뛰어난 이해력도 무척 마음에 들어 했습니다. 그녀는 독일의 여류 문필가들과 보조를 맞추려고 했고 숙련된 필력으로 평가받는 것이 희망이라고 밝혔습니다. 그런 방향으로 옮아간 그녀의 이야기는 최상류 계층의 여성들에게 영향을 주고 싶다는 의도를 드러내 보이기도 했습니다. 이러한 이야기는 끝이 없었습니다. 날은 이미 저물었지만 아무도 초를 가지고 오지 않았습니다. 우리는 방 안에서 이리저리 거닐었는데 갑자기 그녀는 창가로 가서 덧문을 열었습니다. 그러자 평생 두 번 다시 볼 수 없는 광경이 눈앞에서 펼쳐지고 있었습니다. 나를 놀라게 하려고 고의로 그런 것이라면 그녀는 목적을 이룬 셈입니다. 우리는 위층 창가에 서 있었는데, 베수비오 화산이 바로 눈앞에 보이는 것이었습니다. 흘러내리는 용암에서 나오는 불꽃이 어둠 속에서 선명하게 이글거렸고, 연기는 금빛으로 물들기 시작했습니다. 사납게 미쳐 날뛰는 산 꼭대기에서 거대한 연기구름이 피어올랐고, 화산이 분화할 때마다 구름은 번개에 찢기듯이 여러 구름덩이로 갈라지며 번쩍거렸습니다. 거기서부터 바다까지 빨간 빛과 이글거리는 수증기가 띠를 이루고 있었습니다. 바다와 땅, 암석과 식물이 저녁노을 속에 뚜렷하게 모습을 드러냈고, 이상하리만치 주위는 고요하고 평화로웠습니다. 이 모든 것을 한눈에 굽어보며, 산등성이 뒤에서 모습을 드러내는 보름달이 환상적인 그림을 완성하는 장면에 나는 감탄을 금할 수 없었습니다.

이곳에서는 모든 경치를 한눈에 담아낼 수 있었습니다. 비록 하나하나 자세히 관찰할 수는 없었지만 전체적인 인상은 놓치지 않고 모두 눈에 담았습니다. 이 구경거리로 대화는 중단되었지만 보다 더 정취 있는 화제로 넘어가게 되었습니다. 우리는 오늘 수천 년이 지나도 제대로 해석할 수 없는 하나의 원전을 눈앞에 두고 있는 것입니다. 밤이 깊어갈수록 주위는 더 밝아지는 듯했고, 달은 제2의 태양처럼 빛나고 있었습니다.

＊27 Christian Garve.(1742.7.7 ~ 1798.12.1) 독일 철학자. 라이프치히 대학교 교수(1770~1772)를 지냈다. 그 뒤 신병으로 브레슬라우로 물러나 E. 버크의《고상한 것과 아름다운 것에 관한 우리의 관념의 기원에 대한 철학적 고찰(Philosophical Enquiry into the Origin of our Ideas of the Sublime and Beautiful)》등을 번역했다. 1783년에는 I.칸트의《순수이성비판》을 비평하여 칸트를 자극하기도 했다.

구름 기둥들, 구름의 띠와 덩어리 하나하나마다 온통 또렷하게 빛이 차오릅니다. 그래서 제대로 장비를 갖추고 보면 원뿔형 산에서 뿜어져 나오는 암석 덩어리들을 식별할 수 있다고 합니다. 훌륭한 저녁이 바로 준비되지 않아 나의 여주인은—나는 그녀를 이렇게 부르고자 합니다—촛불을 방 맞은편에 세워놓게 했습니다. 달빛을 받으며 환상적인 그림의 배경을 이루고 있는 이 아름다운 부인은 점점 더 아름다워 보이는 것 같았습니다. 그리고 이 남쪽 천국에서 무척이나 편안한 독일 방언을 들으니 그녀의 사랑스러움이 차츰 더해지는 것 같았습니다. 나는 시간이 흘러가는 것도 잊었는데 그녀는 이 회랑이 수도원처럼 닫히는 시간이 다 되었다며 본의는 아니지만 돌아가주셔야겠다고 말했습니다.

나는 멀리 보이는 장관에도 가까이 있는 부인에게도 머뭇거리며 작별인사를 했습니다. 낮에는 마지못해 예의를 보이던 나의 운명이 저녁에는 멋지게 보답한 것을 축복하면서 밖으로 나와 혼잣말을 했습니다. 저 커다란 용암 가까이까지 다가간다 해도 보이는 것은 예전의 그 작은 용암과 다르지 않았을지도 모르고, 또 나폴리에서의 작별도 이런 전망 또는 이런 방식밖에는 없었으리라고. 나는 집으로 가는 대신 다른 각도에서 이 놀라운 광경을 보기 위해 부두로 발걸음을 옮겼습니다. 이토록 풍성한 하루 끝의 피로감이, 또는 더할 나위 없는 아름다운 그림을 지워버려서는 안 된다는 생각이 들어 다시 나를 모리코니*28로 돌아가게 했는지도 모르겠습니다. 나는 거기서 크니프를 발견했습니다. 새로 이사한 숙소에서 나온 그는 나를 반갑게 맞이해 주었습니다. 함께 포도주 한 병을 나누어 마시며 서로의 앞날에 대해 이야기했습니다. 그리고 나는 그의 작품 몇 점을 독일에서 선보이면 분명 훌륭한 대공 에른스트 폰 고타*29의 추천으로 주문을 받을 수 있을 거라고 자신 있게 말했습니다. 이렇게 우리는 진심으로 앞으로 서로 도와 활동해 나아갈 것을 확신하며 헤어졌습니다.

1787년 6월 3일 일요일, 삼위일체 축일 나폴리

나는 두 번 다시 보지 못할, 비길 데 없이 무한히 생기 넘치는 거리를 지나 반쯤은 몽롱한 기분으로 도시를 빠져나왔습니다. 하지만 후회나 고통스러운 마음은 남지 않았고 도리어 홀가분했습니다. 좋은 친구 크니프를 떠올린 나는

---

*28 괴테의 숙소.
*29 헤어초크 에른스트 폰 고타 공작. 티슈바인의 이탈리아 유학을 지원한 인물이다.

멀리 떨어져 있어도 그를 위해 최선을 다하리라 굳게 다짐했습니다.

도시 외곽 맨 바깥쪽의 검문소를 통과하려는데 갑자기 한 세관원이 나타나 내 얼굴을 호의적인 눈빛으로 쳐다보더니 다시 달려갔습니다. 그러고 나서 세관원이 우리 마부를 조사하는 사이에 찻집 문이 열리더니 크니프가 쟁반에 블랙 커피를 가득 따른 큰 중국제 찻잔을 들고 나타났습니다. 그는 마음에서 우러나오는, 그에게 썩 잘 어울리는 진지한 표정으로 천천히 마차 문을 향해 다가왔습니다. 전에 없던 고마움을 표시하는 이 친절한 행위에 나는 깜짝 놀랐고 더없이 감동받았습니다. 그는 이렇게 말했습니다.

"당신은 나에게 크나큰 사랑과 선행을 베푸셨고, 내 삶에 커다란 영향을 미쳤습니다. 내가 입은 은덕에 대한 사례의 표시로 이 선물을 드리고 싶습니다."

나는 이런 경우에는 도무지 무슨 말을 해야 할지 몰랐습니다. 그저 나도 그에게 도움을 많이 받았으며 우리 공동의 보물을 잘 이용하고 처분한다면 서로가 더 큰 도움이 되고 굳건한 관계를 맺게 될 거라고만 짧게 이야기했을 뿐입니다.

우연히 잠깐 만나 관계를 맺었던 사람들이 더 헤어지기 힘들어하듯이 우리 또한 몹시 아쉬워하며 헤어졌습니다. 서로에게 기대하는 바를 솔직하게 털어놓는다면 삶에서 한결 많은 고마움을 느끼고 도움을 받을지도 모릅니다. 그렇게 된다면 둘 모두 만족하게 되고, 모든 것의 시작이자 끝인 정감을 순수한 덤으로 얻게 될 것입니다.

6월 4~6일 길 위에서

이번에는 혼자하는 여행이기 때문에 지난 여러 달 동안 느낀 인상들을 다시 떠올려 볼 시간이 넉넉합니다. 무척 기분이 좋습니다. 하지만 원고를 살펴보니 여기저기 빈 곳이 많았습니다. 여행은 그것을 끝낸 본인에게는 하나의 흐름 속에 존재하며 상상 속에서 하나의 연속적인 사건으로 나타나지만, 이것을 있는 그대로 전달할 수는 없음을 느낍니다. 이야기하는 사람은 모든 것을 하나하나 늘어놓아야 합니다. 하지만 제3자의 마음속에는 어떻게 전체적인 모습이 만들어질 수 있을지는 모르겠습니다.

이 때문에 최근에 여러분이 편지에서 밝힌 내용이 무엇보다도 내게 큰 위로가 되고 즐거움을 느끼게 합니다. 여러분이 이탈리아와 시칠리아에 깊은 관심을 쏟고, 여행기를 읽으며 동판화를 유심히 살펴본다는 내용과 이를 통해 내 편지에 한결 흥미를 느낀다는 말은 내게 최고의 위로가 됩니다. 여러분이 예전에 그런 말을 했거나 겉으로 표현해 주었더라면 나는 전보다 더 열성적으로 소식을 전했을지도 모릅니다. 내가 나의 모든 노력이 불충분하다고 결론 내렸을 때, 가장 내면적인 것만을 눈에 담았던 나보다 더 빈틈없이 외적인 목적을 추구한 바르텔스나 뮌터 같은 뛰어난 사람들과 여러 나라의 건축가들이 먼저 이곳에 와있다는 사실이 때때로 나를 안심시켰습니다.

어쨌든 사람들은 모두 어느 누군가에게 도움을 주고 있음을 이해하고, 자신이 가장 쓸모 있고 사랑스러운 존재임을 받아들인다면, 또 자신을 그런 사람으로 여긴다면 이것은 훌륭한 여행기로써 여행객들에게 이롭게 쓰일 것이 분명합니다. 인격, 목적, 시대 상황, 우연의 호의와 비호의, 이 모든 것이 사람에 따라 다르게 나타납니다. 이번 여행에 선구자들이 있다는 사실만 알고 있어도 그를 통해 기쁨을 맛볼 수 있을 터이고, 그와 함께 그럭저럭 일을 꾸려갈 것이며, 그 후행자를 기다릴 것입니다. 그러는 동안 그 지방을 몸소 찾아가는 행운이 주어진다면 그 후행자에게 정답게 다가가고 싶은 마음이 들리라 생각합니다.

제3부
두 번째 로마 체류기
(1787년 6월 ~ 1788년 4월)

6월의 편지

1787년 6월 8일, 로마

그저께 다시 이곳에 무사히 도착했습니다. 마침 어제는 장엄한 성체축일이어서 저도 로마인 무리에 끼어 구경했습니다. 고백하자면 나폴리를 떠나오는 일은 무척 고통스러웠습니다. 아름다운 경치는 물론, 산꼭대기에서 바다 쪽으로 흘러가는 어마어마한 용암을 뒤로 하기란 쉽지 않았습니다. 그 용암에 대해서는 많이 읽고 이야기도 들어 왔기에, 어떤 종류인지 가까이서 살펴보고 몸소 겪어보고 싶었습니다.

하지만 오늘은 그 위대한 자연경관에 대한 그리움이 사라져버렸습니다. 신앙심 깊은 축제 관객들 가운데 저속한 취미를 가진 몇몇 사람들이 자연경관에 담긴 내적 의미를 손상시켰기 때문은 아닙니다. 라파엘로의 도안대로 만든 융단을 보고 다시 수준 높은 관찰 세계로 들어섰기 때문입니다. 라파엘로가 틀림없이 도안한, 훌륭한 작품들이 전시되어 있고, 그의 제자나 같은 시대 예술가들이 생각해낸 것으로 보이는 다른 작품들도 당당히 한 자리를 차지하며 드넓은 공간을 채우고 있었습니다.

6월 16일, 로마

그리운 벗들이여, 그대들에게 다시 소식을 전합니다. 나는 아주 잘 지내고 있습니다. 차츰 나 자신을 찾아가고 나의 고유함과 생소함을 구분하는 법을 배우고 있습니다. 열심히 생활함은 물론 세상의 모든 면을 받아들이려고 노력하며 내면으로부터 성장해 가고 있다 하겠습니다.

지난 며칠 티볼리에 머물면서 으뜸가는 대자연 장관 가운데 하나를 보았습니다. 그곳 폭포들은 온 경치와 조화를 이루어 보는 이의 마음을 한결 풍요롭게 합니다.

지난번에는 편지 쓰는 일을 조금씩 미루다가 그만 우편물 배달 날짜에 맞추지 못했습니다. 티볼리에서 더운 날씨에 산책을 하고 스케치를 하느라 무척 피곤했기 때문입니다. 나는 하케르트와 함께 밖으로 나갔습니다. 그는 자연을 화폭에 담고, 그림으로 형태를 만들어 내는데 뛰어난 재능이 있습니다. 며칠 동안 나는 그에게 많은 것을 배웠습니다.

더는 아무것도 말하고 싶지 않습니다. 다시 세속적인 일들이 정점을 이룹니다. 복잡한 상황이 이 지역에 너무도 절묘한 효과를 불러일으킵니다.

하케르트는 칭찬을 하기도 하고, 질책을 하기도 하면서 나를 도와 주었습니다. 그는 농담 반 진담 반으로 이탈리아에 열여덟 달 동안 머무르면서 확실한 원리를 익히라는 제안을 했습니다. 그러고 나면 스스로 작업에서 기쁨을 얻게 될 거라고 했습니다. 나 또한 지금의 어려움을 극복하기 위해 무엇을 어떻게 공부해야 하는지 잘 알고 있습니다. 그렇지 않으면 평생 무거운 짐을 떠안고 남은 삶을 어기적거리는 수밖에 없겠지요.

그리고 한 가지 더 이야기할 게 있습니다. 이제야 비로소 나무며 바위들, 그러니까 로마 전체가 마음에 들기 시작했습니다. 이제까지는 늘 낯설게만 느껴졌고 오래 전 어디선가 본 듯한 느낌이 드는 것들만이 나를 기쁘게 했습니다. 하지만 이젠 이곳을 내 집처럼 편안하게 느껴야겠지요. 그래도 어릴 때부터 보아온 것들만큼 친숙한 기분은 들지 않습니다. 이번 기회에 예술과 모방에 대해 이런저런 생각을 해 보았습니다.

내가 없는 동안 티슈바인은 포르타 델 포폴로 근처 수도원에서 다니엘레 다 볼테라*¹의 그림 한 점을 발견했습니다. 성직자들은 그 그림을 천 스쿠도*²에 팔려고 했지만 예술가인 티슈바인은 그만한 돈을 마련할 능력이 없었습니다. 그래서 마이어를 통해 앙겔리카 부인에게 그 그림 구입을 제안했고 그녀는 기

---

*1 Daniele da Voltera(1509~1566). 이탈리아 화가, 조각가. 토스카나 지방 볼테라에서 태어나, 로마에서 죽었다. 출생지에서 소도마에게 배웠으나 1535년 로마로 옮긴 뒤 미켈란젤로의 영향을 받는다. 교황 피오 4세의 명령으로 미켈란젤로의 〈최후의 심판〉 나체상에 허리수건을 그려 넣은 것으로 유명하다. 대표작 〈십자가 강하〉 벽화(1541~46, 몬티성당 오르시니 예배당)는 마니에리슴에서 바로크로 향하는 경향을 나타내고 있다. 조각은 브론즈를 이용한 〈미켈란젤로 흉상〉이 유명하다.
*2 14세기~1796년까지 사용되었던 이탈리아 통화. 밀라노 공국에서 처음 사용되었던 통화로 밀라노 스쿠도라고 한다. 1797년 밀라노 스쿠도는 치살피나 공화국에 의해 리라로 바뀌었으며, 1802년에는 프랑스 프랑(Franc)이 대신하게 되었다.

꺼이 받아들였습니다. 그녀는 그 값을 치르고 그림을 갖고 있다가 티슈바인과 계약한 대로 나머지 몫으로 절반에 맞는 금액을 받고 그에게 그림을 넘겨 주었습니다. 많은 인물이 나오는 그리스도의 장례식 장면을 묘사한 뛰어난 그림이었습니다. 이것을 마이어가 세밀하게 모사한 그림이 여전히 남아 있습니다.

〈십자가 강하〉 볼테라 그림

6월 20일, 로마

여기 와서 다시 훌륭한 예술품들을 구경하면서 내 정신은 더욱 맑아지고 확고해졌습니다. 하지만 이곳에서 내 방식대로 시간을 알차게 보내기 위해서는 적어도 일 년쯤은 로마에만 머물러야 할 것입니다. 여러분도 알다시피 나는 다른 방식으로는 아무것도 할 줄 모릅니다. 지금 이곳을 떠난다면 내가 아직 파악하지 못한 의미들을 확인하는 데에 지나지 않을 겁니다. 그러니 넉넉한 시간이 필요합니다.

파르네세 집안*3의 헤라클레스 상은 다른 데로 옮겨졌습니다. 오랜 시간 잃

---

*3 Farnese. 파르네세 공작 집안, 르네상스 시대 이탈리아의 세력 있는 가문이다. 교황과 추기경, 파르마의 공작을 낳은 집안으로 널리 알려졌다. 파르네세 대리석을 포함한 몇몇 중요한 건축 작품과 고대 유물은 파르네세 가문과 합동한 건설 공사를 통하여 입수한 것이다. 여기에는 로마 파르네세 궁전과 카프라롤라의 빌라 파르네세도 포함된다.

로마에서, 의자에 기대 앉아 독서하는 괴테, 티슈바인 그림

어버렸던 진짜 다리를 다시 찾은 그 상을 보았습니다. 포르타가 만든 가짜 다리들이 훌륭하다 말한 사람들이 이해가 되지 않습니다. 이제 이 상은 고대 예술품 가운데 가장 완벽한 작품이 되었습니다. 왕은 나폴리에 박물관을 지어서 그가 소장한 모든 예술품들, 헤라클레스 박물관의 소장품들, 폼페이의 그림들, 카포 디몬테*4의 그림들, 파르네세 집안에서 물려받은 예술품을 함께 전시할 예정입니다. 우리 동포 하케르트가 이 위대하고 멋진 작업의 가장 중요한 추진자입니다. 심지어 파르네세의 황소 상도 나폴리로 옮겨 그곳 산책로에 세워질 예정입니다. 카라치 화랑을 궁전에서 떼어갈 수 있다면 이들은 그렇게 할지도 모릅니다.

6월 27일, 로마

하케르트와 함께 푸생, 클로드, 살바토르 로사의 작품이 나란히 걸려 있는 콜론나 화랑에 다녀왔습니다. 그는 이 그림들에 대해 좋은 이야기를 많이 했고, 그의 생각을 들려주었습니다. 그리고 몇 점은 스케치해서 베꼈고 다른 그

---

*4 Capodimonte. 이탈리아 라치오 주 비테르보 현에 위치한 코무네. 로마에서 북서쪽 90km, 비테르보에서 북서쪽 20km 거리에 있다. 볼세나 호수 남서쪽 해안가에 위치해 있다. 본문에서는 카포디몬테에 있는 미술관을 가리킨다.

림들도 매우 철저히 연구했습니다. 화랑을 처음 찾아갔지만 내가 거의 하케르트와 비슷한 생각을 했음을 알고 기뻤습니다. 그가 한 말은 내가 알고 있는 개념들을 변화시키기보단 생각의 범위를 넓혀주고 더욱 확고하게 해주었을 뿐입니다. 그려진 풍경들을 살펴보면서 저 화가들이 발견하고 본받은 것을 다시 읽어낼 수 있다면 우리 영혼은 한결 자라고 맑아져서 마침내 자연과 예술에 대한 높은 직관적 개념을 얻게 될 겁니다.

모든 것이 그저 말과 전통이 아닌 생생한 개념이 될 때까지, 저는 결코 쉬지 않을 생각입니다. 이는 어려서부터의 바람이자 저를 고통스럽게 하는 짐이기도 했습니다. 어느 정도 나이를 먹으면서 이제는 적어도 이룰 수 있는 일만 이루고 할 수 있는 범위 안에서 일을 하고자 합니다. 나는 그것이 당연하든 그렇지 않든 너무나 오랫동안 시시포스*⁵와 탄탈로스*⁶의 운명을 참고 견뎌왔기 때문이라고 생각합니다.

변함없이 나를 사랑하고 믿어 주십시오. 나는 요즘 여러 사람들과 마음을 터놓고 솔직하게 지내고 있습니다. 몸과 마음이 편안하고 하루하루가 즐겁습니다.

티슈바인은 무척 착실한 사람입니다. 하지만 그가 앞으로 이렇게 즐겁고 자

---

*5 Sisyphus. 그리스 신화에 나오는 코린토스의 왕. 아이올로스인의 시조인 아이올로스와 에나레테 사이에서 태어난 아들이다. 에피레(훗날의 코린토스)의 창건자이며, 사대제전경기회의 하나인 이스토미아 경기회의 창시자로 알려져 있다. 플레이아데스의 하나인 메로페와 결혼하여 글라우코스 등을 낳았다. 그리스 신화 속에서 인간 가운데 가장 교활한 인물로 유명하며 헤르메스로부터 들키지 않는 도둑 기술을 물려받은 아우톨리코스조차도 그를 속이지는 못하였다. 제우스가 아이기나를 유괴하는 것을 목격하고 아이기나의 아버지에게 이를 알리자 분노한 제우스는 그에게 죽음의 신을 보냈지만 그는 죽음의 신마저 속여 장수를 누린다. 뒷날 죽음을 맞이하고 그는 신들을 속인 죄로 커다란 바위를 산꼭대기로 밀어올리는 벌을 받았다. 그 바위는 정상에서 다시 아래로 굴러 떨어져 그는 영원히 이 형벌을 되풀이해야만 했다.

*6 Tantalos. 그리스 신화에 나오는 탄탈로스 일족의 조상. 제우스의 아들이라고 하며, 부유한 왕이었으나 천상계(天上界)에서 신들의 음식물을 훔쳐서 인간에게 주었기 때문에 지옥에 떨어져 영원한 가책을 받게 되었다. 그 벌이란, 늪 속에 목까지 잠겨 있게 하고 머리 위에는 익은 과일이 열려 있는 나뭇가지가 늘어져 있으나, 손을 뻗쳐 과일을 따려고 하면 나뭇가지는 위로 올라가고, 물을 마시려고 하면 물이 입 아래로 내려가, 영원한 굶주림과 갈증으로 고통받는 것이다. 어떤 이야기에는 신들의 지혜를 시험해 보려고 자신의 아들 펠롭스를 죽여 신들의 식탁에 바쳤기 때문이라고도 하며, 머리 위에 거석(巨石)이 매달려 있어 영원한 공포의 벌을 받고 있다고도 한다.

유롭게 작업할 수 있을까 걱정되기도 합니다. 착하고 어진 이 사람에 대해서는 할 이야기가 참으로 많습니다. 나의 초상화는 잘 되어 가고 있고 실제 모습과도 매우 비슷합니다. 다른 사람들도 이 그림을 마음에 들어하는 것 같습니다. 앙겔리카도 내 초상화를 그리고 있지만 제대로 묘사하지는 못합니다. 그림이 나를 닮지 않았고 작업도 느려서 그녀는 무척 짜증이 나 있습니다. 멋진 청년의 모습이지만 나와는 닮은 구석이 하나도 없습니다.

6월 30일, 로마

마침내 성 베드로와 바울 대축제가 시작되었습니다. 어제 둥근 지붕의 조명 장식과 성채에서 열린 불꽃놀이를 구경했습니다. 불빛들이 동화 속 한 장면 같은 멋진 풍경을 만들어 내는데, 우리 눈을 믿을 수 없을 만큼 아름다웠습니다. 최근에는 사물들을 있는 그대로 볼 수 있게 되었습니다. 예전처럼 그 사물에 없는 것을 억지로 보려 하지 않기 때문에 웬만큼 놀라운 광경이 아니고선 즐거움이 되지는 못합니다. 이번 여행에서는 그런 멋진 장면을 대여섯 번쯤 본 것 같습니다. 그런데 이곳 축제 불꽃놀이는 그 가운데서도 으뜸으로 꼽을 만합니다. 기둥이 늘어선 복도, 교회, 특히 교회 둥근 지붕의 아름다운 형상이 처음에는 불꽃 속에서 윤곽을 드러내다가, 곧 한 덩어리가 되어 이글거리는 모습은 무엇과도 비교할 수 없을 만큼 장관입니다. 이 순간 그 엄청난 건물이 그저 기본 뼈대의 기능밖에 못한다는 점을 생각하면 세상에 이런 큰 구경거리는 또 없음을 실감하게 될 겁니다. 하늘은 구름 한 점 없이 맑았고, 훤히 빛나는 달빛이 등불조차 희미하게 보이게 했지만, 두 번째 불빛이 환하게 터지자 달빛은 곧 힘을 잃고 말았습니다. 뒷배경이 불꽃놀이에 아름다움을 더해 주기도 했지만 불꽃 자체만으로도 배경과 상관없이 장관을 만들어 냅니다. 오늘 밤 우리는 이 두 가지를 또 한 번 구경할 것입니다.

이제 어느덧 이러한 장관도 사라져 버렸습니다. 하늘은 밝고 아름다우며 달빛이 가득했습니다. 조명을 좀 더 어둡게 하자 온통 동화 속 세상 같았습니다. 성당과 둥근 지붕의 아름다운 형상은 마치 빛으로 감싼 듯한 윤곽 속에서 위대하고 그지없이 매력적으로 보입니다.

캄파니아 평원의 괴테, 티슈바인 그림

6월 말 로마

너무 어려운 배움의 길을 선택했기에 이 과정을 일찌감치 끝낼 수는 없을 것 같습니다. 예술에 대한 나의 지식, 보잘것없는 재능을 여기서 철저히 갈고닦아 무르익게 만들어야 하겠지요. 그렇지 않으면 나는 반쯤 되다 만 사람으로 여러분 곁으로 돌아가게 될 것입니다. 간절히 바라고, 노력하고, 버둥거리면서 저는 새로운 시작을 하고 있습니다.

이번 달에도 이곳에서 모든 일이 잘 진행되었습니다. 바라던 일들이 그저 가만히 앉아 차려진 음식을 먹듯 순조롭게 이루어졌습니다. 이를 모두 이야기하자면 끝이 없을 것입니다. 나는 멋진 숙소에서 살고 있으며 집주인도 좋은 사람들입니다. 티슈바인이 나폴리로 떠나면 나는 크고 시원한 그의 작업실로 거

1787년 무렵 로마 원형극장 유적, 하케르트 그림

처를 옮길 겁니다. 나를 떠올릴 때 행복한 사람으로 기억해 주십시오. 자주 편지를 쓰겠습니다. 그러면 우리는 늘 함께 있는 거나 다름없을 겁니다.

내 마지막 존재가 한계에 달했을 때 새로운 생각이나 착상이 많이 떠오릅니다. 누구의 도움 없이 홀로 지내다 보니 나 자신에 몰두하게 되어 젊은 시절의 무척 작은 일들까지도 생각이 납니다. 그러다 보면 그런 일들이 지닌 고귀함과 품위가 나를 또 다시 더없는 높고, 넓은 곳으로 이끌어 줍니다. 안목은 믿기지 않을 만큼 자랐고, 그림솜씨도 많이 늘었습니다. 이 세상에는 오직 '하나'의 로마밖에 존재하지 않습니다. 그리고 나는 여기서 물속의 물고기처럼 살아가고 있으며 다른 물에서는 가라앉지만 수은 속에서는 동동 떠다니는 작은 알갱이처럼 지내고 있습니다. 그 무엇도 내 생각을 흐려놓지 않습니다. 오직 사랑하는 사람들과 행복을 나누고 싶습니다. 로마의 하늘은 아침저녁으로 안개가 끼지만 오늘은 이루 말할 수 없이 맑게 개어 있습니다. 지난 주에 사흘 동안 묵었던 알바노, 카스텔로, 프라스카티 세 곳의 산은 늘 하늘이 맑고 깨끗했습니다. 그곳에서 자연에 대해 많은 것을 배웠습니다.

메모

편지를 쓸 때 그즈음 상황과 인상 및 감정에 맞게 고쳐서 쓰려다 보니 나중에 떠올린 이야기보다 순간의 특성을 잘 나타내 주는 기록 중에서 일반적으로 흥미를 끌 만한 부분들을 가려 뽑는 작업을 하게 되었다. 그러다가 친구들 편지를 읽어 보았는데 내 목적에 꼭 들어맞았기에, 그 편지들을 곳곳에 끼워 넣기로 했다. 로마를 떠나 나폴리로 가고 있는 티슈바인이 보낸 생동감 넘치는 이야기들을 여기서 소개하겠다.

이 편지들은 그 고장과 그곳 사람들의 숨김없는 생활 모습을 독자가 생생히 느낄 수 있도록 돕고 무엇보다 오랫동안 나에게 아주 큰 영향을 미친 예술가 티슈바인의 인품도 말해 줄 것이다. 가끔은 그가 조금 이상하게 보일지도 모르겠지만, 업적뿐 아니라 그의 노력을 돌이켜보면 늘 고마운 마음을 누를 수가 없다.

티슈바인이 괴테에게 보내는 편지

1787년 7월 10일, 나폴리

로마에서 카푸아로 가는 여행은 참으로 행복하고 즐거웠습니다. 알바노에서는 하케르트 씨가 우리를 찾아왔습니다. 벨레트리에서는 보르지아 추기경 댁에서 식사를 한 뒤, 그곳 박물관을 둘러보며 이루 말할 수 없이 즐거웠습니다. 처음 봤을 때는 모르고 지나쳤던 여러 가지를 느낄 수 있었기 때문입니다.

오후 3시에 다시 길을 나서 폰티니 늪지대를 지나갔습니다. 지난 겨울과 달리 푸른 나무와 덤불이 넓은 평원에 매력적인 다채로움을 더하고 있어서 매우 마음에 들었습니다. 땅거미가 질 무렵 늪지대 가운데에 이르러 마차를 갈아탔습니다. 마부들이 우리에게서 돈을 뜯어내려고 온갖 술수를 부리는 틈을 타서 용감한 백마 한 마리가 고삐를 풀고는 달아나 버렸습니다. 무척 재미있는 광경이 펼쳐졌습니다. 빼어나게 아름다운 모습의 눈처럼 희고 멋진 말이었는데 그 말은 자기를 묶고 있던 고삐를 끊어 버리고 막아서는 마부를 찍어 누를 듯 앞발을 쳐들었습니다. 그러고는 뒷발길질을 해대며 히힝 울어대자 모두 무서워서 옆으로 물러났습니다. 녀석은 도랑을 건너며 콧김을 내뿜고 히히힝 소리를 내며 전속력으로 들판을 내달렸습니다. 꼬리와 갈기가 하늘 높이 훨훨 휘날리며 거침없이 내달리는 모습이 어찌나 멋지던지 다들 "오 케벨레체! 케벨레체!(멋있다, 멋있어)" 소리쳤답니다.

말은 다른 개천을 따라 뛰더니, 그 개천을 뛰어넘을 수 있는 곳을 찾기 시작했습니다. 개천 건너편에서 무리 지어 풀을 뜯고 있는 망아지들과 암말에 다가가기 위해서였지요. 녀석은 마침내 개천을 건너뛰어 조용히 풀을 뜯는 암말들 틈에 끼어들었습니다. 그런데 놈의 난폭함과 울음소리에 놀란 암말들은 길게 줄을 지어 평평한 들판으로 도망쳤습니다. 그러나 녀석은 뒤를 쫓으며 계속 암말들 위에 올라타려 했습니다. 그리고 마침내 암말 한 마리를 무리에서 떼어냈습니다. 그러자 그 암말은 또 다른 암말들이 무리지어 있는 들판으로 내달려

알바노 호숫가의 농가, 괴테 그림

갔습니다. 이 말들도 크게 놀라 첫 번째 무리가 있는 쪽으로 달려갔습니다. 들판은 이렇게 겁에 질려 사납게 내달리는 검은색 말들로 뒤덮였고, 하얀 말 한 마리가 그 틈을 계속 이리저리 날뛰었습니다. 말 무리가 길게 줄지어 들판 위를 달리니, 바람소리가 대기를 가르고, 육중한 말들이 발 구르는 소리에 온 천지가 울렸습니다. 우리는 이 수백 마리 대군이 들판을 내달리는 모습을 오랫동안 즐겁게 지켜보았습니다. 말들은 때로 하나의 덩어리를 이루다가 흩어지기도 했고 뿔뿔이 이리저리 달리기도 하더니 길게 줄지어 질주했습니다.

이윽고 밤이 찾아와 멋진 구경거리는 어둠 속으로 사라져버렸습니다. 산 뒤에서 휘영청 밝은 달이 떠오르자 우리는 밝혀 놓았던 등불을 껐습니다. 은은한 달빛에 한참을 취해 있었는데 쏟아지는 졸음을 참을 수 없었습니다. 한밤의 찬 공기가 걱정되기도 했지만 한 시간 남짓 그렇게 잠에 빠져 있다가, 말을 갈아타야 하는 테라치나에 도착해서야 겨우 눈을 떴습니다.

이곳 마부들은 루케시니 후작을 두려워하여 무척 공손하게 굴었습니다. 높은 낭떠러지와 바다 사이에 난 길이 몹시 위험했기 때문에 이들은 우리에게 가장 좋은 말과 안내자를 내주었습니다. 이곳에서는 이미 여러 번 사고가 있었는데 우리는 특히 말들이 겁을 내는 밤에 떠났기 때문에 더욱 위험했습니다.

로마의 마지막 초소에서 마부가 고삐를 잡아당기고 여권을 보여 주는 동안 나는 높은 암벽과 바다 사이를 거닐며 무척 인상적인 장면을 보았습니다. 시커 먼 암벽이 달빛을 받아 밝게 빛나고, 푸른 바다 속으로 찬란히 빛나는 달빛 기 둥이 드리워졌으며, 해변에 일렁이는 파도 또한 달빛에 반짝이고 있었습니다.

저 편 산봉우리에 깔린 푸르스름한 어둠 속에 폐허가 된 겐제리히 성이 내 가 지난 날들을 떠올리도록 해주었습니다. 또 불행했던 콘라딘*1이 얼마나 간 절히 탈출을 바랐는지 헤아릴 수 있었고 이곳에서 두려움에 떨던 키케로*2나 마리우스의 마음이 느껴졌습니다.

굴러 떨어진 커다란 암석 덩어리들 사이로 달빛을 받으며 바닷가 산길을 달 리니 무척이나 아름다웠습니다. 폰디 근처에는 올리브나무, 야자나무, 소나무 무리들이 빛을 받아 뚜렷이 보였습니다. 하지만 아름다운 레몬나무숲을 볼 수 없어 아쉬웠습니다. 레몬나무숲은 황금빛 열매가 햇빛을 받아 반짝일 때 가장 아름답습니다. 산을 넘으니 많은 올리브나무와 구주콩나무*3가 보였습니다. 그리고 묘석 잔해가 이리저리 나뒹구는 고대 도시의 폐허에 이르렀을 무렵 날 이 훤히 밝았습니다. 가장 큰 묘석은 키케로가 살해당한 바로 그 자리에 세워 져 있었습니다.

날이 밝은 지 몇 시간 뒤, 우리는 몰라 디 가에타 만(灣)에 이르렀습니다. 어 부들이 잡은 물고기를 싣고 돌아온 해변은 어느새 활기가 넘쳤습니다. 어떤 어

＊1 Conradino(1254~1268) 교황. 아버지 콘라트 4세가 세상을 떠날 무렵 겨우 두 살이었던 콘라 딘을 위해서 콘라트 4세의 이복형제 만프레드(Manfred)가 섭정을 맡았다. 콘라딘은 시칠리 아 반환을 거부한 이유로 교황으로부터 파문 처벌을 받았음에도 1267년 이탈리아 원정을 나섰다. 1268년 8월 23일 콘라딘은 자신의 군대와 함께 참패했다. 콘라딘은 달아나는 가운 데 체포되어 1268년 10월 28일 나폴리에서 공개 처형되었다. 이로써 슈타우퍼 집안은 혈통 이 끊어지게 되었다.

＊2 Marcus Tullius Cicero(BC 106~BC 43). 고대로마의 문인 ·철학자 ·변론가 ·정치가. 보수파 정치 가로서 카이사르와 갈등을 일으켜 정계에서 쫓겨나 글쓰는 일에 몸담았다. 카이사르가 암 살된 뒤에 안토니우스를 탄핵한 후 원한을 사서 안토니우스의 부하에게 암살되었다. 수사 학의 대가이자 고전 라틴 산문의 창조자.

＊3 Ceratonia siliqua. 팔레스타인 전역과 지중해 연안에 주로 서식하는 아름다운 상록수. 높이는 9미터까지 자라며 작고 반짝이는 잎은 물푸레나뭇잎과 비슷하다. 그 안에는 달콤하고 끈 적한 식용 과육 사이로 몇개의 완두콩 비슷한 씨앗이 듬성듬성 박혀 있다. 쥐엄 열매라고 도 불린다.

폰티나 습지대 역참, 티슈바인 그림

부들은 물고기와 해산물을 광주리에 담고 또 다른 어부들은 벌써 다음 고기잡이를 위해 그물을 손질하고 있었습니다. 우리는 그곳을 떠나 귀족 베누티가 묻힌 가릴리아노로 향했고, 서둘러 카세르타로 가야했던 하케르트는 여기서 우리와 헤어졌습니다.

길 아래쪽 바닷가로 내려가니 우리를 위한 아침 식사가 차려져 있었는데 시간은 이미 점심때가 다 되었습니다. 이곳에는 발굴된 고대 유물들이 보기에도 민망할 만큼 처참히 망가진 채 보관되어 있었습니다. 아름다운 유물들 가운데 흙으로 빚은 입상 다리가 하나 있는데, 벨베데레의 아폴로 상에 견주어도 손색이 없어 보였습니다. 입상의 다른 부위도 찾을 수 있다면 참 기쁜 일이겠지요.

우리는 너무 피곤해서 잠깐 누워 눈을 붙였습니다. 깨어보니 친절해 보이는 가족이 옆에 와 있었습니다. 이 고장 사람들인데 우리에게 점심을 대접하기 위해 온 것이었습니다. 이토록 친절한 배려를 받게 된 것은 우리 곁을 떠난 하케르트 씨 덕분일지도 모르겠습니다. 또 다시 식사가 차려졌지만 나는 아침을 늦게 먹어 더는 먹을 수 없었고 좋은 사람들이긴 했지만 그냥 앉아 있을 수도 없어서 바닷가로 나가 자갈밭을 거닐었습니다. 그곳에는 기묘한 돌들이 많이 보였는데, 바다 곤충이 구멍을 낸 돌들 가운데 어떤 것들은 구멍이 너무 많이 뚫려서 꼭 해면(海綿)*4처럼 보이기도 했습니다.

이곳에서 나는 꽤 즐거운 일을 겪었습니다. 어느 목동이 염소 떼를 몰고 해변으로 내려왔습니다. 염소들은 바닷물 속에 들어가 몸을 식혔습니다. 그러자 이번에는 돼지 치는 사람들이 합류했습니다. 염소와 돼지들이 파도 속에서 더위를 식히는 동안 두 사람은 그늘에 앉아 악기를 연주했습니다. 돼지 치는 사람은 플루트를 불었고, 염소 치는 목동은 백파이프를 연주했습니다. 그러다가 몸집이 어른스러운 어떤 소년이 훌훌 옷을 벗어던지고는 말을 탄 채 바다 속 깊이 들어가는 게 아니겠습니까. 너무 깊이 들어가서 말도 그와 함께 버둥거리며 헤엄을 쳤습니다. 해변 가까이 왔을 때는 소년의 몸이 다 보이다가 되돌아서 바다로 들어가니 헤엄치는 말 머리와 소년의 어깨만 겨우 보였습니다.

오후 3시에 우리는 다시 길을 떠났습니다. 카푸아를 지나 3마일을 더 달렸을 때는 이미 어두워진 지 한 시간쯤 지난 뒤였는데, 그만 마차 뒷바퀴가 부러져버렸습니다. 그래서 다른 바퀴로 갈아 끼우느라 몇 시간 늦춰졌습니다. 그 뒤로 3~4 마일 더 달렸는데 이번에는 마차 축이 부러졌습니다. 이런 나쁜 일이 겹치자 우리는 몹시 짜증이 났습니다. 엎어지면 코 닿을 거리까지 왔는데 나폴리의 친구들을 만날 수 없었으니 말입니다. 우리는 자정을 몇 시간 더 넘기고서야 가까스로 도착했습니다. 그런데 다른 도시에서는 한낮에도 보기 어려울 정도의 많은 사람들이 여전히 거리를 오가고 있었습니다.

이곳에서 건강하게 잘 지내고 있는 친구들을 모두 만났습니다. 당신도 잘 지낸다는 소식을 듣고 모두들 반가워하더군요. 나는 하케르트 씨 댁에 묵고 있습니다. 그저께는 기사 해밀턴과 함께 포실리포에 있는 별장에 갔습니다. 그곳에서 지상에서 볼 수 있는 가장 신기한 장면을 보았습니다. 식사가 끝난 뒤 소년 열둘이 바다에서 헤엄을 치는데 그 모습이 참으로 아름다웠습니다. 수영을 하면서 보여 준 대열과 이런저런 자세들은 마치 한 편의 공연을 보는 듯했습니다! 해밀턴 남작은 오후마다 이런 즐거움을 누리기 위해 그들에게 보수를 주고 있습니다. 내 마음에 꼭 드는 사람입니다. 집에서뿐만 아니라 마차를 타고 바닷

---

*4 해면동물.

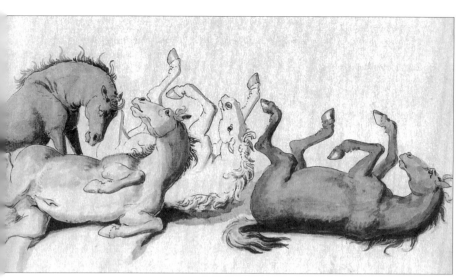
나뒹구는 말들, 티슈바인 그림

가를 거닐며 그와 많은 대화를 나누었습니다. 많은 이야기를 듣게 되어 기뻤고 또한 이 사람이 행복하기를 바랍니다.

당신이 아는 나폴리 친구들 이름을 적어 주십시오. 그들과 가까워지고 당신 안부를 전할 수 있도록 말입니다. 곧 이곳 소식을 더 자세히 알려드리겠습니다. 모든 친구들에게, 특히 앙겔리카와 라이펜슈타인 씨에게 안부 전해 주기를 부탁드립니다.

추신. 나폴리가 로마보다 한결 더운 것 같습니다. 공기가 좀 더 맑고 언제나 상쾌한 바람이 분다는 차이는 있지만, 태양은 훨씬 더 강하게 내리쬡니다. 처음 며칠 동안은 너무 더워 견딜 수 없었습니다. 시원한 얼음물과 눈을 녹인 물로 겨우 버텼습니다.

며칠 뒤 날짜 없음

어제는 당신도 나폴리에 계셨으면 좋았을 텐데 생각했습니다. 오로지 먹거리를 사기 위해 이렇게 많은 사람들이 모여 북적이는 모습은 처음 봤습니다. 이처럼 많은 먹을거리가 한곳에 모인 것도 처음입니다. 넓은 톨레도 거리가 온갖 먹거리로 뒤덮여 있을 정도였지요. 일 년 내내 날마다 과일이 열리는 이 땅에 사는 사람들은 정말 큰 축복을 받았다는 생각이 듭니다. 오늘도 50만 명이나 되는 사람들이 진수성찬을 즐기고 있다고 생각해 보십시오. 그것도 나폴리인 방식으로 말입니다.

어제와 오늘 어떤 식사 자리에 참석했습니다. 죄책감이 들 만큼 풍성하게 차려진 식탁은 잔뜩 먹고도 음식이 남아돌아 놀라지 않을 수 없었습니다. 크니프도 같은 식탁에서 온갖 맛있는 음식을 먹어 댔습니다. 저러다가 배가 터지면 어쩌나 걱정이 되었지만 그는 전혀 신경 쓰지 않았습니다. 그때 선박 여행을 하면서 그리고 시칠리아에서 지내면서 느꼈던 식욕에 대해 이야기했습니다. 그즈음 비싼 배 여행을 하면서도 멀미가 심해서, 또 다른 한편으로는 결심했던 바가 있어 굶다시피 했었다는 이야기를 들려 주었답니다.

어제 사간 음식들은 오늘이면 다 먹어 버린다고 합니다. 그리고 내일이면 어제처럼 거리는 다시 사람들로 넘쳐날 거라는군요. 톨레도 거리는 풍요로움이 무엇인지 보여주려는 극장 같습니다. 상점들은 모두 먹거리로 꾸며져 있고 길바깥에는 먹거리들을 줄줄이 엮은 줄이 매달려 있습니다. 군데군데 금박을 입힌 소시지들에는 빨간 리본이 달려 있습니다. 어제 하루만에 칠면조가 3만 마리 팔려나갔답니다. 집에서 길러서 잡은 칠면조는 빼고도 말이지요. 칠면조들은 꼬리에 모두 붉은 깃발을 꽂고 있습니다. 거세된 수탉이나 작은 오렌지를 싣고 가는 나귀들, 그리고 포장도로에 잔뜩 쌓인 황금빛 과일들의 양이 우리를 깜짝 놀라게 합니다. 청과물을 파는 가게들과 건포도, 무화과 및 멜론을 벌여 놓은 가게들이 그 어디보다 아름답습니다. 모든 것이 아기자기하게 진열되어 있어서 눈과 마음을 즐겁게 해줍니다. 나폴리는 인간의 오감을 위해 신의 축복이 내린 장소입니다.

며칠 뒤 날짜 없음

이곳에 붙잡혀 있는 터키 사람들을 그린 스케치를 보내드립니다. 처음 돈 소문으로는 헤라클레스가 그들을 잡았다지만, 사실 그들을 잡은 것은 산호 채취자들을 실어 나르는 배입니다. 터키인들은 크리스트 교인을 태운 배를 발견하고는 배를 빼앗으려 했습니다. 하지만 이는 그들의 계산 착오였습니다. 크리스트 교인들은 그들보다 강했고 힘에 밀린 터키인들이 오히려 이곳으로 끌려오게 되었습니다. 크리스트 교인 배에는 서른 명이, 터키인 배에는 스물네 명이

둑에서 떨어진 말을 끌어올리는 괴테, 티슈바인 그림

타고 있었습니다. 격전 끝에 터키인 여섯이 죽고 한 명이 부상당했습니다. 크리스트 교인들은 한 사람도 다치지 않았습니다. 성모마리아가 이들을 지켜준 덕분이겠지요.

선장은 많은 전리품을 챙겼습니다. 엄청난 돈과 물품, 비단과 커피, 그리고 젊은 무어족[5] 여인이 지닌 값비싼 장신구도 손에 넣었답니다.

수천 사람들이 포로들을, 특히 무어족 여인을 보기 위해 카누를 타고 따라가는 모습은 참으로 기이했습니다. 많은 사람들이 큰 돈을 내고 그녀를 사려고 했지만 선장은 그녀를 팔지 않았습니다.

나도 날마다 그곳에 가보았는데, 하루는 해밀턴 남작과 하르트 양을 만났습니다. 그녀는 무어족 여인을 보고 측은한 마음에 눈물을 흘렸습니다. 무어족 여인도 울음을 터뜨리기 시작했지요. 하르트 양이 그녀를 사려 했지만 선장은 고집스럽게 버티며 끝내 팔지 않았습니다. 포로들은 이제 이곳에 없습니다. 나

---

[5] Maure. 모리타니를 중심으로 모로코와 알제리 남부, 세네갈과 말리 북부에 거주하는 종족. 종족명인 '모르'는 '아랍화된 이슬람교도'라는 뜻이며 무어족(Moor)이라고도 한다. 조상은 8세기와 11~13세기에 사하라 북부에서 이주해 온 백인계로 알려져 있다. 인종은 베르베르계(Berber)이고 언어는 셈계의 하사니아(hassania) 아랍어를 쓰며, 종교는 이슬람교를 믿는다.

머지 이야기는 내 그림이 말해 줄 것입니다.

추서

교황의 양탄자

산봉우리에서 해안까지 흘러내리는 용암을 보지 못하고 떠나 미련이 남았지만 목표로 삼았던 양탄자는 보았기에 아쉬웠던 마음을 보상받을 수 있었다. 성체축일에 전시되었던 이 융단은 라파엘로와 제자들 그리고 찬란했던 그 시대를 떠올리게 해주었다.

하우틸리스라는 융단 짜는 기술은 네덜란드에서 가장 발달했다. 융단 짜는 기술이 어떤 과정으로 발전되어 왔는지 나는 모른다. 12세기만 해도 하나하나 모양을 수놓거나, 그 비슷한 방법으로 만든 뒤 따로 만든 삽입물을 연결해서 하나로 짜맞추었을 것이다. 이렇게 만들어진 융단은 오래된 성당 사제석에서 볼 수 있다. 이 제작법은 아주 작은 색유리 조각을 붙여 그림을 만드는 스테인드글라스 제작방식과 비슷하다. 융단을 짤 때는 납땜과 주석 막대 대신 바늘과 실을 쓴다. 예술과 기술의 처음 형태는 모두 이런 식이다. 우리는 같은 방식으로 짠 중국 융단을 본 적이 있었다.

아마도 동양에서 만드는 방식을 본떴겠지만, 무역이 활발하고 사치스런 생활을 하던 네덜란드에서는 이미 16세기 초에 이런 예술적 기교를 가장 높은 단계까지 끌어올렸다. 이 방법은 언젠가 다시 동양으로 되돌아갔고 불완전하게나마 비잔틴 양식으로 변형된 문양과 그림을 통해 로마에도 알려진 것이 틀림없다. 위대한 교황 레오 10세[*6]는 특히 자유로운 미적 감각을 지녔는데, 벽에 그려진 그림을 보고는 언제든 주위에 있는 융단에서도 그와 비슷한 커다란 그림을 보고 싶어했다. 그리하여 라파엘로가 밑그림을 그렸다. 예수와 그의 사도들

[*6] Leo X(재위 : 1513~1521). 본디 이름은 조반니(Giovanni de' Medici)였다. 1513년 3월 11일 교황으로 선출되었다. 17살에 추기경으로 임명되었고, 매우 박학하고 예술을 사랑했다. 독일, 프랑스 그리고 네덜란드 등지를 여행하면서 그 무렵 매우 저명한 인물과 친교를 나누었다. 그는 '프랑스와 적대 관계를 유지한다'는 선임 교황 율리오 2세의 정치 노선을 답습했고, 제5차 라테라노 공의회를 속행했다. 하지만 교회 개혁과 관련해서 사람들이 기대했던 바를 이루지는 못했다.

사로잡힌 무어족 여인, 티슈바인 그림

을 주제로 한 이 작품들은 다행히 그가 죽은 뒤에도 그런 천재들이 남긴 업적을 잘 보여 준다.

성체축일이 되어서야 융단의 진정한 쓰임새를 알게 되었다. 융단은 주랑과 열린 공간들을 화려한 홀과 로비로 만들어 주었으며 뛰어난 천재들의 재능을 우리에게 뚜렷이 보여 주었다. 예술과 공예가 만나 최고의 완성품을 만들어 낸 실례였다.

오늘날까지 영국에 보존된 라파엘로의 밑그림은 여전히 사람들의 경탄을 자아낸다. 몇 점은 그 거장 홀로 그린 게 분명하고, 다른 몇 점은 그의 스케치와 지시에 따라 제자들이 만들었는지 라파엘로가 죽은 뒤 완성되었다. 하지만 모든 작품이 한결같이 위대한 예술가적 감각을 지녔다. 여러 나라의 예술가들이 정신을 드높이고 능력을 갈고닦기 위해 이곳으로 몰려들었다.

이를 보면 우리는 독일 예술가들의 경향에 대해 생각해 보게 된다. 이들은 라파엘로의 초기 작품들을 높이 평가하며 존중했고 그즈음에도 그의 영향을 받은 흔적들이 나타난다.

재능이 있지만 아직 성숙하지 못한 젊은이는 우아함과 자연스러움에 매료

된다. 사람들은 그런 예술에 친숙함을 느끼기 때문이다. 그와 비교할 수는 없지만 속으로는 그와 경쟁하고 싶고 그가 이룩한 것을 자신도 해내고 싶어한다.

우리는 이 완벽한 인간을 편안한 마음으로 대할 수 없다. 어떻게 자신의 천부적인 재능을 살려 큰 성공을 이룰 수 있었을지 이미 짐작이 되기 때문이다. 하지만 우리는 좌절하지 말고 자신을 되돌아보며 노력하고 발전해 가는 그 사람과 비교해 봐야 한다.

독일 예술가들이 라파엘로 초기 작품들에 애착을 갖고 숭배하고 믿는 까닭이 바로 여기에 있다. 그 작품들과 비교하면 자신들의 그림도 그럭저럭 쓸만하다는 자신감을 가질 수 있고, 어떤 결과를 이루기 위해 몇백 년이 걸릴 일을 어쩌면 자신이 해낼 수도 있다는 희망으로 스스로를 달랠 수 있기 때문이다.

다시 라파엘로의 밑그림으로 돌아가면, 이 그림들 또한 모두 남성적으로 구상되었음을 알 수 있다. 윤리적 진지함, 예감으로 가득찬 위대함이 온통 그림을 지배한다. 이따금씩 불가사의한 점도 있지만 예수 승천과 그가 사도들에게 남겨 준 놀라운 기적은 성서로써 익히 알고 있는 사람들이라면 충분히 이해할 수 있다.

아나니아의 치욕과 그가 받은 벌*7을 살펴보자. 마르크 안톤의 작품인 이 작은 동판화는 라파엘로의 세밀한 스케치를 바탕으로 만들어졌다. 도리니*8가 같은 원본을 그대로 뜬 동판화와 비교해 보면 라파엘로의 원화가 끼친 영향을 알 수 있다.

두 동판화의 구도는 크게 다르지 않다. 어떤 위대한 개념, 본질적으로 가장 중요한 행위가 완벽한 다양성을 띠면서도 매우 뚜렷하게 표현되어 있다.

---

*7 Ananias and Sapphira. 사도행전 5 : 1~6절에 나오는 부부이야기를 가리킨다. 사도행전 5장은 성서에서 가장 혼란스러운 이야기를 전한다. 아나니아와 삽비라 부부는 갖고 있던 토지를 팔아 그 돈을 사도들에게 기부하기로 약속했으나 일부만 주고 나머지는 자신들이 착복했다. 베드로는 아나니아가 돈을 숨기고 거짓말을 한다며 다그쳤다. 아나니아는 베드로의 말을 듣고 혼절해 숨졌다. 그 뒤 남편의 죽음을 모르던 삽비라는 베드로에게 남은 돈에 대해 또 거짓말을 했다. 베드로가 남편의 운명을 말해 주자 삽비라도 혼절해 죽고 말았다. "온 교회와 이 일을 듣는 사람들이 다 크게 두려워하니라."(사도행전 5 : 11) 이 이야기는 신이 얼마나 냉정하고 잔인한지 보여 준다. 물론 사도들은 베드로나 신이 두 사람을 죽음으로 몰았다고 말하지는 않는다. 아나니아와 삽비라는 아마 수치심에 못 이겨 죽었을 것이다. 그러나 그들의 죽음은 신이나 사도에게 거짓말을 하면 벌이 내려진다는 경고로 풀이되었다.
*8 니콜라 도리니. 프랑스 동판 조각가.

〈아나니아와 삽비라〉 밑그림, 라파엘로 그림

　사도들은 모두 개인 재산을 공동 소유물로 바치기를 바란다. 즉 경건한 공물을 기대하는 것이다. 한쪽에서는 믿음 깊은 신자들이 공물을 바치고, 다른 한쪽에서는 가난한 자들이 이를 받는다. 가운데에는 공물을 훔친 자가 잔혹한 벌을 받고 있다. 이러한 대칭적인 배치는 주어진 상황에서 비롯된다. 묘사의 필연성을 생각해 볼 때 그 배치는 눈에 띄지 않는 것도 아니고, 그렇다고 특별히 강조되지도 않았다. 마치 인체를 어쩔 수 없이 대칭으로 나누었을 때 다양한 움직임을 보여 주어야만 강렬한 인상을 줄 수 있는 것처럼 말이다.

　예술품을 감상하면서 말을 늘어놓자면 끝이 없을 테니 여기서는 이러한 표현의 중요한 공로에 대해서만 이야기하도록 하자. 옷을 싸들고 다가오는 두 남자는 분명 아나니아의 하인들이다. 하지만 이 그림에서 옷의 일부를 뒤에 남겨 두고, 공동 소유물을 가로챘다는 사실을 어떻게 알 수 있을까? 여기서 우리는 그림 속 젊고 귀여운 여인을 주목하게 된다. 밝은 얼굴의 그녀는 오른손에 쥔 돈을 왼손으로 옮기며 세고 있다. 우리는 이와 관련해 '오른손이 한 일을 왼손이 모르게 하라'는 성서 구절을 떠올리게 된다. 사도들에게 건네줘야 할 돈을 세며 슬쩍하는 그녀는 의심할 여지없이 삽비라이다. 그림은 능청스러우면서도 교활한 그녀의 표정을 보여 주려 한다. 곰곰이 생각해 보면 이러한 착상은 놀라우면서도 섬뜩하다.

우리 눈앞에 보이는 그림 속 남편은 끔찍한 형벌을 받아 땅바닥에서 처절하게 몸부림치고 있다. 뒤에서는 앞으로 자신에게 어떤 일이 닥쳐오는지도 모른 채 아내가 신성한 돈을 빼돌리기 위해 간사한 술수를 부린다. 어쨌든 이 그림은 우리에게 끊임없이 의문을 갖게 한다. 문제의 해결책이 더 그럴듯하고 분명해질수록 더욱 그 문제에 대해 경탄을 금치 못하게 된다.

라파엘로의 스케치에 따라 만든 마르크 안톤의 동판화와, 라파엘로의 스케치를 묘사한 도리니의 조금 더 큰 동판화를 비교해 보면, 우리는 심오한 관찰의 경지에 들어서게 된다. 마르크 안톤의 작품보다 뒤에 만들어진 도리니의 그림을 보면, 같은 구도이지만 변화와 긴장감의 고조라는 면에서 볼 때, 천재의 지혜라 말할 수 있다. 이러한 연구가 기나긴 삶에서 얻을 수 있는 가장 큰 기쁨 가운데 하나임을 우리는 인정해야 할 것이다.

7월의 편지

1787년 7월 5일, 로마

오늘의 내 삶은 청춘 시절 꿈과 꼭 닮았습니다. 내가 그 꿈을 누리도록 정해진 것인지 아니면 다른 많은 것과 마찬가지로 이 또한 그저 공허한 것에 지나지 않는다는 사실을 경험하도록 정해져 있는 것인지 알고 싶습니다.

티슈바인은 떠났습니다. 그의 작업실은 깨끗이 치워져 정리 및 청소되어서 이제는 기꺼이 거기서 살고 싶은 생각이 들 정도입니다. 오늘 이런 날씨에는 안락한 숙소를 얻는 일이 무엇보다도 절실할 것입니다. 무더위가 맹위를 떨치고 있습니다. 날마다 해 뜰 무렵이면 일어나 탄산수 샘이 있는 아쿠아 아체토사로 갑니다. 숙소 옆 성문 포르타 델 포폴로에서 30분쯤 떨어진 곳입니다. 물을 마셔보니 조금은 슈발바허 지방 물맛이 나더군요. 이런 날씨에는 참으로 효과가 좋습니다.

8시쯤이면 집으로 돌아와 기분 내키는 대로 이것저것 부지런히 일합니다. 건강 상태는 매우 좋습니다. 더위가 몸속의 모든 수분을 빼앗아 날려버리고, 피부 밖으로 짠 것을 내보냅니다. 그래서 상처가 나면 갈라지고 당기는 것보다 가려운 편이 차라리 낫습니다.

스케치를 하면서 계속 미적 감각과 기량을 높이고 있습니다. 건축 양식에 대해서도 좀 더 진지한 관심을 갖기 시작했습니다. 모든 일이 놀라울 만큼 쉽게 되어 갑니다(생각이 그렇다는 말입니다. 연습의 경지를 넘어서기 위해서는 평생이 걸리기 때문이지요). 무엇보다 좋았던 점은 내가 이곳에 왔을 때 자만심도 허세도 부리지 않고 그 무엇도 요구하지 않았다는 것입니다. 이제 나는 명성이나 말에 얽매이지 않으려고 애씁니다. 아름답고 위대하며 존경할 만한 것을 눈으로 몸소 보고 깨닫고자 합니다. 하지만 이는 모방 없이는 불가능합니다. 이제 나는 석고상 앞에 앉아야 합니다(예술가들이 내게 올바른 방법을 넌지시 알려주고 나는 이를 머릿속에 간직하려 애씁니다). 이번 주 초에는 여러 군데서 온 식사 초대를 거절할 수 없었습니다. 오늘도 여기저기서 오라고 하지만 거절하고 조용히 지내고 있습니다. 모리츠, 한집에서 지내는 독일인 몇 명, 성격 좋은 어느 스위스인이 제가 보통 만나는 친구들입니다. 앙겔리카와 라이펜슈타인 고문관에게도 들릅니다. 어딜 가나 나만의 신중한 방식으로 사람들을 대하며, 속마음은 잘 털어놓지 않습니다. 루케시니가 다시 이곳에 들렀습니다. 두루 세상을 돌아다닌 그는 세상 물정에 밝은 사람으로 통합니다. 내 눈이 틀린 게 아니라면 그는 자신이 맡은 일을 제대로 해내는 사람입니다. 다음 편지에는 앞으로 만나려는 사람들에 대해서 이야기하겠습니다.

작업하고 있는 《에그몬트》가 잘되었으면 좋겠습니다. 이 작품을 쓸 때, 몇 가지 징후가 있었는데, 그 징후는 저를 배신한 적이 없습니다. 이제까지 작품을 쓰는 동안 방해가 많았는데 로마에 와서 작품이 완성되리라는 생각에 참으로 이상한 기분이 듭니다. 제1막은 깨끗하게 써서 완성해 두었고, 모든 장면들이 더는 손댈 필요가 없습니다.

여러 예술 분야에 대해 생각할 기회가 많다 보니 《빌헬름 마이스터》의 분량이 늘어나고 있습니다. 하지만 이제 옛 작품들은 미뤄 두어야 할 것 같습니다. 나이도 제법 들었고 앞으로 계속 작업을 할 생각이라면 시간을 허비해서는 안 되겠지요. 당신도 짐작하겠지만 내 머릿속은 수백 가지 새로운 착상으로 가득합니다. 중요한 것은 생각이 아니라 실행입니다. 대상을 표현하는 데 있어, 무언가를 확정하는 것은 어려운 일입니다. 나는 예술에 대해 많은 이야기를 하고 싶습니다. 하지만 대상이 되는 작품 없이 무슨 이야기를 할 수 있겠습니까? 나는 자질구레한 일들은 신경쓰지 않으려고 합니다. 그게 바로 내가 이곳에서 지내기로 결심한 이유입니다. 이곳에서 보내는 시간은 좋기도 하고 색다르기도 하지만, 그 때문에 여러분이 애정어린 박수를 보내 주시므로 이 시간들을 즐기고 있습니다.

오늘은 이만 글을 끝맺어야겠습니다. 어쩔 수 없이 한 페이지를 백지로 보냅니다. 낮에 너무 더워서 피곤한 나머지 저녁 무렵부터 잠이 들었기 때문입니다.

7월 9일, 로마

앞으로는 일 주일에 두세 번은 편지를 쓸 생각입니다. 그렇게 하면 무더위나 갑작스런 사건 때문에 편지를 쓰지 못하는 일이 없을 겁니다. 어제는 돌아다

아쿠아 아체토사 전경, 괴테 그림

니면서 많은 것을 보고 또 보았습니다. 이루 말할 수 없이 아름다운 제단 장식 그림이 있는 성당을 열두 곳이나 둘러보았습니다.

그러고 나서 앙겔리카와 함께 영국인 풍경화가 무어 씨 댁에 갔습니다. 그의 그림들은 뛰어난 생각을 담고 있습니다. 노아의 대홍수를 그린 그림은 매우 훌륭합니다. 다른 화가들은 넓고 끝없이 펼쳐진 바다를 그림으로써 범람의 느낌을 표현하지 않지만 그는 주위가 모두 막힌 깊은 계곡을 그렸습니다. 차츰 불어난 물이 그 계곡으로 밀려들고 바위 모양으로 보아 물높이가 산 꼭대기에 가까움을 알 수 있습니다. 계곡 뒤쪽은 막혀 있고 깎아지른 듯한 험준한 암벽은 무시무시한 느낌을 줍니다. 그림은 온통 회색빛입니다. 소용돌이치는 시커먼 물과 세차게 쏟아지는 빗줄기가 하나로 이어진듯 보입니다. 물이 쏟아져 바위에서 떨어지는 모습이 마치 엄청난 물줄기가 기본 원소로 분해되려는 듯한 느낌입니다. 빛나지 않는 태양은 물장막 사이 구름 뒤로 숨은 달빛처럼 보입니다. 전경의 가운데 외딸어진 평평한 바위가 있고, 몇 사람이 그 위에 피신해 어찌할 바를 모르고 있습니다. 물이 자꾸 불어나 이들을 덮치려고 하는 순간에 말입니다. 전체적인 구도는 정말 훌륭합니다. 그림은 길이가 7~8피트, 높이가

5~6피트 정도 됩니다. 화창하게 갠 아침이나 기막히게 아름다운 밤을 그린 그림도 있지만 이들에 대해서는 아무 말도 하지 않겠습니다.

아라 코엘리에서는 성 프란체스코 교단 출신 두 성자의 시복식[1]을 축하하는 축제가 꼬박 사흘 동안 열렸습니다. 성당의 장식, 음악, 조명 장식과 밤의 불꽃놀이를 보러 사람들이 구름처럼 몰려들었습니다. 바로 옆의 카피톨리노 신전에 불이 밝혀졌고, 신전 광장에서도 불꽃놀이가 벌어졌습니다. 성 베드로 축제의 마무리 같은 것에 불과하긴 했지만 이 모든 게 아름다운 장관이었습니다. 로마 여인들은 이럴 때마다 남편이나 친구들과 함께 모습을 드러내는데, 밤이면 흰옷을 입고 검은 벨트를 하고 다닙니다. 지금 코르소에서는 밤에 산책을 하거나 마차를 타고 바람을 쐬는 일이 잦습니다. 낮에는 사람들이 집 밖으로 나가지 않습니다. 열기는 매우 뜨겁지만, 요즈음은 시원한 바람이 불어옵니다. 나는 시원한 방 안에서 조용히 만족하며 지내고 있습니다.

열심히 작업해서 《에그몬트》가 거의 완성 되었습니다. 12년 전에 내가 쓴 장면이 바로 지금 브뤼셀에서 공연되고 있다니 이상한 느낌입니다. 아마도 사람들은 몇몇 문장을 시사적인 풍자라 여기겠지요.

7월 16일, 로마

벌써 밤이 깊었지만 그렇게 느껴지지는 않습니다. 거리는 노래하고, 치터[2]와 바이올린을 서로 바꿔 연주하며, 이리저리 오가는 사람들로 넘쳐 납니다. 요즘 밤에는 시원해서 기분이 좋습니다. 낮의 더위는 견딜 만합니다.

어제는 앙겔리카와 함께 프시케[3] 신화가 그려진 벽화를 보러 파르네시나에

---

*1 諡福式(beatification). 가톨릭에서 성덕이 높은 이가 선종(善終)하면 일정한 심사를 거쳐 성인(聖人)의 전 단계인 복자(福者)로 추대하는 의식. 보통 선종 후 5년의 유예기간을 거쳐 생애와 저술, 연설에 대한 검토와 함께 의학적 판단이 포함된 심사를 통해 현 교황이 최종 승인한다. 이들 복자를 다시 성인으로 추대하는 의식은 시성식(諡聖式)이라 한다.

*2 Zither. 독일 ·오스트리아에서 널리 애용되고 있는 민족적 발현악기. 기타와 같은 다양성은 없으나 애조를 띤 음조가 특색이며 노래의 반주나 독주에 쓰인다.

*3 Psyche. 로마 신화에서 큐피드와 사랑을 나눈 공주. 그리스어로 '영혼' 또는 '나비'를 뜻하며, 영어로는 사이키로 읽는다. 프시케는 미모가 빼어나 미의 여신 비너스(그리스 신화의 아프로디테)의 질투를 받았다. 비너스는 아들인 '사랑의 신' 큐피드(그리스 신화의 에로스)에게 프시케를 가장 혐오스러운 사람의 품에 안기게 하라고 시켰다. 그러나 큐피드는 프시케의 미모에 반해 그녀와 부부가 되었다. 큐피드는 프시케에게 어둠 속에서만 만날 수 있으며, 자신의

로마, 메디치 별장, 괴테 그림

다녀왔습니다. 여러분과 함께 이 그림들의 색채 복사본을 제 방에서 얼마나 자주 보았던가요! 너무 많이 보아 외우고 있을 정도입니다. 비록 군데군데 오래되어 복원의 손길을 거치긴 했지만, 이 홀 또는 화랑에 걸린 그림 가운데 가장 아름답습니다.

오늘은 아우구스투스 황제 무덤에서 사냥이 있었습니다. 안은 비고 지붕이

모습을 보려고 하면 영원히 헤어지게 될 것이라고 경고했다. 한편 동생을 시기한 언니들의 부추김으로 프시케는 등불을 밝혀 그의 얼굴을 확인했고 큐피드는 프시케의 불신을 꾸짖고는 떠나 버렸다. 큐피드를 찾아 돌아다니는 프시케에게 비너스는 여러 시련을 주었지만 프시케가 이를 통과하자 페르세포네의 처소로 가서 아름다움이 담긴 상자를 가져오라고 시켰다. 상자를 손에 넣은 프시케가 호기심에 상자를 열자 그 안에 들어 있던 죽음의 잠이 프시케를 뒤덮었다. 이 때 큐피드가 나타나 프시케를 구출하고 주피터(그리스 신화의 제우스)에게 어머니 비너스를 설득해 노여움을 풀어 달라고 간청했다. 주피터는 비너스에게 이들의 결합을 설득했고 마침내 비너스도 둘의 결혼을 허락했다. 프시케는 신들의 음료인 넥타르를 마시고 불로불사(不老不死)의 생명을 얻었으며, 큐피드와의 사이에서 희열을 상징하는 볼룹타스라는 딸을 낳았다. '영혼의 고통을 견뎌내고 사랑의 희열을 얻는다'는 이 설화는 많은 민담에서 주제로 다루어졌는데, 고대 로마 작가 루키우스 아풀레이우스의 《변형담》에서 가장 완전한 형태의 이야기를 볼 수 있다.

없는, 매우 크고 둥근 이 건물은 황소들이 경기를 위한 시합장으로 쓰이고 있습니다. 하나의 원형 경기장으로 관중 4~5천 명이 들어갈 수 있습니다. 하지만 경기는 그다지 재미있지 않았습니다.

7월 17일, 로마

저녁에 고대 조각 복원가 알바치니 댁을 찾아갔습니다. 나폴리로 보내질 파르네세 집안 소유물이었던 토르소를 구경하기 위해서였습니다. 그것은 아폴로가 앉아있는 모습인데, 아름답기로는 이에 견줄 만한 게 없을 겁니다. 이제까지 남아 있는 고대 유물 가운데 으뜸으로 평가될 수 있으리라 생각합니다.

프리스 백작 댁에서 식사를 했습니다. 그분과 함께 여행 중인 재속 성직자 카스티가 그의 단편소설인 《프라하의 대주교》를 낭송했습니다. 그리 대단한 작품은 아니지만 8행시 형식으로 쓰여져 무척 아름다웠습니다. 나는 그가 쓴 《베네치아의 레 테오도로 왕》을 좋아하는지라 그를 높이 평가하고 있었습니다. 이번에는 《코르시카의 레 테오도로 왕》을 썼더군요. 그 책의 제1막을 읽어 봤는데, 과연 매우 훌륭한 작품이었습니다.

프리스 백작은 많은 작품을 사들이는 것 같더군요. 600체키노*⁴를 주고 안드레아 델 사르토*⁵의 마돈나 그림을 하나 사들였습니다. 지난 3월 앙겔리카 부인은 그 그림을 450체키노에 사려고 했었습니다. 인색한 남편이 그녀를 막지 않았더라면 그 금액에 살 수 있었을 것입니다. 요즘은 그때 사지 않은 걸 후회하고 있습니다. 믿기지 않을 만큼 아름다운 그림이더군요. 백문이 불여일견이라고 직접 보지 않고는 도저히 감이 잡히지 않을 겁니다.

날마다 이렇게 새로운 일이 생깁니다. 오랜 세월 변치 않는 가치를 지닌 것들을 보고 있노라면 기쁘기 그지없습니다. 내 안목도 많이 높아졌습니다. 앞으로 전문가가 될지도 모르겠습니다.

티슈바인은 편지에서 나폴리 날씨가 끔찍하게 덥다고 불평했습니다. 하지만 이곳 날씨도 만만치 않습니다. 화요일에는 어찌나 덥던지, 스페인이나 포르투갈에서도 겪어보지 못했던 더위였습니다.

---

*4 옛날 이탈리아 금화.

*5 Andrea del Sarto(1486~1530). 이탈리아 르네상스 전성기의 피렌체파 화가. 거의 피렌체에서 제작에 몰두하여 성당이나 수도원의 벽화에 걸작을 남겼다. 초상화에도 뛰어났다.

로마, 칼데라리 거리에 있었던 발부스 극장 폐허, 괴테 그림

《에그몬트》는 제4막까지 순조롭게 진행되었습니다. 이 작품이 여러분을 기쁘게 할 수 있기를 바랍니다. 앞으로 3주면 완성될 것 같습니다. 그럼 헤르더에게 보내드리겠습니다.

스케치와 채색 일도 열심히 하고 있습니다. 이곳에선 집 밖으로 나가 조금만 산책을 해도 참으로 훌륭한 소재들을 만나게 됩니다. 말할 수 없이 아름다운 소재들이 저의 상상력과 기억력을 가득 채워 줍니다.

7월 20일, 로마

요즘 평생 나를 따라다니며 괴롭혀 온 중대한 결점 두 가지를 찾아냈습니다. 하나는 내가 배워야 했던 기술들을 결코 배우려 들지 않았다는 것입니다. 때문에 나는 천부적인 재능이 있었음에도 이룩해 놓은 일이 그다지 없습니다. 정신력의 한계로 어쩔 수 없기도 했고, 운이 좋아서 성공하거나 우연히 실패를 맛본 경우 말고는 어떤 일을 충분히 생각하여 잘 처리하려고 할 때마다 두려움을 느껴 끝마칠 수 없기도 했습니다. 이와 비슷한 또 다른 잘못은 어떤 작업이나 일을 해나가는 데 넉넉한 시간을 들이려고 하지 않았다는 것입니다.

나는 짧은 시간에 무척 많은 것을 생각하고 조합할 수 있는 재능을 내려받았기 때문에 일을 차근차근 단계적으로 수행하는 것이 따분해서 견딜 수 없었습니다. 하지만 이제는 나의 이런 단점을 고쳐야 할 때가 온 것 같습니다. 예술의 나라에 와 있으니, 이 분야를 깊이 있게 공부해 보아야겠습니다. 그러면 남은 인생을 안정되고 즐겁게 보내며 나중에는 무언가 다른 일을 시작할 수 있겠지요.

로마는 이 꿈을 이루기에 안성맞춤입니다. 이곳에는 온갖 대상들뿐만 아니라 진지한 자세로 올바른 길을 가는 사람들도 많습니다. 이들과 대화를 나누면 쉽고도 빠르게 도움받을 수 있습니다. 다행히 나는 다른 사람들에게서 무언가를 배우고 받아들이기 시작하고 있습니다.

이리하여 그 어느 때보다 몸과 마음이 편안합니다. 이러한 점을 내 작품에서 느끼시고, 이곳으로 여행오길 잘 했다고 칭찬해 주기 바랍니다. 나는 일과 생각을 통해 여러분과 밀접한 관계를 맺고 있습니다. 나는 많은 시간을 홀로 지내며, 대화를 나눌 때에도 표현을 자제해야 합니다. 그나마 여기서는 누구와도 재미있는 대화를 나눌 화젯거리가 있어서 다른 곳보다 지내기 쉽습니다.

멩스*6가 벨베데레의 아폴로 상에 대해 말하더군요. 어떤 조각 작품이 훌륭한 양식으로 육체의 진리를 표현하고 있다면 그 작품이야말로 인간이 생각할 수 있는 가장 위대한 작품이라는 겁니다. 내가 앞에서 말한 아폴로나 바쿠스의 토르소는 그의 소망과 예언이 이루어진 것 같습니다. 내 안목은 그렇게 미묘한 문제를 판단할 만큼 충분히 높지 않지만 이 토르소가 이제까지 본 유물 가운데 가장 아름다운 작품이라 생각합니다. 안타까운 점은 이것이 '토르소'에 지나지 않을 뿐만 아니라 그 표면마저 여러 군데 벗겨져 있다는 사실입니다. 아마 처마 밑에 놓여 있던 모양입니다.

---

*6 Anton Raphael Mengs(1728~1779). 독일 화가. 보헤미아에서 태어나 로마에서 죽었다. 어려서 아버지 이스마엘로부터 소묘 훈련을 받아, 로마에서 라파엘로, 콜레지오와 고대조각의 모사를 통해 절충파의 전형적 화풍을 배워 귀국, 아버지와 아우구스트 3세의 초상을 그려서 드레스덴의 궁정화가로 임명되었다. 그의 본령은 초상화였으나 왕궁 예배당의 〈성모 승천〉 제작을 구실로 로마에 나가 다시는 돌아오지 않고 빙켈만과 고대조각의 연구에 몰두했다. 1761년 로마의 빌라 알바니의 천정화 〈파르나스〉가 완성된 뒤, 마드리드의 궁정 화가가 되어 스페인 각지의 왕궁 등에 티에폴로와 프레스코화를 제작하며 젊은 고야와 접촉했다.

로마, 폰테 로토와 이솔라 티베리나, 괴테 그림

7월 22일 일요일

앙겔리카 댁에서 식사를 했습니다. 일요일마다 그녀의 손님이 된 지도 꽤 오래되었습니다. 우리는 식사하기 전에 레오나르도 다 빈치의 훌륭한 작품과 라파엘로가 직접 그린 연인의 초상화를 보기 위해 마차를 타고 바르베리니 궁으로 갔습니다. 앙겔리카와 함께 그림을 감상하면 기분이 무척 좋습니다. 그녀는 안목이 매우 높고, 예술 기법에 대한 지식도 풍부하기 때문입니다. 그러면서도 아름다우며 진실하고 섬세한 것들에 무척 민감하며 또한 겸손합니다.

오후에는 부유한 프랑스인 기사 아쟁쿠르 씨 댁에 갔습니다. 그는 예술의 몰락과 부흥에 대한 책을 쓰고 있습니다. 그가 모은 수집품들은 참으로 흥미로웠는데, 어둡고 암울한 시절에도 인간의 정신은 늘 바삐 움직인다는 것을 알 수 있었습니다. 그 책이 완성되면 많은 사람들의 주목을 받을 것입니다.

요즘 내가 계획한 작업에서 많은 것을 배우고 있습니다. 내가 풍경화를 그리면 솜씨 좋은 화가 디스가 내가 보는 앞에서 색칠해 줍니다. 이런 과정 속에서 눈과 정신이 차츰 색과 조화에 익숙해집니다. 모든 일이 순조롭게 진행되고 있습니다만, 문제는 언제나 그렇듯 내가 일을 너무 많이 벌인다는 점입니다. 그래도 무엇보다 기쁜 일은 확실한 양식을 봄으로써 안목이 자라고 형체와 조화에 내 눈이 익숙해진다는 점입니다. 그러는 가운데 균형감과 통일성에 대한 옛 감각이 생생하게 되살아나니 이 모두가 내게는 더할 나위 없는 즐거움입니다. 이제 모든 것은 연습에 달려 있습니다.

7월 23일 월요일

저녁에 트라야누스 황제 기념원주*7에 올라가 멋진 광경을 보았습니다. 저물어 가는 태양 아래 펼쳐진 콜로세움이 훌륭한 장관을 이룹니다. 가까이에는 카피톨리노 언덕이, 그 뒤로는 팔라티노 언덕이 있으며 시가지가 죽 늘어서 있습니다. 나는 밤이 깊어서야 기둥에서 내려와 느릿느릿 거리를 지나 집으로 돌아왔습니다. 오벨리스크가 있는 몬테 카발로 광장은 구경할 만한 곳입니다.

7월24일 화요일

파트리치 별장에 갔습니다. 해가 지는 모습을 구경하고 신선한 공기를 마시며 대도시 전경 속에서 정신을 충만케 하고, 길게 늘어선 도시의 지평선을 바라보며 시야를 넓히며, 아름답고 다양한 대상들로 한결 풍요로워지는 기분이었습니다. 이날 밤 안토니우스 기념원주 광장과 달빛에 빛나는 키지궁을 보았습니다. 맑은 밤하늘을 배경으로 하얗게 반짝이는 주춧돌과 함께 세월이 흘러 검게 변한 기둥들을 보았습니다. 산책을 할 때마다 수없이 많은 아름다운 대상들을 만납니다. 하지만 이 가운데 일부만이라도 내 것으로 만들려면 얼마나 많은 시간이 걸릴지 알 수 없습니다. 한 사람의 일생, 아니 한 걸음 한 걸음 배워 나가는 수많은 사람들의 평생을 합친다면 가능할까요?

7월 25일 수요일

프리스 백작과 함께 피옴비노 왕자의 보석 수집품을 보러 갔습니다.

7월 27일 금요일

나이가 많든 적든 많은 예술가들이 나의 보잘것없는 재능을 다듬어 넓혀 주기 위해 도와주고 있습니다. 원근법과 건축술에 꽤 많은 진전이 있었고, 풍경화의 구도를 잡는 법도 많이 발전했습니다. 살아 있는 대상을 그리는 일은 여

---

*7 로마 황제 트라야누스가 다카르족을 물리친 뒤, 107년 로마 시의회가 세워준 전승 기념비.

키지 궁전, 괴테 그림

전히 미숙합니다. 마치 거대한 절벽이 가로막고 있는 것 같습니다. 하지만 진지한 자세로 열성을 다하면 곧 성과가 보이겠지요.

내가 지난 주말에 열었던 연주회 이야기를 했는지 모르겠군요. 이곳에서 내게 많은 즐거움을 안겨준 사람들을 연주회에 초청했습니다. 그리고 희극 오페라 가수들에게 최근 부른 간주곡 가운데 가장 훌륭한 작품들을 공연하도록 했습니다. 모두들 흐뭇해하며 좋아했습니다.

이제 내 방은 말끔히 청소되고 정돈되어 있습니다. 무더위가 기승을 부려도 방 안에서라면 무척 쾌적하게 지낼 수 있습니다. 날이 흐리고 비가 오고, 또 어떤 날에는 천둥이 쳤습니다. 그러다가 며칠 동안 날씨가 아주 맑았는데, 그렇게 덥지는 않았습니다.

7월 29일 일요일

앙겔리카와 론다니니 궁에 다녀왔습니다. 여러분은 내가 예전에 로마에서 보낸 편지에 이야기했던 메두사를 기억하실 겁니다. 그때도 꽤 마음에 들었었지만 오늘 다시 보아도 커다란 즐거움을 얻을 수 있었습니다. 세상에 이런 작품이 존재한다는 사실 그리고 이러한 작품을 인간이 만들어 냈다는 생각만으로도 그 기쁨은 배가 됩니다. 작품에 대한 이러한 모든 논의가 허무한 미풍에 지나지 않을지라도 나는 꼭 한 마디 덧붙이고 싶습니다. 예술 작품은 보라고 있는 것이지, 말로 이러쿵저러쿵 떠들기 위해 있는 것이 아닙니다. 여태껏 잘난 체하며 예술 작품을 평한 일을 생각하면 쥐구멍에라도 들어가 숨고 싶은 심정입니다.

이 메두사를 본떠 만든 훌륭한 석고 복사품을 가져가고 싶었지만, 그러려면 또 다시 새로 만들어야 한다고 했습니다. 이곳에서 살 수 있는 작품도 몇 개 있지만, 그리 마음에 들지 않습니다. 그것들은 개념을 전해 주고 간직할 수 있게 하기는커녕, 그 뜻을 손상하고 있기 때문입니다. 특히 절묘한 입 모양은 본뜰 수 없을 만큼 훌륭합니다.

7월 30일 월요일

온종일 집에서 일만 했습니다. 《에그몬트》가 거의 끝나 갑니다. 4막은 완성된 것이나 다름없습니다. 정서가 끝나면 바로 우편마차로 보내드리겠습니다. 여러분이 이 작품을 읽고 칭찬해 주신다면 나는 더없이 기쁠 것입니다. 이 작품을 쓰면서 다시 젊어진 듯한 기분이 듭니다. 독자들에게도 참신한 인상을 줄 수 있으면 좋겠습니다. 저녁에 집 뒤편 정원에서 열린 작은 무도회에 우리도 초대받았습니다. 춤을 출 계절은 아니었지만 사람들은 몹시 흥겨워하더군요. 이탈리아 아가씨들은 독특한 개성이 있습니다. 10년 전만 해도 마음이 끌렸겠지만, 이젠 젊은 혈기도 메말라 버렸고 이런 작은 축제에는 큰 관심이 가지 않아 끝날 때까지 버티고 있을 수 없었습니다.

요즘 달밤이 참으로 아름답습니다. 안개를 헤치고 떠오르기 시작하는 달은 온통 노랗고 따뜻해서 마치 '영국의 태양' 같습니다. 달이 뜨고 나면 밤은 맑고 정겹습니다. 시원한 바람이 불어오면 만물이 살아 움직이기 시작합니다. 어스름 새벽녘까지 거리에는 노래하고 연주하는 사람들이 있습니다. 이따금 이중창이 들릴 때도 있는데 오페라나 연주회에서 듣는 것만큼이나 아름답고, 오히려 더 훌륭할 때도 있습니다.

달빛어린 만, 괴테 그림

7월 31일 화요일

달빛이 비치는 풍경을 몇 개 화폭에 옮긴 다음 여러 기법을 시험해 보았습니다. 저녁에는 고향 사람과 산책을 하면서 미켈란젤로와 라파엘로 가운데 누가 더 뛰어난지 논쟁을 벌였습니다. 나는 미켈란젤로가 더 뛰어나다 했고, 그는 라파엘로 편이었는데, 마침내 우리 둘은 입을 모아 레오나르도 다빈치를 칭송하는 것으로 논쟁을 끝냈습니다. 이러한 이름들이 단순히 어떤 사람의 이름에 그치지 않고 그 안에서 뛰어난 인물들의 생생한 진가가 차츰 완전해져 가는 사실이 얼마나 다행스러운지 모르겠습니다.

밤에는 희극 오페라를 구경하러 갔습니다. 〈걱정 많은 극장장〉*8이라는 새로운 간주곡은 정말 뛰어난 작품이었습니다. 오페라를 보기에는 더운 날씨이

---

*8 도메니코 치마로사의 작품. Domenico Cimarosa(1749~1801). 나폴리학파에 속하는 오페라 작곡가. 그가 작곡한 80편 이상의 오페라 가운데 대표작은 〈비밀 결혼〉으로, 일반대중에게 대단히 환영받은 작품이다. 오페라 작곡가로 데뷔한 것은 스물세 살 때로 〈백작의 기행(Le stravaganze del conte)〉을 나폴리 무대에 올리면서부터다. 치마로사는 제정러시아 예카테리나 여제에게 초청을 받아 상트페테르부르크에서 수년간 작품 활동을 하면서 지내기도 했다.

지만 공연은 며칠 더 이어질 것입니다. 5중창으로 된 작품인데 시인이 자신의 작품을 낭송하면 한편에서 매니저와 프리마돈나*⁹가 그를 칭찬하고, 다른 한편에서는 작곡자와 세콘다돈나*¹⁰가 그를 비난하다가 끝내 싸움을 벌이는 내용입니다. 카스트라토*¹¹들이 여장을 했는데, 날이 갈수록 연기에 물이 올라서 많은 찬사를 받습니다. 여름밤의 소규모 공연임에도 그 오페라는 참으로 훌륭했습니다. 연기는 아주 자연스럽고 해학에 넘칩니다. 하지만 무더위와 싸우느라 애쓰는 배우들이 안쓰럽기도 했습니다.

7월의 보고

여기 소개하려는 내용을 준비하다보니, 몇 가지는 지난번 출판된 책에서 인용하는 게 좋을 것 같다. 그동안 관심이 식었는지도 모르지만, 일이 진행되어 온 과정을 여기에 끼워 넣어, 내게 무척 중요한 주제를 자연과학을 하는 친구들에게 다시 소개할 필요가 있다고 생각한다.

1787년 4월 17일 화요일, 팔레르모

온갖 유령들에게 쫓기며 유혹당하는 것은 매우 불행한 일일 것이다. 새벽에 나는 문학의 꿈을 계속 꾸겠다는 확고하고도 차분한 결심을 하고 공원으로 갔

---

*9 prima donna. 이탈리아어로 '제1의 여인'이란 뜻. 본디는 18세기 오페라의 기본이 되는 배역(配役)의 명칭으로 주역 여성가수를 프리마돈나, 주역 남성가수를 프리모우오모(primo uomo)라 불렀다. 그러나 19세기 이후 프리마돈나는 보다 넓은 의미로 쓰이게 되었다. 뽐내고 질투심 많으며 변덕스러운 오페라 주역의 뜻으로 사용되기도 하고, 오페라 이외의 분야에서도 쓰이게 되었다. 오페라에서 프리마돈나는 가장 중요한 소프라노 가수이며 프리모 우오모는 테너 가수인 경우가 많다.

*10 seconda donna. 이탈리아어로 '제2의 여인'이라는 뜻. 18세기 오페라의 기본이 되는 배역 이름으로 제2의 여성가수를 가리키는 말이다.

*11 castrato. 남성 거세 가수. 라틴어 동사 castrare(거세하다)에서 나온 말로서, 교회 성가대에서 여성의 활동을 금지한 데서 비롯된 비인간적인 관습의 산물이다. 변성기 전 소년을 거세하면 성인이 된 뒤에도 소프라노나 알토 음역을 지닌다. 음질적으로도 소년이나 성인 여성에 비해 씩씩하고 순수하며 음역도 한결 넓다. 16세기 이후 가톨릭 성당에서 많이 쓰였으며 17~18세기 이탈리아 오페라에서도 많이 쓰였다. 그 뒤 성당에서는 이런 비인간적인 행위를 금지시켰으며 오페라에서도 19세기 이후는 거의 찾아볼 수 없게 되었다.

다. 하지만 각오를 다지기도 전에 요즈음 내 뒤를 밟던 다른 유령이 나를 낚아 채 버렸다. 보통 때는 단지 화분 속에서만, 그러니까 일 년 가운데 대부분의 시간 동안 유리창 뒤에서 하늘을 바라보는 데만 익숙해 있던 많은 식물들이 여기서는 탁 트인 하늘 아래 즐겁고도 싱싱한 모습으로 서 있다. 그리고 자신에게 주어진 숙명을 완전히 이행함으로써 우리에게 보다 뚜렷한 모습을 드러낸다. 다양하고 새로우며 또한 새로워진 모양을 보자 다시 엉뚱하게 옛 생각이 떠올랐다. 이 속에서 원형식물을 발견할 수 있지 않을까?[*12] 원형식물은 틀림없이 존재한다! 모든 식물이 하나의 견본에 따라 만들어진 것이 아니라면 그것이 식물임을 우리는 무엇으로 깨닫는단 말인가?

나는 수많은 다른 형상들이 무엇으로 서로 구별되는지 알아내려고 노력했다. 그리고 이들 사이에는 다른 점보다는 비슷한 점이 더 많다고 생각했다. 나의 식물학적 전문 용어를 섞어서 말하려면, 어쩌면 가능할지도 모르지만, 별 소용이 없고 도움이 되기는커녕 불안하게 할 뿐이다. 내 훌륭한 시상은 방해를 받았고, 알키노스의 정원이 사라졌으며, 세계 정원이 열렸다. 하지만 왜 우리는 새로운 것에 이토록 심란해지고, 우리가 다다를 수도 이룰 수도 없는 요구에 자극받는 걸까?

1787년 5월 17일, 나폴리

나는 식물 발생과 식물 조직의 비밀에 매우 가까이 다가갔다. 그것은 우리가 생각할 수 있는 가장 단순한 형태임을 털어놓지 않을 수 없다. 이러한 하늘 아래서는 최상의 관찰을 할 수 있다. 싹이 어디에 숨어 있는지, 그 중요한 부분을 나는 의심할 여지없이 분명하게 찾아냈다. 나머지 문제점들은 전체적으로 파악하고 있지만 몇 가지는 여전히 더 밝혀져야 한다. 원형 식물이라는 개념은 자연조차 나를 부러워할 만큼 세상에서 가장 놀라운 개념이 될 것이다. 원형식물의 형태와 그 원리로써 무한히 식물을 만들어 낼 수 있다. 즉 비록 그것이 존재하

[*12] 원형식물(Urpflanze). 괴테는 모든 사물의 원형이 되는 식물이 있을 것이라 추측했다. 그는 단순한 유기체로부터 한 걸음 한 걸음 진보하여 마침내 모든 것 중에서 가장 발전적인 경지, 즉 자연의 모든 자료가 천재적으로 결합되어 이루어진 존재가 인간이라고 보았다. 따라서 괴테의 인간상은 역사나 신학으로 증명되는 것이 아니라 자연 속에서 그 뿌리를 찾을 수 있다. (괴테의 《식물변형론》 참조)

지 않는다 하더라도 어쩌면 존재할 수 있을지 모른다는 말이다. 그것은 그림이
나 문학작품에 나오는 환영이나 가상이 아니라 내적인 진실성과 필연성을 지니
게 된다. 우리는 이와 같은 법칙을 살아 있는 다른 모든 것에 적용할 수 있을 것
이다.

여기까지 하고, 이해를 돕기 위해 몇 마디만 더 보태고 싶다. 간단히 말하자면
이렇다. 우리가 보통 잎이라 부르는 식물 기관에는 자유자재로 모습을 바꾸는
능력이 감추어져 있다. 그것은 모든 형태에 숨어 있다가 우리 앞에 나타난다. 식
물은 퇴보를 하건 진화를 하건 언제나 잎에 지나지 않고, 미래의 씨앗과 가깝게
연결되어 있어서 씨앗에서 분리하여 생각할 수 없다. 이러한 개념을 알아차리고
유지해서 이를 자연 속에서 찾아내는 일은 우리를 고통스럽지만 달콤한 상태로
이끌어줄 것이다.

방해받은 자연 관찰

충실한 생각이 무엇인지 몸소 체험한 사람은 다음과 같은 사실에 동의할 것
이다. 스스로 해낸 생각이든 다른 사람에게서 들은 것이든 남에게서 전달받아
몸에 밴 것이든, 그러한 생각은 우리 정신을 활발히 움직이게 하고 마음을 황
홀하게 해준다. 전체를 보면 다음에 어디까지 발전할지, 또 그 발전이 앞으로 어
떤 방향으로 나아갈지 예상할 수 있기 때문이다. 이런 점을 생각한다면 어떤 열
정뿐만 아니라 그런 깨달음에 사로잡혀 이것에만 매달리지는 않더라도 이 일에
남은 생애를 바쳐야겠다는 내 생각을 이해할 수 있으리라.

마음 깊은 곳에서 이러한 성향에 사로잡히기는 했지만 로마로 돌아온 뒤로는
본격적인 연구에 대해 생각할 수 없는 처지였다. 문학과 미술, 고대사 같은 분야
는 모두 남김없이 집중하여 힘을 쏟아야 하는 대상들이었다. 그리고 나는 내 삶
속에서 바쁘고 힘겨운 나날들을 보내왔다. 날마다 식물원에서 또는 산책길에서,
가벼운 나들이를 할 때 눈에 띄는 식물들을 채집했다고 말하면 전문가들은 나
를 너무 순진하다고 여길지 모르겠다. 특히 씨앗이 자라나기 시작할 때 햇빛을
받아 돋아 나오는 모습을 관찰하는 일이 나에게는 중요했다. 그래서 자라면서

울퉁불퉁 기형적인 모양이 되는 칵투스 오푼티아*13에 관심을 가지게 되었다. 흥미로운 사실은 쌍떡잎식물의 특성대로 두 개의 연한 잎이 돋아난 뒤, 자라면서 모양이 기형적으로 울퉁불퉁해진다는 점이었다.

꼬투리에서도 특이한 점을 찾아냈다. 아칸투스 몰리스*14의 꼬투리 몇 개를 집으로 가져와 뚜껑 없는 작은 상자 안에 넣어두었는데 어느 날 밤 '딱' 소리가 나더니 작은 물체가 벽과 천장으로 이리저리 튀며 흩어졌다. 그 순간에는 무슨 소리인지 알 수 없었지만 꼬투리가 터져서 씨앗이 여기저기로 흩어져 있는 걸 나중에야 발견했다. 방이 건조해서 씨앗은 더욱 멀리 튀어나갔다.

이런 식으로 관찰한 씨앗 몇 가지에 대해 더 이야기하고 싶다. 기간이 길든 짧든 나의 로마 체류를 기념하기 위해 심어둔 나무들이 이 역사적인 도시에서 계속 자라고 있기 때문이다. 잣나무 씨앗이 싹 트는 모양은 관찰한 보람이 있었다. 껍질에 싸인 새알 같은 모양으로 솟아올라 얼마 뒤에 껍질이 터지면, 둥글게 자란 녹색 침엽들이 앞으로 어떻게 변할 것인지를 미리 보여 주었다.

이제까지 씨앗을 통한 번식 이야기를 했지만 나는 꺾꽂이를 통한 번식에도 많은 관심을 기울였다. 고문관 라이펜슈타인 때문이었는데, 그는 산책할 때마다 여기저기서 나뭇가지를 꺾더니, 가지를 땅에 꽂아두면 금세 다시 살아난다고 주장했다. 그는 이 주장을 밝히려 자기 정원에 꺾꽂이한 가지가 잘 자라는 모습을 보여 주었다. 요즘 그런 번식방법이 원예법에서 얼마나 중요해졌는가? 그가 살아서 그 모습을 보았더라면 하는 생각이 든다.

내가 가장 관심을 둔 것은 관목처럼 높이 자라는 카네이션이었다. 이 식물의 강력한 생명력과 번식력은 이미 잘 알려져 있다. 가지마다 새 눈이 경쟁하듯 돋아 나오고, 마디마디가 촘촘한 원뿔 모양을 하고 있다. 이런 현상은 시간이 지날수록 더욱 활발해져 눈에 띄지 않을 만큼 좁은 곳에서도 눈들이

---

*13 Cactus Opuntia. 칵투스는 쌍떡잎식물 선인장과에 속하는 식물을 가리키며 오푼티아는 그 중에서도 기둥, 손바닥 선인장류에 속하는 한 종류이다. 부채선인장이라 부르며 줄기가 손바닥처럼 편평한 것으로 가장 흔한 종류이며 대형종으로 자란다. 생원산지는 북아메리카, 남아메리카 전역이다.

*14 Acanthus mollis. 쌍떡잎식물 통화식물목 쥐꼬리망초과에 속하는 여러해살이 관목성 식물. 지중해 연안·아시아·아프리카에 약 30종이 분포하고, 그 가운데 몇 종이 원예용으로 재배된다. 로마시대부터 심기 시작했으며, 그리스와 로마의 코린트 양식과 콤포지트 양식 건축에서 기둥머리에 이 식물을 도안한 조각이 있다.

돋아날 것이다. 그렇게 활짝 핀 꽃은 다시 그 안에서 꽃을 네 송이나 활짝 피었다.

이런 놀라운 현상을 달리 보존할 방법이 없었으므로 정밀하게 스케치해 보았다. 그럴 때마다 식물 변형의 기본 개념을 이해하게 되었다. 하지만 여러 가지로 할 일이 많아 더욱 심란해졌으며 로마에 머물 수 있는 시간이 얼마 남지 않아 차츰 마음이 무거워지고 부담스러워졌다.

나는 상류사회와의 교제를 끊고 오랜 시간 혼자 조용히 집에서 지냈다. 그러다 한 가지 실수를 저지르고 말았는데, 그 때문에 한집에 사는 사람들은 물론 새롭고 진기한 일을 호시탐탐 노리는 사교계의 눈길이 온통 우리에게 쏠리게 되고 말았다. 이런 사건이 있었다. 앙겔리카 부인은 극장에 간 적이 없었는데, 우리는 굳이 이유를 묻지 않았다. 하지만 열렬한 무대 애호가인 우리는 가수들의 우아함이나 능숙함뿐 아니라 치마로사가 작곡한 음악의 효과에 대해 입에 침이 마르도록 칭찬하면서 그녀와도 이런 즐거움을 나누고 싶다 말했다. 그러다 보니 다음과 같은 일들이 벌어졌다.

젊은 친구들, 특히 음악계 사람들과 친분이 두터웠던 부리(Friedrich Bury : 1763~1823, 괴테와 로마에서 한집에 머물렀던 화가)가 그들로 하여금 즐거운 분위기를 만들도록 주선했다. 우리는 그들의 열렬한 팬으로서 뜨거운 성원을 보냈고, 그들은 기회가 닿는 대로 우리 집에서 음악을 연주하고 노래를 불러 주겠다고 기꺼이 자청했다. 이 계획은 여러 번 이야기가 나왔는데 이런저런 이유로 미뤄지다가 마침내 기쁘게도 젊은이들의 바람대로 이루어졌다. 바이마르 공국에서 활동하는 뛰어난 솜씨의 제1바이올린 수석 연주자 크란츠가 마침 음악 연수 때문에 이탈리아에 와 있었기에, 이렇게 재빠른 결정이 내려지게 되었다. 음악을 좋아하는 사람들이 그의 재능을 인정했기 때문이었다.

우리는 앙겔리카 부인, 그녀의 남편 고문관 라이펜슈타인, 젠킨스 씨와 볼파토 씨, 그리고 우리가 신세졌던 사람들을 이 파티에 초대했다. 유대인과 실내 장식가들이 홀을 꾸몄고, 이웃 카페 주인이 음료수를 내놓기로 했다. 이렇게 해서 아름다운 어느 여름날 밤 멋진 연주회가 열렸다. 활짝 열린 창 아래에 모인 수많은 사람들이 마치 극장 구경을 온 듯 열렬한 박수갈채를 보내 주었다.

가장 눈에 띈 것은 음악 애호가로 이루어진 관현악단을 태운 대형 유람 마차였다. 마침 밤에 시내를 돌며 연주를 하던 이 마차는 창문 아래에 조용히 멈

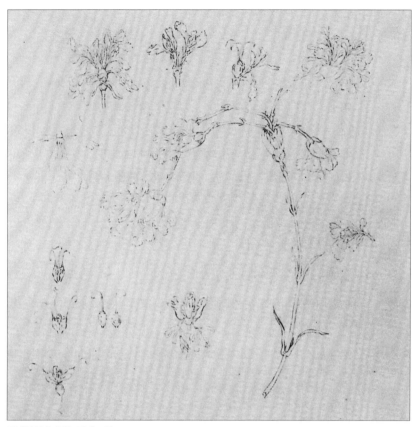

카네이션 스케치, 괴테 그림

추어 섰다. 이 관현악단은 위쪽에서 들려온 음악에 아낌없는 박수를 보냈고 우리가 연주한 오페라곡 가운데 가장 인기 있는 아리아를 온갖 악기 반주에 맞춰 우렁찬 바리톤으로 들려주었다. 우리는 열띤 박수로 응답했고, 그 자리에 모인 사람들도 모두 함께 갈채를 보냈다. 밤에 열리는 파티에 여러 번 참석해 보았지만 우연이라 해도 이처럼 완벽한 성공을 거둔 축제에 온 것은 처음이라 며 모두 입을 모아 칭찬했다.

이렇게 론다니니궁 맞은 편의 조용한 우리 숙소는 난데없이 코르소 거리의 주목을 끌게 되었다. 부유한 귀족이 우리 숙소로 이사왔다는 소문까지 돌았으 나 유명 인사들 가운데 그런 사람은 찾아볼 수 없었다. 물론 우리야 마음이 맞 는 예술가들이 모여서 연 파티였기에 얼마 안 되는 비용으로 가능했지만 제대로 돈을 치러야 했다면 꽤 많은 돈이 들었으리라. 그 뒤로도 예전처럼 조용한 생활을 했지만, 우리가 귀족 출신의 부자라는 소문은 아무래도 잠재울 수 없었다.

프리스 백작이 온 뒤로 보다 더 활기찬 모임을 갖는 계기가 마련되었다. 그와 함께 온 카스티 수도원장이 아직 출간되지 않은 훌륭한 소설들을 읽어주어 매우 즐거웠다. 쾌활하고 거침없는 낭독은 재기가 넘치고 참으로 천재적이라 할 만한 글에 완벽하게 생명력을 불어넣었다. 하지만 그토록 고결하고 부유한 예술 애호가가 수상한 이들과 거래하는 것은 유감스러웠다. 백작이 구입한 조각상이 위조품으로 밝혀진 일은 대단한 화젯거리이자 불미스러운 사건이었다. 그래도 그는 아름다운 조각상을 샀다며 스스로 위안을 삼았다. 그 입상은 어떤 사람들은 파리스,*15 다른 사람들은 미트라*16를 형상화한 것이라고 했다. 이와 짝을 이루는 상이 지금 피오 클레멘티노 박물관에 있는데, 둘 모두 어느

---

*15 Paris. 그리스 신화에 나오는 트로이의 영웅. 알렉산드로스라고도 한다. 트로이의 프리아모스 왕의 아들로, 그가 태어날 때 어머니 헤카베가 트로이의 멸망을 뜻하는 불길한 꿈을 꾸어 버려지고, 양(羊)치기 손에서 자랐다. 바다의 여신 테티스의 결혼식 때 초대받지 못하여 분노한 불화의 여신 에리스는 '가장 아름다운 자에게'라고 쓰인 황금 사과를 연회석에 던졌다. 아테나·헤라·아프로디테 세 여신이 이 사과를 두고 다투자 제우스는 그 심판을 파리스에게 맡겼다. 여신들은 이데 산으로 달려가 아테나는 지혜를, 헤라는 세계의 주권을, 아프로디테는 인간 중에서 가장 아름다운 여자를 각각 약속했다. 파리스는 아프로디테를 택했고, 스파르타의 헬레네가 그에게 주어지게 되어 아프로디테의 도움으로 헬레네를 트로이로 데리고 왔으나 그녀는 이미 스파르타 왕 메넬라오스의 아내였기 때문에, 그리스인들은 헬레네를 되찾기 위해 트로이 원정을 하게 되면서 트로이전쟁이 시작되었다. 파리스는 활로 많은 적을 죽였는데, 특히 그리스 영웅 아킬레스의 유일한 급소인 발뒤꿈치를 활로 쏘아 그를 쓰러뜨렸다. 파리스의 심판에 대한 에피소드를 루벤스를 비롯한 후세의 많은 예술가들이 그림의 주제로 삼았다.

*16 Mitra. 고대 아리아인(인도·이란인)의 남신. 빛, 진실, 맹약을 지배한다고 했다. 기원전 15세기로까지 거슬러 올라간다고 생각되는 《리그 베다》는 미트라의 이름을 전하는 가장 오래된 문헌인데, 거기에서는 태양신이라고 하며, 또한 소마주나 수소를 둘러싼 신화와 관계있다. 다음으로 오래된 사료는 기원전 14세기의 〈보아즈쾨이 문서〉이며, 거기에서는 히타이트인과 미탄니인의 맹약의 신으로서 나타났다. 이란인의 성전 《아베스타》에서는 미트라(Mithra)라고 불렸는데, 《미트라 찬가》에서 '죽음으로부터의 구세주', '축복을 주는 자', '승리자', '전사', '목장의 주' 등으로 불렸다. 조로아스터의 종교개혁에서는 최고신 아후라 마즈다(빛과 선의 원리)의 신성의 한 분신이라고 했다. 미트라는 또한 아케메네스 왕조, 아르사케스 왕조, 사산 왕조 등에서는 왕조의 수호신으로서 숭배되었으며, 로마제국에서는 민간의 밀의의 신 미트라스(Mithras, 미트라교)가 되었다.

친구에게 둘러싸인 괴테를 그리는 화가, 부리 그림

모래 채취장에서 발굴되었다고 한다. 하지만 이 작품을 호시탐탐 노리는 사
람들은 예술품 중개상들만이 아니어서 그는 온갖 위험들을 극복해야 했다.

　무더운 계절에 몸을 돌보지 않아 이런저런 질병에 걸려서 로마에 머무는 마
지막 날들을 짜증나게 만들었다. 그가 피옴비노 왕자의 훌륭한 보석 수집품
을 구경할 좋은 기회를 주는 등 내게 여러 호의를 베풀었기에 더욱 마음이 아
팠다.

　프리스 백작 댁에서는 예술품 중개상 말고도 수도사 차림으로 돌아다니는
문인들을 만날 수 있다. 그러나 이들과는 마음 편히 대화를 나누지 못했다. 이

러저러한 설명을 하려 민족 문학에 대한 말을 꺼내기가 무섭게 아리오스토와 타소 가운데 누구를 더 위대한 시인으로 생각하느냐는 질문을 받아야 했기 때문이다. 그래서 나는 이렇게 대답했다. 그렇게 뛰어난 두 인물을 한 나라에 내려준 하느님과 자연에 감사드려야 하며, 이들은 저마다 시대와 환경, 상황과 느낌에 따라 더없이 멋진 순간을 우리에게 마련해 준다고 말이다. 하지만 이런 이치에 맞는 말을 인정해 주는 이는 아무도 없었다. 그들은 자기가 더 낫다고 결정한 사람을 계속 높이 치켜세우면서 다른 사람을 한없이 깎아내렸다. 처음에 나는 깎아내려진 사람 변호를 맡아 그의 장점들을 힘주어 이야기해 보았지만 별 소용이 없었다. 사람들은 편을 지어 자기 생각만 고집했다. 일이 똑같이 반복되었고, 이 주제에 대해 변증법적 논쟁을 벌이기에는 내가 너무 진지했기에 나는 대화를 피해 버렸다. 그들은 대상에 대해 본격적인 관심을 가지려 하지 않고 자기 말만 늘어놓을 뿐임을 깨달았기 때문이었다.

단테가 화제에 올랐을 때는 더 불쾌한 일이 일어났다. 이 비범한 인물에게 많은 관심을 가진 신분 높고 지성을 갖춘 한 젊은이는 나의 찬사와 동의를 흔쾌히 받아들이지 않았다. 그는 자신의 견해를 거리낌 없이 쏟아놓았는데, 이탈리아인조차 모두가 이해한다고는 할 수 없는 단테를 외국인이 이해할 수 있을 것이라는 생각은 버려야 한다고 말했다. 몇 차례 찬반 토론 뒤 마침내 짜증이 난 나는 그의 견해에 찬성하게 되었다고 말해 버렸다. 사람들이 어떻게 이런 시에 접근하는지 도무지 알 수가 없다고 하면서 말이다. 나는 〈지옥〉편은 말할 수 없이 혐오스럽고, 〈연옥〉편은 의미가 뚜렷하지 않으며, 〈천국〉편은 지루하다고 말했다. 그러자 그는 무척 흡족해하면서 자신의 주장을 뒷받침하는 논리를 펼쳤다. 내 생각이야말로 단테 시의 깊이와 훌륭함을 이해하는 것이 불가능함을 보여주는 증거라는 것이었다. 그러나 헤어질 때는 둘도 없는 친구가 되었다. 더욱이 그는 오랫동안 궁리한 끝에 마침내 그 의미를 알아낸 작품의 몇몇 어려운 부분을 내게 알려주고 설명해 주겠다는 약속 또한 잊지 않았다.

유감스럽게도 예술가나 예술 애호가들과 나눈 대화는 그리 이롭지 못했다. 하지만 사람은 결국 다른 이들의 잘못을 자신에게서도 발견하곤 하므로 나는 이를 용서해 주었다. 사람들은 때로는 라파엘로를, 때로는 미켈란젤로를 뛰어나다 말했다. 이로써 인간은 너무도 옹색한 존재라 그 정신은 위대함을 향해 열려 있다 하더라도, 결코 다양한 위대함을 균형 있게 평가하고 인정할 수 있는 수준까지는 이르지 못한다는 사실을 깨달았다.

우리가 티슈바인의 존재와 영향력을 아쉬워할 때마다 그가 보내 준 매우 생동감 넘치는 편지가 위안이 되어 주었다. 재치 있게 묘사된 기상천외한 사건들과 천재적인 의견 말고도 우리는 그의 두드러진 재능이 잘 드러난 소묘와 스케치를 통해 더 자세한 일들을 알 수 있었다. 거기에는 오레스테스[17]의 반신상이 그려져 있었는데, 제단에서 이피게니에[18]가 그를 알아보자 이제까지 그를 쫓던 복수의 여신들이 달아나는 그림이었다. 이피게니에는 아름다움과 명성의 정점에서 찬란히 빛을 내던 하르트 양, 그러니까 미래의 해밀턴 부인 모습과 닮아 있었다. 복수의 여신 가운데 한 여신이 그녀와 비슷한 품위 있는 모습으로 그려졌는데, 아마 모든 여장부와 뮤즈, 그리고 반신반인의 전형인 듯했다. 이만한 능력을 지닌 화가라면 기사 해밀턴의 유명한 사교 모임에서 참으로 훌륭한 대우를 받았을 것이다.

---

[17] 1787년 3월 13일 [41] 오레스테스 참조
[18] 1787년 3월 1일 [18] 이피게니에 참조

8월의 편지

1787년 8월 1일

너무 더워서 온 하루 조용히 집에 머물며 열심히 작업했습니다. 여러분이 있는 독일의 여름 날씨도 좋으리라 생각하니 더워도 기쁘기 그지없습니다. 이곳에서 건초나르는 모습을 보면 기분이 무척 즐겁습니다. 요즘에는 비가 내리지 않아서 농사지을 게 있기만 하다면 얼마든지 경작할 수 있습니다.

저녁에는 테베레 강에 있는 잘 설계된 안전한 목욕장에서 목욕을 했습니다. 그러고 나서 트리니타 데 몬티를 산책하며 달빛 속에서 신선한 공기를 마셨습니다. 이곳 달빛은 상상이나 동화 속에서 보는 것처럼 아름답습니다.

《에그몬트》제4막이 끝났습니다. 다음 편지에서는 작품이 마무리되었음을 알릴 수 있었으면 좋겠습니다.

8월 11일

다가오는 부활절까지 더 이탈리아에 머무르려 합니다. 아직 배울 게 많습니다. 제가 잘 견뎌 낸다면 발전을 이루어 벗들과 기쁨을 나눌 수 있을 겁니다. 여러분에게 계속 편지를 보낼 것이며, 내 원고들도 하나하나 도착할 것입니다. 그러면 곁에 없어도 생생하게 나를 느낄 수 있겠지요. 여러분은 내가 살아 있는 데도 꼭 죽은 사람처럼 만날 수 없다고 너무나 안타까워했으니까요.

《에그몬트》가 끝났으니 이달 말에 원고를 보낼 수 있을 겁니다. 여러분의 비평을 애타게 기다리겠습니다.

날마다 예술에 대한 지식을 늘리고 수련을 합니다. 병 뚜껑을 열고 물에 넣으면 병 안에 금방 물이 차듯, 이곳에서는 감수성이 풍부해지고 마음의 준비가 되어 있으면 빠르게 배울 수 있습니다. 이곳저곳에서 예술적 요소들이 밀려들어오기 때문이지요.

여러분이 계신 곳의 여름 날씨가 좋으리라는 것은 여기서도 예상할 수 있습니다. 이곳 하늘은 한결같이 맑습니다. 한낮 무더위는 끔찍하지만 시원한 서재에 있으면 그럭저럭 견딜 만합니다. 9월과 10월에는 시골에서 지내며 자연을 스케치할 생각입니다. 어쩌면 다시 나폴리로 가서 하케르트에게 배울지도 모릅니다. 시골에서 그와 함께 지낸 보름 동안 배운 것이 몇 년 동안 혼자 공부한 것보다 훨씬 많았습니다. 아직은 아무것도 보내지 않았지만 한꺼번에 훌륭한 작품을 선보이기 위해 작은 스케치들을 모아두고 있습니다.

이번 주는 조용하게 열심히 일했습니다. 특히 원근법에 대해 많은 것을 배웠지요. 이 이론에 훤한 만하임의 미술관장 아들 페어샤펠트가 전수해준 기법들로 달빛이 비치는 풍경을 몇 개 채색해 보았습니다. 다른 아이디어가 더 있지만 너무 엉뚱해서 차마 밝히지는 못하겠습니다.

8월 11일 로마

공작의 어머니[1]께 긴 편지를 올려 이탈리아 여행을 일 년쯤 늦추기를 권했습니다. 10월이면 계절이 바뀌는 시기라 이 아름다운 나라에 오시더라도 궂은 날씨 때문에 여행이 즐겁지는 않을 겁니다. 부인께서 내 충고에 귀 기울인다면 멋진 여행을 즐기실 수 있습니다. 부인이 좋은 여행하기를 진심으로 빕니다.

나는 물론이고 다른 사람들을 위해서라도 차분히 앞날을 기다려봅시다. 자신을 근본적으로 바꿀 수 있는 사람은 아무도 없으며 운명을 피할 수 있는 사람 또한 없습니다. 그대들은 이 편지를 읽으면 내 계획을 알게 될 것이니 부디 동의해 주기 바랍니다. 여기서는 더 이상 되풀이하지 않겠습니다.

편지도 자주 쓸 생각이고 겨우내 마음으로나마 여러분과 함께할 겁니다. 새해에는 《타소》가 도착할 것이고 《파우스트》도 망토를 타고 전령처럼 나의 도착을 알려줄 것입니다. 그러면 나는 인생의 중요한 시기를 넘기고 깔끔하게 일을 마무리한 셈이 되어 알맞은 때 다시 일을 시작할 수 있겠지요. 이제 마음이 더 홀가분해져서인지, 1년 전과는 많이 달라진 듯한 기분이 듭니다.

사랑스럽고 가치 있는 것들을 넘치도록 누리면서 지내고 있습니다. 최근 몇 달 동안 비로소 나는 이곳에서의 시간을 제대로 즐길 수 있었습니다. 눈앞의

---

[1] 칼 아우구스트 공작의 어머니인 안나 아말리아를 가리킨다.

일들이 뚜렷해지고 있기 때문입니다. 예술은 내 제2의 천성이 되어 가고 있습니다. 미네르바가 주피터의 머리에서 태어났듯 예술은 가장 위대한 인간의 머리에서 태어납니다. 이 점에 대해서는 여러분과 며칠, 어쩌면 몇 년간 대화를 나누어도 모자랄 것입니다.

여러분 모두 행복한 9월을 맞이하기를 바랍니다. 우리 생일이 있는 8월 끝에는 줄곧 여러분 생각을 하렵니다. 그리고 더위가 한풀 꺾이면 시골에 가서 스케치를 할 겁니다. 그때까지는 실내에서 할 수 있는 일을 하면서 틈틈이 쉬어야겠습니다. 특히 밤에는 감기를 조심해야 합니다.

8월 18일 로마

이번 주에는 북방인다운 부지런함을 누그러뜨려야 했습니다. 처음 며칠 동안 찌는 듯이 무더워 도무지 일을 못했기 때문입니다. 그러다가 이틀 전부터 더없이 상쾌한 북풍이 불어와 공기가 쾌적해졌습니다. 9월과 10월은 멋진 달이 될 것 같습니다. 어제 해가 뜨기 전에 아쿠아 아체토사에 다녀왔습니다. 그곳의 선명함, 다양함, 향기로운 투명함, 아름다운 단풍이 어우러진 풍경, 특히 저 멀리 경치를 바라보고 있노라면 넋을 잃을 듯합니다.

고대 예술품을 연구하는 모리츠라는 젊은이는 배우려는 모든 사람들이 쓸 수 있도록 생명력을 불어넣고, 책과 학교에서 배운 죽은 지식을 새롭게 할 것입니다. 다행히도 그는 사물을 바르게 볼 줄 압니다. 나는 그가 철저하게 생각할 시간을 가질 수 있기를 바랍니다. 우리는 저녁마다 함께 산책하면서 그가 낮에 읽은 책과 작가들에 대해 이야기를 나누었습니다. 내가 다른 일을 하느라 미처 신경쓰지 못해, 나중에 만회해야 할 공백을 이렇게 메울 수 있었습니다. 그러면서 나는 건물, 거리, 주변 경치, 기념물을 구경합니다. 저녁에 집에 돌아오면 인상 깊었던 풍경을 이야기하면서 종이에 그려봅니다. 어제 저녁에 그린 스케치를 한 장 보냅니다. 카피톨리노 언덕 뒤편을 오를 때 떠오른 구도입니다.

일요일에 마음씨 착한 앙겔리카와 함께 알도브란디니 왕자가 소장한 그림을 보러 갔는데, 그 가운데서도 레오나르도 다 빈치의 작품은 참으로 훌륭했습니다. 그녀는 뛰어난 재능을 지녔고 계속해서 재산이 불어나는 데도 그다지 행복해하지 않습니다. 그녀는 팔기 위해서 그림을 그리는 데 지쳐 있지만 나이 든

건초더미가 있는 풍경, 괴테 그림

그녀의 남편은 쉽게 일하면서 큰돈을 번다며 무척 좋아합니다. 그녀는 이제 자신의 즐거움을 위해, 마음의 여유를 갖고 철저히 연구하며 작업하고 싶어합니다. 그녀라면 그렇게 할 수 있을 겁니다. 그들에게는 자식도 없고, 불어나는 이자는 다 쓰지 못할 정도이며, 부인이 끊임없이 돈을 불리고 있으니 말입니다. 하지만 이제 돈은 아무런 의미가 없으며 앞으로도 그럴 겁니다. 그녀는 우리와 함께 있을 때, 아무런 거리낌없이 솔직하게 이야기를 하고 나도 그녀에게 충고와 격려를 아끼지 않습니다. 넉넉히 가졌으면서도 쓸 데가 없고 그 즐거움을 오롯이 누리지 못한다면 그것은 결핍이자 불행이라 할 수 있겠지요. 그녀는 여자로서 정말이지 엄청난 재능을 갖고 있습니다. 우리는 그녀가 '남긴' 작품이 아니라 지금 '하고' 있는 작품을 보고 평가해야 합니다. 부족한 점만 본다면 자신의 작품으로 좋은 평가를 받을 수 있는 예술가가 몇이나 되겠습니까?

　그리운 벗들이여, 나는 로마와 로마의 본질, 예술 및 예술가와 차츰 더 친숙해지고 있습니다. 여러 사정들을 이해하게 되고, 이들과 함께 생활하고 이곳저곳을 돌아보니 더욱 피부에 와닿고 자연스럽게 느껴집니다. 아무 생각 없이 찾아가면 잘못된 개념만 얻게 되기 십상입니다. 당신들은 나를 이곳의 정적과 질서로부터 바깥세상으로 끌어내고 싶어하므로 나는 될 수 있으면 몸조심하고 있습니다. 약속하고 늦추고 회피하고 다시 약속하면서 이탈리아 사람들과 어울려 이탈리아인처럼 행동합니다. 국무장관 부온콤파니 추기경이 나를 초대했지만, 9월에 시골로 갈 때까지 피할 생각입니다. 나는 신사 숙녀들을 마치 악성 질병을 대하듯 피하고 있습니다. 이들이 마차를 타고 가는 모습만 보아도 머리가 지끈지끈 아플 지경입니다.

1787년 8월 23일 로마

그저께 막 바티칸으로 떠나려는데 여러분께서 보내 준 스물네 번째 반가운 편지를 받았습니다. 그래서 가는 길을 비롯해 시스티나 성당을 구경하다가 잠시 쉴 때마다 거듭 편지를 읽었습니다. 여러분과 함께라면 얼마나 좋을까 하는 생각이 간절했습니다. 한 인간이 무엇을 해내고 이룩할 수 있는지 여러분이 이해할 수 있도록 말입니다. 시스티나 성당을 보지 않으면 '한' 인간이 무엇을 해낼 수 있는지를 느낄 수 없습니다. 위대하고 훌륭한 사람들에 대해 많이 듣고 읽지만, 이곳에서는 그들이 머리 위 그리고 눈앞에서 살아 숨쉽니다. 나는 여러분과 많은 대화를 나누고, 모든 것을 글로 남겼다고 생각했습니다. 내 근황을 알고 싶겠지요! 나도 하고 싶은 이야기가 얼마나 많은지 모르겠습니다! 나는 이곳에서 새롭게 태어나, 변화되었고 충만해졌습니다. 모든 힘이 하나로 모아졌음을 느끼고 무언가를 더 할 수 있기를 바랍니다. 풍경과 건축 양식에 대해 진지하게 생각하면서 몇 가지 시도를 해 보기도 했습니다. 그리고 앞으로 어떻게 되어 갈지, 또 얼마나 진척될 수 있을지 알아보고 있습니다.

마침내 우리가 잘 아는 모든 사물들의 알파요 오메가인 인간의 형상이 나를 사로잡았고 나는 그것을 놓치지 않았습니다. 나는 이렇게 말하고 싶습니다. "주여, 당신이 저를 축복하지 않으면, 씨름하다 뻗을 때까지 놓아 드리지 않겠나이다."[2] 도무지 스케치가 뜻대로 되지 않아 점토를 빚어보기로 했습니다. 이것은

---

*2 창세기 32 : 25~26절 참조. '자기가 야곱을 이기지 못함을 보고 그가 야곱의 허벅지 관절을 치니, 야곱의 허벅지 관절이 그 사람과 씨름할 때 어긋났더라. 그가 이르되 날이 새려하니 나고 가게 하라. 야곱이 이르되 당신이 내게 축복하지 아니하면 가게 하지 않겠나이다.' 야곱의 기도를 씨름에 비유한 것을 인용한 표현이다.

벽으로 둘러싸인 건물들과 탑, 괴테 작

조금 진척이 있는 것 같습니다. 적어도 많은 일들을 손쉽게 해주는 어떤 생각에 이르게 되었습니다. 이를 자세히 설명하면 너무 길고 지루한 이야기가 될지도 모르겠습니다. 말보다 실제로 행동하는 편이 더 낫겠지요. 결과적으로 보면 자연에 대한 집요한 연구와 비교해부학 분야에 쏟은 정성 덕택에 이제 자연과 고대 예술품에서 예술가들조차 하나하나 찾아내기 어려운 많은 것을 전체적으로 볼 수 있게 되었습니다. 예술가들이 이를 찾아낸다 하더라도 자신만을 위해 소유할 수 있을 뿐 남에게는 전해 줄 수 없는 그런 것을 말입니다.

예언자*3에 대한 울분 때문에 구석에 치워 두었던 나의 모든 인상학적 예술품들을 다시 끄집어 냈습니다. 때마침 그것들은 내게 꼭 필요했습니다. 헤라클레스의 두상부터 시작했습니다. 이게 잘되면 계속해 볼 생각입니다.

요즘은 세상이나 세속적인 것들과 멀리 떨어져 있어서 신문을 보면 꽤 어리둥절한 기분이 듭니다. 세상일은 흘러가 버리기에 영속적인 관계를 지닌 일에만 몰두하고 싶습니다. 스피노자*4의 가르침대로 나의 정신에 맨 먼저 영원성을 부여

*3 요하나 라바터. 괴테와 사이가 나빴던 인상학자.

*4 Baruch Spinoza(1632~1677). 네덜란드 철학자. 유태인 상인의 아들로 태어난 그는 그의 자유주의 사상 때문에 유태 교회에서 파문당했다. 그가 살았던 시기는 네덜란드가 봉건적 스페인 왕국으로부터 독립해 자본주의 사회 형성의 선두를 달리던 시대인데, 영국의 베이컨, 프랑스의 데카르트와 마찬가지로 신(新)시대를 환영하는 사상을 표현했다. 따라서 자연 지배와 인간 개조가 스피노자 사상의 중심이었다. 그의 철학은 한편으로는 범신론으로, 다른 한편

해 주고 싶습니다.

어제는 그리스와 이집트 등지로 여행을 다닌 워슬리*5 경 댁에서 많은 스케치를 보았습니다. 가장 흥미로운 것은 피디아스*6의 작품을 스케치한 것들이었습니다. 그것은 아테네 미네르바 신전의 띠 모양 벽 장식을 그린 것입니다. 단순한 형태의 작품들이지만 이보다 더 아름다운 것은 없습니다. 그 밖에도 많은 스케치가 있었지만 마음을 끄는 것은 없었습니다. 풍경 묘사는 특별한 게 없었고, 건축물을 그린 그림이 그나마 좀 나았습니다.

오늘은 이만 줄이겠습니다. 나의 흉상이 만들어지고 있어서, 이번 주는 사흘 동안이나 모델 노릇을 했습니다.

8월 28일

요즈음 좋은 일들이 많았습니다. 오늘*7을 축하하기 위해 당신이 내게 보낸, 신에 대한 소중한 생각으로 가득한 책들을 받았습니다. 수많은 기만과 오류를 낳은 이 혼란스러운 대도시에서 이처럼 순수하고 아름다운 책을 읽으니 위로가 되고 힘이 솟습니다. 그런 신념과 사고방식이 널리 퍼질 수도 있고 또 그렇게 해도 되는 시대가 왔다고 생각하니 더욱 그러합니다. 외로울 때마다 이 책을 읽고 마음에 새길 겁니다. 그리고 나중에 이야기를 나눌 때 도움이 될 수 있도록 메모도 해두겠습니다.

요즘 나는 예술을 관찰하는 데 그 범위를 자꾸 넓혀, 해결해야 하는 일의 모두를 대략 파악하고 있습니다. 그러나 그 일을 해결한다 해도, 아직 아무것도 행동으로 옮기지는 못했습니다. 어쩌면 나의 재능과 기량을 밝히는 일을 더 쉽게 한결 잘할 수 있는 다른 기회나 계기가 있을지도 모르겠습니다.

프랑스 학술원에 전시된 작품들 가운데 몇 점이 흥미로웠습니다. 신들에게 행복한 마지막을 부탁하는 핀다로스*8가 자신이 사랑하는 소년의 팔에 안겨

으로는 유물론적 주장으로도 풀이된다. 관념론자들은 그를 범신론자로서 관념론적으로 해석하려 하지만, 스피노자의 기본 사상은 오히려 유물론적이라고 보는 것이 타당하다.

*5 여행 중에 수집한 미술품을 해설과 함께 출판한 저술가.

*6 Phidias(기원전 480?~기원전 430). 아테네의 유명한 조각가.

*7 8월 28일은 괴테의 생일이다.

*8 Pindaros(기원전 518?~기원전 438?). 그리스 서정시인. 왕후와 귀족들을 위한 찬미의 시를 지었다. 그 뒤 민주주의의 물결로 왕후와 귀족이 몰락하자 상실되었던 세계의 고귀한 혼의 부

숨을 거두는 그림은 참으로 소중합니다. 어떤 건축가는 매우 우아한 착상을 작품으로 만들어 놓았습니다. 그는 오늘날 로마를 한쪽에서 바라본 모습을 스케치했는데, 시가지의 윤곽이 선명하고 아름다워 보입니다. 그런 다음 다른 종이에는 옛 로마시를 마치 같은 곳에서 바라본 것처럼 그렸습니다. 옛날 기념비들이 있던 곳에는 여전히 그 형태가 폐허로 남아 있는 자리들이 많습니

앙겔리카 자화상, 앙겔리카 그림

다. 그는 새로운 건물을 지워 버리고, 마치 디오클레티아누스*9 시대처럼 옛 건물들을 복구해 놓았습니다. 풍취가 있을 뿐만 아니라 꼼꼼한 검토도 이루어졌으며, 채색 또한 사랑스럽습니다.

활을 절규(絶叫)하는 불후의 명시를 많이 남겼다.

*9 Gaius Aurelius Valerius Diocletianus(245~316). 로마 황제(284~305). 권력 분할, 제위 상속법 확립, 황제 권력 강화라는 세 가지 점에서 제국 지배를 재편성했다. 4분통치라는 제도를 시행해 제국을 4개의 도, 12개의 관구, 101개의 속주로 분할하는 행정 구역 개편과 함께 문무 양권을 분리시켜 정연한 중앙 집권적인 관료 국가를 이루었다. 기원전 305년 막시아누스와 함께 퇴위했다.

나는 할 수 있는 일을 하고 있으며 배울 수 있는 개념과 재능을 내가 기꺼이 해낼 수 있는 만큼만 쌓아가고 있습니다. 이렇게 참된 것들만 가지고 돌아가려 합니다.

트리펠이 내 흉상을 만든다는 이야기를 한 적이 있지요? 발데크 후작이 그에게 제작을 부탁했습니다. 벌써 거의 완성되었습니다. 견고한 양식으로 만들어진 흉상은 전체적으로 훌륭합니다. 모형이 다 만들어지면 석고형을 뜬 다음 대리석 작업을 시작할 겁니다. 그는 이 대리석 상을 실물 크기로 만들려고 합니다. 대리석으로 다른 재료로는 불가능한 효과를 낼 수 있기 때문입니다.

지금 앙겔리카가 그리는 그림은 훌륭한 작품이 될 겁니다. 그라첸의 어머니가 보석을 자랑하는 친구에게 가장 좋은 보석인 자신의 아이들을 가리켜 보이는 그림입니다. 구도가 자연스럽고 매우 훌륭합니다.

씨를 뿌려 수확을 거두는 일은 얼마나 멋진가요! 오늘이 내 생일이라는 사실을 여기선 아무에게도 말하지 않았습니다. 아침에 일어나면서 혹시라도 집에서 보내온 선물이 있을까 생각했는데 때마침 여러분이 보낸 소포가 있어서 얼마나 기뻤는지 모릅니다. 곧바로 그 자리에 앉아 편지를 읽었습니다. 모두 읽자마자 진심으로 감사의 답장을 쓰고 있습니다.

여러분 곁에 있고 싶은 마음이 무엇보다도 간절합니다. 몇 가지 시사적인 일들에 대해 여러분과 자세히 이야기를 나누어 보고 싶기 때문입니다. 언젠가 그런 기회가 오겠지요. 우리가 이 기점에서 시간을 헤아릴 수 있다는 사실에 진심으로 감사합니다. 힘찬 발걸음으로 자연과 예술의 들판을 이리저리 거닐다가 기쁜 마음으로 여러분들께 돌아갈 것입니다.

오늘 여러분의 편지를 받고 다시 한 번 곰곰이 생각해 보았습니다. 미술 공부나 집필 활동을 위해서는 이곳에 더 머물러야 할 것 같습니다. 미술 분야에서는 전통이나 개념에 얽매이지 않고 모든 것을 확실한 지식으로 만들어야겠습니다. 어떻게 해서든 6개월 안에 이를 이루려 합니다. 로마가 아닌 다른 곳에서는 도저히 꿈꿀 수 없는 일입니다. 내 보잘것없는 작품(내 작품들이 아주 작게 생각됩니다)들을 집중력을 갖고 즐거운 마음으로 끝내야 하겠습니다.

그리고 고향으로 되돌아갈 겁니다. 다시 고립된 외로운 생활을 하게 되더라도 깊이 생각하고 정리할 일들이 많으니, 십 년쯤은 심심할 틈이 없을 것입니다.

박물학 분야에서 여러분이 예상치 못한 물건들을 가지고 갈 겁니다. 나는 유

티베르, 괴테 그림

기체의 생성 및 발달이 어떻게 이루어졌는지에 대해 무척 가깝게 접근했다고 생각합니다. 방사(放射)*¹⁰가 아닌 이런 신의 계시를 기쁜 마음으로 지켜봐 주십시오. 그리고 옛날이나 오늘 누가 그와 같은 개념을 찾아내고 생각했는지, 똑같은 아니면 비슷한 관점에서 살펴본 사람이 있는지 알려주십시오.

8월의 보고

이달 첫 무렵, 이번 겨울에도 로마에 머물러야겠다는 결심을 굳혔다. 지금

＊10 라이프니츠의 단자론에 나오는 용어로, 헤르더는 신의 존재를 설명하는 데 이 이론을 쓰는 것을 거부했다. 단자론에서는 모든 사물의 최종적 근거라는 신의 규정으로부터 도출되는 또 다른 의미는 신이 곧 근원적 실체라는 것이다. 유한한 피조물만이 실체가 아니라, 신도 단순한 실체이며, 신은 모든 유한한 실체들이 그로부터 산출되는 근원적 실체라고 설명한다. 이에 따르면 신만이 근원적인 단일성 또는 근원적인 단순실체이다. 모든 창조된 또는 파생된 모나드들은 그의 산출물이고, 말하자면 매 순간 신성이 끊임없이 방사됨으로써 생성된다. 이때 그들은 본성에 의해 한계를 가진 피조물의 수용성을 통해 제한된다는 것이다.

〈아담의 창조〉 미켈란젤로 그림

이곳을 떠나기에는 아직 여러모로 준비가 덜 된 상태이고, 어디에서도 내 작품
들을 끝낼 만한 공간과 안정감을 얻을 수 없겠다는 느낌과 생각에서 마침내
결단을 내렸다. 이러한 사실을 고향에 알리고 나니 이제 새로운 시간과 공간이
시작되었다.

　무더위가 점점 더 기승을 부리면서 우리는 바쁘게 움직이기가 힘들어졌다.
그래서 조용하고 시원하게 유익한 시간을 보낼 수 있는 안락한 장소가 필요했
는데 시스티나 성당이 안성맞춤이었다. 요즘 들어서 미켈란젤로가 새삼 예술
가들의 숭배를 받고 있다. 다른 위대한 특성은 물론이고 채색에서도 그를 넘어

설 사람이 없다. 그래서 그와 라파엘로 가운데 누가 더 천재성을 지녔는지 논쟁하는 것이 유행처럼 되었다. 라파엘로의 〈그리스도의 변용〉*11이 호된 비난을 받았으나, 〈논쟁〉*12은 그의 최고 작품으로 평가되었다. 옛 유파의 작품들

＊11 라파엘로의 1518~1520년 작품으로, 로마 바티칸미술관에 소장되어 있다. 라파엘로는 1518년부터 이 그림을 그리기 시작했으나 완성하지 못하고 죽었으며, 그 뒤 제자 로마노가 완성했다. 밝고 평화로운 천상의 신비스러운 광휘와 지상의 어지러운 소란을 대비시켜 S자형의 자유분방한 구도로 동적인 표현을 시도한 이 작품에서 라파엘로는 이미 르네상스미술의 고전양식을 해체하고 바로크미술의 시작을 예고했다.
＊12 Disputa. 〈논쟁〉이라고 되어 있지만 문맥상 〈성체 논쟁〉을 가리킨다. 1508년 교황이 바티칸 궁에 대인 도서실을 마련하며 4개 벽면에 벽화를 그리기로 결정해 시작된 작품이다.

을 선호하는 후기 경향을 이미 보여 주고 있는 셈이다.*13 이 옛 유파는 보는 사람에게 재능을 꽃피우지 못한 하나의 징후로 보일 뿐이라서 결코 친숙해질 수 없었다.

위대한 천재를 이해하기란 어려운 일인데, 하물며 두 사람의 재능을 동시에 이해한다는 것은 말할 필요도 없다. 우리는 이러한 일을 쉽게 하기 위해 곧잘 편 가르기를 한다. 그렇기 때문에 예술가와 작가에 대한 평가가 언제나 왔다갔다 하고, 때로는 이 사람이 때로는 다른 사람이 사랑을 독차지하게 된다. 나는 그런 논쟁에 휩쓸리지 않고, 모든 작품의 가치와 진가를 직접 관찰하는 데 모든 힘을 다했기에 그런 일에 정신을 빼앗기지 않을 수 있었다. 그 위대한 피렌체 화가*14를 선호하는 경향은 화가들에서 시작해 예술 애호가들에게도 전해졌다. 그 무렵 부리와 립스*15가 프리스 백작의 요청으로 시스티나 성당의 수채화 복제품을 만들어야 했기 때문이었다. 성당 관리인에게 두둑이 사례를 하니 제단 옆 뒷문으로 들어가게 해주었다. 우리는 있고 싶은 만큼 성당 안에 머물 수 있었다. 음식도 부족하지 않았다. 한 번은 한낮 무더위에 지친 나머지 교황 의자에서 낮잠을 자버린 적도 있었다.

사다리를 타고 제단화 아래쪽 인물들과 형상들을 정성스레 그렸다. 처음에는 검고 얇은 천을 받치고 분필로, 그다음에는 커다란 종이에 적색 광물 염료로 꼼꼼히 그려냈다.

더 옛날 사람들에게 눈을 돌리면 레오나르도 다 빈치도 마찬가지로 널리 알려졌다. 나는 앙겔리카와 함께 알도브란디니 화랑을 찾아가 그의 걸작 〈바리새인들과 함께 있는 그리스도〉를 보았다. 일요일 정오 무렵이면 그녀는 남편인 라이펜슈타인 궁정 고문관과 함께 나를 데리러 왔다. 그러면 우리는 되도록 편한 마음으로 찌는 듯한 더위를 뚫고 이런저런 화랑에 가곤 했다. 그곳에서 두어 시간을 구경하다가 훌륭한 점심식사가 준비되어 있는 그녀의 집으로 가는 것이 통례가 되어 있었다. 저마다 자기 나름대로 이론적, 실천적, 미학적, 기교적인 면에서 지식을 갖추고 있기에 중요한 예술품들을 앞에 놓고 이야기를 나누다 보면 참으로 배울 게 많다.

---

*13 독일의 '나사렛' 종교화 유파가 고전 화가들을 선호하는 경향이 있음을 의미한다.
*14 미켈란젤로를 가리킨다.
*15 스위스 화가, 동판화가. 1789년 괴테가 바이마르 회화 아카데미 교수로 초청했다.

〈성체 논쟁〉 라파엘로 그림

　그리스에서 돌아온 워슬리 남작의 호의로 그가 가져온 그림들을 보았다. 그 가운데 아크로폴리스*[16] 전면 장식 피디아스의 작품을 모사한 그림이 마음속에 잊을 수 없는 깊은 인상을 남겼다. 미켈란젤로의 강력한 형상물에 자극받아 인간의 신체에 예전보다 더욱 관심을 갖고 연구했기 때문이다.

　이달 끝 무렵에 열린 프랑스 학술원 전시회는 예술가의 역동적인 삶이 묻어나는 중요한 한 시대를 보여 주었다. 다비드*[17]의 《호라티우스》는 프랑스 화가

*16 acropolis. 고대 그리스 도시국가 대부분은 중심지에 조금 높은 언덕을 가지고 있었으며 이것을 폴리스라고 불렀다. 그러나 시대가 지남에 따라 도시국가가 폴리스로 불리게 되어 본디 폴리스였던 작은 언덕은 'akros(높은)'라는 형용사를 붙여 아크로폴리스라고 부르게 되었다. 아크로폴리스 위에는 폴리스의 수호신 등을 모시는 여러 신전(神殿)이 세워져 도시국가의 신앙 중심지가 되었다. 원칙적으로 폴리스마다 아크로폴리스가 있었지만 오늘날 아크로폴리스라고 할 때에는 아테네 시를 가리킨다.

*17 Jacques-Louis David(1748~1825). 프랑스 화가. 프랑수아 부셰, 조셉 마리 비엥에게 사사받음. 여러 차례 실패 끝에 1774년 로마상을 받고 1775~1780년 로마에 유학. 18세기 프랑스 회화의 전통을 고수했으나, 볼로냐, 피렌체 등을 여행하며 접한 이탈리아 르네상스 회화에 감명을 받아 고대 그리스 로마 미술에 심취하면서 신고전주의를 탐구함. 1783년 다시 이탈리아 여행을 했는데 이때부터 명성이 높아졌다. 그 무렵 대표작에 〈호라티우스 형제의 맹세〉가 있다. 프랑스 혁명 때는 자코뱅당에 속하여 〈마라의 죽음〉 등으로 날카로운 현실감각을 드러냈다. 그 뒤, 나폴레옹의 총애를 받고 그즈음 화단에 군림하여 〈나폴레옹의 대관〉 등을 제작했다. 지로데, 트리오종, 그로, 제라르 등의 후배를 길러냄. 나폴레옹 실각 뒤 1816년 이

의 뛰어남을 보여 주었다. 이 작품에 자극받은 티슈바인은 실물 크기의 헥토르 상을 그리기 시작했다. 헥토르가 헬레나 앞에서 파리스 왕자에게 결투신청을 하는 장면이다. 그 뒤 드루애, 가슈로, 데마래, 구피엘, 생투르 같은 화가들이 프랑스의 명성을 높이고 있다. 그리고 푸생풍의 풍경화가로 보케가 좋은 평을 받고 있다.

그동안 모리츠는 고대 신화에 열을 올렸다. 그가 로마에 온 까닭은 예전 방법으로 여행기를 써서 경비를 마련하기 위함이었다. 한 출판업자가 그에게 선불로 원고료를 주었다. 하지만 그는 로마에 와서 쉽고 하찮은 일기를 쓰는 일조차 어렵다는 사실을 금세 알아차렸다. 날마다 대화를 나누고 수많은 주요 예술품들을 구경하면서 그는 순전히 인간적인 측면에서 고대 신화를 쓰기로 마음먹었다. 그리고 교훈적 내용의 석판화를 함께 실어 출판하고자 했다. 그는 열심히 일에 힘썼다. 그리고 우리 동료들도 그 일에 도움을 줄 수 있는 이야기를 많이 나누었다.

조각가 트리펠의 작업장에서 내 소망과 목적에 딱 맞아떨어지는 더없이 즐겁고 교육적인 대화를 나눌 수 있었다. 그는 발데크 후작의 부탁을 받아 대리석으로 내 흉상을 만들고 있다. 인체를 연구하고, 표준이 되는 인체 비율과 표준에서 벗어나는 특성으로서의 비율에 대한 상세한 설명을 듣는 데 이보다 더 좋은 조건은 없을 듯싶었다. 또 주스티니아니 궁전 미술관에서 이제껏 별다른 주목을 받지 못했던 아폴로 상을 발견한 사람이 바로 트리펠이라 대화는 두 배로 흥미로웠다. 그는 그것을 가장 고귀한 예술품 가운데 하나라 평하며 사고 싶어했지만, 그의 희망은 이루어지지 못했다. 그 뒤 유명해진 이 고대 유물은 포르탈레스 씨 소유가 되어 뇌샤텔로 옮겨졌다.

바다로 나가면 바람과 날씨에 따라 항로가 이리저리 바뀌듯이 나 또한 마찬가지였다. 페어샤펠트가 원근법 강좌를 열자 우리는 저녁마다 모여 그의 가르침에 귀기울이면서 직접 연습해 보았다. 이 강습의 가장 큰 장점은 지나치지 않게 적당히 배운다는 것이었다.

사람들은 관조적인 활동에만 빠져 있는 조용한 생활로부터 나를 끌어내고 싶었을 것이다. 작은 마을처럼 그날그날 주고받는 말이 금세 전해지는 로마에

후 브뤼셀로 망명했다.

서 우리의 그 미숙한 연주회는 아주 큰 화젯거리가 되었고 나와 내 저술 작업이 주목의 대상이 되었다. 나는 《이피게니에》와 다른 작품들을 친구들 앞에서 읽었는데, 이 낭독 또한 화제가 되었다. 부온콤파니 추기경이 나를 만나고 싶다며 요청해 왔지만 나는 은둔 생활을 계속했다. 고문관 라이펜슈타인이 딱 부러지면서도 고집스럽게 주장해 준 덕분에 내 원칙을 좀 더 쉽게 지킬 수 있었다. 그는 자기를 통하지 않고는 누구도 나를 만날 수 없으며 그 누구라도 예외는 없다고 했다. 그의 활약과 사회적 위치를 이용해 나는 내가 선택한 조용한 칩거 생활을 이어나갈 수 있었다.

9월의 편지

1787년 9월 1일

오늘은 《에그몬트》 작업이 끝났음을 알려 드립니다. 이제까지 이곳저곳을 계속 다듬어 왔습니다. 카이저*¹가 이 작품에 대한 간주곡과 그 밖에 필요한 음악을 작곡할 수 있도록 먼저 취리히로 보냈습니다. 여러분이 이 작품으로 즐거움을 얻기를 바랍니다.

내 미술 공부에 꽤 많은 발전이 있었습니다. 내 원칙은 어디에든 잘 들어맞아서 내가 모든 예술품들을 이해하는 데 도움이 됩니다. 예술가들이 저마다 하나하나 찾아 모아야 하는 모든 것들이 이제 내 눈앞에 펼쳐져 있습니다. 아직 내가 모르는 것이 얼마나 많은지 깨닫게 해주고, 이해할 수 있는 길을 열어 줍니다.

모리츠에게 헤르더의 신학이 커다란 도움이 되었습니다. 그는 이를 자기 인생의 중요한 기점으로 삼아 온 마음을 신학에 쏟아붓고 있습니다. 나와 친해지면서 마음의 준비가 되었는지 그는 마른 장작이 타들어가듯 그 사상에 빠져들었습니다.

9월 3일, 로마

칼스바트를 떠난 지 오늘로 딱 일 년째가 됩니다. 굉장한 한 해였습니다. 오늘은 내게 특별한 의미가 있는 날입니다. 공작의 생일이자 내가 새로운 삶을 시작한 날이지요. 일 년을 얼마나 이롭게 보냈는지, 다른 사람은 물론 나조차도 가늠이 되질 않습니다. 여러분과 함께 이 모든 시간에 대해 이야기할 때가 오기를 바랄 뿐입니다.

이제야 비로소 연구다운 연구가 시작됩니다. 예전에 이곳을 떠나 버렸다면

---

*1 프랑크푸르트 태생 작곡가. 이 무렵 취리히에 머물고 있었다.

스핑크스가 있는 테라스 계단과 정원, 괴테 그림

나는 로마의 참모습을 보지 못했을지도 모릅니다. 여기에서 보고 배울 점들이 얼마나 많은지 보통사람들은 생각할 수조차 없을 정도입니다. 이곳 말고는 상상할 수도 없을 것입니다.

다시 이집트 유물을 보러 다녔습니다. 요즈음 몇 번 오벨리스크를 보러 갔는데 돌 더미와 진창 사이에 무너진 채 누워 있더군요. 아우구스투스 황제를 기리기 위해 로마에 세운 세소스트리스*² 왕의 오벨리스크였는데, 캄푸스 마르티우스*³ 땅 위에 그려진 커다란 해시계의 바늘 역할을 했습니다. 많은 기념물 가운데 가장 오래되고 훌륭한 유적이 이제는 무너진 채 버려져 있습니다. 몇몇 부분은 (아마 화재가 일어나서) 훼손되어 알아보기도 힘들 정도였습니다. 그래도 여전히 그 자리에 남아 있고, 무너지지 않은 부분은 마치 어제 만들어진 것처럼 생생해(그와 같은 양식으로는) 무척 아름답습니다. 나는 지금 스핑크스의 두상과, 다른 스핑크스 몇 개, 인간, 새들의 머리 부분을 모

---

*2 Sesóstris. 이집트 제12왕조의 파라오.
*3 Campus Martius. 테베레 강 충적평야 지역. 팡테옹을 비롯 아우구스트 황제 광장과 미네르바 광장 등이 있다.

형으로 뜬 석고상 제작을 주문했습니다. 이런 귀중한 작품들은 소장해야 합니다.

사람들이 이집트 상형문자를 더는 이해하지 못하게 될 때를 대비해서, 교황이 그 오벨리스크를 다시 세우려 한다는 이야기를 들었습니다. 그래서 나또한 모든 것을 살아 있는 지식으로 받아들이기 위해 최고의 작품들을 모형으로 만들어 두고자 합니다.

9월 5일

나에게 축제의 아침이 될 이 시간에 글을 쓰지 않을 수 없습니다. 오늘 《에그몬트》가 완전히 끝났습니다. 제목과 등장인물도 적어 넣었고, 비워 두었던 곳도 모두 메워 넣었습니다. 나는 벌써 여러분이 받아 보게 될 순간을 기다리고 있습니다. 그림 몇 점도 함께 보냅니다.

9월 6일

여러분에게 꽤 많은 일을 써 보내고 지난번 편지에 여러 소식을 전하려 했지만, 내일 프라스카티로 가야 해서 그럴 수 없게 되었습니다. 이 편지는 토요일에 보내야 하니, 떠나기 전에 몇 자 적겠습니다.

우리가 드넓고 자유로운 이 하늘 아래에서 좋은 날씨를 누리듯 그곳도 마찬가지겠지요. 나는 늘 새로운 생각을 품고 있습니다. 그리고 다양한 대상들이 주위에 가득하여 때로는 이런 생각, 때로는 저런 생각을 하도록 자극합니다. 수많은 길에서 모든 것이 마치 한 점으로 모이는 듯합니다. 정말이지 이제 나와 내 능력을 이끌어 가려는 빛이 보인다고 하겠습니다. 자신의 상태를 현실적으로 파악할 수 있으려면 어느 정도 나이를 먹어야 하나 봅니다. 그러니 마흔이 되어야 철드는 사람은 슈바벤인들만이 아닌 듯싶습니다.

헤르더가 몸이 좋지 않다는 말을 들었는데 몹시 걱정이 되는군요. 어서 좋은 소식이 있기를 바랍니다.

나는 늘 몸과 마음이 편안합니다. 근본적으로 치유된 것만 같습니다. 모든 일이 순풍에 돛 단 듯 흘러가고 때로는 젊은 시절의 숨결에 감싸이기도 합니다. 《에그몬트》를 편지와 함께 보내지만, 우편 마차로 보낼 예정이라 조금 늦게 도착할 것 같습니다. 여러분이 이 작품에 대해 뭐라 할지 정말 궁금합니다.

어쩌면 바로 인쇄에 들어가는 게 나을지도 모르겠습니다. 독자들에게 참신한 인상을 주면 좋을 텐데요. 이 전집*⁴이 팔리지 않고 남아돌지 않도록 어떻게 독자를 확보할 수 있을지 생각해 주십시오.

그 '신*⁵'은 확실하지 않지만, 내게 좋은 말동무가 되어 주고 있습니다. 모리츠는 그 이론으로 자신의 이론을 쌓아 올렸습니다. 무언가 부족하여 무너져 버릴 것 같던 그의 사상이 마침내 완성된 것입니다. 그가 쓰는 책은 그런대로 잘 되어 가고 있습니다. 그는 나에게 자연 연구에 더욱 정진하라고 격려해 주었습니다. 특히 식물학에서 내가 '하나이며 전체*⁶'인 상태에 이른 것에 대해서는 나 스스로도 놀라움에 사로잡히고 맙니다. 그것이 어느 정도 파장을 미칠지 나도 아직 알 수 없습니다.

예술작품을 설명하고, 문예 부흥기 이래 예술가와 전문가들이 꼼꼼히 탐구하고 연구해 왔지만, 미술 작품을 설명하고 한눈에 파악하는 원칙적 이론에는 통일성이 없습니다. 나는 내 원칙 이론을 적용시킬 때마다 그것이 옳다는 것을 알게 됩니다. 미술가들과 이같은 문제에 대해 두루 대화를 나누면서 굳이 그런 만능 열쇠를 갖고 있음을 말하지 않고도, 이들이 어느 단계에 이르렀는지, 무슨 생각을 하고 어떤 문제에 부딪혔는지를 알 수 있습니다. 나는 문

---

*4 괴테의 오페레타 《빌라 벨라의 클라우디네 *Claudine von Villa Bella*》와 《에르빈과 엘미레*Erwin und Elmire*》를 가리킨다. 이 무렵 부유한 은행가의 딸 릴리 쇠네만과 약혼했던 괴테는 상류 사회의 구속에서 벗어나기 위해 자주 자연에서 도피처를 구하곤 했다. 이 두 작품에는 질풍 노도의 시기를 겪던 작가의 법도에 맞고 아담한 로코코풍이 잘 드러나고 있다. 그 뒤 바이마르로 돌아가면서 괴테의 약혼은 깨졌다.

*5 헤르더의 신학을 인용하고 있는 표현이다. 헤르더는 성서의 기록을 허황되고 신빙성 없는 것으로 여기고, 인류의 과거 전체를 계몽되지 않은 미몽의 시대로 여기는 계몽주의적 역사관을 비판했다. 헤르더는 초월적 역사신학과 기계론적 역사철학이 지니는 각각의 한계를 동시에 극복하기 위해 신의 섭리를 초월적 계시가 아니라 역사 안에서 작용하는 내재적 법칙으로 파악하는 새로운 역사관을 제시했다.

*6 그리스 철학자 크세노파네스의 말. Xenophanes of Colophon(기원전 560/570?~기원전 470/480?). 그리스 철학자. 소아시아 콜로폰에서 출생. 페르시아의 침입을 피해 각지를 유랑하다가 남이탈리아 엘레아에 정착했다. 철학자라기보다 시인이었던 그는 이오니아 자연학의 견지에서 그 무렵 민간종교들이 신을 의인화시켜 여러 가지 인간적 악덕을 신에게 돌리고 있음을 통렬히 풍자하며, 신의 자연적 품성을 파헤쳐, 오로지 하나의 신만 존재한다고 주장했다. 그것은 '하나이며 전체'인 우주이고, 자연 그 자체이며 "그 모습과 사고는 죽어야만 하는 인간과는 다르다"고 주장했다. 파르메니데스 및 엘레아학파에 영향을 주었다.

을 활짝 열고 문지방에 서 있습니다. 그곳에서만 신전 내부를 둘러볼 수 있는데 그 자리를 떠나야 한다는 사실이 매우 안타깝습니다. 고대 예술가들은 호메로스만큼 자연에 대한 방대한 지식과 무엇을 어떻게 제시해야 할지에 대한 확실한 개념을 갖고 있었습니다. 그러나 유감스럽게도 높은 수준을 가진 예술작품은 그리 많지 않습니다. 우리의 바람은 이런 예술품을 볼 때 제대로 이해하고 평화로운 마음으로 떠나는 것뿐입니다. 이런 고귀한 예술작품들은 참된 자연의 법칙에 따라 인간의 지고한 자연물로서 나왔습니다. 자의적인 것과 허구적인 것은 모두 무너지고 필연성과 신(神)만이 남아 있습니다.

며칠 뒤 재능 있는 건축가 루이 프랑수아의 작품을 보기로 했습니다. 그는 직접 팔미라*7에 가서 위대한 감성과 미적 감각으로 대상들을 스케치했습니다. 관련된 소식을 곧 전해드릴 테니 이 중요한 폐허에 대한 여러분의 생각을 부디 알려 주십시오.

나의 행복을 여러분도 함께 기뻐해 주십시오. 이렇게 행복했던 적은 없었습니다. 더없이 차분하고 순수한 마음으로 타고난 열정을 달래며, 끊임없는 즐거움으로 지속적인 이로움을 얻을 수 있음을 깨달은 것은 큰 소득입니다.

그리운 벗들에게 나의 즐거움과 감정을 조금이라도 전할 수 있다면 얼마나 좋을까요?

정치권에 먹구름이 걷히기를 바랍니다.*8 우리 시대 전쟁이 이어지는 동안 많은 사람들이 불행해지고 있습니다. 그리고 전쟁이 끝나더라도 누구 하나 행복할 사람은 없습니다.

9월 12일, 로마

그리운 벗들이여, 나는 여전히 노력하며 살고 있습니다. 요즘은 즐기기보다는 일을 하고 있습니다. 이제 한 주가 끝나가니 여러분에게 한 통의 편지를 씁니다.

---

*7 Palmyra. 서아시아 시리아 사막 가운데에 있는 폐허. 구약성서에서는 타데몰르라는 이름으로 솔로몬 왕이 세운 도시로 알려져 있다. 특히 파르티아 사산왕조 페르시아 시대에는, 그 국경에 가까운 로마제국 내 시리아의 한 왕국으로서 정치적으로도 주목할 만한 활동을 했다. 팔미라의 번영이 이어진 것은 4세기까지이며, 그 뒤는 그즈음 세계무역로의 변화와 근동지방의 일반적 쇠망이 작용해 갑작스럽게 폐허가 되어 버렸다.

*8 이 무렵, 프러시아와 폴란드는 전쟁 위기를 겪고 있었다.

벨베데레의 알로에가 하필이면 내가 없는 때만 골라서 꽃을 피웠다니 정말 유감입니다. 시칠리아 섬에는 너무 일찍 갔었고, 이곳에서는 올해 겨우 한 그루만 꽃을 피웠습니다. 그나마 너무나 높은 곳에 있어 다가갈 수도 없고 인도에서 온 식물이라 이 지역에 제대로 뿌리 내리지 못하고 있습니다.

영국인의 글은 그다지 재미가 없었습니다. 영국에서 성직자들은 아주 조심해야 하며, 독자들 또한 눈에 불을 켜고 그들을 지켜봅니다. 때문에 제아무리 자유로운 영국인이라도 도덕과 관련된 글을 쓸 때는 많은 제약을 받습니다.

인간에게 꼬리가 달려 있었다는 사실이 나는 이상하게 생각되지 않습니다. 묘사된 것을 보면 매우 자연스러운 일인 것 같습니다. 우리 눈앞에서는 날마다 훨씬 기묘한 일들이 벌어지고 있으니까요. 우리와 직접적 관련이 없기에 주의를 기울이지 않을 뿐입니다.

많은 사람들은 일생동안 진정으로 신을 경배하는 마음을 갖지 않는데 B(누군지 밝히지 않음)가 나이가 들어서 '경건'해졌다는 것은 썩 다행스러운 일이기도 합니다. 물론 그렇다고 우리가 감동받지는 않겠지만 말입니다.

며칠 동안 프라스카티에서 추밀 고문관 라이펜슈타인과 함께 지냈는데, 앙겔리카가 일요일에 우리를 데리러 왔습니다. 그곳은 정말 낙원 같았습니다.

《에르빈과 엘미레》를 이미 절반이나 고쳐 썼습니다. 좀 더 흥미와 생동감을 불어넣고자 애썼고, 진부한 대화는 모두 없애 버렸습니다. 이것은 학생의 습작, 아니 졸작에 지나지 않습니다. 하지만 이 작품의 핵심이라 할 수 있는 아름다운 노래는 모두 그대로 두었습니다.

미술연구도 거센 바람에 휩쓸려 가듯 진전되고 있습니다.

내 흉상은 참으로 훌륭하게 만들어지고 있습니다. 아주 멋지고 고상한 양식으로 만들어졌는데, 모두가 만족해하고 있습니다. 후세 사람들이 내 외모를 아름답고 품위있는 모습으로 상상하는 것에 나는 반대하지 않습니다. 이 흉상은 곧 대리석으로 그리고 실물 크기로 제작될 겁니다. 운송이 그리 번거롭지만 않다면 석고로 떠서 하나 보내드리겠습니다. 아니면 언젠가 배편으로 보낼지도 모르겠습니다. 어차피 짐을 싸다 보면 상자 몇 개를 꾸려야 합니다.

크란츠는 아직 도착하지 않았나요? 그분께 아이들에게 줄 선물상자를 맡겼습니다.

발레 극장은 두 번이나 참담한 실패작을 올린 뒤 이제는 매우 우아한 오페레타를 공연하고 있습니다. 참가자들이 대단히 흥겨운 마음으로 공연에 임하다 보니, 모든 것이 조화를 이루고 있습니다. 이제 얼마 안 있으면 지방 공연을 떠날 것입니다. 비가 몇 번 내리자 날이 서늘해지고 주위는 다시 푸른색을 띠고 있습니다.

아직 신문에서 에트나 화산 대폭발*⁹에 대해 보지 못했다면 앞으로 보게 될 겁니다.

9월 15일

트렝크*¹⁰의 생애를 다룬 전기를 읽었습니다. 무척이나 흥미롭고 온갖 생각을 하게 만드는 책이더군요.

다음 편지에서는 내일 만나기로 한 유별난 여행가에 대한 이야기를 들려드리겠습니다.

내가 이곳에 묵는 걸 여러분께서도 기뻐해 주십시오. 이제 로마가 무척 친숙하답니다. 이곳은 이제 나를 크게 긴장시키지 않습니다. 눈앞에 보이는 대상들이 조금씩 내 수준을 높여 주었습니다. 나는 한결 순수한 즐거움을 맛보고, 더 많은 지식을 누리며, 더 많은 행운의 혜택을 받을 겁니다.

여기 편지 한 장을 깨끗하게 다시 써서 함께 보내니 친구들에게 전해 주길 부탁드립니다. 로마는 모든 길이 통하는 중심이어서 이곳 생활은 무척 재미있습니다. 카사의 작품들은 비할 데 없이 아름답습니다. 여러분에게도 전해 주고 싶어 그의 작품 몇 점을 마음에 담아두었습니다.

나는 늘 바쁘게 지내고 있습니다. 내 원칙이 제대로 된 것인지 시험해 보기 위해 작은 석고상을 스케치해 보았습니다. 그 원칙이 완벽히 들어맞아 놀랄 만큼 쉽게 그림을 그릴 수 있었습니다. 내가 그렸다는 게 믿기지 않을지도 모르겠지만 아무래도 상관없습니다. 나는 그 원칙을 적용함으로써 내가 얼마나 큰 발전을 이루어 냈는지 잘 알고 있습니다.

월요일에는 다시 프라스카티로 갈 겁니다. 그래도 일주일 안에 편지를 또 보내도록 노력하겠습니다. 그런 다음 어쩌면 알바노로 가게 될지도 모릅니다.

---

*9 1787년 7월 18일 발생.

*10 프리드리히 대왕의 신임을 받던 고급 장교. 명예훼손죄로 구금되었다가 1794년 파리에서 단두대에 처형당했다. 1785년 《기이한 인생》이라는 제목으로 세 권의 전기가 출간되었다.

그곳에선 자연풍경을 정말 열심히 스케치할 생각입니다. 지금은 무언가 만드는 일을 통해 내 감수성을 제대로 훈련시키는 일 말고는 관심이 없습니다. 젊은 시절부터 앓아온 이 병이 언젠가는 낫게 되기를 신께 기도하겠습니다.

9월 22일

어제는 성 프란체스코의 성혈을 봉송하며 마을 곳곳을 도는 행사가 있었습니다. 나는 교단 성직자들 무리가 줄지어 지나가는 동안 그들의 머리모양과 얼굴을 뚫어지게 바라보았습니다.

무늬를 새겨 넣은 최상급 그리스 로마 시대 모조 보석 200점을 샀습니다. 이들은 고대 유물 가운데 가장 아름다운데, 수집품으로 선택한 모조품도 있습니다. 그 모조품들은 말할 수 없이 아름답고 정교하여, 로마에서 이보다 더 귀중한 것은 구할 수 없을 정도입니다.

내가 작은 배를 타고 돌아갈 때 좋은 물건을 얼마나 많이 가져가게 될는지요. 그러나 뭐니뭐니해도 가장 소중한 것은 사랑과 우정을 가져다 주는 행운을 누릴 수 있는 즐거운 마음입니다. 나 스스로를 지치게 만들고 아무런 결실도 맺지 못하는 능력 밖의 일은 다시는 시도하지 말아야겠습니다.

9월 22일

그리운 벗들이여, 바로 앞 편지에 이어 서둘러 또 한 통의 편지를 보냅니다. 오늘은 내게 무척 뜻깊은 날이었습니다. 많은 친구들과 대공의 어머니로부터 편지를 받았습니다. 내 생일을 기념하는 축하 파티가 있었다는 소식과 마침내 출간된 나의 전집*11도 받았습니다.

나의 반평생이 담겨있는 사랑스러운 책 네 권이 로마로 찾아오다니 정말 묘한 기분이 드는군요. 글자 하나하나마다 내가 체험하지 않고, 느끼지 않고, 즐기지 않고, 괴로워하지 않고, 생각하지 않은 것은 하나도 없다고 감히 말할 수 있습니다. 다시 보니 모든 것들이 더욱 생생히 살아 움직이며 내게 말을 걸어옵니다. 뒤이어 나올 네 권의 책이 이에 미치지 못하면 어쩌나 걱정도 되고 기대도 됩니다. 이 책들이 나오는 데 많은 도움을 주신 분들에게 감사드리고, 여

---

*11 1787~90년 라이프치히 괴셴출판사에서 간행된 첫 괴테전집.

러분도 기쁨을 함께 누릴 수 있기를 바랍니다. 또 앞으로 나올 책에 대해서도 기대와 관심을 베풀어 주기를 진심으로 부탁드립니다.

많은 분들이 '지방'이라고 쓴 표현을 두고 나를 놀리는데, 이 표현이 매우 부적절함을 솔직히 고백합니다.*12 누구나 로마에 있다 보면 모든 것을 거창하게 생각하게 되는데 아닌 게 아니라 나도 로마 사람이 다된 듯합니다. 큰일에만 관심을 두고 이야기하는 것이 로마인의 기질이니 말입니다.

나는 늘 부지런히 일하고 있으며, 요즘에는 인체에 관심을 갖기 시작했습니다. 아, 예술이란 얼마나 넓고 영원하며, 세상은 얼마나 무한한지요. 그런데도 사람들은 그저 유한한 것에만 신경을 씁니다.

25일 화요일에 프라스카티로 가서 열심히 일하고 노력할 겁니다. 곧 떠날 준비를 시작합니다. 한 번이라도 훌륭한 그림을 그릴 수 있었으면 좋겠습니다.

큰 도시나 넓은 지역에서는 아무리 가난하고 보잘것없는 사람이라도 스스로 자신의 존재를 느낄 수 있지만, 작은 마을에서는 아무리 훌륭하고 부유한 사람이라도 자신의 존재를 느끼지 못하며 제대로 기를 펴고 숨을 쉴 수조차 없다는 사실에 대해 생각해보게 되었습니다.

1787년 9월 28일, 프라스카티

이곳에 와서 무척 행복하게 지내고 있습니다. 아침부터 밤늦게까지 스케치하고 색칠하고 붙이기를 합니다. 손기술과 미술기법을 제법 전문적으로 익히고 있습니다. 집주인인 고문관 라이펜슈타인이 말벗이 되어 줘서 유쾌하고 흥겹습니다. 저녁이면 우리는 달빛에 잠긴 별장들을 찾아가 어둠 속에서도 눈에 띄는 대상들을 따라 그렸습니다. 내가 꼭 한 번 완성하고 싶던 대상들을 찾아냈습니다. 이제 완전해지는 그날이 오기만을 기다릴 뿐입니다. 하지만 완벽하길 바랄수록 어쩐지 완성은 더욱 멀게 느껴집니다.

어제 알바노에 다녀왔습니다. 이번 여행길에도 날아가는 새들을 많이 사냥했습니다. 풍요로운 생활을 할 수 있는 이곳에선 무엇이든 마음대로 즐길 수 있고, 모든 것을 손에 넣겠다는 열정으로 마음이 불타오르기도 합니다. 그리고 내 영혼이 전보다 더 많은 대상들을 파악할 수 있을 만큼 내 미적 감각이

---

*12 괴테는 1787년 8월 11일 아우구스트 공작에게 보낸 편지에서 바이마르 영토를 '공작님의 지방'이라 표현했다.

프라스카티 별장, 괴테 그림

순수해졌음을 느낍니다. 이렇게 말로만 쓰는 게 아니라 언젠가 직접 훌륭한 것을 보낼 수 있으면 좋겠습니다. 고향 사람에게 부탁해 여러분에게 몇 가지 작은 선물을 보냅니다.

기쁘게도 로마에서 카이저를 만나볼 수 있을 것 같습니다. 그렇게 되면 음악도 나를 둘러싼 예술들과 같은 자리를 차지하게 되겠지요. 예술들이 친구들과의 만남을 방해하려는 것 같습니다. 내가 얼마나 곧잘 외로움을 느끼고, 여러분과 만나기를 간절히 바라는지 말로는 다 표현할 수 없을 정도입니다. 사실 나는 언제나 몽롱한 상태로 살아가는 인간이기에 더는 생각하고 싶지도 않고 생각할 수도 없습니다.

모리츠와는 무척 유익한 시간을 보내고 있습니다. 나는 내 식물 체계 이론을 설명해 주고, 우리가 어느 단계에 와 있는지 그가 있는 자리에서 기록해두기 시작했습니다. 이런 식으로 혼자서도 내 생각을 종이에 옮길 수 있게 되었습니다. 이런 가운데 아무리 추상적인 내용이라도 전달받을 준비가 된 사람을 만나서 제대로 전한다면 매우 쉽게 파악될 수 있다는 것을 새 제자를 통해 알게 됐습니다. 그는 이런 대화에서 큰 즐거움을 느끼고, 스스로 답을 찾아내어 언제나 앞으로 나아갑니다. 하지만 어쨌거나 이를 글로 옮기는 일은 어려운 문제이고, 비록 모든 글이 무척 꼼꼼하고 정확하게 쓰였다 하더라도 단순히 읽는 것만으로 추상적인 내용을 파악하기란 불가능합니다.

이렇게 나는 행복하게 지내고 있습니다. 아버지 집에 머무르고 있기 때문입니다.[13] 내게 호의를 베풀어 주고 직간접적으로 나를 돕고 후원하고 지원하는 모든 사람들에게 안부 전해 주십시오.

9월의 보고

오늘 9월 3일은 여러 번 기념해야 할 축복받은 날이었다. 오늘은 단 한 번의 충성스런 행동에도 보답을 아끼지 않는 우리 공작의 생신이고, 내가 카를스바트에서 몰래 빠져나온 지 꼭 일 년째 되는 기념일이기도 하다. 그런데 이렇게 뜻깊은 체험을 하게 된 완전히 낯선 상황이 내게 어떤 영향을 미쳤고, 무엇을 가져다 주었는지는 되돌아보지 못했다. 이런저런 일들에 대해 곰곰이 생각해 볼 여유조차 남아 있지 않았다.

로마가 예술 활동의 중심지로 여겨지는 까닭은 로마만의 큰 장점이 있기 때문이다. 교양 있는 여행자들이 이곳에 들르게 되면, 체류 기간이 짧든 길든 매우 많은 빚을 지게 된다. 이들은 계속 이동하고 활동하며 수집한다. 그러다가 성숙해져서 집으로 돌아가면 얻어온 것들을 펼쳐놓고, 멀리 떨어져 있는 그 시대 스승들에게 감사의 제물을 바치는 것을 명예롭고도 기쁘게 생각한다.

'카사'라는 프랑스 건축가가 동방 여행을 마치고 돌아왔다. 그는 매우 중요한 고대 기념물들, 그 가운데서도 아직 책으로 소개되거나 측량되지 않은 기념물과 주변 지역들을 스케치해 왔다. 허물어지고 파괴된 많은 고대의 폐허를 그림으로 되살렸는데 대단히 정밀하고 미적 감각이 뛰어난 작품들이었다. 일부는 펜으로 스케치하고, 일부는 눈앞에 보듯 생생히 수채화 물감으로 묘사되어 있었다.

---

[13] 루카복음서 2장 49절. 그가 부모에게 말했다. "왜 저를 찾으셨습니까. 저는 제 아버지의 집에 있어야 하는 줄을 모르셨습니까?" 예수님께서 자신은 하느님의 아들이며 자신이 있어야 할 곳은 교회라는 뜻을 담아 한 말이다. 본문에서 괴테는 지금 자신은 자신이 있어야 할 곳에 있다는 의미로 성서를 인용하고 있다.

프라스카티의 라이펜슈타인 별장, 괴테 그림

카사의 작품에 대한 해설

1. 시가지 일부와 소피아 사원을 배경으로 바다 쪽에서 바라본 콘스탄티노플 궁전

유럽에서 가장 매력적인 산정에 술탄의 궁전이 우리 상상을 뛰어넘는 재미있는 방식으로 지어져 있다. 잘 손질된 껑충한 나무들이 무리지어 나란히 서 있고, 그 아래에는 커다란 성벽이나 궁전이 아니라 조그만 집들, 격자 구조물들, 보행로, 정자, 펼쳐진 융단들이 소박한 모습으로 오밀조밀 정겹게 뒤섞여 그 정경이 무척 재미있다. 스케치에 더해진 채색이 매우 정겨운 효과를 낸다. 길게 펼쳐진 바다가 이런 건물들이 서 있는 해안을 씻어주고 있다. 맞은편에는 아시아가 있고, 다르다넬스로 통하는 해협이 보인다. 스케치는 크기가 가로 7피트, 세로 3피트이다.

2. 같은 크기로 그린 팔미라 폐허의 전경

카사는 마치 폐허에서 찾아낸 듯한 도시의 평면도를 먼저 우리에게 보여 주었다.

이탈리아식 척도로 일 마일 길이의 열주*14가 성문에서부터 시가지를 지나 태양의 신전까지 이어졌다. 일직선이 아니라 중간 부분이 조금 굽어 있는데, 네 열로 이루어진 열주의 기둥 높이는 지름의 열 배 정도였다. 기둥 위쪽에 지붕이 있을 리는 없지만 카사는 융단으로 덮여 있지 않았나 생각했다. 대형 스케치에는 열주의 일부가 앞부분에 곧추서 있는 모습이 보인다. 비스듬히 줄지어 가로질러 지나가는 상인 무리의 전경이 매우 훌륭하다. 뒤편에는 태양의 신전이 서 있고, 오른쪽에 펼쳐진 대평원에서는 술탄의 친위병 몇 명이 쏜살같이 말을 달리고 있다. 가장 색다른 특징은 수평선 같은 푸른 선으로 그림을 마무리하고 있다는 점이다. 카사는 이에 대해 다음처럼 우리에게 설명해 주었다. 바다가 완전히 수평선을 이루는 것처럼 사막 지평선도 멀리서 보면 푸른색으로 보이고, 자연을 관찰할 때 우리 눈이 착각을 일으키는 것과 마찬가지로, 우리가 처음 그림을 볼 때도 착각을 일으킨다는 것이다. 그래서 우리는 팔미라가 바다에서 제법 멀리 떨어져 있다는 사실을 잘 알면서도 그림을 보고 그랬듯이 자연을 보고도 속는다고 했다.

3. 팔미라의 무덤들

4. 늘어선 폐허의 풍경과 함께 발베크의 태양 신전을 복원한 모습

5. 솔로몬 신전을 바탕으로 지은 예루살렘의 대형 이슬람 사원

6. 페니키아의 한 작은 신전 폐허

7. 레바논 산기슭의 더없이 아기자기한 풍경. 소나무 숲, 호수, 호숫가의 능수버들과 그 밑의 무덤들, 멀리 보이는 산

8. 터키의 무덤들. 묘비마다 망자의 머리장식이 있다. 터키인들은 머리 장식으로 신분을 구별했기 때문에 묻힌 사람의 신분을 금방 알 수 있다. 처녀들의 무덤에는 꽃들이 매우 정성스럽게 가꾸어져 있다.

9. 커다란 스핑크스 머리를 한 이집트 피라미드

카사의 이야기로는 그 머리는 석회암을 깎아 만든 것이라고 한다. 겉에 금이 가고 형태가 망가졌기 때문에, 머리 장식의 주름에서 알 수 있듯이 그 거상에 석고를 바르고 색을 입혔다고 한다. 얼굴 부분 높이만 해도 약 10피트에 이르므로 얼굴의 아랫입술에서 너끈히 산책도 할 수 있을 정도였다고

---

*14 列柱. 건축 용어. 지붕 아래 대들보를 받치며 일정한 간격으로 세워진 다수의 기둥

로마 팔라티노 폐허, 괴테 그림

한다.

10. 여러 기록, 계기와 추정을 바탕으로 복원한 피라미드

이곳저곳으로 방이 튀어나와 있고 그 옆에 오벨리스크가 서 있다. 방으로 난 복도에는 오늘날에도 북부 이집트에서 볼 수 있는 것과 같은 스핑크스가 자리한다. 이 그림에는 내가 이제까지 본 그림 가운데 가장 원대한 건축 이념이 담겨 있는데, 이보다 더 나아간 것은 있을 수 없다고 생각한다.

이 아름다운 그림들을 모두 느긋한 마음으로 구경한 뒤 저녁에는 팔라티노 언덕 정원으로 발길을 옮겼다. 황궁 폐허들 사이의 공간이 이 정원들로 우아하게 꾸며져 있었다. 탁 트인 경치를 감상하면서 우리는 환상적인 시간을 마음껏 즐겼다. 즐거운 모임을 위해서 으레 테이블, 의자 및 벤치를 밖에 놓아두듯이, 멋진 나무들 아래에는 장식된 기둥머리들, 반들반들하고 홈이 파인 기둥들, 부서진 조각상들, 이 밖에도 그 비슷한 것들이 넓은 지역에 이리저리 흩어져 있었다. 해가 기울어 가는 가운데 배움으로 재충전된 맑아진 눈으로 다채로운 풍경을 굽어보니 예전에 보았던 그림들과 견주어도 전혀 손색이 없음을 인정하지 않을 수 없었다. 카사가 그의 취향대로 그려서 채색한다면 어디서든 큰 감동을 불러일으킬 수 있으리라. 이처럼 예술작품을 통해 우리 눈은 차츰 조율되고, 자연을 더 민감하게 인지하며, 자연이 주는 아름다움을 점점 더 열린 마음으로 받아들이게 된다.

다음 날, 어제 그 예술가에게서 위대하고 무한한 것을 보았으니 이제 낮고 보잘것없는 좁은 곳으로 가보자고 농담삼아 이야기를 했다. 웅장한 이집트 기념물들을 보며 아우구스투스 황제가 연병장에 세우게 한 거대한 오벨리스크를 떠올렸다. 해시계 바늘로 쓰였던 오벨리스크가 이제는 여러 조각으로 부서진 채 판자벽으로 둘러싸인 더러운 구석에서 다시 예전 모습으로 되돌려 줄 유능한 건축가를 기다리고 있었다(덧붙이자면 이 오벨리스크는 현재 몬테 치토리오 광장에 다시 세워져 로마 시대처럼 해시계 바늘로 쓰이고 있었다). 이 집트의 깨끗한 화강암을 깎아 만든 오벨리스크는 잘 알려진 양식이긴 하지만 귀엽고 순수한 형상들이 여기저기 촘촘하게 박혀 있었다. 본디 하늘 높이 치솟아야 하는 오벨리스크 옆에 서서 사람 눈이 아닌 햇빛만이 도달할 수 있던 뾰족한 꼭대기를 보니 스핑크스들이 더할 나위 없이 정교하게 묘사되어 있어 참으로 신기했다. 예술이 신을 찬양하는 목적을 가질 때 인간의 눈에 어떤 효과를 주는지는 고려하지 않는다는 사실의 좋은 본보기였다. 나는 그 옛날 구름을 향하도록 만들어진 이 신성한 상들을 우리가 같은 눈높이에서 편안히 볼 수 있도록, 모형을 떠서 만들라고 주문했다.

이런 불쾌한 곳에서 높은 가치를 지닌 소중한 작품들과 함께 있으니 로마는 모든 것이 모여 있는 나라라는 느낌이 들었다. 로마는 세상에서 유일무이한 곳이기도 하다. 특유의 뒤섞임으로 이 도시는 수많은 장점을 가지게 되었기 때문이다. 우연은 이곳에서 아무것도 만들어 내지 못했고 오직 파괴만 했을 뿐이다. 오늘까지 온전히 남아 존재하는 것들은 모두 감탄을 자아내고, 파괴된 것들은 경외심을 불러일으키며, 볼품 없는 폐허는 태곳적 규칙성을 암시해 준다. 이 규칙성은 교회와 궁전의 새롭고 위대한 형식으로 다시 나타났다.

주문한 모조 주형이 완성되었다. 이것을 보니 보석 조각을 복사해 모은 크리스티안 덴의 멋진 수집품이 생각났다. 모조품의 일부를 살 수 있었는데, 그 가운데는 이집트 작품들도 있었다. 어떤 일의 결과로 또 다른 일이 일어나듯, 나는 마음에 품고 있던 수집품 중에서 가장 뛰어난 것들을 골라 주문했다. 그런 복사품들은 매우 귀한데, 재력의 한계가 있는 애호가들이 앞으로

팜필리 궁에서 바라본 베드로 광장 전경, 괴테 그림

온갖 다양한 이익을 볼 수 있는 바탕이 되기도 한다.

괴셴출판사에서 보낸 내 전집의 앞부분 네 권이 도착했다. 이 호화 양장본 책은 앙겔리카의 손에 들어갔다. 이 책을 보고 그녀는 자신의 모국어를 칭찬할 이유를 찾게 되었다고 말했다.

하지만 나는 예전 활동들을 되돌아보면서 생생히 밀려드는 여러 생각들에 마음을 빼앗겨서는 안 되었다. 내가 선택한 길이 나를 얼마나 멀리까지 이끌어 갈 것인지 알지 못했고, 예전의 노력이 어떤 성과를 거두었는지, 이러한 바람과 변화가 그동안의 노력을 얼마나 보상해 줄지, 무엇 하나 짐작할 수가 없었다.

하지만 내게는 뒤를 돌아보고 생각할 시간이나 여유가 없었다. 유기적인 자연의 형성과 변형에 대한 생각들이 나를 가만 두지 않았다. 생각에 잠겨 있다 보면 한 가지 결론에서 다음 결론이 나오기 때문에 내 이론을 발전시키기 위해서는 매일, 매 시간 어떤 방법으로든 내 생각을 이야기할 필요가 있었다. 나는 이야기 상대로 모리츠를 택했다. 내 능력이 미치는 한 식물의 변형에 대해 그에게 강의했다. 그는 늘 빈 항아리처럼 자신이 소화할 수 있는 배움을 갈망했으며, 내가 강의하는 가운데 자기 생각을 말해 주어 강의를 이어갈 용기를 북돋아 주었다.

이 무렵 우리는 진기한 책을 읽게 되었는데, 우리에게 도움이 될지는 모르겠지만, 큰 자극이 된 것은 틀림없다. 그것은 간단한 제목이 붙여져 있는 헤르더의 저서로, 신과 신적인 것들에 대한 여러 견해를 대화 형식으로 서술한 책이었다. 이 글은 뛰어난 친구 옆에서 이러한 문제에 대해 곧잘 대화를 나누곤 했던 옛 시절로 나를 데려다 주었다. 무척이나 경건한 생각들로 이뤄진 이 책은 우리가 특별한 성자의 축일을 존경심을 담아 바라보게 하는 동기가 되어 주었다.

9월 21일에는 성 프란체스코를 기념하는 축제가 벌어졌다. 시내에서는 수도사와 신자들이 길게 줄을 서서 그의 성혈을 봉송했다. 수많은 수도사들이 지나가는데, 그들 복장이 간소하다보니 나의 시선은 자연스레 그들 머리에 집중되었다. 머리카락과 수염이 남성을 저마다 달라 보이게 한다는 생각이 들어 처음에는 주의 깊게, 그 다음에는 놀라운 마음으로 내 앞을 지나가는 행렬을 찬찬히 들여다보았다. 그림틀처럼 얼굴을 둘러싼 머리카락과 수염이 주위의 수염 없는 구경꾼들과 대비되며 확연히 눈에 띄는 점이 꽤나 재미있었다. 그런 얼굴들을 그림으로 묘사하면 보는 사람에게 대단한 매력을 풍기리라는 생각이 들었다.

고문관 라이펜슈타인은 외국인을 안내하고 접대하는 자신의 일에 대해 무척 잘 알고 있었는데 직무를 수행하며 이런 사실을 알게 되었다고 한다. 관광과 휴식을 위해 로마에 온 많은 사람들이 평소와 달리 이런 곳에서는 한가하게 시간을 보낼 거리가 없어지므로 때로 극심한 권태감에 시달리게 된다는 것이다.

세상 물정에 밝고 실용적인 그는 단순한 구경이 얼마나 피곤한 일인지를, 그리고 스스로 소일거리를 찾아내서 친구들을 즐겁게 하고 마음을 달래 주는 일이 얼마나 중요한 일인지를 잘 알고 있었다. 그래서 두 일거리를 정해 그들이 몰두할 수 있도록 했는데, 바로 밀랍화 그리기와 모조 보석만들기였다. 이 무렵 밀랍 비누를 착색제로 쓰는 방식이 다시 유행하게 되었다. 미술가가 어떤 방법으로 제작하느냐 하는 것이 이 방면 미술계에서 관심을 둔 점이었기 때문에 다음과 같은 새로운 방법이 들어왔다. 바로 기존의 것에 새로운 방

파괴된 다리, 괴테 그림

식을 도입하여 예술가들로 하여금 새롭게 주의를 기울일 생생한 동기를 주는 방법이다. 그리하여 이제까지의 방식에 대해서 흥미를 잃었더라도 새로운 방식으로 시도해 볼 마음이 생기게 해주는 것이다.

카타리나 여제를 위해 라파엘로풍의 작은 방들을 그대로 본뜨고, 온갖 장식품으로 가득 찬 건축 양식을 통째로 페테르부르크에 재현하려는 대담한 계획은 새로운 기술로써 추진되었다. 이러한 기술이 없었으면 실행될 수 없었을지도 모른다. 내구성이 강한 밤나무 널빤지와 통나무로 실내 바닥, 벽, 기둥, 기둥받침, 기둥머리, 천장과 벽 사이의 장식들을 만들어 아마포를 씌운 뒤, 그 위에 밀랍화 인형을 입혔다. 라이펜슈타인의 지도 아래, 운터 베르거가 수년 간 몰두하여 정성스럽게 만든 이 작품은 내가 도착했을 때는 이미 보내지고 없었다. 그래서 이 거대한 제작물 가운데 남아 있는 것을 보고 상상할 수 밖에 없었다.

이 제작물 덕분에 밀랍화는 아주 큰 인기를 누리게 되었다. 조금이라도 재능 있는 외국인이라면 쉽게 이 작업을 접할 수 있었다. 미리 준비된 색칠 도구들은 저렴한 가격에 구할 수 있었고, 비누는 직접 만들 수 있었으므로 한가하거나 비는 시간이 있으면 만들어 낼 수 있었다. 중급 수준의 예술가들이 교사나 보조자로 일하기도 했다. 나는 외국인들이 로마식 밀랍화를 몸소 만들어 포장하고 몹시 흡족해하며 고향으로 돌아가는 것을 몇 번 본 적이 있다.

모조 보석 제작은 남자들에게 더 잘 맞았는데, 라이펜슈타인 댁의 크고 낡은 지하실 부엌이 가장 좋은 작업 장소였다. 이곳은 작업에 필요한 공간보다 더 넓었다. 먼저 불에 녹지 않는 덩어리를 아주 부드럽게 빻아서 체로 친 다음 반죽을 만든다. 이를 보석 모형으로 찍어내서 정성스레 말린 뒤 쇠고리를 두르고 불덩어리 속에 집어넣은 다음 녹인 유리 덩어리를 그 위에 부으면 조그만 예술작품이 생겨난다. 누구나 자신의 손으로 직접 만들었다는 생각에 뿌듯한 기쁨을 느끼게 된다.

고문관 라이펜슈타인은 내게 이 일을 열성적으로 가르쳐 주었다. 그렇지만 이런 작업을 계속하려니 나에게 맞지 않고, 자연과 예술품을 모사하여 손기술과 안목을 높이는 게 내 본디 바람이라는 사실을 어느새 깨닫게 되었다. 그는 찌는 듯한 더위가 채 가시기도 전에 몇몇 예술가와 함께 나를 프라스카티로 데리고 갔다. 우리는 시설 좋은 사택에서 곧바로 필요한 것들을 마련한 뒤 낮에는 온 하루를 밖에서 머물다가 저녁이면 커다란 단풍나무 탁자 주위에 모여들었다. 프랑크푸르트 출신의 게오르크 쉬츠*15는 뛰어난 재능은 없었지만 손재주는 있는 편이었다. 그는 꾸준히 미술 작업을 하지는 않았지만 점잖고 대하기 편한 사람이라 로마인들도 그를 남작이라 불렀다. 그는 나의 산책길에 함께해 여러모로 도움을 주었다. 이곳에서는 수백 년 동안 수준 높은 건축 양식이 지배하고 있으며, 아직까지 남아 있는 거대한 토대 위에 빼어난 인물들의 예술적 사고가 두드러져 보이는 까닭에 눈과 정신이 황홀경에 빠지지 않을 수 없음을 알게 될 것이다. 이처럼 다채로운 수평선과 수천 개의 수직선이 나름대로 조명을 받으면서 소리 없는 음악처럼 멈추거나 장식되면서 우리 눈에 띄일 때면 말이다. 그리고 우리 마음속의 사소하고 편협한 모든 것이 고통을 불러일으키며 내몰리게 됨을 알게 되리라. 그 가운데서도 달빛에 형상이 뚜렷해지는 광경은 상상을 뛰어넘는다. 여기서는 개별적인 즐거움을 주는 것이나 뭐라고 이름 붙이기 곤란한 것이 뒤로 물러나고, 빛과 그림자의 거대한 덩어리만이 엄청나게 우아하며 균형잡힌 거대한 물체를 드러낼 뿐이다. 저녁에는 교육적인 이야기가 오고갔지만 때로는 짓궂은 대화도 빠지지 않

---

*15 괴테가 로마에 머무는 동안 한집에 머물렀던 풍경화가

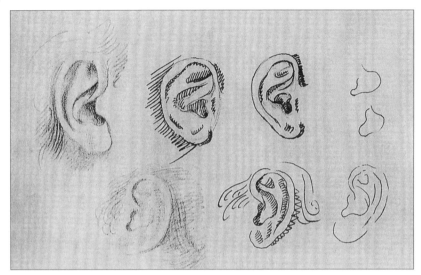

귓바퀴 스케치, 괴테 그림

았다.

젊은 예술가들이 상냥한 라이펜슈타인의 성격을 약점이라 말하며 가끔 우스개삼아 은밀히 조롱했음을 숨기지 않겠다.*16 그러던 어느 날 저녁 예술적 대화의 무궁무진한 원천인 벨베데레의 아폴로 상이 다시 화제에 오르게 되었다. 탁월한 두상에 비해 귀 모양이 그다지 대단치 않다는 말이 나오자 화제는 자연스럽게 이러한 신체 기관의 품격과 아름다움으로 옮겨갔으며, 자연 상태의 아름다운 귀를 찾아 이를 예술적으로 균형 있게 모사하기 어렵다는 문제로까지 흘러갔다.

쉬츠의 귀가 예쁘다는 말을 들은 나는 무척 잘생긴 그의 오른쪽 귀를 꼼꼼이 다 그릴 때까지 등불 옆에 앉아달라고 부탁했다. 그러자 그는 바로 고문관 라이펜슈타인 옆에 앉아 눈을 돌릴 수도 없고 돌려서도 안 되는, 말 그대로 꼼짝도 하지 않는 자세를 취해 주었다. 그러자 라이펜슈타인은 전부터 명성이 자자한 강연을 시작했다. 그는 우리에게 최고의 예술품에 다가가지 말고, 먼저 파르네세 화랑의 카라치 유파에서 시작하여 라파엘로로 넘어간 다음, 마지막으로 벨베데레의 아폴로 상에 이르러야 한다고 말했다. 더 이상의 것은

---

*16 그를 '전능하신 하느님 아버지'라 했던 일을 가리킨다.

바랄 수도 희망할 수도 없기 때문에 외울 수 있을 때까지 부지런히 스케치해야 한다는 것이다.

착한 쉬츠는 안에서 터져 나오는 웃음을 도저히 참을 수 없었다. 그래서 움직이지 말고 가만히 있으라고 내가 요구할수록 그의 고통은 커져만 갔다. 이렇게 교사이자 자선가인 라이펜슈타인은 독특한 상황 때문에 강의한 보람도 없이 늘 조롱받는 처지가 되곤 한다.

예상치 못한 것은 아니었지만 알도브란디니 공의 별장에서 창 밖으로 내다보이는 전망은 참으로 훌륭했다. 마침 시골에 와 있던 그는 친절하게도 우리와 함께 고용 성직자와 가족들에게까지 푸짐한 성찬을 대접했다. 그 성채는 언덕과 평지의 아름다운 광경을 한눈에 굽어볼 수 있도록 설계되었다. 별장에 대해 많은 이야기를 나누었는데, 이리저리 둘러보아도 이보다 더 멋진 곳에 집을 짓기가 쉽지 않으리란 확신이 들었다.

여기서 나는 한 가지 사실과 그 진지한 의미를 털어놓고 싶다. 그것은 이미 서술한 것에 빛을 주고, 앞으로 이야기할 것에도 빛을 퍼뜨려 준다. 자기 수양에 힘쓰는 많은 훌륭한 사람들은 이로써 자신을 돌아보는 기회를 갖게 될 터이다.

힘차게 나아가는 사람들은 향락에 만족하지 않고 지식을 갈구한다. 지식은 이들을 활동적으로 만든다. 이 같은 활동이 성공을 거둘지라도 사람들은 마침내 스스로 창작할 수 있는 것 말고는 어떤 것도 올바르게 평가할 수 없음을 깨닫게 된다. 그렇지만 인간은 이 문제에 대해 쉽게 이해하지 못하고 이로 인해 이런저런 잘못된 노력을 하게 된다. 그러한 노력은 그 의도가 바르고 순수할수록 더욱 불안해지는데 요즘 들어 의구심과 억측이 피어나기 시작해 편안하게 지내던 나를 불안하게 만들었다. 이곳에 머무르면서 갖게 된 소망과 의도가 쉽게 이루어지지 않으리라는 느낌이 들었기 때문이다.

그 뒤 며칠 동안 즐거운 시간을 보내고 로마로 돌아왔다. 이곳에서 우리는 사람들이 가득 찬 밝은 홀에서 매우 우아한 새로운 오페라를 구경함으로써 그리운 바깥 생활을 보상받아야 했다. 1층 맨 앞쪽에 마련된 독일 예술가들을 위한 좌석은 언제나처럼 꽉 들어찼다. 현재와 과거에 누린 즐거움에 보

별장 창밖 언덕 풍경, 괴테 그림

답이라도 하듯 이번에도 아주 커다란 박수갈채와 환호성이 터져나왔다. 그렇다. 우리는 의도적으로 처음에는 좀 나지막한, 다음에는 좀 더 센, 마지막으로는 명령하듯 '쉿쉿' 소리를 내지름으로써 인기를 얻기 시작하는 아리아나 그밖의 경쾌한 곡을 연주하게 하여 왁자지껄 떠드는 관중을 조용하게 만들 수 있었다. 무대 위 친구들은 우리를 위해 가장 멋진 장면에서는 우리 쪽을 보며 연주를 해주었다.

10월의 편지

1787년 10월 2일, 프라스카티

여러분이 제때 받아 볼 수 있도록 늦지 않게 편지를 써야 합니다. 할 이야기가 많지만 막상 쓰려니 생각이 나지 않습니다. 나는 끊임없이 그림을 그리면서 그리운 친구들 생각을 하고 있습니다. 이제 다시 고향이 그리워집니다. 이곳에서 잘 지내고 있지만 가장 사랑하는 사람이 곁에 없음을 느끼기 때문이겠지요.

내가 처한 상황은 참으로 기묘하지만 이제 마음을 가다듬고 하루하루를 유익하게 보내면서 해야 할 일을 해나가려 합니다. 이번 겨울 내내 이렇게 지낼 생각입니다.

여러분은 한 해를 전혀 모르는 다른 나라 사람들 틈에서 지내는 게 참으로 이로우면서도 무척 힘든 일임을 모르시겠죠. 이건 우리끼리 하는 이야기입니다만 티슈바인은 나에게 딱 맞는 사람은 아니었습니다. 그는 좋은 사람이지만 편지에서처럼 순수하고 자연스럽고 솔직하지는 않습니다. 하지만 누군가에 대해 말할 때는 그 사람을 직접 만나 경험해 본 뒤에 이야기하는 게 옳습니다. 그리고 이런 묘사가 무슨 의미가 있겠습니까! 한 사람의 삶을 만드는 것은 그의 성격입니다. 나는 카이저를 기다리고 있습니다. 그는 나에게 큰 기쁨을 안겨줄 겁니다. 우리 둘 사이를 방해하는 것은 모두 사라지기를 진심으로 빕니다!

요즘 나의 가장 큰 관심사는 스케치 실력을 높이는 일입니다. 내가 그림을 쉽게 그릴 수 있어 다시 배우지 않아도 될 만큼 말이죠. 유감스럽게도 헛되이 보낸 인생의 가장 아름다운 시기에 내가 그랬듯, 오랫동안 멈추어 있어도 실력이 떨어지지 않을 만큼의 수준 말입니다. 하지만 한 가지 변명을 해야겠습니다. 그리기 위해 그리는 것은, 말하기 위해 말하는 것과 같을 겁니다. 나에게 표현할 것이 없고, 자극을 주는 것도 없으며, 값진 대상은 힘겹게 싸우고 괴로움을 견뎌 내야만 겨우 얻어낼 수 있는데 아무리 찾아도 발견할 수 없다면 어디서 그런 모방 욕구가 생겨나겠습니까? 로마에선 예술가가 되지 않을 수 없습니다. 모든 것이 끈질기게 달라붙어, 차츰 내 안에서 차고 넘치게 되어 무언가를 만들어낼 수밖에 없게 됩니다. 나의 소질과 그동안 얻은 지식으로 미루어 보아 이곳에서 몇 년 간 더 머무르면 눈에 띄게 성장하리라 믿습니다.

그리운 벗들이여, 여러분은 나 자신에 대한 글을 쓰라고 했는데, 이제 내가 처한 상황을 잘 아셨겠지요. 다시 만나면 모두 자세하게 이야기해 드리겠습니다. 나는 나 자신과 다른 사람들, 그리고 세상과 역사에 대해 깊이 생각할 기회를 얻었습니다. 비록 새로운 것은 아닐지라도 여러 좋은 이야기들을 나만의 방식으로 전해 드릴 겁니다. 이 모든 것은 《빌헬름 마이스터의 수업 시대》에 모아서 정리해 두겠습니다.

모리츠는 언제나 가장 사랑스러운 말동무입니다. 하지만 그와 친해지면서 걱정스럽고 지금도 마음에 걸리는 것은, 그가 나와 만나서 더 올바르고 나아지고 행복해지려는 게 아니라 오로지 더 현명해지려고만 한다는 점입니다. 이 때문에 완전히 마음 터놓기가 꺼려집니다.

여러 사람들과 함께 지내는 것은 매우 좋은 일입니다. 사람들 저마다의 기질과 행동 양식을 볼 수 있습니다. 어떤 사람은 자신의 본분을 다하는데, 또 어떤 사람은 그렇지 못합니다. 앞사람은 갈수록 나아지겠지만, 뒷사람은 그게 어려울 겁니다. 어떤 사람은 모으고, 또 어떤 사람은 흐트러뜨립니다. 어떤 사람은 모든 것에 만족하는데, 또 어떤 사람은 아무것에도 만족하지 못합니다. 어떤 사람은 재능은 있지만 노력하지 않으며 또 어떤 사람은 재능이 없어도 열심히 노력합니다. 이 모든 것을 관찰하며 그 안에서 나 자신도 바라봅니다. 그래서 마음이 흡족하고, 내가 그들에게 어떤 부분도, 그 무엇도 책임질 일이 없다는 사실을 생각하면 기분이 무척 좋습니다. 그리운 벗들이여, 저마다 자기 방식대로 행동하다가도 마침내는 하나의 전체가 되어 이곳에 머물러야 한다고 나에게 요구한다면, 그때는 떠나거나 미쳐 버리는 수밖에 없을 겁니다.

1787년 10월 5일, 알바노

이 편지를 내일 로마로 떠나는 우편 마차 편에 보내겠습니다. 여기에 내가 하고 싶은 말의 천분의 일이라도 담을 수 있을지 모르겠습니다.

어제 프라스카티를 떠나려는데 여러분이 보내 준 편지와 책들이 도착했습니다. '흩어진'이라기보다는 '모아진' 기록들,*1 그리고 《고찰》*2과 네 권의 모로 코 가죽 장정본*3이었는데, 앞으로 별장에서 지내는 내내 나의 보물이 될 것입 니다.

어제 《페르세폴리스》*4를 읽고 무척 기뻤습니다. 그런데 그곳의 양식과 미술 품이 이곳으로 건너오지 않았기에 나는 어떤 말도 덧붙일 수 없습니다. 인용된 책들은 여러 도서관에서 찾아보겠습니다. 다시 한 번 감사의 말을 전합니다. 부 탁건대 계속 정진하십시오! 그것이 여러분의 의무이기 때문입니다! 그리고 여 러분의 빛으로 온 세상을 비추십시오!

《고찰》과 '시편'*5은 아직 손대지 못했습니다. 요즘 내 전집도 잘 되어 가고 있으니, 착실히 나아가려 합니다. 마지막 권에 들어갈 동판화 네 장은 이곳에 서 만들 예정입니다.*6

당신이 언급한 사람들*7과 우리의 관계는 선의의 휴전 상태에 지나지 않았 습니다. 나는 전부터 알고 있었습니다. 무언가 될 가능성이 있는 것만이 실제 로 발전할 수 있는 법이지요. 사이가 점점 멀어지다가 결국 조용히 관계가 끊 어질 겁니다. 그 가운데 한 사람*8은 단순하고 자만심에 가득 차 있는 바보입 니다. '내 어머니는 거위를 갖고 있다네'*9라는 노래는 '하늘에 계신 하느님에게 만 영광 있으라'*10 보다 더 단순하고 보잘것없습니다. '그들은 건초와 짚, 건초 와 짚을 구별할 줄 안다네' 등을 부르는 자도 그런 바보 가운데 하나입니다. 이 런 인간과는 어울리지 마십시오! 처음부터 배은망덕한 게 뒷날 배은망덕한 것 보다 낫습니다. 또 다른 사람은 그가 낯선 땅에서 자기 나라로 돌아왔다고 믿

---

*1 헤르더의 저서 《흩어진 기록들》 3권을 가리킨다.
*2 헤르더의 저서 《인류 역사의 철학적 고찰》을 가리킨다.
*3 앙겔리카에게 준 괴테 전집을 가리킨다.
*4 헤르더의 저서 《흩어진 기록들》의 제3부 4장
*5 헤르더의 저서 《흩어진 기록들》 제3부에 실린 초기 시들.
*6 이 동판화는 앙겔리카와 립스가 제작했다.
*7 시인이며 경건파 교도인 클라우디스와 철학자 야코비는 헤르더의 저작물을 공격했다고 한 다. 이 밖에 라바터도 있다.
*8 야코비를 가리킨다. Friedrich Heinrich Jacobi(1743~1819). 독일 감정철학(Gefühlsphilosophie)의 대표자로 특히 스피노자의 합리론에 대한 주요 비판자.
*9 클라우디스가 지은 자장가.
*10 《고찰》에 나오는 구절.

알바노 산골, 괴테 그림

지만,*11 사실 그는 자기 자신만을 찾는 사람들에게로 돌아온 것입니다. 그는 소외감을 느끼면서도 그 까닭은 알지 못합니다. 내가 크게 착각한 것이거나, 알키비아데스*12의 관용이 취리히 예언자의 눈속임 요술에 불과하거나 둘 가운데 하나입니다. 그 예언자*13는 자신의 신학적인 시인 기질에 따라 진실과 거짓을 내세우거나 사라지게 하기 위해, 큰 구슬과 작은 구슬을 재빠르게 바꾸거나 섞을 만큼 충분히 영리하고 약삭빠른 자입니다. 처음부터 거짓과 악령, 예감과 동경의 친구인 악마가 그를 데려가거나 잡아가 주기를!

---

*11 요한복음서 1장 11절을 인용한 표현. '그분께서 당신 땅에 오셨지만, 그분의 백성은 그분을 맞아들이지 않았다.'

*12 Alkibiades(기원전 450?~기원전 404). 아테네 정치가·군인. 정치·군사적 재능과 준수한 외모를 타고났으나 무절조와 사리(私利)에 치우쳐, 펠로폰네소스전쟁에서 아테네를 패배로 이끄는 원인을 만들었다.

*13 라바터를 가리킨다. Johann Kaspar Lavater(1741~1801). 스위스 프로테스탄트 신학자·문필가·인상학자. '질풍노도' 시대의 특색 있는 인물로써 취리히 대관의 부정을 공격해 널리 알려졌다. 독일을 여행하며 사람들을 사로잡아 '남방의 마술사'라는 별명이 붙었다. 저서에 《영원에의 조망》, 《어느 자기성찰자의 일기》 등이 있다.

새로 편지 한 장을 써야겠는데, 내가 손보다는 영혼으로 이 편지를 쓰고 있음을 여러분이 알아주어 눈보다는 정신으로 읽어 주기를 부탁드립니다.

그리운 형제여, 힘써 나아가십시오. 다른 사람들은 신경 쓰지 말고, 끊임없이 생각하고 발견하고 통합하고 시를 쓰고 글을 쓰십시오. 우리는 살아있는 한 글을 써야 합니다. 처음에는 자신을 위해 살아가지만, 그런 다음에는 마음이 통하는 사람들을 위해서도 존재하게 됩니다.

플라톤은 자신의 학파에서 '기하학을 모르는 자'를 용납하려 들지 않았습니다. 내가 학파를 하나 만들 수 있다면 자연 연구 가운데 한 분야를 진지하게 선택하지 않는 자는 받아들이지 않을 것입니다. 최근 나는 사도와 카푸친 교단의 듣기 싫은 가르침 같은 그 취리히 예언가의 장황한 연설에서 어처구니없는 말을 찾아냈습니다. "생명을 가진 모든 것은 자신 외의 다른 어떤 것에 의해 살아간다." 거의 그런 말이었습니다. 이교도로 개종한 자라면 그런 글을 쓸 수 있겠습니다만, 그 말을 정정하더라도 수호신이 그의 소매를 잡아당기지는 않을 겁니다. 이들은 가장 초보적이고 단순한 자연의 진실마저 파악하지 못하면서도, 다른 사람들의 자리나 누구에게도 속하지 않은 옥좌 주변 자리에 앉고 싶어 합니다. 이제는 홀가분한 마음으로 살아가는 나처럼 이 모든 것을 그냥 내버려 두십시오.

너무나 흥겨운 내 생활에 대해서는 이야기하고 싶지 않습니다. 무엇보다 나는 풍경 그리기에 푹 빠져 있습니다. 나는 이곳 하늘과 땅의 부름에 응하지 않을 수 없습니다. 더군다나 목가적인 풍경도 몇 군데 발견했습니다. 내가 무슨 일인들 못하겠습니까. 우리 같은 사람은 주위에 늘 새로운 대상이 있어야 마음이 편안해진다는 것을 잘 알고 있습니다.

즐거운 마음으로 안녕히 계십시오. 마음 아픈 일이 있더라도 여러분은 '함께' 있음을, 서로에게 어떤 존재인지를 떠올리십시오. 이와 달리 나는 마음대로 나그네 길에 올라, 의도적으로 방황하고 일부러 어리석은 척도 하며 어디서나 낯설어하면서도 또한 집과 같은 느낌을 갖기도 하고, 내 삶을 이끈다기보다는 흘러가는 대로 내맡겨 둔다고 할 수 있습니다. 나의 삶이 어디로 흘러갈지 알지 못한 채 말입니다.

안녕히 계시고, 공작부인께도 안부 전해 주십시오. 고문관 라이펜슈타인과 함께 부인이 프라스카티에서 묵을 계획을 모두 세워 놓았습니다. 모든 일이 순

알바노 인근 몬테카보 주변 별장, 괴테 그림

조롭게 풀린다면 그 일은 걸작이 될 것입니다. 우리는 어떤 별장을 빌리기 위해 의견을 맞추고 있는데, 압류당한 상태에서 세를 놓게 된 집입니다. 다른 집들은 예약이 되어 있거나, 또는 대가족이 호의를 베풀어 내주려는 집인데, 그런 곳에 묵다가는 어쩔 수 없이 신세를 져야 하고 자칫 부담스런 관계를 맺게될지도 모릅니다. 좀 더 상세하게 전할 말이 있을 때는 지체 없이 편지를 띄우겠습니다. 로마에도 정원이 있는 곳곳이 탁 트인 아름다운 숙소가 부인을 위해 마련되어 있습니다. 어디서나 부인이 집에서처럼 편안한 기분을 느끼기를 바랍니다. 그렇지 않으면 아무것도 즐기지 못한 채 그저 시간은 흘러가고 돈을 낭비하게 될 테니까요. 그러면 손에서 달아나 버린 새를 허망하게 올려다보는 신세가 될 겁니다. 부인 발길에 돌부리가 밟히지 않도록 준비해야 할 것이 있다면 무슨 일이든 하겠습니다.

아직 여백이 남아 있지만 이만 글을 마치겠습니다. 이렇게 서둘러 펜을 놓는 점을 용서해 주시고, 안녕히 계십시오.

10월 8일, 카스텔 간돌포(실제로는 10월 12일)

이번 주는 편지도 쓰지 못하고 한 주가 훌쩍 지나가 버렸습니다. 이 편지를 여러분이 받을 수 있도록 서둘러 로마로 보내겠습니다.

우리는 이곳에서 마치 온천장에서 지내듯이 생활하고 있습니다. 스케치를 하기 위해 아침 시간만은 남겨 두고 있습니다. 그런 다음에는 종일 사람들과 어울려야 합니다. 나로서는 짧은 시간에 몰아서 사람들과 어울릴 수밖에 없습니다. 사람들을 만나는 데 많은 시간을 들이지 않기 위해 여러 사람들을 한꺼번에 만납니다.

앙겔리카도 이곳에 와 부근에서 지내고 있습니다. 그 밖에 몇몇 쾌활한 소녀들, 몇몇 부인들, 영주인 폰 마론, 그의 동서인 폰 멩스가 가족들과 함께 일부는 나와 같은 숙소에, 나머지는 가까운 숙소에 묵고 있습니다. 모임은 흥겨우며 늘 웃음거리가 있습니다. 저녁에는 어릿광대 풀치넬라가 주인공으로 나오는 코미디를 보러 가고 낮에는 지난밤에 본 익살극을 화제로 이야기꽃을 피웁니다. 맑고 멋진 하늘 아래에 있는 것만 다를 뿐 마치 '우리 집에 있는 것처럼' 말입니다. 오늘은 바람이 불어 그냥 집 안에 틀어박혀 있습니다. 누군가 나에게 마음을 털어놓게 하려면 이런 날 해야 할 것입니다. 하지만 나는 번번이 다시 내 안으로 되돌아가고 내 모든 관심은 예술을 향합니다. 날마다 나에게 새로운 빛이 나타나는 것으로 보아, 적어도 보는 법은 배운 것 같습니다.

《에르빈과 엘미레》는 거의 완성되었습니다. 구상은 다 되었으니 글을 쓰고 싶은 날 아침에 몇 번 쓰기만 하면 됩니다.

헤르더가 내게 세계 일주 여행을 떠나는 포르스터*¹⁴를 위해 여러 문제점과 예상되는 결과를 일러 주라고 부탁했습니다. 진심으로 그렇게 해주고 싶어도 시간을 내어 정신을 가다듬을 수 있을지 모르겠습니다. 한번 알아보겠습니다.

그곳 날씨는 이미 춥고 우중충할지도 모르겠습니다만, 여기는 아직 한 달 내내 산책을 할 수 있을 것으로 기대됩니다. 헤르더의 《고찰》이 나를 얼마나 기쁘게 해주는지 말로 다 표현할 수가 없습니다. 내게는 기다릴 구세주가 없으므로 이 책이 나의 가장 사랑스러운 복음서인 셈입니다. 모든 사람들에게 안부 전해 주십시오. 나는 늘 여러분 생각을 하고 있으니 여러분들도 나를 사랑해

---

*14 러시아 카타리나 여제의 청으로 세계 여행을 하고자 했으나 실행하지 못했다.

알바노 산골 목가적 풍경, 괴테 그림

주십시오.

그리운 벗들이여, 여러분은 지난번 우편 마차 편에 편지를 받지 못했습니다. 카스텔로에서 너무 심하게 움직였나 봅니다. 그래도 그림은 계속 그리려고 했습니다. 우리 집은 마치 온천장 같았습니다. 늘 사람들이 북적대는 집에 살다보니 나도 그 속에 휩쓸리지 않을 수 없군요.

이 기회에 최근 일 년 동안 만난 이탈리아인보다 더 많은 이탈리아인들을 만났습니다. 그리고 이러한 체험에 만족하기도 합니다.

이곳에 일 주일 동안 머문 한 밀라노 여자가 나의 관심을 끌었습니다. 그녀의 자연스러운 성격, 협동심, 착한 심성이 로마 여자들 가운데 단연 돋보였습니다. 앙겔리카는 늘 그렇듯이 사리를 분별하며 선량하고 친절하고 상냥했으므로 곧 그녀와 친구가 되었습니다. 그녀에게서 많은 것을 배울 수 있었는데, 특히 일하는 법을 배웠습니다. 모든 일을 마무리짓는 솜씨가 참으로 훌륭했기 때문입니다.

최근 며칠 날씨가 서늘했습니다. 그래서 다시 로마로 돌아온 것이 꽤나 흡족합니다.

　어젯밤 잠자리에 들었을 때 내가 이곳에 있다는 사실에 무척 흐뭇했습니다. 넓고 안전한 땅에 누워 있는 듯한 느낌이 들었기 때문입니다.

　헤르더가 말하는 '신'에 대해 그와 대화를 나누고 싶습니다. 내가 볼 때 짚고 넘어가야 할 주된 문제는 이것입니다. 사람들은 책이란 하나의 그릇이기 때문에 그 소책자 또한 음식을 담기 위한 것으로 여깁니다. 담을 음식이 없는 사람은 그릇이 텅 비어 있는 것입니다. 좀 더 비유적으로 표현을 하겠습니다. 헤르더가 내 비유를 가장 잘 설명해 줄 것입니다.

　우리는 지렛대와 굴대를 이용해 아주 무거운 짐을 나를 수 있습니다. 오벨리스크 조각들을 움직이게 하려면 기중기와 도르래 등이 필요합니다. 짐이 클수록, 또는 목적이 섬세할수록(이를테면 시계의 경우에서처럼) 기계장치는 더욱 복잡하고 정교하고, 내부적으로는 큰 통일성을 갖고 있을 겁니다. 모든 가설, 아니 더 나아가서 모든 원리가 이러할 겁니다. 움직임이 많지 않은 사람은 지렛대를 잡으면서 나의 도르래를 우습게 여길 것입니다. 석공이 무한 나사를 가지고 무슨 일을 하겠습니까? 만일 L*[15]이 꾸민 이야기를 진짜처럼 보이기 위해 전력을 기울이고, J*[16]가 어린이의 텅 빈 뇌수 감각을 온갖 말로 칭찬하기 위해 안간힘을 쓴다면, 그리고 C*[17]가 심부름꾼에서 전도사가 되려고 한다면, 이들은 자연의 심오함을 상세히 밝혀주는 모든 것을 혐오함이 분명합니다. 누군가가 "생명을 가진 모든 것은 자기 밖에 있는 무언가로 인해 살아간다"고 말하고도 벌을 받지 않을까요? 개념에 혼란을 일으키고도, 즉 지식과 신앙, 전통과 체험이라는 말을 혼동하고도 부끄러움을 느끼지 않을까요? 세 번째 사람은 무력으로 어린양의 옥좌 주위*[18]에 자리를 잡으려는 게 아니라면 몇 자리 아래로 내려가야 하지 않을까요? 이 땅에서는 누구나 자기만큼의 존재밖에 안 되며, 모든 사람들이 똑같은 권리를 가졌기 때문입니다. 그들은 자연의 견고한 땅을 밟을 때 좀더 조심스러운 마음을 가져야 할 것 같습니다.

＊15 라바터를 가리킨다.

＊16 야코비를 가리킨다.

＊17 클라우디스를 가리킨다.

＊18 요한묵시록 5장 6절. '나는 또 어좌와 네 생물과 원로들 사이에, 살해된 것처럼 보이는 어린 양이 서 계신 것을 보았습니다. 그 어린 양은 뿔이 일곱이고 눈이 일곱이셨습니다. 그 일곱 눈은 온 땅에 파견된 하느님의 일곱 영이십니다.'

이와 달리 《고찰》 제3부와 같은 책을 읽어본 다음, 저자가 신에 대한 개념이 없이 그런 책을 쓸 수 있었을지 물어보는 독자가 있다면 내 대답은 결코 그렇지 않습니다 입니다. 그 책이 담고 있는 참된 것, 위대한 것, 내면적인 것은 신과 세계에 대한 개념 속에, 밖에 그리고 그 개념을 통해 존재하기 때문입니다.

그러므로 어딘가 부족한 점이 있다면 이는 물품의 문제가 아니라 구매자의 문제이고, 기계에 있는 것이 아니라 이를 사용한 당사자에게 있습니다. 이들이 나를 형이상학적인 대화를 나눌 만한 사람이 아니라고 무시할 때마다 나는 늘 잔잔한 미소를 띠며 가만히 지켜보았습니다. 나는 예술가이기 때문에 그런 것은 아무래도 상관없습니다. 그보다는 오히려 내가 토대로 삼고 작업하는 원리가 드러나지 않는다는 사실이 중요합니다. 나는 누구나 나름의 지렛대를 사용하는 것을 인정하며, 나 자신은 벌써 오래 전부터 무한 나사를 쓰고 있습니다. 그래서 이젠 더 많은 즐거움과 편리함을 느낍니다.

1787년, 10월 12일, 카스텔 간돌포, 헤르더에게

서둘러 몇 자 올립니다. 먼저 《고찰》을 보내 주신 데 대단히 감사를 드립니다. 그 책은 나에게 더없이 소중한 복음으로 다가왔습니다. 내가 살면서 가장 흥미 있게 연구한 것이 모두 그 속에 담겨 있더군요. 그토록 오랫동안 고초를 겪으며 찾으려 한 것이 완벽하게 제시되어 있었습니다. 아직은 반밖에 읽지 못했지만, 이 책이 내게 모든 선에 대해 얼마나 큰 희열을 가져다 주었으며, 나를 얼마나 새롭게 해주었는지 모르겠습니다! 캄퍼[19]가 그리스의 예술가 이념에서 어떤 규범을 찾아냈는지 알 수 있게, 그대가 159쪽에서 인용한 그의 글을 모두 베껴서 되도록 빨리 보내 주기를 부탁드립니다. 기억나는 것은 그가 동판화의 옆모습을 실증적으로 보여 주는 대목밖에 없습니다. 이러한 사변으로 다다를 수 있는 궁극적 한계가 어디인지 알 수 있도록, 그에 대한 글과 그 밖에 이롭다고 생각하는 부분을 뽑아 보내 주십시오. 난 언제나 갓 태어난 아이와 같으니까요. 라바터의 《인상학》에 이 문제에 대한 지혜로운 내용이 있을까요? 포르스터를 평해 달라는 그대의 요구에 대해서는 기꺼이 답하도록 하겠습니다. 이에 대해서 하나하나 질문을 할 수는 없고, 내 가설을 완전히 설명하고 보여줄 수

---

*19 네덜란드의 해부학자.

밖에 없기 때문입니다. 그 내용을 글로 옮긴다는 것이 얼마나 성가신 작업인지 잘 아실 겁니다. 이를 언제까지 마쳐야 할지, 어디로 보내야 할지를 알려 주십시오. 나는 지금 갈대밭에 앉아 피리를 만드느라 정작 피리를 불 시간은 없는 형편입니다. 내가 그 일을 한다면 받아 쓸 수밖에 없을 겁니다. 실은 이 일을 하나의 암시로 보기도 하니까요. 이제 집안 여기저기를 정리하고 책들을 덮어야 할 것 같습니다.

이 모든 것을 남김없이 내 머리에서 짜내야 한다는 점이 가장 어렵습니다. 그렇지만 내 손에는 한 장의 스크랩도, 한 점의 스케치도 없을뿐더러 이곳에선 새로 나온 책을 전혀 구할 수 없습니다.

앞으로도 두 주일은 카스텔로에 머물면서 온천 생활을 할 생각입니다. 아침에는 스케치를 하고, 그런 다음에는 계속 사람들을 만납니다. 이들을 한꺼번에 만나서 다행입니다. 한 명씩 만난다면 아주 성가신 일일지도 모르지요. 앙겔리카가 이곳에서 나를 도와 이 모든 일을 처리해 주고 있습니다.

암스테르담이 프로이센군에게 점령당했다는 소식을 교황이 접했다고 합니다. 다음번 신문이 오면 확실한 내용을 알게 되겠지요. 이는 우리 세기에 위대함을 보여 주는 최초의 원정일지도 모르겠습니다. 칼을 쓰지 않고 몇 발의 포탄으로 이루어낸 일이니까요. 하지만 누구도 전쟁이 길어지는 것을 바라지 않습니다. 안녕히 계십시오. 평화의 아들인 나는 일찍이 나 자신과 평화조약을 맺었기에 온 세상 사람들과 함께 영원히 평화를 지킬 것입니다.

1787년 10월 27일, 로마

나는 마술이 지배하는 이곳에 돌아와서, 곧장 다시 마법에 걸린 듯 만족스런 마음으로 조용히 일에 매진하며 바깥일을 모두 잊고 살아가고 있습니다. 찾아오는 친구들의 얼굴도 평화롭고 다정합니다. 처음 며칠은 편지 쓰기에 몰두했고, 시골에서 그린 그림들을 유심히 살펴보았습니다. 다음 주에는 새로운 일에 들어갈 예정입니다. 어떤 종류의 조건은 달았지만 앙겔리카가 내 풍경화에 대해 희망적인 칭찬을 해주니 나로서는 과분한 것 같습니다. 어쩌면 영원히 이르지 못할지도 모르지만, 어쨌든 꾸준히 정진해 보겠습니다.

《에그몬트》가 도착했는지, 여러분이 그 작품을 어떻게 생각하는지 몹시 궁금합니다. 카이저가 이곳에 온다는 이야기를 내가 전했던가요? 그가 이제 완성된 스카피네*20 악보들을 가지고 온다고 합니다. 얼마나 멋진 잔치가 될지 상상할 수 있겠지요! 곧 새로운 오페라 작업에 들어갈 것입니다. 카이저가 도착하면 그의 조언을 받아 《벨라 별장의 클라우디네》와 《에르빈과 엘미레》를 손볼 생각입니다.

헤르더의 《고찰》을 다 읽고 벅찬 기쁨에 사로잡혔습니다. 결말이 훌륭하고 진실하며 참신합니다. 그는 이 책과 함께 세월이 흐른 뒤에야 비로소, 아마도 낯선 이름으로 사람들에게 기쁨을 주게 될 것입니다. 이러한 사고방식에 더 많은 이가 힘께할수록

고목, 괴테 그림

생각하는 사람은 더 행복해질 겁니다. 내가 올해 낯선 사람들 틈에서 발견한 사실이 있습니다. 참으로 지혜로운 사람은 얼마쯤 정교하든 투박하든 모두 다음과 같은 결론에 이르고 주장한다는 사실입니다. 순간이 전부이며, 이성을 가진 인간의 유일한 특권은 스스로의 삶을 주도하는 한 분별 있고 행복한 순간을 최대한 많이 가질 수 있도록 처신하는 데에 그 본질이 있다고 말입니다.

내가 그 책을 읽고 생각한 것을 말하려면 책 한 권을 또 써야 할지도 모르겠습니다. 나는 페이지마다 즐거움을 맛보기 위해 아무렇게나 펼치는 대로 나오는 구절들을 오늘 다시 읽고 있습니다. 이 책에는 매우 소중한 생각과 문장

---

*20 괴테의 오페레타. 익살과 복수와 꾀가 담긴 이야기이다.

이 담겨 있기 때문입니다.

나는 특히 그리스 시대가 멋지다고 생각합니다. 이런 말을 하면 어떨지 모르지만 로마 시대는 어딘가 구체성이 결여되어 있습니다. 어쩌면 내가 말하지 않더라도 사람들 또한 그렇게 생각할지도 모릅니다. 이것 또한 자연스러운 일입니다. 국가는 그 자체로 하나의 집단이라는 것이 요즘 나의 생각입니다. 국가가 마치 나의 조국처럼 무언가 배타적으로 여겨집니다. 그러므로 여러분은 거대한 세계와 관련 지어 이 개별적인 존재의 가치를 규정해야 할 겁니다. 물론 그럴 경우 많은 것들이 본디 의미를 잃고 연기 속으로 사라질지도 모르지만 말입니다.

콜로세움은 볼 때마다 위풍당당하다는 생각이 듭니다. 비록 그때마다 그것이 언제 지어졌는지 헤아리고, 이 어마어마한 공간을 가득 메웠던 사람들이 더는 고대 로마인이 아니라는 생각이 들지만 말입니다.

로마의 회화와 조각예술을 다룬 책[21]도 전해졌습니다. 고약하게도 독일인이 그 책을 펴냈는데, 더욱 나쁜 점은 독일의 어떤 기사가 펴냈다는 것입니다. 그는 정력적이지만 어쩐지 자만심이 가득 찬 젊은이 같은데, 이리저리 돌아다니며 기록하고 듣고 귀 기울이고 책을 읽으면서 애썼다는 인상을 풍깁니다. 그의 책은 총체적인 상을 담고 있음을 드러내려고 합니다. 그 안에는 진실하고 훌륭한 것도 많지만, 이와 함께 그릇되고 하찮은 것, 꾸며낸 것이나 남이 생각했던 것, 그리고 경솔한 오류들이 많습니다. 거리를 두고 이를 꿰뚫어 본 독자라면, 이렇게 두꺼운 책이 남의 생각을 베껴 자신의 생각을 덧붙인 것뿐이라는 사실을 금세 알아챌 것입니다.

《에그몬트》가 도착했다니 반갑고 마음이 놓입니다. 그 책에 대한 평가를 부탁드립니다. 어쩌면 지금 오고 있는 중일지도 모르겠네요. 도착한 모로코 가죽 장정본은 앙겔리카에게 주었습니다. 카이저의 오페라에 대해서는 사람들이 조언한 이상으로 한 수 가르쳐 줄 작정입니다. 여러분이 제안한 내용은 무척 훌

---

[21] 프리드리히 빌헬름 바실리우스 폰 람도어(Friedrich Wilhelm Basilius von Ramdohr). 독일 법률가, 미술비평가. 이상적이며 자연 모사에 충실한 고전주의적인 유럽 풍경화의 전통을 높이 평가했다. 본문에서 말하는 책은 그가 저술한 《아름다운 예술 애호가를 위한 로마의 회화와 조각 예술(Ueber Mahlerei und Bildhauerarbeit in Rom für Liebhaber des Schönen in der Kunst)》이라는 책이다.

륭합니다. 카이저가 오면 더 많은 이야기를 전해 드리겠습니다.

그 비평은 정말 그 노인네 스타일입니다. 넘치기도 하고 부족하기도 하죠. 지금 나의 주된 관심은 '창작'에 있을 뿐입니다. 비록 완전무결한 작품은 아니라 해도, 수천 년 동안 그 작품에 대한 비평을 반복하기 때문에 이미 존재하는 것에 대해 그저 쓰고 있을 뿐입니다.

내가 체류 세금을 내지 않고도 어떻게 이제까지 머무르고 있는지 다들 의아하게 생각합니다. 하지만 그들은 내가 어떻게 처신해 왔는지는 알지 못합니다. 비록 천국 같은 나날들이긴 했지만 우리의 10월이 가장 아름다운 나날은 아니었습니다.

이제 내게 새 시대가 시작되고 있습니다. 수많은 관찰과 인식으로 관심의 폭이 너무 넓어져서 나는 이런저런 일에 한정될 수밖에 없습니다. 인간의 개성이란 참으로 놀라운 것이라서 이제야 내 개성을 제대로 알게 되었습니다. 올해 들어 오로지 나 자신에게만 매달리면서도, 다른 한편으로는 낯선 사람들과 어울려야 했기 때문입니다.

10월의 보고

이달 초에는 온화하고 맑은 날씨가 이어져 우리는 카스텔 간돌포에서 본격적으로 별장 생활을 즐겼다. 그러는 가운데 이 비할 데 없는 독특한 고장에 빨려들어가 이곳 사람이 된 듯한 기분이 들었다. 부유한 영국인 예술품 상인 젠킨스 씨가 예전에 예수회 총회장의 거처였던 으리으리한 저택에 살고 있었다. 이곳에서 많은 친구들이 편안히 지낼 수 있는 방, 유쾌한 모임을 위한 홀, 유유히 거닐 수 있는 회랑을 제공받을 수 있었다.

어떻게 온천장에 묵을 지를 안다면 가을날의 이곳 생활을 가장 잘 이해하고 있는 것이다. 이곳에서는 서로 아무런 관계도 없던 사람들이 우연한 계기로 금세 절친한 사이가 된다. 아침과 점심 식사를 나누고, 산책과 피크닉을 하고, 진지하고도 익살맞은 대화를 주고받으면서 순식간에 서로 알고 가까워진다. 특히 요양을 하거나 자신의 질병에 대해 이야기해도 괜찮은 이곳에서, 아무 일도 안 하고 빈둥거리는 가운데 끈끈한 친화력이 생기지 않는다면 그게 오히려 이상한 일일지도 모른다. 고문관 라이펜슈타인은 알맞은 시간에 나가 산책을 하든지 산길을 걷자고 제안했다. 몰려드는 사람들과의 고통스런 대화에 휘말리지 않는 적절한 제안이었다.

우리는 지체하지 않고 길을 떠나 노련한 안내자의 안내를 받으며 이 지방을 둘러보았고, 굉장한 즐거움과 교훈을 얻을 수 있었다.

얼마 뒤 무척 아름다운 로마 여인이 어머니와 함께 길을 가는 모습을 보았다. 그녀는 코르소 거리에 있는 우리 숙소에서 그리 멀지 않은 곳에 살고 있었다. 이 두 여성은 지난번 우리 숙소에서 연주회가 있은 뒤 내 인사에 더욱 다정하게 답해 주었다. 저녁에 그들이 집 앞에 앉아 있을 때 나는 몇 번이나 그 옆을 지나갔지만 말을 걸지는 않았었다. 그런 일로 나의 주된 목표에서 벗어나지 않겠다는 결심을 충실히 지키기 위함이었다. 그런데 느닷없이 우리는 서로 잘 아는 사이처럼 느끼게 되었다. 그날 연주회가 우리의 첫 대화를 이끌어 내는 좋은 소재가 되었는데, 사실 그녀보다 더 유쾌한 로마 여자는 없을 것 같다. 그녀는 자연스러운 대화로 분위기를 명랑하게 이끌어 가면서, 말 그대로 현실에 대한 생생한 관심, 즉 그녀 자신과 은근히 관계되는 일에 대해 낭랑한 로마어로 속사포처럼, 하지만 또박또박 말을 쏟아낸다. 더군다나 그녀의 고상한 방언은 중간 계급을 그보다 더 높이고 가장 자연스럽고 비천한 신분에 어떤 귀족적인 면모를 부여하기도 한다. 나는 이러한 특성과 특질을 잘 알고 있었지만, 이토록 애교 넘치는 말을 들은 것은 처음이었다.

이들은 함께 데려온 밀라노 여자에게 나를 소개시켜 주었다. 그녀는 젠킨스 씨의 점원으로 일하는, 능력 있고 성실해서 주인의 총애를 받는 젊은이의 여동생이었다. 이 세 여인은 서로 매우 가까운 친구 사이인 것 같았다.

절세미인이라 할 만한 두 여인은 극단적은 아니라 해도 뚜렷한 대조를 이루고 있었다. 로마 여인은 암갈색 머리와 가무잡잡한 피부에 진지하면서도 조심스러운 갈색 눈을 가졌고, 밀라노 여인은 엷은 갈색 머리에 투명하고 부드러운 피부와 푸른 눈을 지녔다. 또 밀라노 여인은 서슴없이 말을 걸 뿐만 아니라 이것저것 물어보는 개방적인 성격이었다. 복권놀이 비슷한 게임을 하면서 나는 두 여인 사이에 앉아 로마 여인과 한 편이 되었다. 놀이가 진행되면서 나는 공교롭게도 밀라노 여인과 내기를 하게 되었는데, 마침내 그녀와도 어떤 협력관계를 맺게 되었다. 그렇지만 나는 순진하게도 이렇게 이해관계를 나누는 것을 양쪽 모두 달가워하지 않음을 곧바로 눈치 채지 못했다. 이윽고 놀이가 끝난 뒤 옆에서 나를 지켜보던 로마 여인의 어머니가 공손하면서도 진정 귀부인다운 진지한 모습으로 이방인인 내게 다음 사실을 알려주었다. 내가 먼저 그녀의 딸과 협력관계를 맺었기 때문에 다른 여자에게 똑같이 협력한다는 것은 온당치 못하다는 것이다. 또 얼마쯤 친분을 맺은 사람들은 이러한 교제를 계속하면서 서로 담담하게 품위 있는 호의를 베푸는 것이 별장 생활의 예의라고 했다. 나는 아주 정중하게 사과했지만, 다음과 같은 말을 덧붙이는 것을 잊지 않았다. 외국인으로서는 이런 의무를 인정하기가 쉽지 않다고 말이다. 그리고 사교 모임에 참가한 모든 숙녀들에게 똑같이 정중하고 공손하게 대하는 것이 우리 독일의 관습이며, 이 경우에는 둘이 서로 절친한 친구 사이이므로 더욱 그래야 마땅하다고 했다.

하지만 유감스럽게도 내가 그렇게 변명하는 동안, 참으로 이상하게도 이미 내 마음이 완전히 밀라노 여자에게 가 있음을 느꼈다. 번개처럼 빠르지만 확실한 느낌이었다. 스스로에게 만족하는 평온한 상태에 머물러, 아무것도 두려워하지 않고 바라는 것도 없다고 확신하던 내 마음속에서, 언제나처럼 갑자기 뜨겁게 갈구하는 무언가가 내게 다가오고 있음을 느꼈다. 하지만 우리는 이처럼 매력적인 상태에 우리를 위협하는 위험이 도사리고 있다는 사실을 그냥 지나치지 않는다.

다음 날 아침에는 우리 셋만 있게 되었다. 그러자 밀라노 여인은 내게 더욱 중요한 의미로 다가왔다. 그녀의 말에는 열심히 노력하는 모습이 엿보였고 그녀의 친구보다 단연 돋보였다. 그녀는 교육이 소홀한 것이 아니라 사람들이 교육에 대해 걱정스러워하는 점에 대해 불평을 털어놓았다.

"우리는 쓰는 법을 배우지 않아요. 연애편지나 쓸까 봐 걱정 된다나요. 만일 기도서를 읽을 필요가 없다면 읽는 법도 가르쳐 주지 않을 거예요. 아무도 우리에게 외국어를 가르칠 생각은 하지 않을 겁니다. 저는 영어를 무척 배우고 싶지만 말이에요. 젠킨스 씨가 제 오빠나 앙겔리카 부인, 추키 씨와 그리고 볼파토 씨와 카무치니 씨가 가끔 영어로 대화할 때면 저는 질투 비슷한 감정을 느껴요. 내 앞 탁자에 기다란 신문들이 잔뜩 있잖아요. 온 세계의 소식이 그 안에 담겨 있을 텐데 저는 보면서도 무슨 내용인지 모르고 있어요."

"그것 참 안타까운 일이군요" 나는 말했다. 그러면서 주위에 나뒹구는 수많은 영자 신문들 가운데 한 장을 집어 들고 계속 말을 이었다. "영어는 특히 배우기 쉬운 말입니다. 금세 뜻을 파악하고 이해할 수 있게 될 거예요. 바로 시도해 봅시다."

나는 재빨리 신문을 들여다보다가 어떤 기사를 발견했다.

한 여성이 물에 빠졌다가 다행히 구조되어 가족에게 돌아갔다는 내용이었다. 사건을 읽어보자니 복잡하고도 흥미로운 상황들이 눈에 들어왔다. 그녀가 자살하려고 물에 뛰어들었는지, 또한 그녀를 용감하게 구해 낸 사람은 그녀의 애인인지 아니면 실연당한 사람인지도 미심쩍은 사항이었다. 나는 그녀에게 이 대목을 가리키면서 주의 깊게 살펴보라고 일렀다. 그런 다음 먼저 모든 명사들을 번역해 주고, 그녀가 그 의미를 잘 받아들였는지 시험해 보았다. 곧바로 그녀는 주요한 말과 기본어의 위치를 죽 살펴보더니 그것들이 문장 속에서 차지하는 의미를 알게 되었다. 그러고 나서 나는 영향을 끼치고 동작을 부여하고 규정지어 주는 단어들로 넘어가, 이것들이 어떻게 전체 문장을 생동감있게 만드는지를 확연히 깨닫게 해주었다. 오랫동안 문답식 수업을 한 끝에 마침내 그녀는 시키지 않았는데도 마치 이탈리아어로 씌어져 있기라도 하듯 문장 전체를 술술 읽을 수 있었다. 그녀는 감격스런 표정을 감추지 못했다. 새로운 장에 눈을 뜬 것에 말할 수 없는 감사의 마음을 전할 때, 그녀의 진심으로 가슴 벅찬 그 표정은 내게도 큰 기쁨이 되었다. 그토록 간절히 바라던 소망을 시험을 통해 이룰 가능성을 확인하자 그녀는 기쁨을 주체하지 못했다.

모임의 규모는 차츰 더 커져갔고 앙겔리카도 도착했다. 식탁보가 덮인 커다란 식탁에서 나는 그녀의 오른쪽에 앉게 되었다. 나의 여제자는 식탁 맞은편에 서 있다가 다른 사람들이 서로 정중히 좌석을 권하는 동안 이것저것 생각할 것 없이 식탁을 돌아 내 옆자리에 앉아 버렸다. 진지한 앙겔리카는 그녀의 이런 모습을 보고 조금 놀란 것 같았다. 뛰어난 여인의 직감으로 그녀는 무슨 일이 일어났었는지를 금방 눈치챌 수 있었다. 그리고 이제까지 무례하다 싶을 만큼 무뚝뚝하게 여자를 멀리해 온 내가 끝내 여자에게 사로잡혀 고분고분해진 모습에 나 스스로도 놀라움을 감추지 못하고 있음을 알아차렸다.

나는 겉으로는 태연한 척했지만 여인과 대화를 나눌 때 당황해하는 모습을 보임으로써 속으로는 흔들리고 있음을 여지없이 드러내고 말았다. 평소엔 다정다감하지만 오늘은 말수가 적어진 중년 여자 친구와는 활기차게 대화를 나누었지만, 아직까지도 외국어에 빠져 있어서인지 갈망하던 빛의 세례를 받고 눈이 부셔 자신이 처한 주변 상황을 금세 파악하지 못하고 있던 밀라노 여인에게는 다정하고 차분하게 대하면서도 꺼리는 태도를 보임으로써 그녀의 흥분을 좀 가라앉히려고 했기 때문이다.

하지만 이런 흥분 상태는 곧 주목할 만한 전환의 순간을 맞아야 했다. 저녁 무렵 젊은 여인들을 찾아갔다가 기막히게 전망이 좋은 정자에 중년 부인들이 모여 있는 것을 발견했다. 주위를 둘러보니 눈앞에 풍경화와는 다른 모습이 펼쳐지고 있었다. 일몰이나 저녁의 대기 때문만은 아닌 어떤 색조가 그 지역을 뒤덮고 있었다. 높은 곳에서 이글거리는 광채와 낮은 곳에 어른거리는 서늘하고 푸른 그늘은 일찍이 본 어떤 유화나 수채화보다도 훌륭해 보였다. 충분히 감상하지는 못했지만 이곳을 떠나겠다고 생각했다. 관심이 아주 큰 작은 모임에서 태양의 마지막 시선에 경의를 표하고 싶었다.

하지만 유감스럽게도 나는 옆에 와 앉으라는 밀라노 여인의 어머니와 주위 여자들의 초대를 거절할 수 없었다. 가장 전망 좋은 창가 자리를 내게 내주었기 때문이다. 이들은 혼수에 대한 이야기를 나누고 있었다. 언제나 되풀이해서 듣게 되는, 끊임없이 반복되는 화젯거리이다. 다양한 혼수품의 수와 품질, 집안의 기본 선물, 남녀 친구들의 여러 선물들과 같은 온갖 필수 품목이 조목조목 짚어지고 어떤 부분은 비밀에 부쳐지기도 했다. 이처럼 시시콜콜한 이야기를 듣느라 귀한 시간이 마냥 흘러갔지만, 부인들이 나중에 산책을 하자며 계속 붙잡았기 때문에 참고 들을 수밖에 없었다.

마침내 이들의 화제는 신랑의 점수를 매기는 데로 옮겨갔다. 신랑을 좋게 평하긴 했지만 그의 결점들도 숨김없이 드러났다. 앞으로 결혼해 살아가면서 신부가 우아하고 지혜롭고 사랑스럽게 이러한 결점을 줄여주고 고쳐줄 거라는 확신에 찬 희망을 품고서 말이다.

먼 바다에 가라앉은 태양이 긴 그림자와, 누그러지긴 했지만 여전히 강렬한 빛을 통해 지극한 눈길을 보여 주자 나는 더 참지 못하고 매우 겸손하게, 도대체 그 신부가 누구인지 물어 보았다. 그러자 누군가가 왜 모르냐는 듯 기가 막힌다는 표정으로 대답해주었다. 그제야 내가 집안사람이 아니라 이방인이라는 사실이 이들의 머릿속에 떠오른 모양이다.

과연 그 신부는 누구였을까? 신부는 바로 내 마음을 앗아간 그 여제자였다.

물론 이 말을 듣고 내 정신이 얼마나 아득해졌는지는 굳이 말할 필요가 없으리라. 태양은 이미 가라앉아버렸다. 나는 이런저런 핑계를 대고나서야 아무 사정도 모른 채 나에게 그토록 잔인한 사실을 일러 준 그 모임에서 벗어날 수 있었습니다.

한동안 경솔히 쏟았던 애정이 꿈에서 깨어나고, 마음 아픈 상태로 변하는 과정은 곧잘 있는 일이고 누구나 알고 있다. 하지만 이 경우는 조금 특이한 점이 있어 흥미로울 수도 있을 것이다. 서로 적극적으로 키워 가던 호감이 막 싹트는 순간 깨져 버리고, 그로 인해 눈앞에 아련히 떠오를 것만 같던 모든 행복한 예감마저 사라져 버렸으니 말이다. 나는 밤이 깊어서야 집으로 돌아왔다. 그리고 다음 날 아침 식사에 참석하지 못해 미안하다는 말을 남기고, 가방을 옆구리에 낀 채 먼 길을 떠났다.

나는 고통스러웠지만 바로 정신을 차릴 수 있을 만큼 충분한 연륜과 경험이 있었다. 나는 크게 외쳤다. "베르테르와 비슷한 운명이 로마에서 널 찾아와 여태껏 잘 지켜온 중요한 상황을 망치려고 한다면? 참으로 놀라운 일이겠지."

나는 그동안 소홀히 해 온 자연 풍경에 다시 눈길을 돌리고 가능한 한 보이는 그대로 충실히 모사하고자 했다. 이번에는 그리는 일보다 관찰하는 일에서 더 큰 성과를 거두었다. 보잘것없는 기량으로 눈에 띄지 않는 윤곽을 파악하기는 역부족이었지만 바위와 나무, 오르락내리락하는 풍경, 잔잔한 호수, 활기차게 흐르는 시냇물 등 온갖 살아 있는 풍경을 더 가까이 보고 느낄 수 있었다. 그래서 나의 내적, 외적인 감각을 그 만큼 예리하게 해준 그 고통을 마냥 싫어할 수만도 없었다.

이제부터는 간단히 쓰겠다. 수많은 손님들이 우리 숙소와 이웃집들에 가득 차 있었으므로 나는 이런저런 핑계를 대지 않고도 자리를 피할 수 있었다. 우리는 늘 자리에 어울리는 공손한 태도로 어느 모임에서나 호감을 얻었다. 나 또한 태도가 나쁘지 않았기에 불편하게 다투는 일이 없었는데, 딱 한 번 집주인 젠킨스 씨와 언짢은 일이 있었다. 언젠가 멀리 산과 숲으로 산책을 나갔다가 탐스러워 보이는 버섯을 따와서 요리사에게 가져다 준 적이 있었다. 그는 그 버섯으로 희귀하면서도 그 지방에서 유명한 요리를 만들어 식탁에 올렸고 모두들 맛있게 먹었다. 누군가 내게 감사의 말을 하려고 숲에서 버섯을 캐 온 사람이 나라는 사실을 밝히자 그 영국인 주인은 드러내지는 않았지만 몹

카스텔 간돌포와 알바노 호수, 괴테 그림

시 화를 냈다. 집주인이 명령하거나 지시하지도 않았는데, 주인이 모르는 음식을 손님 대접에 가져왔다는 것, 그리고 책임질 수 없는 음식으로 손님을 놀라게 한 행동은 마땅치 않다는 것이었다. 식사가 끝난 뒤, 고문관 라이펜슈타인은 내게 이 모든 사실을 외교적으로 털어놓았다. 버섯과는 전혀 다른 고통을 속으로 참고 견뎌야 했던 나는 요리사가 주인에게 당연히 알릴 거라 생각했다고 말했다. 그리고 다시 길을 가다 그런 식물을 얻게 되면 우리의 훌륭한 주인에게 직접 검사를 맡기고 허락받겠다고 약속했다. 주인이 그토록 화가 난 까닭은 이처럼 의심스러운 음식이 알맞은 검사를 거치지 않고 식탁에 올라갔기 때문이었다. 요리사는 이런 계절에는 그 같은 음식이 언제나 별미로 크게 환영받는다는 사실을 자신 있게 내게 말해 주었고, 주인에게도 일깨워 주었다.

음식을 둘러싸고 일어난 이 사건은 나만이 알고 있는 유머러스한 생각을 떠올리게 해주었다. 독에 감염된 내가 부주의한 행동으로 모든 사람들을 해치려 한다는 의심을 받게 되었다는 생각이었다.

결심한 바를 지키는 것은 어렵지 않았다. 나는 아침에 집을 나서거나, 여러 사람이 함께 만나는 경우 말고는 내가 은밀히 사랑하던 여제자에게 가까이 다가가지 않음으로써 영어 수업을 피할 수 있었다.

얼마 못가 이런저런 일들로 바쁜 내 마음속은 곧 제자리를 찾아가게 되었다. 그것도 매우 우아한 방식으로 말이다. 그녀를 신부, 앞으로 남의 아내가 될 여자로 생각하자 그저 평범한 소녀가 아닌 품위 있는 여인으로 비쳤기 때문이었다. 이제 이기적인 이유가 아닌 좀 더 고결한 의미에서 그녀에게 호감을 보내게 되었다. 더는 경솔한 청년이 아닌 나는 곧 그녀를 무척 다정하게 대할 수 있게 되었다. 자유로운 관심이라 불러도 좋을 나의 헌신은 치근덕거림과는 전혀 다른 것이었다. 나는 내 감정을 고집하지 않았고 그녀를 만날 때 어떤 외경심을 갖고 대했다. 내가 그녀의 처지를 잊고 있다는 것을 알게 된 그녀 또한 나의 처신에 완전히 만족할 수 있었다. 하지만 나는 누구와도 즐겁게 이야기를 나누었기 때문에 다른 사람들은 조금도 눈치채지 못했고, 불쾌해할 일도 없었다. 이렇게 하루하루 매 순간이 조용하고 평안하게 흘러갔다.

재미있는 일에 대해서 말하려면 끝이 없을지도 모르겠다. 하지만 한 가지, 카니발에서 우리가 뜨겁게 박수를 보냈던 풀치넬 씨의 연극에 대해서 이야기하겠다. 평소에 구두 수선공으로 일하는 행실 바른 소시민인 그는 간단한 팬터마임으로 익살스런 이야기를 보여 주었는데, 그것이 너무나 즐거워 우리는 번거로운 현실을 잊고 마음 편히 무아지경에 빠져들 수 있었다.

그러는 동안 고향에서 오는 편지들로 다음과 같은 사실을 깨닫게 되었다. 그토록 오랫동안 계획했지만 계속 미뤄 오다가 마침내 이렇게 갑자기 이탈리아 여행을 실행에 옮기자 뒤에 남은 사람들은 매우 불안하고 초조해진 모양이었다. 심지어 나를 쫓아와서 나의 유쾌하고 어쩌면 이롭다고 할 수 있는 편지들에 적힌 내용과 똑같은 행복을 누리고 싶은 소망을 품게 된 듯하다. 물론 대공의 어머니 아말리에 부인을 중심으로 모인 재치있고, 예술을 사랑하는 사람들은 전통적으로 이탈리아를 참된 교양인의 새로운 예루살렘으로 생각했고, 미농의 뛰어난 표현 그대로, 그곳에 대한 생생한 열망을 늘 머리와 마음속에 담고 있었다. 마침내 둑이 무너지고야 말았다. 대공비 아말리에 부인이 그녀의 측근인 헤르더와 좀 더 젊은 달베르크*²²와 함께 알프스를 넘을 계획을 진지하게 세운 사실이 차츰 뚜렷해졌다. 나는 겨울을 넘긴 뒤에 출발해서 여름쯤 로마에 다다른 다음 세계적인 고대 도시의 주변이나 이탈리아 남부 지방이 주는

＊22 주교좌 성당의 참사회원. 성당 참사회(capitulum, chapter, Kapitel)는 로마 가톨릭 교회의 기관. 개개의 성당에 속하는 성직자로 이루어지는 합의체 조직. 이 명칭은 지켜야 할 회칙의 장을 매일 읽는 것에서 비롯하며, 의미가 바뀌어서 집회장소, 구성원 전체를 가리키게 되었다고 한다. 조직으로서는 교회 성무집행 및 세속적인 여러 임무 수행에 임하며, 주교나 교원장(praepositus)을 보좌해야 할 의무를 지는 것 외에, 평의·동의권을 가지고 주교 등의 행정권력을 제어한다. 참사회원은 성당 내진에서의 전례적 성무, 참사회집회에 참가, 교회의 제 역할을 집행하며, 내진의 고정석, 참사회 의결권, 성직록과 주거를 얻을 수 있다.

물에 비친 태양, 괴테 그림

좋은 것들을 하나하나 모두 즐기라고 충고했다.

솔직하고 객관적인 내 충고는 나 자신의 편의를 생각한 것이기도 했다. 나는 내 인생의 기억할 만한 나날을 낯설기 그지없는 곳에서 전혀 모르는 사람들과 함께 보냈다. 그런 인간적인 상태의 신선함을 나는 무척 기쁜 마음으로 즐겼다. 이는 오래 전부터 우연히, 그렇지만 자연스러운 관계를 통해 느껴오던 바였다. 고향의 폐쇄적인 모임, 익히 잘 알고 친밀한 사람들 사이의 생활은 우리를 끝내 몹시 기이한 상황으로 옮겨놓기 때문이다. 이곳에서는 서로 참고 견디고, 참가하고 포기함으로써 그 어떤 감정을 얼마쯤 포기한 상태가 되어 버린다. 이곳에서는 고통과 기쁨, 불만과 만족이 전통적인 습관에 따라 차례로 사라지며, 모든 것의 중간 단계가 이루어져 사건 저마다의 특성을 누그러뜨린다. 마침내 우리는 편안함을 따르는 가운데 홀가분한 마음이 되어 고통이나 기쁨, 어느 쪽에도 빠지지 않게 되는 것이다.

이러한 감정과 예감에 사로잡힌 나는 벗들이 이탈리아에 도착하는 것을 기다리지 않기로 굳게 마음먹었다. 나 자신도 일 년 전부터 북쪽 사람들의 음울한 생각과 사고방식에서 벗어나려고 애썼으며, 푸른 하늘의 둥근 천장 아래에서 조금 더 자유롭게 주위를 둘러보고 호흡하는 데 익숙해감에 따라 사물을 보는 내 방식이 이들과 같아질 수 없음을 뚜렷하게 알았기 때문이다. 그 동안에도 독일에서 오는 여행객들이 나를 무척이나 성가시게 했다. 그들은 잊어야 할 것을 찾아다녔고, 오랫동안 바라온 것이 눈앞에 있는데도 알아보지 못했다. 나 자신도 생각과 행동을 통해 스스로 옳다고 인정하고 선택한 길을 지켜가는 일이 언제나 쉽지는 않았다.

잘 알지 못하는 독일인들은 피할 수 있었지만 가까운 관계를 맺고 지내온 존경하고 사랑하는 사람들은 자신의 오류와 설익은 깨달음으로 나의 사고방식에 끼어듦으로써 나를 괴롭히고 방해했을지도 모른다. 북쪽에서 온 여행객들은 자기 존재를 보완하고, 부족한 것을 채우기 위해 로마에 온다고 생각한다. 하지만 시간이 지나면 비로소 생각을 깡그리 바꾸고 처음부터 새로 시작해야 한다는 사실을 깨닫고 매우 언짢은 기분을 갖게 된다.

이러한 상황이 이제 또렷했지만, 나는 매 순간 불확실한 상태에서나마 지혜롭게 지냈고, 시간을 빈틈없이 쓰려고 끊임없이 노력했다. 홀로 깊이 생각하고 남의 말에 귀 기울이며, 예술적으로 노력한 작품을 감상하고 몸소 스스로 시험해 보는 일을 쉼없이 반복하거나 두 가지 일을 동시에 행했다.

취리히에서 온 하인리히 마이어가 함께하면서 나는 더욱 힘내게 되었다. 그리 자주 대화를 나누지는 않았지만 내게는 커다란 도움이 되었다. 자기 자신에 엄격하고 부지런한 예술가인 그는 개념과 기술의 놀라운 발전을 빠르고 흥겨운 삶과 쉽사리 결합시킬 수 있다고 믿는 젊은 예술가들 무리보다 시간을 더 잘 쓸 줄 알았기 때문이다.

11월의 편지

1787년 11월 3일, 로마

카이저가 도착했습니다. 지난 주에는 그에 대한 이야기를 전혀 하지 않았 군요. 그는 피아노를 조율하고 있는데, 차츰 오페라를 들려 줄 것입니다. 그가 이곳에 옴으로써 다시 새로운 시기가 이어지고 있습니다. 나는 사람들이 그저 자신의 길을 조용히 가야 한다는 것을 알고 있습니다. 세월은 가장 좋은 것뿐 만 아니라 최악의 것도 가져다 주거든요.

《에그몬트》가 호평받다니 이루 말할 수 없이 기쁩니다. 다시 읽으면서 색이 바래지 않기를 바랍니다. 그 안에 담아 놓은 것을 한 번 읽어서는 파악해 낼 수 없음을 나는 잘 알기 때문입니다. 여러분이 칭찬하는 대목은 그렇게 되도 록 마음먹고 쓴 부분입니다. 그 부분이 잘 되었다고 하니 나는 최종 목적을 이룬 셈입니다. 생활과 마음에 끝없는 자유가 없었더라면 결코 마칠 수 없었 을 만큼, 그것은 참으로 어려운 과제였습니다. 12년 전에 쓴 작품을 고치지 않 고 완성해서 내놓는 것이 무슨 의미가 있느냐고 생각하는 사람도 있을 겁니 다. 특별한 시간적 제약이 그 일을 어렵게 만들기도 했고 쉽게 하기도 했습니 다. 내 앞에는 이제 《파우스트》와 《타소》라는 두 바윗돌이 더 놓여 있습니다. 자비로운 신들이 내 미래에 시시포스의 형벌을 내린 듯하니 이 바위들도 산 꼭대기로 옮길 작정입니다. 먼저 그걸 정상으로 올리고 나면 다시 새로운 일 에 들어가야겠지요. 별다른 업적이 없는데도 변함없는 사랑을 보내 주시는 여 러분의 찬사에 보답하기 위해 힘닿는 데까지 노력할 생각입니다.

클레르헨에 대한 당신의 말이 완전히 이해가 되지는 않습니다. 다음 편지를 기다리겠습니다. 아마 순진한 소녀와 여신 사이의 미묘한 차이를 놓친 것 같 습니다. 나는 에그몬트와 그녀를 절대적인 관계로 설정했기 때문입니다. 그녀 의 사랑을 관능으로 파악하기보다는 연인의 완전무결함으로, 그녀의 황홀감 은 이 남자를 차지함으로써 믿기지 않는 것을 누리는 데서 비롯한다고 보았습니다. 나의 여주인공인 그녀는 사랑이 영원하다는 감정을 가슴에 품은 채 애인을 뒤따르며, 그의 영혼 앞에서 변주되는 꿈을 통해 그 사랑을 찬미합니다. 그래서 중간의 섬세한 차이를 어디에 설정해야 할지 모르겠습니다. 솔직히 말해 판지나 판자같은 연극 장치가 엉성해서 내가 위에서 이야기한 음영들이 어쩌면 폐기되어 중단되거나, 매우 미약한 암시들로써 연결될지도 모르겠습니다. 작품을 다시 한 번 읽어보면 도움이 될지도 모르겠습니다. 다음 편지에선 아마 좀 더 자세한 내용을 이야기하겠지요.

앙겔리카가《에그몬트》표지 동판화를 그렸고, 립스가 이를 동판에 새겼습니다. 독일에서는 이런 동판화가 만들어지지는 못할 것 같습니다.

11월 3일, 로마

유감스럽게도 나는 그림 그리기를 완전히 접어야 할 것 같습니다. 그렇지 않으면 희곡 작품을 끝마칠 수 없을 것 같군요. 무언가 제대로 된 작품을 만들어 내기 위해서는 특유의 집중력과 차분한 집필 작업이 필요합니다. 요즘 쓰고 있는《벨라 별장의 클라우디네》는 말하자면 아주 새로운 방식으로 집필함으로써, 내 존재의 오랜 껍질을 벗어 버릴 생각입니다.

11월 10일, 로마

카이저가 왔습니다. 이제 음악이 끼어들면서 삼중 생활을 하고 있습니다. 그는 더없이 훌륭한 남자라서, 지상의 자연스러운 전원생활을 하고 있는 우리와 잘 맞습니다. 나폴리에서 티슈바인이 돌아오면 두 사람의 숙소를 비롯한 모든 것이 바뀌어야 하겠지요. 우리의 원만한 천성으로 볼 때 일 주일 뒤면 모두 다시 본디 자리를 찾게 될 겁니다.

나는 대공의 어머니께 돈 200체키노 만큼 그녀를 위한 자그만 예술품들을 사들이는 일을 허락해 달라고 제안했습니다. 이 편지를 보는 대로 나의 제안을 지지해 주십시오. 그 돈은 바로, 한꺼번에 필요한 것은 아닙니다. 자세한 설명을 하지 않더라도 짐작하실 만큼 중요한 일입니다. 제게는 손금 들여다보듯 뻔한 이곳 상황을 잘 아신다면 저의 충고와 제안이 얼마나 절실히 필요하고 이로운지 더욱 실감하실 겁니다. 나는 작은 예술품으로 공작의 어머니께 커다란 기쁨을 안겨드릴 겁니다. 제가 조금씩 구입한 예술품들을 그녀가 본다면

바닷가의 성채, 괴테 그림

충분히 만족하실 겁니다. 이곳에 온 사람이면 누구나 소유욕을 갖게 되는데, 이를 억누르려면 고통스럽게 체념하던지, 아주 큰 비용을 들이고 손해를 보더라도 손에 넣을 수밖에는 없을 것입니다. 이 점을 자세히 이야기하려면 편지지 몇 장을 빼곡히 채워 넣어도 모자랍니다.

11월 10일, 로마

《에그몬트》가 호평받고 있다니 진심으로 기쁩니다. 이 작품을 완성할 때보다 더 많은 정신적 자유와 양심을 지닌 적은 이제껏 없었습니다. 그렇지만 이전과 다른 작품을 써서 독자를 만족시킨다는 것은 어려운 일입니다. 독자는 늘 전과 같은 작품을 쓰라고 요구하기 때문입니다.

11월 24일, 로마

당신*[1]은 지난번 편지에서 이 지방 풍경의 색채에 대해 물으셨습니다. 그에 대해 이렇게 말할 수 있겠습니다. 맑은 날, 특히 맑은 가을날에는 색상이 너무

---

*1 샤를로테 폰 슈타인 부인을 가리킨다.

다채로워서 어떤 그림이든 '알록달록하게' 빛날 수밖에 없을 겁니다. 지금 나폴리에 있는 한 독일인이 그린 스케치 몇 점을 머잖아 보내드릴 생각입니다. 수채화용 물감이 자연의 광채에야 훨씬 못 미친다는 사실은 여러분도 잘 아시겠지요. 이곳 경치에서 가장 아름다운 점은 조금만 떨어져서 보아도 선명한 색상이 대기의 색조로 부드러워진다는 사실입니다. 그리고 사람들이 곧잘 말하는 차가운 색조와 따뜻한 색조의 대조가 뚜렷하게 드러납니다. 맑고 푸른 음영이 모든 녹색, 황색, 붉은색, 갈색의 빛과 매력적인 대비를 이루면서, 푸르스름한 빛을 띤 아득히 먼 곳과 연결됩니다. 이 광경은 하나의 광채인 동시에 조화이며, 전체 속에 하나의 음영입니다. 북쪽에서는 도저히 상상할 수 없는 광경이지요. 여러분이 있는 독일에서는 모든 것이 칙칙하거나 흐릿하며, 알록달록하거나 단조롭습니다. 적어도 내게는 날마다 시시각각 눈앞에 펼쳐지는 색조를 맛볼 수 있는, 개별적인 효과를 본 기억은 그다지 떠오르지 않는군요. 여기서 눈이 단련이 되었으니 어쩌면 북쪽에서도 더 많은 아름다움을 발견할지도 모릅니다.

나는 이제 모든 조형 예술로 이르는 올바르고 반듯한 길들을 눈앞에서 보고 깨달으며, 이제 그 길들의 너비와 거리도 더욱 뚜렷하게 헤아릴 수 있습니다. 나는 이제 너무 나이가 들어서 앞으로는 일을 날림으로 할 수밖에 없을 것 같습니다. 다른 사람들이 어떻게 작업하는지 보고 있노라면, 좋은 오솔길을 가는 사람은 몇몇 있습니다만 큰 걸음을 걷는 사람은 찾기 힘듭니다. 행운이나 지혜에 대해서도 마찬가지입니다. 그것의 원형은 우리 눈앞에서만 아른거릴 뿐이고, 우리는 기껏해야 그것의 옷깃이나 만져볼 수 있을 따름입니다.

카이저가 도착하고 집안일을 정리하다 보니 시간을 빼앗겨 일이 중단되었습니다. 이제 다시 시작할 생각이며 오페라는 거의 끝나갑니다. 그는 무척 착실하고 분별력 있으며 단정하고 신중합니다. 자신의 예술에 있어서는 더없이 확고하고 자신에 차 있습니다. 그는 가까이 있음으로써 다른 사람을 더 건강하게 만드는 사람입니다. 또 매우 너그러울 뿐만 아니라 바른 인생관과 사회관을 지녔습니다. 이런 점들이 평소 엄격한 그를 유연하게 만들고, 사람을 대할 때 특유의 품위를 지니게 합니다.

11월의 보고

사람들과 멀어져야겠다고 생각하던 무렵, 활달한 성격의 옛 친구 크리스토프 카이저가 이곳에 오면서 새로운 유대 관계가 맺어졌다. 프랑크푸르트 출신인 그는 클링거[*2] 씨를 비롯한 우리 시대 사람이었다. 천성적으로 독특한 음악적 재능을 타고난 그는 《농담, 꾀, 복수》라는 오페라 작품을 작곡했고, 이미 수년 전에 《에그몬트》에 맞는 음악을 쓰기 시작했다. 나는 로마에서 그에게 편지를 보내, 작품은 출판사로 보냈고 복사본을 가지고 있다고 알렸다. 이에 대해 길고 지루한 서신 교환보다는 직접 이곳으로 오는 게 가장 좋은 방법이라고 생각한 그는 곧바로 특급 마차를 타고 이탈리아를 가로질러 우리 앞에 나타난 것이다. 론다니니가 맞은편 코르소 거리에 그의 숙소를 마련해 둔 예술가들이 다정하게 그를 맞이했다.

하지만 정신 집중과 통일성이 절실히 필요한 이곳에서 곧 정신이 산만해지고 시간을 허비하는 일이 벌어졌다.

먼저 피아노를 마련하고 시험하고 조율하며 고집스러운 예술가의 의지와 의욕에 따라 온전히 바로잡는 데 며칠이 걸렸다. 그럴 때마다 여전히 새로운 바람과 요구 사항이 남아 있었다. 그럼에도 그때로서는 아주 까다로웠던 작품을 매우 능숙하게, 완전히 그의 시대에 맞추어 쉽게 연주하는 그의 재능은 그런 노고와 시간낭비를 충분히 보상하고도 남았다. 음악사에 정통한 사람이 들려준 이야기를 쉽게 풀어 말하자면, 나는 그 무렵 슈바르트[*3]가 최고로 인정받았고 숙련된 피아노 연주자인지 아닌지를 시험할 때는 변주곡 연주를 중점적으로 평가했다. 이때 단순한 주제를 기교 넘치게 연주한 다음 다시 자연스럽게 연주함으로써 청중들을 숨을 돌릴 수 있었다.

---

*2 Friedrich Maximilian von Klinger(1752~1831). 독일의 극작가 겸 소설가. 희곡 《질풍노도 *Sturm und Drang*》를 썼으며, 이 희곡의 이름은 그 뒤 젊은 괴테를 중심으로 한 문학운동의 이름이 된 것으로 유명하다. 희곡으로 《오토 *Otto*》, 《쌍둥이 *Die Zwillinge*》 등을 남겼으며 소설 《파우스트의 생애와 행위 및 지옥행 *Faustus Leben, Taten und Höllenfart*》을 썼다.

*3 Christian Friedrich Daniel Schubart(1739~1791). 독일의 시인 ·음악가. 계몽적인 잡지 〈독일연대기 *Deutsche Chronik*〉를 발행함으로써 그의 이름이 유럽 곳곳에 알려졌다. 음악인으로서는 궁정 및 슈투트가르트의 극장에서 지휘자로 활약하였다.

그는 《에그몬트》에 덧붙일 교향곡*⁴을 가지고 왔다. 그리하여 나는 필요와 애착 때문에 여느 때보다 악극에 아주 커다란 관심을 가지게 되었다.

《벨라 별장의 클라우디네》뿐만 아니라 《에르빈과 엘미레》도 이제 독일로 보내야 한다. 하지만 《에그몬트》를 고쳐 쓰면서 스스로에 대한 요구가 너무 높아졌기 때문에, 도저히 맨 처음 형태 그대로 내버려둘 수가 없었다. 나에게는 그 작품에 담긴 일부 서정적인 요소가 사랑스럽고 소중했다. 그것은 젊은 시절 아무런 조언도 받지 못한 채 자유분방하게 살다가 겪게 되는 고통이나 걱정과 같은, 사실 어리석지만 그럼에도 행복하게 보낸 수많은 순간들의 증거였다. 이와 달리 산문체 대화는 너무 프랑스 오페레타를 연상시켰다. 처음에는 우리 연극에 경쾌한 음악적인 성격을 부여해 주어서 친근한 인상을 갖게 해 주었지만 이탈리아 사람이 다 된 오늘의 나에겐 더 이상 만족스럽지 않다. 이탈리아에서는 선율이 아름다운 노래가 낭독이나 낭송에 어울리는 음악과 연결되는 것을 선호하기 때문이다.

두 오페라는 이런 식으로 작곡될 것이다. 곡을 쓰는 작업은 때때로 기쁨을 안겨주고, 희곡의 시대 흐름을 타고 대중의 인기도 끌게 될 것이다.

많은 사람들이 이탈리아 가극 대본을 비난하는데, 거의가 생각 없이 들은 말을 그대로 전하며 되풀이하는 상투적인 비난이다. 그 대본은 물론 쉽고 경쾌하지만 작곡가나 가수가 흥겨움 이상을 요구하지 않는다. 이에 대해서는 많은 말을 할 필요 없이 《비밀 결혼》*⁵의 대본을 떠올리면 된다. 작자는 알려져 있지 않지만 그게 누구든 간에 이 분야에서 활동한 가장 숙련된 인물들 가운데 한사람이었다. 이런 의미에서 행동하고 똑같은 자유를 누리며 특정 목표에 이르려고 애쓰는 것이 나의 의도였다. 이 목적에 얼마나 가까이 갔는지는 나 자신도 알지 못한다.

나의 친구 카이저와 함께 제법 오래 전부터 계획한 이 일은 유감스럽게도 시간이 흐름에 따라 차츰 더 의구심이 들고 실행이 어려울 것 같았다.

독일 오페라의 성격이 무척 소박했던 시대를 떠올려 보자. 페르골레시*⁶의

---

*4 《에그몬트》 서곡

*5 1792년 비엔나에서 초연된 치마로사(Domenico Cimarosa)의 오페라.

*6 Giovanni Battista Pergolesi(1710~1736). 이탈리아의 작곡가. 1732년 오페라부파 《사랑에 빠진 오빠 Lo frate'nnamorato》를 상연하여 크게 성공을 거두었다. 다음해 자작의 오페라세리아 《긍

《마님이 된 하녀》과 같은 단순한 막간극이 유행하고 갈채를 받던 시대를 말이다. 그 무렵에는 베르거라는 희극 가수가 예쁘고 당당하고 민첩한 여성들과 함께 활동했다. 이들은 독일 여러 도시와 시골에서 보잘것없는 의상과 빈약한 음악만으로도 이런저런 경쾌하고 흥분할 만한 실내 공연들을 보여 주었다. 물론 이런 공연들은 늘 사랑에 빠진 멋쟁이 노인이 사기를 치다가 창피당하는 것으로 끝나곤 했다.

나는 이 두 사람 말고, 쉬운 역할을 맡아줄, 중간 성량을 가진 세 번째 가수를 생각해냈다. 벌써 몇 년 전에 이런 생각으로 오페레타 《농담, 꾀, 복수》가 만들어진 바 있다. 나는 취리히에 있는 카이저에게 이 작품을 보냈는데, 진지하고 양심적인 남자인 그는 이 작품을 지나치게 작은 부분까지 성실하게 만들었다. 나 자신은 이미 간주곡의 수준을 넘어섰는데 말이다. 하찮아 보이는 주제가 여러 가곡으로 펼쳐지기 때문에 스쳐 지나가는 불충분한 음악으로는 세 사람이 끝까지 공연을 계속하기가 어려울지도 모른다. 그런데 카이저는 옛 방식으로 아리아를 자세하게 다루었기 때문에 전체적으로 품위가 있으므로 부분적으로는 나름대로 성공을 거두었다고 할 수 있겠다.

하지만 이 작품을 어디서 어떻게 상연한단 말인가? 중간 수준이라는 이전의 원칙은 불행하게도 목소리가 빈약한 가수들을 낳았다. 삼중창곡 이상은 소화할 수 없었기에 합창단을 하나 만들기 위해서 의사의 만병통치약 상자[*7]를 구해 오고 싶을 정도였다. 이 때문에 작품을 단순하고 간결하게 마무리하려던 우리의 온갖 노력은 모차르트가 등장함으로써 물거품이 되고 말았다. 모차르트의 《후궁에서의 유괴》가 모든 것을 짓밟아 버리는 바람에 우리가 그토록 공들여 만든 작품은 두 번 다시 거론되지 못했다.

카이저가 온 덕분에 이제까지 연극 공연에만 한정되었던 우리의 음악에 대

지 높은 죄수 *Il prigionier superbo*》의 막간극으로 상연된 《마님이 된 하녀 *La serva Padrona*》가 호평을 받았는데 이것은 그가 세상을 떠난 뒤인 1752년 파리에서 상연되어 이른바 '부퐁논쟁(프랑스와 이탈리아 음악의 우열논쟁)'을 불러일으켰다. 그 뒤 폐결핵을 앓던 그는 나폴리 가까이에 있는 수도원에 있으면서 《어머니는 서 계시고 *Stab at Mater*》를 탈고한 뒤 26세 때 세상을 떠났다. 그 후 그의 명성은 높아졌고 이탈리아의 오페라부파와 프랑스의 희극적 음악극 전개에 큰 영향을 끼쳤다.

*7 《농담, 꾀, 복수》 2막에서 병이 난 스카피네에게 의사가 약을 조제해 주는 내용을 가리킨다.

바티칸과 나폴리 왕국을 경계짓는 문, 괴테 그림

한 사랑이 더 무르익고 넓어졌다. 그는 정성을 다해 교회 축제를 연구했는데, 이를 계기로 우리는 그런 날들에 연주되는 장엄한 음악에 함께 귀 기울이기도 했다. 여전히 합창이 우세하긴 하지만 완벽한 오케스트라와 어울리면 지나치게 세속적으로 들린다고 생각했다. 나는 성 체칠리아의 날[*8]에 처음으로 들어본 웅장한 합창과 아리아를 기억한다. 그러한 곡들이 오페라에 나온다면 나에게 엄청난 영향을 끼쳤듯, 관객들의 마음도 사로잡을 것이다.

카이저는 이 밖에 다른 미덕도 지녔다. 그는 고대 음악에 아주 큰 관심을 보였고, 음악사 연구에도 힘쓴 까닭에 여러 도서관들을 둘러보기도 했다. 그는 성실하고 부지런했기 때문에 미네르바 도서관[*9]에서 환영과 함께 지원을 받을 수 있었다. 그의 서적 연구의 성과로 우리는 비교적 오래된 16세기의 동판화

[*8] 11월 22일
[*9] 도미니카파 수도원의 도서관으로 현재 로마에 있는 가장 큰 도서관들 중 하나이다.

에 관심을 갖게 되었다. 《로마의 웅장한 거울》*10이나 로마초의 《건축물》,*11 그리고 조금 후기의 《경이로운 로마》는 물론이고, 그 밖의 비슷한 책으로 우리의 기억을 불러일으키는 일을 소홀히 하지 않았다. 우리가 도서관들을 돌아다니면서 찾아낸 이러한 서적과 동판화 수집물은 인쇄 상태가 좋은 경우 특히 커다란 가치를 지닌다. 이것들은 진지함과 외경심을 갖고 고대를 돌아보게 하고, 남아 있는 유물을 유용한 문자로 표현한 옛 시절을 떠올리게 해준다. 사람들

---

*10 라프레리의 작품.

*11 로마초의 작품. Giovanni Paolo Lomazzo(1538~1600). 이탈리아 르네상스 끝 무렵의 화가, 문필가. 밀라노에서 태어나, 그곳에서 죽었다. 밀라노 브레라미술관에 《성모자》, 《피에타》 등이 전해지고 있다. 33세로 실명하고 난 뒤, 《회화, 조각, 건축예술론 Trattato Dell'arte della Pittura, Scultura ed Architettura》(1584), 《회화 전당의 이념 Idea del Tempio della Pittura》(1590) 등을 써서 르네상스 후기 미술가의 업적을 전술하였으며, 신플라톤주의에 바탕을 둔 특이한 예술론을 이루었다.

은 콜로나 정원의 옛터에 여전히 그대로 서 있는 거대한 석상에 가까이 다가간다. 세베루스 황제가 세운 다층 열주의 절반쯤 무너진 폐허를 보면 사라져 버린 이 건축물의 모습을 어림짐작으로나마 그려볼 수 있다. 정면이 없는 베드로 성당, 원형 지붕이 없는 거대한 중앙 부분, 아직도 뜰에서 마상 무술 시합을 벌일 수 있는 옛 바티칸, 이 모든 것이 우리를 옛 시절로 되돌아가게 해준다. 그리고 그 뒤 200년 동안 어떤 변화들이 일어났으며, 여러 커다란 장애물이 있음에도 복구 작업에 어떤 노력을 기울였는지를 또렷이 살펴볼 수 있다.

내가 기회 있을 때마다 이야기하곤 했던 취리히의 하인리히 마이어는 홀로 틀어박혀 열심히 작업에 몰두해 왔지만 중요한 것을 어디서 구경하고 경험하며 배울 수 있는지 모두 알고 있었다. 모임에서 겸손하고 박식한 모습을 보인 그를 찾아가 만나기를 바라는 사람들이 많았기 때문이다. 그는 빙켈만과 멩스가 개척한 안전한 오솔길을 묵묵히 걸으며 세피아를 포함한 고대 흉상을 자이델만의 방식으로 설명해 극찬을 받았다. 전기와 후기 예술의 미묘한 차이를 그보다 더 많이 검토하고 파악하는 기회를 가진 사람은 아무도 없었다.

모든 외국인과 예술가들은 전문가나 문외한이나 횃불을 비추면서 바티칸과 카피톨리노 박물관을 방문하기를 원했다. 우리도 이를 추진하려고 하자 마이어가 함께 가겠다고 했다. 내가 갖고 있는 자료 가운데 그가 쓴 글이 한 편 남아 있다. 그의 글 덕분에 훌륭한 예술품들을 더 잘 즐길 수 있고 그 글은 하나씩 사라져 가는 꿈처럼 황홀하게 영혼 앞을 머물러 있다. 그 글은 지식과 인식을 넓히는 데 이로우며 영속적인 가치를 지닌다.

(다음 따옴표 안은 하인리히 마이어 글의 인용이다)

"로마의 대형 박물관들, 예를 들면 바티칸의 피오 클레멘티노 박물관과 카피톨리노 박물관 등을 횃불을 비추면서 구경하는 일은 1680년대까지만 해도 꽤 새로웠던 모양이다. 정확히 언제부터 시작되었는지는 알 수 없지만 말이다.

횃불을 비추면서 구경할 때의 장점은 이렇다. 저마다 예술품을 하나하나 관찰하게 된다는 점이다. 그래서 감상하는 사람의 관심은 오로지 하나의 작품으로 쏠리게 된다. 그리고 강렬한 빛을 내는 횃불 아래서는 작품의 모든 섬세한 뉘앙스가 한결 뚜렷이 나타나는 반면, 다른 반사 광선(특히 반들반들하게 광택을 내는 조각상의 경우, 광선은 더욱 좋지 않다)으로 인한 방해를 받지 않게 된다. 그리하여 그림자는 더욱 짙어지고, 빛을 받는 부분은 더욱 밝게 두드러진다. 그러나 가장 중요한 것은 불리한 자리에 놓인 작품이 횃불 때문에 자신에게 걸맞은 권리를 얻게 된다는 점이다. 이는 논란의 여지가 없는 사실이다. 예를 들어 벽의 오목한 부분에 자리잡은 라오콘 군상은 횃불을 비춰야만 제대로 볼 수 있다. 그 위로 직접 빛이 떨어지지 않고 주랑에 둘러싸여 있는 벨베데레의 작고 둥근 뜰로부터 나오는 반사광만 비치기 때문이다. 아폴로 상과 흔히 말하는 안티노우스 메르쿠어도 마찬가지다. 닐*12과 멜레아거*13를 보고 가치를 평가하기 위해서는 횃불 조명이 더욱 필요하다. 포치온 헤르메스*14상만큼 횃불 조명으로 장점이 크게 드러나는 고대 유물은 아마 없으리라. 불리한 자리에 있어서 평범한 빛으로는 잘 보이지 않지만, 횃불을 비추면 간소한 의복을 통해 놀랍도록 섬세하게 들여다보이는 신체의 각 부분들을 느낄 수 있다. 걸작인 바쿠스 좌상의 훌륭한 흉의(胸衣)뿐만 아니라 두상이 아름다운 바쿠스 신 입상의 윗부분과 트리톤 신의 반신상도 두드러진다. 그렇지만 누가 뭐래도 예술의 기적은 아무리 칭찬해도 지나침이 없을 저 유명한 토르소*15라 할 수 있다.

카피톨리노 박물관의 기념물이 일반적으로 피오 클레멘티노 박물관의 기념물에 비해 떨어지긴 하나, 그래도 몇몇은 매우 중요하다. 그리고 그 가치를 제대로 깨닫기 위해서는 횃불 조명 아래에서 감상하는 것이 좋다. 피루스*16는 뛰어난 작품인데도 계단에 놓여 있어서 전혀 빛을 받지 못하고 있다. 기둥 앞 화랑에 있는 아름다운 반신상, '옷 입은 비너스*17는 로마에 있는 이런 입상

---

*12 이집트 알렉산드리아 지역의 작품. 거대한 강의 신이다.
*13 기원전 4세기 그리스 작품을 복제한 것.
*14 신의 상이지만 그리스 장군의 머리를 하고 있다.
*15 본문에서는 벨베데레의 토르소를 가리킨다.
*16 군신 아레스의 거상(巨像). 고대 그리스 작품으로 로마인이 복제한 것. 아레스는 그리스 신화에 나오는 군신(軍神)으로 올림포스 12신의 하나이다. 호전적이었으나 곱상하게 생긴 청년으로, 여신 아프로디테의 사랑을 받아 그녀의 애인이 되었다. 로마 신화에서는 마르스와 동일시되었다.
*17 기원전 5세기 그리스 원작.

가운데 가장 아름답지만 구석진 곳에 세워져 있어 낮에는 제대로 볼 수가 없다. 그리고 '아름다운 옷을 입은 주노 상*[18]은 창문 사이의 벽에 놓여 있어서 스쳐가는 빛만을 조금 받을 뿐이다. 종합기록실에 있는 그 유명한 아리아드네 두상*[19]도 횃불이 없이는 그다지 훌륭해 보이지 않는다. 이 밖에도 박물관의 몇몇 작품들은 좋지 않은 자리에 있어서 제대로 보고 참된 가치를 평가하기 위해서는 반드시 횃불에 비추어 보아야만 한다.

그런데 유행에 따르기 위해 생겨나는 많은 것들이 악용되고 있듯이 횃불 조명도 마찬가지다. 횃불 조명이 어째서 이로운지 이해할 때만 득이 될 수 있다. 앞서 예를 든 것처럼 햇빛을 잘 받지 못하는 유물을 보는 데는 횃불이 필수적이다. 그래야만 튀어나온 부분과 들어간 부분, 각 부분들이 서로 이어지는 모양을 좀 더 제대로 인식할 수 있다. 하지만 이러한 방법은 무엇보다 예술의 황금기에 나온 작품들을 관찰하는 데 유리할 것이다(즉 횃불을 들고 있는 사람과 관람객이 어떤 점이 중요한지를 알고 있어야 한다는 말이다). 횃불은 작품의 질량감을 더욱 잘 보여 주고, 섬세하기 이를 데 없는 작품의 미묘한 차이를 부각시켜 줄 것이다. 반면에 웅대하고 고상한 양식의 고대 예술 작품들은 밝은 햇빛을 받지 않고는 기대한 효과를 거둘 수 없다. 그 무렵 예술가들이 아직 빛과 그림자의 효과에 정통하지 못했는데, 이들이 작품을 만들 때 그것을 어떻게 고려할 수 있었겠는가? 예술가들이 주의를 게을리하기 시작하면서 나중에 만들어진 작품도 마찬가지다. 이미 미적 감각이 뚜렷하게 떨어진 그들은 조형 작품에서 빛과 그림자에 더는 신경 쓰지 않았고 질량의 법칙도 잊고 말았다. 이런 유물에 횃불 조명이 무슨 소용이 있겠는가?"

이처럼 경사스러운 때에는 여러모로 우리 모임에 유익하고 필요한 존재였던 히르트*[20] 씨를 떠올리게 된다. 1759년 퓌르스텐베르크에서 태어난 그는 고대 저술가들의 연구를 끝마친 뒤 로마에 가보고 싶은 충동을 억누를 수 없었다. 그는 나보다 몇 년 앞서 이곳에 도착했으며 진지한 태도로 고대와 근대의

---

*18 기원전 5세기 말, 그리스 원작을 로마인이 복제하여 여신 주노로 개작된 것.
*19 실제로는 디오니소스 신의 두상이다.
*20 Aloys Hirt(1759~1839). 독일의 고고학자, 미술사가. 미의 판단은 그 대상의 본질을 이루는 개성적 특징에 주의를 돌리는 것에서 시작된다고 주장했다.

각종 건축물과 조각품들을 익혔기 때문에, 지식욕에 불타는 우리 같은 외국인에게 전문 지식을 소개하는 안내자로 꼭 알맞았다. 그는 나에게도 관심을 가지고 성심성의껏 호의를 베풀었다.

그의 주된 연구 분야는 건축술이었는데, 그렇다고 고전적인 장소와 다른 수많은 희귀한 작품들을 소홀히 한 것은 아니었다. 예술에 대한 그의 이론적인 견해는 논쟁과 편가르기를 좋아하는 로마에서 열띤 토론이 벌어지는 다양한 계기가 되었다. 언제 어디서나 예술이 화제에 오르는 로마에서는 서로 다른 관점으로 온갖 갑론을박이 다채롭게 펼쳐진다. 그 덕에 그토록 중요한 대상들을 가까이에서 접하는 우리의 정신은 몹시 생생한 자극을 받아 발전하게 된다. 히르트의 이론은 그리스와 로마 건축술이 태곳적에 필수불가결하던 목조 건축술에서 비롯했다는 이야기를 토대로 하고 있다. 그는 이를 바탕으로 최근의 건축술을 칭찬하거나 비난하면서 역사와 실례들을 요령 있게 이용할 줄 알았다. 이와 달리 다른 사람들은 그 밖의 모든 예술처럼 건축술에서도 예술가가 결코 포기할 수 없는 세련된 취향의 허구가 생겨난다고 주장했다. 히르트는 자신에게 일어나는 아주 다양한 상황에 따라 이런저런 방식으로 대처할 수 있어야 하며, 엄격한 규칙에서 벗어날 각오가 되어 있어야 한다고 말한다.

그는 때때로 아름다움에 대해서 다른 예술가들과 의견 충돌을 보이곤 했다. 그는 아름다움의 원천이 특징에 있다고 주장했는데, 모든 예술작품의 바탕이 그 특징에 있다고 믿는 사람들이 그의 의견에 동의했다. 그들은 작품을 제작하는 데는 미적인 감각과 취향이 맞아야 하고, 그럼으로써 저마다 특성이 적절하고도 우아하게 표현되어야 한다고 주장했다.

예술의 본질은 말이 아니라 실천에 있지만, 그럼에도 늘 실천보다 말이 더 많기 때문에 그와 같은 논쟁이 끊이지 않았음을 쉽게 알 수 있다. 최근까지도 그런 현상이 남아 있듯이 말이다.

예술가들이 견해를 달리함으로써 온갖 불미스러운 일들이 생기는데, 서로의 관계가 멀어지는 경우는 드물긴 하지만 그 때문에 재미있는 일들이 벌어지기도 했다. 다음 사건이 한 사례가 될지도 모르겠다.

예술가들이 바티칸에서 오후 나절을 보내고 밤늦게 집으로 돌아가는 길이었다. 이들은 시내를 지나 숙소까지 가는 먼 길을 피하려고 주랑 옆 성문으로 나가 포도밭을 지나 테베레 강까지 갔다. 이들은 가는 길에도 논쟁을 그치지 않았는데, 이윽고 강가에 도착했다. 그리고 강을 건너면서도 열띤 토론은 멈추지 않았다. 이제 리페타[*21]에 도착해 배에서 내리면 헤어져야 했지만 다들 여전히 못다한 말들이 잔뜩 남아 있었다. 그래서 이들은 배에서 내리지 않고 다시 강을 왔다 갔다 하면서 흔들리는 배에서 토론을 계속하기로 했다. 하지만 한 번 왕복하는 것으로는 충분치 않다는 생각이 들자 이들은 뱃사공에게 여러 번 왕복해 달라고 요구했다. 한 번 오갈 때마다 한 사람 당 1바조코[*22]를 받을 수 있었기에 뱃사공으로서도 마다할 까닭이 없었다. 그렇게 늦은 시각에는 도저히 기대할 수 없는 짭짤한 수입이었기 때문이다. 뱃사공은 이들의 요구에 묵묵히 응했는데, 그의 어린 아들이 의아하다는 듯 물었다.

"저 아저씨들은 왜 저러는 거죠?"

사공은 조용히 대답했다.

"나도 잘 모르겠지만, 아마도 정신 나간 사람들인 모양이다."

거의 이 무렵 고향에서 온 소포 중에 다음과 같은 편지가 있었다.

(프랑스어 편지의 번역)

선생님, 저는 선생님에게 모자란 독자들이 있다는 데에 놀라지 않습니다. 남의 말에 귀 기울이기보다 말하는 것을 더 좋아하는 사람들이 훨씬 많으니까요. 하지만 이들은 가련한 존재이며, 우리는 이들과 다르다는 사실을 다행으로 여겨야 합니다. 그렇습니다, 선생님. 저는 선생님 덕분에 제 인생에서 가장 훌륭한 행위인 동시에 다른 훌륭한 행위들의 원천이기도 한 것을 발견했습니다. 그래서 선생님이 쓰신 책은 저에게 더없이 소중합니다. 선생님과 같은 곳에서 산다면 달려가 선생님을 부둥켜안고 저의 비밀을 털어놓았을 겁니다. 하지만 저는 유감스럽게도 그렇게 결심한 동기를 누구도 믿어주지 않는 곳에 살고 있습니다. 선생님, 선생님과 300마일이나 떨어진 곳에 있는 한 젊은이를 다시 성실하고 착하게 살도록 해주었다는 사실에 기뻐하시기를 바랍니다. 그 때문에 온 가족이 시름을 덜게 되었고, 저도 선행을 베풀면서 즐겁게 살고 있습니다. 저에게 어떤 재능이 있거나, 많은 사람들의 운명에 영향을 끼칠 수 있는 지위가 있

[*21] 로마 북쪽 테베레 강의 항구
[*22] 1스쿠도의 100분의 1

다면 선생님께 제 이름을 밝힐 수 있겠지요. 하지만 저는 그저 보잘것없는 존재이며 앞으로 어떻게 될지도 잘 알고 있습니다. 선생님, 부디 젊음을 유지하고 왕성한 창작욕을 잃지 않으시기를, 베르테르 같은 사람을 한 번도 만난 적이 없는 로테*23 같은 여성의 남편이 되시기를 바랍니다. 그러면 이 세상에서 누구보다 행복한 사람이 되실 겁니다. 저는 선생님께서 미덕을 사랑하신다는 것을 믿기 때문입니다.

---

*23 괴테의 작품 《젊은 베르테르의 슬픔》에 나오는 여주인공 샤를로테를 가리킨다. 주인공 베르테르가 사랑하는 여성이지만 알베르트와 혼인을 하고, 뒤에 베르테르가 자신을 사랑한다는 사실을 알고 그가 괴로워하고 있음도 이해한다.

12월의 편지

1787년 12월 1일, 로마

나는 적어도 이것만큼은 믿음을 갖고 당신[1]에게 단언할 수 있습니다. 나는 무척 중요한 문제점들을 틀림없이 깨닫고 있습니다. 인식이 무한히 넓어질 수 있음에도 유한하고 무한한 것에 대한 저의 개념은 확실하고 남에게 전할 수 있는 뚜렷한 언어로 표현할 수 있다는 것입니다.

나는 매우 불가사의한 일을 계획하면서도 인식 능력은 아직 억누르고 있습니다. 활동력만이 나아갈 수 있도록 말입니다. 거기에는 멋진 일들이 많으며, 마음만 먹는다면 손바닥 뒤집듯 쉽게 이해할 수 있기 때문이지요.

12월 7일, 로마

글 쓰는 일이 잘 되지 않아서 이번 주는 스케치를 하며 보냈습니다. 우리는 모든 시대를 살펴 적절히 이용할 수 있어야 합니다. 우리 숙소의 예술 모임은 언제나처럼 잘되고 있습니다. 우리는 늙은 아간티르[2]를 잠에서 깨우려고 애씁니다. 저녁마다 원근법에 몰두하면서 나는 늘 인체의 몇몇 부분을 더 잘 스케치하는 법을 배우려고 노력합니다. 모두 기본적인 것들인데도 매우 어렵고, 막상 그림을 그리려면 꽤 손재주가 필요합니다.

앙겔리카 부인은 너무나 착하고 사랑스럽습니다. 나는 여러모로 그녀에게 신세를 지고 있습니다. 우리는 일요일을 함께 지내며 평일에는 저녁에 한 번씩 만납니다. 그녀가 어떻게 그렇게나 많은 일을 훌륭하게 처리하는지 도무지 알 수가 없습니다. 그러면서도 그녀는 언제나 별일 아니라고 생각합니다.

---

[1] 헤르더를 가리킨다.
[2] 헤르더가 《아간티르와 헤르보의 마술 언어》라는 제목으로 민요에서 작품화한 북유럽의 영웅이다. 그의 딸이 그를 잠에서 깨웠다고 전해진다.

알바노 산골 농가, 괴테 그림

12월 8일, 로마

나의 자그마한 노래가 당신[*3] 마음에 들었다니 기쁜 마음을 금치 못하겠습니다. 그대의 마음에 드는 노래를 만드는 게 얼마나 즐거운 일인지 알지 못할 겁니다. 《에그몬트》에 대해서도 똑같은 말을 듣고 싶은데 이에 대해서는 별말이 없군요. 그 작품이 당신 마음에 들었다기보다는 오히려 아프게 하지 않았는지 걱정됩니다. 아, 그렇게 구성이 복잡한 작품은 순수하게 조화를 이루기 어렵다는 사실을 우리는 익히 잘 알고 있습니다. 근본적으로 예술가 자신 말고는 예술의 어려움을 오롯이 이해하는 사람은 아무도 없습니다.

예술에는 우리가 곧잘 생각하는 것 이상으로 '긍정적인' 요소, 즉 '교훈적'인 요소와 '전승될 수 있는' 요소가 있습니다. 그리고 정신적인 효과(늘 정신으로 이해되는)를 불러일으킬 수 있는 기술적인 장점들이 많습니다. 우리가 이런 작은 요령을 알고 있다면 기적처럼 보이는 많은 것들이 하나의 장난에 지나지 않게 됩니다. 그리고 고상하든 미천하든 로마보다 더 많은 것을 배울 수 있는 곳은 그 어디에도 없습니다.

[*3] 폰 슈타인 부인을 가리킨다.

12월 15일, 로마

늦었지만 당신*⁴에게 몇 자 적어 보냅니다. 이번 주는 매우 만족스럽게 보냈습니다. 지난 주는 이런저런 일이 제대로 되지 않았습니다. 그러다가 월요일엔 날씨가 무척 좋았고, 날씨에 대한 내 지식에 따르면 며칠 동안은 좋은 날이 이어질 듯해 카이저와 또 다른 프리츠 씨와 함께 길을 떠났습니다. 화요일부터 오늘 저녁까지 내가 아는 장소와 아직 가보지 못한 여러 곳들을 두루 돌아다녔습니다.

화요일 저녁에는 프라스카티에 도착했고, 수요일에는 몬테드라고네에 있는 그림처럼 아름다운 별장들, 그 가운데서도 특히 더없이 훌륭한 안티노우스 별장을 찾아갔습니다. 목요일에는 프라스카티를 떠나 로카 디 파파를 지나 몬테카보로 갔습니다. 그곳 풍경은 말과 글로 도저히 전할 수 없으니 먼저 스케치들을 보내드리겠습니다. 그런 다음에는 알바노로 내려갔습니다. 금요일에는 몸이 좀 불편해진 카이저가 우리와 헤어졌습니다. 그리고 나는 제2의 프리츠와 함께 아리치아, 겐차노, 네미 호수를 지나 다시 알바노로 돌아왔습니다. 오늘은 카스텔 간돌포와 마리노로 갔다가 로마로 되돌아왔습니다. 날씨는 상상할 수 없을 만큼 좋았습니다. 아마도 일 년 가운데 으뜸으로 멋들어진 날씨라 할 수 있을 겁니다. 상록수 말고도 몇 그루의 떡갈나무가 잎을 달고 있으며, 잎사귀가 누렇긴 하지만 어린 밤나무도 아직 잎을 달고 있습니다. 풍경의 색조는 더없이 아름답습니다. 밤의 어둠 속에 드러나는 형태들이 얼마나 멋지고 훌륭한지 모르겠습니다! 내가 무척 즐거웠음을 멀리서나마 당신께 전해드립니다. 말할 수 없이 흡족하고 기분이 좋았습니다.

12월 21일, 로마

그림을 그리고 예술을 연구하는 것은 나의 문학적 재능에 장애는커녕 오히려 도움이 됩니다. 글을 적게 쓰고 그림을 많이 그리는 것이 바람직하기 때문입니다. 조형 예술에 대한 개념을 내가 갖고 있는 만큼은 그대에게 전달할 수 있기를 바랍니다. 아직은 하위 개념이긴 하나 진실되며 차츰 폭넓어지고 있음을 알려주니 무척 기쁩니다. 위대한 거장의 지성과 꼼꼼함은 참으로 믿기 어려

---

*4 폰 슈타인 부인을 가리킨다.

만과 성채가 어우러진 풍경, 괴테 그림

울 정도입니다. 이탈리아에 도착했을 때 새로 태어난 기분이었다면 이제는 새로 교육을 받기 시작한 느낌입니다.

여태껏 보내드린 그림들은 그저 아무렇게나 그린 습작에 지나지 않습니다. 투르나이센 편에 두루마리를 하나 보내는데, 그 가운데 당신이 기뻐할 만한 가장 훌륭한 작품은 낯선 사람이 그린 그림입니다.

12월 25일, 로마

올해에는 천둥과 번개가 치는 가운데 아기 예수가 탄생했습니다. 자정 무렵에는 비바람이 너무나 심했습니다.

이제 더없이 위대한 예술품의 광휘에도 더는 현혹되지 않습니다. 나는 대상을 관조하면서, 이를 구별해 주는 참된 인식 속을 거닐고 있습니다. 이런 점에서 내가 마이어라는 스위스인에게 얼마나 커다란 은덕을 입었는지 말로 표현할 수 없습니다. 차분하고 부지런하며 고독한 사람인 그는 세부적이나 개별적인 형태의 특성에 대해 내 눈을 뜨게 해주었고 본격적인 '제작 비결'을 전수해 주었습니다. 그는 작은 일에도 만족하는 겸손한 사람입니다. 예술품을 이해하지도 못하면서 잔뜩 소장하고 있는 사람이나, 자신이 이를 수 없는 것을 본뜨느라 허덕거리는 다른 예술가보다 한결 더 예술을 즐기고 있습니다. 그는 개념을 또렷하게 이해하며 천사처럼 마음이 착합니다. 대화할 때마다 적어두고 싶을 만큼 그의 말은 분명하고 올바르며, 유일하게 참된 길을 기술하고 있습니다. 그의 가르침은 어떤 사람도 줄 수 없었던 것입니다. 그가 떠나간다면 누구도 그 자리를 대신할 수는 없을 겁니다. 그와 함께하면서 시간을 보내는 가운데 내 그림 솜씨가 지금으로서는 거의 불가능하다고 생각되는 높은 수준에 이르기를 바랍니다. 내가 독일에서 배우고 시도하고 생각하던 모든 것은 그의 가르침과 비교해 보면 나무껍질과 열매의 알맹이 같습니다. 이제 예술품을 보면서 얻게 되는 잔잔하고도 생생한 기쁨을 어떻게 표현해야 할지 모르겠습니다. 나의 정신은 예술품을 파악할 만큼 넓어졌고, 이를 제대로 평가할 수 있을 만큼 차츰 더 나아지고 있습니다.

이곳에 새로 온 외국인들과 함께 이따금 화랑을 구경하기도 합니다. 이들이 내 방의 말벌 같다는 생각이 듭니다. 투명한 유리창을 허공으로 착각하고 창가로 날아왔다가 튕겨 나가서는 다시 벽 가장자리를 붕붕거리며 날아다니는 말벌 말입니다.

나는 적이 침묵하며 뒤로 물러서기를 바라지 않습니다. 그리고 으레 '병적'이고 '편협한' 것으로 여겨지는 일은 더욱 나에게 맞지 않습니다. 그러므로 친애하는 벗이여, 나를 생각해 주시고, 나를 위해 최선을 다하고, 내 삶을 온전하게 유지하도록 해주십시오. 그렇지 않으면 내 삶은 아무에게도 도움을 주지 못한 채 파멸해 버릴 테니까요. 그렇습니다. 일 년 동안 나의 도덕적 취향은 너무 까다로워졌다고 할 수 있겠습니다. 모든 세상으로부터 완전히 동떨어진 채 한동안 홀로 지냈던 겁니다. 그런데 이제 다시 주위에 긴밀한 모임이 생겨났습니다. 모두 '올바른' 길을 걷는 선량한 사람들입니다. 이는 이들이 생각과 행동면에서 올바른 길을 걸을수록 나와의 관계를 견뎌 낼 수 있고, 나를 좋아하고, 나와 함께하면서 기쁨을 얻으리라는 징표일 뿐입니다. 길을 가는 동안에 어슬렁거리거나 헤매면서 자신을 심부름꾼이나 뜨내기로 자처하는 모든 사람을 나는 가차 없이 대하고 참지 못하기 때문입니다. 그럴 때면 나는 농담이나 조롱으로 한결같이 대하며 이들이 자신의 삶을 바꾸거나 아니면 나에게서 떠나가도록 합니다. 물론 이는 선량하고 반듯한 사람들에게 해당되는 이야기이며, 얼치기나 삐딱한 사람과는 인정사정 볼 것 없이 곧바로 관계를 끊어 버립니다. 벌써 두 사람, 아니 세 사람이 자신의 심경과 삶을 변화시켜 주었다며 고마워하고 있습니다. 이들은 살아가는 동안 나를 고맙게 생각할 겁니다. 나라는 존재가 영향력을 행사하는 순간 내 천성의 '건강함'과 그것의 '전파력'을 느낍니다. 신발이 작으면 내 발은 아플 수밖에 없고, 앞에 장벽을 세우면 나는 아무것도 볼 수가 없습니다.

12월의 보고

12월은 맑고 푸르며 매우 고른 날씨로 시작되었다. 그리하여 선량하고 즐거운 모임에 유쾌한 나날이 이어지리라는 생각이 들었다. 사람들은 이렇게 말했다.

"우리가 로마에 갓 도착해, 갈 길이 바쁜 외국인으로서 더없이 훌륭한 유적들을 신속하게 보고 배운다고 생각합시다. 그런 마음으로 익히 아는 것이라도 정신과 감각 속에서 다시 새롭게 피워낼 수 있도록 순회 관람을 시작합시다."

이러한 생각은 곧바로 실행되어 어느 정도 그럭저럭 이어져나갔다. 그런데 애석하게도 언급하고 생각한 유익한 것들 가운데 일부만이 남았다. 이 기간에 나온 편지, 메모, 그림 및 초안이 거의 다 사라져 버렸지만, 여기서 짧게 몇 가지만 말하겠다.

로마 아래쪽, 테베레 강에서 멀지 않은 구역에 '세 개의 분수'라 불리는 제법 큰 성당이 있다. 전하는 말에 따르면 이 분수는 성 바울이 참수당할 때 흘린 피로 생겨나서 오늘날까지 샘솟고 있다고 한다.

낮은 곳에 자리잡은 성당은 그 안에서 솟아 나오는 분수들 때문에 안개가 낀 듯 습기가 가득했다. 내부는 이렇다 할 장식도 없이 거의 방치된 채로 있었으나 간혹 예배를 드리기 위해 비록 이끼가 끼어 있긴 하지만 깨끗이 보존되고 손질되어 있다. 성당 장식물 가운데 특별히 눈길을 끄는 것은 본당 기둥들에 나란히 그려진 그리스도와 사도의 그림들이다. 이것들은 라파엘로의 그림에 따라 색을 칠해 실물 크기로 그려졌다. 다른 그림에서는 신실한 남자들을 똑같은 옷을 입고 무리지어 모여 있는 모습으로 묘사했다. 그런데 여기서는 이들이 따로따로 나오기 때문에 이 뛰어난 거장은 각각을 대단히 훌륭하게 묘사했다. 그들이 주님을 따라 살아가는 것이 아니라 주님이 승천하신 후 스스로 독립하여 저마다 성격에 따라 꿋꿋이 살아가야 한다는 듯 말이다.

이곳을 떠난 뒤에도 이 그림들의 탁월한 점을 배울 수 있도록 성실한 안톤 마르크로 하여금 원화를 복제하게 했다. 이로써 때때로 우리의 기억을 새롭게 하고, 의견을 적을 수 있는 기회와 계기가 마련되었다. 1789년 〈도이체 메르쿠어〉에 실린 논문 가운데 일부를 여기에 첨부하겠다.

"스승의 말씀과 삶을 남김없이 따르다 단순한 내적 변화를 대부분 순교로 장식한, 그지없이 고귀한 최초의 열두 제자와 환히 빛나는 얼굴의 스승을 적절히 소개해야 할 과제를 그는 단순성, 다양성, 진정성 및 예술에 대한 풍부한 이해와 함께 해결했다. 그래서 우리는 이 그림들을 그의 행복한 삶이 빚어낸 가장 아름다운 기념물 가운데 하나로 여길 수 있을 것이다.

그는 이들의 성격, 신분, 활동, 삶, 죽음에 대해서 남아 있는 글이나 전승을 무척 섬세하게 이용했다. 그럼으로써 서로 다르면서도 저마다 내적인 관계를 지닌 하나로 이어지는 형상들을 빚어냈다. 우리는 독자들이 흥미로운 수집물에 관심을 가질 수 있도록 하나하나 살펴보기로 하겠다.

베드로 : 라파엘로는 그를 앞쪽에 세워 놓았고, 단단하고 다부진 체구로 그려 놓았다. 다른 몇몇 인물들과 마찬가지로 손발을 조금 크게 그려 놓아서 신체가 좀 짧아 보인다. 목은 짧고, 짧은 머리카락은 열세 인물 가운데서 가장 심한 곱슬이다. 옷의 굵은 주름은 몸통 가운데로 모여들고, 얼굴은 다른 인물처럼 완전히 정면으로 그려져 있다. 확고하고 속 깊은 모습으로, 무거운 짐을 견딜 수 있는 기둥처럼 우뚝 서 있다.

바오로 : 그도 서 있는 모습으로 그려져 있지만 걸어가려다가 뒤를 바라보는 사람처럼 고개를 돌리고 있다. 외투는 벗어서 책을 든 팔 위에 걸쳤다. 두 발은 마냥 자유로워서, 앞으로 나아가려는 동작을 방해하는 것은 아무것도 없다. 머리카락과 수염이 불꽃처럼 흔들리고, 얼굴에는 꿈꾸는 듯한 정신이 어려 있다.

요한 : 끝 부분만 곱슬거리는 아름다운 긴 머리를 가진 고상한 청년이다. 종교의 징표인 성서와 성배를 조용히 지니고 보여 주는 것에 만족하는 표정이다. 독수리가 날개를 펼쳐 그의 옷을 높이 치켜 올리고 이와 같은 방법으로 멋지게 접힌 주름은 그야말로 완벽한 매우 멋들어진 기법이다.

마태오 : 유복하고 안락해 보이는 그는 자신의 삶에 만족하는 남자이다. 지나치게 차분하고 편안해 보이는 모습과 진지하고, 수줍은 듯한 시선이 균형을 이룬다. 몸통에 잡힌 주름과 돈주머니는 말할 수 없이 안온하고 조화로운 모습

을 보여 준다.

토마 : 그는 아주 소박한 가운데 더없이 멋지고 표정이 풍부한 인물들 가운데 하나이다. 외투를 걸친 그는 정신을 집중하며 서 있다. 외투 양쪽은 거의 대칭을 이루며 주름이 잡혀 있지만 미세하게 서로 다르다. 이보다 더 차분하고 조용하며 겸손한 형상을 만들어 낼 수는 없을 것 같다. 머리의 전환과 진지함, 슬픈 듯한 눈길과 섬세한 입 모양이 차분한 몸 전체와 무척이나 아름답게 조화를 이룬다. 머리카락만이 부드러운 외모 속에 감추어진 마음의 동요를 드러내는 듯이 흩날린다.

야고보 : 온화하고, 옷으로 몸을 감싸고 조용히 지나가는 순례자의 모습이다.

필립보 : 이 사람을 앞의 두 사람 사이에 놓고, 셋의 주름을 관찰해 보면 그의 주름이 얼마나 풍부하고 굵으며 넓은지 금방 알 수 있다. 옷은 풍성하고 고상하다. 그는 확신에 찬 모습으로 십자가를 단단히 쥐고 꿰뚫는 듯한 시선으로 바라보고 있다. 그래서 몸 전체가 내적인 위대함, 차분함 및 확고함을 암시하는 것 같다.

안드레아 : 그는 십자가를 들고 있다기보다는 껴안고 어루만지고 있는 듯하다. 외투의 단순한 주름들이 매우 정교하게 잡혀 있다.

유다 : 수도사들이 여행할 때 하는 것처럼 이 청년도 발걸음에 지장을 주지 않기 위해, 긴 덧옷을 높이 치켜들고 있다. 이러한 단순한 행동으로 매우 멋진 주름이 생겨난다. 그는 순교자의 죽음을 상징하는 창을 방랑객의 지팡이삼아 손에 들고 있다.

마티아스 : 선명한 주름이 잔뜩 있는 수수한 옷을 입은 쾌활한 노인인 그는 창에 몸을 기대고, 외투가 뒤쪽으로 드리워져 있다.

시몬 : 그는 옆모습보다는 뒷모습을 더 많이 보여 준다. 외투뿐만 아니라 입고 있는 다른 옷이 빚어내는 주름이 모든 인물들 가운데 가장 멋지다. 자세와 표정과 머리 모양이 말로 표현할 수 없을 만큼 조화를 이루어 놀라움을 안겨 준다.

바르톨로메오 : 그는 아무렇게나, 하지만 대단히 기술적으로 자연스럽게 외투에 감싸인 채 서 있다. 그의 자세며 머리카락, 손에 칼을 쥔 모양은 수술을 참아내고 있다기보다는 누군가의 피부를 벗기려는 게 아닌가 하는 생각마저

들게 한다.

마지막으로 신의 아들로서 예수는 이 그림에서 기적을 일으키는 인물을 보고자 하는 사람들을 만족시켜 주지 못할 것이다. 그는 사람들을 축복하기 위해 소박하고 차분하게 모습을 드러낸다. 옷 아랫부분이 치켜 올라가서 멋진 주름을 만들며 무릎이 드러나 보인다. 하지만 몸에 맞지 않는 옷은 한순간도 견디지 못하고 금세라도 흘러내릴 것만 같다. 라파엘로는 그가 오른손으로 옷자락을 들어 올리고 있다가, 축복을 내리기 위해 팔을 드는 순간 옷자락을 놓치는 바람에 흘러내렸음이 틀림없다고 여겼을지도 모른다. 이는 남아 있는 주름의 상태로 방금 전에 일어난 동작을 알리는 데 알맞은 미술 기교의 한 예가 될 것이다."

이 작고 보잘것없는 성당에서 그리 멀지 않은 곳에 고귀한 사도에게 바쳐진 좀 더 큰 기념물이 있다. '벽 앞의 성 바오로' 성당이라 불리는 그 기념물은 훌륭한 고대 유물들 가운데서도 웅장하고 예술적이다. 이 성당에 들어서면 숭고한 느낌을 받게 된다. 웅장하게 늘어선 기둥들이 그림이 그려진 높은 벽들을 지탱하고 있고 지붕은 짜맞춘 목조 건축 방식으로 이루어져서, 미적 감각이 까다로워진 오늘날 우리의 눈으로 볼 때는 헛간과 같은 인상을 준다. 축제일에 나무 대들보를 융단으로 덮으면 전체가 믿을 수 없을 만큼 효과를 내겠지만 말이다. 이곳에는 기둥머리가 잘 장식된 거대한 건축물의 놀라운 잔해가 우아하게 보존되어 있다. 이제는 거의 사라져 버린 카라칼라 궁전 폐허에서 빼낸 것들이다.

대부분 무너지긴 했지만 지금도 이 카라칼라 황제*5의 이름으로 불리는 경마장은 과거 엄청나게 넓었을 공간을 짐작하게 해 준다. 화가가 경주가 시작되는 곳 왼편에 자리를 잡으면 허물어진 관람석 너머로 오른쪽 언덕에 위치한 체칠리아 메텔라의 묘*6와 최근의 주변 경관을 볼 수 있을 것이다. 이곳에서 옛 관람석의 줄이 무한하게 뻗어나가고, 멀리 중요한 별장과 정자들이 보인다. 그

─────────────────

*5 Caracalla(188~217). 로마의 황제(재위 211~217). 공동통치자인 동생 게타를 죽이고 단독지배자가 되었다. 재정상의 이유로 로마제국 내 전체 자유민에게 로마 시민권을 주었다. 인심을 얻기 위해 대목욕장을 짓고 병사들에 대한 지출 증대를 벌충하기 위해 세금을 올리고 화폐의 질을 낮추어 주조했다. 파르티아 원정 중에 근위장관 마르키누스에게 암살당했다.

*6 아피아 가도(Via Appia)에 세워져 있는 원형 묘당. 지름이 20m에 달하고 보존 상태도 양호하다.

체스티우스

러다가 시선을 거두어들이면 스피나*7의 폐허가 눈앞에 보이는데, 건축학적 상
상력이 풍부한 사람이라면 그 시절의 위용을 어느 정도나마 머릿속에 그려볼
수 있을 것이다. 오늘 우리 눈앞에 펼쳐진 이 폐허는 재치 있고 숙련된 예술가
가 시도한다면 여전히 훌륭한 그림이 될 수 있으리라. 물론 너비가 높이보다
두 배는 되어야 할 것이다.

　다음으로 체스티우스의 피라미드가 눈에 들어왔다. 안토니우스 목욕탕이
나 카라칼라 목욕탕의 폐허도 피라네시*8가 그렇듯 효과적으로 그린 풍경이
었지만, 그림에 익숙한 눈으로 보니 생각보다 만족스럽지 않았다. 하지만 이러
한 기회에 헤르만 폰 슈바네펠트*9를 떠올려보자. 그는 섬세하고 매우 순수한
자연관과 예술관을 가졌으며, 이런 과거 묘사를 동판화로 생동감 있게 표현
할 줄 알았다.

─────────

*7 경마장 중간에 친 벽. 이 벽을 가운데 두고 경마가 열렸다.
*8 Giovanni Battista Piranesi(1720~1778). 이탈리아 판화가이며 건축가. 고대 로마의 예술에서 자
　극을 받아 판화와 건축으로 표현했다. 이탈리아의 낭만주의 화풍에 많은 영향을 미쳤다. 작
　품으로 〈카르체리(Carceri)〉와 〈로마의 경관(Vedute di Roma)〉 등이 있으며, 건축가로는 몰타
　여자수도원의 설계 등이 있다.
*9 네덜란드의 풍경화가이자 판화가.

몬토리오의 성 베드로 광장에서 아쿠아 파올라 분수*10의 물이 용솟음치는 것을 볼 수 있었다. 그 물은 개선문의 크고 작은 문을 지나 다섯 물줄기를 이루며 흘러가 커다란 물 받침대를 가득 채운다. 교황 바오로 5세가 복원한 이 인공 수로는 25마일이나 되는 길을 흘러가는데, 브라차노 호수 뒤편에서 시작해 높고 낮은 언덕길을 갈지자형으로 아름답게 흐르면서 여러 곳의 물방앗간과 공장에 필요한 물을 공급해 준 뒤, 트라스테베레*11로 흘러든다.

건축 애호가들은 이처럼 물줄기를 개선문으로 끌어들여 일반대중이 볼 수 있게 한 훌륭한 생각에 찬사를 아끼지 않았다. 늘어선 기둥과 아치, 주름장식과 지붕의 장식들을 보면, 한때 전쟁에 승리한 군인들이 행진하곤 했던 화려한 성문이 떠오른다. 바로 이곳에 똑같은 힘과 권력을 지녔지만 가장 평화로운 양육자인 물이 들어와, 먼 길을 흘러온 노고에 감사와 찬탄을 받는 것이다. 또한 비문(碑文)들이 전하는 바에 따르면 보르게세 집안 출신인 교황의 뜻과 선행이 이곳에서 마치 영원할 것 같은 힘찬 발걸음을 계속한다고 한다.

그런데 얼마 전에 노르웨이에서 온 어떤 사람이 이 물줄기가 자연스럽게 햇빛을 받을 수 있도록 천연 암석을 쌓아올리는 게 낫지 않을까 하는 견해를 비쳤다. 그러자 다른 사람들은 이것은 자연스러운 유수가 아니라 인위적인 흐름이므로, 물이 들어오는 곳 또한 같은 방식으로 꾸미는 것이 옳다고 했다.

이런 문제에 사람들 의견이 다른 것과 마찬가지로, '그리스도의 변용'을 주제로 한 훌륭한 그림*12에 대해서도 의견이 분분했다. 말수가 적은 사람들은 이중적 의미가 있다는 옛 그림을 다시 보고 화를 냈다. 하지만 이는 가치가 없어진 동전이 여전히 세상에서 얼마쯤 유통되는 것과 다르지 않다. 조만간 거래를 끊을 생각이거나 이것저것 계산하거나 망설이지 않고 결손액을 깨끗이 해결할 생각인 경우에 특히 그렇다. 오히려 그러한 구상의 위대한 통일성을 트집 잡는 사람들이 있다는 사실이 늘 신기할 따름이다. 주님이 계시지 않자 절망한 부모가 귀신들린 소년을 사도 앞으로 데려간다. 이들은 이미 귀신을 쫓아내

*10 보르게세 집안 출신 교황 바오로 5세가 1612년에 세운 분수.
*11 테베레 강 건너편의 로마 시 구역.
*12 이탈리아 화가 라파엘로 작품 〈그리스도의 변용(La Trasfigurazione)〉을 가리킨다. 라파엘로의 1518~20년 작품으로, 로마 바티칸미술관에 소장되어 있다. 라파엘로는 1518년부터 이 그림을 그리기 시작했으나 완성하지 못하고 죽었으며, 그 뒤 제자 로마노가 완성하였다.

카라칼라 목욕탕의 폐허, 조반니 바티스타 피라네시 그림

기 위해 온갖 시도를 해 보았으리라. 사람들은 이런 몹쓸 병에 효험이 있다고 전해져 내려오는 주술이 있지 않을까 알아보기 위해 책을 찾아보기도 했지만 모두 헛수고였다. 바로 이 순간 유일무이한 힘을 가진 존재, 예수가 나타난다. 신격화된 그는 위대한 선조들로부터 인정받고 있으며, 사람들은 치유의 원천인 이 광경을 가리키며 올려다보고 있다. 그러면 이제 그림의 윗부분과 아랫부분을 어떻게 구분해야 할까? 두 부분은 하나이다. 아래쪽엔 고통과 궁핍이, 위쪽엔 구원과 자비가 그려져 있어, 두 가지가 연관을 맺으며 서로에게 영향을 끼친다. 다른 식으로 말한다고 해서 현실에 대한 어떤 이상적인 관계를 이 의미에서 분리할 수 있을까?

이번에도 같은 생각을 가진 사람들은 자신의 확신을 굳게 지키면서 서로에게 이렇게 말했다.

"라파엘로는 올바른 사고를 한다는 점에서 뛰어납니다. 이 그림을 보면 그가 천부적인 재능을 지녔음을 인정하지 않을 수 없습니다. 그런 그가 인생의 전성기에 생각을 잘못해 옳지 못한 행동을 했을까요? 그렇지 않습니다! 자연이 그러하듯 그는 언제나 옳았으며 우리가 잘 이해하지 못하는 자연을 그는 가장 근본적인 부분부터 이해하고 있었습니다."

서로 마음이 맞는 사람들끼리 잠깐이나마 로마를 둘러보기로 한 우리의 약속은 처음부터 계획대로 이뤄지지 못했다. 어쩔 수 없는 일이 생겼다며 하나둘 모임에 빠지는가 하면 또 어떤 이들은 이런저런 명소를 둘러보는 데 합류하기도 했다. 그래도 핵심 멤버는 굳게 뭉쳐서 때로는 받아들이고 때로는 흩어지고, 때로는 뒤로 처지다가, 때로는 앞장을 섰다. 물론 이따금 이상한 말을 들을 때도 있었다. 얼마 전부터 특히 영국인과 프랑스인 여행자들 사이에 유행한 경험적 판단이라는 짓이었다. 예술가란 모두 자신의 특수한 재능, 선구자와 거장, 장소와 시간, 후원자와 주문자로 인해 온갖 방식으로 제약받는다는 사실을 전혀 생각하지 않은 채 이들은 순간적이고 즉흥적인 판단을 내놓는다. 순수하게 가치를 평가하기 위해 필요한 모든 것들은 하나도 고려되지 않는다. 그 결과 칭찬과 비난, 긍정과 부정이라는 흉측한 혼합물이 생겨난다. 이 때문에 문제가 되는 예술품의 독특한 가치가 죽어버리고 만다.

평소 매우 주의 깊고 훌륭한 안내자인 폴크만은 저 외국인들의 판단에 오롯이 동조하는 것 같다. 그래서 그 평가는 무척 독특하게 들린다. 그가 산타 마리아 델라 파체 성당*13에서 한 말보다 더 형편없는 표현은 없으리라.

"라파엘로는 첫 번째 예배방*14 위쪽에 고통받은 무녀 몇 명을 커다랗게 그렸습니다. 스케치는 잘됐지만 구성은 좀 떨어집니다. 어쩌면 장소가 불편한 탓일지도 모르지요. 두 번째 예배당은 미켈란젤로의 스케치에 따라 아라베스크 무늬로 꾸며져 있습니다. 이는 높은 평가를 받고 있지만 단순성이 부족합니다. 둥근 천장 아래에 세 점의 그림*15이 보입니다. 카를로 마라타가 성모마리아의 강림을 묘사한 첫 번째 그림은 차갑게 그려졌지만 배치가 좋습니다. 두 번째 그림은 기사 반니가 피에트로 다 코르토나*16의 화풍으로 성모마리아의 탄생을 그

---

*13 Santa Maria della Pace. 로마에 있는 르네상스에서 바로크에 이르는 교회당. 1480년 건립. 1500~04년에 브라만테에 의해 회랑이 만들어지고, 당내는 라파엘로의 〈시빌라〉 등 16세기 초 프레스코로 장식됐다. 1658년 교황 알레산드로 7세(Alessandro VII)의 명에 의해 피에트로 다 코르토나가 15세기의 정면을 개조하고 주위의 건물을 정리해서, 작지만 효과적인 소광장을 만들어 반원형의 포르티코를 가진 독창적이고도 아름다운 정면을 세웠다. 이 개축공사 때 브라만테의 중정이 보존됐다.
*14 교회 안에 벽이 따로 쳐 있지 않은 구석. 기도를 하거나 작은 의식을 올리는 데 쓰인다.
*15 본디 그림은 네 개였다.
*16 Pietro da Cortona(1596~1669). 이탈리아 바로크의 건축가, 화가. 팔라초 바르베리니의 대천장 프레스코 〈신의 섭리와 바르베리니 가문의 권력에 대한 우의(寓意)〉(1633~1639)로 바로크적

리고 있습니다. 마지막 세 번째 그림은 마리아 모란디가 성모마리아의 죽음을 묘사하고 있습니다. 배치가 조금은 뒤죽박죽이고 볼품없습니다. 성가대석 위의 둥근 천장에는 알바니가 옅은 색조로 성모마리아의 승천 장면을 그려 넣었습니다. 하지만 둥근 천장 아래 기둥들에 그린 그림들이 더 잘 되었지요. 이 성당의 부속 수도원의 뜰은 브라만테가 설계한 겁니다."

이와 같은 불충분하고 불확실한 평가는 그런 책을 길잡이로 고르는 구경꾼을 완전히 혼란에 빠뜨리고 만다. 여러 부분들이 너무나도 터무니없다. 이를테면 무녀에 대한 대목이 그런데, 라파엘로는 건축물 공간 때문에 방해를 받은 적이 한 번도 없었다. 오히려 어떤 공간이든 아주 우아하게 채우고 장식할 줄 알았다는 점이 그의 위대한 천재성을 나타낸다. 그는 이런 점을 파르네시나에서 확연히 보여 주었다. 〈볼세나의 미사〉, 〈붙잡힌 베드로의 석방〉, 〈파르나세스〉와 같은 훌륭한 그림들조차도 남달리 공간의 제약을 받지 않았더라면 이토록 비할 데 없는 재치있는 생각을 할 수 없었을지도 모른다. 여기 무녀들도 구성에서 문제의 관건이 되는 은밀한 대칭이 매우 천재적인 방식으로 이루어져 있다. 자연의 유기체에서 그렇듯이 예술에서도 빠듯한 제약을 받아야만 삶이 완전하게 표현되기 때문이다.

하지만 예술품을 받아들이는 방식은 순전히 각 개인에게 달려 있을지도 모른다. 이런 주위환경에서 나는 매우 고상한 의미에서 고전적인 본바탕의 현재라 불러도 좋을 것에 대한 감정, 개념 및 직관을 얻었다. 나는 여기가 지난날 위대한 곳이었고, 오늘도 위대한 곳이며, 앞으로도 그러하리라는 사실에 대해 감각적이고 정신적인 확신이라고 부르겠다. 그지없이 위대하고 훌륭한 것이 덧없이 사라지는 일은 시간의 속성이며, 상호간에 무조건적으로 영향을 미치는 윤리적, 물질적 요소의 속성이다. 우리는 폭넓게 관찰하고 무너진 유적을 스쳐 지나가면서 그리 슬퍼하지는 않았다. 오히려 이렇게 많이 보존되고 복구되었으며, 예전보다 더 화려하고 웅장하게 서 있는 것에 기뻐해야 했다.

환상세계를 실현한다. 1637~47년은 피렌체에서 팔라초 피티의 장식을 했다. 또다시 로마로 돌아가 키에사 누오바, 팜필리궁에서 프레스코를 그리고, 산타 마리아 델라 파체 성당의 정면(1657), 산타 마리아 인 비아라타(1658~62)의 정면, 성 카를로 알 코르소 성당의 돔(1668)을 만들었다. 원주와 벽체의 힘찬 장식효과를 이용하면서 내부에는 조상(彫像)을 배제하고 장중한 통일성을 이루어, 잔 로렌조 베르니니, 볼로미니와 어깨를 나란히 하는 전성기 바로크의 대표적 건축가로 여겨진다.

성 피에트로 성당은 참으로 훌륭해서, 어쩌면 고대 어떤 신전보다도 더 위대하고 대담하다는 생각이 들었다. 2천 년 동안이나 파괴되지 않고 우리 눈앞에 이렇게 버티고 있을 뿐 아니라 고도의 문화를 드러내 보여주었으니까.

단순하고 거대한 것을 따르다가 다양하고 좀 더 작은 것으로 되돌아오는 예술적 취향의 변모조차도 모조리 우리의 삶과 움직임을 암시해 주었다. 즉 예술사와 인류사가 나란히 우리 눈앞에 펼쳐졌던 것이다.

위대한 것은 덧없다는 생각이 갑자기 떠오른다고 낙담해서는 안 된다. 오히려 지나간 것이 훌륭하다고 생각한다면 스스로 의미 있는 일을 하고 있다는 사실에서 힘을 얻어야 한다. 비록 이미 산산조각나 버렸다고 해도, 우리 선조들이 그것을 소홀히 하지 않았듯이 앞으로 후손들이 고귀한 행위를 할 수 있도록 자극을 줄 것이라고 여기면서 말이다.

하지만 무척 교훈적이고 정신을 고양하는 이러한 직관들이 어딜 가나 나를 따라다니는 고통스러운 감정의 올로 짜여 있음을 나는 뼈아픈 심정으로 말할 수 있다. 말하자면 나는 저 얌전한 밀라노 아가씨의 약혼자가 어떤 이유에서인지 모르지만 혼약을 파기하고 결별을 선언했음을 알게 되었다. 나는 연정에 빠져들지 않고 사랑스러운 그 아가씨와 곧 관계를 끊은 것이 꽤 다행스럽게 여겨졌다. 그리고 자세히 사정을 알아본 뒤에도 별장 생활을 한다는 구실로 조금도 그녀를 떠올리지 않았다. 그런데 이제까지 매우 쾌활하고 다정하게 나를 따라다녔던 그 얌전한 아가씨가 앞으로는 슬프고도 일그러진 모습으로 지내리라 생각하니 한없이 가슴이 아파왔다. 얼마 뒤에 이 사건으로 인한 충격과 경악으로 그 사랑스러운 아가씨가 생명이 위험할 만큼 심각한 열병에 시달리고 있다는 소식을 들었기 때문이다. 나는 처음에는 날마다 두 번씩 그녀의 안부를 물었고 이제는 매일 상태를 묻고 있다. 내 상상력이 무언가 불가능한 것을 끄집어 내려고 애쓴다는 생각에 고통스러웠다. 맑고 즐거운 날에 어울리는 명랑한 용모, 차분히 앞으로 나아가며 자유롭게 살아가던 표정이 이제는 눈물에 젖고 병으로 일그러졌으며 그토록 싱싱하던 젊음이 안팎으로 시달리느라 때 이르게 창백해져 여윈 모습을 떠올리는 것이 고통스러웠다.

이런 분위기에서 상반되는 커다란 힘이 절실하게 요구되었다. 그것은 가장 중요한 일의 연속으로, 일부는 존재를 꿰뚫어 볼 수 있는 눈이고, 또 다른 일부는 절대로 사라지지 않는 존엄성을 상상해 보는 능력이다. 내면의 슬픔을 안고

보르게세 별장 가로수, 괴테 그림

이들을 바라보는 것보다 더 자연스러운 일은 없을 것이다.

　고대 기념물들이 시간이 지남에 따라 볼품없는 형체로 무너져 버렸듯이, 최근에 번듯하게 세워진 화려한 건물들을 바라보며 마찬가지로 뒷날 무너질 수 있는 많은 가문들을 애석하게 생각하지 않을 수 없었다. 새로 지은 듯 보이는 것들도 속으로는 벌레에 갉아먹히고 있는 듯 느껴졌다. 근본적으로 물리적인 힘이 없는 속세의 사물이 오로지 도덕적이고 종교적인 지원만을 받고서 어떻게 우리 시대를 버텨나갈 수 있겠는가? 즐거운 마음이 죽지 않는 싱싱한 식물처럼 무너진 벽이나 흩어진 돌덩이 같은 폐허에도 다시 생기를 불어넣을 수 있듯이, 슬픈 마음은 살아 있는 생명체의 아름답기 그지없는 장식을 벗겨내 버린다. 그래서 그 생명체는 해골바가지처럼 보이게 된다.

　겨울이 되기 전에 마음 맞는 사람들끼리 산골 여행을 다녀오자는 제안에 나는 한동안 결정을 내릴 수 없었다. 그녀가 충분히 회복되었다는 것을 확인한 나는 정성스럽게 조치하여 내가 가는 곳마다 그녀의 소식을 들을 수 있도록 했다. 마침내 완쾌되었다는 소식이 들려왔는데, 한없이 아름다운 가을날 명랑하고 사랑스러운 그녀를 알게 되었던 바로 그 장소에서였다.

　《에그몬트》에 대한 편지들이 바이마르에서 벌써 도착하기 시작했는데, 이런

저런 비난 목소리들이 담겨 있었다. 시민적인 안락에 빠져 시적 정취가 모자란 예술 애호가들은 작가가 어떤 문제점을 해결하거나 미화하거나 숨기려고 하는 대목을 못마땅해한다는 것이었다. 안락한 독자가 그런 것을 바란다고 하더라도 모든 것은 자연스럽게 진행되어야 한다. 비범한 것도 자연스러울 수 있지만 자신의 견해를 고집하는 사람에게는 그런 것 같지 않다. 이러한 내용이 담긴 편지를 들고 보르게세 별장으로 갔다. 거기서 편지를 읽어보니 몇몇 장면은 너무 길게 느껴질지도 모르겠다는 생각이 들었다. 곰곰이 생각해 보았지만 그렇다고 이제 매우 아주 중요한 모티프를 빠뜨리지 않으면서도 분량을 줄일 방도를 알 수가 없었다. 그러나 여자 친구들이 가장 심하게 비난했으리라 짐작되는 부분은 에그몬트가 클레르헨을 페르디난트에게 맡긴다는 간결한 유언장이었다.

예전에 내가 보낸 답장에서 뽑은 다음 글이 내 신념과 마음의 상태를 가장 잘 설명해 줄 것이다.

"여러분의 바람을 충족시키고 에그몬트의 유언장을 세부적으로 고칠 수 있다면 얼마나 좋을지 모르겠습니다! 어느 화창한 날 아침 나는 여러분의 편지를 들고 바로 보르게세 별장으로 달려갔습니다. 거기서 두 시간 동안이나 작품의 진행 과정, 인물 및 상황들을 면밀히 검토해 보았지만 어디를 줄여야 할지 도무지 알 수 없었습니다. 그동안 깊이 생각한 것들, 여러분의 생각에 대한 나의 찬성과 반대 입장을 모두 적어 보내고 싶은 생각이 간절했습니다. 그러자면 책 한 권은 족히 될 것 같고, 내 작품의 경제성에 대한 논문이 될지도 모릅니다. 일요일에 앙겔리카에게 가서 이 문제를 털어놓았습니다. 그녀는 작품 사본으로 연구해 왔는데, 얼마나 섬세하게 여성적으로 분석하고 결론내렸는지 그대가 한 번 보셨더라면, 좋았을 것입니다. 그녀의 결론은 여러분이 주인공의 입으로 해명되기를 바라는 것이 이미 환상 속에 넌지시 드러나 있다는 겁니다. 앙겔리카가 말하기를 환상은 잠자는 주인공의 마음속에 일어나는 것만 묘사하므로, 그 자신이 그녀를 얼마나 사랑하고 소중히 여기는지 어떤 말로도 이 꿈에서보다 더 강력하게 표현할 수 없다는 겁니다. 그 꿈은 사랑스러운 존재를 그 자신 너머로까지 들어 올립니다. 그렇습니다. 평생 동안 깨어 있으면서 꿈꾸었던 그가 삶과 사랑을 더욱 소중히 생각했다는 사실, 오히려 향락을 통해서만 소중히 여겼다는 사실이 그녀의 마음에 들지도 모른다는 겁니다. 다시 말해 이 남자는 꿈꾸면서도 깨어 있다는 것과 사랑하는 여자가 그의 마음 얼마나 깊은 곳에 자리하고 있는지, 그녀가 거기서 얼마나 고귀하고 높은 위치를 차지하고 있는지 우리에게 조용히 들려주는 것이 그녀의 마음에 들지도 모른다는 겁니다. 그 밖에도 더욱 자세하게 고찰한 내용이 있었습니다. 즉, 이 순간 아무것도 들을 수도 인식할 수도 없는 젊은 친구와 헤어지는 장면에 대한 관심을 유지시키기 위해, 페르디난트와 함께 있는 장면에서 클레르헨이 단지 종속적인 처지에 놓이는 것으로 생각될 수도 있다는 것이었습니다."

어원학자로서의 모리츠

오래전에 어떤 지혜로운 사람이 다음과 같은 진실을 남겼다.

"필요하고 유용한 일을 할 만큼 기운이 충분하지 않은 사람은 불필요하고도 쓸모없는 일을 하는 데 몰두하는 것을 좋아할지도 모른다!"

다음 내용은 어쩌면 여러 면에서 이런 식으로 평가될 수 있겠다.

우리의 동료 모리츠는 그지없이 고상한 예술과 아름다운 자연의 영역에서 인간의 내면성과 소질 및 발전에 대해 끊임없이 생각하고 골똘히 궁리하는 것을 멈추지 않았다. 그는 주로 언어의 보편성 연구에 빠졌다.

그 무렵은 헤르더의 수상 논문인 《언어의 기원에 관하여》*[17]의 영향과 그때의 보편적인 사고방식에 따라 이런 생각이 널리 퍼져 있었다. 인류는 동방 고지대의 한 쌍에 의해 전 지구로 퍼져나간 것이 아니라, 자연이 온갖 동물들을 단계적으로 만들어 내려고 한 뒤 눈에 띄게 지구의 생산력이 높았던 시대에 여러 면에서 아주 유리한 상황을 맞아 세계 곳곳에서 많고 적은 완성된 인류가 출현했다는 것이다. 인간의 정신적 능력뿐만 아니라 그 기관과 매우 가까운 관계를 맺으며 인간에게 언어가 생겨났다. 전승이나 초자연적인 지도가 필요 없을지도 모른다. 그리고 이러한 의미에서 어떤 토착 종족이든 드러내고자 하는 보편적인 언어가 존재한다고 한다. 모든 언어의 유사성은 관념의 일치에 따르며, 이에 따라 인류의 종족과 그 유기체를 이루어낸 것은 창조력이라는 것이다. 그리하여 일부는 내적인 본능으로, 일부는 외적인 계기로 인하여 옳든 그르든 간에 매우 제한된 수의 모음과 자음이 감정과 생각을 표현하는 데 쓰이

---

*17 1771년 베를린 학술원 상을 받고 출판되었다.

기 시작한다. 즉 아주 다양한 종족이 일부는 합쳐지고 일부는 서로 흩어져서 이런저런 언어가 결과적으로 나빠지거나 좋아지는 일은 자연스러운, 아니 필수 불가결한 현상이다. 그리고 어간에 적용되는 것은 파생어에도 마찬가지로 적용된다고 본다. 이런 식으로 개별적인 개념과 생각의 관계들이 표현되거나 보다 뚜렷하게 밝혀진다. 이는 매우 중요한 사항인데도, 결코 확실하게 규정할 수 없는 대상으로 여겨져 방치되고 있다는 것이다.

이 문제와 관련해 비교적 자세히 설명해 놓은 것을 다른 글에서 찾아냈다.

"모리츠가 망상에 잠기는 나태한 버릇과 자신에 대한 불만이나 좌절감에서 벗어나 활동적인 것에 전념하게 된 것은 좋은 일이다. 덕분에 쓸데없는 것에 몰두하는 일이 진정한 토대를 갖게 되고, 그의 몽상은 목적과 의의를 갖게 된다. 이제 그는 나 또한 빠져든, 우리를 몹시 즐겁게 해주는 이념에 몰두하고 있다. 정신 나간 소리처럼 들릴 것이므로 이를 전하기는 어렵다. 그래도 한 번 이야기해 보기로 하겠다.

그는 이성적이면서도 감성적인 알파벳을 생각해 냈다. 이를 통해 그는 글자란 자의적으로 만들어진 것이 아니라 인간 본성에 바탕을 두고 있으며, 모든 문자란 언어로 또렷하게 표현되는 마음속 생각의 일정한 영역에 속한다는 것을 보여 준다. 이러한 알파벳에 따라 언어들이 평가될 수 있다. 그리하여 모든 민족이 마음속 생각에 따라 자신의 의사를 표현하려고 했음이 발견되었지만 모든 언어는 자의(恣意)와 우연으로 말미암아 올바른 길에서 벗어나게 되었다. 이에 따라 다행히도 우리는 언어들에서 가장 알맞은 말들을 찾아낸다. 때로는 이런 언어가, 때로는 다른 언어가 그에 부합되는데, 우리는 그 말들이 옳다고 생각될 때까지 그것들을 변화시켜 새로운 말들을 만들어 본다. 그렇다. 참으로 재미있는 놀이를 하고 싶다면 사람들의 이름을 지어서 그것이 누구에게 알맞을지 맞혀보자.

수많은 사람들이 이러한 어원학적 유희를 하고 있으며, 우리에게도 흥겹게 할 수 있는 비슷한 놀이가 많이 있다. 우리는 모이기가 무섭게 체스 게임을 하듯 그런 놀이를 한다. 그러면서 수백 개의 말들을 조합해 보기 때문에, 어쩌다 우리 말을 엿들은 사람이 있다면 아마 정신 나간 자들이라 생각했으리라. 그래서 나도 이 놀이를 가까운 친구들에게만 털어 놓고 싶다. 세상에서 가장 기발한 이 놀이는 믿을 수 없을 만큼 훌륭하게 언어 감각을 단련시켜 준다."

유머 넘치는 성자, 필리포 네리

1515년 피렌체에서 태어난 필리포 네리는 어릴 때부터 뛰어난 재능을 보인 착하고 예의바른 소년이었다. 다행스럽게도 그런 모습을 담은 초상화가 피단차의 《초상화 전집》제5권 31쪽에 실려 있는데, 그보다 더 유능하고 건강하고 정직한 소년은 생각할 수 없을지도 모른다. 귀족 집안에서 태어난 그는 시대의 흐름에 따라 가치있고 훌륭한 지식을 모두 교육받았다. 그러다가 몇 살 때인지 마침내 연구한 것을 완성하도록 로마로 보내진다. 그곳에서 그는 완전무결한 청년으로 성장하는데 수려한 외모와 탐스러운 곱슬머리가 그를 돋보이게 한다. 그에게는 매력적인 면과 아울러 쉽게 다가설 수 없는 면이 있으며, 어디서나 우아함과 기품이 배어나온다.

비극적이던 시기, 이 도시에서 무자비한 약탈 행위*18가 일어나고 몇 년이 흐른 뒤, 그는 많은 귀족들의 모범과 선례에 따라 신앙심을 단련하는 데 전념한다. 그의 열정은 성성한 젊음의 힘으로 더욱 드높아진다. 그는 성당 가운데서도 특히 일곱 군데 중앙 성당을 열심히 다니면서 도움을 바라는 열렬한 기도, 정성을 다한 고해와 영성체 배령, 정신적인 보화를 얻기 위한 간구와 노력을 게을리하지 않았다.

이러한 열정을 바치던 어느 날, 그는 제단 계단에서 굴러 떨어져 갈비뼈 몇 개가 부러지고 말았다. 그런데 상처가 잘 낫지 않아 그는 평생을 심장 두근거림에 시달리며 감정이 격하게 고조되는 증세를 보이게 된다.

그의 주위에는 덕행과 신앙심을 행동으로 옮기기 위한 젊은 남자들이 모여든다. 이들은 한결같이 열성을 다해 가난한 자들을 보살피고 병자들을 간호하느라 의도와는 달리 자신들의 공부는 소홀히 하는 것처럼 보일 정도이다. 이들은 집에서 오는 지원금을 자선적인 목적에 사용한다. 늘 남에게 베풀고 도와주느라 정작 자신들은 가진 게 하나도 없는데, 나중에는 자선 단체에서 배분받는 것까지 궁핍한 사람들에게 돌리고, 식구들의 보조금마저 단호히 거부한 채 더 어렵게 살아갔다.

이러한 경건한 행위들은 진심에서 우러나왔으며 열의에 차 있었다. 이들은 매우 중요한 문제들에 대해 종교적이고도 정감 넘치는 방식으로 대화를 나눌

---

*18 1527년 독일과 스페인 용병들이 저지른 사건을 가리킨다.

필요성을 절실히 느끼게 되었다. 이 작은 모임에는 아직 집회 장소가 없어서 그들은 이 수도원 저 수도원에 간청하며 어디든 빈 장소를 찾아다녔다. 짧고 잔잔한 기도가 끝나면 성서 한 구절을 읽었고, 이런저런 사람들이 해설하거나 실제 사례에 적용한 짤막한 강론을 펼쳐 나갔다. 강론에서도 그들은 모든 것을 직접적인 행동과 관련지어 말했는데, 변증법적으로 논하거나 궤변을 늘어놓는 행위는 엄하게 금지되었다. 나머지 일과는 언제나 병자들을 정성껏 돌보고, 병원에서 봉사하고 가난하고 고통을 겪는 사람들을 돕는 데 헌신했다.

이 모임에는 아무런 제한이 없고 가입과 탈퇴가 자유로웠기 때문에 참여자가 부쩍 늘어났으며 모임 활동도 더욱 진지하고 광범위해졌다. 성인들의 생애도 낭독되었고 교부들과 교회사가 부분적으로 다루어지기도 했다. 이때는 참여자 가운데 네 명이 저마다 30분씩 말할 권리와 의무가 있었다.

하루도 거르지 않은 이 경건한 논의, 가족적이며 실제적이라 할 수 있는 이 일은 차츰 개인뿐만 아니라 모든 단체들의 주목을 끌게 되었다. 이런저런 성당의 회랑이나 빈 장소를 옮겨 다니며 모임을 열었고 몰려드는 사람들의 수는 점점 늘어났다. 특히 도미니크 교단이 이러한 자기 교화 방식에 아주 커다란 관심을 보여, 점점 더 엄격하게 자신을 수련하는 이 집단에 점차 수많은 사람들이 합류했다. 이들은 여러 성가신 일들로 시련을 겪었음에도 지도자의 능력과 고매한 뜻으로 일치단결하여 한길로 매진해 나갈 수 있었다.

뛰어난 지도자의 높은 뜻에 따라 모든 사변이 금지되고 온갖 정규 활동이 실생활에 연결되었지만, 즐거움 없는 생활은 생각할 수 없었다. 그렇기 때문에 그는 자기 회원들의 순진무구한 욕구와 소망에도 귀 기울일 줄 알았다. 봄이 오자 그는 회원들을 산 오노프리오로 이끌었다. 높은 지대에 넓게 자리한 그곳은 모임을 갖기에 알맞았다. 활기 넘치는 계절에 만물이 파릇파릇 돋아나기 시작하는 곳에서 조용한 기도가 끝나자 귀엽게 생긴 소년이 앞으로 나와서 설교 내용을 암송했다. 기도가 뒤따랐고 특별히 초대한 합창단의 노래가 즐겁고도 인상적으로 마지막을 장식했다. 그때만 해도 그런 음악은 널리 퍼지거나 보급되지 않았는데, 어쩌면 야외에서 처음으로 종교적인 합창이 울려퍼졌다는 점에서 더 큰 의의를 찾아야 할지도 모르겠다.

이런 식으로 끊임없이 활동이 반복되자 회원 수도 늘고 집회 의미도 더욱 커졌다. 피렌체 사람들은 같은 고향 사람들에게 그들이 속해 있는 수도원인 산

지롤라모를 떠맡기다시피했다. 단체 활동은 차츰 더 확장되었으며, 마침내는 교황이 나보나 광장 가까이에 있는 한 수도원을 이들 소유로 지정해 주기에 이르렀다. 새로 지은 그 수도원은 많은 수의 독실한 회원들을 받아들일 수 있었다. 이곳 또한 예전과 마찬가지로 평범한 오성뿐만 아니라 일상생활에 다가가서 자기 것으로 삼으라는, 성스럽고 고귀한 신념과 하느님의 말씀을 지키고 있었다. 회원들은 여전히 모임을 갖고 기도하며 성경 말씀과 이에 대한 강론을 듣고 또 기도했다. 그리고 마지막으로 음악을 들으면서 즐거움을 나누었다. 이런 모임은 그 무렵 날마다 열렸으며, 요즘도 일요일마다 개최되고 있다. 이 성스러운 창시자에 대해 비교적 상세히 알고 있는 여행자라면 앞으로 이러한 순진무구한 행사에 함께해 우리가 말한 내용을 마음과 생각 속에 담아 분명 더 깊은 감화를 받을 것이다.

여기서 우리는 이 모든 조직이 여전히 세속적인 것과 경계를 접하고 있음을 떠올릴 필요가 있다. 이들 가운데 정식 사제로 헌신한 사람은 아주 적은 수였기 때문에 조직에는 고해를 받고 미사성제를 집전하는 데 필요한 만큼의 성직자밖에는 없었다. 필리포 네리 자신도 서른여섯 살이 되도록 정식 성직자가 아니었다. 있는 그대로 사는 것이 자유롭고, 성당의 굴레에 얽매이는 것보다 자신의 뜻을 더 잘 실천할 수 있다고 여겼기 때문이다. 거대한 위계질서의 한 사람이 되면 큰 존경은 받겠지만 그만큼 제약을 받을지도 모른다고 생각했다.

하지만 상부에서는 이를 가만히 내버려두지 않았다. 그의 고해성사 담당 신부는 그가 서품을 받고 성직 신분이 되는 것이 옳다며 그의 양심에 호소했고 마침내 그렇게 되었다. 교계는 지혜롭게도 이제까지 독립적인 정신으로 성스럽고 고결한 것을 세속적이고 일상적인 것과 하나로 만들고 화합시키는 데 몰두해 온 한 남자를 그 영향권 내로 끌어들였던 것이다. 성직자가 되어 신분에 변화가 생겼지만 그 변화는 그의 외적인 행동에는 조금도 영향을 미치지 못했다.

그는 이제까지보다 더욱 엄격하고 철저하게 검소한 생활을 했다. 작고 볼품없는 수도원에서 다른 사람들과 함께 궁핍한 생활을 했는데, 대기근이 닥치자 자신에게 주어진 빵을 어려운 사람들에게 나누어 주며, 불행한 사람들을 위한 봉사 활동을 이어갔다.

하지만 성직자라는 신분은 그의 내면에 눈에 띄게 강력한 영향을 끼쳤다. 의무가 된 미사를 집전할 때 그는 열광적인 상태, 즉 자기 자신을 잊어버리는 상태에 빠져서 지금까지 자연스러웠던 모습을 완전히 잃어버리게 되었다. 그는 자신이 어디로 향하는지도 잘 모르는 채 제단 앞에서 휘청거린다. 성체를 높이 들어 올리고는 다시 팔을 내리지 못한다. 마치 눈에 보이지 않는 어떤 힘이 그의 팔을 위로 끌어올리는 것 같다. 포도주를 부을 때 그는 몸을 떨며 몸서리를 친다. 그리고 공물을 바치는 이 신비한 의식이 끝난 뒤, 먹고 마시는 때가 되면 그는 형용할 수 없을 만큼 탐욕스러운 열정이 넘쳐 성배를 이로 물어뜯으며, 성혈을 핥았다. 조금 전 성체를 게걸스럽게 먹어치운 행동과도 비슷했다. 그러나 이런 도취의 순간이 지나면 그는 여전히 정열적이고 신비스러우면서도 몹시 분별력 있고 현실적인 남자로 돌아왔다.

이처럼 활기차면서도 기이해 보이는 이 젊은이는 사람들에게 이상하게 비쳤으며, 때로는 그의 덕행으로 인하여 거북스럽고 성가신 생각이 들게 하였다. 틀림없이 그는 살아가면서 이런 일을 자주 겪었으리라. 하지만 그가 서품식을 치른 뒤에도 빈궁한 수도원에서 마치 뜨내기처럼 옹색하고 궁핍하게 지내자 그를 비웃고 조롱하는 불쾌한 일들이 끊임없이 생겨났다.

하지만 조금만 자세히 살펴보면 그가 참으로 훌륭한 사람이었음을 알 수 있다. 그는 그와 같은 부류의 사람들이 타고나는 교만함을 다스리며, 체념하고 없이 지내는 가운데서도 자선을 베풀고, 멸시와 치욕을 당하면서도 스스로가 지닌 찬란한 빛을 감추어야 한다고 믿었다. 세상사람들에게 어리숙하게 보이더라도 신과 신성한 일에 오롯이 몰입하고 수련하는 것이야말로 그가 끊임없이 추구한 일이었다. 그는 스스로뿐 아니라 제자들도 이러한 생각에 따라 가르쳤는데, 성 베른하르트의 말이 그를 완전히 사로잡은 듯했다.

> 세상을 멸시하라
> 사람을 멸시하지 마라
> 너 자신을 멸시하라
> 너를 멸시하는 자를 멸시하라

이 말은 네리를 통해 다시 새로운 의미를 내려받은 듯하다. 비슷한 의도와 상황에 처한 사람들은 이와 같은 말로 마음과 정신을 가다듬는다. 더없이 숭고하고 자긍심 가득한 사람만 이러한 원칙을 외로이 따른다고 확신할 수 있을 것이다. 이들은 훌륭하고 위대한 인물에 늘 적의를 품는 세상 사람들의 반감을 미리 맛보고, 체험의 쓴잔이 아직 건네지기도 전에 마지막 한 방울까지 마셔 버릴 각오를 한 사람들이다. 네리에 대한 이야기는 헤아릴 수 없이 많다. 그가 제자들을 어떻게 시험했는지, 수많은 이야기가 오늘날까지 전해진다. 삶을 즐기는 사람이라면 누구나 그 이야기를 듣고 한없이, 그리고 끊임없이 조바심을 낼 것이다. 이러한 계율들은 이를 지켜야 하는 사람들을 매우 고통스럽고 참을 수 없는 지경에 빠뜨린 것이 분명했다. 그렇기에 모두가 이런 가혹한 시련을 견뎌낸 것은 아니었다.

그렇지만 이처럼 놀라우면서도 독자들에게 달갑지 않은 이야기를 늘어놓는 대신에 차라리 동시대인들이 인정하고 높이 칭찬해 마지않는 저 놀라운 재능에 다시 한 번 눈을 돌려보기로 하자. 사람들 말에 따르면 그는 교육과 가르침보다는 오히려 천성의 결과로 자연스럽게 지식과 교양을 얻었다고 한다. 다른 사람들이 힘들여 구하는 모든 것이 그에게는 마치 쏟아 부어진 것 같았다고 한다. 더구나 사람들을 분별하고, 그들의 특성과 능력을 인정하고 평가할 수 있는 큰 재능도 있었는데, 그와 함께 매우 비상한 통찰력으로 세상사를 꿰뚫어 보아 사람들에게 예언자라 인정받을 정도였다. 또한 그에게는 이탈리아인들이 '아트라티바'*19라는 아름다운 말로 표현하는, 강렬한 매력이 있었다. 이러한 재능은 사람들뿐만 아니라 동물들에게도 영향을 미쳤는데, 실제로 한 친구의 개가 그를 주인으로 삼더니 계속 졸졸 따라다니더라는 이야기가 있다. 개를 되찾고 싶은 생각이 간절해진 본디 주인이 온갖 방법을 써서 다시 개의 마음을 사로잡으려고 했지만 개는 매력적인 그 남자에게 되돌아가 절대로 떨어지려 하지 않았다. 그러다가 끝내 몇 년 뒤 자기가 선택한 주인의 침실에서 삶을 마쳤다고 한다. 이 동물은 앞서 이야기한 시련을 우리에게 상기시켜 준다. 잘 알려진 것처럼 중세엔 개를 끌고 다니거나 안고 다니는 일을 참으로 치욕스럽게 여겼는데, 분명 로마에서도 마찬가지였을 것이다. 이러한 점을 생각하면 그 경건한 남자가 개를 줄에 매고 온 시내를 돌아다거나 그의 제자들이 개를 팔에 안고 거리를 활보한 일이 뭇사람들의 웃음거리가 되고 조롱받았을 것임을 알 수 있다.

---

*19 attrattiva. 이탈리아어로 매력, 유혹을 뜻한다.

또한 그는 제자와 동료들에게 체면이 손상되는 외모를 갖추라고 무리하게 요구했다. 교단 회원이 되는 명예를 누리고 싶어 한 젊은 영주에게 꽁무니에 여우꼬리를 달고 시내를 돌아다닐 것을 요구했다. 하지만 그가 거부하자 교단 가입이 거부되었다. 또 어떤 사람에게는 상의를 입지 않은 채, 또 다른 사람에게는 소매를 갈기갈기 찢어버린 채 시내를 돌아다니라고 요구했다. 어떤 귀족이 불쌍히 여겨 새로운 소매를 건네 주었지만 젊은이는 이를 거절했다. 나중에 그 젊은이는 스승의 명령에 따라 감사의 뜻을 전하고 그것을 받아서 입고 다녀야 했다. 새로운 성당을 지을 때에는 제자들에게 일용 근로자들처럼 자재들을 지고 나르며 인부들을 도와 주도록 했다.

이와 비슷하게 그는 사람들이 느끼고 싶어하는 모든 정신적인 쾌락을 방해하고 파괴하는 방법을 잘 알았다. 젊은 제자가 설교를 성공적으로 마치고 우쭐거릴 것 같으면 네리는 그의 말을 중간에 가로막고 대신 말을 이어갔다. 그리고 조금은 능력이 떨어지는 제자들에게 머뭇거리지 말고 연단에 올라가 설교를 시작하라고 시키기도 했다. 때때로 뜻하지 않은 격려에 고무된 이들은 그 자리에서 숨은 실력을 드러낼 행운을 잡기도 했다.

16세기 말로 되돌아갔다고 상상해 보자. 그 무렵 로마는 여러 교황들 아래 불안정한 원소처럼 혼란한 상태였다. 이런 시기에 네리의 조치가 효과적이고 강력했으리라는 사실을 우리는 쉽게 이해할 수 있다. 그것이 애착과 경외, 헌신과 복종을 통해 겉모습과 상관없이 자신을 유지시키고, 무슨 일이 일어나도 굳건히 대처할 수 있도록 사람들의 마음속 깊은 곳에 강한 힘을 내려주기 때문이다. 그리고 그 조치는 합리적이고 이성적이며, 전래적이고 관습적인 것조차도 버릴 수 있는 힘을 실어준다.

조금 이상야릇하지만 잘 알려진 시련의 이야기 가운데 사람들이 즐겨 되풀이하는 것이 있다. 그것이 지닌 특별한 매력 때문일 것이다. 시골의 한 수도원에 기적을 행하는 수녀가 나타났다는 소식이 교황의 귀에 들어가게 되었다. 우리의 네리는 교계에 무척 중요한 이 일을 좀 더 자세히 조사하라는 임무를 부여받는다. 명령을 수행하기 위해 노새에 몸을 싣고 간 그는 교황이 생각했던 것보다 훨씬 일찍 되돌아온다. 이를 이상하게 여긴 교황이 까닭을 묻자 그는 이렇게 답했다.

"교황이시여, 그녀는 기적을 행하는 게 아닙니다. 그녀에게는 그리스도교가 맨 처음 꼽는 덕목인 겸손함이 부족합니다. 길도 험하고 날씨도 궂어서 초라한 행색으로 수도원에 다다른 저는 교황의 이름으로 그녀를 내 앞에 불러달라고 요구했습니다. 그녀가 나타나자 인사를 주고받는 대신에 벗겨 달라는 시늉을 하면서 장화를 그녀 앞에 내밀었습니다. 그러자 그녀는 기겁을 하면서 뒤로 물러나더니, 나의 무리한 요구에 크게 화를 내며 자기를 뭘로 보느냐고 소리쳤습니다. 자신은 주님의 종이긴 하지만 누구도 자기에게 하녀와 같은 일을 요구할 수는 없다는 겁니다. 그래서 나는 아무렇지도 않게 몸을 일으켜 다시 노새를 타고 돌아와 이렇게 교황 성하 앞에 서게 된 것입니다. 확신하건대 더는 시험이 필요 없다고 생각됩니다."

교황도 미소띠고 그의 말에 귀를 기울였다. 그 뒤로 틀림없이 그녀는 더는 기적을 행하지 못하도록 금지당했을 것이다.

다른 사람들에게 이와 같은 시험들을 치르게 했던 그도 똑같은 생각을 품고 소위 자기부정의 길을 가는 사람들에게서 그런 시험을 당해야 했다. 성덕이 높다는 평판을 받고 있던 탁발수도사는 번잡한 거리에서 그를 만나자 정성스럽게 갖고 다니던 포도주 한 병을 꺼내어 그에게 한 모금 권했다. 그러자 필리포 네리는 생각할 겨를도 없이 머리를 뒤로 젖히고 목이 긴 술병을 호기롭게 입에 갖다 댔다. 경건한 두 남자가 그런 식으로 서로 술을 마시는 것을 본 주위의 사람들은 큰 소리로 비웃었다. 이에 기분이 상한 필리포 네리는 자신의 경건함과 겸허함을 잊고 이렇게 말했다.

"당신이 날 시험했으니, 이제 내가 당신을 시험할 차례요."

그가 챙없는 모자를 벗어 대머리 수도사 머리에 씌우자 사람들은 대머리 수도사를 보고 비웃기 시작했다. 네리는 천천히 자리를 떠나며 말했다.

"누구든지 내 머리에서 이것을 가져가도 좋소."

네리는 그에게서 모자를 벗겨 냈고, 이들은 헤어졌다.

물론 그런 일을 감행하고도 도덕적으로 큰 영향력을 행사할 수 있었던 까닭은 곧잘 불가사의한 행동을 하던 네리 같은 사람이기에 가능했으리라. 고해신부로서 그는 경외의 대상이었기에 더없이 두터운 신뢰를 받을 수 있었다. 그는 고해하는 사람들이 죄를 낱낱이 말하지 않는다는 것을 알고 그들이 소홀히 한 부분들을 찾아냈다. 그가 무아지경으로 심혈을 기울여 기도를 하면, 주위 사람들은 초자연적이고 경이로운 상태에 빠져 상상력이 고조된 감정을 통해 보았을 일들을 그들의 감각을 통해서 체험했다고 믿었다. 더욱이 불가사의한 일, 불가능한 일이 거듭 이야기되자 마침내는 그것을 현실적이고 일상적인 것으로 받아들이게 된다. 이를테면 그가 미사 중 제단 앞에서 성배를 올릴 때 몸이 공중으로 떠오르는 것을 보았다는 주장이나, 그가 무릎을 꿇고 목숨이 위독한 환자를 위해 기도하는 동안 그의 머리가 거의 방 천장에 닿을 만치 공중으로 떠올랐다는 증언들이 그러한 예이다. 감정과 상상에 몰두한 상태에서 고약한 악령이 끼어들지 않았다고 장담할 수는 없는 노릇이다.

어느 날 이 경건한 남자는 원숭이 같은 몰골을 한 어떤 흉칙한 존재가 안토니우스 목욕탕*20의 허물어진 벽들 사이를 이리저리 깡충거리며 뛰어다니는 것을 보았는데 그가 명령하자 녀석은 벽과 틈 사이로 곧장 사라져 버렸다. 하지만 이러한 개별적인 사건보다 더 중요한 것은 성모마리아와 다른 성인들에게서 은혜를 받고 황홀한 심정으로 이런 축복된 현상들을 보고하는 제자들을 대하는 그의 태도이다. 그는 모든 현상 가운데서 가장 나쁜, 고집스러운 종교적 자만이 주로 그와 같은 망상에서 생겨난다는 것을 잘 알고 있었다. 그래서 그는 이런 천상의 명료함과 아름다움 뒤에는 틀림없이 악마적이고 추악한 어둠이 숨겨져 있음을 제자들에게 자신 있게 이야기했다. 그는 제자들에게 다음과 같이 시험해 보라고 분부했는데, 아리따운 아가씨를 만나면 다짜고짜 그녀의 얼굴에 침을 뱉어 보라는 것이다. 제자들이 그대로 따라 해보니 그의 주장대로 아가씨의 얼굴은 곧바로 악녀의 얼굴로 바뀌었다.

이 위대한 남자는 의식적으로, 또는 어느 정도는 무의식적 본능으로 그렇게 명령했을지도 모른다. 환상적인 사랑과 그리움을 불러일으키는 형상이라도 가차 없이 증오와 멸시를 보내면 곧바로 추하고 역겨운 얼굴로 변할 것임을 그는

＊20 카라칼라 목욕탕(Terme di Caracalla). 고대 로마의 황제 카라칼라가 건조한 목욕탕. 카라칼라 황제는 군인 황제 셉티미우스 세베루스 황제의 아들이다. 정식 명칭은 마르쿠스 아우렐리우스 세베루스 안토니우스이며 카라칼라라는 이름은 그가 즐겨입던 '갈리아풍의 두건이 달린 옷'이라는 뜻이다. 그의 칙령으로 만들어진 이 목욕탕은 수많은 목욕탕 중에서 규모가 가장 컸던 것으로 216년에 열었다. 온탕·냉탕 말고도, 각종 집회장·오락실·도서관 등을 갖추었고 1000명을 수용하였다. 바닥의 모자이크 등이 일부 남아 있을 뿐이지만, 그 즈음에는 아름다운 대리석으로 벽면을 장식하였고 무척 호화로웠다고 한다. 카라칼라가 장병을 휴양시키고 시민의 인기를 얻기 위하여 지은 것인데, 오늘날 해마다 여기에 무대와 객석을 지어 야외 오페라를 공연하고 있다.

확신했던 것이다.

하지만 이처럼 기이하게 교육할 수 있는 자격을 그에게 내려준 것은 정신과 육체 사이를 넘나들며 나타나는 그의 더없이 비범한 천부적 재능이었다. 즉 아직 보이지는 않지만 누군가 다가오는 것을 느끼는 능력, 멀리서 일어난 일을 예감하는 능력, 앞에 서 있는 사람의 생각을 알아맞히는 능력, 다른 사람들이 자신과 같은 생각을 하도록 이끄는 능력 등이 그것이다.

사실 이와 같은 재능을 지닌 사람이 몇몇 있고 어떤 사람들은 이런저런 기회에 그 재능을 뽐내기도 한다. 하지만 이러한 능력을 끊임없이 보이고, 언제나 놀랄 만한 효력을 드러내는 것은 어쩌면 하나로 뭉쳐지고 결집된 정신력과 체력이 놀라운 에너지를 뿜낼 수 있는 한 세기에나 가능한 일일지도 모른다.

이렇듯 독자적으로 무한한 정신적 활동을 갈망하고 추진해 가던 그가 어떻게 엄격하게 통제하는 로마 교계의 굴레 속으로 다시 결속되는지 살펴보기로 하자.

우상을 숭배하는 이교도들 사이에서 성 사베리우스[*21]가 행한 활동은 그 시기 로마에서 아주 큰 주목을 끈 모양이다. 이에 자극받은 네리와 그의 몇몇 친구들 또한 인도로 가고 싶은 생각에 이를 교황에게 청원했다. 하지만 상부의 지시를 받은 것이 틀림없는 고해신부는 이들을 말렸다. 그러면서 이웃을 선도하고 포교에 힘쓰는 독실한 사람이라면 로마에서도 얼마든지 인도를 찾을 수 있으며, 그러한 활동에 알맞은 무대가 곳곳에 널려 있음을 상기시켜 주었다. 또 이 대도시에도 얼마 안 있어 커다란 재앙이 들이닥칠 수 있음을 알려주었다. 성 세바스티안 성문 앞 세 분수에서 얼마 전부터 탁한 핏빛 물이 솟아오르는 게 틀림없는 그 징조라고 했다.

이 말을 듣고 마음을 가라앉힌 품위 있는 네리와 그의 동료들은 로마 안에서 자선 활동과 불가사의한 활동을 이어갔다. 그리고 분명 해가 갈수록 남녀노소 할 것 없이 모든 사람들의 신임과 존경을 한몸에 받았을 것이다.

이제 인간본성의 기이한 복합성에 대해 살펴보기로 하자. 이 본성 속에서는 물질적인 것과 정신적인 것, 평범한 것과 불가능한 것, 언짢은 것과 황홀한 것, 제한적인 것과 무한한 것 같은 극단의 대립되는 요소들이 하나가 된다. 이

＊21 Xaverius. 브라질, 인도, 일본 등에서 활동한 선교사.

들을 늘어놓자면 기다란 목록을 만들 수도 있을 것이다. 그런 대립되는 요소가 어떤 뛰어난 사람에게 생겨나서 드러나는 경우를 그려 보자. 이해할 수 없는 요소가 자신에게 들이닥쳤을 때 그가 어떻게 오성을 현혹시키고, 상상력을 풀어헤치고, 믿음을 뛰어넘고, 미신을 정당화하고, 그럼으로써 자연적인 상태를 아주 초자연적인 상태와 연결시키는가, 즉 하나로 만드는가를 생각해 보자. 이렇게 고찰하면서 널리 사람들 입에 오르내린 우리 주인공 네리의 삶을 살펴보면, 거의 한 세기 동안 그렇게 엄청나게 넓은 무대에서 쉼없이 활동해 온 사람이 얼마만큼의 영향력에 이르렀을지 상상할 수 있을 것 같다. 그를 존경하는 마음이 너무 컸으므로 사람들은 그의 건강하고 힘찬 활동에서 유익하고 행복한 감정을 느꼈고 그의 병은 사람들의 신뢰를 더욱 높여 주었다. 사람들은 그의 병을 신 또는 이루 말할 수 없이 신성한 것과 내적으로 긴밀한 관계를 맺고 있는 징표로 여겼기 때문이다. 여기서 우리는 그가 살아 있을 때 이미 거의 성인의 위엄을 지녔으며, 그의 죽음은 한 시대 사람들이 용인하고 인정한 것을 더욱 강화해 주었을 뿐이었음을 이해할 수 있다.

그 때문에 살아 있을 때보다 죽은 뒤에 더 많은 기적을 보여 준 그에 대해, 시복식*22을 행하기 앞서 심리 절차를 시작해도 되겠느냐고 사람들이 질문하자 교황 클레멘스 8세는 이렇게 대답했다.

"나는 그분을 늘 성자로 생각해 왔으므로 교계가 그를 일반적으로 성자 그 자체로 선언하고 소개한다면 아무런 이의를 제기하지 않겠습니다."

그가 레오 10세 때 태어나 클레멘스 8세 때 생을 마칠 때까지 열다섯 명의 교황을 겪으면서 오랫동안 활동할 수 있었다는 사실 또한 주목할 만한 가치가 있을 듯하다. 이 덕분에 그는 감히 교황에게도 독립적인 지위를 주장할 수 있었다. 그리고 교계의 구성원으로서 공통적인 지시에는 모두 따랐지만 개인적으로는 구속받지 않았으며 심지어 교계의 수장에게 고압적인 태도를 보이기까지 했다. 그가 추기경 권위를 조금도 인정하지 않고, 고성에 틀어박힌 고집 센

---

*22 諡福式(beatification). 가톨릭에서 성덕이 높은 이가 선종(善終)하면 일정한 심사를 거쳐 성인(聖人)의 전 단계인 복자(福者)로 추대하는 것. 보통 선종 후 5년의 유예기간을 거쳐 생애와 저술, 연설에 대한 검토와 함께 의학적 판단이 포함된 심사를 통해 현 교황이 최종 승인한다. 이들 복자를 다시 성인으로 추대하는 의식은 시성식(諡聖式)이라 한다. 시복식과 시성식 모두 '악마의 변호인제도'라 할 정도로, 후보자가 복자나 성인이 될 수 없는 이유를 조사하는 심사절차는 매우 까다롭다.

기사처럼 자신의 누오바 성당*23에서 최고의 보호자인 교황에게 불손한 행동을 보인 점도 어쩌면 이해할 수 있을 것 같다.

이러한 상황은 세련되지 못했던 이전 시기에 매우 기이하게 생겨나 16세기 끝무렵까지 이어졌는데, 이를 우리 눈앞에 선명하고도 인상적으로 보여 주는 네리의 편지가 있다. 네리가 죽기 직전 새로운 교황 클레멘스 8세에게 보낸 편지인데, 이에 대해 교황이 내린 결정도 매우 이상하다.

우리는 이 청원서를 통해 여든이 다 되어 가는, 성인의 반열에 한 걸음씩 다가가는 그가, 교황으로서 수년 동안 더없는 존경을 받아온 로마 가톨릭 교회의 중요하고 유능하며 권위 있는 수장과 뭐라 말할 수 없는 독특한 관계를 맺고 있었음을 알 수 있다.

필리포 네리가 클레멘스 8세에게 보내는 청원서

'교황이시여! 제가 도대체 어떤 존재이기에 추기경들께서 저를 찾아오시는 걸까요? 어제 저녁에는 피렌체와 쿠사노의 추기경들이 저를 찾아오셨습니다. 제가 잎사귀에 든 만나액이 조금 필요하다고 하자 피렌체의 사려 깊은 추기경께서는 이미 예전에 병원으로 꽤 많은 양을 보내셨음에도 또다시 산 스피리토 성당에서 2온스나 가져다 주셨습니다. 그분은 밤에 두 시간이나 머물면서 필요 이상으로 교황님의 훌륭한 점에 대해 말씀하셨습니다. 당신은 교황이시므로 겸손 그 자체여야 합니다. 저녁 7시, 그리스도께서 저와 한 몸이 되기 위해 오셨습니다. 그러니 교황께서도 한 번쯤 저희 교회에 오실 수 있을 것입니다. 인간이시자 또한 하느님이신 예수께서는 저를 곧잘 찾아오십니다. 교황님은 오로지 인간일 뿐입니다. 교황님의 아버님께서는 성스럽고 정직한 분이시지만 그리스도의 아버지는 하느님이십니다. 교황님의 어머니는 무척 독실한 아그네시나 부인이시지만, 그리스도의 어머니는 성녀 중의 성녀이십니다. 제가 울분을 터뜨리려고 한다면 무슨 말인들 못하겠습니까? 부탁드리건대 제가 토레 데스페키*24로 보내려고 하는 소녀를 제 뜻대로 하게 해주십시오. 그녀는 교황님께서 그의 자녀들을 보호해 주시겠노라고 약속한 클라우디오 네리의 딸입니다.

---

*23 1605년 건립된 성당.
*24 수녀원을 가리킨다.

교황님께서 약속을 지키시는 일이 얼마나 아름다운 일인지를 상기시켜 드리는 바입니다. 그러니 약속하신 일을 저에게 넘겨주시고, 어쩔 수 없는 경우 교황님의 존함을 사용할 수 있게 해주십시오. 제가 그 소녀의 뜻을 알고 있고, 그녀가 하느님의 계시에 따라 움직이고 있음을 굳게 믿기에 더욱 그렇습니다. 더없이 공경하는 마음으로 교황님 발치에 엎드려 비옵니다.'

청원서에 대한 교황의 친서

'추기경들이 당신을 자주 찾아간다니 내가 보기에 이 글 앞부분에는 조금 자만하는 마음이 담겨 있다고 생각됩니다. 그러지 않아도 그분들이 종교적인 성향의 사람들임은 세상이 다 알고 있으니까요. 내가 그대를 찾아가지 않은 까닭은 그토록 간절히 바랐음에도 그대가 추기경 직을 받아들이려고 하지 않으니 찾아가 봐야 소용없으리라 생각해서입니다. 그대가 지시한 일에 대해 말하자면, 명령조에 익숙한 그대의 뜻에 따르지 않는 선량한 어머니들을 호되게 꾸짖어도 신경 쓰지 않겠습니다. 하지만 분부하건대 교황의 허락 없이는 고해 성사를 받지 마십시오. 우리의 주님이 당신을 찾아가시거든 우리를 위해, 그리고 궁핍한 교계를 위해 부탁드려 주십시오.'

1월의 편지

1788년 1월 5일, 로마

오늘은 몇 자밖에 적지 못함을 용서해 주십시오. 올해는 시작부터 진지하고도 바쁘게 보내느라 주위를 둘러볼 겨를이 없었습니다.

몇 주 동안은 모든 것이 멈춘 상태였는데 참으로 괴로웠습니다. 이제 다시 멋진 나날들을 보낼 수 있게 되었습니다. 말하자면 깨달음의 나날들이라 할 수 있는데, 사물의 본질과 그 관계들을 꿰뚫어 볼 수 있게 되었으며, 이런 일들은 내가 풍요로운 심연을 털어놓게 해줍니다. 늘 다른 사람들에게 배우기 때문에 이러한 성과들이 내 마음속에 일어나는 것입니다. 혼자 공부하면 배우고 익히는 데 힘이 두 배로 들면서도 오히려 진행은 보잘것없고 속도도 더딜 수밖에 없습니다.

요즘은 오로지 인체 연구에 힘쓰고 있습니다. 그 밖의 모든 것은 봄눈 녹듯이 사라져 버립니다. 평생토록 관심을 가졌던 이 일이 이제 색다른 의미를 갖게 되었습니다. 이에 대해선 무어라 할 말이 없습니다. 내가 또 무슨 일을 하게 될는지는 오직 세월만이 말해 줄 수 있겠지요.

오페라는 그다지 재미가 없습니다. 내게 기쁨을 주는 것이라고는 내적이고 영원한 진실뿐입니다.

부활절 무렵까지는 이런 시간이 이어지리라 생각합니다. 그렇지만 무슨 결실을 맺게 될지는 아직 모르겠습니다.

1월 10일, 로마

이 편지와 함께 보내는 《에르빈과 엘미레》가 그대들에게 즐거움을 안겨 줄 수 있길 바랍니다. 그렇지만 오페레타란 아무리 잘되었다 하더라도 읽기만 해서는 제 맛을 느낄 수 없습니다. 작가가 마음속에 떠올린 심상을 온전히 표현하려면 먼저 음악이 곁들여져야 하니까요. 《벨라 별장의 클라우디네》도 곧 보내드리겠습니다. 두 작품은 보기보다 손이 많이 갔습니다. 카이저와 함께 가극의 형식을 적잖이 연구했으니까요.

인체 소묘도 빼먹지 않고 연습하고 있으며, 저녁마다 원근법을 배우고 있습니다. 신들의 인도하심으로 이별의 때가 부활절로 정해졌으니 나는 이에 따르며 이별을 준비하려 합니다. 그러면 좋은 결과가 있겠지요.

이제 다른 무엇보다 인간 형상에 대해 관심이 앞섭니다. 나는 이런 사실을 잘 느끼고는 있었지만, 찬란한 햇빛으로부터 눈을 돌리듯 늘 외면해 왔습니다. 로마 말고 다른 곳에서 이를 연구한다는 것도 부질없는 일입니다. 오직 이곳에서 배워서 자아낸 실이 아니고서는 이 미궁에서 빠져나갈 도리가 없습니다. 유감스럽게도 아직 나의 실은 그리 길지 않지만 그래도 첫 번째 통로를 빠져나갈 만큼은 됩니다.

일상에서 작품과 같은 상황을 겪지 않고선 글이 써지지 않는다면, 둘 모두 그리 내키지는 않지만 《타소》를 쓰기 위해서는 올해 안에 공주와 사랑에 빠져야 할 것 같고, 《파우스트》를 쓰기 위해서는 악마에게 영혼을 팔아야 할지도 모르겠습니다. 이제까지 그래왔듯 말입니다. 스스로 《에그몬트》에 흥미를 가질 수 있도록 로마의 카이저[1]는 브라반트 지방 사람들과 전쟁을 시작했고, 내 오페라를 한결 완성된 작품으로 만들기 위해 취리히의 카이저가 로마로 왔습니다. 이것이 헤르더가 말한 '고상한 로마인'을 뜻할 테지요. 흥미롭게도 나와는 전혀 상관없는 행위와 사건들이 나를 움직이는 원인이 되었습니다. 내게 굴러온 행운이라 불러도 좋겠지요. 그러니 인내심을 갖고 공주와 악마를 기다려 보아야겠습니다.

1월 10일, 로마

이곳 로마에서 다시 한 번 독일적인 예술 양식의 작은 표본이라 할 수 있는 《에르빈과 엘미레》를 보내 드리겠습니다. 이 작품이 《벨라 별장의 클라우디네》보다 먼저 완성되었지만 인쇄는 나중에 되었으면 합니다.

보면 아시겠지만 서정적인 무대에 필요한 모든 점을 고려했습니다. 이곳에 와서야 그런 것들을 배울 기회가 생겼습니다. 모든 등장인물들이 알맞은 순서

---

[1] 카이사르를 가리킨다.

왼손, 괴테 그림

로, 나오게 해서 가수들이 휴식 시간을 충분히 가질 수 있도록 배려했습니다. 이탈리아인은 시의 모든 '의미'를 희생시켜 가면서까지 온갖 규칙들을 지킵니다. 그러나 나는 이 소재로 음악적이고 연극적인 요구 사항을 충족할 수 있기를 바랍니다. 또한 두 오페레타가 읽을 거리로도 부족하지 않으며 그 이웃사촌 격인 《에그몬트》에 먹칠하지 않도록 주의를 기울였습니다. 이곳에서는 공연날 저녁이 아니고서야 이탈리아어 오페레타 대본을 읽는 사람은 아무도 없습니다. 그리고 이 작품들을 비극과 한 권에 나란히 싣는다는 것은 이 나라에서 독일어로 가극을 노래하는 것만큼 불가능한 일입니다.

《에르빈과 엘미라》의 경우 특히 2막에서 강약 운율을 자주 발견하게 되리라는 것을 말씀드리지 않을 수 없습니다. 이는 우연이나 습관 때문이 아니라 이탈리아적인 예에서 따온 것입니다. 이러한 운율은 음악에 잘 어울립니다. 그리고 작곡가는 청중이 알아채지 못하도록 박자와 리듬에 몇 가지 변화를 줄 수 있습니다. 거의 이탈리아인들은 매끄럽고 간단한 운율과 리듬이야말로 가장 중요하다고 생각합니다.

젊은 캄퍼는 아는 게 많고 이해가 빠르지만 사물을 건성으로 대하는 경솔한 사람입니다.

《고찰》의 제4부가 잘 되어 가기를 빕니다. 우리에게 거룩한 책과 같은 제3부는 고이 간직하고 있습니다. 이제야 그 책을 읽게 된 모리츠는 인류를 교화하는 이 시대에 살고 있는 게 행복하다고 말합니다. 책에 흠뻑 빠져든 그는 결말 부분에 가서는 거의 넋을 잃을 지경이었습니다.

내가 카피톨리노 언덕에서 한 번만이라도 그대에게 톡톡히 한턱 낼 수 있으면 얼마나 좋겠습니까! 그것이 나의 가장 큰 소원 중의 하나입니다.

나의 커다란 이념은 보다 진지한 시대가 오기를 예감하는 환상에 지나지 않습니다. 나는 이제 그야말로 인간의 모든 지식과 행위의 극치인 인간 형상 연구실에 와 있습니다. 자연의 모든 분야를 아우르는 이 연구실에서 나의 열정, 특히 골상학에 대한 연구는 놀랄만한 발전을 이뤄가고 있습니다. 나는 이제야 고대 유물인 조각품들을 보면서 최상의 즐거움을 만끽합니다. 그렇습니다. 평생을 연구에 몰두하고 마지막에 가서 "이제야 보이고, 이제야 만끽한다" 외치고 싶어하는 사람들의 마음이 충분히 이해가 됩니다.

부활절까지, 이 짧은 시기를 잘 마무리하기 위해 있는 온 힘을 다해 노력할 작정입니다. 미련을 남긴 채 마지못해 로마를 떠나지 않도록 말입니다. 그리고 비록 더딜지라도 독일로 돌아가서 몇 가지 연구를 편안하고도 철저히 이어갈 수 있기를 바랍니다. 이런 일을 계획할 때엔 먼저 조그만 배에 올라타는 것이 중요합니다. 그 뒤부턴 흐르는 물길이 사람을 이끌어 주는 법이지요.

1월의 보고

큐피드, 이 제멋대로 구는 철부지 소년아
넌 나에게 몇 시간만 묵게 해달라고 부탁했지!
그러고서는 얼마나 긴 시간, 밤낮을 우리집에 묵었는지,
넌 이제 주인이 되어 내 집을 네 마음대로 휘젓는구나.

넓은 내 침상에서 쫓겨난 나는
이젠 바닥에서 밤을 지새우는 고통에 시달리고,
너의 오만함은 끊임없이 화덕에 불을 지펴,
겨울 땔감을 모두 불사르고, 나를 가난한 자로 만드는구나.

네가 가재도구를 옮겨놓고 밀쳐놓는 바람에
난 그것을 찾아 헤매다 장님처럼 혼란에 빠져버렸지.
네가 소란을 피우니 나의 작은 영혼이 걱정되어,
도망치고, 네게서 도망치고자, 오두막을 비우려 한다.*²

이 노래를 글자 그대로가 아니라 다르게 해석한다면, 우리가 보통 아모르*³
라 부르는 그런 정령이 아니라 오히려 활동적인 사람 무리가 인간의 깊은 내면
에 말하고, 요구하고, 잡아끌고, 상반되는 관심 분야로 헷갈리게 하는 경우를
떠올리도록 상상한다면, 내가 처했던 상황을 상징적인 방법으로 이해할 수 있
을 것이다. 편지 발췌문이나 이제까지의 이야기에서 충분히 전달될 수 있는 상
황이다. 이토록 많은 것에 맞서 자신의 뜻을 굽히지 않으며 쉼 없이 활동하면
서도 싫증내지 않고, 즐기면서도 태만하지 않으려면 부단한 노력이 필요하다
는 사실도 헤아려 주시기를.

아르카디아협회에 가입

지난해 끝 무렵부터 나는 어떤 제안에 시달리게 되었다. 아마도 그만 우리의
익명 생활을 경솔하게 드러내 버린 불운한 연주회의 결과이리라. 하지만 '아르

---

*2 《벨라 별장의 클라우디네》 2막에 나오는 노래.
*3 Amor. 로마 신화의 사랑의 신. 그 이름은 '애욕'이라는 뜻. 영어로는 큐피드(Cupid). 여신
    베누스(비너스)의 아들로 아모르(Amor, '사랑'이라는 뜻)라고도 한다. 본디 로마인의 숭배
    의 대상이었던 신은 아니며, 그리스의 에로스에 라틴어의 보통명사를 적용시킨 것. 큐피
    드는 오비디우스의 《변신이야기》 중에서 아폴로 신에게는 황금의 화살을 쏘아 사랑을 일
    으키는 한편, 요정인 다프네에게는 납 화살을 쏘아서 연애를 증오하게 하고, 베르길리우
    스의 《아이네이스》에서는 카르타고의 여왕 디도에게 아이네이스에 대한 사랑을 불러 일
    으켰다. 또한 아풀레이우스의 《황금 당나귀》에는 미소녀 프시케와의 유명한 연애이야기
    가 있다.

카디아*⁴의 저명한 목자(牧者)*⁵로 나를 가입시키려고 여러 곳에서 권유가 들어오는 데는 또 다른 이유가 있었을지도 모른다. 오랫동안 이 제의를 물리쳐 왔지만, 내가 가입하는 것에 특별한 의미를 두는 듯한 친구들에게 끝내 두 손을 들지 않을 수 없었다. 아르카디아협회의 성격은 일반적으로 잘 알려져 있지만 자세히 들어보는 것도 그리 나쁘지는 않을 것이다.

17세기 이탈리아 시문학은 여러 면에서 쇠퇴의 길을 걸었다고 한다. 17세기 끝무렵에 교양과 양식을 갖춘 이들은 이렇게 비난했는데, 시문학이 그 시기 내적 아름다움이라 불리던 내실을 너무 소홀히 했다는 것이다. 또한 형식적인 면, 즉 외적 아름다움이라는 면에서도 비난받아 마땅했다. 이탈리아 시문학은 야만적 표현, 참기 힘든 딱딱한 시구, 결점투성이 문체와 비유 표현, 무엇보다 끊임없이 나오는 지나친 과장, 환유 및 은유로 사람들이 중요하게 여기는 우아함과 감미로움을 모두 잃어버렸기 때문이다.

하지만 이러한 오류에 사로잡힌 사람들은 으레 그렇듯 참된 것과 뛰어난 것까지도 비난했다. 게다가 자신들의 언어 남용에는 아무런 잘못이 없다고 주장했다. 끝내 더는 참을 수 없게 된 교양 있고 분별 있는 사람들은 1690년 사려 깊고 영향력 있는 이들을 모아 다른 길을 찾기에 이르렀다.

하지만 자신들의 모임이 사람들 눈길을 끌거나 반발을 불러일으키지 않도록 이들은 야외, 곧 도심 밖 정원 지대로 발길을 돌렸다. 성벽으로 둘러싸인 로마에는 이런 곳이 얼마든지 있다. 자연과 가까워짐으로써 이들은 신선한 공기를 맡으며 시문학의 근원적 정신을 느끼는 이점도 함께 누리게 되었다. 아무 데나 발길 닿는 대로 잔디밭에 자리잡고 유적의 잔해나 돌더미 위에 앉았다. 추기경이 참석하더라도 존경의 의미에서 좀 더 푹신한 방석이 마련될 뿐이었다. 여기서 그들은 자신들의 확신, 원칙 및 계획에 대해 이야기를 나누었고 시를 낭송하면서 보다 고귀한 고대 정신과 고결한 토스카나파*⁶의 의미에 다

---

*4 Ἀρκαδία/Arcadia, Arkadia. 그리스의 펠로폰네소스 반도에 있는 고대부터의 지역명으로 후세에 목자의 낙원으로서 전승되어 이상향의 대명사가 되었다. 명칭은 그리스 신화에 등장하는 아르카스(아르카디아인의 선조)에 비롯한다. 영어풍으로 아르케이디아, 아카디아, 아케이디아 등으로 표기되는 경우도 있다. 영어 알파벳에 의한 철자는 Arcadia와 Arkadia의 2종이 뒤섞여 있다. 실재의 아르카디아 지방은 현재의 아르카디아 현에 해당한다.

*5 여기서는 '회원'을 뜻한다.

*6 단테와 페트라르카를 뜻한다.

시 생기를 불어넣으려 애썼다. 그러다가 한 사람이 감격에 겨워 외쳤다. "이곳이 우리의 아르카디아다!" 이 일로 협회 이름이 생겨났고, 아울러 조직의 목가적 성격이 정해졌다. 이 협회는 영향력 있는 명망가의 보호에 의존하기를 바라지 않았으며, 또한 수장이나 의장도 정하지 않았다. 한 간사가 아르카디아 모임을 열고 마쳤으며, 긴급한 상황에는 연장자로 이루어진 위원회가 도와 주도록 했다.

이 모임에서는 크레심베니*7라는 사람이 존경받을 만하다. 모임의 공동창립자 가운데 하나인 그는 초대 간사로서 자신의 직분을 성실히 수행했다. 그는 보다 훌륭하고 순수한 미적 감각을 잃지 않도록 살피며 야만성을 차츰 몰아냈다.

통속시를, 다시 말해 라틴어가 아닌 이탈리아어로 쓰인 시를 민족 문학이라 부를 수는 없지만 다른 어떤 시보다 이탈리아 민족에게 알맞은 문학이다. 물론 줏대 없는 사람들의 엉뚱한 생각이나 괴벽으로 왜곡되지 않고, 참된 재능을 가진 뛰어난 사람들에 의해 씌어질 때만. 그가 남긴 이탈리아어 문학에 대한 학설들은 틀림없는 아르카디아협회의 결실이라 하겠다. 이는 우리의 새로운 미학적 노력과 비교해 볼 때 매우 중요하다. 그가 펴낸 시집 《아르카디아》도 이러한 의미에서 크게 눈여겨볼 만합니다. 이 아르카디아협회에 대해 다음과 같은 의견을 소개하겠다.

존경받을 만한 이 목자들은 잔디밭에 앉아 자연과 좀 더 가까워졌다고 생각했다. 이때 어쩌면 사랑과 열정이 그들 마음에 피어나려 했을지 모른다. 하지만 협회는 성직자와 품위 있는 사람들로 이루어졌기에 사랑의 신과 함께 로마의 세 시인*8들과는 결코 관계하려 들지 않았고 그들의 연애시를 단호히 밀어냈다. 하지만 사랑이란 시인에게 없어서는 안 될 요소이므로 숭고하고 순수한 정신적인 그리움에 관심을 기울이며, 조금은 우의적인 표현에 기댈 수밖에 없었다. 그 때문에 이들의 시는 매우 존경받을 만한 독자성을 띠게 되었으

---

*7 시인, 문학사가. 아르카디아 아카데미의 회장으로 안이한 고전주의를 주장했다. 아르카디아는 주로 크레심베니와 그라비나를 중심으로 바로크문학의 요설(饒舌)과 허식을 물리치고, 특히 목가를 본뜬 자연과 소박함을 시에서 회복하려고 하였다.

*8 카툴루스(Gaius Valerius Catullus), 티불루스(Albius Tibullus), 프로페르티우스(Sextus Propertius)를 가리킨다.

며, 위대한 선구자인 단테와 페트라르카의 발자취를 따라갈 수 있었다.

내가 로마에 도착했을 때는 이 협회가 발족한 지 백 년쯤 되었을 때였다. 비록 커다란 명성을 얻지는 못했고 모임 장소와 성향은 여러모로 바뀌어 왔지만 외형상으로는 늘 품위를 지켜왔다. 그리고 조금 이름이 알려진 외국인은 로마에 오면 이 협회에 가입하라는 권유를 받았는데, 더군다나 이러한 시의 나라를 수호하는 사람이 이로써 쏠쏠한 이득을 얻을 수 있을 때면 더욱 그랬다.

나의 가입 절차는 다음처럼 진행되었다. 나는 단아한 건물 응접실에서 한 고위 성직자에게 소개되었다. 그는 나를 안내할 사람으로, 보증인이나 대부 같은 역할을 맡아주기로 했다. 우리는 벌써 사람들로 제법 붐비는 커다란 홀에 들어가 연단 바로 맞은편에 놓인 첫 번째 줄 한가운데 걸상에 앉았다. 차츰 사람들 수가 늘어났다. 내 오른편 빈 자리에는 위풍당당한 노인이 와서 앉았는데, 옷차림과 그를 대하는 주위 사람들의 외경심을 보고 나는 그가 추기경이라 생각했다.

간사가 높은 연단에서 일반적인 개회사를 마치고 몇몇의 이름을 부르자 그들은 시와 산문을 낭송했다. 꽤 시간이 지나자 협회장의 연설이 시작됐다. 연설 내용은 내가 받은 가입증서의 내용과 거의 같으므로 상세한 설명은 넘어가도록 하겠다. 연설이 끝난 뒤 내가 협회 회원이 되었음이 공식적으로 선언되었고, 우레와 같은 박수와 함께 가입이 승인되었다.

그러는 동안 이른바 나의 대부와 나는 자리에서 일어서 여러 차례 고개 숙여 인사하며 감사의 뜻을 전했다. 그는 사려 깊지만 그리 길지 않은 매우 적절한 연설을 했고 다시 한 번 우레와 같은 박수갈채가 터져 나왔다. 이윽고 박수소리가 멎고 나서야 나는 여러 사람들에게 저마다 감사 인사를 전하면서 나를 소개할 기회를 가질 수 있었다. 다음 날 받은 입회증서를 여기에 원문 그대로 싣고자 한다. 다른 나라 언어로 옮기면 그 고유한 특색이 사라질지도 모르니 우리말로 번역은 하지 않았다. 그러는 동안 나는 새로운 동지로서 회장의 뜻에 최대한 맞추기 위해 힘썼다.

여기에 인장이 찍혀 있는데 인장의 둥근 화관 안에는 월계수와 소나무가 절반씩을 차지하고 가운데에는 목양신의 피리가 있으며 그 아래로 '글리 아르카디'라는 글자가 새겨져 있다.

모든 회원의 뜻에 따라
아르카디아 수석 목자
니빌도 아마린치오

　오늘날 독일에서 명성을 떨치고 있는 일급 천재들 가운데 한 사람인, 박식하고 저명한 괴테 씨가 생각지도 않게 테베레 강변을 찾아와 우리를 기쁘게 해주었다. 그는 현재 작센 바이마르의 공작 전하의 고문관이다. 그는 이곳에서 자신의 출신과 직위, 참된 재능을 드러내지는 않았지만, 온 문단에 이름을 떨치며 산문과 운문 분야에서 거둔 예술적 광채를 숨길 수는 없었다. 이 저명한 괴테 씨가 고맙게도 아르카디아 공개 모임에 참석해 낯선 이국 땅 숲 속에서 열린 우리의 즐거운 모임에 마치 밤하늘에 빛나는 샛별처럼 나타나니, 모임에 함께한 수많은 아르카디아 회원들은 수없이 많은, 명예로운 작품을 저술한 그분을 만나게 된 기쁨에 진심어린 환호와 갈채를 보냈다. 아울러 만장일치로 그를 메갈리오라는 이름으로 목자 공동체의 고귀한 한 사람으로 받아들이며, 비극의 뮤즈를 추모하는 멜포니아 영역을 그에게 맡기고, 이로써 그를 아르카디아협회 정회원으로 선언하는 바이다. 이와 동시에 모든 회원들은 뜨거운 박수 속에서 치러진 이 장엄한 공개 가입식 내용을 아르카디아 연감에 기록하도록 간사에게 위임했다. 또한 이 고결한 신입 회원 메갈리오 멜포메니오 목자에게 우리의 문인 목자 공화국이 오래 전부터 그 고매한 인품에 대해 품어온 최고의 경의를 표하고자 이 가입허가서를 증정하도록 의뢰했다. 이에 따라 제641올림피아력 2년, 아르카디아 재건립으로부터 제24올림피아력 4년, 포시데오네의 초승달이 뜰 즈음에, 파라시아 숲 속의 겨울집에서 수여한다. 우리 총회의 더없이 경사스러운 날이다.

협회장/니빌도 아마린치오
부회장/코림보, 멜리크로니오, 플로리몬테, 에지레오

로마 사육제

우리가 로마 사육제를 묘사하려 한다면, 다음과 같은 반박을 각오해야 한다. 그렇게 거창한 축제를 묘사하는 것은 불가능한 일이다. 감각적이고 생동감 넘치는 대중은 직접 눈앞에서 움직여야 하고, 저마다의 방식대로 구경하고 받아들여야 한다.

게다가 다음 사실을 깨닫게 된다면 더욱 반론이 걱정스러워질 것이다. 로마 사육제를 그저 구경거리로나 생각하는 외국인에게 이 축제는 즐거운 인상도 주지 못하며, 딱히 눈을 즐겁게 해주지도 마음을 채워주지도 못하기 때문이다.

수많은 인파가 북적대며 이리저리 몰려다니는 길고 좁다란 길은 제대로 둘러볼 수조차 없다. 사람들이 우글거리는 곳에서는 뭐가 뭔지 분간이 잘 안 되기 때문이다. 움직임은 단조롭고, 소음은 귀를 멀게 하며, 막상 하루가 끝나고 보면 싱겁기 짝이 없다. 하지만 우리가 좀 더 자세하게 설명해 나간다면 이러한 걱정은 봄눈 녹듯 사라져 버린다. 그리고 남은 문제는 이 묘사가 참으로 알맞은지를 따지는 일뿐이다.

사실 로마 사육제는 민중에게 베푸는 축제가 아니라 민중 스스로 이끌어 가는 축제다.

나라에서는 이 축제에 별다른 준비를 하지 않으며 돈도 그다지 들이지 않는다. 기쁨에 젖은 무리는 저절로 움직이며, 경찰은 느슨하게 통제할 뿐이다.

로마에서 열리는 수많은 종교적 축제가 구경꾼들 눈을 현혹시키는 데 비해 이 축제는 그렇지 않다. 성 안젤로 성채에서처럼 놀라운 불꽃놀이도 없고, 수많은 외국인을 끌어들이고 만족시켰던 성 베드로 성당과 원형 지붕의 조명 장식도 없다. 가까이 다가올 때마다 사람들이 기도를 올리고 탄성을 지르는 화려한 행렬도 없다. 오히려 누구나 마음대로 바보처럼 굴고 미친 듯이 행동해도 된다는 하나뿐인 암묵적 약속만 있을 뿐이다. 주먹질이나 칼부림 말고는 거의 금지되는 게 없다고 한다. 높고 낮은 신분 차이조차 한때나마 사라진 듯 보일 정도다. 모두가 서로 가까워지고, 자신에게 일어나는 일을 선뜻 받아들이다. 그리고 서로에게 무례하게 굴거나 자유롭게 행동해도 즐거운 분위기 때문에 불쾌하게 여기지 않는다.

이 시기가 되면 로마인들은 예수의 탄생이 농신제*⁹와 그 특전*¹⁰을 몇 주일 미루기는 했어도 없애 버리지 않고 오늘날까지 남겨둔 것을 기뻐한다.

우리는 이런 축제의 기쁨과 흥분을 독자들의 상상에 맡기려고 애쓸 것이다. 또한 로마 사육제를 직접 본 적이 있는 사람들이 그때의 생생한 추억에 잠길 수 있도록 도와 주려 한다. 이 몇 쪽의 글이 머지않아 로마를 찾아오는 사람들이 왁자지껄한 즐거움의 물결을 이해하고 즐길 수 있도록 도울 것이다.

코르소 거리

로마 사육제는 코르소 거리에서 열리는데, 축제 기간 동안 공식적 행사를 치를 수 있도록 다른 거리는 통제된다. 온갖 장소에서 저마다 다른 축제가 열리므로 무엇보다도 코르소 거리 축제를 묘사해야겠다.

이탈리아 도시들의 여러 기다란 거리가 으레 그렇듯이 이 거리의 이름은 경마에서 비롯한다. 다른 도시들에선 수호신 축제나 성당 축성식 등의 의식들이 경마로 끝나는 반면, 로마에선 사육제의 밤마다 경마로 끝을 맺는다.

이 거리는 포폴로 광장에서 베네치아 궁까지 일직선으로 뻗어 있다. 길이가 약 3천7백 걸음쯤 되는 이 거리 길가에는 주로 호화로운 고층 건물들이 늘어서 있다. 거리 넓이는 거리의 길이나 건물 높이에 비해 균형이 맞지 않는데, 길 양쪽에는 여섯에서 여덟 걸음 넓이의 보행자용 포장도로가 마련되어 있다. 길 가운데는 통행로로 대부분 열둘에서 열세 걸음 넓이라 최대한 마차 세 대가 나란히 지나갈 수 있을 것으로 보인다.

사육제가 열리는 동안에는 포폴로 광장의 오벨리스크가 거리 가장 아래쪽 경계선이 되고, 베네치아 궁이 위쪽 경계선이 된다.

코르소 거리의 마차 나들이

일 년 내내 일요일이나 축제일이 되면 코르소 거리는 사람들로 붐빈다. 로마

---

*9 Saturnalia. 고대 로마에서 농사에 도움을 준다고 여기는 신을 기리며, 동지를 축하하는 축제. 12월 수확제의 의미도 있다. 12월 17일에 열리며, 황제 집권 아래, 12월 23일까지 1주일 동안 축제가 연장되었다.

*10 농사의 신 사투르누스(Saturn)가 세계를 지배할 때 두루 쓰였다고 여겨지는 모든 인간의 자유와 평등.

귀족이나 부자들은 밤이 깃들기 전 한 시간이나 한 시간 반쯤 길게 줄지어 마차를 타고 다닌다. 마차들은 베네치아 궁에서 내려와 왼쪽으로 달리는데, 날씨가 좋은 날이면 오벨리스크를 지나 성문 밖 플라미니아 거리까지 나가, 몰레 분수대까지 가기도 한다.

되돌아오는 마차들은 빨리 돌아오든 늦게 돌아오든 반대편 도로를 이용하는데, 양쪽 마차 행렬은 매우 질서정연하게 움직인다.

외교관에게는 이 두 행렬 사이로 오갈 수 있는 권리가 주어진다. 알바니아 후작으로 로마에 머무르던 왕위 요구자*[11]에게도 같은 권한이 주어졌다.

그러나 밤을 알리는 종소리가 울리면 이 질서는 무너진다. 저마다 내키는 대로 방향을 틀며 지름길을 찾는 바람에 다른 마차들의 통행에 불편을 주는 일도 적지 않다. 그 때문에 마차들은 좁은 길에 막혀 옴짝달싹 못하게 되어버리기도 한다.

이러한 저녁의 마차 나들이는 이탈리아의 크고 작은 모든 도시에서 화려하게 벌어진다. 마차가 고작 두세 대뿐인 작은 도시에서도 마차 행렬을 따라한다. 이 행렬을 보기 위해 많은 사람들이 코르소 거리로 몰려든다. 누군가는 구경을 하려고, 또는 누군가는 다른 사람들에게 보여 주려고 밀려드는 것이다.

곧 알게 되겠지만 이 사육제는 단순히 일상적인 일요일과 축제일에 느끼는 즐거움의 연장이라기보다 오히려 그 절정이다. 이는 새로운 것도, 기이한 것도, 유일무이한 것도 아니며 로마의 생활 방식에 아주 자연스럽게 적응된 것뿐이다.

기후와 성직자 복장

밖에서 가면을 쓴 한 무리의 사람들을 보게 되더라도 우리는 그리 낯설지 않을 것이다. 맑고 푸른 하늘 아래에서 일 년 내내 그러한 모습을 보는 데 익숙해져 있기 때문이다.

축제 때마다 융단을 내다 걸고 곳곳에 꽃을 뿌리며 천을 깔아놓아 거리는 마치 커다란 연회장이나 화랑처럼 변한다.

---

*11 찰스 에드워드 스튜어트(Charles Edward Stuart)를 가리킨다. 그는 영국과 스코틀랜드의 왕위 요구자로 제임스 2세 손자이자 '늙은 왕위 요구자'인 제임스 에드워드 스튜어트의 장남이다. 1745년 왕위 계승을 시도했다가 실패한 뒤로, '젊은 왕위 요구자'로 불리게 되었다.

로마 사육제, 피넬리 그림

시신을 무덤으로 운구할 때는 늘 교구 신도들의 가장 행렬이 뒤따른다. 수도사들의 낯선 복장과 색다른 형상들에도 제법 눈이 익숙해졌다. 마치 일 년 내내 사육제가 벌어지는 듯하다. 수도사들이 입은 검은 망토는 다른 수도사들의 가면 복장보다 고상해 보인다.

사육제 시작 직전

극장들이 열리고 사육제가 시작되었다. 관람석 이곳저곳에는 장교로 변장한 어여쁜 여성이 사람들에게 의기양양하게 견장을 내보인다. 코르소 거리를 달리는 마차의 수가 점점 더 늘어난다. 그렇지만 많은 사람들의 기대는 마지막 일주일에 쏠려 있다.

마지막 며칠을 위한 준비

여러 준비 작업들이 사람들에게 천국처럼 더없이 기쁜 순간들을 예고해

준다.

로마에서 일 년 내내 깨끗하게 유지되는 몇 안 되는 거리 가운데 하나인 코르소 거리가 더욱 말끔히 치워지고 정리된다. 사람들은 사각형 모양으로 깎은, 거의 같은 크기의 현무암 조각으로 깐 아름다운 포장도로에서 조금 어긋나 보이는 부분을 들어내고 새 조각을 다시 까는 작업에 몰두하고 있다.

이것 말고도 생생한 전조들이 드러난다. 앞서 말했듯 사육제 기간에는 매일 저녁이 경마로 끝난다. 이러한 목적으로 키우는 말들은 거의 몸집이 작으며, 이들 가운데 최고 경주마는 외국종으로 바르베리*¹²라고 불린다.

말은 머리, 목 및 몸통으로 이어진 흰 아마포로 덮개를 하고, 아마포의 이음새에 알록달록한 리본을 단 경주마가 오벨리스크 앞 출발 지점으로 끌려 나온다. 기수들은 익숙한 동작으로 말머리를 코르소 거리로 향한 채 한동안 조용히 서 있다가, 이윽고 천천히 달리기 시작한다. 그러다가 말이 자기 코스를 좀 더 빨리 달리게끔 위쪽 베네치아 궁에서 말에게 귀리를 조금 먹인다.

대부분의 말들이 이러한 연습을 반복하는데, 그 수가 열다섯 또는 스무 마리에 이를 때도 있다. 그럴 때면 한 무리의 소년들이 왁자지껄 흥겹게 소리 지르며 따라다니기 때문에 곧 들려올 더 커다란 소음과 환호성을 미리 맛보게 되는 것이다.

전에는 로마의 유서 깊은 집안들이 이런 말을 마구간에서 키웠다. 자신의 말이 경주에서 상을 받으면 가문의 영광으로 여겼으며 경마 결과를 놓고 내기를 하거나 우승한 말을 위해 잔치를 베풀기도 했다.

그러나 최근 들어서는 이러한 즐거움이 크게 줄어들었다고 한다. 경마로 명예를 얻으려는 소망이 중류 계층, 아니 하류 계층으로 내려간 것이다.

그 시절부터 내려오는 것으로 보이는 관습이 아직 하나 남아 있다. 한 무리의 기수들이 나팔수를 이끌고 우승 상패를 보여 주며 온 로마를 돌아다니다가, 귀족의 저택으로 들어가 트럼펫으로 한 곡 연주하고 술값을 얻어 가는 것이다.

상은 길이 약 2.5엘레에, 넓이가 채 1엘레가 못되는 금이나 은으로 짠 천이다. 알록달록한 막대기에 고정된 채 깃발처럼 나부끼며, 그 아래쪽 단에는 달

---

*12 북아프리카 바버리산 말

리는 몇 마리 말들의 형상이 비스듬히 새겨져 있다.

이 상패는 팔리오라는 이름으로 불리는데, 사육제가 오래 이어질수록 많은 수의 비슷한 깃발들이 이 로마 거리 곳곳에 보이게 된다.

그러는 사이에 코르소 거리 모습도 바뀌기 시작한다. 이제 오벨리스크가 거리의 경계선이 된다. 바로 앞에는 코르소 거리가 한눈에 들어오고, 수많은 열이 늘어선 관람석이 층층이 설치되고, 그 앞에 울타리를 만들어 경주마들을 그 사이로 데리고 나오게 만든다.

더구나 거리 양쪽에는 코르소 거리 첫 번째 집들에 이어지는 커다란 관람석이 지어져 이런 식으로 거리가 광장까지 이어진다. 울타리 양옆에는 말의 출발을 조정하는 사람들을 위해 지붕을 얹은 작은 아치형 건물이 높게 서 있다.

코르소 거리를 따라 올라가다 보면 몇몇 집들 앞에 세워진 관람석이 보인다. 성 카를로 광장과 안토니우스 기념주가 서 있는 광장이 울타리 때문에 해거리와 격리되어 있다. 이 모든 것으로 보면 축제가 길고 좁은 코르소 거리에 한정될 것을 짐작할 수 있다.

마지막으로 달리는 말들이 미끄러운 도로에서 쉽게 미끄러지지 않도록 거리 한가운데에 모래가 뿌려진다.

사육제의 완전한 자유를 누리기 위한 신호

이렇게 사육제 준비로 하루하루 무르익다가, 마침내 한낮이 되어 카피톨리노 성의 종이 울리면 자유로운 하늘 아래서 바보처럼 굴어도 좋다는 허락이 내려진 것이다. 일 년 내내 실수할까 조심스러운 로마인도 이 순간만은 진지함과 신중함을 단번에 날려 버린다.

마지막 순간까지 포석을 갈아 끼우던 도로 포장공들이 공구를 챙기고 농담을 나누면서 일을 마친다. 발코니와 창문마다 차례차례 융단들이 내걸리고, 거리 양쪽의 조금 돋운 인도에는 의자들이 놓인다. 신분이 낮은 주민들과 아이들이 모두 거리로 나와, 이제 거리는 더 이상 거리가 아니게 된다. 마치 거대한 무도회장이나 온갖 치장을 한 화랑과 같다.

창문마다 융단이 내걸려 있듯이 관람석에도 온통 오래된 느낌이 드는 융단들이 깔려 있다. 수많은 의자들은 실내에 있는 느낌을 더해 주고, 정겨운 하늘 덕분에 지붕이 없다는 생각은 그리 들지 않는다.

이렇게 해서 거리는 점점 더 살기 좋은 인상을 풍긴다. 집 밖에 나와 있어도 야외에서 낯선 사람들 틈에 있는 게 아니라, 친지들과 함께 홀 안에 있다는 생각이 드는 것이다.

위병(衛兵)

코르소 거리가 평상복을 입고 산책하는 사람들로 차츰 더 붐벼가고, 여기저기에 어릿광대가 모습을 드러내는 동안 병사들이 포폴로 성문 앞에 모인다. 말을 탄 장교가 이끄는 가운데 새 제복을 입은 이들은 악기를 연주하며 질서 정연하게 코르소 거리를 올라간다. 그러면서 곧 거리의 모든 입구를 차지하고, 주요 광장에 위병을 몇 명씩 세워 모든 시설의 질서 유지 업무를 맡는 것이다.

의자와 관람석을 빌려 주는 상인들은 지나가는 행인들에게 열심히 소리친다. "자리요, 자리! 여러분! 자리 있어요!"

가장 (假裝)

이제 가장한 사람들이 모여들기 시작한다. 최하층 여인들의 축제 의상으로 꾸민 젊은 남자들이 가슴을 드러내놓고 뻔뻔스러울 만큼 득의만만한 표정을 지으며 맨 먼저 나타난다. 이들은 마주치는 남자들에게 뽀뽀를 하는 등 짓궂게 굴고, 여자들에게는 동료 마냥 친숙하고 허물없는 태도를 보인다. 그리고 기분 내키는 대로 익살을 부리거나 마음껏 장난을 친다.

그들 가운데 한 젊은이가 기억난다. 그는 열정적이면서 싸움을 좋아해 누구도 말릴 수 없는 여자 역할을 훌륭히 해냈다. 코르소 거리를 내려가면서 마주치는 사람마다 싸움을 걸고 욕을 해댔으며, 그의 패거리들은 마음을 졸이며 그를 진정시키는 역할을 했다.

이때 어릿광대 하나가 허리에 알록달록한 끈을 매고 거기에 커다란 뿔을 매단 채 달려 나온다. 그는 여자들과 이야기를 나누면서 별다른 동작 없이도 감히 신성로마제국의 정원에 있는 고대 신의 모습을 과감히 흉내낼 줄 안다. 그의 동작은 사람들의 기분을 언짢게 하기보다 흥겹게 해준다. 이때 좀 더 겸손하면서도 만족스러워하는 듯한 다른 어릿광대 하나가 아름다운 아내와 함께 나타났다.

남자들이 여장을 하고 싶어하듯 여자들도 남장을 하고 나타나기를 즐긴다. 여인들은 관중에게 인기 있는 어릿광대 복장을 좋아했는데, 이들이 양성적 면모를 보일 때 이따금 더 매력적이란 사실을 인정하지 않을 수 없었다.

변호사 한 사람이 법정에서처럼 열변을 토하며 잰걸음으로 군중 속을 헤집고 들어온다. 그는

《로마 사육제》 초판본에 실린 삽화, 조지 츄츠 그림

창문을 올려다보며 소리치기도 하고, 가장을 했든 하지 않았든 행인들을 붙잡고 모두 법정에 세우겠다며 으름장을 놓는다. 때로는 누군가 우스꽝스러운 범죄를 저질렀다며 장황하게 떠들어 대고, 어떤 사람에게는 상세한 부채 명세서를 들이대기도 한다. 유부녀에게는 정부와 바람을 피운다며 야단치고, 아가씨에게는 연애를 한다고 꾸짖는다. 그리고 자신이 갖고 다니는 책에 따라서 서류를 만든다. 그는 심금을 울리는 목소리와 달변으로 누구에게나 창피를 주고 난처하게 만들 궁리를 한다. 이제 그만두려나 생각하면 또 시작하고, 가버리는가 생각하면 다시 발걸음을 돌린다. 누군가에게 다가가서 말을 거는 게 아니라, 이미 지나가 버린 사람을 붙잡아 세운다. 이제 동료 한 사람이 그에게 오고 있으니 이 광기는 절정에 이를 것이다.

하지만 이들이 언제까지나 사람들의 눈길을 끌 수는 없다. 온갖 볼거리가 나타나면서 그런 터무니없는 짓거리는 금세 관심에서 사라진다.

특히 퀘이커 교도들은 그리 시끄럽지 않은데도 변호사 못지않게 인기가 있

다. 그들의 가장 의상이 고물상에서 쉽게 볼 수 있는 옛 프랑켄 지방 옷들이라 많은 관심을 받게 된 것 같다.

이 분장에서 중요한 점은 옛 프랑켄 지방 옷이라 해도 낡아서는 안되고, 옷감의 질이 좋아야 한다는 것이다. 이들은 보통 우단이나 비단으로 만든 의상에 수놓은 조끼를 입고 다니는데, 체격으로 볼 때 퀘이커 교도는 모두 뚱뚱했던 것이 틀림없다. 얼굴을 덮은 가면 아래로 포동포동한 빰과 작은 눈이 드러나 보인다. 가발은 멋지게 땋아 내려져 있고, 조그만 모자 가장자리에는 대부분 레이스가 달려 있다.

이런 모습은 이탈리아 희극 오페라 가수와 매우 비슷해 보인다. 이런 가수들이 보통 사랑에 빠져 쉽게 속아 넘어가는 맹한 바보를 연기하듯이 퀘이커 교도로 분장한 사람들도 천박한 멋쟁이를 흉내낸다. 그들은 발끝으로 이리저리 가볍게 뛰어다니기도 하고, 오페라글라스 대신에 유리알이 없는 크고 검은 안경을 쓰고 마차 안을 들여다보거나 창문을 올려다보기도 한다. 이들은 아주 뻣뻣한 자세로 큰절을 올리는데, 특히 한패를 만나면 두 발로 여러 번 깡총깡총 뛰면서 괴성을 질러댄다. '브르'라는 알아듣기 힘든, 날카롭고 경쾌한 소리는 기쁘다는 표시이다.

이들은 걸핏하면 이런 소리로 신호를 보낸다. 인근의 패거리들까지 같은 소리로 신호를 보내다 보면 코르소 거리는 온통 귀청을 찢는 듯한 소음으로 한순간에 가득 찬다.

장난꾸러기 소년들은 사람들 귀가 터질 듯이 커다란 소라 껍데기를 견디기 힘들 만큼 시끄럽게 불어댄다.

공간이 비좁고 비슷한 여러 의상들 때문에(늘 수백 명의 어릿광대들과 백여 명의 퀘이커 교도들이 코르소 거리를 오르내리기 때문에) 주목을 끌거나 관심의 대상이 될 수 있는 것은 소수에 불과함을 사람들은 곧 알게 된다. 그러므로 이들은 일찌감치 코르소 거리에 나타나야 한다. 아니 오히려 누구나 즐거움을 맛보고 광기를 내뿜고 이러한 날들의 자유를 마음껏 누리기 위해 거리로 나온다고 할 수 있다.

특히 이 기간에 소녀와 부인들은 저마다 즐길 방법을 찾아 누릴 줄 안다. 이들은 집을 빠져나가 어떻게 변장할까 궁리하는데, 많은 돈을 들일 수 있는 사람들은 매우 드물기 때문에 이들은 치장보다는 자기 모습을 감추기 위한 꾀를 짜낸다.

여자든 남자든 거지로 변장하는 게 가장 쉬운 방법이다. 그러기 위해서는 무엇보다도 아름다운 머리카락이 필요하다. 그리고 새하얀 가면을 쓰고, 몸에 두른 색깔 띠에 토기 항아리를 매달고, 손에는 지팡이와 모자를 들면 된다. 이들은 겸허한 몸짓으로 창 아래나 사람들 앞으로 다가가 돈 대신 사람들이 그들에게 기꺼이 건네는 사탕이나 호두 따위의 먹을거리를 얻는다.

다른 여자들은 더욱 편하게 가장을 한다. 이들은 모피를 걸치거나 평소 집에서 입는 복장에 가면만 쓰고 나타나는데, 거의 남자 없이 다니며, 갈대 꽃잎으로 엮은 작은 빗자루를 공격과 방어용 무기로 달고 다닌다. 성가시게 구는 사람이 있으면 이것으로 막아내기도 하고, 알든 모르든 가면을 쓰지 않고 다가오는 사람이 있으면 막무가내로 얼굴을 공격한다.

이런 소녀 네다섯에게 에워싸이면 제아무리 남자라도 도저히 빠져나갈 방법이 없다. 소녀들은 그가 몸을 돌리면 코밑에 빗자루를 갖다 대면서 달아나지 못하게 한다. 이런저런 희롱을 받았다고 심하게 저항하다가는 낭패를 볼지도 모른다. 그리고 가면 쓴 사람은 절대 건드려서는 안 되는데, 위병이 이들을 도우러 즉각 달려오기 때문이다.

모든 계층의 평상복이 가장 의상으로 쓰이는 것이 틀림없다. 커다란 솔을 든 마부들이 마음에 드는 사람 등에 묻은 먼지를 털어주러 온다. 사륜마차의 마부들은 여느 때처럼 넉살 좋게 봉사를 한다. 시골 처녀, 프라스카티의 여인네, 어부, 나폴리 선원, 나폴리 경관, 그리스인의 가면이 비교적 멋진 축에 든다.

가끔 연극에 나오는 의상을 그대로 따라한 가면도 있다. 몇몇 사람들은 융단이나 마직 천으로 온몸을 감싸 머리 위에 묶는 손쉬운 복장으로 나온다. 하얀 천을 뒤집어쓴 사람은 주로 다른 사람의 길을 가로막고는 이들 앞에서 깡총깡총 뛰며 자신이 유령이라고 말한다. 몇몇은 색다른 구성으로 눈에 띄기도 하는데 타바로는 전혀 두드러져 보이지 않아서 늘 누구보다 고상한 변장으로 꼽힌다.

익살스럽고 풍자적인 가장 의상은 매우 드물다. 미리부터 오로지 눈에 띄겠다고 마음먹었기 때문이다. 기둥서방으로 꾸민 어릿광대가 눈에 띄는데 그는 움직이는 뿔을 달팽이처럼 끼웠다 뺐다 할 수 있었다. 그가 어느 신혼부부 집

창 아래로 다가가 뿔 '하나'를 조금 보이게 하거나 또는 다른 집 앞에 가서 두 뿔을 길게 빼서는 위쪽 끝에 달려 있는 방울을 요란스럽게 울려대면 구경꾼들은 흥미진진하게 그 광경을 바라보다가 때로 크게 웃음을 터뜨리기도 했다.

무리 틈에 끼어든 마술사는 숫자가 적힌 책을 사람들에게 보여 주고는 자신이 복권놀이에 얼마나 열성인지 상기시켜 준다.

얼굴 앞뒤로 두 개의 가면을 쓴 사람이 군중 속에 끼어든다. 사람들은 어떤 것이 앞이고 뒤인지 구별하지 못하고, 그가 오는지 가는지조차 알지 못한다.

외국인은 이 기간에 조롱받아도 화를 내서는 안 된다. 북쪽에서 온 외국인들은 긴 의상과 커다란 단추, 이상하게 생긴 둥근 모자 때문에 로마인들 눈에 띄기 마련이므로 이들에게 외국인들은 이미 가장한 것이나 다름없다.

외국 화가들, 특히 풍경화와 건축물을 연구하는 화가들은 로마 곳곳에 앉아 그림을 그리기 때문에 사육제 군중들 사이에서도 열심히 일하는 것처럼 보인다. 기다란 프록코트를 입은 이들은 커다란 도화지와 엄청나게 큰 제도용 펜을 들고 무척 바삐 움직인다.

여기서는 독일 빵 가게 점원이 걸핏하면 취한 모습으로 등장하는 게 이채롭다. 이들은 정식 복장이나 또는 치장을 조금 한 다음 포도주 병을 들고 비틀거리는 모습으로 나타난다.

유일하게 풍자적인 의미를 담고 있던 가장이 생각난다.

트리니타 데 몬티 성당 앞에 오벨리스크가 하나 설치될 예정이었다. 이에 대해 불만의 목소리가 높았는데, 한편으로는 광장이 너무 좁기 때문이고, 다른 한편으로는 작은 오벨리스크를 일정한 높이로 올리기 위해서는 아주 높다란 받침대를 밑에 세워야 하기 때문이었다. 그리하여 어떤 사람이 쓰고 다닌 큰 받침대 모양의 흰 모자 위에는 아주 작고 불그스름한 오벨리스크가 달려 있었다. 받침대에는 큰 글자들이 붙어 있는데 그 뜻을 짐작할 수 있는 사람은 아마 몇 사람 밖에 없을 것이다.

마차

가장한 사람들이 늘어나는 동안 마차들이 하나둘씩 코르소 거리로 들어온다. 앞서 일요일이나 축제일의 마차 나들이에 대해 썼듯이 질서정연한 모습이었다. 오직 다른 점이 있다면 베네치아 궁에서 왼쪽으로 내려오는 마차들이 코르소 거리가 끝나는 지점에서 방향을 바꾸자마자 오른쪽으로 다시 거슬러 올라간다는 것이다.

보행자를 배려해 조금 높게 만든 인도를 제외하면 거리는 대부분 마차 석대가 겨우 지나갈 너비라고 이미 말한 바 있다.

벌써 관람석으로 온통 막힌 양쪽 인도는 많은 구경꾼들과 의자들이 이미 자리잡고 있었다.

《로마 사육제》 초판본에 실린 삽화, 조지 슈츠 그림

관람석과 의자 바로 옆에는 마차 행렬이 위아래로 오르내리고 있다. 보행자들은 두 마차 사이에 끼어다니는데 그 너비가 겨우 여덟 걸음 정도밖에 되지 않는다. 모두들 떠밀리다시피 이리저리 오가고 창문과 발코니마다 수많은 사람들이 나와 몰려다니는 군중을 내려다보고 있다.

처음 며칠 동안은 대체로 평범한 마차들만 눈에 띈다. 우아하고 화려한 마차는 모두들 다음 날들을 위해 아껴두기 때문이다. 사육제가 끝날 때쯤 덮개 없는 6인승 마차가 조금씩 나타난다. 두 숙녀는 높다란 자리에 앉아 있어서 온몸이 다 보이고 네 신사들이 구석 자리에 앉아 있다. 마부와 하인은 가장을 했으며, 말들은 얇은 천과 꽃들로 장식했다.

장미색 리본으로 꾸민 귀엽고 하얀 푸들이 마부의 발 사이에 서 있는 모습이 곧잘 눈에 띈다. 마구에서 나는 방울 소리에 사람들의 관심이 잠시 쏠린다.

아름다운 여자들이 과감하게 일반군중보다 높은 곳에 앉아 가면도 쓰지 않고 사람들에게 맨 얼굴을 드러내리라는 것을 생각하기란 어렵지 않다. 이들을 태운 마차가 느릿느릿 다가오면 모든 시선이 쏠리게 되고 미인은 여기저기로부터 "와, 정말 예쁜데!"라는 탄성을 듣는 기쁨을 누린다.

옛날에는 이런 호화 마차들이 훨씬 많았고 더 볼만했으며, 신화적이고 비유적인 공연으로 한결 더 흥미를 끌었다고 한다. 하지만 최근 들어서는 어떤 이유에서인지 귀족들이 대체로 이런 장엄한 행사에 대한 즐거움을 잃어버리고 다른 사람들 앞에 모습을 드러내기보다는 그저 구경하면서 즐기려고 하는 것 같다. 사육제의 열기가 고조될수록 마차 모양은 더 재미있어진다.

가장을 하지 않고 마차에 앉아 있는 진지한 사람조차도 마부나 하인은 가장을 하도록 허락한다. 마부들은 주로 여장을 택하므로 마지막 며칠 동안은 온통 여자들만 마차를 모는 것 같다. 거의 단정하고 매력적인 옷차림을 하고 있는 반면에 최신식 복장을 한 어깨가 벌어지고 못생긴 하인 한 명이 높이 올린 머리에 깃털을 꽂은 우스꽝스러운 행색으로 나타났다. 아까 그 미인들이 칭찬의 말을 듣듯이 사람들이 그의 코앞에 다가와 이렇게 외쳐도 참을 수밖에 없다. "아이고 형님, 정말 지독히도 못생긴 하녀네요!"

마부는 인파 속에서 아는 여자들을 만나면 번쩍 들어 올려 마부석에 앉혀 준다. 보통 남장을 한 여성들은 그의 옆에 앉아 굽 높은 신발을 신은 어릿광대의 작고 귀여운 발을 지나가는 사람들 머리 위에다 흔들어 댄다.

하인들도 마찬가지로 남녀 친구들을 마차 뒤에 태우고 다닌다. 마치 영국의 시골 마차에라도 탄 듯 그들은 상자 위에 올라타고 있어도 세상 부러울 게 없다.

주인들도 그들의 마차에 사람들이 빼곡히 차는 것을 즐기는 듯하다. 이러한 축제 기간에는 모든 일이 허용되고 어떤 일도 무례하게 여겨지지 않는다.

인파

길고 좁은 거리로 시선을 돌려보자. 모든 발코니와 창문들에 길게 드리워진 융단들 너머로 빼곡히 들어찬 구경꾼들이 만원인 관람석과, 거리 양편에 기다란 열을 이룬 의자에 앉은 사람들을 내려다보고 있다. 길 가운데는 마차들이 양쪽으로 줄지어 천천히 움직이고 기껏해야 마차 한 대가 지나갈 수 있는 가운데 공간은 완전히 사람들로 꽉 차 있다. 이들은 어느 한 방향으로 가는 게 아니라 이리저리 떠밀려 다닌다. 마차들은 멈출 때 서로 부딪히지 않으려고 어느 정도 간격을 유지하기 때문에, 많은 보행자들은 숨을 좀 돌리기 위해 이 인파에서 벗어나려면 위험을 무릅쓰고 앞서 가는 마차와 뒤따르는 마차 사이를 빠져나가야 한다. 이때 보행자들의 위험과 고생이 클수록 이들의 기

《로마 사육제》 초판본 삽화, 조지 슈츠 그림

분과 대담성이 무르익는 것 같다.

양쪽 마차 행렬 사이에서 움직이는 대부분의 보행자들은 자신의 몸과 의상을 보호하느라 바퀴와 차축을 조심스레 피하기 때문에 이들과 마차 사이에는 필요 이상으로 넓은 공간이 생기기 마련이다. 느릿느릿 움직이는 인파와 함께 나아가는 것을 도저히 참지 못하고 바퀴와 보행자 사이를, 위험과 이를 두려워하는 사람들을 헤치고 빠져나갈 용기가 있다면 순식간에 먼 거리를 나아갈 수 있다. 또 다른 장애물에 부딪히기 전까지는 말이다.

이미 이야기는 믿을 수 있는 선을 넘은 것 같다. 로마 사육제에 참가하는 수많은 사람들이 우리가 정확히 실상을 묘사하고 있음을 증언할 수 없다면, 또한 그것이 매년 되풀이되는 축제가 아니라면, 그리고 이 책으로 많은 사람들이 축제의 성격을 한눈에 알아볼 수 없다면 우리는 이 글을 계속 써나갈 엄두가 나지 않을지도 모른다.

이제까지 이야기한 모든 내용이 인파, 혼잡, 소음 및 자유분방의 첫 번째 단

계에 지나지 않는다면 우리 독자들은 대체 어떤 반응을 보일까?

로마 특별시장과 시의원의 행진

마차들이 천천히 앞으로 나아가는 가운데 정체가 생기면 보행자들은 여러 모로 불편을 겪게 된다.

우연히 벌어진 무질서와 마차들이 막히는 상황을 해결하기 위해 교황의 친위병이 말을 타고 인파 속을 헤집고 다닌다. 마차의 말을 피했다 싶은 순간 어느 틈엔가 친위병이 탄 말 머리가 목덜미에 와닿는 것을 느낀다. 하지만 뒤이어 더 큰 불편한 일이 생긴다.

커다란 관용 마차를 탄 총독은 여러 대의 마차 호위를 받으며 다른 마차들의 두 행렬 사이를 뚫고 나아간다. 교황의 근위병과 앞서 가는 시종들은 비키라고 소리치며 마차가 지나갈 공간을 확보하는데, 그 순간 이 행렬이 방금 전까지 보행자들로 꽉 차 있던 넓은 공간을 차지하게 된다. 이들은 온갖 방법으로 다른 마차들을 이리저리 옆으로 밀치면서 헤집고 나아간다. 배가 나아가면 물살이 일순간 갈라지다가 금세 다시 키 뒤에서 한데 모이듯이, 가장 행렬과 다른 보행자 무리도 마차 행렬이 지나가기 무섭게 다시 한 덩어리로 뭉쳐진다. 하지만 얼마 안 가 새로운 행렬이 나타나 혼잡한 인파를 방해한다.

원로원 의원이 이와 비슷한 행렬을 이루며 접근한다. 커다란 관용 마차와 호위 마차들은 마치 꽉 들어찬 인파의 머리 위를 헤엄치듯 유유히 나아간다. 이곳 사람들과 외국인들이 현 시의원인 레초니코 왕자의 착한 마음에 반하지 않았더라면, 그가 멀어져가는 지금이야말로 군중들이 시원하다고 말할 유일한 기회일지도 모른다.

로마의 대법원장과 경찰총장이 탄 두 행렬이 사육제를 크게 열기 위해서 개막 첫날에만 코르소 거리를 뚫고 지나간 반면, 알바니아 공작은 매일 이 길을 지나다니며 수많은 인파에게 피해를 주었다. 일반적으로 가장 행렬 때 왕들을 지배했던 늙은 여제는 그의 왕위계승 쟁탈의 사육제극을 떠올리게 했다.

외교 사절들도 같은 권한이 있지만 인도적인 배려 차원에서 좀처럼 그 권한을 행사하지는 않는다.

루스폴리 궁전 주변의 미인들

하지만 이 행렬이 코르소 거리의 교통 흐름을 막거나 방해하는 것은 아니다. 길이 더 넓어지지 않는 루스폴리 궁과 그 부근은 양쪽의 포장도로가 좀 더 높은데, 거기에 아름다운 여자들이 자리를 잡는다. 모든 자리는 곧 사람들로 채워지거나 예약이 된다. 매력적인 모습

《로마 사육제》 초판본 삽화, 조지 슈츠 그림

으로 가장을 한 중류 계층 여인들이 남자 친구들에게 둘러싸인 채, 모습을 드러내면 지나가는 행인들은 호기심어린 눈길을 보낸다. 이 지역에 오면 누구나 이 멋진 대열을 구경하기 위해 발걸음을 멈춘다. 사람들은 호기심을 보이며 남장을 하고 앉은 수많은 사람들 가운데서 누가 여자인지를 가려낸다. 어쩌면 귀엽게 생긴 장교들 가운데서 자기가 동경하는 대상을 찾으려는 경우도 있을지 모른다. 이 지점에서 행렬의 움직임은 오랫동안 정체된다. 마차들이 가능한 오랫동안 이 지점에 머무르려고 하기 때문이다. 어차피 어디선가 정체될 것이라면 이 아름다운 무리와 함께 있고 싶어하는 것은 마땅하리라.

콘페티

우리는 지금까지 코르소 거리의 비좁은 상태, 그러니까 불안스러운 상황에 대해 썼다. 이제 독자들이 특별한 인상을 받을 수 있도록 이야기를 계속하겠다. 사람들로 붐비는 이러한 축제는 대체로 익살맞지만 가끔 매우 심각한 작은 싸

움으로까지 번지기도 한다.

언젠가 한 아름다운 여성이 우연히 옆을 지나가는 남자 친구를 보고 자신이 무리 속에서 가장을 하고 있다는 사실을 알리기 위해 설탕을 바른 사탕을 던졌다. 사탕에 맞은 남자는 뒤돌아보고 가장한 여자 친구를 알아보았을 것이다. 이렇게 자연스러운 이야기가 또 있을까? 이는 요즘 와서는 매우 흔한 일이 되었다. 콘페티*13를 던진 뒤에는 어김없이 한 쌍의 정다운 얼굴들이 서로를 알아보는 광경을 볼 수 있다. 하지만 진짜 사탕은 어쩐지 아까워서 잘 던지지 않고 이런 낭비 때문에 좀 더 값싼 사탕을 많이 준비해둘 필요가 생겼다.

그러다 보니 이제 깔때기로 빚어 사탕 모양으로 만든 석고 조각을 큰 바구니에 담아 사람들 사이를 돌아다니며 파는 특이한 상인도 생겨났다.

이 콘페티 공격으로부터 안전한 사람은 아무도 없다. 모두가 방어 태세를 취하고 있으므로 여기저기서 장난으로 또는 불가피하게 일대일 다툼, 소규모 또는 집단 싸움이 벌어지기도 한다. 또한 보행자, 마차 승객, 구경꾼들이 창에서, 관람석이나 의자에서 번갈아가며 공격과 방어를 되풀이하기도 한다.

숙녀들은 사탕이 가득 담긴 금박이나 은박을 입힌 바구니를 들고 있다. 그리고 무척이나 씩씩한 남자 파트너들은 자신의 아름다운 여인들을 지키는 법을 잘 안다. 마차 창문을 활짝 열어놓고 공격을 기다리다가 친구들을 만나면 농담을 주고받고, 모르는 사람에겐 완강히 저항한다.

이런 싸움이 가장 치열하게 대대적으로 벌어지는 곳은 루스폴리 궁전 근처이다. 그곳에 진을 치고 있는 모든 가장 인물들은 작은 바구니와 자루를 준비하고 손수건들을 한데 묶은 채 기다린다. 이들은 공격받기보다 공격하는 경우가 더 많은데, 마차가 나타나면 가장을 한 인물 몇 사람이 달려들어 공격한다. 어떤 보행자도 이들 앞에서는 안전하지 않다. 특히 검은 옷을 입은 수도원장이 모습을 드러내면 곳곳에서 공격이 시작된다. 콘페티를 맞은 자리는 석고나 백묵 은색이 묻어나기 때문에 수도원장은 온몸이 흰색이나 회색으로 도배가 되고 만다. 이러한 싸움이 심각한 양상을 띠며 크게 번지는 경우도 이따금 있다. 질투심이나 개인적인 증오심이 마구 활개 치는 것이 놀라울 뿐이다.

한 가장 인물이 들키지 않게 살금살금 어떤 미인에게 다가가서는 콘페티를

---

*13 confetti. 사육제나 다른 축제에서 던지면서 사용되는 설탕을 입힌 아몬드, 또는 설탕과자. 시간이 지나면서 석고조각이나 색종이 조각으로 대치되기도 했다.

가득 내던진다. 그
런데 어찌나 세게
맞았는지 가면에서
둔탁한 소리가 나
며 미인의 목덜미에
상처가 나고 말았
다. 양쪽에 있던 그
녀의 일행들이 바
짝 약이 올라 바구
니와 자루에서 콘
페티를 움켜쥐고 공
격한 사람에게 마
구 던져댄다. 하지
만 공격자는 변장도
잘 했고 완전 무장
을 하고 있기 때문
에 거듭되는 공격에

《로마 사육제》 초판본 삽화, 조지 슈츠 그림

도 끄떡없다. 자신의 차림새가 안전할수록 그는 더욱더 세차게 계속 공격한다.

방어하는 사람들은 외투를 벗어 여자에게 덮어준다. 공격자가 격렬하게 싸우는 바람에 옆 사람들까지 다치고, 거칠고 사나운 행동 탓에 주위 사람들도 기분이 상한다. 그리하여 곁에 앉아 있던 사람들이 싸움에 끼어들어 자신들의 석고 알갱이들을 아낌없이 집어던진다. 이런 경우를 위해 설탕을 입힌 아몬드 같은 커다란 탄환이 준비되어 있기 때문에 공격하는 사람은 끝내 곳곳에서 집중 공격을 받고 달아나는 수밖에 없다. 특히 자기 알갱이가 바닥났을 때는 그럴 수밖에.

보통 이런 모험을 감행하는 사람은 탄환을 건네주는 지원병을 데리고 있다. 그리고 이 석고 콘페티를 파는 장사꾼들은 바구니를 들고 싸움터를 바쁘게 돌아다니면서 부르는 게 값인 탄환을 재빨리 팔아치운다.

우리는 이런 싸움을 가까이에서 본 적이 있다. 싸우던 사람들은 탄환이 떨어지자 상대의 머리에 금박을 입힌 바구니까지 집어던졌다. 그런 가운데 심하게 얻어맞은 위병들의 경고로 겨우 싸움이 끝났다.

거리 몇몇 구석에 감겨있는 이탈리아 경찰의 유명한 처벌 도구인 오랏줄이 이런 홍겨운 순간에 무기를 사용하는 일이 몹시 해로움을 깨닫게 해주지 않는다면, 어떤 싸움은 칼부림으로 끝날지도 모른다.

이런 싸움은 수도 없이 많이 일어나는데, 대부분 심각하기보다는 유쾌하게 끝난다.

이를테면 어릿광대를 가득 태운 무개 마차*14가 루스폴리로 다가온다. 마차는 구경꾼 사이를 지나면서 모조리 잇달아 맞힐 작정이었지만 불행히도 빽빽한 인파 때문에 마차는 길 한가운데에 갇히고 말았다. 모든 군중은 일순간 같은 생각을 품고 마차를 향해 곳곳에서 집중포화를 퍼붓는다. 광대들은 공격자들의 탄환이 바닥날 때까지 한참동안 속수무책으로 탄알 세례를 맞을 수밖에 없다. 마침내 눈과 우박을 뒤집어쓴 꼴이 된 마차가 서서히 빠져나가기 시작하면 사람들은 웃음을 터뜨리며 마차를 비난하기 시작한다.

코르소 거리 위쪽에서 나눈 대화

코르소 거리 한가운데에서 많은 미인들이 이렇게 활기차고 격렬한 놀이에 몰두하는 동안 다른 구경꾼들은 거리 위쪽 끝에서 다른 오락거리를 발견한다.

프랑스 아카데미에서 멀지 않은 곳에, 깃털 달린 모자에 대검을 차고 커다란 장갑을 낀 스페인 풍 복장을 한 장군이 가장 인물들 사이에 불쑥 나타난다. 이탈리아 연극의 주역으로 분장한 그는 산전수전 겪은 자신의 위업을 과장된 어조로 들려주기 시작하지만 오래지 않아 어릿광대 한 사람이 벌떡 일어나 그에게 의혹과 이의를 제기한다. 그는 장군의 말을 모두 인정하는 척하면서 말장난에다 속어를 섞어가며 그 영웅의 호언장담을 우스꽝스럽게 만들어 버린다. 여기서도 모든 행인들이 가던 발걸음을 멈추고 열띤 입씨름에 귀를 기울인다.

어릿광대 왕

새로운 행렬이 생겨 때때로 혼잡함을 더하기도 한다. 열둘쯤 되는 어릿광대

---

*14 덮개가 없는 역마차. 여객용 마차를 역마차라고도 하는데, 역마차는 덮개가 없는 무개마차(無蓋馬車)와 덮개가 있는 유개마차(有蓋馬車)로 구분된다.

들이 서로 모여 왕을 뽑고 그에게 왕관을 씌워 준다. 그리고 그의 손에 왕홀*15 을 쥐어주고는 음악을 울리고 요란한 환호성을 지르며, 장식한 작은 마차에 태 워 코르소 거리 위쪽으로 모시고 간다. 행렬이 앞으로 나가는 동안 다른 어릿 광대들도 몰려와 따르는 시종들이 늘어난다. 그리고 함성을 지르고 모자를 흔 들면서 공간을 만들어 나간다.

이제야 사람들은 이들이 저마다 얼마나 다양하게 꾸미려고 노력했는지를 비 로소 알아차리게 된다.

어떤 광대는 가발을 쓰고, 다른 광대는 검은 얼굴에 여자 두건을 둘렀으며, 세 번째 광대는 머리에 모자 대신 새장을 쓰고 있다. 새장 안에는 한 쌍의 새 가 작은 횟대 위에서 이리저리 팔딱팔딱 뛰어다니는데, 한 마리는 수도원장 옷 을, 다른 한 마리는 귀부인 옷을 입고 있다.

옆길

우리가 독자에게 되도록 생생하게 전해 드리려고 한 어마어마한 인파로 인 해 몇몇 가장 인물들은 코르소 거리에서 빠져나와 인근 옆길로 접어든다. 그곳 에서는 사랑에 빠진 연인들이 다정하게 함께 걸어가고, 익살맞은 무리들은 온 갖 기막힌 묘기를 펼쳐 보일 장소를 찾아다닌다.

한 무리의 남자들이 일요일에 평민 복장을 했다. 금실로 수를 놓은 조끼를 입고, 길게 늘어뜨린 망사에 머리카락을 집어넣었다. 그들은 여자로 가장한 젊 은 남자들과 여기저기 산책을 했는데, 평화롭게 걷는 여자들 가운데 하나는 만삭인 것 듯했다. 그런데 갑자기 남자들 사이에 불화가 일어나 심한 말다툼이 벌어졌다. 여자들이 끼어들어 다툼이 더욱 악화되더니, 마침내 마분지 칼집에 서 칼을 꺼내 서로를 공격한다. 여자들은 소름끼치는 비명을 지르며 뜯어말리 고, 사람들은 한편은 이쪽으로, 다른 편은 저쪽으로 끌고 간다. 주위에 서 있던 사람들은 마치 심각한 일이라도 벌어진 양 참견하며 두 사람의 흥분을 가라앉 히려고 한다.

이러는 동안 만삭의 여자가 크게 놀란 모양인지 몸을 가누지 못한다. 서둘 러 의자를 가져오고, 다른 여자들이 곁에서 보살펴준다. 그녀는 딱해 보이는

---

*15 王笏(scepter 또는 sceptre). 통치하는 유럽계 군주의 손에 쥐는 장식이 화려한 상징적인 지휘 봉으로 군주의 레갈리아의 일부에 포함된다. 때로는 종교적인 신성함을 보여준다.

장면을 연출하다가 갑자기 무언가 볼품없는 형체를 낳음으로써 주위 사람들에게 큰 웃음을 안겨준다. 연극이 끝나고 이들 무리는 다른 장소에서 이와 같거나 비슷한 연극을 보여 주기 위해 계속 이동한다.

로마인들은 살인 이야기를 좋아하기 때문에 기회만 있으면 살인 연극을 하곤 한다. 이는 독일의 '구석에서 힘내'라는 놀이와 비슷한데 이는 본디 교회 계단으로 피신한 살인자를 묘사하는 놀이이다. 다른 아이들은 경찰관이 되어 온갖 방법을 다 써서 그를 잡으러 다니지만 보호 구역에 들어가서는 안 된다.

이처럼 옆길, 특히 바부이노 거리와 스페인 광장에서는 아주 재미있는 일들이 벌어진다.

퀘이커 교도들도 떼지어 몰려와 정중한 태도로 자신들을 한결 자유롭게 선보이는데, 때로 이들은 지켜보는 사람 누구나 웃지 않을 수 없는 기동훈련을 펼치기도 한다. 열두 명이 한 조가 되어 발끝을 높이 들고 재빠른 걸음으로 행진하면서 아주 반듯한 대열을 이룬다. 그러다가 광장에 이르면 느닷없이 좌향좌나 우향우를 하면서 종대를 이루고는 척척 발을 맞추며 나아간다. 그리고 갑자기 우향우를 하면서 본디 대형으로 돌아가서는 어떤 거리로 들어선다. 어느 틈엔가 다시 좌향좌를 한 종대는 마치 창에라도 찔린 듯이 어떤 집 대문으로 돌진해 들어간다. 바보들은 이렇게 모습을 감추고 사라져버린다.

저녁

저녁이 가까워지면서 차츰 더 많은 사람들이 코르소 거리로 몰려든다. 마차가 움직이지 못한 지는 벌써 한참이나 되었다. 아닌 게 아니라 밤이 되기 전 두 시간 동안, 어떤 마차도 더는 그곳을 빠져나갈 수 없는 사태가 벌어질 수도 있다.

교황의 근위병과 걸어다니는 위병들은 모든 마차들이 되도록 한가운데에서 벗어나 반듯한 대열을 이루게 하느라 바쁘고 군중들 사이에서는 무질서와 짜증이 일어난다. 이곳저곳에서 마차를 후진시키고 떠밀거나 들어올린다. 한 대의 마차가 물러나면 그 뒤의 모든 마차들이 뒤로 밀릴 수밖에 없다. 그러다가 끝내 오도가도 못하는 궁지에 빠진 마차 한 대가 말머리를 가운데로 돌릴 수밖에 없게 된다. 그러면 근위병이 야단치고 위병이 욕하고 위협하는 일이 벌어진다. 난처해진 마부가 어쩔 수 없는 일이라며 변명을 해봤자 그에게 쏟아지는

《로마 사육제》 초판본 삽화, 조지 슈츠 그림

것은 근위병의 책망, 그리고 경비의 욕설과 위협밖에 없다. 야단을 맞고 위협
을 느끼더라도 다시 열로 들어가든지, 근처에 골목길이 있으면 아무 잘못이 없
더라도 열에서 빠져나가야 한다. 하지만 옆길은 이미 멈추어 서 있는 마차들로
가득 차 있다. 옆길 상황에 대해 알지 못한 상태에서 들어오거나 별 생각없이
들어오다 보니 앞으로 나아가지도 못하고 서 있을 수밖에 없다.

경마 준비

경마가 시작되는 순간이 다가오면 수천 사람들은 이를 흥미진진하게 기다
린다.

의자를 빌려 주는 사람이나 관람석을 운영하는 사람들은 목청을 한껏 돋워
소리를 지른다. "자리요! 앞자리 있어요! 일등석입니다! 자리 사세요, 여러분!"
마지막 순간에 들어선 지금은 돈을 조금 덜 받더라도 모든 자리를 채우는 것

이 중요하기 때문이다.

그래도 군데군데 자리가 비어 있는 게 다행스럽다. 장군이 몇몇 근위병과 함께 두 열의 마차들 사이에서 코르소 거리를 내려오면서, 유일하게 남은 공간으로 보행자들을 몰아내기 때문이다. 사람들은 의자나 관람소의 자리를 찾든지, 아니면 마차 위나 마차 사이, 또는 아는 사람 집 창문으로 피해야 한다. 이제 완전히 구경꾼으로 가득 찼다.

그러는 동안 오벨리스크 앞의 광장에서는 사람들이 말끔히 비켜났다. 어쩌면 오늘날 세계에서 볼 수 있는 광경 중 가장 멋진 구경거리가 펼쳐질지도 모른다.

앞에서 말한 관람소 가운데 융단이 걸린 세 곳 정면이 광장을 에워싸고 있다. 이제 모두 입장했다. 수천 관객들이 겹겹이 머리를 내밀다 보니 마치 고대 원형 극장이나 원형 경기장을 보는 듯하다. 관람석 한가운데 위로는 높다란 오벨리스크가 우뚝 솟아 있다. 관람석이 그 받침대만을 덮고 있기 때문이다. 오벨리스크가 그렇게 엄청난 인파를 가늠해 주는 척도가 된다는 사실을 알아차린 사람들은 이제야 그것의 높이가 어마어마하다는 사실을 새삼 깨닫게 된다.

텅 빈 광장은 사람들의 눈에 아름다운 정적으로 비친다. 사람들은 팽팽한 밧줄이 쳐진 텅 빈 울타리를 숨을 죽이고 지켜본다.

이윽고 코르소 거리가 말끔히 치워졌다는 표시로 장군이 거리를 내려온다. 장교가 지나간 뒤, 보초병이 어떤 마차도 열에서 빠져 나오지 못하도록 감시한다. 장군은 상등석으로 가 자리에 앉는다.

출발

이제 추첨 순서에 따라 잔뜩 멋을 부린 마구간지기들이 밧줄 뒤편에 있는 울타리로 말들을 데리고 온다. 말들은 마구나 덮개도 하고 있지 않다. 마부들은 말의 몸 여기저기에 공이 달린 줄을 매달아 주고, 박차를 가해야 할 부위를 출발 순간까지 가죽으로 덮고, 커다란 금박지도 붙여 준다.

말들은 울타리 안으로 끌려 들어가면 거의 참지 못하고 사나워지기 때문에 마부들은 말들을 진정시키기 위해 온갖 힘과 기술을 쏟는다.

말들은 내달리고 싶어하는 욕구 때문에 부리기 어렵고, 수많은 사람들 때문에 겁을 먹기도 한다. 간혹 옆쪽 울타리나 밧줄을 뛰어넘기도 하는데 이러한 동요와 무질서에 관중들은 점점 손에 땀을 쥐게 된다.

출발하는 순간에 말을 놓는 기술과 예기치 않은 상황이 말에게 결정적으로 이롭게 작용할 수 있으므로 마부들은 더할 수 없이 긴장하며 주의를 기울인다.

마침내 밧줄이 내려지고 말들이 달려 나간다.

텅 빈 광장에서 말들이 서로 선두를 차지하려고 안간힘을 쓰지만, 마차의 양 열 사이 좁은 공간으로 들어서면 모든 경쟁은 거의 물거품이 되고 만다.

보통 전력을 다하며 질주하는 두 마리가 가장 앞에 서게 된다. 응회석을 뿌려 놓았는데도, 포장도로에선 불꽃이 튀고 갈기가 휘날리며 금박지가 쏙쏙 소리를 낸다. 말들은 보이기가 무섭게 금세 사라져 버린다. 나머지 말들은 엎치락뒤치락 하면서 서로를 방해하고 때로는 한 마리가 늦게서 뒤쫓아 달리기도 한다. 말들이 지나간 자리엔 찢어진 금박지 조각들이 하늘하늘 나부낀다. 말들이 곧 시야에서 사라져 버리자마자 사람들이 몰려나와 다시 경주로를 가득 메운다.

벌써 베네치아궁에서는 다른 마부들이 말이 도착하기를 기다린다. 이들은 좁은 공간에서 능숙하게 말을 붙잡아 부린다. 우승자에겐 상금이 주어진다.

행사는 이처럼 강력하며 번갯불처럼 빠르고 순간적인 인상을 남기며 끝난다. 수천의 사람들이 일순간 숨죽이며 긴장한 순간인데도, 그들이 왜 이 순간을 기다리고 그것을 보며 흥겨워하는지 속 시원히 설명할 수 있는 사람은 그리 많지 않다.

우리가 묘사한 내용을 잘 살펴보면 이러한 경기가 동물과 사람 모두에게 위험을 불러올 수 있음을 금방 알게 될 것이다. 몇 가지 경우만 예로 들어보기로 하겠다. 마차와 마차 사이의 좁은 공간에 뒷바퀴 하나가 조금 옆으로 삐져나와 있으면, 어쩌다 마차 뒤에 얼마간 넓은 공간이 생길 때가 있다. 무리지어 서로 밀치고 뛰는 말들 가운데 한 마리가 이 넓어진 공간을 이용하기 위해 달려들다가 이 마차 바퀴에 정면으로 부딪히기도 하는 것이다. 우리는 그런 경우를 직접 본 적도 있다. 말 한 마리가 부딪히면서 충격으로 쓰러졌는데, 뒤를 쫓던 말 세 마리가 쓰러진 말을 덮치면서 엎어졌다. 그래도 다행히 뒤따르던 말들은 쓰러진 말들을 뛰어넘으면서 경기를 계속했다.

가끔 현장에서 말이 죽는 일도 있으며 구경꾼들이 목숨을 잃는 경우도 심심찮게 일어난다. 말들이 방향을 틀어 거꾸로 달리는 때에도 마찬가지로 큰 사고가 발생할 수 있다.

심술궂고 시기심 많은 사람들이 맨 앞에서 달리는 말의 눈을 외투로 후려치는 일이 벌어지기도 했다. 그러자 그 말은 방향을 바꾸어 그만 옆길로 내달리고 말았다. 이보다 더 위험한 일은 베네치아 광장에서 마부들이 말들을 바로 붙잡지 못할 때이다. 그런 경우 말들은 멈추지 않고 오던 길을 되돌아 달리는데 이미 경주로는 다시 인파로 가득하기 때문에 이 사실을 모르는 사람들이나 부주의한 사람들이 이런저런 사고를 당하는 경우도 적지 않다.

무너진 질서

보통 경주는 어두워질 무렵이 되어서야 끝난다. 말들이 거리 위쪽의 베네치아궁에 도착하자마자 소형 대포가 발사되는데, 이 신호는 코르소 거리 한복판에서도 되풀이되고, 마지막 예포는 오벨리스크 부근에서 울린다.

보초병들은 지키던 자리를 떠나고, 마차 대열의 질서는 더는 유지되지 않는다. 자기 집 창가에서 조용히 지켜보던 구경꾼들에게도 불안하고 짜증이 나는 순간이다. 이에 대해 몇 가지 이야기하는 일도 의미 있을 것이다.

이탈리아에서 휴일과 축제일의 밤이 시작되면 마차 나들이가 어떤 상태가 되는지 우리는 이미 보았다. 그때는 보초병이나 위병도 없으며, 마땅히 질서를 지키며 오르내리는 것이 오랜 관례이자 일반적인 관습이다. 하지만 아베 마리아가 울리기 무섭게 상황이 돌변한다. 모두가 자기 권리를 주장하며 언제 어디서건 마차를 몰 수 있다고 생각한다. 사육제의 마차 행렬도 같은 거리에서, 같은 규칙에 따라 이루어지므로 어둠이 깃들기 시작하면 모두 질서를 무시하고 제멋대로 행동하려고 든다. 물론 사육제날에는 군중의 수나 여러 상황이 보통 때와 크게 다르긴 하지만 말이다. 때문에 모든 마차는 밤이 시작되자마자 자기 갈길만 고집하느라 질서를 지키지 않는다.

경마를 위한 짧은 순간이 지나간 뒤, 잠시 비어 있던 경주로에 다시 사람들이 북적이는 모습을 지켜보니 모든 마차는 질서정연하게 저마다 편리한 골목길을 통해 서둘러 집으로 돌아가는 것만이 우리에게 이성과 정의감인 것 같다는 생각이 든다.

하지만 대포를 쏘아 알리는 신호가 떨어지기 무섭게 마차 몇 대가 가운데로 들어가, 보행자를 방해하고 우왕좌왕하게 만든다. 가운데의 좁은 공간에서 한 대는 아래쪽으로, 다른 한 대는 위쪽으로 나아가려고 하다 보니 둘 모두 그곳

사육제를 맞은 포폴로 광장, 출발하는 경주마, 알란 그림(1783)

을 벗어날 수 없게 되고, 대열에 머물면서 비교적 질서를 잘 지키던 사람들조차도 움직이지 못하게 된다.

이런 상황에서 되돌아오는 말까지 마차 정체에 얽혀들면 모든 사람들이 사고를 당할 위험에 빠지고 짜증은 늘어가게 된다.

밤

이러한 혼란도 비록 시간이 좀 필요하긴 하지만 보통은 아무 탈 없이 해결된다. 밤이 되면 누구나 조용히 쉬기를 바라기 때문이다.

극장

이때부터 사람들은 얼굴에 쓴 가면을 벗어던지고 서둘러 극장을 찾아간다. 특별석에는 이미 타바로를 입은 신사들과 가장 의상을 입은 숙녀들이 눈에 띄지만 1층 관람석 모든 관중들은 다시 평상복을 입고 있다.

알리베르티 극장과 아르젠티나 극장은 발레를 넣은 진지한 오페라를 공연한다. 발레 극장과 카프라니카 극장에서는 막간극으로 코믹한 오페라를 곁들인 희극과 비극을 선보인다. 파체 극장은 다른 극장들을 많이 흉내내지만, 인형극과 줄 타는 광대 묘기에 이르기까지 여러 소소한 볼거리들이 있다.

한번 불타 버린 뒤에 다시 지은 커다란 토르데노네 극장은 또 무너져 버려 유감스럽게도 이제 더는 중요한 국가 행사를 비롯해 다른 멋진 공연도 할 수 없게 되었다.

연극에 대한 로마인의 열정은 본디부터 대단하고 옛적에는 오직 사육제 기간에만 그 욕구를 채울 수 있었기 때문에 그 열정이 더욱 뜨거웠다. 오늘날에는 여름과 가을에도 적어도 '한' 극장은 열고 있어서 관중은 한 해 동안 어느 정도 즐거움을 누릴 수 있다.

여기서 극장들을 상세히 묘사하는 데 중점을 두고, 로마인들이 특별한 것을 누리고 싶어한다는 사실을 강조하려고 한다면 우리의 목적을 크게 벗어나는 일이 될지도 모른다. 다른 곳에서 이 문제가 이야기되었음을 우리 독자들은 기억할 것이다.

가장무도회

마찬가지로 가장무도회에 대해서도 간단하게 말하겠다. 이것은 휘황찬란한 조명을 받는 알리베르티 극장에서 여러 번 행해지는 성대한 가장무도회이다.

여기에서도 신사 숙녀를 떠나서 타바로를 가장 품위 있는 가장 의상이라고 보기 때문에 홀은 온통 검은 옷을 입은 사람들로 가득하다. 개성을 살린 알록달록한 가장 의상을 입은 사람은 드문드문 보일 뿐이다.

비록 드물긴 하지만 다양한 예술 시대 가운데 자신들의 가장 의상을 고르고, 로마에 있는 서로 다른 입상들을 뛰어나게 본뜬 몇몇 고상한 인물이 모습을 드러내면 호기심은 더욱 커진다.

이곳에는 이집트의 신들, 여사제들, 바쿠스 신과 아리아드네, 비극의 여신, 역사의 여신, 어떤 도시, 베스타의 여사제들, 집정관이 그럴싸한 가장 의상을 입고 앉아 있다.

춤

이 축제에서는 보통 영국식으로 긴 열을 이루며 춤을 춘다. 다른 것이 있다

로마 베네치아궁에 도착하는 경주마, 알란 그림

면 몇 번 돌면서 무언가 특징을 몸짓으로 표현한다는 점이다. 이를테면 연인이 다투다가 화해하고, 헤어졌다가 다시 만나는 모습이다.

로마인들은 무언극 발레를 통해 과장된 몸짓에 익숙해져 있다. 이들은 사교 춤을 출 때도 우리가 볼 때 과장되고 거드름을 피우는 꾸민 듯한 표현을 좋 아한다. 누군가 예술적으로 춤을 배운 사람이 있을 때는 감히 선뜻 춤추려 들 지 않는데, 특히 미뉴에트는 그야말로 하나의 예술품으로 여겨지므로, 이 춤 을 추는 사람들은 얼마 되지 않는다. 한 쌍의 남녀가 미뉴에트를 추면 다른 사 람들은 그들을 에워싸고 구경하며, 탄성을 지르다가 마지막엔 박수갈채를 보 낸다.

아침

이렇게 매혹적인 세계가 아침까지 즐겁게 펼쳐지는 동안 다른 사람들은 동 이 트자마자 다시 코르소 거리를 청소하고 정리하느라 분주해진다. 특히 거리 가운데에 응회암을 깨끗하게 늘어놓는 데 무엇보다 신경을 쓴다.

얼마 뒤 마부들이 어제 성적이 가장 좋지 않았던 경주마를 오벨리스크 앞으로 이끌고 나온다. 작은 소년을 태운 말을 채찍을 든 다른 기수가 몰고 앞으로 나아가는데, 말이 온 힘을 다해서 되도록 빠르게 경주로를 달리도록 한다.

오후 2시, 종을 울려 신호를 보내면 앞에서 묘사한 축제가 순서대로 되풀이 된다. 산책하던 사람들이 모여들고, 위병이 보초를 서기 시작하며, 발코니와 창문 및 관람석엔 융단이 걸린다. 가장 인물들이 늘어나서 바보짓거리를 하고, 마차들이 거리를 오르내린다. 날씨나 그 밖의 상황이 유리한가 불리한가에 따라 거리의 혼잡스러움이 달라진다. 당연한 이야기이지만 사육제가 끝날 때쯤이면 구경꾼과 가장한 사람들, 마차, 치장, 소음, 이 모든 것이 늘어난다. 하지만 아무리 그래도 마지막 날과 그날 저녁에 벌어지는 혼잡함과 자유분방함에 비하면 아무것도 아니다.

마지막 날

밤이 되기 두 시간 전부터 대부분의 마차 행렬은 멈춰 서 있다. 어떤 마차도 그 자리를 벗어날 수 없으며, 다른 마차도 옆길에서 더는 끼어들 수 없다. 자릿값이 무척 비싼 데도 관람석과 의자는 이미 가득찼다. 모두들 되도록 빨리 자리를 잡으려고 하고 예전보다 더욱 애타게 경마가 시작되기를 기다린다.

마침내 이런 환희의 순간도 지나가 버리고, 축제가 끝났음을 알리는 신호가 울려 퍼지지만 마차도 가장 인물도 구경꾼도 쉽사리 자리를 뜨지 않는다.

모든 것이 멈추고, 주위는 고요하다. 그리고 소리 없이 어둠이 내려앉기 시작한다.

촛불

이 비좁고 어수선한 거리에 어둠이 깃들기 무섭게 여기저기서 불빛이 보이기 시작한다. 창문이나 관람석에서 일렁이던 불빛은 순식간에 번져 온 거리가 타오르는 촛불로 환히 밝혀진다.

발코니는 불빛이 내비치는 초롱으로 꾸며지고 모두들 창 밖으로 촛불을 들고 있어 관람석이 환히 밝아온다. 마차 안을 들여다보는 것도 즐거운데, 이따금 마차 덮개에 달린 조그만 수정 촛대가 사람들을 비추어 준다. 다른 마차에선 손에 알록달록한 촛불을 든 숙녀들이 자신들의 아름다움을 뽐내고 있다.

로마 사육제, 촛불, 수채화, 피넬리 그림

　하인들은 마차 덮개 가장자리에 촛불을 매달아 놓았고, 알록달록한 종이 등으로 장식한 무개 마차도 모습을 드러낸다. 보행자들 가운데는 초를 피라미드 모양으로 높게 쌓아올려 머리에 이고 다니는 사람들도 있고, 길게 이은 장대에 초를 꽂은 사람들도 있는데, 때로는 3~4층 건물 높이에 이르기도 한다.

　이제 모두 한 가지 의무를 수행해야 한다. 손에 촛불을 들고 로마인들이 사랑하는 저주를 모든 골목과 거리 끝에서 반복하는 것이다. "죽어 버려라!"

　"촛불을 들고 있지 않은 자는 죽어 버려라!" 이렇게 외친 사람은 다른 이의 촛불을 불어서 끄려고 한다. 촛불을 켜면 불어서 끄고, "죽어 버려라!" 마구 외쳐댄다. 그럼으로써 곧 삶과 움직임을 느끼며 엄청난 수의 사람들이 서로에게 흥미를 가지게 된다.

　앞에 있는 사람을 알든 모르든 상관없이 언제나 가장 가까이 있는 사람의 촛불을 불어서 끄거나, 자기는 다시 켜면서 불을 켜는 타인의 것은 꺼뜨리려고 한다. 곳곳에서 "죽어 버려라!" 외치는 소리가 커질수록 그 말의 끔찍한 의미는 한결 누그러지고, 사람들은 이런 저주의 말이 보잘것없는 일 때문에 곧바로 실현될 수 있는 로마에 와 있다는 사실을 더욱 잊어버리게 된다.

이 말에 담긴 의미는 점차 완전히 사라져 버린다. 그리고 다른 나라 말로 들으면 흔히 저주와 비속의 뜻도 경탄과 기쁨의 표시로 들리듯이, "죽어 버려라!" 말도 이날 저녁에는 구호나 환호성, 모든 익살과 장난, 칭찬의 말로 쓰인다.

이렇게 조롱하는 소리도 들린다. "사랑에 빠진 수도원장은 죽어 버려라!" 또 옆을 지나가는 선량한 친구에게 "필리포 씨는 죽어 버려라!" 외치는 소리가 들린다. 때로는 이러한 저주의 말에 아부와 칭찬을 곁들이기도 한다. "아름다운 공주는 죽어 버려라! 금세기 최고의 여류 화가 앙겔리카는 죽어 버려라!"

이렇게 외치는 모든 말들은 뒤에서 두 번째와 세 번째 음절을 길게 빼면서 격렬하고 빨라진다. 이렇게 끊임없이 외치는 가운데 촛불 끄기와 켜기도 여전히 이어진다. 집에서든 계단에서든 방 안에서든, 함께 창 밖을 내다보든, 어디서 누구를 만나든 간에 자신이 당하기 전에 다른 사람 불을 먼저 끄려고 한다.

신분과 나이를 떠나서 모두들 이 일에 미쳐 날뛰면서 마차 발판에까지 올라간다. 샹들리에나 각등(角燈)도 안전하지는 않다. 아들은 아버지의 촛불을 끄면서 쉬지 않고 "아버지는 죽어 버려라!" 외쳐 댄다. 아들의 이러한 무례함을 꾸짖어 봤자 아무런 소용이 없다. 소년은 이날 저녁의 자유를 주장하며 더욱더 지독하게 아버지를 저주할 뿐이다. 코르소 거리의 양끝에서 벌어지는 소동이 가라앉기가 무섭게 사람들은 이제 너도나도 한가운데로 몰려든다. 그래서 가히 상상을 뛰어넘는 인파가 북적거리게 되는데, 정말이지 제아무리 기억력이 좋다 해도 이런 장면을 다시 생생하게 표현할 수는 없을 것이다.

서 있는 사람이나 앉아 있는 사람이나 누구도 자신이 있는 장소에서 꼼짝도 할 수 없다. 수많은 사람들과 촛불에서 뿜어져 나오는 열기, 계속 꺼지는 무수한 촛불에서 나오는 연기, 몸을 움직일 수 없게 될수록 더욱 세차게 외쳐대는 사람들의 고함 소리, 이러한 것들로 마침내는 정신이 멀쩡한 사람조차 뭐가 뭔지 모르게 되어 버린다. 이렇다 보니 사고가 일어나지 않을 수가 없다. 마차의 말들이 마구 난폭해져서 많은 사람들이 눌리고 밟히는 등 부상을 입게 된다.

끝내 누구나 이곳을 벗어나, 어떻게든 옆길로 접어들거나 이웃 광장에서 자유로운 공기를 마시며 숨을 돌리고 싶어한다. 그렇기 때문에 이러한 군중도 하나 둘 흩어지면서 거리 끝에서부터 가운데 쪽으로 차츰 빈 곳이 생기게 된다. 그리하여 이 자유롭고 구속받지 않는 축제, 현대판 농신제는 너나할 것 없이 모조리 도취된 가운데 막을 내린다.

이제 사람들은 진수성찬을 즐기기 위해 걸음을 재촉한다. 자정이 되면 고기를 먹지 못하게 되므로 고상한 사람들도 짧게 줄인 연극이 끝나자마자 서둘러 극장을 떠난다. 밤 열두 시가 다가오면서 이러한 즐거운 시간도 끝나게 된다.

재의 수요일

그리하여 자유분방한 축제는 꿈처럼, 동화처럼 사라져 버린다. 어쩌면 축제에 참가한 사람들보다 우리 독자들 마음속에 더욱 오래 여운이 남을지도 모른다. 우리가 전체적인 맥락 속에서 축제 전반의 모습을 독자들의 상상력과 오성 앞에 펼쳐보였으니 말이다.

이러한 어리석은 짓거리가 벌어지는 동안, 그 상스러운 어릿광대가 어울리지 않게도 우리에게 사랑의 기쁨을 떠올려 주고, 그로 인해 우리가 살아 있음을 고맙게 여기게 되었을 때, 바우보[*16]가 공개 석상에서 임산부의 비밀을 폭로할 때, 한밤에 깜빡이던 수많은 촛불들이 우리에게 지난 축제를 기억나게 할 때, 우리는 부질없이 살아가다가도 삶의 가장 중요한 장면에 주의를 기울이게 된다.

더구나 인파로 가득 찬 그 좁고 기다란 길은 우리에게 세속적 삶의 인생행로를 떠올리게 해준다. 그곳에선 맨 얼굴이든 가장을 했든, 발코니에서든 관람석에서든 모든 구경꾼과 참가자들은 자신의 앞과 옆의 오직 한 곳만을 바라다본다. 마차를 탄 사람이나 걷는 사람이나 한 발 한 발씩만 나아가고, 나아간다기보다는 오히려 떠밀리면서, 자기 뜻으로 멈추기보다는 도리어 가로막히면서 오로지 더 볼 만하고 재미있는 일이 벌어지는 곳으로 나아가려고 끊임없이 애

＊16 Baubo. 2세기의 크리스트교 신학자인 티투스 클레멘스(Titus Flavius Clemens, aka Clement of Alexandria)가 남긴 《그리스인에 대한 권유 Exhortation to the Greeks》에 그녀에 대한 기록이 전해진다. 그리스 신화에서 농업을 관장하는 데메테르 여신의 보모로 나온다. 딸이 납치되어 슬픔에 빠져 있는 데메테르 여신에게 엉덩이를 드러내는 우스꽝스러운 몸짓을 하여 웃게 만들었다고 전해지며, 농경 축제에서 행해진 음란한 몸짓이나 농담의 기원을 이루는 것으로 표현된다.

를 쓴다. 그러다가 그곳에서도 다시 길이 막혀 마침내 밀려나고 만다.

보다 진지한 주제에 대해 이야기하자면 이런 것도 조금 말하고 싶다. 그지없이 생생한 최고의 기쁨이라 할지라도 날듯이 달리는 말처럼 그저 잠시 동안만 우리 앞에 나타나 마음을 뒤흔들어 놓을 뿐, 끝내 우리 마음속에서 흔적도 없이 사라져 버린다. 자유와 평등은 광기에 도취된 상태에서만 누릴 수 있고, 더없는 쾌락도 아슬아슬하게 위험을 무릅쓰고 두근거리는 마음으로 두렵고 감미로운 느낌을 가까이서 누릴 때 가장 자극적이다.

이런 것을 생각하지 않았다면 우리도 재의 수요일을 관찰하며 사육제를 끝냈을지도 모른다. 그렇게 한다고 독자들이 슬퍼하지는 않았으리라. 하지만 인생이란 대체로 로마 사육제처럼 한눈에 볼 수 없고, 마음대로 즐길 수 없으며, 온갖 걱정할 점이 많다. 그러니 우리와 아울러 모든 사람들은 근심 걱정을 모두 잊은 이러한 가장 인물들을 통해, 때로는 보잘것없이 여겨지더라도 순간적으로나마 이렇게 삶을 즐기는 것이 얼마나 중요한 일인가를 마음에 떠올려보기 바란다.

2월의 편지

1788년 2월 1일, 로마

이제 오는 화요일 저녁이면 어릿광대들도 조용해진다니 얼마나 기쁜지 모르겠습니다. 나 자신은 분위기에 섞이지 못하는데 다른 사람들이 미쳐 날뛰는 모습을 보는 일은 무척 성가십니다.

나는 가능한 한 끊임없이 연구에 몰두했고 《벨라 별장의 클라우디네》도 진척이 있었습니다. 수호신이 계속 보살펴 준다면 일주일쯤 뒤면 제3막을 헤르더에게 보낼 수 있을 겁니다. 그렇게 되면 제5권이 끝나는 셈입니다. 그러고 나면 새로이 고통스러운 일에 들어가야 하는데, 그 일에 대해서는 누구도 충고나 도움을 줄 수 없습니다. 《타소》를 다시 고쳐 써야 하는데, 이제껏 써 둔 것들은 아무런 쓸모가 없습니다. 그대로 끝을 맺을 수도 없고 그렇다고 버릴 수도 없습니다. 하느님께서 이렇게 어려운 일을 인간에게 안겨 주셨답니다!

제6권에는 아마도 《타소》, 《릴라》, 《예리와 배틀리》가 실릴 텐데, 이것들을 누구도 알아보지 못할 만큼 완전히 고쳐 쓸 겁니다.

이와 함께 내 짤막한 시들을 검토해 보았고, 제8권을 생각해 보았습니다. 어쩌면 8권이 7권보다 먼저 출간될 지도 모르겠습니다. 자신의 삶을 이처럼 한데 모은다는 것은 유난을 떠는 일입니다. 한 인간이 남기는 삶의 발자취란 보잘것없을 테니까요!

이곳 사람들은 나의 《젊은 베르테르의 슬픔》 번역본을 가지고 귀찮게 굽니다. 그걸 보여 주면서 어떤 번역이 가장 잘 되었는지, 모든 내용이 다 진실인지도 묻습니다! 이들은 내가 인도까지 가더라도 쫓아올지 모를 재앙입니다.

2월 6일, 로마

《벨라 별장의 클라우디네》 제3막을 보내드립니다. 이 작품을 끝내고 느낀 기쁨의 반 만큼만이라도 당신[1] 마음에 들기를 바랍니다. 요즘에는 서정적 연극에 대한 욕구가 커져서 작곡가들과 배우들의 의견을 참고하기 위해 다른 것들을 포기하기도 합니다. 천에다 수를 놓으려면 많은 실이 필요하듯, 재미난 오페라를 만들려면 이 작품은 반드시 아마포처럼 짜여져야 합니다. 《에르빈과 엘미레》처럼 읽는 사람에게도 신경을 썼습니다. 내가 할 수 있는 한 충분히 애쓴 셈입니다.

제 마음은 매우 차분하고 맑은 상태이며, 이미 여러분에게 똑똑히 말했듯이 어떤 부름에도 기꺼이 할 준비가 되어 있습니다. 조형 예술을 하기에는 내 나이가 너무 많습니다. 그래서 조금 서투른 모습을 보였더라도 그다지 신경 쓰지 않습니다. 이제 나의 갈증은 진정되었고, 정도(正道)를 걸으며 관찰과 연구를 해나가고, 평화롭게 절제하며 즐기고 있습니다. 이 모든 일이 이루어지도록 여러분이 축복을 빌어 주길 바랍니다. 현재로선 나의 마지막 세 부분을 끝내는 일이 가장 시급한 문제입니다. 그런 다음에 《빌헬름 마이스터의 수업시대》를 비롯한 다른 작품에 들어갈 예정입니다.

2월 9일, 로마

축제 군중들은 월요일과 화요일에도 한바탕 소동을 벌였습니다. 특히 화요일 밤에는 촛불놀이를 하면서 축제가 절정에 달했습니다. 수요일에는 사순절 행사에 대해 하느님과 교회에 감사 기도를 드렸습니다. 나는 어떤 가장무도회에도 참석하지 않고, 머릿속에 떠오르는 내용을 부지런히 쓰고 있습니다. 이제 곧 제5권이 끝나면 여러 예술 연구에 전념하고, 그런 뒤에는 곧바로 제6권을 시작할 생각입니다. 지난 며칠 동안 레오나르도 다 빈치가 회화에 대해 쓴 책[2]을 읽었는데, 내가 왜 여태껏 그 내용을 이해하지 못했는지 이제야 알겠습니다.

관객들이야말로 행복하다고 생각합니다. 그들은 자신이 지혜롭다고 자부하고, 자신들이 무슨 대단한 존재인양 생각합니다. 예술 애호가들이나 전문가들도 이와 다를 바 없습니다. 훌륭한 예술가는 언제나 겸허한 자세를 유지할 때

---

*1 헤르더를 가리킨다.
*2 레오나르도 다 빈치의 《회화론 *A Treatise on Painting*》을 가리킨다. 1651년 파리, 1733년 나폴리, 1786년 볼로냐에서 출판되었지만 괴테가 어떤 판을 읽었는지는 알 수 없다.

마음 편하다는 사실을 그대는 알지 못할 겁니다. 하지만 최근에 몹시 언짢게도 자신은 작품을 쓰지 않으면서 나에게 표현력이 부족하다고 비난하는 말을 들었습니다. 그런 말은 마치 담배 연기처럼 내 마음을 몹시 불쾌하게 합니다.[*3]

앙겔리카는 그림 두 점을 구입하고 기분이 좋아져 있습니다. 하나는 티치아노의 그림이고 다른 하나는 파리스 보르도네[*4]인데 둘 모두 큰돈을 주고 샀습니다. 그녀는 연금을 축내기는커녕 매번 재산을 불려가고 있기 때문에 자신의 기쁨과 예술에 대한 열정을 드높여 주는 작품들을 사들이는 행위는 칭찬할 만합니다. 그녀는 그 그림들을 집으로 가져오기가 무섭게 새로운 기법으로 이를 다시 그리기 시작합니다. 어떻게 하면 그 거장들의 이런저런 장점을 자기 것으로 만들 수 있을까 알아보기 위해서입니다. 그녀는 그림에도 연구에도 도무지 지칠 줄 모릅니다. 그녀와 함께 미술품을 감상하면 참으로 즐겁습니다.

정열적인 예술가 카이저도 작곡에 몰두하고 있습니다. 《에그몬트》를 위한 음악도 꽤 진척되었습니다. 아직 다 듣지는 못했지만 모두 마지막 목표에 매우 잘 들어맞는 것 같습니다.

그는 《작고 분방한 큐피드》 등도 작곡할 겁니다. 곧 보내 드릴 테니 어쩌다 내가 생각날 때마다 불러주기 바랍니다. 그것은 내가 좋아하는 노래이기도 합니다.

많이 쓰고 활동하고 생각하느라 내 머리는 황폐해져 있습니다. 나는 더 현명해지지도 못하면서 스스로에게 너무 많은 것을 요구하고 지나치게 무거운 짐을 지우고 있습니다.

2월 16일, 로마
얼마 전 프러시아 외교 우편을 통해 우리 공작의 편지[*5]를 받았습니다. 그

[*3] 괴테는 평생 담배를 몹시 혐오한 것으로 유명하다. 담배를 '악마의 저주'라고까지 표현하기도 했다.

[*4] 유명한 화가 티치아노의 제자.

[*5] 공작은 괴테에게 이탈리아에 더 오래 머물러 그의 어머니를 만나보라고 제안했지만 괴테는 이를 거절했다.

편지는 무척 친절하고 다정하며 선량하고도 상쾌해서 두 번 다시 이런 편지는 받아볼 수 없을 것만 같았습니다. 그는 아무 거리낌 없이 아주 솔직하게 자신의 정치적 입지와 가족 등에 대해서도 알려 주었습니다. 그리고 나에 대해 더없이 다정한 말들을 써서 보내 주었습니다.

2월 22일, 로마

이번 주에는 우리 예술가 그룹을 슬픔에 잠기게 한 일이 일어났습니다. 자상한 어머니의 외아들인 드루애라는 스물다섯 살쯤 된 프랑스 젊은이가 천연두에 걸려 목숨을 잃었습니다. 집안이 부유하고 교육을 잘 받아 연구에 매진하는 예술가들 가운데서도 누구보다 앞날이 촉망되던 젊은이였습니다. 그의 죽음은 모든 사람들에게 충격과 슬픔을 안겨 주었습니다. 나는 주인 잃은 그의 쓸쓸한 화실에서, 죽은 맹금의 날개로 바람을 일으키며 자신의 몸에 난 상처의 고통을 가라앉히고 있는 필록테트(Philoktet)의 실물 크기 상을 보았습니다. 착상이 좋고 뛰어난 솜씨를 보여 주는 이 그림은 미완성으로 끝나고 말았습니다.

나는 만족스러운 마음으로 성실하게 살며 앞날을 기약하고 있습니다. 문학을 하도록 태어났으며, 앞으로 작품 활동을 할 수 있는 십 년 동안 충분히 재능을 발휘해서 무언가 명작을 남겨야 한다는 생각이 하루가 다르게 뚜렷해지고 있습니다. 크나큰 연구 없이도 젊음의 열기로 많은 것을 이루어 낼 수 있으니까요. 로마에 비교적 오래 머물면서 얻은 수확이 있다면 조형 예술 훈련을 단념했다는 겁니다.

앙겔리카는 로마에서 예술을 보는 눈이 당신보다 높은 사람은 거의 보지 못했다며 나를 치켜세우고 있습니다. 내가 아직 보지 못한 것이 어떤 곳에 있는 무엇인지 잘 알고 있습니다. 또한 계속 발전하고 있으며, 더욱 시야를 넓히기 위해 어떻게 해야 하는지 충분히 알고 있습니다. 어쨌거나 나는 벌써 소망을 이루었습니다. 즉 내가 열정을 지니고 있다고 느끼는 일을 눈먼 장님처럼 더는 더듬거리지는 않게 되었습니다.

곧이어 〈풍경화가 아모르〉라는 시를 보내드리겠습니다. 마음에 들었으면 좋겠습니다. 내 짧은 시들을 간추려서 정리해 보니 색다른 느낌이 드는군요. 한스 작스*6에 대한 시와 미딩의 죽음*7을 다룬 시들로 제8권을 마무리할 생각입니다. 이번에는 이것으로 충분합니다. 내가 피라미드*8 옆에서 영원한 안식을 얻게 된다면 이 두 편의 시가 나의 약력과 조사(弔辭)를 대신하게 될 것입니다.

아침 일찍 교황의 성가대가 널리 알려진 옛 음악들을 연주하기 시작합니다. 이에 대한 관심은 부활절 전 주에 최고조에 달할 겁니다. 이러한 음악 양식과 친숙해지기 위해 앞으로 일요일 아침마다 예배에 참석할 예정입니다. 음악을 연구하는 카이저가 그 의미를 잘 설명해 줄 겁니다. 부활절 전 취리히의 목요일 음악*9이 인쇄되어 우리 앞으로 발송되었다는데, 이제 곧 도착할 것입니다. 카이저가 그곳에 남기고 온 작품이지요. 도착하면 먼저 피아노로 연주된 뒤 교회에서 듣게 될 겁니다.

2월의 보고

예술가로 태어난 사람에게 여러 대상들이 예술관을 이루는 데 도움이 된다면 사육제 때의 어리석은 혼잡과 부조리도 나의 예술관에 이롭게 작용했을 것이다. 내가 사육제를 구경한 것은 이번이 두 번째였다. 이러한 민중 축제가 반복되는 다른 삶이나 활동처럼, 확고한 절차에 따라 진행된다는 사실은 금세 눈에 띄었다.

그리하여 나는 이제 그러한 소동과 화해하고, 이를 또 하나의 중요한 자연현상이자 국가적 대사로 여기게 되었다. 이러한 의미에서 나는 사육제에 관심을

---

*6 Hans Sachs(1494~1576) 독일의 시인 겸 극작가. 평생을 제화업에 종사하면서 시인으로서 6170편의 작품을 썼다. 대부분은 종교시로서 루터 복음파를 지지하였고 계몽시인으로서 시민의 교양과 도의를 이끌어 내려 힘썼다. 대표작으로 시 《비텐베르크의 나이팅게일》, 사육제극 《낙원의 구두장이》 등이 있다.

*7 〈미딩의 죽음을 애도함(Auf Miedings Tod)〉(1782). 괴테는 이 시에서 극장의 소목장이 미딩이 자기 직업에 만족하고, 사욕 없이 직무에 충실하다가 삶을 마친 데 대해 그를 영웅적인 정신을 지닌 사람으로 칭찬하고 있다.

*8 포르타 상 파울로 근처에 있는 체스티우스의 피라미드를 가리킨다. 신교도들의 묘지가 있다.

*9 가톨릭 교회 음악 중 하나로 부활절이 시작되기 전 목요일 미사에 연주된다.

갖고 어릿광대짓의 진행 과정과, 이 모든 것이 일정한 형식과 예를 갖추며 진행되는 모습을 자세히 지켜보았다. 그런 다음 개별적인 사건들을 순서대로 적어두었다가, 나중에 글을 쓸 때 이 원고를 곳곳에 활용했다. 이와 함께 같은 숙소에 살고 있는 게오르크 쉬츠에게 가장 의상들을 하나하나 재빠르게 스케치해서 색칠하라고 부탁했다. 그는 여느 때와 다름없이 호의를 보이며 선선히 이런 일을 해주었다.

이 그림들을 나중에 프랑크푸르트 지방 출신이자 바이마르 자유 소묘 연구소 소장인 멜키오 크라우제가 4절판 동판화로 만들어 원화대로 색을 넣었다. 웅거*10가 발간한 이것의 초판본은 이제 굉장한 희귀본이 되었다.

앞서 말한 목적을 이루기 위해서는 평소보다 더 자주 가장 인물들 속으로 섞여 들어가야만 했다. 하지만 아무리 예술적인 시선으로 바라보려고 해도 그들은 그때마다 탐탁찮고 섬뜩한 인상을 풍겼다. 일 년 내내 로마에 머물며 품위 있는 대상에 몰두하다 보니 그런 것에 익숙해진 정신이 제자리를 찾지 못하고 있다는 생각이 줄곧 드는 듯했다.

하지만 보다 나은 내적 감각을 위해서 가장 기분 좋은 일이 준비되어 있었다. 나는 일부 마차들이 움직이는 대열에 끼기 전에 지나다니는 마차들을 물끄러미 바라보곤 하는 베네치아 광장에서, 앙겔리카 부인이 탄 마차를 발견하고 마차 문으로 다가가 그녀에게 인사를 건넸다. 그녀는 다정하게 내게 몸을 숙이자마자 뒤로 몸을 젖히더니 그녀 옆에 앉아 있는, 완쾌된 밀라노 아가씨를 보여 주었다. 그녀는 전과 달라진 점이 하나도 없었는데, 건강한 젊은이라 금방 회복되기 때문인 듯했다. 참으로 그녀의 두 눈은 더욱 기쁨에 넘쳐 생기 있게 반짝거리며 나를 바라보는 것 같았다. 우리가 한동안 말없이 바라보고 있으려니 앙겔리카 부인이 몸을 숙이고 말문을 열었다.

"내 젊은 여자 친구가 말을 못하고 있으니 아무래도 제가 통역을 해야겠습니다. 그녀가 그토록 오랫동안 마음속에 품어 왔으며 내게 몇 번이나 털어놓았던 말이 있습니다. 그녀는 자신의 병과 운명에 대해 당신이 보여 준 관심에 얼마나 고마워하는지 모릅니다. 생명을 되찾는 데 위안이 되고, 병이 나아 회복되는 데 결정적인 영향을 미친 것은 친구들, 무엇보다 당신의 관심이었다고 합

---

*10 베를린 목판화가이자 서적 상인. 로마의 사육제를 인쇄했다.

니다. 자신도 모르게 깊은 고독감에서 벗어나 아주 훌륭하고 좋은 사람들에게 둘러싸인 느낌이랍니다."

"그 말은 모두 사실이에요." 밀라노 아가씨는 자신의 친구 너머로 나에게 손을 내밀면서 말했다. 나는 그녀의 손을 붙잡았지만, 입술에 갖다 댈 수는 없었다.

잔잔한 만족감을 느끼며 나는 다시 어릿광대들 속으로 멀어져 갔다. 얼마 전에 불행한 일을 겪은 선량한 소녀를 따뜻하게 위로할 줄 아는 앙젤리카 부인에 대해 한없이 고마운 감정을 느꼈다. 로마에서는 오늘날에도 낯선 여자를 자신의 고상한 무리에 끼워주는 건 드문 일이다. 그 착한 소녀에 대한 내 관심이 이런 일에 적지 않게 영향을 끼쳤다고 생각하니 더욱 감동적이었다.

로마 시의원인 레초니코 백작[11]이 독일에서 돌아왔다. 폰 디데 부부[12]와 돈독한 우정을 맺은 그는 나를 찾아와 친구이자 소중한 후원자인 디데 씨의 안부를 전해 주었다. 나는 언제나처럼 더 친밀한 관계를 맺기를 거부했지만, 끝내 이 사람들에게 끌려들지 않을 수 없었다.

폰 디데 부부가 그들의 소중한 친구인 레초니코 백작을 만나러 왔기 때문에 나는 이런저런 초대를 받아들일 수밖에 없었다. 피아노 솜씨로 이름난 부인이 시의원의 저택인 카피톨리노 관저[13]에서 열리는 연주회에서 피아노를 연주하겠다고 승낙했다. 뛰어난 솜씨로 이름이 드높은 나의 동료 카이저도 연주가로 초대되어 왠지 으쓱한 기분이었다. 콜로세움 쪽으로 나 있는 의원의 방에서 해 질 무렵 바라다보이는 빼어난 경치는 다른 쪽으로 연결되는 모든 경관과 아울러 우리 예술가들의 눈에 물론 더없이 훌륭한 장관으로 비쳤다. 하지만 모임에 주의를 기울이고 예의를 차리기 위해 경치에만 빠져 있을 수는 없었다. 폰 디데 부인은 아주 우수한 기량을 펼치며 훌륭한 연주를 선보였다. 그녀의 연주가 끝나자마자 사람들은 내 친구에게 연주를 부탁했다. 그가 받았던 칭찬으로 미루어 볼 때 이에 견줄 만한 연주를 하리라 기대했기 때문이다. 둘은 한동안

---

[11] 교황 클레멘스 8세의 친척
[12] 크리스토프 폰 디데와 그의 부인 루이제를 가리킨다. 덴마크의 고문관과 레겐스부르크의 외교관으로 파견된 적이 있으며 괴테는 이 부부를 다름슈타트에서 알게 되었다.
[13] 카피톨리노의 세 궁전에서 가운데에 있는 세나토리오 궁전을 가리킨다.

번갈아 가면서 연주를 계속했다. 또 어떤 부인은 사람들이 좋아하는 아리아를 불렀고, 이윽고 다시 카이저의 차례가 오자 그는 우아한 어느 테마를 바탕으로 다채로운 변주를 들려주었다.

모든 일이 순조롭게 진행되어 갔다. 의원은 나와 이야기를 나누며 여러 다정한 말을 해주었지만 본심을 숨기지 못하고 부드러운 베네치아식으로 반쯤 유감의 뜻을 드러냈다. 사실 그런 변주곡은 그리 좋아하지 않지만 표현력이 풍부한 부인의 아다지오*14에는 언제나 흠뻑 매료된다는 것이었다.

아다지오와 라르고*15로 이끌어 가는 저 그리움에 찬 가락이 거슬리지는 않았다. 그러나 나는 차츰 고무되는 음악을 더 좋아한다. 우리 자신의 감정, 상실과 실패에 대한 깊은 생각이 걸핏하면 우리를 끌어내리고 압도하려고 으르기 때문이다.

하지만 나는 결코 시의원을 원망할 수 없었다. 정말이지 나는 그러한 음악을 좋아하는 의원을 매우 친절하게 대하지 않을 수 없었다. 세상에서 가장 훌륭한 곳에서 그토록 사랑스럽고 존경해 마지않는 여자 친구를 정성껏 대접하고 있다는 사실을 그 음악이 새삼 확인시켜 주었다.

우리와 같은 외국인, 특히 독일 청중에게는 이미 잘 알려졌고 뛰어난 피아노 실력을 가진 부인이 더없이 섬세한 음으로 연주하는 것을 듣는 동시에 창밖으로 세상에 둘도 없는 경치를 바라보는 일은 너무나 소중한 즐거움이었다. 고개를 조금만 돌려도 석양을 받으며 빛나는 기막힌 경치를 굽어볼 수 있었다. 왼편으로는 셉티미우스 세베루스 개선문*16에서 캄포 바치노*17를 따라 미네르바 신전과 평화의 신전까지 뻗어 있었고, 그 뒤로는 콜로세움이 시야에 들어왔다. 이어서 오른쪽으로 눈을 돌리면 티투스 개선문을 지나 팔라티노 폐허,

---

*14 adagio. '조용하고 느리게', '매우 느리게'라는 뜻으로 안단테와 라르고 사이의 빠르기를 이르는 말이다. 또 이 빠르기로 쓰여진 소나타나 교향곡 등의 느린 악장도 아다지오라고 한다.

*15 largo. 이탈리아 말로는 '폭넓게, 느릿하게'라는 뜻으로, 음악에서는 '아주 느리게'라는 빠르기표로 사용되며, 동시에 '아주 표정 풍부하게' 연주하라는 뜻도 포함되어 있다.

*16 괴테가 이탈리아를 여행하던 무렵인 18세기 후반에는 대부분이 땅 속에 묻혀 있었다. 1803년 교황 피우 7세 때 땅 속에 묻혀 있던 아치 주변의 땅을 파내기 시작하면서 복원 작업이 시작되었으며, 1898년에야 비로소 그 모습을 드러냈다. 로마의 잘 보존된 유적들 가운데 하나로서 현재는 로마의 관광 명물로 남아 있다..

*17 Campo Vaccino. '소 시장'이라는 뜻으로, 뒤에 이곳에서 가축 시장이 열렸다.

카피톨리노 탑에서 바라본 로마 북서쪽 전경, 에른스트 프리스와 요제프 튀르머 그림

정원의 초목과 야생식물을 통과하여, 야생 초목으로 꾸며진 황무지의 미로에 시선이 머물 수밖에 없다.

　(1824년 프리스와 튀르머가 스케치해서 동판화로 제작한, 카피톨리노탑에서 바라본 로마 북서쪽의 조감도를 이어서 잠시 살펴보기로 하겠다. 이 조감도는 우리가 있는 곳보다 몇 층 높은 곳에서 최근의 발굴 성과를 감안해 만들어졌지만 우리가 그때 바라보았던 저녁노을과 음영을 담고 있다. 물론 이 그림을 보면서 그 이글거리는 색채를 그와 대비되는 푸르른 그늘이나 거기서 풍기는 모든 매력과 덧붙여 생각할 수 있을지도 모른다.)

　그런 다음 우리는 운 좋게도 멩스의 그림으로 짐작되는 매우 훌륭한 작품을 감상하게 되었다. 우리는 클레멘스 13세 레초니코의 초상화를 차분히 구경했다. 우리의 후원자 레초니코 의원은 그의 조카인 덕분에 오늘날과 같은 지위에 오를 수 있었다. 마지막으로 그 가치에 대해서 우리의 친구*[18]가 일기장에

<hr />

*18 하인리히 마이어를 가리킨다.

2월의 편지 693

쓴 내용을 옮겨 보겠다.

 '멩스가 그린 그림들 가운데 예술적 기량이 가장 두드러진 것은 교황 레초니코의 초상화이다. 이 작품에서 그 예술가는 베네치아파의 색채와 처리 기법을 본떠 만족할 만한 성과를 거두었다. 색조는 진실하고 따스하며, 얼굴은 생기에 차 있고 재기 발랄하다. 인물의 머리와 다른 부위를 멋지게 드러내 주는 금실로 짠 커튼은 대담한 기법으로 생각된다. 덕분에 이 그림이 풍성하고 조화로워졌으며, 우리 눈에 은은히 감동을 주는 뛰어난 성공을 거두었다.'

3월의 편지

1788년 3월 1일, 로마

일요일에 우리는 시스티나 성당에 갔습니다. 교황이 추기경들과 함께 미사에 참석했습니다. 금식 기간이라 추기경들이 빨간 옷이 아닌 보라색 옷을 입고 있는 모습이 색다른 볼거리였습니다. 며칠 전 알브레히트 뒤러*¹의 그림을 직접 볼 수 있게 되어 기뻤습니다. 모든 의식은 더할 나위 없이 웅장하면서도 단순했습니다. 여러 행사가 한꺼번에 벌어지는 부활절 전주에 이곳에 오는 외국인들은 뭐가 뭔지 정신을 차릴 수 없다는 말이 조금도 이상하지 않습니다. 이 성당에 대해 나는 잘 압니다. 지난 여름 이곳에서 점심을 먹고 교황의 의자에서 휴식을 즐겼기에 웬만한 그림은 외우다시피 합니다. 그렇지만 본디 의도에 따라 모든 그림들이 한 자리에 갖춰져 있으면 어딘가 달라 보여서 어쩐지 알아보기 힘듭니다.

스페인 작곡가 모랄레스*²의 중세 모테트*³가 울려 퍼졌습니다. 앞으로 나올 음악을 미리 맛본 셈이었습니다. 이 음악은 이곳에서만 들을 수 있다는 카이저의 의견에 동감합니다. 다른 곳에서는 오르간과 다른 악기 반주 없이 가수들이 이런 노래를 연습할 수 없기 때문이고, 다른 한편으로는 그 노래가 교황의 성당에 소속된 고전 예술품들과 미켈란젤로의 연작들, 〈최후의 심판〉, 〈예언자들〉〈성서 이야기〉 등과 유일하게 잘 어울리기 때문입니다. 언젠가 카이저가 이 모든 것에 확실한 평가를 내려줄 겁니다. 고대 음악의 열렬한 숭배자인

＊1 Albrecht Dürer (1471~1528). 독일의 화가 ·판화가 ·미술이론가. 독일 르네상스 회화의 완성자이다. 이탈리아 여행을 통해 표현기법을 깨달았고 차츰 독일 전통에 충실했다.

＊2 Cristóbal Morales(1500?~1553). 스페인 작곡가. 16세기의 대표적 교회 음악 및 대위법 작곡가. 로마에서 교황청 합창대 가수(1535~40)를 하고 1545~50년 톨레도(Toledo)의 여러 성당에서 악장을 지냈다.

＊3 motet. 중세 르네상스 시대 종교 음악으로 주로 사용되던 무반주 다성 성악곡이다. 13세기부터 오늘날까지 오랜 시간을 거쳐 발전해 왔기 때문에 그 형태가 매우 다양하다.

그는 이와 관련되는 것은 모두 열심히 연구하고 있습니다.

그래서 우리는 색다른 찬송가를 모으고 있습니다. 이탈리아어로 지어진 시구에 베네치아 귀족 베네데토 마르첼로가 금세기 초 곡을 붙인 찬송가들입니다. 그는 많은 곡에서 스페인계와 독일계 유태인의 음조를 모티프로 받아들였습니다. 다른 곡들에서는 고대 그리스 선율을 바탕삼아 대단한 분별력과 예술에 대한 안목으로 절도 있게 이를 실행에 옮겼습니다. 곡들은 독창곡, 이중창, 합창곡으로 작곡되었는데, 이런 내용에 대한 지식을 가지고 들으면 믿기 어려울 만큼 독창적이라는 사실을 알 수 있습니다. 카이저는 이 음악을 매우 높게 평가했고 몇 곡은 베껴 놓을 예정입니다. 어쩌면 언젠가는 전곡을 손에 넣을 수 있을지도 모릅니다. 1724년 베네치아에서 출판된 그 책에는 초창기 찬송가 50곡이 실려 있습니다. 헤르더가 카탈로그에서 이 흥미로운 작품을 볼 수 있도록 계획을 세워 보아야겠습니다.

그러자 나의 마지막 3권에 대해 곰곰이 생각해 봐야겠다는 용기가 불쑥 솟아났습니다. 이제 나는 내가 무엇을 하려는지 정확히 압니다. 이런 일을 할 수 있도록 하늘에서 영감과 행운을 내려주기를 빌어 봅니다.

이번 주는 좋은 일이 많아 돌이켜 생각해 보니 마치 한 달이 흘러간 듯합니다.

먼저 《파우스트》에 대한 구상이 세워졌고, 이 작업이 잘 되기를 바라고 있습니다. 물론 이 작품을 이제야 끝내느냐 15년 전*4에 끝냈어야 했느냐는 다른 문제입니다. 요즘 작품 전체를 연결하는 실마리를 다시 찾았다는 생각이 들어서인지 모든 것을 살려야 한다는 생각이 듭니다. 작품 전체의 어조에 대해서도 크게 걱정하지는 않습니다. 이미 새로운 장면을 하나 완성해 놓기도 했습니다. 원고는 누렇게 색이 바랬지만 아무도 그 장면이 옛 원고에서 나왔다고 생각지 않을 겁니다. 오랜 휴식과 은둔 생활로 스스로 원하는 수준을 지키며 살면서 나는 오롯이 나 자신으로 돌아왔습니다. 내 마음이 지난 세월과 사건들에 그다지 고통받지 않은 것이 신기할 따름입니다. 오래된 원고를 바라보고 있노라면 이런저런 생각이 떠오릅니다. 아직 초고나 다름없는 그것은 주요 장면들을 아무 생각 없이 그냥 적어 내려간 것입니다. 세월이 흘러 색이 바랬고, (각 장을

---

*4 《파우스트》 초고는 1773~75년에 집필되었다.

《파우스트》 마법을 부리는 광경, 괴테 그림

묶어 철해 놓지 않았습니다) 가장자리가 닳아 헐고 너덜너덜해져서 마치 조각
난 고대 법전처럼 보입니다. 그래서 그 무렵 생각과 예감을 가지고 이전의 세
계로 들어갔듯이 이젠 몸소 체험한 옛 시대로 다시 돌아가야겠습니다.

《타소》의 구상도 순조롭게 되어 가고 있으며, 마지막 권에 수록될 여러 시들
도 거의 정서가 된 상태입니다. 《예술가의 지상 순례》를 새로 완성하고, 《예술
가의 신격화》도 첨부해야 합니다. 요즘 이 젊은 시절 작품들에 대해 연구를 해
보았기 때문에 모든 세부 사항들이 생생해졌습니다. 나 또한 손꼽아 기다리며
마지막 세 권에 크나큰 희망을 걸고 있습니다. 벌써 책 전체 모습이 눈앞에 아
른거리는 듯하고, 이제 하나씩 생각한 것을 작품으로 옮기기 위해 차분한 마
음과 여유만을 바랄 뿐입니다.

여러 짧은 시들을 엮을 때, 당신*5의 시집 《흩어진 기록들》을 모범으로 삼
았습니다. 지나치게 개인적이고 즉흥적인 시들도 어느 정도 즐길 수 있게 하는
방법과 아울러, 이러한 이질적인 작품들을 한데 묶는 좋은 방법을 찾았으면
합니다.

이런 생각을 하던 참에 멩스가 지은 저서의 신판이 집에 도착했습니다. 지금
그 책에 무한히 흥미를 느끼고 있습니다. 작품의 한 줄이라도 제대로 이해하기

---

*5 헤르더를 가리킨다.

위해서 꼭 갖추어야 하는 감각적인 개념들이 내게 있기 때문입니다. 그것은 모든 의미에서 뛰어난 책이라서 한 쪽만 읽어도 매우 유익합니다. 그의 《아름다움에 대한 단상》은 누군가에게는 무척 어둡게 보일지도 모르지만 나에게는 도를 깨닫게 해준 고마운 책입니다.

그 밖에도 나는 색채에 대해 많은 생각을 해보았습니다. 이제까지 전혀 알지 못했던 분야이기 때문에 대단히 중요합니다. 어느 정도 실습을 하고 끊임없이 생각함으로써 이러한 피상적인 세계도 멋지게 누릴 수 있으리라 생각됩니다.

어느 날 아침에는 일 년 동안 가보지 못한 보르게세 화랑에 다녀왔습니다. 훨씬 더 분별 있는 눈으로 그림을 볼 수 있게 되었음을 알고 무척 기뻤습니다. 그것들은 영주가 소장하고 있는 이루 말할 수 없이 소중한 예술품들입니다.

3월 7일, 로마

유익하고 풍성했던, 조용한 한 주일이 또 지나갑니다. 일요일에 우리는 교황의 성당에 가는 것을 빼먹고, 앙겔리카와 함께 코레조의 작품으로 보이는 아주 멋진 그림을 구경했습니다.

또한 라파엘로의 두개골이 안치되어 있는 성 누가 미술원의 소장품들을 보았습니다.[6] 내 눈에는 이 유골이 진짜처럼 생각되더군요. 이런 훌륭한 골격 안에서 아름다운 영혼이 편히 나래를 펼 수 있을 것 같았습니다. 공작께서 원하는 그 유골의 모사품을 입수할 수 있을 것 같습니다. 그 방에 걸려 있는 라파엘로의 그림은 그의 참된 가치를 보여 줍니다.

카피톨리노 성에도 다시 가보았으며, 그 밖에 내가 보지 못했던 것들도 보았습니다. 카바체피[7] 저택은 아직 가본 적이 없었는데 참으로 굉장했습니다. 수많은 소중한 예술품 가운데 무엇보다 나를 흥겹게 해준 것은 몬테카발로에 있는 거대한 두 개의 두상 주형이었습니다. 이것들은 부근의 카바체피 저택에서 실물 크기의 아름다운 모습으로 볼 수 있습니다. 유감스럽게도 가장 아름다운 두상의 매끄러운 얼굴 표면이 세월과 풍상으로 마모되어 거의 지푸라기 두께만큼 떨어져 나갔고, 가까이서 보면 천연두 자국 같은 흉터가 나 있습

---

*6 1833년 판테온에서 라파엘로의 무덤을 발굴함으로써 진짜가 아님이 밝혀졌다.
*7 고대 조각품 복원가. 빙켈만의 친구다.

니다.

오늘 성 카를로 성당에서는 비스콘티 추기경을 추도하는 장례미사가 있었습니다. 교황의 성가대가 대미사를 위해 합창을 했으므로 우리는 내일을 기약하며 귀를 제대로 씻어내기 위해 그곳으로 갔습니다. 소프라노 두 사람이 부른 진혼곡은 들어보기 힘든 매우 진기한 곡이었습니다. 그런데 특이하게도 노래를 부를 때 파이프오르간이나 다른 악기의 반주가 없었습니다.

어제 저녁 성 피에트로 성당의 합창을 듣고서 파이프오르간이 얼마나 성가신 악기인지 절감했습니다. 저녁 예배 합창을 반주한 파이프오르간은 사람의 목소리와 도무지 조화를 이루지 못했고 음이 너무 강렬했습니다. 그와 달리 사람들 목소리만으로 이루어지는 시스티나 성당의 합창은 너무나 매력적입니다.

며칠 전부터 날씨가 흐리고 온화합니다. 아몬드나무는 꽃이 시들기 시작했고, 이제 푸릇푸릇한 잎을 내고 있습니다. 가지 끝엔 아직 꽃잎 몇 개가 보입니다. 곧 복숭아꽃이 피어나 아름다운 색깔로 정원을 장식할 겁니다. 까마귀밥나무 꽃이 폐허마다 피었고, 넓은 잎딱총나무 울타리들과 그 밖에도 내가 모르는 나무들이 자라고 있습니다. 이제 담장과 지붕은 더욱 푸르름을 더해가고, 어떤 담장과 지붕엔 꽃들이 피어 있습니다. 오늘 나폴리에서 티슈바인이 오기 때문에 방을 옮겼는데, 새로운 방에서는 무수히 많은 정원과 집들의 뒤쪽 복도가 다채롭게 내다보입니다. 참으로 흥겨운 정경입니다.

나는 도예 흙으로 조각을 몇 가지 만들어 보기 시작했습니다. 인식이라는 관점에서 볼 때 나는 완벽하고도 확실하게 발전하고 있습니다. 하지만 활력을 응용하는 문제에 있어서는 조금 혼란스럽습니다. 다른 모든 동료들과 마찬가지로 말입니다.

3월 14일, 로마

다음 주에는 이곳에서 어떤 일도 생각하거나 할 수 없습니다. 한꺼번에 몰려 있는 축제를 보러 다녀야 하기 때문이지요. 부활절이 지나면 아직 보지 못한 몇 군데를 들를 생각입니다. 하던 일을 잠시 접어두고, 계산을 치르고 여장을 꾸려 카이저와 함께 이곳을 떠납니다. 모든 일이 내가 바라고 계획하는 대로 된다면 4월 말에는 피렌체에 가 있을 겁니다. 그러는 사이 틈틈이 소식을 전해 드리겠습니다.

나는 외부 요인*⁸으로 다양한 조치를 찾음으로써 새로운 상황에 처하게 되었습니다. 그로 인해 내가 로마에 머무르는 일이 차츰 더 멋지고 이로우며 다행스러운 일이 되었다니 신기할 따름입니다. 정말이지 말하자면, 나는 지난 8주 동안 인생에서 가장 만족스러운 시간을 즐겼습니다. 그리고 이제는 적어도 앞으로 내 존재의 온도를 잴 수 있는 가장 바깥 부위까지도 알고 있다고 자부합니다.

이번 주에는 궂은 날씨에도 잘 지냈습니다. 일요일에는 시스티나 성당에서 팔레스트리나*⁹의 모테토를 들었습니다. 화요일에는 한 외국 여성에게 경의를 표하기 위해 어떤 홀에서 연주되는 부활절 전주의 여러 음악을 듣는 행운을 누렸습니다. 우리는 더없이 홀가분한 마음으로 음악을 들었는데, 피아노에 맞춰 자주 불렀던 노래라서 금방 이해할 수 있었습니다. 모테토는 아주 장중하고 단순한 곡입니다. 이러한 장소와 상황이 아니라면 다른 어디에서도 늘 새로운 표현이 유지될 수 없을 겁니다. 물론 자세히 들어보면 곡을 놀랍고 생소하게 만드는 여러 어중간한 전통적인 요소들이 사라지고 없으며, 이 모든 것에 무언가 비범하고 참으로 새로운 개념이 깃들어 있음을 알 수 있습니다. 언젠가는 카이저가 이 점에 대해 설명해줄 겁니다. 그는 아무에게나 주어지지 않는, 성당의 예행연습을 들을 수 있는 혜택을 누릴 겁니다.

이번 주에 나는 먼저 뼈와 근육을 연구한 뒤에 사람 발 모형을 만들어 스승에게 칭찬 받았습니다. 몸 전체를 그런 식으로 만들었다면 꽤 훌륭한 작품이 되었을지 모릅니다. 로마에서는 온갖 수단을 동원하고 전문가의 다양한 조언을 듣는 일을 당연하게 여깁니다. 나는 해골의 발과 자연 그대로 빚어 만든 아름다운 모조품을 하나 갖고 있습니다. 고대 유물에서 나온 아름다운 발 모조품 여섯 개는 본뜨기 위해서이고, 조잡하게 생긴 발 몇 개는 훈계를 위해서입니다. 그리고 자연의 도움을 받을 수도 있기에 별장에 들를 때마다 이러한

---

*8 공작은 괴테에게 자신의 어머니인 안나 아말리에를 이탈리아에서 기다려달라고 요청했다.

*9 Giovanni Pierluigi da Palestrina(1525~1594) 이탈리아 작곡가. 교회음악가로 활약하면서 100곡 이상의 미사곡과 300곡 이상의 모테토, 그리고 많은 세속 마드리갈 등을 남겼다. 원숙한 대위법 기법, 명징(明澄)한 표현에 특징이 있으며 가톨릭 폴리포니 교회음악의 한 이상을 만들어 냈다. 그것은 그 후 가톨릭음악의 지표가 되었을 뿐만 아니라 대위법 기법의 모범으로서도 오늘날까지 높이 평가된다.

부분을 살펴볼 기회를 찾아봅니다. 그림을 보면 화가가 무슨 생각을 했고 무엇을 만들었는지 알 수 있습니다. 날마다 내 방으로 오는 서너 예술가들의 조언과 짧은 논평도 활용합니다. 하지만 곰곰이 따져보면 이들 가운데 하인리히 마이어의 충고와 도움이 가장 유익합니다. 이렇듯 순풍이 불어오는데도 배가 그 자리에서 꼼짝도 하지 않는다면 돛이 없거나 조타수가 정신이 나갔기 때문이었겠지요. 내가 만든 예술품을 전체적으로 훑어보면 이제부터 주의와 열성을 다해 개별적인 부분으로 진행하는 것이 절실히 필요합니다. 끊임없이 발전해 나간다는 것도 흐뭇한 일이니까요.

계속해서 마차를 타고 돌아다니며 여태껏 소홀히 여겼던 대상들을 관찰하고 있습니다. 어제는 처음으로 라파엘로의 별장*10에 가봤습니다. 그가 모든 예술과 명성보다 삶의 즐거움을 우선시하여 애인과 함께 지냈던 곳입니다. 이 성스러운 기념물을 구입한 도리아 후작은 그 가치에 걸맞게 보존하려는 것 같습니다. 라파엘로는 온갖 의상을 입은 애인의 초상화를 스물여덟 군데나 벽에 그려놓았습니다. 심지어 역사적인 소재를 다룬 그림에서도 여자들은 어쩐지 그의 애인과 닮았습니다. 별장의 지형은 그지없이 아름답습니다. 이에 대해서는 글보다 말로 전하는 편이 더욱 실감이 날 겁니다. 그때 세세한 부분을 모두 이야기해야 하겠지요.

그런 다음에는 알바니 별장*11으로 가서 그 안에 있는 것을 대충 둘러보았습니다. 화창한 날이었습니다. 간밤에는 비가 많이 내렸는데, 오늘은 다시 태양이 비치니 창 밖 풍경은 낙원처럼 보입니다. 아몬드나무는 완전히 푸른색으로 뒤덮이고, 복숭아나무는 어느덧 꽃이 지기 시작했으며, 레몬나무 꼭대기에는 꽃봉오리가 터지고 있습니다.

내가 이곳을 떠나는 것을 참으로 마음 깊이 슬퍼해 주는 세 사람*12이 있습니다. 이들은 나에게서 얻은 것을 다시는 발견하지 못할 겁니다. 이들을 두고 떠나자니 아픈 심정을 가눌 길이 없습니다. 나는 로마에서 비로소 나 자신을 찾았으며, 자신과의 일치감을 느끼며 행복하고 이성적으로 될 수 있었습니

---

*10 보르게세 별장에 있는 포르타 델 포폴로 앞에 위치한 건물을 가리킨다. 하지만 라파엘로는 소유했던 적도 없었고, 그곳에 살았던 적도 없다.

*11 포르트라 살라리아 앞에 위치한 곳으로 1746년 알바니 추기경에 의해 건축되었다.

*12 모리츠와 앙겔리카 부인, 그리고 부리 아니면 마이어로 추정된다.

다. 이 셋은 이런 나를 여러 의미에서 알고, 함께 지내며 즐겼습니다.

3월 22일, 로마

오늘은 성 피에트로 성당에 가지 않고 편지를 쓰려고 합니다. 기적과 고난을 동반한 성주간이 지나갔고, 내일 또 한 번 교황의 축성을 받고 나면 완전히 다른 생활로 접어들 겁니다.

나는 좋은 친구들의 호의와 수고 덕분에 모든 것을 보고 들었습니다. 특히 밀고 밀리는 엄청난 인파들 틈에서 순례자들의 세족식과 성찬식을 구경할 수 있었습니다.

성당의 합창단이 부르는 노래는 상상을 넘어설 정도로 아름답습니다. 특히 알레그리의 〈미세레레〉*13와 십자가에 못 박힌 예수님이 백성들을 꾸짖는다는 뜻이 담긴 〈임프로페리아〉*14는 더없이 아름답습니다. 이 노래는 그리스도 수난의 날 아침에 불립니다. 화려한 옷을 벗은 교황이 십자가를 받들기 위해 옥좌에서 내려오는 순간, 장내는 조용해지고 합창이 시작됩니다. "백성들이여, 너희들은 어찌하여 나를 저버리는가?" 이 순간이야말로 모든 진귀한 의식들 가운데 가장 아름다운 의식을 행하는 때입니다. 이 모든 것을 글보다는 말로 전달해야 하겠고, 음악으로 옮길 수 있는 것은 카이저가 가지고 갈 겁니다. 나는 소원대로 누릴 수 있는 모든 의식을 즐기면서 언제나처럼 조용히 지켜보았습니다. 그러나 사람들이 곧잘 말하는 감명은 받지 못했고, 사실 아무런 감동도 느끼지 못했지만, 그래도 이 모든 것에 찬탄을 금치 못했습니다. 이들이 크리스트교적인 전통을 철저히 연구했다는 말은 들을 만했기 때문입니다. 특히 시스티나 성당에서 행해지는 교황의 의식에서는 예전이라면 즐겁게 생각되지 않던 가톨릭 예배가 뛰어난 미적 감각과 완전한 위엄을 갖추고 진행됩니다. 하지만 이 또한 수세기 전부터 온갖 예술을 마음대로 동원할 수 있던 곳에서만 가능합니다.

이에 대한 자세한 이야기를 여기서 할 수는 없습니다. 그 동안에 그 일*15로

---

*13 모테토의 하나로 복사가 금지되어 있었으나, 모차르트가 이를 듣고 기억하여 그대로 기록해냈다.

*14 팔레스트리나의 작품으로 유태인이나 불신자들의 구세주에 대한 모욕 천대를 힐난하는 내용이 담겨 있다. 십자가 장식 동안 성금요일 제식에서 불려지는 곡이다.

*15 공작의 청에 따라 공작의 어머니 아말리에를 기다리는 일을 가리킨다.

다시 주저앉아 이곳에 더 오래 머물 생각을 하지 않았다면 나는 다음 주에 떠날 수 있었겠지요. 하지만 이 또한 내게 가장 좋은 결과를 가져다 주었습니다. 이 기간에 다시 열심히 연구에 임한 결과, 희망했던 기간이 끝나면서 잘 마무리되었습니다. 힘찬 발걸음으로 나아가던 길을 한순간에 버리고 떠나려니 이상한 기분입니다. 하지만 그에 적응해야지 그런 기분에 계속 사로잡혀 있어서는 안 되겠지요. 모든 이별에는 광기의 싹이 잠자고 있기 때문에 우리는 그런 기분에 젖어 이 싹을 틔우지 않도록 조심해야 합니다.

나를 따라 시칠리아로 갔던 화가 크니프가 나폴리에서 보내 온 아름다운 스케치들을 받았습니다. 그 그림들은 내 여행이 낳은 아름답고 사랑스러운 결실이며, 여러분에게도 더없이 마음에 드는 작품일 겁니다. 눈앞에 보이는 것을 가지고 갈 수 있다면 가장 확실한 방법이겠지요. 이 그림들 가운데 몇 점은 색조가 특히 아름다운데, 여러분은 시칠리아가 이토록 아름다운 곳인지 믿기 어려울 것입니다.

나는 로마에 와서 점점 더 행복해지고, 하루가 다르게 즐거움도 커지고 있다고 분명히 말씀드릴 수 있습니다. 가장 머무를 만한 가치가 있을 때 떠나야 한다는 사실이 참으로 가슴 아프긴 하지만, 그래도 어떤 목표에 이를 수 있을 만큼 오랫동안 이곳에 머물 수 있었다는 사실이 내 마음을 편안하게 합니다.

예수님께서 어마어마한 소음과 함께 부활합니다. 성*16에서 축포를 쏘아대고, 교회의 모든 종이 울려 퍼집니다. 그리고 시내 어디서나 폭죽과 불꽃, 총포 소리가 들려 옵니다. 지금은 오전 11시입니다.

3월의 보고

필리포 네리는 로마의 7대 본당을 찾아다니는 것이 마치 의무라도 되는 듯 자주 찾아다니면서 자신의 뜨거운 신앙심을 밝혀 보였다. 여기서 눈여겨볼 점은 기념제에 참가하는 모든 순례자 또한 마찬가지로 이같은 성당들을 반드시 순례해야 한다는 사실이다. 그리고 실제로는 성당들이 저마다 너무 멀리 떨어

---

*16 엥겔스부르크 성을 가리킨다.

져 있어서 하루 만에 순례를 마쳐야 한다면 끔찍한 여행이 되고 만다는 사실을 염두에 두어야 한다.

이 7대 본당은 성 피에트로, 산타 마리아 마조레, 성벽 밖의 산 로렌초, 성 세바스티안, 라테란에 있는 산 조반니, 예루살렘에 있는 산타 크로체, 성벽 앞의 성 바울로 성당이다.

독실한 이곳 사람들도 부활절 전주, 특히 성 금요일에 그러한 순례를 하는데, 순례를 통해 속죄함으로써 정신적인 이점을 얻고 누릴 뿐만 아니라 육체적인 즐거움도 곁들여 가질 수 있기 때문에 그 목표와 목적은 더욱 매력을 갖게 된다.

순례를 마친 사람은 이를 증명하는 서류를 가지고 다시 성 바울로 성당 대문으로 들어가서 표를 받게 되는데, 마테이 별장에서 열리는 종교적인 국민 축제에 지정된 날에 참가할 수 있는 입장권이다. 그곳에 들어간 사람들은 빵, 포도주, 약간의 치즈나 달걀이 나오는 간단한 식사를 대접받는다. 이때 음식을 즐기는 사람들은 정원 여기저기에 자리를 잡는데, 거의 그곳에 있는 작은 원형극장에 앉는다. 맞은편 별장의 정자에는 신분이 높은 사람들, 즉 추기경이나 고위 성직자, 영주와 지역 유지들이 모인다. 축제를 보고 즐김과 동시에 마테이 집안에서 제공하는 기부 행사에 그들의 몫을 행사하도록 하기 위해서이다.

우리는 열 살에서 열두 살쯤 되어 보이는 소년들의 행렬이 다가오는 것을 보았다. 이들은 성직자 복장이 아닌 축제일 수공업 도제들에게 어울리는 복장을 하고 있었다. 어림잡아 마흔 명쯤 되어 보이는 소년들이 똑같은 모양과 색깔의 옷을 입고 짝지어 걸어오고 있었다. 이들은 노래와 말로써 경건하게 연도(連禱)*17를 올리며 조용하고 의젓하게 발걸음을 옮겼다.

수공업자로 보이는 건장한 노인이 이들 옆을 따라가면서 행렬 전체를 질서 있게 이끄는 듯했다. 이렇게 잘 차려입은 행렬 뒤에 맨발에 누더기를 걸친 거지 차림을 한 여섯 아이들이 따라가는 모습이 눈길을 끌었다. 이 아이들도 소

---

*17 Kyrie. 일련의 탄원 기도나 기원으로 이루어진 기도 형식으로, 사제 또는 찬양대 등이 짧은 내용으로 간구하여 말하거나 선창하면, 신자들이 응답하는 형태를 가리킨다. 이때 신자들은 '주님, 자비를 베풀어 주소서'(Kyrie eleison), '주님, 저희를 긍휼히 여기소서', '우리가 주님께 간구하노니 우리의 말을 들으소서' 등으로 응답한다(로마 가톨릭의 미사에서 흔히 찾아볼 수 있다).

년들과 마찬가지로 조용히 행진했다. 신경이 쓰여 알아보니 신발을 만드는 이 노인은 자식이 없었다. 그는 일찍이 느낀 바가 있어 어느 가엾은 소년을 받아들여 도제로 삼았고 뜻있는 사람들의 도움으로 소년에게 옷을 사 입히고 도제 수업을 시켰다고 한다. 이 말을 통해 다른 장인들도 소년들을 받아들이게 되었다고 한다. 이렇게 조그만 무리가 만들어졌고, 그는 이들이 일요일이나 축제일에 게으름에 빠지는 것을 막고 경건하게 행동하도록 끊임없이 북돋웠다. 심지어는 멀리 떨어져 있는 본당을 하루 만에 순례하라고 요구하기도 했다. 이런 식으로 이 경건한 조직은 점점 세를 불려갔다. 그는 자신의 업적이라 할 만한 순례 행진을 이전처럼 계속하고 있다. 하지만 현재 시설로는 자꾸 밀려드는 인원을 수용할 수 없기 때문에 일반인의 자비심을 불러일으키는 방법을 쓴다고 한다. 아직 먹고 입을 것이 필요한 아이들을 행렬 뒤에 붙이는 방법이 매번 성공을 거두어 아이들을 먹여 살리기에 충분한 회사를 받는다는 것이다.

우리가 이런 사실을 듣고 있는 동안 옷을 잘 차려입고 나이가 좀 들어 보이는 소년 하나가 우리 쪽으로 가까이 다가왔다. 그는 우리 앞에 접시를 내밀고는 정중한 말씨로 헐벗고 신발이 없는 아이들을 위해 적선해 달라고 겸손하게 청했다. 그는 감동받은 우리 외국인들뿐만 아니라 여느 때 인색하기 짝이 없는 주변 로마인에게서도 헌금을 듬뿍 받았다. 그들은 선행을 칭찬하는 많은 말을 하면서도 종교적인 무게를 싣는 것을 잊지 않았다.

우리는 신앙심 깊은 아이들의 아버지가 이런 행렬이 끝난 뒤에, 그의 도제들 모두에게 이 기부금의 혜택을 주는지 알고 싶었다. 그의 숭고한 목적을 위한 수입이 꽤 많이 보였기 때문이다.

'아름다움을 조형적으로 모방하는 일에 대하여
칼 필립 모리츠. 1788년 브라운슈바이크'

이와 같은 제목으로 32페이지가 채 못 되는 소책자가 인쇄되었다. 모리츠는 이탈리아 여행기를 쓰기로 하고 받은 돈에 대한 대가로 이 원고 일부를 독일 출판업자에게 보냈다. 물론 일이 영국을 걸어서 모험하고 여행기를 쓰는 것보다 쉽지 않았음은 틀림없다.

하지만 그 책자에 대해 말하지 않을 수 없다. 모리츠는 우리 사이의 대화를 그 나름대로 이용해 갈고 닦아 책자를 만들었다. 어찌 됐든 그것은 그 무렵 우리에게 어떤 생각이 떠올랐는가를 살펴보기 위해 역사적으로 관심의 대상이 될 수 있다. 그리고 운 좋게도 그러한 생각이 나중에 발전되고 시험되고 적용되고 널리 퍼지면서 다행히도 그 세기의 사고방식과 맞아떨어지게 되었다.

그 글 가운데 몇 쪽 분량의 내용을 여기에 덧붙이고자 한다. 어쩌면 이것으로 이 글을 모두 다시 인쇄하는 계기가 될지도 모르겠다.

'조형 미술 천재의 경우, 활동력의 범위가 자연만큼 드넓어야 한다. 다시 말해 꼼꼼히 체계가 잡혀야 하고, 주위에 넘쳐나는 자연과의 무한히 많은 공통점을 나타내야 한다. 그래서 주로 자연의 모든 관계 가운데 가장 외부적인 것까지 전체적 또는 부분적으로 나란히 보여 주되 서로를 몰아 내지 않도록 넉넉한 공간을 가져야 한다.

이런 섬세한 조직의 어떤 체계가 완전히 발전하면서, 그 활동력을 어렴풋이 느끼는 가운데 눈이나 귀, 상상력이나 사고에도 이르지 않은 어떤 전체를 느닷없이 파악한다면 서로를 재는 힘들 사이에는 불안정하고 불균형한 상태가 어쩔 수 없이 오래 지속되다가 균형 상태로 돌아오게 된다.

자신의 활동력을 어렴풋이 느끼는 가운데 이미 자연의 고상하고 위대한 전체 모습을 파악한 사람은 명확히 인식하는 사고력, 보다 생생하게 서술하는 상상력, 가장 뚜렷하게 반영하는 외적 감각을 자연과 관련해 세부적으로 살펴보는 일에 더는 만족할 수 없다.

활동력에서 어렴풋이 느껴질 뿐인 저 거대한 전체의 모든 관계들은 어떤 방식으로든 불가피하게 보이고 들리거나 상상력으로 파악되어야 한다. 그리고 이렇게 되기 위해서는 정지 상태의 실행력이 이런 상황을 자체적으로, 자기 외부에 형성해야 한다. 실행력은 커다란 전체의 모든 상황과 그 안의 최상의 아름다움을 광선 끝에서처럼 하나의 초점에서 파악해야 한다. 이러한 초점에서 눈의 측정 범위에 따라 지고한 아름다움의 섬세하지만 충실한 상이 마무리되어야 한다. 또한 이러한 상은 자연이라는 아주 커다란 전체의 완전한 상황을 자연만큼이나 진실하고도 올바르게, 자신의 좁은 범위에서 스스로 파악해야 한다.

하지만 이런 최상의 아름다움의 각인은 불가피하게 무언가에 흔적으로 남아 있어야 한다. 그래서 저마다 개성으로 규정되는 조형력은 더없는 아름다움의 광채를 차츰 축소해 전달하는, 보이고 들리거나 또는 상상력으로 파악되는 대상을 선택한다. 그리고 이러한 대상이 다시금 자신이 나타내는 실제 모습 그대로라면, 자기 외부에서 사실상 독자적인 전체를 용납하지 않는 자연과 관련해서는 더 이상 존속할 수 없기 때문에 이는 우리를 이미 한번 처했던 상황으로 이끌어 간다. 즉 내적인 본질은 그때마다, 그것이 예술을 통해 독자적으로 존재하는 전체로 이루어지기 전에, 자연이라는 커다란 전체의 상황을 아무런 방해 없이 완전한 규모로 나타낼 수 있기 전에 먼저 현상으로 모습을 바꾸어야 한다는 것이다.

하지만 이제 완전한 규모로 아름다움을 갖춘 저 거대한 관계들은 더는 사고력의 영역에 속하지 않으므로 아름다움의 조형적 모방이라는 생생한 개념도 그것이 발생하는 첫 순간에 그 아름다움을 가져오는 활동력이라는 감정 속에서만 생겨 날 수 있다. 이때 작품은 서서히 이루어져 가는 온갖 단계를 거치면서 어렴풋이 예감하는 가운데 갑작스레 영혼 앞에 모습을 드러낸다. 처음 만들어지는 이러한 순간에 자신의 실제적 존재 앞에 모습을 드러내는 것이다. 이때 이를 통해 창조적인 천재로 하여금 끊임없이 작품 활동을 하도록 부추기는 말로 표현하기 어려운 매력도 생겨난다.

아름다운 예술품 자체를 순수하게 즐기는 것과 함께, 아름다움의 조형적 모방에 대한 우리의 고찰을 통해, 예술품을 더욱 잘 즐길 수 있게 해주는, 무언가 생생한 개념이 우리 마음속에 생길 수 있다. 하지만 그럼에도 우리가 아름다움을 누릴 때 그 형성 과정을 우리 자신의 힘으로는 함께 파악할 수 없으므로 예술품을 직접 낳는 창조적인 천재만이 이를 가장 잘 누릴 수 있다. 이 때문에 아름다움은 만들어지고 형성되는 가운데 이미 더없이 높은 목적을 이룬 셈이다. 우리가 나중에 그러한 아름다움을 누리는 것은 자체적인 현존재의 결과일 뿐이다. 이 때문에 조형 예술의 천재는 자연의 위대한 구상 속에서 먼저 자기 자신을 위해, 그 다음은 우리들을 위해 존재한다. 그 천재 말고도 여전히 창조하고 형성되지만 일단 만들어지면 자신의 상상력으로 포괄할 수 있는 존재, 즉 교양인이 있기 때문이다.

아름다움의 특성은 그 본질이 사고력의 경계 밖에서 자신의 생성과 형성 과정에 깃들어 있다. 사실 사고력이 아름다움에 대해 왜 아름다운지 더는 의

문을 품을 수 없기 때문에 아름다운 것이다. 사고력에는 아름다움을 판단하고 살펴볼 수 있는 비교점이 없기 때문이다. 위대한 자연 전체의 조화로운 상호 관계의 본질 외에 참된 아름다움을 위해 비교할 수 있는 것이 과연 무엇일까? 이는 사고력으로 파악할 수 없다. 자연 여기저기 흩어져 있는 모든 개별적인 아름다움은 거대한 전체 온 관계의 이러한 본질이 많고 적게 나타날 때 아름다운 것이다. 따라서 아름다움이 조형 예술의 아름다움을 위한 비교점이 될 수 없듯이, 아름다움의 진실한 모방을 모범으로 삼을 수도 없다. 개별적인 자연 속 최고의 아름다움이라 하더라도 모든 것을 담는 자연의 거대하고 장엄한 상황을 의기양양하게 본뜨기에는 아직 충분히 아름답지 않기 때문이다. 이 때문에 아름다움은 인식될 수 없으며, 표현하고 느껴져야 한다.

비교 관점이 완전히 부족한 경우에 아름다움이란 사고력의 대상이 아니기 때문에 우리 자신이 아름다움을 만들어낼 수 없는 한 아름다움을 누리는 일도 모두 단념해야 한다. 이는 아름다움이 덜 아름다운 것보다 우리에게 더 가까이 다가오게 하는 어떤 기준이 없다는 가정을 뜻한다. 하지만 우리 안에 어떤 것이 표현하는 힘을 대신하기 때문에, 그 힘 자체는 아니지만 그에 가능한 만큼은 접근할 수 있다. 이것이 우리가 흔히 말하는, 아름다움에 대한 취향, 또는 감수성이다. 감수성은 아름다움을 드러내는 더없이 높은 즐거움이 부족해 한계가 있지만, 방해받지 않고 조용히 지켜보는 과정에서 결여된 것을 보충해준다.

말하자면 우리의 조직이 그토록 섬세하게 짜여 있지 않다면 밀려오는 자연 전체에 공통점들을 필요한 만큼 넉넉히 줄 수 없고, 자연의 위대한 상호 관계들을 줄여서 반영할 수도 없을 것이다. 그리고 이 순환의 원을 완전히 매듭짓기 위한 주요한 점이 우리에게서 사라질 것이다. 즉, 우리는 아름다움에 대한 형성력 대신 감수성만을 갖게 될 것이다. 우리 외부에서 아름다움을 재현하고자 하는 시도는 실패할 것이며 또한 아름다움에 대한 우리의 감수성이 부족한 형성력에 비좁게 다가갈수록 우리는 자신에게 더더욱 불만을 느끼게 될 것이다.

이를테면 아름다움의 본질은 자체적인 아름다움의 완성에 있기 때문에 최종적으로 부족한 점은 그 본질을 더없이 훼손시킨다. 그 점이 다른 모든 점을 자신이 속하는 자리에서 밀쳐내기 때문이다. 그리고 이러한 완성점이 결여되어 있다면 예술품은 처음부터 애써 시작할 가치가 없으며, 만들어지는 시간도 무의미하게 될 것이다. 그러한 작품은 나쁜 것에서 무익한 것으로까지 떨어지게 된다. 그리고 작품의 존재는 어쩔 수 없이 그것이 망각 상태로 떨어짐으로써 다시 지양해야 한다.

이와 마찬가지로 아름다움을 완성하는 데 최종적으로 부족한 점은 체계의 보다 정교한 조직으로 양성된 조형 능력에도 해를 끼친다. 아름다움이 감지 능력으로서 가질 수 있는 최고 가치가 조형력의 경우에는 가장 하찮은 것으로 여겨질 수도 있다. 감지 능력이 자신의 한계를 넘게 되는 지점에서 반드시 자기 자신의 수준 이하로 떨어지고 지양되어 폐기될 수밖에 없는 것이다.

일정한 장르의 아름다움에 대한 감지 능력이 완벽할수록 이를 조형력으로 착각할 위험성은 더욱 커진다. 그리고 이렇게 수없이 실패를 거듭함으로써 자기 자신과의 평화를 방해하게 된다.

예를 들어 이 감지 능력은 어떤 예술 작품의 아름다움을 누릴 때 마찬가지로 작품의 생성 과정을 통해 그것이 만든 조형력을 꿰뚫어 보고, 작품을 자신의 외부로 표출해 낼 만큼 강력한 힘을 느끼면서 어렴풋이나마 이러한 아름다움을 보다 더 누릴 수 있음을 예감한다.

이미 존재하는 작품에서는 찾을 수 없는 고도의 즐거움을 위해서 너무도 생생하게 감동받은 감각이 무언가 비슷한 것을 표출하려고 애를 쓰나 허사로 돌아간다. 그리하여 이 감각은 자기 작품을 증오하고 이를 내팽개친다. 그리고 감각의 외부에 이미 존재하는, 감각과 무관하게 있기 때문에 거기에서 아무런 기쁨을 찾지 못하는 모든 아름다움의 누림을 싫어하게 된다.

감각의 유일한 소망과 노력은 자신에게 거부된 즐거움, 감각을 어렴풋이 예감할 때보다 더 고차원적으로 누리는 일이다. 즉 감각 덕분으로 존재 의미가 있는 어떤 아름다운 작품에 자신의 조형력을 깨달으면서 스스로를 투영하는 것이다.

하지만 감각은 자신의 소망을 영원히 이어가지는 못한다. 그러한 소망은 사적인 욕심으로 비롯되는 것이며, 아름다움이란 예술가의 손으로 자신을 위해서만 파악하고 순순히 만들어지도록 하기 때문이다.

아름다움이 완성될 때 아름다움은 이를 즐길 수 있게 해주어야 한다. 아름다움을 누리고 싶은 생각이 곧 창작 의욕이 있는 조형적 충동과 곧바로 섞이는 곳, 이러한 생각이 우리의 실행력의 으뜸가는, 가장 강력한 자극이 되는 곳에서는 조형 충동은 확실히 순수하지 않다. 즉 아름다움의 초점이나 완성점은 작품을 넘어서서 작용하게 되며, 예술의 번영은 끝이 나고 작품은 마무리될 수 없을 것이다.

자신이 표현한 아름다움을 최고로 누릴 수 있는 상태에 가까이 이르렀다고 생각하면서도 이를 포기하는 것은 물론 어려운 투쟁처럼 보인다. 하지만 본질을 고상하게 하기 위해 우리가 먼저 지녔다고 자처하는 이러한 조형 충동에서, 여전히 발견되는 사사로운 욕심의 흔적을 모두 없애고, 우리가 빚어내는 아름다움이 이제 존재하게 될 때, 우리 자신의 힘의 감각으로써 아름다움이 우리에게 가져다 주는 그것에 대한 모든 생각을 되도록 몰아내려고 한다면, 이러한 투쟁은 조금도 어렵지 않다. 그리하여 우리가 마지막 숨을 거둘 때에야 비로소 아름다움을 완성할 수 있다 하더라도 이를 이루려고 노력한다면 이러한 투쟁은 무척 쉬워지리라.

그런 다음 우리가 예감하는 아름다움이 자체적으로 만들어지는 가운데 우리의 실행력을 움직일 만큼 충분한 매력이 아직 남아 있다면, 우리의 조형 충동이 참되고 순수하기 때문에 안심하고 이를 따라도 된다.

하지만 아름다움의 누림과 효과를 완전히 무시함으로써 그 매력도 사라지게 된다면 투쟁을 계속할 필요가 없다. 우리 마음속에는 평화가 깃들게 될 것이고, 본디 모습으로 돌아간 감지 능력은 겸허히 한계까지 물러난 것에 대한 대가로 자기 존재의 본성과 함께할 수 있는 아름다움을 가장 순수하게 누릴 수 있게 될 것이다.

조형력과 감지력이 갈라지는 지점을 그만 놓치고 지나쳐버리는 경우가 쉽게 생기는 것은 마땅하다. 최상의 아름다움을 복사한 작품들 가운데 하나만이 진짜인데도, 언제나 수많은 졸작이나 주제넘은 것들이 넘치는데, 오류의 형성 본능이 예술 작품을 만들어 낸다는 점을 생각할 때 그리 놀랄 일도 아니다.

이렇게 온갖 시도가 실패하고 착각을 피하는 일이 불가능한 까닭은 다음과 같다. 참된 조형력은 작품 형성 초기에 확실한 대가로서 자기 안에서 최초이자 최상의 즐거움을 겪게 한다. 그리고 이 점만이 오류 형성 본능과 구별할 수 있도록 한다. 즉 조형력은 첫 작품을 누리는 예감으로 인해서가 아니라, 스스로 작용하는 것이다. 이 열정의 순간에 사고력은 올바른 판단을 내릴 수 없기 때문이다.

이처럼 실패한 시도 또한 아직 조형력이 부족함을 나타내는 것은 아니다. 조형력이 참일 때에도, 이는 눈앞에 있는 것을 상상력 앞에, 또는 귀에 들리는 것을 눈앞에 보이려고 하면서 곧잘 완전히 그릇된 방향을 가리키기도 하기 때문이다.

참으로 자연은 그 안에 담긴 조형력을 언제나 완전히 성숙시키거나 발전시키지는 않으며, 조형력이 결코 발전할 수 없는 그릇된 길로 접어들게 하기 때문에 참된 아름다움이란 좀처럼 존재하지 않는다.

또한 자연은 주제넘은 조형 충동에서도 불쾌하고 볼품없는 것들을 마구잡이로 생겨나게 하므로 참된 아름다움과 고상함은 그 희소성으로 평범하고 거친 것과 구별된다.

그러므로 감지 능력에는 늘 조형력의 성과로써만 채워지는 틈이 있다. 조형력과 감지 능력은 남녀 관계와 같다. 조형력은 작품이 처음 생길 때 더없이 누리는 순간엔 감지 능력이 되기도 하고, 자연과 마찬가지로 자기 존재의 각인을 자신으로부터 끌어내기 때문이다.

따라서 감지 능력뿐만 아니라 조형력도 조직의 보다 정교한 체계에 바탕을 둔다. 자연이란 거대한 전체 상황이 관련 맺는 모든 접점에서 이 조직이 완전하거나 거의 완전한 각인이 되는 한에서 말이다.

감지 능력뿐만 아니라 조형력도 사고력 이상의 것을 아우른다. 이 둘의 바탕이 되는 활동력은 사고력이 파악하는 모든 것을 동시에 깨닫는다. 활동력은 우리가 가질 수 있는 모든 개념들 가운데 첫째 동기들을 늘 자기 밖으로 내놓으면서 자신 안에 포함하고 있기 때문이다.

이제 이러한 활동력이 사고력의 영역에 속하지 않는 모든 것을 밀어내면서 자체적으로 파악하는 한 이를 조형력이라 부른다. 그리고 활동력이 사고력의 경계 바깥에 위치한 것을 밖으로 내놓는 데에 이끌리면서 자체적으로 이해하는 한 이것을 감지 능력이라 부른다.

조형력은 감각과 활동력 없이는 있을 수 없는 반면, 활동력은 자신을 바탕으로 해서만 존재하며 감지 능력과 조형력이 없이도 홀로 존재할 수 있다.

이제 이러한 활동력도 조직의 보다 정교한 체계를 밑바탕으로 하는 한 그 기관은 무릇 자신의 모든 접점에서 거대한 전체 상황의 각인일 수 있다. 사실 이

때 감지 능력과 조형력을 조건으로 하는 완성도는 요구되지 않을지도 모른다.

우리를 에워싸는 거대한 전체 상황 가운데, 말하자면 우리 기관의 모든 접점에서 수많은 접점이 늘 서로 만나고 있으므로 우리는 그 자체는 아니더라도 거대한 전체를 어렴풋이나마 느끼게 된다. 우리의 본질 안에 들어온 온 상황은 곳곳으로 다시 뻗어나가려고 애쓴다. 즉 기관은 곳곳으로 무한대까지 뻗어나가기를 원한다. 그 기관은 주변을 둘러싼 전체를 자체적으로 드러낼 뿐만 아니라, 되도록이면 스스로 주위를 에워싸는 전체가 되려고 한다.

이 때문에 보다 높은 모든 조직체는 본성에 따라 자기보다 뒤떨어지는 조직체를 사로잡아 자신의 본질 안에 옮겨놓는다. 식물은 단순한 생성과 성장으로 무기질을 섭취하고, 동물은 생장, 성장 및 향유를 통해 식물을 섭취한다. 그리고 인간은 생장, 성장 및 그것들을 누림으로써 동물과 식물을 자신의 내적 본질로 변화시킬 뿐만 아니라, 동시에 자신의 조직체에 종속되는 모든 것을, 그 본질 가운데서 가장 밝게 윤을 내고 비추어 주는 표면을 통해 자신의 존재 영역 안으로 받아들인다. 그리고 그 기관이 스스로를 이루면서 자체적으로 완성될 때, 이를 미화하면서 바깥으로 다시 드러낸다.

그렇지 않을 때 인간은 자기 주위 것을 파괴하여 현실적인 존재 영역 안으로 끌어들이고, 할 수 있는 한 황폐하게 만들어 버린다. 순수하고 순진무구한 관찰만으로는 확장된 현실적 실존에 대한 갈증을 대신할 수 없기 때문이다.'

4월의 편지

1788년 4월 10일, 로마

몸은 여전히 로마에 있지만 마음은 이미 이곳을 떠나 있습니다. 결심을 굳히고 나니 이젠 흥미도 사라졌고 차라리 보름 전에 떠났으면 하는 마음입니다. 내가 아직 이곳에 있는 이유는 무엇보다도 카이저와 부리 때문입니다. 카이저는 로마에서만 할 수 있는 연구를 아직 몇 가지 끝마쳐야 하고, 악보도 몇 편 수집해야 합니다. 부리는 내가 구상한 그림의 스케치를 마무리해야 하는데, 그러기 위해선 내 조언이 필요합니다.

어쨌든 4월 21일이나 22일에 출발할 생각입니다.

4월 11일, 로마

시간은 하루하루 흘러가는데 나는 더 이상 아무것도 할 수 없습니다. 더 보고 싶은 것도 거의 없습니다. 성실한 마이어가 아직 도와 주고 있어서 마지막 순간에도 그의 가르침을 받으며 즐겁게 지내고 있습니다. 카이저가 내 곁에 없다면 나는 그를 데려왔을지도 모릅니다. 우리가 일 년만 그의 지도를 받았더라도 꽤 많은 진척을 보았을 겁니다. 특히 그는 두상 스케치의 온갖 의문점을 풀어 없애는 데 많은 도움을 주었습니다.

오늘 아침에는 선량한 마이어와 함께 프랑스 아카데미를 찾아갔습니다. 고전 조각 작품의 복제품들이 진열되어 있는데 모두 최상급이었습니다. 이곳에서 느낀 작별의 순간을 어떻게 말로 표현할 수 있겠습니까? 이러한 현재 속에서는 우리들은 실제 이상의 존재가 됩니다. 즉 우리가 다루어야 하는 가장 존엄한 대상이 인체라는 사실을 느끼게 됩니다. 이곳에선 이러한 인체를 무척 다양하면서도 멋진 모습으로 받아들이게 됩니다. 그러한 대상을 바라보면서 자신이 얼마나 불충분한 존재인지 곧장 깨닫지 못하는 사람은 참담한 지경에 빠질 준비를 해야 합니다. 인체의 균형과 구조, 동작의 규칙성에 대해 어느 정도 확실한 설명을 하려고 했지만 '형태'가 결국 모든 것, 즉 인체의 유용성, 균형, 성격 및 아름다움을 모두 포함한다는 사실만 지나치게 부각될 뿐이었습니다.

4월 14일, 로마

이보다 더 혼란스러울 수는 없을 것입니다! 점토로 발을 만드는 일을 계속하면서 앞으로는 《타소》를 손봐야겠다는 생각이 들었습니다. 어쨌거나 내 생각은 가까이 닥쳐온 여행의 반가운 동반자가 될 그 작품에 쏠려 있습니다. 그러는 사이 하나하나 짐을 꾸리기 시작합니다. 그리고 이제야 비로소 여기저기서 수집하고 끌어 모았던 것이 눈에 들어옵니다.

4월의 보고

지난 몇 주 동안 보낸 내 편지에는 중요한 내용이 그다지 없다. 내 처지는 예술과 우정, 소유와 노력, 익숙한 현재와 다시 새로 익숙해져야 할 미래 사이에서 너무나 혼란스러웠다. 이러한 상황에서 편지에 많은 내용을 담을 수는 없었다. 정다운 옛 친구들을 다시 만나는 기쁨은 알맞게 털어놓았지만 이별의 고통은 거의 감추려 들지 않았다. 그래서 덧붙이는 이 보고에서 몇 가지를 간추려 볼 작정이다. 그동안 다른 메모지나 비망록에 적어둔 것이나 기억을 더듬어 다시 떠올린 것을 써 보겠다.

봄이 오면 다시 돌아오겠다고 누누이 밝혔던 티슈바인은 여전히 나폴리에 머물러 있다. 여느 때는 그와 함께 지내기가 편했지만, 그에게는 특이한 버릇이 있어서 오래 같이 지내기는 좀 힘들었다. 그는 자신이 하기로 마음먹은 모든 일을 불확실한 상태로 내버려두곤 했는데, 그로 인해 악의는 아니지만 간혹 다른 사람들에게 폐를 끼치거나 불쾌감을 안겨 주기도 했다. 이번에는 내가 이런 경우를 당하게 되었는데, 그가 돌아오면 우리 모두가 편안히 지낼 수 있도록 내 숙소를 바꾸어야 했기 때문이다. 우리 집 2층이 마침 비어 있었기에 나는 곧장 그곳에 세를 들어 이사했다. 그가 1층을 쓰도록 하기 위함이

네 가지 형태의 두상, 괴테 그림

었다.

　2층은 아래층과 똑같았지만, 뒤편으로 우리 집과 이웃집 정원이 내려다보여 전망이 기막히게 좋다는 이점이 있었다. 구석에 있는 우리 집 곳곳으로 다른 집들이 늘어서 있었다.

　이곳에서 보니 정원들의 모습이 참으로 다채로웠다. 담장으로 나뉜 모양이 다른 정원들은 온갖 식물들이 가꾸어져 있었다. 푸르른 나무가 자라고 꽃이 피어난 낙원을 찬미하려는 듯 매우 단순한 건축물들이 사방에 솟아 있었는데, 정원으로 난 대청마루, 베란다와 테라스, 또한 보다 높은 곳에 자리한 뒤채의 야외 휴게실 사이로 이 지역의 온갖 나무와 식물들이 보였다.

　나이 든 교구 성직자 한 분이 우리 집 정원에서 흙을 구워 꾸민 화분에 알맞은 크기의 레몬나무들을 많이 심어 잘 기르고 있었다. 여름에는 집 밖에서 자유로운 공기를 쐬게 하고 겨울에는 정원으로 난 대청마루에 옮겨 돌봤다. 열매가 모두 익으면 정성스레 따서 하나하나 부드러운 종이에 싸고 함께 포장해서 내다 팔았다. 그 레몬들은 남달리 품질이 뛰어나서 사람들의 인기를 끌었다. 이런 오랑제리아*¹는 중류층 집안의 작은 투자 대상이었는데 해마다 많은 관심을 끌고 있다.

날씨가 맑을 때면 아름다운 경치를 마음껏 구경할 수 있는 창문들은 미술품을 감상하는 데 필요한 환한 빛도 제공해 주었다. 마침 크니프가 약속대로 우리가 시칠리아를 여행할 때 그려 두었던 스케치를 완성한 수채화 여러 점을 보내 주었다. 이 그림들은 빛이 좋을 때면 구경하는 사람들에게 기쁨과 경탄을 불러 일으켰다. 바로 이러한 점에 애착을 갖고 작업한, 그보다 밝고 투명한 색조를 내는 데 더 성공을 거둔 사람은 아마 없을 것이다. 참으로 이 그림들은 보는 사람을 매료시켰다. 바다의 습기, 암석의 푸른 그림자, 산들의 황적색 색조, 더없이 밝게 빛나는 하늘 아래 아스라이 스쳐 지나가는 수평선을 다시 보고 느끼는 듯했기 때문이다. 이러한 그림들은 모든 면에서 훌륭했을 뿐만 아니라, 바로 이곳, 그림 받침대에 세워놓았을 때 더욱 효과적이고 눈에 띄는 것 같았다. 내가 그 방에 몇 번 들어갔을 때마다 그 그림이 나를 매혹적으로 사로잡은 기억이 난다.

유리하든 불리하든, 직접적이든 간접적이든 간에 대기의 빛에 담긴 비밀은 그때만 해도 아직 밝혀지지 않았다. 그저 우연한 현상이거나 설명하기 어려운 일로 여겨지긴 했지만 그래도 확연히 느낄 수 있었던 사람들은 놀라움을 금치 못했다.

이 새로운 거처는 하나둘 모으기 시작한 수많은 석고상들을 흐뭇한 기분으로 정리하고 밝은 빛에 진열하는 기회를 마련해 주었다. 이제야 참으로 소중한 소장품들을 제대로 즐길 수 있었다. 고대 조형 예술품들을 로마에서 계속 보고 있으면 자연 속의 무한하고 불가사의한 대상 앞에 있는 느낌이 든다. 숭고하고 아름다운 것은 그에 대한 인상이 아무리 좋다 하더라도 우리를 불안하게 만들기 때문에, 우리는 감정과 견해를 말로 표현하길 바란다. 하지만 그러기 위해서는 먼저 깨닫고 통찰하고 이해해야만 하며, 때문에 우리는 분류하고 선별하고 정리하기 시작한다. 그런데 이러한 작업은 불가능하지는 않지만 매우 어려운 것이 사실이다. 그래서 끝내 구경하고 즐기며 감탄하는 자세로 되돌아오

---

*1 오렌지과 식물들을 겨울에 들여놓기 위해 만들어진 데서 유래한 말로 온실을 가리킨다.

는 것이다.

이러한 예술품은 만들어진 시대와 작가들의 상황으로 우리를 이끌어준다는 점에서 가장 결정적인 영향을 끼친다. 고대 입상들에 둘러싸여 있으면 생동하는 자연의 삶 속에 있는 듯한 느낌을 받게 된다. 사람들은 인간상의 다양함을 알게 되고, 더없이 순수한 상태로 돌아가게 되며, 이를 통해서 구경하는 사람 자신도 그야말로 생기에 넘치고 순수하게 인간적으로 된다. 조각된 인물을 어느 정도 돋보이게 해주는 자연스러운 의상조차도 즐거움을 안겨준다. 로마에서 이러한 분위기를 날마다 즐기다 보면 갖고 싶은 마음이 생기고, 그러한 형상물을 옆에 세워두고 싶은 욕망을 갖게 된다. 이럴 때는 원형 그대로 빚어낸 훌륭한 석고상을 구하는 게 가장 좋다. 아침에 눈을 뜰 때마다 우리는 그런 걸 작품에 감동받게 된다. 우리의 모든 생각과 의식이 그러한 형상과 함께하는 한, 다시 야만의 상태로 되돌아가는 일은 없을 것이다.

우리는 루도비시의 주노 여신상을 가장 훌륭하다고 생각한다. 그 원형을 보기란 매우 어렵고 드물게, 우연히 보게 되는 만큼 높은 평가와 존중을 받았다. 그러니 이를 눈앞에 두고 언제나 즐길 수 있다는 사실을 행운이라 여기지 않을 수 없었다. 이 상을 구경한 우리 동시대인들 가운데 어느 누구도 첫 대면에 이를 소화할 만큼 성숙하다고 주장할 사람은 없기 때문이다.

비교라도 하려는 듯 그 옆에는 작은 주노 상 몇 개가 서 있었고 주피터의 흉상 또한 돋보였다. 론다니니의 오래된 메두사 상도 훌륭하고 경이로웠다. 죽음과 삶, 고통과 쾌락 사이의 다툼을 표현하면서 우리에게 다른 문제들뿐 아니라 이루 말할 수 없는 매력을 던져 주고 있었다.

또한 힘차고 거대하면서도 분별 있고 부드러운 아낙스의 헤라클레스 상과 사랑스럽기 그지없는 메르쿠어 상을 이야기하지 않을 수 없는데, 이 두 작품의 원형은 오늘날 영국에 있다.

질이 조금 떨어지는 작품들, 아름다운 많은 작품들의 토기 모사품에는 이집트산도 있었다. 커다란 오벨리스크를 본뜬 이집트의 주상, 그리고 대리석상도 몇 개 섞여 있는 미완성 작품들이 주위에 나란히 세워져 있었다.

고작 몇 주 동안 나의 새로운 거처에 자리잡았던 이러한 보물들에 대해 이야기하자니, 유언장을 쓰기 위해 소유물들을 담담하면서도 감동 어린 눈길로 바라보는 사람처럼 느껴진다. 이러한 물건들은 옮기기 힘들고 번거로우며, 비용이 많이 들뿐만 아니라 다루는 데도 서툴렀으므로, 나는 이 걸작품을 독일로 가져가는 일을 망설일 수밖에 없었다. 그래서 루도비시의 주노 상은 고상한 앙겔리카에게 주기로 마음먹었고, 다른 몇 작품은 주위의 화가들에게, 또 일부는 티슈바인에게 넘기기로 했다. 그리고 다른 작품은 그대로 남겨두었다가, 내 방으로 거처를 옮기게 될 부리의 뜻에 따라 사용하도록 했다.

이 글을 쓰면서 내 생각은 아주 어린 시절로 돌아갔다. 이런 대상들을 처음으로 접하고, 관심을 갖은 때에는 아직 생각은 충분치 않지만 넘치는 열정을 불러일으켰다. 그 결과 나는 이탈리아에 대한 무한한 동경을 품게 되었다.

독일에서 지내던 시절에는 조각품에 대해서는 아는 것이 전혀 없었다. 라이프치히에서 작은 종이 울리는 가운데 춤을 추며 등장하는 목양신 상을 처음 봤을 때는 깊은 인상을 받았다. 오늘도 그 주형의 세부적인 모습과 분위기를 떠올릴 수 있을 정도이다. 그 뒤로 오랫동안 이런 작품을 구경하지 못하다가, 위에서 빛이 드는 만하임의 박물관에서 수많은 소상(小像)들에 둘러싸이게 되었다.

나중에 석고상 제조자들이 프랑크푸르트에 나타났는데, 이들은 알프스를 넘어 많은 석고상 원형을 가지고 왔다. 이들은 이 원상을 주물로 떠서 괜찮은 가격에 팔았는데, 나는 그런대로 괜찮은 라오콘의 두상, 니오베의 딸들, 나중에 사포의 상이라 부른 조그만 두상과 그 밖의 몇몇 작품을 사들였다. 나약함, 그릇된 생각, 일부러 꾸민 듯한 태도가 덮쳐올 때마다 이런 고상한 상들이 은밀한 해독제 역할을 해주었다. 그렇지만 나는 늘 불만족한 상태에서 미지의 것에 이끌리며, 때때로 잠잠해졌다가 다시 살아나곤 하는 욕망 때문에 마음속으로 고통을 겪어 왔다. 그렇기에 로마를 떠나면서 마침내 겨우 손에 넣은 소장품과 헤어져야 했을 때의 고통은 이루 말할 수 없었다.

나는 시칠리아에서 알게 된 식물 조직의 법칙성에 사로잡혀 있었다. 이는 마치 어떤 일에 대한 애착이 우리 마음을 붙잡고 있다가 능력이 되곤 하는 과정과 비슷하다. 그래서 나는 식물원을 찾아갔다. 그 식물원은 옛 방식으로 운영되고 있어서 그다지 감탄스럽다고는 할 수 없었다. 하지만 그곳에는 새롭고 예기치 못했던 많은 식물들이 있어서 매우 유익한 시간을 보낼 수 있었다. 나는 기회가 닿는 대로 주위에 있는 희귀한 식물들을 채집해서 계속 관찰했다. 또 직접 씨앗을 심어 길러낸 식물들을 돌보면서 줄곧 지켜보았다.

내가 로마를 떠날 때 몇몇 친구들은 무엇보다 나의 식물들을 나누어 갖고 싶어 했다. 나는 이제 제법 자라서 앞으로 훌륭한 나무가 될 것 같은 잣나무 묘목 한 그루를 앙겔리카 부인 정원에 심어 주었다. 몇 년 뒤, 이 나무는 훌쩍 자라서 관심 있는 여행자들이 이에 대해 이야기를 하며 그 장소에 얽힌 추억을 들려줌으로써 우리를 즐겁게 해주었다. 그런데 유감스럽게도 더없이 소중한 내 여자 친구가 이 세상을

루도비시의 주노 여신상(두상)

뜬 뒤, 새 주인은 꽃밭에 나무가 자라는 것이 어울리지 않는다고 생각했다. 뒷날 호감과 호기심을 품고 그곳을 찾은 여행객들은 이곳이 텅 비어 있으며 아름다웠던 식물들의 흔적마저 모두 사라진 것을 발견했다.

그런데 다행히도 내가 씨앗을 심어 길러낸 대추야자나무는 몇 그루 남아 있었다. 나는 여러 번의 실패 끝에 그 진기한 생장 과정을 때때로 관찰할 수 있었다. 그 가운데 살아남아 싱싱하게 무럭무럭 자라난 몇 그루를 로마 친구*2에게 주었다. 그가 시스티나 거리 정원에 심은 이 나무들은 오늘도 살아 있다. 어떤 고상한 여행자*3가 친히 확인해 주었듯이 어느새 사람 키만큼 자라났다고 한다. 부디 주인의 마음을 편안하게 해주고, 더구나 나의 추억을 간직할 수 있

*2 파르미기아니를 가리킨다.
*3 바이에른의 왕 루드비히 1세를 가리킨다.

도록 푸르게 성장하고 번성하길 바란다.

로마를 떠나기 전에 늦었지만 어떻게든 둘러보고 싶은 곳들이 있는데, 성격이 매우 다른 두 유적지, 바로 클로아카 마시마*⁴와 성 세바스티안 교회 옆의 지하묘지였다. 전자는 피라네시가 우리에게 알려주었던 사전 지식의 거대한 상상을 훌쩍 뛰어넘었지만 후자는 성공적인 방문이 되지 못했다. 음습한 공간에 들어서기가 무섭고 언짢은 기분이 들어 곧장 햇빛이 드는 곳으로 나와 버렸기 때문이다. 나는 도시에서 멀리 떨어진 이 미지의 외곽지대에서 다른 일행이 돌아오기를 기다렸지만, 나보다 더 침착한 이들은 봉안당 내부를 마음놓고 구경하고 싶어했다.

나중에 나는 안토니오 보시오*⁵의 대작 《지하 로마》를 통해 그곳에서 보았던 것과 보지 못했던 모든 내용을 상세히 알게 되었다. 그러므로 내가 보지 못한 것을 충분히 보충했다고 생각한다.

이와 달리 다른 순례는 보다 이롭고 많은 성과가 있었는데, 성 누가 아카데미에 성 유물로 보관되어 있는 라파엘로의 두개골에 경의를 표한 일이 바로 그것이다. 건축 공사 때문에 그 유골을 이 비범한 남자의 무덤에서 꺼내 이곳으로 가지고 왔던 것이다.

참으로 놀라운 광경이었다! 잘 보존된 그 두개골은 아름다운 둥그스름한 형태가 그대로 남아 있었는데, 나중에 갈*⁶이 다른 두개골을 바탕으로 하여 인지학의 이론에서 다양한 의미로 풀이된 융기나 혹, 돌기의 흔적을 찾아볼 수 없었다. 나는 눈을 뗄 수가 없었고 발걸음을 옮기면서 그 복제품을 하나 가질 수 있다면 자연과 예술의 벗들에게 얼마나 의미심장한 일일까 생각해 보았다. 그런데 영향력이 큰 친구, 고문관 라이펜슈타인이 내게 희망을 품게 하더니, 얼

---

*4 로마의 남쪽 테베레 강이 흘러들어가는 광장의 하수 시설.

*5 Antonio Bosio(1576경~1629). 이탈리아 고고학자. 이탈리아 고고학자 데 로씨(G.B. de Rossi)는 그를 'Columbus of the Catacombs(카타콤의 콜럼버스)'라고 불렀다. 1579년 Via Salaria에서 발견된 지하 묘소의 의미를 처음으로 인정한 사람이다. 그는 연속된 지하 묘소의 발견을 저서 《지하 로마Roma sotteranea》에 자세히 썼다. 이 저서는 데 로씨의 저서가 나올 때까지 기본서로 남아 있었다.

*6 Franz Joseph Gall (1758~1828). 프랑스 해부학자. 뇌신경의 구조와 기능을 연구하여, 두개는 뇌 외표의 완전한 주형이며, 두골의 형상·융기·함요 등에 따라 인간의 정신상태를 알 수 있다는 골상학을 발표했다.

마 뒤에 정말로 그 복제품을 독일로 보내주었다. 덕분에 나는 아직도 그 두개 골을 여러 부문으로 관찰할 수가 있다.

라파엘로가 그린 사랑스러운 그림, 즉 성모마리아를 바라보는 성 누가는 그지없이 밝은 모습이다. 이 그림에서 화가는 성모마리아의 고귀하고 우아한 신성을 진실하고도 자연스럽게 묘사하고자 했다. 아직 나이가 어린 라파엘로는 조금 떨어진 곳에서 이 복음 전도사가 하는 일을 지켜보고 있다. 자신이 천직으로 여기는 직업을 아마 이보다 더 우아하게 표현하고 믿을 수는 없을 것이다.

한때 이 그림을 소장했던 피에트로 다 코르토나는 이 작품을 아카데미에 기증했다. 물론 여러 군데 손상을 입고 복원되었지만 그래도 여전히 매우 중요한 가치를 지닌 그림임에는 틀림없다.

그 무렵 나는 참으로 나다운 유혹을 이겨내야만 했다. 그렇지 않으면 여행을 취소하고 다시 로마에 묵어야 했을 테니까. 예술가이자 예술품 상인인 안토니오 레가 씨가 친구인 마이어를 만나러 나폴리에서 온 것이다. 그가 허물없이 털어놓은 말에 따르면, 자기가 타고 온 배가 그랑데 리파에 정박해 있는데 그곳 친구를 초대한다고 했다. 그는 중요한 고대 조각품들, 즉 무희나 뮤즈 여신을 그 배에 싣고 있다고 한다. 나폴리의 카라파 콜롬브라노 궁전 마당에 있는 벽감에 오래 전부터 다른 작품들과 함께 서 있던 그것들은 매우 훌륭한 작품으로 평가받았다고 한다. 그는 이것을 은밀히 팔려는 생각으로 마이어 씨 또는 다른 친한 친구가 이에 관심이 있는지를 물어왔다. 어쨌거나 그는 이 고상한 예술품을 300체키노라는 아주 싼 가격에 내놓았는데, 조심스럽게 거래해야 하는 입장이 아니었다면 마땅히 가격을 훨씬 높이 매겼을 거라고 한다.

이 사실을 알게 된 우리 셋은 숙소에서 꽤 멀리 떨어진 선착장으로 갔다. 레가 씨는 바로 갑판에 있던 상자 덮개를 들어 올렸다. 그러자 아직 몸통에 그대로 붙어 있는 사랑스럽고 조그만 두상이 흐트러진 곱슬머리 사이로 얼굴을 드러냈다. 뒤이어 참으로 우아한 옷을 입고 사랑스러운 몸짓을 한 형상이 나타났다. 손상이 된 곳이 거의 없었고 한쪽 손은 완벽하게 보존되어 있었다.

이것을 보고 있노라니 현장에서 보았던 기억이 새록새록 떠올랐다. 그때만 해도 이것이 이렇게 우리 곁에 가까이 올 줄은 꿈에도 상상하지 못했다.

누구에게나 그랬겠지만, 이때 우리는 문득 이런 생각이 들었다. '엄청난 경비를 들여 일 년 내내 발굴 작업을 한 끝에 이런 보물을 얻게 된다면 자신을 대단히 행운아라고 여길 것이다.' 우리는 이 보물에서 도저히 눈을 뗄 수 없었다. 그렇게 온전히 잘 보존된 고대 유물이 복원하기 쉬운 상태로 우리 눈앞에 나타난 것이 결코 다시는 일어날 수 없는 일이었기 때문이다. 하지만 우리는 마침내 용단을 내려 빠르게 대답을 주겠다는 약속을 하고 헤어졌다.

우리 둘은 심각한 갈등에 사로잡혔다. 이 물건을 사들이는 것은 여러 면에서 바람직하지 않은 듯했다. 그래서 우리는 이 사실을 선량한 앙겔리카 부인에게 알리기로 했다. 그녀는 물건을 사들일 재력은 물론 복원 비용이나 그 밖의 비용을 댈 수 있는 적임자였기 때문이다. 전에 다니엘 폰 볼테라의 그림을 소개했을 때처럼 마이어가 중개 역할을 맡기로 했다. 우리는 그 일이 꼭 이루어지기를 바랐지만 신중한 부인과 검소한 남편은 그 거래를 거절했다. 이들은 그림에는 엄청난 돈을 들이면서도 입상에는 그런 돈을 들이기를 망설였던 것이다.

그들에게 거절당한 뒤 우리는 다시 새로운 궁리를 거듭했다. 행운은 우리 편인 듯했다. 다시 한 번 보물을 살펴본 마이어는 전체적인 특징으로 봐서 이 예술품이 그리스 시대 작품, 즉 아우구스투스 시대 이전으로 거슬러 올라가며, 추측컨대 히에로 2세 때의 작품이 틀림없다고 확신했다.

나는 이런 중요한 예술품을 사들일 만큼의 신용을 확보하고 있었고, 레가 씨는 분할 지급에도 동의할 듯이 보였다. 그 순간 우리는 벌써 그 입상을 사들여 빛이 잘 드는 널찍한 방에 세워둔 듯한 착각에 빠졌다.

하지만 정열적인 사랑과 혼인 서약 사이에는 많은 생각이 오가듯이, 이번 일도 마찬가지였다. 우리는 고상한 미술 애호가인 추키 씨와 그의 친절한 부인의 조언과 찬성 없이는 그런 거래를 할 수 없었다. 이러한 거래는 관념적이고 피그말리온*⁷적인 의미를 지니고 있었기 때문이다. 이 작품을 소유해야겠다는 생각이 내 마음속 깊이 뿌리박고 있었기 때문이다. 그렇다. 내가 이 작품에 얼마

---

*7 Pygmalion. 그리스 신화에 나오는 키프로스의 왕. 자신이 상아로 만든 미녀 조각상에 반해 비너스 신에게 조각상을 인간으로 만들어 달라고 요청하여 그녀를 아내로 삼았다. 이 신화에서 비롯된 '피그말리온 효과'라는 심리학 용어가 있는데, 이는 피그말리온이 여인상을 사랑해 여인상이 생명을 얻은 것처럼, 타인의 기대나 관심으로 인해 능률이 오르거나 결과가 좋아지는 현상을 말한다.

나 마음을 빼앗겼는지는 다음의 고백이 알려줄 것이다. 나는 이 사건을 보다 단수가 높은 악령의 암시로 보았다. 그 악령은 나를 로마에 붙들어 매어두고, 떠날 결심을 굳히게 하는 모든 이유를 어떻게 해서든 없애 버리려고 했다.

다행히도 우리는 이미 나이가 들어 이런 때 이성이 합리적인 결정을 내리는 데 도움을 주었다. 그리하여 예술품에 대한 집착과 소유욕, 그 밖에 이를 부추기는 궤변과 미신은 우리에게 감각과 호의로 애착을 보여 준 고상한 여자 친구 앙겔리카의 훌륭한 신념에 굴복하지 않을 수 없었다. 그녀의 생각을 듣고 보니 이 계획에 반대할 만한 어려움과 걱정할 만한 점이 뚜렷하게 드러났다. 이제까지 예술과 고대 유물 연구에 조용히 매진하던 남자들이 느닷없이 이런 예술품 거래에 끼어듦으로써, 보통 이러한 거래를 할 자격이 있다고 생각하는 사람들의 질투심을 불러일으킨 것이다. 복구에 따르는 어려움과 거래가 얼마나 정당하고 투명한지 의심이 든다는 둥 하는 말도 많았다. 더군다나 모든 일이 잘 풀려 순조롭게 보냈다고 해도 그런 예술품의 수출 허가를 받는 문제로 끝내 장애에 부딪칠지 모른다는 것이었다. 그런 뒤에도 배로 실어 나르는 문제와 하역 및 집까지의 배달 문제 등 이런저런 성가신 골칫거리가 일어날지 모른다고 했다. 상인은 이런 점들은 생각하지 않을 것이며 모든 수고와 위험은 물량이 많을 때에는 어떻게 해볼 만하지만 이런 식으로 낱개일 경우에는 위험하다고 했다.

이러한 생각으로 나의 소유욕, 소망 및 결의는 차츰 누그러지고 약화되어 갔지만, 그렇다고 해서 완전히 사라져 버린 것은 아니었다. 그 예술품들이 마침내 엄청난 평가를 받았기 때문이다. 그것은 현재 피오 클레멘티노 박물관에 딸린 조그만 전시실에 보관되어 있다. 그 전시실 바닥에는 가면과 나뭇잎으로 장식된 놀랍도록 아름다운 모자이크가 깔려 있다. 그 전시실에 진열된 다른 조각상 받침에는 부팔루스*8라는 이름이 새겨진, 발꿈치를 들고 앉아 있는 비너스 상, 더없이 아름다운 조그만 가니메데스*9 상, 확실히 기억나지는 않지만

---

*8 Bupalus. 그리스에서 가장 오래된 조각가.

*9 Ganymedes 그리스 신화에 나오는 트로이의 미소년. 가니메데(Ganymede)라고도 한다. 트로이 왕가의 조상인 트로스의 아들이라고도 하고, 라오메돈 또는 프리아모스의 아들이라고도 한다. 인간 가운데 가장 아름다운 소년으로 제우스를 비롯한 여러 신들이 그를 시동으로 삼기 위해 납치했다고 한다. 황도 12궁 별자리 중 물병자리는 가니메데스가 물병을 들고 있는 모습이다.

아도니스라는 이름이 붙은 것 같은 젊은이의 아름다운 입상, 로소 안티코의 목양신 상, 조용히 서 있는 원반 던지는 남자 상이 있다.

비스콘티*[10]는 이 박물관에 헌정한 세 번째 책에서 이 기념물을 묘사했다. 그는 나름의 설명을 붙이면서 서른 번째 도판에 그 입상을 본뜬 그림을 실었다. 우리와 함께 모든 예술 애호가들이 애석해 마지않는 점은 그것을 독일로 가져와 조국의 위대한 예술 수집을 한몫 거드는 데 성공하지 못했다는 사실이다.

내가 작별 인사를 나누기 위해 이곳저곳 찾아다니면서 저 우아한 밀라노 아가씨를 잊지 않았음을 사람들은 당연하게 생각할 것이다. 나는 그 동안 그녀와 관련된 몇몇 즐거운 이야기를 들어왔다. 그녀는 앙겔리카 부인과 더욱 가까워졌으며 이를 통해 들어가게 된 상류사회에서도 아주 훌륭하게 처신하는 법을 배웠다고 한다. 나는 그 뒤 일어날 상황을 추측하며 한 가지 소망을 품게 되었다. 추키 부부와 막역한 사이인 유복한 젊은이가 그녀의 우아한 자태를 눈여겨 보고 보다 진지한 생각을 이뤄나갔으면 하는 바람이었다.

카스텔 간돌포에서 처음 만났을 때처럼 이번에도 깔끔한 모닝 가운을 입은 그녀는 솔직하면서도 우아한 태도로 나를 맞이했다. 그녀는 자연스럽고 귀여운 태도로 내가 보여 준 관심에 몇 번이고 무척이나 사랑스럽게 감사의 뜻을 표했다.

"저는 결코 잊을 수 없을 거예요. 혼미한 상태에서 다시 의식을 찾았을 때 내 안부를 묻는 사랑하고 존경하는 많은 사람들 속에 선생님 이름도 있다고 들은 것을 말이에요. 그것이 과연 정말일까 여러 번 물어 보았어요. 선생님께서 몇 주에 걸쳐 제 안부를 계속 물어 보셨다지요. 그러다가 마침내 제 오빠가 선생님을 찾아뵙고 감사의 뜻을 전할 수 있었지요. 제가 부탁한 말을 오빠가 잘 전했는지 모르겠네요. 제 상태가 좋았다면 저도 함께 갔을 거예요."

그녀는 앞으로의 내 여정에 대해 물었다. 그래서 그에 대해 미리 이야기해 주자 그녀는 이렇게 대꾸했다.

"선생님은 그런 여행을 할 만큼 부자이니 행복하시겠어요. 우리 같은 사람들

---

* 10 이탈리아의 고고학자.

은 하느님과 성인들이 우리에게 지정해 준 자리에 만족해야만 해요. 벌써 오랫동안 저는 제 방 창가에서 배들이 오가며 짐들을 부리거나 싣는 모습을 지켜보고 있답니다. 즐거운 일이지만, 가끔 이 배들이 어디에서 와서 어디로 가는지 궁금하기도 해요."

창은 바로 리페타 항의 계단으로 나 있었는데, 그녀 말대로 사람들이 매우 활기차게 움직이고 있었다.

그녀는 다정한 목소리로 오빠 이야기를 했다. 그는 가정을 잘 꾸려가면서, 많지 않은 급료에도 언제나 돈을 남겨 이익이 날 만한 거래에 투자하는데, 그녀는 이것이 무척 기쁘다고 했다. 정말이지 그녀는 자신의 상황을 맨 먼저 나에게 낱낱이 털어놓았다. 나는 그녀와 이런 대화를 나누는 게 즐거웠다. 주마등처럼 스쳐가는 우리의 다정한 관계를 처음부터 끝까지 되새겨 보니 사실 내가 기묘한 역할을 하고 있다는 생각이 들었기 때문이었다. 마침내 오빠가 방으로 들어왔고, 우리는 살갑지만 짐짓 무미건조하게 작별인사를 나누었다.

문 앞에 와보니 마차에 마부가 보이지 않아 잽싼 소년을 보내 불러오라고 일렀다. 그녀는 자신이 사는 으리으리한 건물 1층과 2층 사이의 중간층 창 밖으로 내려다보고 있었다. 그곳은 그리 높지 않아서 서로 손을 내밀면 붙잡을 수 있을 것 같다는 생각이 들 정도였다. 나는 이렇게 외쳤다.

"보세요. 당신에게서 나를 데리고 갈 사람은 아무도 없어요. 내가 당신들과 헤어지고 싶어하지 않는다는 걸 사람들도 아는 것 같아요."

그녀가 이 말에 어떤 대답을 했고 내가 어떤 대꾸를 했는지, 즉 온갖 속박에서 벗어나 그저 어렴풋이 드러났을 뿐인 두 연인의 속마음을 털어놓은 사랑 넘치는 이 대화가 어떻게 진행되었는지 이 자리에서 거듭 이야기함으로써 그 신성함을 더럽히고 싶지는 않다. 이는 참으로 순수하고 다정한, 서로 호의를 갖고 있는 우리 둘의 마지막 대화였는데, 아름답고 우연히 주고받은, 짧은 고백이었다. 때문에 나는 이것을 내 마음과 영혼에서 결코 지울 수가 없었다.

로마를 떠나는 날은 특별히 장엄하게 다가오고 있었다. 떠나기 전 사흘 동안 휘영청 밝은 하늘에는 보름달이 두둥실 떠 있었다. 이런 일을 곧잘 겪었건만 어마어마한 도시에 펼쳐진 매력이 말할 수 없이 강렬하게 느껴졌다. 거대한 빛의 덩어리가 한낮처럼 밝게 빛나며 짙은 그림자와 대조를 이루었다. 때로는 반사광으로 밝게 빛나며 우리를 보다 단순하고 거대한 다른 세계로 옮겨 주었다.

며칠을 심란하고 때로는 고통스러운 마음으로 보낸 뒤 한번은 무척 외로운 심정으로 몇몇 친구들과 로마 시내를 돌아다녔다. 어쩌면 마지막이 될지도 모르는 기다란 코르소 거리를 돌아다닌 뒤 황무지에 마치 요정 궁전처럼 덩그러니 서 있는 카피톨리노 성으로 올라갔다. 마르쿠스 아우렐리우스의 입상이 '돈 주앙' 속에 나오는 사령관이 연상되었는데 그가 범상치 않은 일을 꾸미고 있다고 우리 나그네에게 알려주는 듯했다. 나는 신경 쓰지 않고 뒤편에 있는 계단을 내려갔다. 그러자 셉티미우스 세베루스의 개선문이 어두컴컴한 그림자를 드리우면서 음울하게 내 앞을 가로막았다. 비아 사크라의 고적한 분위기 때문에 평소엔 그토록 친숙하던 유물들이 어쩐지 낯선 유령처럼 보였다. 하지만 원형극장의 숭고한 잔해에 다가가 격자문으로 막힌 내부를 들여다보았을 때는 온몸에 소름이 끼쳐 서둘러 집으로 돌아갔음을 부인하지는 않겠다.

규모가 아주 큰 것은 모두 숭고하고 평이하면서도 독특한 인상을 풍긴다. 그리고 이러한 주변 속에서 마치 이탈리아에 오기 전까지의 뚜렷한 개요를 이끌어낸 것 같았다. 이는 흥분된 내 마음에 깊고 위대한 느낌을 불어넣어 영웅적이고 비가적이라 일컬을 만한 정취를 불러일으켰다. 그리하여 운문 형식의 비가를 짓고 싶은 마음이 들었다.

이 순간 오비디우스의 비가*[11]가 떠오르지 않을 수 없었다. 그 또한 추방당해 어느 달밤에 로마를 떠나야 했던 것이다. "그날 밤을 떠올리며!"저 멀리 흑해 연안에서 슬픔과 비탄에 잠겨 그가 돌아보던 추억이 내 기억 속에서 사라지지 않았다. 부분적으로 또렷이 머리에 떠오른 시 구절을 여러 번 읊조려 보았지만 그 시는 나의 창작을 헷갈리게 하고 방해했다. 시간이 지난 뒤에 다시 시도해 보았지만 나는 시를 결코 완성할 수 없었다.

> Cum subit illius tristissima noctis imago,
>> Quae mihi supremum tempus Urrbe fuit;
> Cum repeto noctem, qua tot mihi cara reliqui,
>> Labitur ex oculis nunc quoque gutta meis.

---

*11 《트리스티아》 1권에 실린 세 번째 시이다.

로마, 카피톨리노 광장, 괴테 그림

Jamque quiescebant voces hominumque canumque,

   Lunaque nocturnos alta regebat equos.

Hanc ego suspiciens, et ab hac Capitolia cernens,

   Quae nostro frustra iuncta fuere Lari.

로마를 떠나는 마지막 밤
슬픈 마을 풍경이 내 마음속에 아른거리네.
그리운 것과 헤어진 밤을 떠올리면
오늘도 눈물은 내 뺨을 타고 흐른다.
그날 밤은 이미 사람 목소리도 개 짖는 소리도 사라져
달의 여신은 하늘 높이 마차를 끌고 달린다.
그 모습을 보며 카피톨리노 신전을 보니
가까이 있는 내 수호신을 이제야 알았구나.

괴테와 이탈리아

　자신이 본 것들 가운데 무엇이 더 낫고 좋은지를 뚜렷하게 깨달을 수 있다면 더없이 바람직한 일이다. 그러나 그것을 자기 것으로 만들려 하면 그것은 어느새 손안에서 슬며시 빠져나가 버린다. 흔히 사람들은 올바른 것을 잡지 못하고, 그저 익숙한 것에 사로잡히고 만다.

격동의 시대를 살아간 대문호

　괴테는 1749년 8월 28일 프랑크푸르트 암 마인에서 태어났다. 젊을 때부터 시재(詩才)에 뛰어난 그는 독일을 대표하는 시인, 극작가, 소설가, 철학자, 정치가로서 활동했다. 1832년 3월 22일 바이마르에서 83세로 생애를 마쳤다.

　괴테가 살았던 1749년에서 1832년은 세계 역사상 중요한 사건이 자주 일어났던 격동의 시대로, 낡은 그리스도교적 가치관이 산업혁명 등으로 생겨난 자본주의적 세계관으로 넘어가는 시기였다. 구체적으로는 1756년 프러시아와 오스트리아 사이에 7년 전쟁이 일어났고, 1776년 아메리카 독립, 1789년 프랑스 혁명, 그 뒤 나폴레옹의 유럽 지배와 몰락, 빈 회의 등이 있었다. 괴테 자신도 마리 앙투아네트, 모차르트, 나폴레옹 등 세계사에 이름을 남긴 인물들을 만났다. 또 이 시대에 독일에서는 문학에 괴테·실러·헤르더, 철학에 칸트·피히테, 음악에 모차르트·베토벤 등이 활약하며 독일 문화사상 가장 활기를 띤 시대였다. 그중에서도 가장 오래 살았던 괴테는 역사의 산 증인으로서 《젊은 베르테르의 슬픔》,《빌헬름 마이스터 수업시대·편력시대》,《파우스트》와 그 밖에 많은 시집을 내어 독일에서 누구보다도 저명한 인물이 되었다. 오늘날에도 그의 작품은 온 세계에 번역되어 그의 인생관, 의견, 사고, 철학 등은 많은 사람들에게 영향을 미치고 있다.

　괴테가 태어난 프랑크푸르트 암 마인은 독일 중부 라인 강 물줄기인 마인 강변에 있으며, 고대 로마 시대에는 로마군 주둔지였다. 그 뒤 상업 도시로 발전해, 제2차 세계대전 때 큰 피해를 입었으나 복구되었다. 오늘날에는 하늘을 찌를 듯 높은 건물들이 즐비한 금융 중심지이고, EU 금융 시스템의 총본산인 유럽 중앙은행도 여기에 있다. 현재 인구는 약 65만 명인데, 괴테가 태어난 무렵에는 겨우 3만 명이 될까했다.

괴테의 아버지 요한 카스파르의 조상은 독일 튀링겐 지방 재봉사로, 그 뒤 프랑크푸르트로 와서 길드에 가입, 호텔 경영이나 와인 판매로 재산을 모았다. 요한은 속이 좁은 사람으로, 재산을 모은 뒤에는 일정한 직업에 종사하지 않고 자산을 부려서 생활했다. 괴테의 어머니 카탈리나 엘리자베스는 프랑크푸르트 시장 딸이었으

괴테(1749~1832) 초상화 콜베. 1826.

며, 이야기를 만들어서 들려 주는 것을 즐거움으로 삼았던 밝은 성격의 여성이었다.

여섯 형제자매 가운데 무사히 어른으로 자란 것은 장남 괴테와 누이동생 코넬리아뿐이었다. 괴테는 난산(難産)인 데다가 조산원의 실수까지 겹쳐서 가사 상태로 태어났으나, 인공호흡으로 응급처치를 해 가까스로 목숨을 건졌다.

괴테는 학창 시절 라이프치히와 스트라스부르에 유학, 한때 베츨러에서 살기도 했으나, 바이마르로 와서 살게 된 26세까지 프랑크푸르트에서 지냈다. 도시에는 현재 괴테 박물관으로 꾸며진 괴테의 생가, 세례를 받은 교회, 모차르트와 괴테가 평생 동안 한 번 만난 시청사, 만년에 프랑크푸르트 은행가의 아내 마리안네 빌레머와 연애를 한 게르바 위레의 빌레머의 집 등, 괴테와 인연이 깊은 장소가 남아 있다.

괴테는 베츨러에서 프랑크푸르트로 돌아와 《젊은 베르테르의 슬픔》을 쓰고,

'질풍노도의 시대'라 일컬었던 문학운동의 정점에 섰다. 그러나 글을 쓰는 것만으로는 먹고 살기에 여의치 않았고 또한 법률 일도 잘 되지 않았다. 그때 마침 카를 아우구스트로부터 행정관으로 초청을 받아 바이마르로 가게 되었다. 1775년 약혼까지 했던 리리 셰네만과 헤어진 괴테는 바이마르로부터의 소식을 기다렸으나 오지 않았다. 그래서 괴테의 아버지는 그에게 돈을 주고 이탈리아 여행을 권했다. 괴테도 할 수 없이 이탈리아로 떠나기 전, 첫 체류지인 하이델베르크의 어느 지인 집에 머물렀다. 그러는 사이에 마침내 바이마르로부터 마중하는 마차가 와서 괴테는 바이마르로 떠났다.

바이마르의 '바이'는 '성스러움'이란 뜻이고 '마르'는 '바다, 물'을 가리킨다. 따라서 바이마르는 '맑은 물'을 나타내며, 이 땅에는 유사 이전부터 인류의 조상이 살고 있었다. 괴테가 왔을 무렵 이 도시는 카를 아우구스트 공이 다스리고 있었다. 괴테가 오기 이전인 1703년에는 J.S. 바흐가 와서 궁정 악단에 들어가 활동한 문화적 도시였다. 괴테는 26세 때 이 도시에 초청되어 세상을 떠날 때까지 이곳에서 삶을 보냈다.

도시의 주요한 건축인 바이마르의 성, 박물관이 되어 있는 괴테의 생가, 시라의 집 등은 현재 유네스코 세계문화 유산이 되어 있다. 그 밖에 괴테가 사랑한 슈타인 부인의 집, 괴테가 곧잘 식사를 하러 갔던 백마정(白馬亭), 괴테와 실러 두 사람의 우정을 나타내는 상(像), 괴테의 먼 조상에 해당하는 르네상스의 위대한 화가 크라나하의 집, 시 청사 등 유서 깊은 건물을 여기저기에서 볼 수 있다. 그러나 괴테가 바이마르에 왔던 1775년 무렵에는 인구 6000명 정도의 가난한 농민과 직인(職人)들이 사는 시골 도시였다.

《이탈리아 기행》 출발 동기

1775년 괴테는 카를 아우구스트 공의 초대로 바이마르로 옮겼다. 그 뒤 이탈리아로 여행을 떠나기 전까지 10년은 정치가, 관리로서 매우 바쁘기 이를 데 없는 생활을 보냈다. 그는 고문관이 되어 귀족 대열에 들어선 뒤 재상 자리에까지 올랐다. 그런 괴테가 왜 바이마르 공국의 중요 각료 지위에 있으면서 갑자기 이탈리아로 떠났는가. 그 무렵 괴테는 모든 부문에서 막다른 벽을 느끼고 있었다.

먼저 슈타인 부인과의 육체가 따르지 않은 사랑이 막다른 골목에 이르러 있

18세기 **프랑크푸르트의 성 니콜라스 교회가 있는 뢰머 광장** 이 광장은 시민생활의 중심지였다. 그 시절에도 중세시대처럼 아침마다 문지기가 시장으로부터 열쇠를 받아 성문을 열었다.

었다. 젊을 때의 괴테는 정력이 강한 사람으로, 바이마르에 왔을 무렵에는 같은 연배인 카를 아우구스트 공과 함께 여성을 유혹하기도 하고 거친 방탕의 나날을 보냈다. 그 뒤 궁정 마두(馬頭)의 아내, 슈타인 부인을 만나고 나서 궁정인으로서의 몸가짐 등 가르침을 받으면서 균형 잡힌 인격을 서서히 몸에 지녀 갔다. 이것은 문학으로 말하자면 괴테의 '질풍노도의 시대'에서 고전주의에의 이행기에 속한다.

괴테는 여자를 좋아했다고 알려져 있는데, 그것은 괴테가 자기 가족에 대해서 쓴 시에서 알 수가 있다.

아버지로부터 나는 체격과
진지한 인생을 사는 법을 이어받았다.
어머니로부터는 쾌활한 자질과
이야기를 꾸미는 즐거움을.
옛날의 할아버지는 미인을 좋아했던 것 같다.

그것이 내게도 가끔 나타나는 것이다. (생략)

  이처럼 괴테는 어머니 쪽의 할아버지로부터 여성을 좋아하는 성격을 이어
받았다고 스스로 고백하고 있다. 사실 이 할아버지는 베츨러에서 법률 공부를
하고 있을 무렵에, 남의 아내와의 정사가 드러나 가발을 내팽개친 채 황급히
달아난 적도 있는 사람이었다. 그러나 그는 유능한 사람으로 뒷날 프랑크푸르
트 시의 시장까지 지냈다. 괴테는 이 외할아버지의 피를 이어받아 여성을 사랑
하고, 그리고 사랑한 여성과 헤어질 때마다 아름다운 시를 창작했다. 스트라스
부르에서 사랑을 한 프리디케 브리온과의 사랑에서는 명작 《들장미》 《5월의 노
래》, 마리안네 빌레머와의 사랑에서는 《서동시집(西東詩集)》, 슈타인 부인과의
사랑에서는 《이피게니에》 《슈타인 부인에게》이 탄생했고, 72세에는 17세의 소녀
빌리케 폰 레보초를 사랑하다 실연해 《정열》 3부작을 썼다.
  괴테는 바이마르에서 슈타인 부인을 만나 많은 시와 편지를 그녀에게 바쳤
다. 그중 어떤 시에서는 부인을 '아, 전생에서 당신은 나의 누나, 아내이다'라고
까지 말하고 있다. 괴테는 슈타인 부인을 더없이 사랑해 평생 동안 1700통이
넘는 편지를 그녀에게 보냈다. 이 《이탈리아 기행》도 그녀에게 보낸 편지가 바
탕이 되어 있다. 그러나 슈타인 부인은 평생 7명의 아이를 낳았고, 괴테와 육체
관계 맺기를 단호히 거부했다. 그것은 좁은 바이마르에서 살아가기 위해서는
가장 지혜로운 선택이었다. 자신이나 괴테에 대해서도.
  슈타인 부인을 오랫동안 사모하고 번민하며 자만심을 버리고 겸양과 체념,
인내를 배웠지만, 자기보다 일곱 살이나 많은 유부녀에 대한 감정이 깊어질수
록 그의 마음은 더욱 복잡미묘해졌다. 그녀와의 교제를 더 이어가도 채워지지
못할 것이라는 사실을 깨달은 괴테는 이탈리아로 갈 것을 마음먹었다. 이탈리
아에의 여행은 슈타인 부인과의 애틋한 이별이기도 했다.
  두 번째로, 그는 스스로 시를 쓸 수 없게 되었다고 여기고 있었다. 괴테는 본
디 자신을 시인이라고 여기고 있었다. 그러나 바이마르에 오고 나서 정무에 바
빠, 긍정적으로 볼 만한 시를 쓸 수 없게 되었다. 완성한 대작은 없고, 뛰어난
서정시도 그리 많지 않다. 유일한 예외는 이탈리아를 향한 동경을 적은 시 《미
뇽》뿐이었다. 이대로 가다가는 시인으로서의 생명이 끝날 것이라는 위기감을
느낀 괴테는 시재(詩才)와 영혼의 재생을 위해 이탈리아로의 여행을 결심했다.

〈양치기 복장을 한 괴테 가족〉 제카츠. 1763. 배경에 있는 천사들은 괴테의 죽은 형제들을 상징한다.

　세 번째로, 정치가로서의 한계를 느꼈다. 정치가로서 광산 개발, 도로 건설, 토목공사 등을 지휘하고 계획 입안 등을 하고 있었는데, 좁은 땅 바이마르에서는 괴테가 생각한 것만큼 성과가 오르지 않았다. 따라서 스트레스가 쌓인 그는 정치가로서의 자신에게 한계를 느끼고 건강마저 해쳤다. 이렇게 적극적이든 소극적이든 괴테를 남쪽으로 내모는 인연이 쌓이고 쌓여, 마침내 그로 하여금 이탈리아로 훌쩍 떠나 버리게 만든 것이다.

　1786년 여름 괴테는 아우구스트 공, 슈타인 부인 등 궁정 사람들과 함께 요양지로 유명한 보헤미아의 칼스바트에서 휴가를 즐기고 있었다. 그리고 이들 사이에서 괴테가 갑자기 모습을 감출 것이라는 소문이 나돌았다. 괴테는 어떻게 하면 아우구스트 공이나 그 주변 사람들에게 자신의 이탈리아 여행을 순순히 받아들이게 할 수 있을지 밤낮으로 고민하며 빈틈없이 준비했다.

괴테는 먼저 자기가 맡은 직무에 지장이 없도록 하고, 자기가 없더라도 문제가 생기지 않도록 조치를 하고 나서, 여행을 떠난 뒤 아우구스트 공에게 기간을 정하지 않은 유급 휴가를 신청했다. 라이프치히의 출판사와 전집 출판 계약을 하고 있어서 《괴테 전집》을 완성한다는 것이 그 목적이었다. 4권까지 완성되었으나 나머지 4권은 미완성 상태였는데, 이를 완성하기 위해 아무래도 휴가가 필요하다고 아우구스트 공에게 호소한 것이다. 아우구스트 공은 몇 개월의 휴가를 주면 책은 완성되어 괴테가 정무에 복귀할 것이라고 믿었다.

모든 것을 뒤로, 꿈에 그리던 이탈리아로

1786년 9월 3일 괴테는 37세 생일을 맞이한 바로 뒤, 이른 새벽 칼스바트를 몰래 빠져나가 이탈리아로 떠났다. 괴테가 탄 급행 마차는 남쪽으로 달렸다. 공작에게 무기한 휴가를 받았다. 연인 폰 슈타인 부인에게도 여행에 대해 말하지 않았다. 누가 쫓아올까 봐 두려워하기라도 하듯, 상인 요한 필리프 밀러라는 가명까지 써 가며 이탈리아 하늘을 향해 역마차를 갈아타며 내달렸다. 그 모습은 마치 자석에 끌려가는 쇳조각 같았다.

괴테는 믿을 수 있는 비서이자 집사인 필리프 자이델에게만 이탈리아에 간다는 사실을 알려주었다. 여행 중에도 그로부터 필요한 돈을 송금 받도록 되어 있었기 때문이다. 괴테의 가장 큰 관심사는 어떻게 하면 이탈리아 여행 중이나 귀국 뒤에도 이제까지와 같은 연수(年收)를 계속 받을 수 있는가 하는 것이었다. 괴테의 월급은 바이마르 궁정에서 가장 높아 좋은 대우를 받고 있었기 때문에, 이 여행이 아우구스트 공의 비위에 거슬려 해고되지 않을까 두려워했다.

그 무렵 괴테는 독일에서 가장 유명한 작가였음에도, 문필만으로 생계를 꾸려가기란 불가능했다. 그러나 괴테와 친교가 있었던 영국의 작가 월터 스코트의 수입은 막대한 것으로, 괴테가 평생 동안 번 수입을 스코트는 3년 동안에 벌었다고 한다. 또 괴테가 한 해에 벌어들이는 금액을 스코트는 3개월 동안의 여름휴가에 써버렸다는 이야기도 전해진다. 같은 작가이면서 이런 수입의 격차가 난 까닭은 괴테가 쓴 소설, 시 등을 책으로 읽는 것은 친척이나 기껏해야 친구 등 몇몇뿐이고 발행부수도 수백에서 1000부 정도였기 때문이었다. 이와 달리 스코트는 늘 1만 명 이상의 독자를 대상으로 소설이나 시를 썼다고 한다. 영국에는 문학을 즐기는 층이 독일의 10배 이상 있었다고 한다. 그 정도로 18세기의 독일과 영국에서는 지식인 비율에 차이가 있었다. 또한 카를 아우구스트 공이 괴테에게 요구한 것은 정무를 수행하는 행정관으로서의 괴테이지 시인으로서의 괴테가 아니었다. 괴테가 정무에 바빠 시를 쓸 수 없어서 고민

어린 시절 괴테와 누이동생 코르넬리아
괴테가 가장 아꼈던 단 하나뿐인 여동생이었다. 코르넬리아는 괴테의 친구 슐로서와 결혼했으나 둘째아이를 낳다가 스물여섯의 나이로 세상을 떠났다.

하고 있다고는 전혀 생각하지 않았다.

괴테를 구원한 남방정신

괴테는 일찍이 이탈리아를 동경해 왔으며 앞서 두 번이나 발을 들여놓으려

다가 되돌아오기도 했다. 괴테는 소설 《빌헬름 마이스터의 수업시대》 가운데 미뇽에서 그녀의 고향 이탈리아에 대한 동경을 이렇게 노래했다.

> 너는 아느냐 레몬 꽃이 피는 나라를
> 어슴푸레한 나뭇잎 그늘에서는 황금빛 오렌지가 빛나며
> 산들바람이 푸른 하늘에서 불어와
> 미르틀 꽃은 가만히 월계수는 하늘 높이 뻗어
> 너는 아느냐 그 나라를
> 멀고 먼 그곳을
> 당신과 함께 가고 싶도다

이 시는 괴테가 서른세 살이었을 때 지었다. 나랏일로 바쁜 시절이었다. 미뇽의 시가 지금도 널리 사랑 받는 가장 큰 이유는 시구 안에 예부터 내려온 독일인의 남쪽을 향한 동경이 잘 나타나 있기 때문이다. 춥고 어두운 회색빛 하늘 아래서 긴 겨울을 가만히 참고 견디는 독일인에게 레몬 꽃이 피는 남쪽은 행복하게 사는 나라여야만 한다. 괴테도 이탈리아에 대한 동경을 더 이상 억누를 수 없었다. 관직을 버리고 자유로운 몸이 되어 드디어 브레너고개를 넘었다.

괴테는 현재의 침체 상태를 벗어나고 인간으로서, 그리고 시인으로서 다시 새롭게 태어나려는 충동으로 이탈리아 여행을 실행에 옮겼다. 이탈리아 여행은 한 인간이자 예술가로서 괴테 삶의 가장 큰 전환점이 되었다. 이 여행으로 시인 괴테가 완성되고, 이 여행에 의해 비로소 독일 고전주의 문학이 확립되었다. 따라서 이 여행만큼 필연적인 요구에 따라 실행되고, 동시에 위대한 수확을 가져다준 것도 없을 것이다.

독일인의 남유럽에 대한 동경은 중세 이후 기후풍토적으로나 문화사적으로 그들의 숙명이지만, 이렇게 밝은 해를 지향하는 성격은 괴테의 이탈리아 여행에서 그 정점을 찍었다고 할 수 있다. 밝은 이탈리아에 비하면 독일의 하늘은 밤과 낮의 구별마저 뚜렷하지 않은 어두컴컴한 세계 같다.

베로나에 이르자 괴테는 이탈리아 사람들이 입는 옷으로 갈아입은 뒤 이탈리아어로 말하며 그들의 몸짓까지 흉내내서 북유럽에서 온 촌스러운 여행자처럼 보이지 않으려 했다. 이탈리아인으로 그들의 동료가 되고 싶었다. 그만큼 괴

신성로마제국 황제 요제프 2세의 대관식 축하연(1764) 프랑크푸르트 암 마인 뢰머에서 벌어진 축제는 청년 괴테에게 강한 인상을 주었다.

테는 이탈리아를 사랑했다. 베네치아에서는 태어나서 처음으로 바다를 봤다. 끝없이 펼쳐진 바다와 파도치는 물결에 깊은 감명을 받았다. 장대한 바다의 아름다움에 취해 있으니 저절로 인간이 풍부해지는 듯한 느낌을 받았다. 곤돌라가 눈앞을 지나가는 모습을 처음으로 보았을 때 어릴 적 아버지께서 보여주신 그리운 배 모형이 떠올랐다. 더욱이 그가 《젊은 베르테르의 슬픔》과 《괴츠 폰 베를리힝겐》에 불어넣었던 '슈투름 운트 드랑(질풍노도)'의 어두운 정열의 고뇌는 결국 형상적이고 밝은 남방정신(南方精神)에 의해서만 구원받을 수 있는 것이었다.

브레너고개를 넘은 괴테는 9월 14일 이탈리아 첫 번째 도시 베로나에 다다른다. 이곳의 원형극장은 고대의 중요 기념물 가운데 괴테가 본 최초의 것이다. 그는 곧장 그 극장이 관객으로 넘쳐나고 있는 광경을 상상한다. 이 극장은 민중 자체가 그 장식이 되는 건축양식을 따르고 있다는 것과, 건축가는 민중의 일반적 요구에 부응할 수 있는 분화구식의 것을 인공적으로 만들어냈음에 유의한다. 거기에는 과거 이미지를 현재로 옮길 수 있는 직관력이 작용한다. 또 이 고찰 속에서 괴테는, 건축이라는 예술형식 속에 민중의 요구라는 사회적인 것을 인정하고, 그 전체가 제2의 자연을 만들어내고 있다는 견해를 보여준다. 여기에는 이미 괴테가 이탈리아에서 자연과 예술과 사회를 관찰하고자 했을 때, 그것이 분리된 것으로서가 아니라 혼연일체가 된 것으로서, 모든 것을 움직이고 있는 공통적인 것을 그 바탕에서 보려고 하는 기본적 자세를 볼 수 있다. 괴테가 본 두 번째 고대기념물인 아시시의 미네르바 신전도, 테르니의 스폴레토 산의 수도(水道)도, 마찬가지로 '위대한 정신 그 자체이고 시민의 목적에 맞는 제2의 자연'이며, 이것이 바로 고대 건축물이다. 그는 또 '제멋대로 지은 건물은 반감을 불러일으킬 뿐이다. 참된 내용을 갖지 않은 것은 생명을 지닐 수 없고, 위대할 수 없으며, 위대해질 수도 없다' 했는데, 우리는 여기서 괴테가 고대에서 무엇을 찾고 있었는지 짐작할 수 있다.

10월 29일 드디어 그토록 바라던 로마에 발을 디뎠다. 그날 밤 괴테는 일기에 이렇게 썼다.

'먼저 여기로 나를 데려다 주신 하늘에 진심으로 감사드린 뒤 다음으로 당신에게 감사를 드리겠습니다.'

연인 폰 슈타인 부인에게 보낼 일기였다. 이탈리아를 여행할 수 있는 자신의 운명을 먼저 신에게 감사했다.

로마에는 4개월 동안 머물렀다. 1787년 2월 나폴리에 한 달간 머문 뒤 3월 시실리 섬으로 갔다. 그곳에서 한 달 보름 섬을 여행했다. 5월 14일 나폴리로 돌아온 뒤 6월 6일 다시 로마로 갔다. 여기서 1년 쯤 지낸 다음 1788년 4월 23일 로마에서 고향으로 떠났다. 6월 18일 밤 10시 바이마르에 도착. 햇수로 3년 정확히는 2년 조금 더 걸린 여행이었다.

그리스의 고대조각, 팔라디오 건축 및 라파엘로의 회화는 이탈리아에서 괴

안나 카타리나 쇤코프 　　　　프리데리케와 빌헬미나 자매

라이프치히 대학(법학) 재학 중(1765~68) 안나 카타리나 쇤코프와 연애하였고, 프리데리케(언니, 당시 20세)와도 친하게 지냈다. 안나는 괴테의 첫 연인으로 알려져 있다.

테가 경험한 3대체험이라고 불린다. 이를테면 팔라디오 안에서 르네상스와 초기 바로크를 보는 것이 아니라, 팔라디오는 괴테에게 진리이고 신성한 것이었다. '팔라디오는 내부에서 위대함을 드러낸 인간'으로, 벽과 원기둥을 잇는 난감한 문제를 해결한 그의 설계는, '참과 거짓에서 제3의 것을 만들고, 바로 그것의 임시적인 존재가 우리를 매혹하는, 그 위대한 시가 지닌 특수능력과 똑같은 것'이었다.

　괴테가 이탈리아를 얼마나 동경했는지는 기행 곳곳에 아주 잘 드러난다. 이를테면 로마에 갔을 때 "지난 몇 년 동안은 어떤 질병과도 같은 상태였다. 그것을 치유할 수 있는 것은 오직 내 눈으로 이 땅을 보고, 내 몸을 이곳으로 옮기는 것뿐이었다. 이제 와서 고백하지만, 요컨대 라틴어 책 한 권, 이탈리아의 풍경화 한 장도 바라볼 수가 없었다. 이 땅을 보고 싶다는 욕망은 그야말로 무르익을 대로 무르익어 터질 정도였다."(1786년 11월 1일)라고 쓰고 "이 땅에는 온 세계의 역사가 연결되어 있다. 또한 나에게는 이 로마에 발을 들여놓은 순간부터 제2의 탄생, 진정한 재생이 시작될 것이다."(12월 3일)라고도 썼다. 그리고 나폴리에서는 "다시 태어나서 돌아가지 못할 바엔 차라리 이대로 돌아가지 않는 편이 낫다."(1787년 3월 22일)고까지 했다.

괴테는 이탈리아 여행에 자신의 인생을 걸었다. 그는 자신의 몸과 마음을 괴롭히는 바이마르의 생활에서 그저 벗어나는 데 그치지 않았다. 아름다운 이탈리아의 자연 속에 한 인간으로서 몸을 던져 위대한 고대미술의 거울에 자신의 몸을 적나라하게 비춰 보고, 과연 자신이 타고난 시인인지 아닌지 시험하려 했다. 결코 유람하러 온 여행이 아니었다. 그는 1788년 3월 17일 카를 아우구스트 공에게 보낸 편지에 이렇게 썼다.

"지난 1년 6개월의 고독한 생활 속에서 나는 나 자신을 다시 발견했습니다. 그것은 어떠한 모습으로서였을까요? 예술가로서입니다. 내가 예술가 말고 또 무엇인지는 공께서 스스로 판단하신 뒤에 써 주시기 바랍니다."

괴테는 로마에서 소박한 하숙집 방을 빌려 살았다. 집주인은 노부부로 마부인 남편과 그 부인, 아들이 심부름을 해 주었다. 방에는 이렇다 할 가구는 없고 한가운데 낡은 침대가 있을 뿐이다. 짐이 담긴 트렁크는 한 구석에 놓아뒀다. '필립 밀러, 독일인, 화가, 32살' 이것이 사제가 관리하는 주민명부에 신고한 괴테의 신분이다. 실제로 괴테는 로마에 머무는 동안 1000장이 넘는 스케치를 남겼다. 이렇게 괴테는 익명으로 조용한 학생생활을 시작했다.

괴테는 고대 로마에 관심이 많았다. 법왕 치하의 그리스도교 로마, 따라서 근대나 중세 로마에는 몹시 냉담했다. 자연으로 돌아가라는 시대정신의 이상적인 모습을 남유럽에서 찾으려 했다. 이른 아침에는 작품에 몰두하고 그 뒤 밖으로 나가 위대한 예술 작품을 보며 지냈다. 이탈리아를 여행한 경험은 나중에 《이탈리아 기행》으로 출판되었지만 괴테를 숭배하던 많은 예술가나 일반 독자들에게 실망을 안겨줬다. 지오토도 라파엘로도 무시하고 피렌체에 대해서도 제대로 된 기술이 없다. 시스티나 예배당에서는 꾸벅꾸벅 졸기까지 했다. 집요하게 고대만 위대하게 말했다. 시대에 뒤떨어졌다고 생각했다. 하지만 괴테는 예술가로서의 자신의 모습을 이 여행 속에서 찾으려 했다.

궁정 생활은 위선이 지배하고 있다. 인간의 진정한 속마음은 겉으로 드러나지 않는다. 오로지 공손하게 행동하는 사람들, 의식이나 예의에서 벗어나지 않는 세계, 사교계 신사 숙녀들 사이에 숨겨진 위선, 괴테는 북쪽의 어두컴컴하고 답답한 작은 세상을 이제 견딜 수 없었다. 괴테에게 이탈리아 여행은 새로운 탄생을 의미했다.

'나는 다시 병이 나아서 인생의 쾌락을 맛보며 역사, 시, 고대를 즐길 수 있

▲슈트라스부르크 전경
슈트라스부르크에는 첨탑이 딸린 유명
한 교회가 많다. 이곳에서 괴테는 고딕
양식을 발견하고 《독일건축에 대하여》
에서 이를 극찬했다.

▶헤르더(1744~1803)
괴테는 헤르더의 도움으로 오래된 시가
(詩歌) 즉 신화, 민요, 성서, 호메로스, 오
시안 등을 비로소 알게 되었다. 뒷날 바
이마르에서 괴테는 헤르더를 종무총감으
로 취임하게 해주었다.

게 됐다."(1787년 1월 7일)

이 말은 여행이 가지는 의미를 뚜렷하게 표현했다.

그 무렵 로마는 가난한 도시였다. 인구 16만. 40만도 넘는 나폴리의 반도 안
된다. 로마 황제시대 성벽으로 둘러싸인 지역 3분의 1에서만 사람들이 사는 집

이 있었다. 나머지 지역에는 반쯤 폐허가 된 별장들이 이곳저곳 널려 있는 정원이었다. 주민들은 거의 농민이었다. 양들이 고대 폐허 위에서 풀을 뜯고 있었다. 과일을 재배하는 농민들도 있었다. 나머지는 상인이다. 하지만 상인이라고 해도 모두 소상인으로 누추한 집에 살며 가게도 없이 물건을 거리에 늘어놓고 팔았다. 신분 높은 사람들의 저택은 스스로 폐쇄적인 특별구역을 만들었다.

시민의 생활이 어려운 만큼 축제가 열리면 북새통을 이룬다. 큰 길에서 깊은 밤까지 사람들이 행진을 하며 만돌린이나 기타를 연주하거나 떠들썩하게 노래를 부른다. 거리에서 상거래나 미술토론을 하기도 한다. 반쯤 벌거벗은 아이들이 길을 뛰어다니며 어머니들은 아기에게 젖을 준다. 목수들도 거리에서 일을 한다. 굽거나 태우는 연기가 자욱하다. 괴테는 이런 환경 속에서 생활했다. 하숙집은 큰길가에 있었으며 론다니니 궁전 근처였다.

괴테는 고독하며 자유로웠다. 이탈리아에서 어떻게 생활하든, 떠돌든, 사랑을 하더라도 바이마르 사람들의 호기심어린 눈빛에서 완전히 벗어났다. 위선적인 생활에서 인간적인 생활로 돌아갈 수 있었다. 이탈리아 여행은 괴테가 태어날 때부터 지니고 있는 눈부시게 빛나는 관능적인 사람으로 돌아오게 했다. 괴테는 자연 속에 예술이 있고 예술 속에 자연이 있다는 것을 배웠다. 그리고 자신이 정치가도 화가도 아니라 시인으로 태어났다는 사실을 깊이 깨달았다.

여행의 고독은 괴테에게, 오랜 세월 원했던 작가 생활을 되돌려주었다. 괴테는 전부터 쓰려 했던 작품을 완성하기 위한 시간을 마련해 두는 걸 잊지 않았다.

자연의 충실한 탐구자로서

고전주의 시인 괴테는 이렇게 이탈리아 여행에서 다시 태어났다. 그가 스스로 부모를 울리는 자식이라고 부른 명작 《이피게니에 *Iphigenie auf Tauris*》는 로마에서 완성되고, 《타소 *Torquato Tasso*》 또한 그 여로에서 진척되었으나, 이 여행기에 드러난 괴테의 모습에는 시인으로서의 면모가 거의 드러나 있지 않다. 이 여행기에서 볼 수 있는 괴테는 완전히 고미술 연구가이다. 고대, 그리고 고대의 그 위대한 부활인 르네상스 건축과 조각·회화, 이러한 것들이 그야말로 절대적인 힘을 지니고 그의 마음을 사로잡았다.

한편으로 그는 이탈리아 자연의 충실한 탐구자였다. 광물·식물, 기상 관측,

▲클롭슈토크(1724~1803)
《구세주》로 널리 알려진 그 시대의
시인. 1774년 괴테가 《파우스트》를
낭독했을 때, 크게 칭찬했다.

▶로비스 코린트가 근대적으로 묘사
한 괴츠
1772년 괴테는 셰익스피어를 모범
으로 삼은 희곡 《괴츠 폰 베를리힝
겐》을 썼다.

베수비오 화산에 대한 그의 열정을 보라. 뒷날의 유명한 식물변형론도 이 여행
에서 더욱 확신을 가질 수 있었다. 그러면서도 그는 이탈리아의 시인에 대해서
는 거의 아무런 흥미도 보여주지 않았다. 시성(詩聖) 단테에 대해서도 전혀 언
급한 적이 없다. 그리고 종교 부문에도 거의 관심을 보이지 않았다. 괴테는 신
앙에 대해서는 완전히 북방적이고 프로테스탄트적이며, 오히려 스피노자의 감
화를 받은 범신론적 경향을 지녔다고 할 수 있다. 그는 가톨릭의 장엄한 의식
에 대해서도 호기심을 조금 느꼈을 뿐 진심으로 관심을 두지는 않았다. 크리스
마스에 산피에트로 대성당에서 교황이 몸소 집전하는 성전(盛典)을 지켜본 뒤
그의 감상은, 알렉산드로스 대왕을 만났을 때 디오게네스가 느낀 것과 다를
바 없었다. 괴테는 이 종교적 세계정복자를 향해 이렇게 말하고 싶었다. "제발
고원한 예술과 순결한 인간성의 태양을 가리지 말아주십시오!"(1987년 1월 6일)
또 그는 아시시를 지나가면서 중세의 성자 프란체스코의 묘지에도 참배하지
않았다.
　조형미술 분야에서도 그는 너무나 빙켈만의 사도였다. 그는 오로지 고대와

르네상스에만 관심을 품고, 중세, 특히 고딕 건축에는 혐오의 감정까지 느꼈다. 그것은 일찍이 슈트라스부르크의 사원을 보고 찬탄한 사람이라고는 생각할 수 없을 정도였다. 즉 그는 파도바에서는 성 안토니오 사원을 무시했고, 아시시에서는 중세의 위대한 건축에 무관심했으며, 시칠리아 섬에서는 슈타우펜 왕조 국왕들의 위업을 기리는 기념물도 안중에 없었고, 이 섬의 몬레알레에서는 중세건축의 진수인 돔에 대해서도 이야기하지 않았다. 또 바이마르에서 재상의 지위에 있었던 그가 이 여행기에서 정치문제에 대해 거의 말하지 않은 것도 주목할 만하다. 이러한 점을 비난한 사람들 가운데 역사가 토르트 게오르그 니부르가 가장 신랄했다. 그는 친구에게 보낸 편지에서 괴테의 여행기 속의 미술비평을 논하며 '괴테는 조형미술에 대한 안목이 전혀 없으며, 수많은 걸작을 제대로 알아보지 못하거니와 본 것들도 정당하게 평가하지 않았다'고 비난했다.

그러나 생각건대 이런 비난은, 혹 그로서는 정당한 것이라 하더라도, 괴테의 여행기에 대한 관점 자체가 근본적으로 잘못된 것이 아닐까 한다. 무엇보다 괴테의 기행은 결코 이탈리아 안내기가 아니다. 시인 자신이 처음 여행기를 편찬했을 때 품은 의도에 따라서도 알 수 있듯이, 그것은 본디 괴테 자전적 작품 《시와 진실》의 속편이라고 할 수 있는 것이다. 그것은 시인의 체험에 대한 기록이고, 따라서 그가 이탈리아에서 무엇을 보고 무엇을 무시하든 그것은 온전히 그의 자유이며, 또 그가 시적인 의도에서 그 경험적 사실 가운데 어떤 것을 취사선택하든 그것을 비난할 이유는 되지 않는다. 그가 관찰의 눈을 오로지 조형미술과 자연현상 같은 뚜렷한 형상으로 돌리고 문학과 종교에서는 멀어졌으며, 또한 미술 방면에서도 알프스 북쪽의 음울한 세계를 떠올리게 하는 중세적이고 고딕적인 것에서 눈을 돌리거나 부당하게 폄했던 것은 사실이다. 하지만 그에 대해서는 그런 편파적인 태도를 비난하기보다 그가 자기 안에 숨어 있는 북방적이고 고딕적인 고민과 슈투름 운트 드랑의 번민에 대한 어떤 조율을 통한 도움으로서, 오로지 남방적이고 형상적인 것을 좇았던 태도와 그 표정(標定)의 정당함을 칭찬해야 하는 것이 아닐까.

여행에서 돌아와서는 정무의 모든 분야를 맡는 게 아니라 자기가 주특기로 삼는 문화면의 행정만을 수행하고, 시나 소설 등의 창작활동을 할 수 있도록 꾀했다. 괴테는 여행 기간을 조금씩 늘려 1788년 부활절까지 머무는 것이 허락되었다. 그것이 바로 이탈리아 여행이었고, 괴테가 내건 인생 최대의 도박이었

▲베츨러 전경
베츨러에서 괴테는 샤를로테를 사랑하게
된다. 《젊은 베르테르의 슬픔》에서 나오
는 여주인공은 이 사랑에서 비롯되었다.

▶《젊은 베르테르의 슬픔》에 실린 판화
베르테르가 로테를 찾아와 춤추러 가자
고 하는 장면

▼샤를로테

다. 그리하여 괴테는 훌륭하게 이 도박에 이긴 것이다. 《이탈리아 기행》 첫 부분을 읽어보면 괴테는 느닷없이 여행을 한 것으로 쓰고 있지만, 실은 이 여행은 냉정한 계산에 따라 꾸며진 것이었다.

문학작품으로서의 이탈리아 여행

《이탈리아 기행》은 여행 무렵 일기와 편지를 자료로, 《시와 진실》의 속편으로 뒷날 편찬되었다. 그 내용은 온갖 분야를 아주 다각적인 시야에서, 파노라마풍으로 내려다본 것이다. 그러므로 요점을 간추리는 것은 쉬운 일이 아니지만, 괴테의 자기 재발견 및 자기형성에 대한 욕구가 모든 기술(記述)의 바탕을 이루고 있는 것은 틀림없다. 그런 의미에서 이 작품은 이른바 '이탈리아 안내기'와는 뚜렷하게 구분된다.

괴테는 바이마르 궁정의 편협함, 관리의 단조로운 업무, 진보도 발전도 없는 주민들, 슈타인 부인과의 침체된 관계 등, 곳곳에서 한계에 부딪치고 있었다. 그는 그런 현실에서 벗어나고자 완전히 새로운 바깥 세계, 곧 새로운 자연을 접하고, 새로운 인간관계를 경험하고, 미지의 사회와 문화를 받아들이며, 그로써 고유한 생활감정의 깊이와 폭을 넓히고 정신을 북돋고자 했다. 그런 점에서 보면, 괴테 같은 본성의 소유자가 아니면 이 여행기는 안내서로서는 아무런 쓸모가 없다고 해도 지나친 말이 아니다.

괴테의 이탈리아 여행은 1786년부터 88년까지였으나, 《이탈리아 기행》이 편집되고 인쇄된 것은 그보다 30년 뒤인, 괴테가 67세였을 때였다. 출판자 코타가 1814년 7월에 괴테로부터 받은 편지에는 이탈리아 여행기가 꽤 진척되어 가을부터 인쇄에 들어갈 수 있을 것처럼 적혀 있는데, 이윽고 완성되어 인쇄에 부쳐진 것은 1816년 봄이었다. 같은 해 10월에 제1권, 즉 첫 번째 로마 체재의 끝까지 출판되고, 제2권, 즉 두 번의 나폴리 체재와 시칠리아 부분은 꼭 1년 뒤에 발행되었다.

제1권 가운데 로마 도착까지는 샤를로테 폰 슈타인 부인을 위해 쓴 여행일기가 그 바탕을 이룬다. 그것은 단순한 메모 같은 것이 아니라, 출판될 것을 의도한 문장으로 씌어 있다. 편집에서 개인적인 내용은 제외되고, 자전적 작품으로서의 전체적 구성에도 손질이 가해지기는 했지만, 그것은 30년 전을 돌아보는 회상의 문장이 아니라 30년 전의, 활기찬 중년의 힘이 넘치는 문장이다. 연인

▲남작부인 샤를로테 폰 슈타
인(1742~1827)

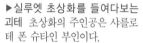

▶실루엣 초상화를 들여다보는
괴테 초상화의 주인공은 샤를로
테 폰 슈타인 부인이다.

슈타인 부인을 남겨두고 '세계의 적요함'을 향해 길을 떠나는 괴테의 불안과 두
려움, 새로운 세계에 대한 가슴 뛰는 희망과 기대가 그 서술에 독특한 리듬을
주고 있다.

이에 비해 편지와 일기에서는 제대로 설명되어 있지 않은 사항도, 이 여행기
에서는 흥미로운 이야기와 극적인 장면에 삽입되어 있다. 또 관람한 연극과 오
페라 내용,《영원한 유대인》《델피의 이피게니에》등의 구상에 대해서도 매우
자세히 씌어 있으므로, 삭제에 의해 잃어버린 것만큼 보상되었다고 할 수 있
다. 그리고 편찬할 때 추가된 특기할 만한 사항은, 일기에서는 비망록풍의 단편
으로 흩어져 있던 것을 완전한 서술로 손질하고 거기에 내용을 덧붙여 훌륭한
문체로 완성한 점이다. 말투도 거친 사투리 어법을 표준어로 고치고, 원어로 적
혀 있던 지명과 인명도 독일어로 바꿨다. 그리하여 여행기는 오롯한 완성도를
보여주었다.

'두 번째 로마 체재'는 1819년부터 29년까지 10여 년에 걸쳐 편찬되어 1829년
에 출판되었다. 그것의 밑바탕이 된 편지는 헤르더와 슈타인 부인에게 보낸 것
이었다. 그러나 그 편지들은 현재 원형 그대로 보존되어 있지 않다. 이러한 자료

들 대부분은 시인이 편찬 작업을 마침과 동시에 불태워버렸기 때문이다. 그리고 괴테가 에커만에게 말한 것에 따르면, 이러한 편지들의 내용은 사적인 내용이 많아서, 그 가운데 여행기에 알맞은 부분만 가려 뽑아서 편집하는 것은 매우 어려운 일이었다. 따라서 그렇게 완성된 자료만으로는 로마 생활을 시간의 공백 없이 비춰내기에 부족하다고 생각해, 그즈음의 기억을 더듬어 쓴 '보고(報告)'라는 것을 다달이 덧붙였다. 거기에는 폴크만의 오래된 안내기와 시인이 소지하고 있는 미술 수집품을 참조하고, 특히 이탈리아통인 궁중고문관 마이어의 지식에 힘 입은 바가 컸다. 그와 아울러 '아르카디아 협회 입회', '로마 감사제' 그 밖의 자신이 쓴 독립된 기술과, 필리프 모리츠의 〈미의 조형적 모방에 대하여〉라는 논문, 티슈바인의 편지 등, 다른 사람의 문장도 실렸다. 그래서 이 '두 번째 로마체재'는 서술 형식으로 보아, 다시 말해 문학작품으로서는 이른바 '이탈리아 여행' 부분만큼 완전한 유기적 연관은 없을지 모르지만, 내용에서나 실제적 흥미에 있어서는 결코 뒤떨어지지 않는다. 로마 감사제에 대한 묘사는 단순히 순수한 읽을거리로서도 흥미로우며 미소가 절로 떠오른다. 사랑스러운 '밀라노 여성'에 대한 괴테의 관심은 이탈리아 여행기 전체에서 거의 유일한 이성에 대한 애정의 고백으로서, 중년 시인의 순정을 엿볼 수 있다.

두 번 총 20개월에 걸친 이 여행을 통해 시인이 그 정열을 쏟아부은 미술연구는, 두 번째 로마 체재에서 정점에 이르렀다. 이 시기에 그는 직접 붓을 잡고 그림 연습에 여념이 없었다. 그러나 마침내 그도 이제부터 회화를 진지하게 시작하기에는 자신이 너무 나이를 먹었다는 사실을 느끼고, 자신의 사명은 결국 시인에 있음을 더욱 강하게 깨달은 것으로 생각된다. 그러므로 그의 조형미술 연구는 앞에서도 말했듯이 그를 시인으로 크게 성공하게끔 한 요소로 보아야 비로소 그 의의가 생겨난다. 그리하여 고전주의 시인으로 다시 살아난 괴테가 그런 자신을 태어나게 한 로마, 그가 그곳으로 '귀화'했다고 말한 조국에 대해 영원한 작별을 고했을 때, 그의 감개가 얼마나 깊었을지는, 오비디우스의 비가(悲歌)로 끝맺는 결말의 문장을 읽어도 헤아릴 수 있다. 괴테는 이 여행기에서 자신이 새로 얻은 경험과 지식을 조금도 뽐내지 않고, 미술비평이나 그 밖에 있어서도 쓸데없이 말을 휘둘러 독자를 현혹하는 천박함을 보여주지도 않으면서, 어디까지나 솔직하고 자연스럽게, 진정 자신의 눈으로 보고 자신의 가슴으로 느낀 것을 담담하게 이야기한다. 그것은 독자에게, 참으로 괴테 본인을 마

▲18세기 무렵의 바이마르 궁정 전경
괴테가 아우구스트 공의 초청으로 바이마르에 부임했을 때 26세였다. 안나 아말리아 모후는 36세, 칼 아우구스트 공은 18세였다.

▶요한 게오르크 지네시스가 그린 12세 때의 칼 아우구스트 공 초상화

▼안나 아말리아 모후

주하고 그 입으로 여행 이야기를 듣는 듯한 느낌을 준다. 그것은 여행기로서도, 또 하나의 작품으로서도 흥미롭지만, 시성(詩聖) 괴테의 삶에 대전환기를 가져온 체험에 대한 기록으로 볼 때 더욱더 깊은 의미가 있음을 느끼게 한다.

괴테 창작생활 결산기

괴테의 삶의 전환기였던 이탈리아 여행의 앞뒤는, 동시에 그때까지의 모든 창작생활에 대한 결산기이기도 했다. 즉 그는 자신의 첫 번째 전집 간행을 시작하고 있었다. 그런데 이미 그에게 깃든 완성을 중시하는 고전정신은, 미완의 작품을 단편 그대로 전집에 싣는 것을 용납하지 않았다. 그리고 바이마르에서의 10년에 이르는 불생산의 시대, 씨앗은 뿌렸지만 거둘 여유가 없었던 시대에 미완인 채 남아 있었던 것을 이 여행 가운데 완성하지 않을 수 없었다.

앞에서도 말했듯이 《이피게니에》는 이미 처음 로마에 머무는 가운데 완성해 고국에 보냈고, 두 번째로 로마에 머물 때에는 《에그몬트 *Egmont*》의 집필을 끝낼 수 있었다. "나에게는 하나의 축제의 아침인 지금…… 에그몬트가 정말로 완결되었다!" 그리고 《타소》와 《파우스트》도 이 여행 중에 탈고하기를 바랐다. "새해를 맞이하면 곧 타소를 보내겠다." "파우스트가 그 망토를 타고 급사로서 나의 귀국을 알릴 것이다. 그러면 나는 하나의 중요한 시대를 끝내고 후련하게 그것과 작별을 고하는 셈이다. 그때부터는 필요에 따라 다시 새롭게 시작할 수 있다." 전집은 이미 네 권까지 발행되었고, 남은 작품 편찬도 이 두 번째 로마체재에서 얼마쯤 이루어지고 있었다. "내 반생의 결정체인 이 사랑스러운 네 권이, 이 로마에서 나를 찾아온 것은 참으로 기이한 느낌을 불러일으킨다." "나머지 네 권도 이에 못지않은 것이 되기를 간절히 바란다."

《이탈리아 기행》은 앞에서도 말했듯이 자전적 작품인 《시와 진실》의 속편으로 의도된 것이다. 그러나 그 자전이 온갖 경우의 잡다한 체험과 많은 인물들로 구성되고 묘사되어 있는 데 비해, 이것은 오직 1년 반 동안 있었던 사실에 충실한 여행기이기 때문에 《시와 진실》이라는 이름을 붙이지 않기로 했다.

이 기행의 바탕이 된 것은 시인이 여행 중에 쓴 편지와 일기이다. 1814년 끝 무렵 체르터에게 보낸 편지에 있듯이, 괴테는 편지와 일기에 쓴 사실을 가능한 한 바꾸지 않고 이 여행기를 편집하려 했다. 그러나 물론 거기에는 조금의 변경과 삭제를 하지 않을 수 없었다. 삭제의 가장 주된 내용은, 먼저 슈타인 부인에

게 보낸 편지 속의
그녀와 개인에 관계
되는 사항 및 그녀
에 대한 괴테의 감
정이 드러난 문구이
다. 괴테는 여행 전
에 이미 슈타인 부
인과의 관계를 고민
했었고, 돌아온 뒤
에는 우연한 기회에
알게 된 순진한 소
녀 크리스티아네 불
피우스(뒷날 괴테 부
인)에 대한 연정 때
문에 어쩔 수 없이
슈타인 부인과 절교
하기에 이르렀다. 이
사실을 아는 사람
들 가운데에는 괴테
의 이탈리아 여행은

에터스베르크에서 상연된 〈이피게니에〉의 한 장면
괴테는 오레스테 역을 했다.

다름 아닌 이 부인과 헤어지기 위한 것이었다고 주장하는 사람도 있지만, 그
추측은 물론 잘못된 것이다. 아무런 말도 없이 몰래 떠나 버린 데 대해 '그 온
존재로 그녀에게 매달리고 있는' 시인이 '사랑하는 연인'에게 끊임없이 용서를
구하면서 '무릎을 꿇고 간절하게 애원하고' 있는 편지의 문장을 보더라도, 절대
로 자기 쪽에서 교제를 끊으려는 사람의 태도는 아니었다. 그러나 이런 종류의
말은 물론 여행기에는 삭제되었다. 또한 슈타인 집안 아들이자 괴테의 제자인
프리츠와 관련된 것, 헤르더의 아이들을 위해 써 보낸 말, 그리고 바이마르 공
과 관련이 있는 이야기도 삭제되었다.

크리스티아네와 만남

이탈리아에서 돌아온 괴테는 관심을 가지고 실무에 몰두할 수 있는 정치가가 아니었다. 자신의 재능에 눈을 뜨고 오로지 그 길만을 걸어가려는 예술가였다. 더 이상 세상의 의리나 관습에 얽매이는 연인이 아니었다. 하지만 그런 사람을 맞이한 바이마르는 여전히 아무것도 변하지 않은 옛 그대로였다. 괴테는 곧 자신과 주위 사람들 사이에 자리 잡은 커다란 공허함을 느끼게 된다. '나는 여러 공통된 감정을 잃어버렸다. 누구도 내 말을 이해해주지 않는다.' 괴테는 이렇게 고백했다. 연인 폰 슈타인 부인도 냉담하게 맞이했다. 남유럽 태양과 풍물에 익숙해진 괴테는 스스로를 망명자처럼 느꼈다.

돌아온 지 얼마 안 된 7월 어느 날 정원에 있던 이 시인 앞에 한 여성이 나타났다. 그녀는 추밀고문관 괴테에게 오빠의 취직의뢰 청원서를 건넸다. 공손하게 무릎을 굽히고 시인에게 인사를 한 그녀는 크리스티아네 불피우스라 했다. 23살이었다. 그 시대에는 거의 결혼적령기가 지난 나이였다. 오빠는 예나대학을 다니며 서기 자리를 얻었지만 이윽고 그 자리를 잃을 처지가 됐다. 오빠는 부모도 없고 자산도 없는 동생들을 돌보고 있었다. 힘들어하던 오빠는 이탈리아에서 막 돌아온 괴테에게 직접 부탁까지 하게 됐다. 그리고 그 심부름을 한 사람이 크리스티아네였다.

《로마의 비가》에서 크리스티아네와 처음 만났을 때의 인상을 묘사했다고 여겨지는 시구가 남아 있다.

밤색 머리칼을 가진 여인이었다
머리칼은 탐스럽게 이마 위에 드리워
짧은 곱슬머리가 부드러운 목을 감싸고
묶이지 않은 머리카락이 위에서 물결쳤다

크리스티아네는 키가 작다. 둥글둥글하게 귀엽다. 통실한 둥근 얼굴. 보동보동한 입술. 상냥하고 밝은 성격. 매우 예쁜 미인은 아니지만 자연 그대로 밝고 아름답다. 아주 소박한 옷을 입었다. 일찍 부모를 여읜 크리스티아네는 여동생과 함께 고모 집에 맡겨져 집안에 보탬이 되기 위해 가까운 조화공장에서 일했다.

바이마르정원 클라우스 작품
바이마르 전기 약 10년간(1775~1786)에는 정무를 맡아 추밀참사관, 추밀고문관, 내각수반으로서
치적을 쌓았다. 1786년 9월 괴테는 휴양지 칼스바트를 출발, 1년 반에 걸친 이탈리아 여행을 떠
난다.

괴테는 열심히 크리스티아네 오빠의 직장을 찾았다. 그리고 곧 여동생을 동
쪽 별채로 데려왔다. 크리스티아네는 시인의 연인이 됐다. 별채에 출입하던 크
리스티아네는 이윽고 남말하기 좋아하는 사람들 눈에 띄어 온 사교계의 분노
를 샀다. 괴테나 되는 사람이 튀링겐의 거친 사투리로 말하며 쓰기 읽기도 제
대로 못하는 여자를 별채에 들이다니! 사람들은 용서하기 힘든 충격을 받았다.
신분 제도가 엄격한 그 시절에는 이런 분노를 마땅하게 받아들였다.

하지만 이탈리아 여행을 하고 온 괴테는 더 이상 사람들의 비난에 기죽지
않았다. 괴테는 도덕이나 세간의 평판에 얽매이지 않는 자유로운 사랑과 예술
을 동경했다. 밝고 넓은 하늘이 주는 자연과 사랑의 선물을 가장 큰 행복이라
생각했다. 신체 노출을 극도로 싫어하는 종교가 지배하던 북쪽 작은 세계에서
는 고대 그리스·로마의 나신상이 얼마나 아름다운지 상상할 수도 없었다. 여행
자 괴테는 너무나 사소한 형식에 구애된 딱딱하고 어두컴컴한 밀실에서 빠져
나와 대자연 속에서 땀을 흘리며 진정한 아름다움을 경험했다. 소박하고 자연
스런 관능적 사랑, 흘러넘치는 순수한 관락의 표출, 생활과 의사 결정의 자유.
시인의 생각의 날개는 그런 세상을 날고 있었다.

괴테가 그린 로베레토 1786년 9월, 브레너, 볼차노, 트렌토를 통과한 괴테는 일기에 이렇게 적었다. "드디어 로베레토에 도착했다. 여기서부터 언어가 갑자기 바뀐다. 내가 좋아하는 언어가 살아나는 것이다. 그게 일반어가 된다고 생각하니 기쁘기 한량없다. 태양은 밝게 빛나고, 사람들은 하느님을 믿고 있다."

《로마의 비가》와 크리스티아네

이탈리아에서 돌아와 괴테는 곧 《로마의 비가》 20장을 만들었다. 등장인물은 가공의 형태를 취했지만 크리스티아네에 대한 괴테의 애정이 이 작품 성립의 전제가 됐다.

사랑하는 그대여 너무나 빨리 몸을 허락한 일을 한탄하지 마시오
믿어주시오 나는 당신이 뻔뻔하다고도 천하다고도 생각하지 않소

자신의 품속으로 뛰어든 크리스티아네를 괴테는 실제로 이렇게 생각했을 것이다.

사랑하는 그대는 밝은 낮 시간을 내게서 허락도 없이 빼앗아 가지만
그 대신 어두운 밤 시간을 채워주네
끊임없이 입맞춤만 할 수 없으니 진지한 이야기도 나눈다
그대가 잠에 빠져들면 나도 누워서 이것저것 생각하네

돌로 항구 카날레토의 판화

그대의 품속에서 시를 몇 편이나 만든 적도 있네

괴테는 《로마의 비가》에서 크리스티아네와의 사랑을 가장 아름다운 기념비로 새겨 두었다. 그 안에서는 빛나는 육체로의 이교적인 사랑을 칭송한다. 크리스티아네는 인텔리 여성은 아니었다. 하지만 사교계 귀부인들이 경멸하는 어리석은 인간이 절대 아니다. 크리스티아네는 여성적인 존재로 괴테에게 끝없는 편안함을 주었다. 괴테는 여성에게서 얻을 수 있는 휴식과 화목함을 원했다.

크리스티아네는 이른바 그림자 같은 여성이었다. 사교계에 나가지 않았고 정식적인 방문객 앞에도 얼굴을 보이지 않았다. 남편을 고문관님이라 부르며 오로지 그림자 속에 숨어 소극적으로 행동했다. 교양이 없고 소박했기에 짓궂은 세상의 비방을 견딜 수 있었다. 절대로 불평을 하지 않았다. 괴테는 5년이 지난 뒤에야 두 사람의 관계를 어머니에게 말했다. 아들인 아우구스트는 이미 어엿한 소년으로 자랐다. 어머니는 바이마르 귀부인들처럼 화내지 않았다. 어머니는 너그럽게 두 사람을 인정하며 며느리에게 애정을 담아 편지를 썼다. 그리고 크리스티아네의 그림자 생활은 20년 가까이 이어졌다.

주위의 차가운 시선을 받으며 험담이 끊이지 않았던 이 사랑은 괴테에게 무엇을 가져다주었을까. 귀족 딸과 결혼해 많은 사람들의 축복을 받았다면 괴테는 정말 행복했을까. 괴테에게 가장 중요한 것은 작가의 자유였다. 자유란 작품을 만들어내기 위한 고독을 지키는 것이다. 결혼한 뒤에도 괴테는 이 자유를 지켜냈다. 몇 달 아니 반년이나 집을 비우는 일이 자주 있었다. 마음 내키는 대로 떠났다가 돌아오고 싶을 때 돌아왔다. 크리스티아네 같은 아내가 아니면 이런 상황을 견디기 어려웠을 것이다. 괴테의 문학 세계를 이해해서 그런 게 아니다. 크리스티아네는 태어날 때부터 지닌 지혜로 남편의 전체를 바라봤다. 둘은 서로를 이해했다. 크리스티아네는 그림자였지만 이 사람을 괴테에게서 빼버리면 그의 생애나 시들은 규모가 훨씬 작은 것이 되어버린다. 괴테 문학은 숭고한 이념에서 자유분방함까지 다양한 폭을 이룬다. 괴테의 문학이 넓고 풍부하며 여러 영역으로 확대된 것은 크리스티아네와의 인간적 경험이 있었기에 가능하지 않았을까.

깊은 고독에의 시간

예술가로 다시 태어난 괴테는 작품집 여덟 권을 세상에 보여 그 증거로 삼으려 했다. 작품집은 1787년부터 1790년까지 차례로 간행됐다. 거기에는 지금까지 알려지지 않은 《에그몬트》, 《이피게니에》, 《타소》, 《파우스트 단편》과 첫 시집 등도 수록됐다. 그러나 독자의 반응은 너무나 냉담했다. 염가판은 팔리지 않고 일반판도 잘 팔리지 않았다. 호화판은 완결되지도 않았다. 출판사 재고품은 전혀 줄지 않아 제1차 세계대전 전에도 초판본을 1마르크로 살 수 있을 정도였다.

독자들에게 외면당한 괴테는 큰 충격을 받았다. 《게츠》나 《베르테르》로 일약 세계적인 명성을 얻어 신격화된 작가가 여덟 권이나 되는 작품집을 세상에 보여 아무런 반응도 얻지 못했으니 풀이 죽는 것도 마땅하다.

작가로 일어서려면 《게츠》나 《베르테르》같은 작품을 계속 쓰는 게 가장 좋다는 것쯤은 괴테도 알았을 것이다. 하지만 그런 상식을 따르지 않았다. 젊은 날에 얻은 작가의 명성을 미련 없이 버리고 궁정 생활을 하며 추밀고문관이나 장관이 되기도 했다. 그리고 젊은 날의 작풍이 싫어서 《타소》나 《이피게니에》같은 엄격한 고전적 작품을 썼다. 그런가하면 《로마의 비가》에서는 당당하게 관능적인 시로 노래했다. 《게츠》나 《베르테르》의 이미지에서 벗어나지 못한 독자들은 이렇게 변하는 괴테에게 공감하지 못했다.

베수비오 화산 괴테는 베수비오 산을 세 번이나 올랐다.

괴테는 깊은 고독을 느꼈다. 이렇게 괴롭고 오랜 시간 이어지는 함락의 시기가 찾아온다. 증오와 경멸의 시기이다. 괴테는 독일인들에게 신랄한 비판을 던지게 된다. 그와 함께 작품은 자신을 위해서 적어야 한다는 생각을 더욱 강하게 가진다. 그러자 괴테의 작품은 미완성인 채 중단되는 일이 많아졌다. 하지만 그 느린 발걸음이야말로 괴테가 다른 많은 작가들을 뛰어넘을 수 있는 큰 원동력이 됐다. 괴테는 고독한 고뇌를 통해 인간으로서도 작가로서도 역량은 한결 더 커졌다.

프랑스 혁명과 괴테

마침 그 시기, 괴테는 프랑스 혁명을 만났다. 독일 청년이나 지식인들은 이 새로운 시대의 여명을 열광적으로 맞이했다. 클롭슈토크, 헤르터, 실러, 훔볼트들은 모두 희망으로 가슴이 부풀었고 젊은 휠덜린은 자유로의 찬가에서 환호성을 질렀다. 그리고 헤겔이 자코뱅주의자라 불린 것도 잘 알려져 있다. 괴테의 친구 메르크도 그 무렵 자코뱅 클럽에 가입해 바스티유 습격 연극에 뜨거운 눈물을 흘렸다.

독일의 여러 궁전이나 정부에서도 처음부터 모두가 거부적인 태도를 보이진 않았다. 루이 14세 일이 있은 뒤 유럽의 다른 군소왕가를 거만하게 내려다 본 부르봉왕가에 대한 반감이 있었기 때문이다. 오히려 속으로는 꼴좋다고 생각하며 강대한 왕조가 괴로워하는 모습을 편안하게 바라봤다. 특히 바덴, 바이에

괴테가 방문한 1787년 무렵 로마 원형극장 하케르트. 1790.

른에서는 국경에 '탈주자와 집이 없는 사람은 이 안으로 들어오지 말 것'이라는 간판을 내걸기도 했다. 이들 군주는 그 시대 풍조를 따랐기에 프랑스 탈주귀족들보다 시민에게 동조했다. 그리고 왕가의 젊은 세대에서 새로운 사상에 공감을 표하는 사람까지 나타났다.

하지만 독일의 열병 같은 감동은 언제까지고 이어지지는 않았다. 국왕의 처형과 함께 독일인의 열의도 거의 식어버렸다. 혁명은 나아간다. 권력투쟁과 테러가 되풀이되고 끝내는 공포정치가 파리를 지배한다. 누가 진정한 혁명가이고 누가 배신자인가 그 구별마저 할 수 없다. 이윽고 전쟁이 일어나 20년이나 이어진다. 나폴레옹이 나타나 유럽은 동란에 휩쓸린다.

그런데 괴테는 혁명에 대해 어떤 태도를 보였을까. 우리는 그 전에 바이마르의 실정을 살펴볼 필요가 있다. 바이마르에는 몸으로 느껴지는 시민 계급은 존재하지 않았다. 궁정과 귀족사회 그들과 관계없이 살아가는 시민들, 그리고 소수의 영세민들, 생업을 꾸리는 많은 사람들은 궁정 일을 하며 생계를 유지했다. 온 나라가 마치 작은 한 집안 같다. 파리에서는 사람들이 데모행진을 펼쳤는데 바이마르에는 여론이라는 게 전혀 없었다. 본디 독일에는 중심이 되는 수도가 없었기에 혁명에 대한 뜨거운 토론도 곳곳에 흩어져 있었다. 게다가 베를린

피넬리가 그린 로마사육제 수채화 괴테는 《이탈리아 기행》에서 로마 사육제를 생생하게 묘사했다.

과 빈이 서로 미워했기에 그 사이에 낀 작은 나라들은 자신의 생활을 지키기에 여념이 없었다. 국민의 행복한 삶은 군주가 정치를 어떻게 하느냐에 달려 있다고 괴테는 생각했다. 그래서 루이 16세처럼 사람은 좋아도 무능한 왕은 그런 꼴을 당해도 어쩔 수 없으며 왕의 이름에 어울리는 사람이라면 이렇게 무참하게 처형당할 리는 없다고 생각했다. 그러나 과격한 대중운동에도 아무런 공감을 보이지 않았다. 왕과 왕비를 시작으로 정적이나 용의자를 모조리 기요틴으로 보내는 처절한 방법은 도저히 견딜 수 없었다. 어린 시절부터 죽음보다 무정부 상태를 싫어했다는 괴테의 본성을 근거로 한 말이지만 바이미르 궁정에서 통치를 했던 경험에서 나온 감정도 들어 있음이 틀림없다. 여하튼 혁명은 괴테에게 황폐한 혼란이며 서로를 미워해서 죽이는 증오로 보였다.

　좌익 사람들은 자주 괴테를 위대한 속물이라 불렀다. 프랑스 혁명에 대한 괴테의 보수적인 반응이 큰 원인이었다. 전제군주의 신하가 되어 평생 아우구스트 공을 도왔다. 좌익 입장에서 보면 용서하기 힘든 반민중적·속물적인 타협으로 비쳤다. 사실 이 무렵 괴테가 손을 댄 혁명을 주제로 한 모든 작품이 실패

〈나폴리 만〉 하케르트. 1771.

로 끝난 건 이 프랑스 혁명에 대한 정신적 이해가 없기 때문이다. 괴테에게 속물적이라는 단어를 처음으로 준 사람은 엥겔이나 마르크스였지만 그들은 괴테의 작품을 잘 이해하고 위대함은 솔직하게 칭찬했다. 전인적 개방을 당당히 부르는 《로마의 비가》에서 보이는 괴테의 천재적 재능을 칭찬하는 게 그 좋은 예 가운데 하나이다. 나중에 한시적으로 괴테의 작품을 읽지도 않고 그 사람에 대한 탐구도 없이 위대한 속물이라는 말을 앵무새처럼 따라만 하는 사람들이 있었지만 지금은 그런 풍조가 사라졌다.

프랑스 혁명이 발발한 뒤로 탈주 귀족이 독일 여러 지역에 들어와 반혁명의 기운이 오스트리아, 프로이센 등에서 나타나자 독일·프랑스의 관계는 심각한 긴장상태로 들어섰다. 1792년 7월 프랑스는 먼저 독일에게 선전포고를 했다. 국내의 위기상황을 나라 밖으로 시선을 향하게 함으로써 해결하는 게 가장 좋은 방법이라 제1차 혁명 정부 요인들이 생각했기 때문이다. 여기서 프로이센도 오스트리아와 함께 프랑스에 진입했다. 프로이센의 갑기병 연대장인 바이마르 공도 출정했다. 공작의 추천으로 내키지 않았지만 괴테도 원정에 나섰다.

괴테는 8월 8일에 떠났다. 가는 길에 고향 어머니를 찾아갔다. 13년 만의 재회였다. 프로이센군은 프랑스 영토 베르됭으로 갔다. 괴테도 처음에는 전쟁이 곧 끝나리라 낙관했지만 9월 끝 무렵부터 상황이 변했다. 지휘관의 부족, 악천후, 급여 부족, 전염병 유행 등으로 독일군은 퇴각할 수밖에 없었다. 갖은 고생을 한 끝에 12월 16일 늦은 밤 괴테는 바이마르로 돌아왔다.

바이마르에서 평화로운 가정생활을 한 것도 잠시 괴테는 이듬해 또 제2종군에 참여하지 않으면 안 됐다. 괴테가 바이마르로 돌아온 12월 16일에 마인츠가 아무런

아우구스트와 크리스티아네
이탈리아 여행을 마치고 바이마르크로 복귀한 괴테는 크리스티아네 불피우스를 만나 동거하게 된다(1788). 이듬해 장남 아우구스트가 태어났다. 다섯 아이가 태어났지만 무사히 자란 아이는 장남 아우구스트뿐이었다. 결혼식은 18년 만인 1806년(57세)에 하게 된다.

저항 없이 프랑스군에게 점령되어 독일 동맹군이 반격을 결정, 바이마르 공도 포위군에 참가했기 때문이다. 마인츠는 1793년 7월 22일 함락됐다. 괴테는 5월 12일에 떠나 8월 22일에 돌아왔다.

나중에 괴테는 이 두 번의 종군 경험을 자서전에 썼다. 《프랑스 종군기》와 《마인츠 공방전》이다. 둘 다 담담하고 냉정한 방관자의 수기 같은 느낌을 준다.

실러와 괴테

괴테와 실러의 관계는 독일 문학사에서뿐만 아니라 세계 문학사에서도 찾기 어려운 우정으로 자주 회자된다. 프리드리히 실러(1759~1805)는 뛰어난 희곡을

많이 써서 국민 시인이라 존경을 받았다. 19세기 전반 실러가 오히려 괴테보다 독일인들에게 인기가 있었다고 한다. 독일을 대표하는 이 두 천재 시인이 같은 시기에 나타난 것 자체도 기적적인 일이지만 두 사람이 함께 손을 잡고 고전주의 시대를 쌓은 일은 더욱 기적적이라 해야 한다. 시인의 내면세계는 강렬한 개성과 고독의 세계이기에 내적인 친화는 쉽게 이루어질 수 없기 때문이다. 게다가 두 사람이 눈에 띄는 천재였기에 더욱 세상에 그 예를 찾을 수 없는 우정이라 할 수밖에 없다.

그러나 이 두 사람의 인연은 결코 쉽게 맺어지지 않았다. 자연스럽게 인간적인 우여곡절이 있었다. 그 흔적을 따라가는 일은 두 천재의 본질을 구명하는 일이기도 하다. 괴테는 실러보다 10살 많았다. 실러가 작가활동을 시작하려 했을 무렵 괴테는 이미 《게츠》나 《베르테르》의 작가로 우러러 봐야 하는 존재였다. 실러는 괴테를 존경해 어떻게든 그에게 다가가고 싶어 했다.

실러는 《군도》의 작가로 젊은 사람들 사이에서 갈채를 받았다. 《베르테르》와 마찬가지로 사회 현상을 신랄하게 비판한 작품이다. 괴테가 거기서 벗어난 슈투름 운트 드랑(독일의 문학 운동) 세계를 다시금 강렬하게 그려냈다. 괴테는 그 조잡하고 형식 없음을 증오했다. 그는 새로운 작품으로 고귀한 영혼의 길을 드디어 열었다고 생각했는데 실러는 그것을 다시 부수는 것처럼 보였다. 이런 작가와 친해지면 앞으로 나아가기는커녕 오히려 후퇴할 뿐이라고 속으로 경계했다. 괴테는 의식적으로 실러를 피했다.

괴테는 실러의 작품을 읽으면 자신의 젊은 시절의 결점을 보는 기분이 들어서 참을 수 없었다. 그럼에도 실러의 작품은 일반 대중에게 인기가 있을 뿐만 아니라 교양 있는 궁정 부인들 사이에서마저 엄청난 숭배를 불러 일으켰다. 그에 비해 괴테가 새로이 이른 더욱 순수하고 내성적인 작품은 독자들의 시선을 끌지 못했다. 이해해 주지 않는 세상에 괴테는 깊은 실망과 분노를 느꼈다. 게다가 프랑스 혁명 발발은 괴테가 실러의 작품을 더욱 견딜 수 없게 만들었다. 괴테가 법칙과 질서를 경시하고 선명하지 않은 자유 욕구가 주제라 생각했던 극작품 《군도》로 실러는 1792년 파리 시민권을 받았기 때문이다. 그 시절 실러는 예나 대학 강사였는데 그렇지 않아도 이미 파리처럼 된 예나 대학이 더욱 첨예화되는 것이 바이마르 대신인 괴테에게는 결코 기분 좋은 일이 아니었다.

괴테와 실러는 체질적으로도 성격적으로도 대조를 이룬다. 괴테는 건강하

▲발미전투(1792년 2월)
1789년 7월 14일 발발된 프랑스 혁명으로 괴테는 1792년에는 아우구스트 공을 따라 제1차 대프랑스 전쟁에 종군하여 발미전투와 마인츠 포위전에 참전했다.

▼마인츠 포위전(1793년 4~7월)
프랑스군에 점령된 마인츠는 1793년 4월 연합군에 포위되었다. 6월 16일 포격이 시작되자 근처에 사는 농민들이 구경하러 나왔다.

고 체격도 건장했다. 실러는 연약하고 키가 큰 말라깽이었다. 결핵환자 같은 얼굴이었다. 생활태도도 완전히 반대였다. 실러는 낮과 밤이 뒤바뀌어 있었다. 늦

체스티우스의 피라미드 근처 1830년 10월 26일 로마에서 세상을 떠난 괴테의 아들 아우구스트가
이곳 그리스도 교도 묘지에 묻혔다. 그림의 왼쪽에 피라미드와 파올로 문이 보인다.

은 밤 일을 하며 여러 가지 각성제를 먹었다. 커피는 물론이고 서랍 속에 썩은
사과를 넣어두고 그 냄새를 맡으면서 일을 한다. 그리고 도를 넘어선 골초였다.
괴테에게는 실러가 내뿜는 병적인 냄새를 견딜 수 없었다. 괴테는 현실주의자
이다. 눈앞에는 먼저 현실이 있다. 괴테의 정신은 늘 관조적으로 움직인다. 실러
는 이상주의자. 눈앞에 먼저 떠오르는 것은 이념이다. 실러는 사상에서 시작한
다. 둘 사이에는 쉽게 넘을 수 없는 계곡이 자리하고 있다.

　괴테는 계획적으로 실러와 가까워지지 않으려 했다. 그 냉소적인 태도를 실
러가 모를 리가 없다. 괴테를 존경하는 마음이 강한 반발로 변해 간다.

　'이 인간, 괴테가 나를 방해한다. 그리고 운명이 나를 냉혹하게 다루는 것을
자주 느끼게 해준다. 괴테의 재능은 그의 운명으로 너무나 가볍게 올려져 있
다. 그리고 그 순간에 이를 때까지 나는 얼마나 싸우지 않고 버틸 수 있을까'

　실러는 친한 친구에게 이런 마음을 이야기했다. 괴테와 자신을 비교할 생각

은 전혀 없었던 실러도 시를 쓰려 붓을 들 때는 이런 한탄을 내뱉었다.

두 사람의 우정

인간에게는 어쨌든 오해가 생긴다. 괴테는 실러를 그저 《군도》 작가로만 생각했다. 그리고 그 뒤 실러의 내면적인 성장에 대해서는 아무런 이해도 하지 않았다. 실러는 몹시 처참한 것을 사랑하며 과도한 공상을 담은 작풍에서 차츰 현실을 존중하는 작

함께 늙어가는 칼 아우구스트 대공과 괴테
슈베르트게부르트의 판화(1824)

풍으로 변해 갔다. 또 정치적 사상에서도 큰 변화를 이루었다. 혁명적인 기개와 폭군에 대한 반항을 늘 작품 속에 담던 실러는 프랑스 혁명을 칭송하며 파리 시민권을 얻은 일을 자랑스러워했다. 하지만 국왕의 처형과 함께 실러의 사상도 급격하게 변했다. 시민의 정치적 자유를 가장 가치 있는 노력목표로 삼은 것은 변함이 없었지만 그것에 이르기 위해서는 더욱 긴 세월이 필요하다고 통감했다. 지금의 시대에 실러는 오히려 엄격한 귀족주의자가 됐다. 시민의 헌법을 만들기 위해서 시민은 저속한 인간에서 벗어나야 한다고 생각했다. 저속한 인간은 영원히 눈이 먼 것과 같기 때문이다. 실러의 세계는 괴테의 세계와 가까워졌다. 실러는 《30년 전쟁사》를 쓰고 있었는데 그가 죽은 뒤 10년이 지나 이 책을 읽은 괴테는 이런 글을 쓸 수 있는 사람을 잠시 오해하며 살았던 일을

슬프게 여긴다며 친구에게 눈물의 고백을 했다.

두 시인이 가까워지는 것은 내면적으로 성숙해졌기 때문에 좋은 기회만 있으면 자연스럽게 가능할 터였다. 1794년 여름 예나에서 열린 자연연구협회 회합에서 돌아가는 길에 우연히 함께 회합장을 나온 두 사람은 방금 들은 강연에 대해 대화를 나눴다. 실러는 자연을 저렇게 산산이 조각내 다루는 방법은 비전문가들의 관심을 끌 수 없다고 말했다. 괴테도 그렇게 생각하고 있었기에 실러의 의견에 깊은 흥미를 느꼈다. 이렇게 두 사람은 친해질 기회를 만났다.

둘은 빠르게 가까워졌다. 대조적인 두 시인은 음과 양의 전극처럼 서로를 채워줬다. 괴테처럼 소박한 천재는 기회가 가져다주는 영감에 취해 일을 한다. 폭풍이 그치면 정신적인 산만함이 찾아온다. 바로 침체기이다. 실러는 그런 괴테에게 활기를 불어 넣으며 격려했다. 그 덕에 괴테는 소설 《빌헬름 마이스터의 수업시대》를 완성했고 서정시 《헤르만과 도로테아》를 썼으며 포기했던 《파우스트》를 집필하기 시작했다. 한편 실러는 괴테와는 근본적으로 다르게 일을 했다. 미리 철저한 계획을 세우고 생각한 뒤 의지의 힘을 짜내어 시를 짓는다. 철학적인 두뇌를 가졌기에 대담한 솜씨를 발휘해 예술 법칙을 만들어 낸다. 그러나 일에서 막다른 길에 이른 실러 또한 괴테의 삶을 배우면서 새로운 길을 모색했다. 걸출한 개성을 가진 두 시인의 우정은 한쪽으로 보면 오히려 내면세계의 싸움이기도 했다. 하지만 그것은 정말 많은 결실을 맺는 싸움이었다. 둘다 그 싸움으로 많은 수확을 했다. 실러도 괴테와의 우정 덕분에 처음으로 주요한 희곡을 쓸 수 있게 됐다.

병약한 실러는 1805년 5월 46세가 채 되지도 못하고 짧은 생을 마감했다. 괴테는 자신의 반쪽을 잃어버렸다고 말하며 슬퍼했다. 1794년 6월부터 주고받은 두 사람의 편지는 11년 동안 1006통에 이르렀다. 삼 일에 한번 꼴로 주고받은 것이다. 둘은 성격이 전혀 달랐지만 자연과 예술의 본질적 통일이라는 확신에서 생각이 같았다. 괴테는 실러의 잡지 〈호렌〉이나 〈시신연감〉에 원고를 보내며 창작으로 경쟁했을 뿐만 아니라 저속, 혼란, 성격이 없는 시류에 대해 용감하고 과감하게 공동 집필을 했다. 이렇게 그들의 우정은 문학 역사상 예를 찾아볼 수 없는 한 획을 그었다.

실러와 친구로 지내며 완성한 작품 가운데 《빌헬름 마이스터의 수업시대》와 《헤르만과 도로테아》는 괴테의 대표작이며 문학적으로도 큰 의미를 가진다.

▲카를스바트 광천
괴테는 온천요법을 쓰기 위해 이곳을 자주
찾았다. 이곳에서 많은 사람을 만났는데
그중에 아름다운 마리안네가 있었다. 마리
안네는 한 은행가의 아내였으며 시에 대한
재능도 훌륭했다. 괴테는 자기 작품 속에
마리안네의 시를 수록했으며 염문을 뿌리
기도 했다.

▶마리안네 폰 빌레머(1784~1860)

바이마르 공국의 위기

프랑스 혁명 뒤 유럽 정세는 끊임없이 흔들렸다. 특히 1799년 11월 나폴레옹
의 이른바 군사독재가 시작되자 온 유럽이 전운에 휩싸였다. 1804년 12월 인민
투표로 나폴레옹은 드디어 황제가 되었다. 나폴레옹이 즉위했다는 소식을 듣
고 베토벤이 영웅교향곡 악보에 펜을 내던지며 '인민의 주권자 또한 속물이로

구나!' 이렇게 말하며 한탄했다는 이야기는 유명하다. 어쨌든 나폴레옹 출현으로 온 독일은 격동을 겪게 됐다. 작은 바이마르 공국은 이 시대의 파도를 정통으로 맞게 된다. 나폴레옹이 실각될 때까지의 10년 동안 괴테의 생활도 이 영웅의 영향을 받지 않을 수 없었다.

나폴레옹이 이끄는 통일 프랑스군에 비하면 독일은 가엾은 후진국 집단에 지나지 않았다. 제후는 누가 먼저랄 것도 없이 나폴레옹의 기분을 살피며 뇌물과 아첨의 의미로 독일 제국 경매를 했다. 나폴레옹은 독일 영토를 너무나 쉽게 재분배했다. 1806년 7월 남서독일 16 제후는 나폴레옹의 보호 아래 라인 동맹을 맺고 제국에서 탈퇴한다고 정식으로 선언했다. 그래서 8월 6일에는 프란츠 1세가 스스로 퇴위해 신성 로마제국은 사라지고 368년에 걸친 합스부르크 집안의 역사는 막을 내렸다.

바이마르 공 칼 아우구스트는 즉위한 뒤부터 프로이센을 의지하면서 국정의 발전을 이루었다. 어머니가 프리드리히 대왕의 조카였기에 프로이센은 어머니의 친가였다. 1792년부터 3년 동안 프로이센의 사관으로 라인 강가에서 프랑스 병사와 싸웠다. 이번에도 프로이센과 함께 움직이려 했다. 1805년부터 6년 동안 바이마르에는 겨울에 22000을 넘는 프로이센군이 머물렀다. 바이로이트를 지나 진군해 오는 프랑스군을 공격하기 위해서였다. 나폴레옹 입장에서 보면 바이마르는 가장 믿을 수 없는 미워해야 할 소국이었다. 그런데 바이마르가 의지하는 프로이센군은 대왕이 죽은 뒤 급속하게 약해져 예전의 모습은 그림자도 보이지 않았다. 1806년 10월 14일 미셸 네 원수가 지휘하는 프랑스 병사들에게 패해서 뿔뿔이 흩어졌고 바이마르는 혼란의 소용돌이에 빠진다.

괴테는 정찰 온 프랑스 기병장교를 따라 성으로 갔다. 성은 거의 텅 비어 있었고 공의 부인만 의연하게 머물고 있었다. 괴테는 집에 심부름꾼을 보내 '네 장군의 숙영을 제공하기로 했으니 걱정하지 마시오. 원수가 호위하는 기병졸 몇몇 말고는 누구도 집에 들이지 마시오.' 이렇게 전했다.

하지만 원수는 좀처럼 오지 않고 그 사이에 차츰 더 많은 프랑스 병사가 마을로 들어온다. 사태는 시간이 갈수록 험악해졌다. 저항하는 사람은 처참한 꼴을 당했다. 괴테의 오랜 친구인 화가 클라우스는 이 일로 목숨을 잃는다. 폰 슈타인 부인 집은 무엇 하나 남지 않을 만큼 약탈을 당해 부서졌다. 괴테의 처형 불피우스도 같은 처지였다. 괴테는 성에서 돌아오자 바로 2층 침실에 들어

갔다. 그 때 프랑스 병사 둘이 쳐들어왔다. 술에 취해 소란을 피우며 2층에 올라가 괴테를 죽이겠다고 협박했다. 크리스티아네는 알자스 경기병 하나와 힘을 합쳐 괴테를 구했다.

다음날 아침 이윽고 네 장군이 모습을 나타내 괴테 집 앞에 보초를 세웠다.

이렇게 괴테는 위험한 상황에서 벗어났지만 바이마르의 운명이 새로운 걱정의 씨앗이 되었다. 바이마르는 글자 그대로 존망의 기로에 서 있었다. 괴테의 부탁에도 불구하고 아우구스트 공은 시기를 분별하지 못하고 프로이센군 지휘를 맡았다. 거기다 먼 곳으로 떠난 바람에 조국의 위기에도 모습을 보이지 않는다.

바이마르는 200만 탈러라는 법외 군세를 부과하고 출병 부담 병은 바로 프랑스군에 합류하라는 엄명을 받는다. 불명예스런 항복이나 다름없지만 멸망은 피했다.

신변의 위협을 경험한 괴테는 목숨의 무게를 뼈저리게 느꼈다. 20년 가까이 그림자처럼 지내던 하나뿐인 아들의 어머니, 크리스티아네 불피우스와 정식으로 결혼할 결심을 한다. 그녀가 용기와 재치로 자신의 목숨을 구해준 일을 마음속 깊이 감사했다. 만일 자신에게 무슨 일이라도 있다면 크리스티아네나 아들에게 인간으로서 책임을 질 수가 없다. 이제 더 이상 세상의 눈을 두려워할 때가 아니다. 10월 19일 궁정예배당에서 둘만의 결혼식을 조용히 치렀다.

괴테는 프랑스군이 요구한 점령정책 수행 자료를 정리하는 일에 눈코 뜰 새 없었다. 프랑스군 점령은 12월 바이마르 공국이 라인 동맹에 참가할 때까지 이어졌다. 이윽고 나폴레옹의 전성시대가 찾아온다.

나폴레옹과 괴테

1808년 9월 27일 나폴레옹은 독일 작센의 에르푸르트에 입성했다. 유럽의 이제사왕과 독일 34군주가 나폴레옹의 호령으로 모였다. 영국 대륙을 완전히 봉쇄하기 위해서이다. 이 때 아우구스트 공의 의뢰로 괴테도 억지로 에그푸르트에 왔다. 외국인 리스트 안에 괴테의 이름을 발견한 나폴레옹은 꼭 한 번 만나고 싶다고 했다. 10월 3일 오전 11시 둘은 드디어 역사적인 회견을 했다. 나폴레옹은 《젊은 베르테르의 슬픔》을 7번이나 읽을 만큼 괴테의 팬이었다. 괴테를 보자마자 여기 사람이 있다고 외친 일은 잘 알려져 있다. 두 사람은 좁은 적대적 감정에서 벗어난 자유롭고 인간적이며 문학적인 이야기를 나눴다. 이 때 괴테는 57세, 나폴레옹은 39세였다.

그로부터 4년 나폴레옹은 60만의 대군을 이끌고 러시아 토벌에 나섰지만 참패를 당하고 후퇴를 계속했다. 살아서 돌아온 병사는 겨우 3만에 지나지 않았다. 1812년 12월 15일은 눈구름이 잔뜩 낀 추운 날이었다. 그날 밤 전쟁에서 진 나폴레옹은 초라한 우편마차를 타고 바이마르를 지나갔다. 실의에 빠져 후퇴하던 영웅도 괴테에 대한 존경을 잊지 않았다. 프랑스 공사 상 테니앙을 보내 이국의 문호에게 진심어린 인사를 전했다.

괴테는 직업적 정치가는 아니었지만 입장이 입장인 터라 때로는 군사적인 일에도 참여하지 않으면 안 되는 의리가 있었다. 나폴레옹은 독일의 원수였다. 나폴레옹의 침략으로 독일인들 사이에 처음으로 애국심이 생겼다고까지 말한다. 하지만 괴테는 나폴레옹을 미워하지 않았다. 오히려 행위의 천재로 높이 평가했다. 독일에 대한 괴테의 애정은 큰 시야에서 길러진 것이었다. 괴테는 시야가 좁은 격정적 애국을 가장 경계했다. 가난한 소국이 눈을 부라리며 항전을 외쳐도 소용없다. 그것보다 어떻게 하면 국토를 황폐하게 만들지 않고 국민생활을 지킬 수 있는가에 더 관심 있었다. 그러나 이것이 아우구스트 공이나 독일 국민감정에서 괴테를 멀리 떨어뜨리는 결과가 되어 그를 우울하게 만들었다.

나폴레옹 시대는 정치가로서의 괴테의 신경을 갉아 먹었다. 1806년 10월에는 생명의 위협까지 경험했는데 1813년 9월, 10월 무렵에도 바이마르를 불안하게 만드는 군사적 동요가 있어 괴테는 짐을 꾸려 피란 준비를 했다. 이 기간에는 자주 건강을 해쳤다. 거기다가 주변에 친한 사람들의 죽음을 지켜보지 않으면 안 되었다. 1805년에는 실러를 잃었는데 1807년 4월에는 존경하는 대공의 부인께서 세상을 떠났다. 집안의 몰락 국가의 황폐 등 잇따르는 마음의 고통 때문이었다. 또 이듬해 1808년 9월에는 어머니가 돌아가셨다. 향년 78세였다. 괴테는 크게 슬퍼했다.

이렇게 불안한 세상을 살아갔지만 괴테의 글에 대한 의지는 조금도 약해지지 않았다. 그 시대는 지금과 다르게 전쟁이 직접 피해를 주지 않으면 자연스럽고 느긋한 여유도 있었다. 괴테는 한가로운 시간을 이용해 내면세계에 집중하며 끊임없이 창작활동에 전념하려 노력했다.

나폴레옹과 괴테의 만남 1808년 10월 2일, 에르푸르트를 방문한 나폴레옹은 다음날 괴테를 초대
해 환담을 나누었다. 예나전쟁이 벌어지고 나서 괴테는 나폴레옹을 존경하게 된다.

괴테는 1806년부터 해마다 여름이면 보헤미아의 온천으로 유명한 칼스바트
로 갔다. 콩팥 통증으로 고민하다가 칼스바트 온천이 콩팥에 좋다고 들었기
때문이다. 괴테는 무릎도 안 좋았는데 온천이 거기에도 효과가 있었다고 한다.
이는 괴테에게 편안함을 주고 창작 활동의 원동력이 되었다.

1806년에는 《파우스트》 제1부 원고를 완성했다. 1807년 끝 무렵부터 이듬해
까지 민나 헤르츠리프를 몰래 사랑해 《소네트》 17편을 썼다. 1809년 소설 《친화
력》 출판. 1809년부터 자서전 《시와 진실》을 준비한다. 1810년 《빌헬름 마이스터
의 편력시대》 작업에 착수한다. 1811년 《시와 진실》 제1부 간행. 1812년 《시와 진
실》 제2부. 1814년 《시와 진실》 제3부. 이상의 줄거리는 불안한 세상 속에서도
괴테의 창작력이 얼마나 왕성했는지를 보여준다.

베토벤과의 만남

괴테는 해마다 칼스바트로 갔는데 거기서 여러 사람들을 사귀며 풍부한 마음의 양식을 쌓았다. 칼스바트는 서 보헤미아에 있으며 지금으로 말하자면 체코슬로바키아와 독일 동부의 국경 가까이에 있는 온천지이다. 거기에는 예부터 대 예술가들, 제왕, 군주, 장군들이 머물렀다. 바이마르에서 백여 킬로미터 떨어져 있으며 그 시절의 마차로 4, 5일쯤 걸렸다. 칼스바트 동쪽으로 80킬로미터 에르츠 산맥에는 테플리츠라 불리는 태고부터 알려진 온천 마을이 있다. 괴테는 1810년과 12년 여름 여기에도 머물렀지만 12년 7월 여기서 베토벤을 만난다. 두 천재의 만남은 그들의 대조적인 삶을 그리며 흥미로운 이야기를 만들어냈다.

베토벤은 어린 시절부터 괴테를 존경하며 그의 작품을 열심히 읽었다. 이미 괴테의 시 몇 편에 작곡을 해서 주었으며 괴테의 희곡 《에그몬트》를 위해 서곡도 만들었다. 하지만 두 사람의 만남은 결코 우연이 아니었다. 그 무렵 괴테와 친하던 베티나 폰 브렌타노라는 젊은 여성이 있었다. 베티나는 나중에 저명한 작가가 되는데 문학, 음악, 그림 등에 이해가 깊고 천재적인 여성이었다. 베티나는 자신이 존경하고 감동한 예술가에게는 곧장 돌진했다. 보통이 아닌 정열을 가졌다. 이 두 천재와 친했던 것도 그녀의 특이한 용기 덕분이었다. 베토벤에게 괴테와 만나도록 권한 사람은 베티나였다. 베토벤도 숭배하는 괴테를 만나고 싶었기에 그런 속셈을 가지고 테플리츠로 갔을지 모른다. 테플리츠 온천이 귓병에 효과가 있다는 이야기를 듣고 더욱 그런 마음이 들었다. 괴테도 베티나에게서 온 편지로 베토벤에 대해 잘 알고 있었다.

하지만 둘은 서로 약속하고 테플리츠에서 만난 건 아니다. 칼스바트에 있던 괴테는 테플리츠로 오라는 아우구스트 공의 초대를 받았다. 오스트리아의 젊은 황후가 괴테를 만나고 싶어했다. 7월 14일 괴테가 갔을 때는 이미 베토벤이 일주일 전부터 그곳에 머물고 있었다. 두 사람은 서로 상대가 테플리츠에 있어서 놀랐다. 괴테는 실로 의젓하게 행동했다. 7월 19일 일요일 괴테가 먼저 베토벤을 찾아갔다. 그리고 보자마자 베토벤의 천재성에 마음을 빼앗겼다. 괴테는 그날 바로 아내에게 이런 편지를 썼다.

'이렇게 집중력과 정신력이 강하고 마음이 깊은 예술가는 지금까지 본 적이 없다.'

놀랄 만한 칭찬이
다. 괴테는 평생 다
른 사람을 이렇게
훌륭하다고 인정한
적이 없었다.

20일에도 둘은
함께 빌링을 산책했
다. 21일 밤에도 괴
테는 베토벤을 찾아
갔다. 23일 목요일에
도 방문했다. 그리
고 그럴 때마다 베
토벤은 괴테를 위해
피아노를 연주했다.

그로부터 나흘이
지난 날 베토벤은
의사의 권유로 칼스
바트에 갔다. 괴테
도 8월 12일에는 테
플리츠를 떠나 칼스
바트로 돌아갔다. 9
월 8일에 둘은 다시

베토벤과 괴테의 만남 1811년 테플리츠에서

만났다고 한다. 하지만 그 뒤로 둘의 교류는 전혀 없었다. 9월 2일 괴테는 음악
가 친구 쉘터에게 이렇게 편지를 썼다.

'테플리츠에서 나는 베토벤을 만났다. 그의 재능에 경탄했지만 안타깝게도
성격이 너무 분장하다. 세상을 업신여기며 돌아선 모습에 잘못됐다고는 할 수
없지만 그러면 자신을 위해서도 다른 사람을 위해서도 세상을 더욱 즐거운 곳
으로 만드는 일은 불가능하다. 더욱이 베토벤은 청력을 잃었기에 그 점은 깊이
이해해 줘야 하고 정말로 안타까운 일이다. 청력을 잃은 일은 그의 음악생활보
다 오히려 사회생활에 불편을 가져다 준 게 아닐까. 그는 본디 과묵한 성격이지

만 귀가 안 들려서 더 그런 사람이 되었다.'

두 천재의 차이

두 사람이 만났을 때 괴테는 63세, 베토벤은 42세였다. 괴테는 베토벤을 비평했지만 어조는 오히려 부드러웠다. 선배다운 따스함까지 느껴진다. 하지만 괴테는 베토벤의 열광적인 삶은 아무래도 공감할 수 없다. 베토벤도 괴테가 황후귀족들에게 너무나 공손히 대하는 모습이 마음에 들지 않는다. 산책을 하다 우연히 일어난 이 작은 이야기는 두 사람의 성격을 뚜렷이 보여준다.

베토벤은 괴테의 팔을 잡고 걸었다. 길 반대편에서 오스트리아 황후가 귀족과 대신들을 거느리고 나타났다. 베토벤이 괴테에게 말했다.

"이대로 나란히 걸어갑시다. 저들이 우리에게 길을 양보해야 합니다. 절대로 우리가 물러서서는 안 됩니다."

하지만 괴테는 베토벤의 말을 듣지 않았다. 베토벤의 손을 놓고 모자를 들어 길옆에 섰다. 베토벤은 어깨를 으쓱하며 고개를 젓더니 여유로운 표정으로 길 가운데를 계속 걸어 황후 일행 사이로 지나갔다. 황후 앞에서 모자에 살짝 손을 댔을 뿐이었다. 귀족들은 예의 바르게 길을 열어 정중하게 인사했다. 사람들을 뚫고 지나가자 베토벤은 멈춰 서서 괴테를 기다렸다. 돌아보니 괴테는 공손하게 허리를 굽히고 있었다. 베토벤이 괴테에게 말했다.

"내가 이렇게 당신을 기다리는 것은 당신이 그에 걸맞은 사람이기 때문입니다. 당신은 저런 사람들을 너무 정중하게 대합니다."

괴테도 물러서지 않았다.

"나는 예의에 어긋나는 일을 하지 않았을 뿐입니다. 당신은 나를 시인으로 인정했을 뿐이지 바이마르 공 아래서 일하는 사람이라는 걸 잊으셨나 봅니다."

그러자 베토벤이 말했다.

"저런 녀석들이 하는 일은 사람들에게 훈장을 주는 것뿐입니다. 훈장을 준다고 저들이 훌륭한 인간인 것은 아닙니다. 궁의 고문관이나 추밀 고문관을 만들 수는 있겠지요. 그러나 그들은 괴테나 베토벤을 만들 수는 없습니다. 100년쯤 지나면 저런 사람들은 완전히 잊힙니다. 잘 해봐야 대 시인 괴테와 아는 사이였다는 점만 남고 그들의 이름이 후세에 남지는 않겠지요. 당신은 너무 예의를 차립니다."

이 이야기는 로맹롤랑의 《괴테와 베토벤》이나 펠릭스 후프의 《베토벤》에 자세히 나온다. 그때의 자료나 당사자의 편지 등 빈틈없이 참조했기에 신빙성이 높다.

베토벤은 남성적이며 서민적이었다. 음악 세계에서 제왕이었던 베토벤은 왕후에게도 굽히지 않았다. 권위에 머리를 숙이고 자유를 포기할 줄 알았다면 베토벤은 더 높은 자리에 오를 수 있었고 부자도 될 수 있었다. 또 낭만적이며 나라를 사랑했다. 괴테는 낭만주의가 싫어서 '낭만주의는 병적이다'라고 한 유명한 말도 있다. 괴테는 답답한 독일보다 세계 모두를 사랑했다. 말하자면 세계 시민적인 현인이며 철학가였다. 그런 점에서는 보통의 독일인과는 매우 다르다. 물론 닮은 점도 있지만 반대되는 점이 더 많다. 그렇기에 괴테의 문학이나 사상이 독일인의 결점을 채워주는 의미의 교훈과 구원이 된다고 할 수 있다. 이 두 천재는, 서로의 재능은 인정하면서도 인간적 호감을 가지지는 못했다.

만년의 괴테

크리스티아네의 죽음과 아우구스트의 결혼

빈 회의가 끝난 뒤 바이마르 공국은 대공국으로 승격하고 아우구스트 공은 대공이 되어 영토는 거의 1.5배 넘게 커졌다. 특별한 공적도 없었던 바이마르가 이처럼 승격된 것은 대를 이을 공자가 러시아 황제 딸을 아내로 맞이한 덕분이었다. 괴테는 수상에 임명되었지만 임무는 학문이나 예술 영역에 그쳤다. 그렇다고는 하지만 계속해서 어려운 문제가 생겨 늘 정신적으로 피곤했다.

집안에서도 많은 일이 있었다. 1816년 6월 6일 아내 크리스티아네가 세상을 떠났다. 막 51세가 되었을 때였다. 요독증으로 무척 괴로워하다 숨을 거두었다. 실력 없는 의사들과 진정제 부족 때문에 숨을 거둘 때까지 괴로운 죽음과의 사투를 벌였다. 괴테도 병상에 누워 있어서 간호를 할 수 없었다. 일기에 이렇게 쓰여 있다.

'6월 5일. 온 하루 침대에 누워 있었다. 아내가 위독하다.'

'6월 6일. 아내의 임종이 다가왔다. 크리스티아네 생명의 마지막 힘든 싸움. 정오 무렵 숨을 거뒀다. 내 안과 밖의 공허함과 죽음의 조용함. ……아내는 밤

12시에 영안실로 옮겨진다. 나는 온 하루 병상에 누워 있었다.'

크리스티아네는 괴테의 부인이었지만 그림자처럼 살았기에 문병하러 오는 사람은 거의 없었다. 배우였던 폰 하이겐도르프라는 여성이 고통으로 비명을 지르는 크리스티아네 곁에 다가가 손을 잡아준 용기 있는 단 한 사람이었다.

이듬해 1817년 하나뿐인 아들 아우그스트가 결혼했다. 상대는 바이마르 여관장의 손녀로 오튀리라고 한다. 아내의 죽음으로 생긴 집안의 커다란 공허함을 이 결혼으로 채우려 하는 것만 같았다. 1818년에는 발터가, 20년에는 볼프강이 태어났다. 27년에는 딸 아르마도 태어났다. 문호 괴테도 가정에서는 손자를 귀여워하는 할아버지에 지나지 않았다.

아들의 결혼은 괴테에게 밝은 기쁨을 주었다. 하지만 손자들은 활짝 피어날 운명이 아니었다. 괴테 집안에는 어두운 유전이 있다. 아들은 아버지에게서 정열적인 성질만 이어받았고 어머니에게서 술버릇을 물려받았다. 게다가 마음껏 어리광을 피우며 자랐기에 자신의 약점을 억누르는 힘이 전혀 없었다. 시종에서 제정국 참의로 출세했지만 이는 부모의 후광 덕분이었다. 게다가 아우구스트는 1830년 10월 여행을 하다 로마에서 갑자기 죽어 아버지에게 깊은 슬픔을 안겨줬다. 마흔을 넘긴 지 얼마 안 됐다. 오튀리는 몸집이 작고 파란 눈의 똑똑한 미인이었지만 변덕이 심해 평범한 남편과는 뭐든 잘 맞지 않았다. 늙은 괴테는 두 사람 사이에서 자주 어찌해야 할지 몰랐다. 괴테가 죽은 뒤 다정다감한 오튀리는 빈으로 갔지만 이윽고 그곳 생활도 막막해져 다시 바이마르로 돌아와 프라우엔플란의 낡은 다락방에서 생애를 마쳤다. 손자들의 운명은 더욱 가련했다. 장남도 차남도 60대까지 살았지만 모두 사람들을 싫어하고 겁이 많아 고귀한 독신생활을 하다 바이마르에서 멀리 떨어진 여행길에 세상을 떠났다. 괴테라는 위대한 유산이 견디기 어려운 듯 말이다. 손녀인 아르마는 빈에서 이미 17살의 짧은 생을 마쳤기에 두 사람의 죽음으로 괴테 집안은 끝나고 말았다.

마지막 연애

아들이 결혼한 이듬해부터 괴테는 3년 동안 여름이면 칼스바트 온천에 갔는데 그다지 효과가 없어서 1821년 처음으로 마리엔바트에 가서 한 달쯤 머물렀다. 장소를 바꿔 본 것이다. 마리엔바트는 칼스바트에서 남서쪽으로 약 30킬로

▲마리엔바트에 있는 브레디케의 집
괴테는 이곳에서 1821~23까지 머물렀다. 그는 15년 전 브레디케의 딸 레베초 부인과 칼스바트에서 알게 되었다. 부인에게는 세 딸이 있었는데 괴테가 머무를 무렵 17세였던 첫째 딸 울리케가 슈트라스부르크 기숙학교에서 돌아와 있었다.

▶울라케 폰 레베초(1804~1899)
휴양차 마리엔바트에 머무를 무렵 울리케 폰 레베초를 만났다. 괴테는 이 여성의 젊고 싱싱한 매력에 사로잡혀 마지막 정열을 불태웠으나 이 사랑은 거절되었다.

미터 떨어진 곳에 있다. 보헤미아에 새롭게 열린 온천마을이다. 여기서 괴테는 울리케 폰 레베초라는 소녀를 만나게 된다. 우연히 괴테가 울리케의 조부모가 운영하는 여관에 머물렀는데 그로 인해 이 인연이 탄생했다.

슈트라스부르크의 프랑스 학교 여자기숙사에서 몇 년을 지내다 막 17세가 된 울리케는 괴테가 얼마나 유명한 사람인지 또 얼마나 위대한 시인인지 전혀 몰랐다. 그래서 울리케는 괴테에게 그저 천진난만한 소녀에 지나지 않았다. 그런데 괴테는 자신에게 이렇게 말해야 했다.

늙은이여 이제 질리지도 않았는가
이번에도 여자
젊을 때는
케트헨이었다
지금 나날을 달콤하게 만드는 건
누구인가 똑똑히 말하라

이듬해 22년 여름 다시 마리엔바트 레베초 집안의 손님이 된 괴테에게 울리케는 이미 사랑의 대상이 되어 있었다. 괴테는 자기에게 온 신간 《종군기》를 울리케에게 선물로 주면서 첫 장에 이런 시를 썼다.

한 친구가 걸어간 길이 얼마나 불행했는지
이 글은 바로 그 이야기이다
이 친구를 위로할 수 있는 방법은
한시라도 친구를 잊지 않는 것이다
마리엔바트 1822년 7월 24일

한시라도 친구를 잊지 말라는 괴테의 소망은 과연 울리케에게 통했을까. 이 날 7월 24일은 괴테가 한 달 넘게 마리엔바트에 머물다 떠나는 마지막 날이다. 울리케와 헤어진 뒤 바로 괴테는 장편 시 〈아이올로스의 거문고〉를 지었다. 울리케에게 바치는 시였다.

햇빛도 나에게는 울적하고
밤의 불빛도 무료하기 짝이 없다
상냥한 당신을 다시 그려보는 게
유일한 즐거움이다

바람이 불면 스스로 소리를 낸다는 아이올로스의 거문고 선율에 괴테는 사랑의 고통을 담았다.

23년 여름 괴테는 또 다시 마리엔바트를 찾았다. 이 일로 울리케에 대한 마음을 억누를 수 없게 된다. 몇 십년지기 친구 칼 아우구스트 대공을 통해 울리케에게 구혼한다. 괴테는 74세, 울리케는 19세였다. 50세 이상 차이 나는 결혼이 세상 사람들 눈에 괴이하게 보이는 것은 어쩔 수 없는 일이다. 괴테의 비극은 그 애정이 울리케에게 통하지 않았다는 점에 있다. 괴테에게는 정열적인 연애였지만 울리케에게 괴테란 경외심과 존경의 눈빛으로 바라볼 친한 할아버지에 지나지 않았다.

깊은 고민을 노인의 평정 속에 감추고 아무렇지 않게 괴테가 마리엔바트를 떠난 건 1823년 9월이었다. 바이마르에는 9월 17일에 도착했다. 돌아오는 길 마차 안에서도 숙소에서도 괴테는 끊임없이 시를 지었다. 고뇌를 표현함으로써 고통을 잊는 것은 시인의 특권이다. 울리케에 대한 실연의 고통도 이것 말고는 벗어날 방법이 없었다. 괴테는 우리에게 〈마리엔바트의 비가〉라는 맑고 깊으며 높고 풍부한 사랑의 시를 남겨주었다.

　　맑은 우리 마음 깊은 곳에는
　　더 고귀하고 더 맑은 신비로운
　　영원히 이름 붙일 수 없는 것을 스스로 알아가면서
　　감사하고 나서서 몸을 맡기려는 노력이 높이 파도친다
　　우리는 그것을 경건이라 부른다! 그녀 앞에 섰을 때
　　나는 이런 거룩한 고귀함을 몸속 깊이 느낀다

애인의 아름다움은 사리사욕을 태우는 빛이다. 사랑은 거룩한 동산에 들어가는 것이다. 울리케는 괴테의 손이 닿지 않는 하늘의 문이었다. 늙은 시인의 이성은 이렇게 스스로를 가르친다. 하지만 괴테의 열정은 청년처럼 더욱 부글부글 끓었다.

　　안녕 눈물이여 솟아올라라 그리고 끊임없이 흘러라
　　그러나 이 마음의 불꽃을 잠재우는 방법은 그 어디에도 없다
　　삶과 죽음이 무섭게 싸운다
　　내 마음속은 이미 심하게 미쳐 터질 것 같다.

지금까지 세상에는 많은 시인이 있었고 비교적 나이가 많이 들 때까지 시를 계속 쓴 시인도 적지 않다. 그러나 74세가 되어도 생생한 시정을 가진 시인은 본 적이 없다. 두보나 이백의 작품에는 사랑의 시가 없다. 깊은 인생관이 스민 바쇼의 시에도 이런 사랑의 시는 없다. 천성의 시인이라 불린 베를렌마저 만년에는 완전히 쇠퇴하고 말았다. 시인들이 만년에 지은 시들은 눈에 띄게 생생함이 사라졌다. 괴테가 위대한 것은 무엇보다도 이 사람의 따뜻한 여유로움에 있다.

앞으로의 목숨은 이제 짐승과 같다

괴테의 만년을 이야기할 때 에커만의 이름을 언급하지 않을 수 없다. 괴테의 마지막 10년은 매우 좁은 생활권에서 지냈다. 문턱이 닳도록 다닌 예나마저 인연이 먼 곳이 되어버렸다. 하지만 그것은 정신적으로는 잴 수 없는 깊고 넓은 세계로 뻗어나간 시기이기도 하다. 그 내면세계의 모습을 여러 방향에서 파악해 후세에 전한 사람이 바로 요한 페터 에커만이다. 에커만이 쓴 《괴테와의 대화》가 없었다면 가치 있는 많은 것들이 영원히 사라졌을 것이다. 때로는 우울했던 만년의 괴테를 이처럼 풍부하게 이야기할 수 있었던 이유는 에커만의 인내 덕분이라 말해야 한다. 사람들은 천재 옆에서 자유롭게 이야기를 들을 수 있었던 에커만은 행운의 사나이라고 말할지도 모른다. 하지만 이는 결코 운이 좋았기 때문만은 아니다. 괴테의 만년, 넓고 무한한 세계에 질리지도 않고 파고들려는 에커만의 시인적 기질이 만든 귀중한 결정(結晶)이다.

에커만은 괴팅겐대학에서 문학과 철학을 배우는 급비생이었다. 몇 학기가 지나자 《문학론, 특히 괴테에 대해서》를 썼다. 낭만파를 비판하고 고대 그리스와 괴테를 주로 연구했다. 에커만은 이 논문을 괴테에게 보냈다. 늙은 문호는 논문을 기분 좋은 마음으로 받고 인쇄할 수 있도록 도와줬다. 이것이 에커만이 괴테에게 다가가는 계기가 되었다.

그 무렵 괴테는 조수를 찾았다. 에커만이 괴테를 만났을 때는 이미 30세가 되어 있었다. 움푹 꺼진 뺨에는 힘들게 살아온 세월의 주름이 새겨져 있으며 가늘고 흐리멍덩한 눈을 가진 초라한 남자였다. 그 뺨에는 푸석푸석하고 기다란 머리카락이 늘어져 있었다. 젊은이들 사이에서 유행한 고대 독일식 머리 스타일이었다. 그 머리 스타일을 싫어한 괴테는 빨리 바꾸라고 주의를 줬다. 에

비서를 상대로 구술하는 괴테 뒷짐 지고 방 안을 왔다 갔다 하며 마치 글을 읽듯 말을 쏟아냈다.

커만은 채용되었지만 비서는 아니었다. 이야기를 할 때는 부르지 않았다. 다른 사람들이 맡은 일이기 때문이다. 괴테에게는 서기가 셋 있었다. 에커만은 무급으로 일하는 조수에 지나지 않았다.

에커만은 열심히 일했다. 괴테를 따르며 존경하고 그가 말한 것을 메모했다. 에커만은 가구를 제공하는 작은 방에 살았다. 새를 좋아해서 방 안에는 새장이 가득했다. 그 방에서 무한한 가치가 있는 많은 글을 남겼다.

에커만은 괴테의 죽음으로 완전히 고독해졌다. 새장으로 가득 찬 방안에서 잊힌 사람처럼 평생에 단 하나인 과제에 몰두했다. 괴테에게 들은 것, 요점을 메모한 것들을 조합해 정리한 뒤 완전한 이야기로 복원하는 일을 했다. 말하자면 그것은 괴테의 만년에 대한 《시와 진실》이었다. 에커만의 《괴테와의 대화》는 괴테 마지막의 위대한 작품이라 말할 수 있다. 괴테는 자신의 마지막 이야기가 새로운 표현형식으로 에커만의 손에 의해 세상에 남을 것이라 인식하고 예상했음이 틀림없다.

괴테의 육체는 이미 수명이 다했다. 허리가 굽었으며 몸집이 무척 작아졌다. 겨울을 싫어하는 괴테는 봄을 기다리다 지쳐 1832년 3월 중순 경마차를 타고 나들이를 했다. 공기는 아직 차갑고 바람은 베일 듯 싸늘했다. 이 일로 감기에 걸려 병상에 누웠다. 단순한 감기라 생각했는데 차츰 건강이 나빠지더니 3월 22일 마침내 세상을 떠나고 말았다. 침대 옆 팔걸이의자 왼쪽에 몸을 기댄 채 숨을 거뒀다. 태어난 시각과 같은 정오 무렵이었다. 의사 포겔 박사는 카타르열, 폐렴, 호흡곤란, 심부전이 원인이라 보고했다. 향년 83세였다.

괴테가 세상을 떠난 뒤에도 에커만은 바이마르에 머물렀다. 궁정고문관이라는 칭호를 받았다. 하지만 전혀 실속이 없고 가치가 없는 칭호에 지나지 않았다. 세상은 에커만을 그저 특이한 사람이라 생각했다. 괴테 탄생 백주년을 기념하는 축제가 열렸을 때 집집마다 축하의 불이 켜졌지만 새장으로 가득 찬 에커만의 방 작은 창문은 깜깜한 채로 남아 있었다. 살아 있는 동안 에커만은 돈은 잘 벌지 못했으며 세상 사람들에게서 잊혀 언제나 고독했다. 그러나 작품만은 아직도 빛나고 있다. 괴테의 밝은 빛을 받으며 단 하나의 작품 속에 독창적인 세계를 그려냈다. 시간이 흐를수록 에커만의 공적은 더욱 넓은 세상 사람들에게 평가되고 있다.

요한 볼프강 괴테 연보

*표시는 관련문학사 사항
**표시는 관련역사 사항

1749년   8월 28일, 독일 프랑크푸르트 암마인에서 출생. 당시 독일은 신성
로마제국에 소속된 300여 개의 영방국가(領邦國家)로 분립되어
있었으며, 프랑크푸르트는 제국에 직속하는 자유도시(영방국가와
동격, 인구 약 3만 명)였음. 아버지는 독일 북부의 장인 집안 출신
의 유복한 자산가였지만, 신분 때문에 공직에 오르지 못하고 폐
쇄적인 생애를 보냈음. 반대로 외가인 텍스토르 집안은 독일 남부
의 법률가 집안으로, 외할아버지는 시장을 지내고 시의 최고 관직
인 시통령까지 지냈음. 괴테는 아버지가 서른아홉 살, 어머니가 열
여덟 살 때 낳은 맏아들임. 괴테는 아버지의 재력과 어머니의 명
성 덕분에 오랜 역사를 지닌 근세도시에서 특권을 누리며 소년
시절을 보냈음. 자서전 《시와 진실》 참조. 여동생 코르넬리아(1750
년생). 다른 형제는 요절.
*클롭슈토크 《구세주》 서문(의고전주의 문학과 결별).

1752년(3세) 가을부터 유치원 통원(~1755년 여름).

1753년(4세) 크리스마스에 친할머니에게 인형극 세트를 선물받고 연극에 열정
이 생기기 시작함.

1755년(6세) 친할머니가 죽은 뒤 4월에 생가 개축이 시작됨(~1756년 1월). 11월,
포르투갈 리스본 대지진의 참사가 어린 괴테에게도 큰 충격을 주
었고, 모든 사람에게 안정된 근세의 종말을 예고함. 개축 중인 공
립학교에서 읽기와 쓰기를 배움. 교육은 아버지의 계획하에 당시
상류층 관습에 따라 주로 집 안에서 가정교사와 아버지에게 받
았음. 중심은 라틴어지만, 그 밖에 괴테의 호기심도 고려하여 그

리스어·프랑스어·영어·이탈리아어를 비롯 그림·피아노·춤·승마·
검술·기하학·신약구약성서 및 히브리어·이디시어·지리·역사 등
폭넓음. 어릴 때부터 아버지의 수많은 장서와 그림을 접할 기회가
많았음.

*레싱 《미스 사라 샘슨》(최초의 독일 시민극)

1756년(7세)　이해에 발발한 7년전쟁은 구제도를 대표하는 오스트리아에 대한
프리드리히 2세(대왕)가 이끄는 신흥 프로이센의 도전임. 괴테집안
에서도 구질서를 옹호하는 외할아버지와 신시대를 갈망하는 아버
지 사이에 격렬한 대립이 일어났음.

**7년전쟁(~1763)

1757년(8세)　1월, 외할아버지 텍스토르에게 새해 축하시를 보냄(현존하는 최초
의 시). 이 무렵 인형극 파우스트를 구경함.

1759년(10세)　1월, 오스트리아를 지원하는 프랑스군이 프랑크푸르트를 점령. 괴
테 집안의 대부분이 군정장관 트랜 백작에게 접수됨(~1761년 5월).
트랜 백작은 미술과 연극 애호가로, 소년 괴테는 백작이 설치한
다락방 아틀리에에서 많은 프랑크푸르트 화가의 창작 현장을 구
경하고, 할아버지를 통해 입수한 무료입장권으로 점령군을 위한
프랑스 연극을 날마다 구경했음.

*클롭슈토크 〈봄의 축제〉, 하만 《소크라테스 회상록》(삶의 전체성
복권), 레싱 《현대문학서간》(~1765년, 반의고전주의적 문학론집)

1763년(14세)　2월, 7년전쟁이 끝나고 프랑스군 퇴진. 8월, 일곱 살 모차르트가
연주회를 개최.

1764년(15세)　4월, 황제 요제프 2세, 전통에 따라 프랑크푸르트에서 대관식. 명
문 집안의 소년 괴테는 화려한 축하연을 구경하고, 밤에는 등불이
환하게 켜진 마을을 여자 친구 그레트헨과 팔짱을 끼고 돌아다님.

**(영) 와트가 증기기관 발명. 산업혁명 진행.

1765년(16세)　9월, 아버지의 권유에 따라 법률학을 공부하러 라이프치히로 감
(~1768년 9월). 낡고 보수적인 프랑크푸르트와 대조적으로 라이프
치히는 당시 인구 약 3만 명에 계몽주의의 영향을 받은 급진적 도
시로서 작은 파리라고 불렸음. 호기심 넘치는 소년 괴테는 이곳에

서 자유롭고 다채로운 학창 시절을 즐김. 시와 희곡 습작.

1768년(19세) 병에 걸려 9월에 고향 프랑크푸르트로 돌아옴. 일시적으로 중태에 빠짐. 이듬해까지 회복과 재발을 반복(결핵이나 위궤양 또는 십이지장 궤양이었을 것으로 추정). 어머니의 지인이자 경건주의자인 수잔나 폰 크레텐베르크(1723년 출생. 《빌헬름 마이스터 수업 시대》 중 〈아름다운 영혼의 고백〉 모델)에게 영향을 받아 경건주의, 이단 신학, 연금술 등에 활발한 관심을 보임. 활달하고 자유분방한 서간시 〈프리데리케 에저 씨에게 보내는 시〉를 씀.

1770년(21세) 4월, 병이 완치되자 법률학을 마저 공부하러 슈트라스부르크(현재 프랑스 스트라스부르)로 감(~1771년 8월). 슈트라스부르크 대성당의 중세 고딕양식에 감동하고, 교외의 자연을 즐기며, 제젠하임교구 목사 딸 프리데리케 브리온과 소박한 사랑을 나눔. 생명과 자연과 역사의 복권을 주장하는 반합리주의적 비평가 헤르더와 만남. 프리데리케에게 보낸 여러 편의 서간시 《제젠하임 시가집》에는 소박한 표현 속에 자연과 자아와 사랑의 모순 없는 합일의 기쁨이 표현되어 있으며, 독일 문학의 새 시대를 예고함.

＊헤르더 《언어기원론》

1771년(22세) 8월, 박사학위 취득에 실패하고, 그에 준하는 법률수업사 자격을 얻음. 슈트라스부르크를 떠나 프랑크푸르트로 돌아와 변호사로 개업함.

1772년(23세) 다름슈타트의 '감상파 세대' 무리와 친하게 교우. 5월 초, 제국고등법원에서 실시하는 법률실습을 위해 베츨러로 향함(~9월 초). 샤를로테 부프와 알게 되지만 그녀는 이미 약혼한 처지라 괴테를 거절함. 돌아오는 길에 라인 강변 에렌브라이트슈타인에서 유명 여류작가 조피 폰 라 로슈와 그의 딸 막시밀리아네를 방문해 친교를 나눔. 막시밀리아네는 2년 뒤에 프랑크푸르트의 유복한 상인 브렌타노에게 시집감. 자제로 낭만파 시인 클레멘스 브렌타노와 작가 베티나 폰 아르님이 있음(1807년 참조).

＊레싱 《에밀리아 갈로티》

1773년(24세) 셰익스피어를 본받아 자유분방하고 힘찬 희곡 《괴츠 폰 베를리힝겐》을 자비출판하고 일약 주목을 받음. 여동생 코르넬리아와 괴테의 친구 슐로서가 결혼.

1774년(25세) 4월, 베츨러에서 실연한 경험을 소재로 하여 청년들의 사회적 폐쇄 상황과 자기파멸을 그린 서간체 소설《젊은 베르테르의 슬픔》을 완성, 가을에 간행. 젊은 세대의 열광적 지지를 얻어, '질풍노도파'를 대표하는 인기작가가 됨. 이 무렵《파우스트》집필에 착수. 6월~7월, 반합리주의적 사상가 리바터, 교육실천가 바세도우와 라인 지방 여행. 그 밖에도 서정시인 클롭슈토크, 동시대인 클링거, 야코비 형제 등과 활발한 교우. 이 시기를 전후해서 풍자극《사티로스》, 시 〈툴레의 왕〉, 〈프로메테우스〉, 〈방랑자의 폭풍의 노래〉 등 생명력 넘치는 작품을 씀.

＊렌츠《가정교사》(질풍노도파)

1775년(26세) 4월, 부유한 은행가의 딸 릴리 쇠네만과 약혼. 5~7월, 제1회 스위스 여행. 9월, 젊은 바이마르 공 카를 아우구스트가 여행 중인 신흥작가 괴테를 방문. 소영방국가의 도의적 우위를 주장하는 유스투스 뫼저의 법철학을 둘러싸고 의기투합하여 괴테를 바이마르로 초대. 가을, 집안 간에 불화가 생겨 릴리와 파혼. 11월, 바이마르 공의 귀한 손님으로서 수개월 예정으로 바이마르를 방문. 이때《파우스트》제1부의 원형은 이미 절반쯤 완성되었음.

＊＊미국 독립전쟁 발발(~1783).

1776년(27세) 봄, 바이마르에 머무르기로 결정. 6월, 공국 정부 내부의 반발을 무릅쓰고, 바이마르 공의 가장 친한 측근으로서, 나라의 최고기관인 추밀원 고문회의를 구성하는 3인의 대신 가운데 한 명으로 임명됨. 이후 죽을 때까지 바이마르를 정주지로 삼음.

영방국가 '작센 바이마르 아이제나흐'(정식 명칭)는 당시 인구 약 10만 명, 수도 바이마르의 인구 약 6천 명(그중 60%는 농민). 괴테는 그곳에서 사교, 담화, 사냥, 가장행렬, 아마추어 연극 등 근세 궁정생활에 날마다 참가함과 동시에, 그와 긴밀하게 진행되는 정치, 행정, 외교에도 관여했음.

이른바 바이마르 정주 초기(이탈리아 여행까지 약 11년)에 그가 관여했던 주요 정치, 행정, 외교 안건은 다음과 같음. 일메나우 은동 광산 재건. 토지개량을 통한 농업진흥. 도로정비. 군대 소멸과 재무행정의 근대화 등 재정재건책 추진. 오스트리아와 프로이센 사이에서 중소 영방국가의 자주성을 확보하기 위한 군주동맹 결성의 시도 등등. 또한 실무도 요청받아 자연학 연구에도 손을 댔음. 한 마디로 계몽주의 사상에 근거한 합리적인 국가경영을 위한 노력이었는데, 그 대부분은 괴테의 헌신에도 현실 조건을 극복하지 못하고 좌절됐음.

이 시기에 개인적으로는 일곱 살 연상의 슈타인 부인과 깊은 우정 또는 연애 관계에 있었음. 그녀에게 보낸 수천 통에 가까운 편지와 뛰어난 시들이 남아 있음. 〈어째서 그대는 운명인가〉, 〈달에게 보낸다(달빛은 안개에 빛나고/골짜기를 채운다)〉 등등. 세속적인 의미에서의 작가 활동은 거의 하지 않았고 동시대의 질풍노도 파로부터도 거리를 두었지만, 작품 집필은 쉼 없이 계속했음. 앞서 든 슈타인 부인에게 보낸 시들 말고도 《타우리스섬의 이피게니에》 산문 초고, 《빌헬름 마이스터 수업시대》의 초고인 《빌헬름 마이스터의 연극적 사명》 등을 썼음.

4월, 시 〈어째서 그대는 운명인가〉, 〈한스 작스의 시적 사명〉을 씀.

10월, 괴테의 추천으로 헤르더가 바이마르 종무총감독으로 부임.

*클링거 《질풍노도》

**미국 독립선언.

1777년(28세) 6월, 여동생 코르넬리아 죽음. 겨울, 하르츠 산지를 단독 기행. 브로켄 산 등산. 시 〈겨울 하르츠 기행〉을 씀.

1778년(29세) 5월, 바이에른 계승전쟁(오스트리아 대 프로이센)을 앞두고 바이마르 공을 따라 정치적 군사적으로 긴장 상태에 있는 베를린을 방문.

1779년(30세) 4월 《이피게니에》 초연.

9월~1780년 1월, 바이마르 공을 따라 두 번째 스위스 여행(프랑크푸르트 경유). 부모님, 결혼한 릴리, 미혼의 프리데리케와 재회. 베를린에서 바이마르 공국을 위한 차입금 교섭에 성공. 고지를 도보로 산행하며 풍경을 스케치하고, 제네바에서 기회를 얻어 여자의 완전 나체를 관찰함.

1780년(31세) 9월, 일메나우 지방 키켈하안 산 정상에 있는 오두막 널빤지 벽에 〈사냥꾼의 저녁 노래〉라는 시를 적음(1831년 참조).

1781년(32세) 11월, 시내 프라우엔플란에 집을 얻음(현재 괴테 기념관).

＊실러 《도둑 떼》, 칸트 《순수이성비판》

1782년(33세) 4월, 귀족 반열에 오름. 3~4월, 5월, 외교상 용무로 인근 궁정들을 차례로 방문함(~1785). 5월, 아버지 죽음.

1784년(35세) 2월, 일메나우에 새롭게 갱도가 뚫려 축하 연설을 함. 광산은 뒷날 수몰됨.

＊헤르더 《인류사 철학의 이념》(~1791)

1785년(36세) 괴테의 생각과는 달리 바이마르 공의 판단에 따라 현안인 중소 군주동맹을 프로이센과 맺기로 결정됨. 6~7월, 처음으로 휴양지 카를스바트(현재 체코령 카를로비 바리)에 체재. 이후 여름마다 휴양지에 머묾. 가을, 프랑스 궁정의 추문 '목걸이 사건'에서 현존 질서의 근본적 동요를 보고 충격을 받음(1787, 1791년 참조).

1786년(37세) 6월, 괴셴서점과 제1차 작품집 출판 교섭. 7월, 카를스바트로 감. 8월, 카를스바트에서 저작집을 위해 《젊은 베르테르의 슬픔》 퇴고. 9월 3일, 카를스바트에서 비밀리에 이탈리아로 여행을 떠남(~1788년 9월. 《이탈리아 기행》 참조). 2주 간 베네치아에 머무르는 등, 여행 뒤 10월 29일에 로마에 도착하여 체재. 저작집을 위해 기존 작품과 미완성 원고 등을 손보는 한편 고전·고대·르네상스 미술 연구에도 힘씀.

＊실러 《돈 카를로스》

＊＊프로이센 프리드리히 2세 죽음.

1787년(38세) 1월, 로마에서 《타우리스섬의 이피게니에》 완성. 2월, 카니발 체험. 2월 말 남쪽으로 여행을 떠남(~6월 초). 약 한 달간 나폴리에 체재. 민중과 마을과 고대 유적을 관찰하고, 활화산 베수비오를 세 차례 등정. 이어 처음으로 해로를 통해 시칠리아의 팔레르모에 도착, 약 2주간 머묾. 식물원에서 무성한 남국의 식물에 둘러싸여 '원식물'을 환시. '목걸이 사건'(1785년, 1791년 참조)에 관여했다는 의심을 받고 있는 희대의 사기꾼 칼리오스트로의 생가를 거짓 핑계를 들어 가명으로 방문. 약 4주에 걸쳐 시칠리아 내륙을 횡단한 뒤, 메시나에서 해로를 통해 폭풍우로 난파 위기를 겪으면서도 나폴리로 돌아와 다시 체재. 6월 6일, 로마로 돌아와 거의 살다시피 함(~이듬해 4월 말). 미술작품 연구, 회화실기 습득, 《에그몬트》 집필, 소희가극 습작 등. 애인 파우스티네와 밀회했다고 추정됨.

1788년(39세) 2월, 두 번째로 카니발 구경. 〈로마의 카니발〉 집필. 4월 23일, 로마 출발. 피렌체, 밀라노를 거쳐 6월 18일에 바이마르로 돌아옴. 문화학술 관계 및 일메나우 광산사업을 제외한 다른 공무에서 은퇴. 그러나 바이마르 공의 측근으로서 각종 국무에는 계속 참가함. 7월, 스물세 살의 크리스티아네 불피우스와 동거. 슈타인 부인과 오랜 교우를 끝냄. 《로마의 비가》(~1790)

1789년(40세) 12월, 큰아들 아우구스트 태어남. 다른 자식들은 이미 요절.
**7월, 프랑스혁명 발발(~1794년 7월).

1790년(41세) 3월, 이탈리아 여행 중인 태공비 안나 아말리아의 귀환을 마중하러 베네치아로 가서 체재(~6월). 시집 《베네치아 단가》. 7월, 프로이센 진영에 있는 카를 아우구스트를 위문하러 슐레지엔(현재 폴란드령 실롱스키에) 지방으로 향함(~10월 초. 카를 아우구스트는 프로이센군의 장군이기도 했다). 이해 제1차 저작집 완결(1787~. 괴셴서점). 주요 수록 신작으로는 《에그몬트》, 《타우리스섬의 이피게니에》, 《토르쿠아토 타소》, 《파우스트 단편》.

1791년(42세) 여름, 프랑스 궁정 추문 '목걸이 사건'과 사기꾼 칼리오스트로를 모델로 혁명비판극 《대(大)코프타》 집필. 12월, 상연.
*모차르트 〈마술피리〉, 실러 《30년전쟁사》(~1793)
**8월, 오스트리아 프로이센의 필니츠 선언.

1792년(43세) 3월, 《대(大)코프타》 간행, 각지 오랜 지인들의 실망과 분노를 불러일으킴. 8월, 프로이센군 진영에 있는 바이마르 공 카를 아우구스트를 위문하러 프랑크푸르트, 마인츠를 거쳐 롱위(프랑스령) 공의

적진을 방문. 9월, 베르됭 침공 뒤 발미 포격전에 휘말려 군대와
함께 패주함. 프랑스군에 점령된 마인츠, 프랑크푸르트를 피해 토
리아, 코블렌츠, 뒤셀도르프, 뮌스터, 카셀 등 북쪽으로 크게 우회
하여 야코비 형제, 갈리틴 후작부인 등 지인들과 재회하면서 12월
에 바이마르로 귀환(자서전 《프랑스 종군기》 참조).

**4월, 프랑스 의회, 오스트리아에 선전포고. 7월, 프로이센 참
전. 제1차 대불동맹전쟁. 9월, 발미 포격전 이후 형세가 역전하여
프랑스군이 우위를 점함.

1793년(44세) 5월 초, 반혁명 희곡 《시민 장군》 상연. 5월, 마인츠를 포위한 프로
이센군 진영으로 바이마르 공을 방문. 탈환 직후 마인츠로 들어
감. 8월, 프랑크푸르트를 거쳐 바이마르로 귀환(자서전 《마인츠 공
방전》 참조).

**(프) 루이 16세, 마리 앙투아네트 처형. 자코뱅파 독재, 공포
정치.

1794년(45세) 2월, 바이마르 공, 프로이센군 퇴역. 전쟁은 계속되지만, 괴테의 생
활에는 평화가 돌아옴(~1806). 이 무렵부터 가끔 대학 소재지 예
나(바이마르령)에 장기 체재. 7월, 실러와 협력관계가 깊어짐.

**(프) 7월, 테르미도르의 반동, 로베스피에르파 처형, 혁명진행
정지.

1795년(46세) 여름, 수년 만에 카를스바트에서 요양. 《메르헨》을 비롯한 《독일
피난민들의 대화》 완성.

《빌헬름 마이스터 수업시대》 완성.

**실러의 논문집 〈소박한 문학과 감상적인 문학에 대하여〉
간행.

**바젤화의(프로이센의 전선 이탈)

1796년(47세) 지난해부터 실러와 정치적 풍자단시집 《크세니엔》 공저.

1797년(48세) 7월, 프랑크푸르트를 거쳐 세 번째 스위스 여행(~11월). 많은 친구
와 지인들과 재회. 〈코린트의 신부〉 외 발라드(이야기시) 집필. 장
편 서사시 《헤르만과 도로테아》

*티크 《장화 신은 고양이》(낭만주의적·전위적 희곡)

　　　　　**칸포 포르미오 조약(오스트리아 굴복).

1798년(49세) 《색채론》 연구. 《마술피리》 제2부 집필 시작.

　　　　　*슐레겔 형제, 낭만파 기관지 〈아테네움〉 창간(~1800).

1799년(50세) 7월, 티크, 노발리스, A.W. 슐레겔, 괴테 집안에 문객이 됨. 이 무렵
　　　　　부터 수년 동안 낭만파와 접촉 활발.

　　　　　*실러의 희곡 〈발렌슈타인〉 3부작 완결. 횔덜린 《히페리온》, 노발
　　　　　리스 《하인리히 폰 오프터딩겐(푸른 꽃)》 완성.

　　　　　**대불전쟁 재개(제2차 대불동맹전쟁).

　　　　　(프) 나폴레옹 권력 장악.

1800년(51세) 6월, 옛 벗인 슈토르베르크 백작 가톨릭에 신앙 고백. 괴테, 깊은
　　　　　실망.

　　　　　*노발리스 시집 《밤의 찬가》 간행.

1801년(52세) 1월, 안면화농성 염증과 인후염으로 호흡곤란 중태. 빈에서 사망
　　　　　설이 떠돎.

　　　　　*노발리스 죽음.

　　　　　**프랑스에 패배. 라인 강 좌측 할양.

1802년(53세) 이해부터 수년 간 건강 상태 좋지 않음(인후염), 정신적으로도 불
　　　　　안정. 여름, 작센의 요양지 라우흐슈테트에서 괴테의 감독하에 바
　　　　　이마르 궁정극장 소유의 새 극장이 완공. 괴테는 이후 수년 동안
　　　　　여름마다 라우흐슈테트를 방문함(~1805).

1803년(54세) 은둔 생활과 음울한 기분이 계속됨. 3월, 이탈리아 르네상스의 자
　　　　　유분방한 금속공예가의 전기 《체리니 자서전》의 번역·주역 완성.
　　　　　《서출의 딸》 제1부 완성(제2부 이후 집필 중단). 12월, 헤르더 죽음.

　　　　　*장 파울 《거인》. 이를 전후하여 횔덜린 후기찬가 집필.

　　　　　**제국대표자 주요결의(라인 강 좌측 할양의 뒤처리/300여 개의
　　　　　영방국가를 약 40개로 정리, 재편).

1804년(55세) 1월, 병상.

　　　　　**(프) 나폴레옹 스스로 황위에 오름.

1805년(56세) 연초부터 전신에 경련성 통증, 신장결석 급성 경련통으로 중태. 5
　　　　　월, 건강을 조금 회복. 5월, 실러 죽음. 여름에 완전히 건강을 회복

함. 7월, 낭만파 회화 〈새로운 가톨릭적 감상성〉에 공격 개시.

*이때부터 횔덜린의 광기가 심해짐.

**오스트리아·프로이센, 대불전쟁 재개(제3차 동맹), 패배.

1806년(57세) 1월, 쾌활한 희가 〈하늘! 하늘의 하늘!〉 집필. 2~3월, 건강 악화. 4월, 희곡 《파우스트》 제1부 완성(1808년 출판). 코타서점 신저작집 간행 개시(전12권, ~1808년. 원고료 1만 탈러). 7월, 11년 만에 보헤미아의 요양지 카를스바트에 체재. 이후 여름 요양은 거의 해마다 습관이 됨.

당시 카를스바트를 비롯한 보헤미아 산간 요양지는 독일 제영방, 중·동유럽제국, 러시아 등의 궁정인과 상류층의 여름 사교장이었음. 괴테는 그곳에서 광천수 등을 마시고 건강을 회복하려고 애쓰는 한편 지질학 연구와 동시에 넓은 세계와의 다채로운 교류 및 자극을 즐겼음.

8월, 바이마르로 귀환. 9월, 대불전쟁 재개에 따라 프로이센군 진영으로 복귀한 바이마르 공을 예나 근교로 방문, 군무에 협력. 10월 14일, 프로이센군, 예나에서 패배. 프랑스군 바이마르 침공. 괴테의 집도 습격당해 생명이 위태로워짐. 10월 19일, 18년 동안 동거했던 크리스티아네와 정식으로 결혼.

**8월, 프랑스의 압력으로 신성로마제국 해체. 프로이센 대불전쟁 재개. 10월 14일, 예나 근교 아우어슈테트 전투에서 프로이센 패배. 독일 전역이 사실상 나폴레옹의 지배하에 들어감.

1807년(58세) 4월, 막시밀리아네(1772년 참조)의 딸 베티나 브렌타노(낭만파 시인 클레멘스 브렌타노의 여동생. 뒷날 아르님 부인) 내방(1835년, 베티나 폰 아르님 《괴테와 한 소녀와의 서한집》). 6~8월 카를스바트.

*클라이스트 《암피트리온》

**프로이센 개혁(국가 체재의 근대화).

1808년(59세) 5~9월, 카를스바트 및 주변 체재. 9월, 어머니 죽음. 9월 말, 에르푸르트의 제후 회의 수행, 나폴레옹 알현.

*피히테 〈독일 국민에게 고함〉(내셔널리즘 고양), 클라이스트의 비극 《펜테질레아》 출간.

1809년(60세) 《친화력》 간행. 자서전 《시와 진실》 구상 시작.

1810년(61세) 5~9월, 카를스바트 및 테프리츠 체재. 오스트리아 황비 마리아 루드비카에게 헌시. 《색채론》 완성.

1811년(62세) 5월, 중세미술 사학자 부아슬리에를 최초로 방문. 5~6월, 카를스바트. 9월, 베티나 폰 아르님 내방, 아내 크리스티아네와 충돌. 베티나의 괴테 집안 방문을 금지.
《시와 진실》 제1부 간행.

1812년(63세) 5~9월, 카를스바트 및 테프리츠. 베토벤과 친밀한 교제. 12월, 파리로 패주하던 나폴레옹이 바이마르를 통과하며 괴테에게 인사를 남김. 겨울, 심신 미약. 《시와 진실》 제2부 간행.
**나폴레옹, 모스크바 원정과 후퇴.

1813년(64세) 4월 중순, 다가오는 전운을 피해 여름 휴양지로 떠남. 드레스덴을 거쳐 5~8월에는 테프리츠, 8월 19일에는 바이마르로 귀환. 9월, 전선이 바이마르까지 다가옴. 10월, 라이프치히 전투에서 대불동맹군 승리. 패주하는 프랑스군이 바이마르를 통과. 동맹국 귀족 바이마르 입성. 러시아 황제의 알현, 프로이센 왕자, 메테르니히 백작 등이 방문. 11월, 카를 아우구스트, 영지 내에서 대불의용군을 모집하지만 괴테는 허락하지 않음.
**2월, 독일 해방전쟁 개시(~1814). 12월, 대불동맹군 라인 도강.

1814년(65세) 6월, 동양학자 하머가 독일어로 번역한 《하피스 시집》(14세기 페르시아 시인)을 읽고 《서동시집》의 최초 시군(詩群)이 탄생함. 8월, 평화가 돌아오자 《하피스 시집》을 들고 고향 프랑크푸르트를 거쳐 라인 강변의 요양지 비스바덴으로 여행을 떠남. 9월까지 이곳에서 머물며 주변의 라인·마인 지방을 여행. 지인 빌레머의 젊은 동거녀 마리안네(9월, 정식 결혼)를 알게 됨. 돌아오는 길에 프랑크푸르트, 게르바뮈레(마인 강변 빌레머 가문의 별장), 하이델베르크(부아슬리에의 중세미술 수집)을 방문.
10월 말, 바이마르로 귀환. 여행하는 동안과 돌아온 뒤 《서동시집》의 시가 끊임없이 탄생함. 겨울, 《서동시집》을 위해 중동 연구. 《시와 진실》 제3부 간행.

*호프만 《황금 항아리》

**4월, 파리 함락, 나폴레옹 퇴위. 11월, 빈 회의(~1815년 6월)

1815년(66세) 2월, 크리스티아네 중병. 5월, 다시 라인·마인 여행을 떠남. 여행 중 《서동시집》 가운데 〈줄라이카의 서〉의 시 몇 편을 집필. 6~9월, 비스바덴 및 주변. 8월 이후 게르바뮈레. 9월, 하이델베르크에서 빌레머 부인과 재회. 마리안네와 마지막 만남. 10월 중순, 바이마르 귀환. 이해 여름 마리안네와 빌레머를 줄라이카에 빗대어 〈줄라이카의 서〉의 주요 부분을 완성. 코타서점에서 신저작집(전20권, ~1819년. 원고료 1만 6천 탈러) 간행 시작. 빈 회의에서 전후 처리와 영방 재편을 논의한 결과 바이마르 공국은 대공국으로 승격.

*아이헨도르프 《예감과 현재》

**9월, 39개의 영방국가로 이루어진 독일연방 발족. 유럽 열강의 신성동맹 체결(왕후귀족의 복귀).

1816년(67세) 6월, 아내 크리스티아네 죽음. 7~8월, 라인 지방에서의 세 번째 요양을 마차 사고로 단념. 바이마르 인근의 덴슈테트에서 머묾. 《이탈리아 기행》 제1부 간행.

1817년(68세) 4월, 여배우 카롤리네 야게만(바이마르 공 카를 아우구스트의 애인)과의 불화로 궁정극장 총감독직에서 해임됨. 자신의 삶을 돌아보는 시 〈태초의 말. 오르페우스의 비사〉. 《이탈리아 기행》 제2부 간행. 자전적 각서 《연대기록》 집필 시작(~1825).

**발트부르크의 축제(자유주의운동).

1818년(69세) 8~9월, 카를스바트 체재.

1819년(70세) 9월, 카를스바트 체재. 10월, 예나 대학 감독관 취임을 거절. 《서동시집》 간행.

**카를스바트 결의·자유주의운동 탄압.

1820년(71세) 5월, 카를스바트 및 마리엔바트(현재 체코령 마리안스케 라즈네) 체재. 6~10월, 예나 장기 체류.

1821년(72세) 5월 《빌헬름 마이스터 편력시대》 제1부 간행(뒷날 전면 개편). 8~9월, 마리엔바트 및 에거 체재.

**그리스 독립전쟁(~1829)

1822년(73세) 6~8월, 마리엔바트 및 에거 체류.

　　　자서전《프랑스 종군기》,《마인츠 공방전》 간행.

　　　《연대기록》 집필 본격화.

1823년(74세) 2~3월, 중태(심근경색?), 사망설 떠돎. 6월, 에커만, 괴테의 권유로
　　　바이마르에 정주. 비서 에커만《괴테와의 대화》 기록 시작. 7~9월,
　　　마리엔바트, 카를스바트 및 에거. 폴란드의 피아니스트 시마노스
　　　프키의 연주에 감동하여 시〈화해〉를 지음. 열일곱 살 울리케 폰
　　　레베초와의 결혼 가능성을 알아봄. 레베초의 어머니는 완곡히 거
　　　절. 바이마르로 돌아오는 마차 안에서〈마리엔바트의 비가〉를 지
　　　음. 여름 휴양은 이것이 마지막. 10월, 시마노스프키, 바이마르를
　　　방문하여 괴테를 위해 거듭 피아노 연주. 11월 초, 시마노스프키
　　　떠남. 직후 병이 재발하여 중태.

1824년(75세) 3월,《젊은 베르테르의 슬픔》50주년 기념판을 위해 시〈베르테
　　　르에게 보내는 편지〉(〈화해〉, (마리안바트의 비가)와 함께《열정 3부
　　　작》). 4월, 그리스 독립전쟁에서 바이론 전사(《파우스트》 제2부 제3
　　　막〈헬레나극〉에 그 모습을 묘사함). 10월, 하이네 내방.

　　　*베토벤〈교향곡 제9번〉

1825년(76세) 2월 이후 희곡《파우스트》 제2부 집필 재개. 6월,《빌헬름 마이스
　　　터 편력시대》 퇴고 시작. 자전적 각서《연대기록》 완성(대상연대,
　　　1749~1822).

　　　**(영) 스티븐슨이 증기기관차 실용화.

1826년(77세) 이 무렵부터 난청과 건망증 징후. 6월,《헬레나》(《파우스트》 제2부
　　　제3막) 완성.

1827년(78세) 1월, 슈타인 부인 죽음. 3월, 코타서점에서 결정판 괴테전집 간행
　　　시작(전40권, ~1830년. 원고료 6만 탈러. 죽은 뒤 전60권으로 증판,
　　　~1842년). 5월, 자유로운 연작시〈지나·독일 사계일력〉.

　　　*하이네 서정시집《노래책》

1828년(79세) 3월, 프랑스역《파우스트》 제1부(E. 들라크루아의 석판화 삽입)를
　　　헌정받음. 6월, 바이마르 대공 카를 아우구스트, 베를린에서 귀환

중에 객사. 7~9월, 자르 강변 도른부르크에 있는 성관에서 은둔 생활. 9월, 〈도른부르크의 시〉. 12월, 《실러·괴테 왕복 서한》 간행. 이 무렵부터 불면증과 만성피로 등 노쇠 징후. 백내장 증상.

1829년(80세) 《빌헬름 마이스터 편력시대》 결정판 전3부 간행. 《이탈리아 기행》 제3부 간행.

1830년(81세) 11월, 아들 아우구스트가 로마에서 객사(10월)했다는 소식이 전해짐. 이달 말 각혈을 반복하며 중태.

　　　　＊＊이때를 전후하여 산업혁명이 독일로 번짐. 프랑스 7월혁명. 자유주의적 정치운동이 독일 곳곳으로 파급.

1831년(82세) 1월, 유서 작성. 8월, 희곡 《파우스트》 제2부 완성, 봉인. 이달 말, 생일이 지나자마자 마지막으로 일메나우 여행. 키켈하안 산 정상에 있는 오두막에서 50년 전 널빤지에 적었던 시 〈사냥꾼의 저녁 노래〉와 재회(1780년 참조). 《시와 진실》 제4부 완성. 유행성감기, 류머티즘, 하지궤양 등을 앓음.

　　　　＊하이네, 파리로 이주.

1832년(83세) 1월, 희곡 《파우스트》 제2부의 봉인 해제. 2월, 영국 철도 개통 소식을 들음. 3월 중순 마차를 타고 산책하다가 감기에 걸림. 폐렴으로 발전하여 심근경색 유발, 극심한 고통에 시달림. 3월 22일, 멀어지는 의식 속에서 고통도, 죽음에 대한 두려움도 잊은 채 간병인들도 모르는 사이에 평온하게 자택에서 죽음.

　　　　＊뵈르네 《파리에서 온 편지》(~1834)

　　　　＊＊5월, 급진자유주의자의 함바흐 축제.

〔죽은 뒤〕

1833년 《파우스트》 제2부, 《시와 진실》 제4부 출판.

＊1835년 뷔히너 《당통의 죽음》

1836년 하이네 《낭만파》

＊＊1834년 1월, 독일 관세동맹 발족(독일 통일의 첫걸음). 1830년대 곳곳에 철도 부설(산업혁명 진행). 1871년, 프로이센 주도하에 독일 통일.

곽복록(郭福祿)

일본 조치(上智) 대학교 독어독문학과 수학. 서울대학교 문리과대학 독어독문학과 졸업. 미국 시카고 대학교 대학원 독어독문학과 졸업. 독일 뷔르츠부르크 대학교 독문과 졸업(독문학 박사). 서울대학교·서강대학교 독문과 교수 역임. 한국독어독문학회 회장. 한국괴테학회 초대회장. 서강대학교 명예교수. 지은책《독일문학의 사상과 배경》옮긴 책 요한 볼프강 폰 괴테《젊은 베르테르의 슬픔》《파우스트》《친화력》《헤르만과 도로테아》《빌헬름 마이스터 수업시대·편력시대》《괴테시전집》요한 페터 에커먼《괴테와의 대화》프리덴탈《괴테 생애와 시대》토마스 만《마의 산》카를 힐티《잠 못 이루는 밤을 위하여》《행복론》니체《차라투스트라는 이렇게 말했다》《비극의 탄생》《즐거운 지식》아이스킬로스《결박당한 프로메테우스》에우리피데스《히폴리토스》등이 있다.

World Book 256
Johann Wolfgang von Goethe
ITALIENISCHE REISE
이탈리아 기행
요한 볼프강 폰 괴테/곽복록 옮김
1판 1쇄 발행/2016. 4. 1
발행인 고정일
발행처 동서문화사
창업 1956. 12. 12. 등록 16-3799
서울 중구 다산로 12길 6(신당동 4층)
☎ 546-0331~6 Fax. 545-0331
www.dongsuhbook.com

사업자등록번호 211-87-75330
ISBN 978-89-497-1401-1 04080
ISBN 978-89-497-0382-4 (세트)